ローマの法学と
居住の保護

森　光　著

日本比較法研究所
研究叢書
110

中央大学出版部

装幀　道吉　剛

ローマの法学と居住の保護

目　　次

第1章　序　　論 …………………………………………… *1*
1. 本書の叙述対象 ……………………………………………… *1*
2. 分析の視角 …………………………………………………… *7*
3. 本書の構成と成り立ち ……………………………………… *16*

第2章　古代ローマの住居と居住者 ………………………… *19*
1. 建　　物 ……………………………………………………… *19*
2. 住　　居 ……………………………………………………… *24*
3. 当　事　者 …………………………………………………… *27*

第Ⅰ部　所　有　者

第3章　総　　説 ……………………………………………… *35*
1. 私人による所有の対象とならない物の取扱い …………… *36*
2. 私有地に関する公法上の保護・規制 ……………………… *44*
3. 私有地に関する法務官告示の諸規定の概要 ……………… *47*

第4章　対物訴権 ……………………………………………… *61*
1. 所有物返還請求訴権（rei vindicatio）……………………… *61*
2. 用益権を否定する否認訴権 ………………………………… *68*
3. 地役権を否定する否認訴権 ………………………………… *69*

第5章　占有関係 ……………………………………………… *77*
1. unde vi 特示命令 …………………………………………… *77*
2. unde vi armata 特示命令 …………………………………… *82*
3. uti possidetis 特示命令 ……………………………………… *84*

第6章　都市地役権 …………………………………………… *101*
1. 概　　要 ……………………………………………………… *101*

  2.　地役権の返還請求訴権（vindicatio servitutis）･･････････････････ *110*
  3.　応訴強制のための特示命令･･･････････････････････････････････ *111*
  4.　排水溝に関する特示命令･････････････････････････････････････ *112*
第 7 章　相 隣 関 係･･ *115*
  1.　quod vi aut clam 特示命令･････････････････････････････････････ *115*
  2.　新工事禁止通告（operis novi nuntiatio）････････････････････････ *122*
  3.　未発生損害の担保問答契約（cautio damni infecti）･･････････････ *136*
第 8 章　不 法 行 為･･ *145*
  1.　不法損害（damnum iniuria datum）･･････････････････････････････ *145*
  2.　不法侵害（iniuria）･･･ *152*
  3.　そ　の　他･･･ *156*
第 9 章　刑　　　罰･･ *159*
  1.　放　　　火･･･ *159*
  2.　住　居　侵　入･･･ *160*
  3.　不動産侵奪･･･ *161*
第 10 章　公法上の規制･･ *163*
  1.　建　築　制　限･･･ *163*
  2.　取り壊しの制限･･･ *171*
  3.　建て直しの強制･･･ *185*
  4.　ま　と　め･･･ *190*
第 11 章　第Ⅰ部小括･･ *193*
  1.　訴権・特示命令の整理･････････････････････････････････････ *193*
  2.　建築の自由はあったのか･･･････････････････････････････････ *196*

第Ⅱ部　用益権者・使用権者

第12章　総　　説 …………………………………………… *201*
1. 内容と対象 ……………………………………………… *201*
2. 設　　定 ………………………………………………… *203*
3. 消　　滅 ………………………………………………… *208*
4. 保　　護 ………………………………………………… *210*
5. 使　用　権 ……………………………………………… *214*
6. 用益権・使用権制度の目的 …………………………… *215*

第13章　用益権者の権限 …………………………………… *217*
1. 賃　　貸 ………………………………………………… *217*
2. 売買・贈与 ……………………………………………… *218*
3. 質　　入 ………………………………………………… *228*
4. 建物の改変 ……………………………………………… *231*

第14章　建物の維持管理 …………………………………… *241*
1. 修繕の負担の分配 ……………………………………… *243*
2. 相　隣　関　係 ………………………………………… *252*

第15章　所有者とのその他の関係調整 …………………… *259*
1. 所有者の権限・義務 …………………………………… *259*
2. 収益の分配 ……………………………………………… *266*
3. 収去権（ius tollendi）………………………………… *273*

第16章　使　用　権 ………………………………………… *275*
1. 権利の内容(1)――居住 ………………………………… *275*
2. 権利の内容(2)――果実収取 …………………………… *281*
3. 権利の内容(3)――賃貸 ………………………………… *282*

4.	修　　繕	283

第17章　用益権の「物権」化 …………………………………… 285
1. 対物訴権における被告適格の拡大 ………………………… 285
2. 境界確定訴権・共有物分割訴権 …………………………… 288
3. 準 uti possidetis 特示命令 ………………………………… 289
4. unde vi 特示命令 …………………………………………… 290
5. 地役権の返還請求訴権およびそれに関連する特示命令 …… 292
6. 新工事禁止通告 ……………………………………………… 297
7. quod vi aut clam 特示命令 ………………………………… 298
8. 未発生損害の担保問答契約 ………………………………… 301
9. Aquilius 法上の訴権 ………………………………………… 303

第18章　第Ⅱ部小括 ……………………………………………… 307
1. 物の実質を保持した使用・収益 …………………………… 307
2. 譲渡性の承認 ………………………………………………… 308
3. 「物権」化 …………………………………………………… 309

第Ⅲ部　賃借居住人

第19章　総　　説 ………………………………………………… 313
1. locatio conductio という契約類型の概要 ………………… 313
2. locatio conductio についての法学者の論題構成 ………… 315
3. 賃借人に関係するその他の法手段 ………………………… 320

第20章　賃貸人訴権，賃借人訴権 ……………………………… 321
1. 賃貸人の住居提供義務 ……………………………………… 321
2. 建物の滅失に伴う契約関係の「終了」 …………………… 336
3. 賃借人の物の返還義務 ……………………………………… 342

4． 黙示の更新（relocatio tacita） ………………………………… *352*
　5． 居住環境の悪化に伴う賃料減額請求 …………………………… *354*
　6． 居住環境確保の請求 ……………………………………………… *357*
　7． 賃借人による解約 ………………………………………………… *358*
　8． 賃貸人による解約 ………………………………………………… *368*
　9． 収去権（ius tollendi） …………………………………………… *371*

第21章　引越の特示命令 ……………………………………………… *373*
　1． 引越の特示命令の概要 …………………………………………… *373*
　2． 支払済の賃料とは何か …………………………………………… *377*
　3． 黙示の合意による質入 …………………………………………… *379*
　4． 持ち込み物である奴隷の解放制限 ……………………………… *380*
　5． 被担保債権の範囲 ………………………………………………… *383*
　6． 転貸借における特別の処置 ……………………………………… *384*
　7． 弁済の順位 ………………………………………………………… *388*

第22章　「賃借権」の「物権」化 ……………………………………… *391*
　1． unde vi 特示命令 ………………………………………………… *391*
　2． uti possidetis 特示命令 ………………………………………… *395*
　3． quod vi aut clam 特示命令 …………………………………… *397*
　4． 新工事禁止通告 …………………………………………………… *400*
　5． 未発生損害の担保問答契約 ……………………………………… *401*
　6． Aquilius 法上の訴権 …………………………………………… *406*
　7． 不法侵害に関する Cornelius 法 ………………………………… *408*

第23章　第Ⅲ部小括 …………………………………………………… *409*
　1． 建物賃貸借契約の成立 …………………………………………… *409*
　2． 賃貸人と賃借人の債務 …………………………………………… *410*
　3． 建物賃貸借契約の「終了」 ……………………………………… *412*

4. 賃貸人の債権の担保……………………………………………… *414*
   5. 「物権」化 ……………………………………………………… *416*

第Ⅳ部　無償居住者

第 24 章　住居の遺贈 …………………………………………… *423*
   1. 遺贈の文言 ……………………………………………………… *423*
   2. 遺贈の効果 ……………………………………………………… *431*
   3. 遺贈に基づく権利の取得時期 ………………………………… *433*
   4. 担保問答契約の締結 …………………………………………… *436*
   5. 権利の消滅 ……………………………………………………… *437*
   6. Marcus 帝の宣示 ……………………………………………… *439*
   7. 用益権・使用権の遺贈との相違 ……………………………… *441*

第 25 章　住居の無償提供 ……………………………………… *447*
   1. 性質決定をめぐる議論⑴──使用賃借 ……………………… *447*
   2. 性質決定をめぐる議論⑵──贈与 …………………………… *450*
   3. 性質決定をめぐる議論⑶──懇願的貸借 …………………… *462*
   4. 性質決定をめぐる議論⑷──使用権 ………………………… *463*
   5. Marcus 帝の宣示 ……………………………………………… *466*
   6. 引越の特示命令 ………………………………………………… *467*

第 26 章　居住権の「物権」化 ………………………………… *469*
   1. 占　有　関　係 ………………………………………………… *469*
   2. 不法行為関係 …………………………………………………… *470*
   3. Iustinianus 法における habitatio ……………………………… *470*

第 27 章　第Ⅳ部小括 …………………………………………… *473*
   1. habitatio の遺贈 ………………………………………………… *473*

2. 死因によらない住居の無償提供 ………………………………… *483*
第 28 章　結論──ローマの法学と居住の保護 ………………… *493*
 1. 居住者の法的地位 ………………………………………………… *493*
 2. 古典期法学の貢献 ………………………………………………… *501*
 3. 古典期法学の特質 ………………………………………………… *510*

あ と が き ……………………………………………………………… *515*
参考文献リスト ………………………………………………………… *519*
史 料 索 引 ……………………………………………………………… *533*
事 項 索 引 ……………………………………………………………… *548*

略　語　表

B.	Basilicorum libri LX
C.	Codex Justinianus
CIL	Corpus inscriptionum Latinarum
Coll.	Mosaicarum et Romanarum legum collatio
C. Th.	Codex Theodosianus
D.	Digesta Justiniani
EP	Edictum Perpetuum
FIRA	Fontes iuris Romani anteiustiniani
fr. Vat.	fragmenta Vaticana
Gai. Inst.	Gai institutiones
Inst. Iust.	Iustiniani Institutiones
Paul. Sent.	Pauli Sententiae
RE	Paulys Realencyclopädie der classischen Altertumswissenschaften
SZ	Zeitschrift der Savigny-Stiftung für Rechtsgeschichte. Romanistische Abteilung
TR	Tijdschrift voor rechtsgeschiedenis
RIDA	Revue internationale des droits de l'antiquité
SC	senatus consultum
SDHI	Studia et documenta historiae et iuris

第1章
序　　　論

1. 本書の叙述対象

1. 古代ローマの法学

　本書の叙述対象は，前1世紀～3世紀のローマの法学である．この時代のローマでは多数の法学者が盛んに著作活動を行い[1]，これらの著作中の諸学説はその後のヨーロッパ法史を連綿と生き続け，その一部は我々の法秩序に受け継がれるに至った．そのため，古代ローマの学説は，時に，ある種の普遍性をもち，時代・地域を超越するものと受け取られることもある．しかし，古代ローマの法学も，もとは後1～3世紀という時代，それも主として都市ローマという限局された領域で形成されたものである[2]．本書が捉えようとする対象は，こうした時代・地域の特殊性を背負った古代ローマの法学である．

　本書はローマの法学を外面から描こうとするものではない．すなわち，ローマの法学者の経歴，著作等を法学者毎に明らかにし，整理することを目指すものではない．本書では，当時の法学の成果である学説そのものを認識対象とし，それがこの時代にいかに変遷したかを辿ることを試みる．そして，当時の法学の特質・長所・短所をその成果たる学説そのものから明らかにしたいと考えている．

---

　1)　この時代の法学を概説する邦語文献としては，柴田(1976), 23ff.; 吉野(1976), 249ff. がある．
　2)　シュルツ(2003), 38.

法学史において，ローマの後1〜3世紀は「古典期」と称される時代である．「古典」という単語は，単に古いものに冠せられるものではない．この表現それ自体の中に価値が内包されており，この時代の法学を「古典期」と称すること自体，この時代の法学を価値あるものとする評価が含まれている[3]．確かに，この時代に著された膨大な著作が6世紀にIustinianusによって学説彙纂（Digesta）に収録され，11世紀にこれが「発見」されてボローニャに法学が再興し，それ以後今日まで大学法学部で読み継がれてきたことを思い返すと，これらの著作が古典的著作の類に入ることに疑いを差し挟むことはできない．また，その後のローマ法研究の中でも，古典期の法学の成果である私法は「同質的であり，独創的であり，本当のところ，古代やその後の時代とは根本的に異なる唯一無二の体系である」とか[4]，Digesta中には「人間というものに対する法律家による高度の省察が集積している」[5]と述べられるように，この時代の法学を高く評価する姿勢は継続している．

しかし，後1〜3世紀のローマという，一般的には人間の著作活動という点で文化の下降期にあたるこの時代にあって，なぜ法学のみが古典期を迎えたのであろうか．また，当時の法学のいかなる点に古典性があるといえるのであろうか[6]．ヨーロッパと異なる文化伝統をもつ我々には，この点は容易に掴むことができないものがある．実際のところ，我が国においてローマの法学の偉大さが強調される一方で，ローマ法への関心がさほど高くないことの背景には，ローマ法に——特にDigestaの内容に——肉薄したという実感がもてていないことがあるのではなかろうか[7]．

---

[3] 眞田(1975), 154.
[4] Schulz (1951), 4.
[5] クニューテル(2011), 189.
[6] この問題については眞田(1975), 172ff. 参照．
[7] 岡本(1989) iii 頁は，ローマの無償居住についての研究書の緒言の中で，「『巨像』の膚にジカに手を触れたという実感がいまだにわいてこない」と述べているが，この印象はローマ法に触れたことのある多くの研究者に共通するものではないであろうか．

2. 居住関係

とはいえローマの法学全体を一望の下におくことは容易ではない．仮に Digesta を一気に通読したとしても（無論，文量上も内容上も到底不可能であるが），莫大な量の学説に圧倒されるのみで，法学という領域での人間精神の精華をすぐにここから読み取ることはできない．他面，所有権，占有，賃貸借契約といった法学概念から出発すると，それが現代のものと近いがゆえに，近代の私法上のものの見方に制約されてしまう．

そこで，本書は居住という生活関係に対象を絞り，その生活関係に関係する限りで当時の法学者の議論を切り取り，その範囲内で当時の法学の実態および成果，その限界性をできる限り当時の視点に則して捉えることを目指すことにしたい．

居住という生活関係に着目する第1の理由は，実定法学上，また比較法学上，この問題（特に都市内での居住とそれをとりまく環境）に広く関心がもたれていることにある．人類は，都市化された世界にあって，住居を確保，その環境を維持・改善するという課題に，古今東西，いかなる場所でも取り組んできた．我が国もまたもちろん例外ではない．特に近年にあっては，居住にとどまらず都市内の空間利用について包括的に認識しようとする研究が活発に進められ[8]，その中にあって，例えば絶対的所有権など，いわゆる「近代」的な私法概念の超克の必要性もまた指摘されているところである[9]．しかし，そうであればこそ，こうした私法概念や制度についてローマ法にまで遡って考察する必要性がある．ローマの土地関係法は，出発点としては，主として農地を念頭において発達したものであるが，古代ローマ法の歴史の枠内にあって，農地を念頭において発達した法制度からの強い影響を受けつつ，それと併存する形で，

---

[8] ここでこうした研究を包括的に紹介することは到底なし得るところではない．一例として，原田純孝編『日本の都市法』I/II，東京大学出版会 2001 をあげておくにとどめたい．

[9] 原田 (1997), 10; 高橋 (2001), 37ff.; 秋山 (2011), 126ff.

都市内の土地利用を目した法制度や学説が発展した．しかし今日のローマ法研究にあっては，こうした法制度や学説について特に焦点をあてた包括的研究はまだなされてはいない．

第2の理由として，古典期というまさにその時代に，ローマ市の住環境が大きく変化していたことをあげることができる．前130年頃には37万5,000人程度であった人口は，後14年頃には80万，そして164年頃には100万人に達したと推定されている[10]．もとよりさほど広くないローマ市にあっては，増加する人口への対応のため，建物が高層化する必要に迫られた．この需要増により，公共建築で使用された高度な建築技術が一般の住宅にも応用され，4階・5階建ての居住用建物が普及するようになる．これに伴い，賃貸物件が増加し，建物内のスペースが金を生むという状況が生まれた．

古代ローマの住居——特に集合住宅——については，近年，考古学や建築史の領域で著しい研究成果の進展がみられる[11]．永遠の都ローマにあっては，絶え間ない新建築により，ローマ時代の住居はほとんど残ってはいない．しかし，Titus帝の御代の79年にヴェスビオ火山の噴火により地中に没したポンペイは，元首政期の1世紀末の都市の様子を我々に伝えてくれる[12]．また，ローマをながれるティベル川の河口に位置し，ローマ市とともに発展したオスティア遺跡は，2世紀のTraianus帝からHadrianus帝にかけての建築ラッシュ後の状況を伝えている[13]．この両遺跡に残る住居遺跡を比較することで，ローマ市の住宅事情の変遷を辿ることが可能となる．2世紀の建築ラッシュの時代は，法学の古典期の中でも特に「盛期」と称される[14]古典期中の古典期にあたる時代である．

---

10) 長谷川(2004), 176ff.; Alfördy (2011), 122f.
11) 例えば Packer (1971); Pirson (1999); Priester (2002); Losanky (2015) など．邦語文献としては，後藤(1986), 27ff; 後藤(2005), 68ff; 堀(1995a); 堀(1995b)などがある．
12) ポンペイの建築史の概要については，堀(2001), 54ff. を参照．
13) Maiggs (1973), 64ff., 133ff.; Hermansenn (1982), 9-12.
14) この区分については，柴田(1976), 38-40.

従来，ローマの社会の描写のためには，TacitusやSuetoniusや小Plinius等の文献史料が用いられる．しかし，彼らが書き残しているものは，あくまでも彼らの生きた時代とそれ以前の時代であり，いわゆる五賢帝時代についての同時代人による証言はそもそも少ない．また，彼らは社会の上層に位置する．Tacitusや小Pliniusは，ローマの元老院議員であり[15]，富裕層の中のさらに上の層に位置する．そのため，彼らの記述からは，当時の庶民の生活についての生き生きとした情報を得ることは難しい．また，法史料から，当時の社会を推し量ることもできるが，ローマの法学者もまたその多くは富裕層に属しており，彼らの視点が限定されている可能性は十分にある．そのような中，ポンペイやオスティアに関する建築史学・考古学の研究成果を用いることで，ローマの法学者たちの面前にあった状況を，文献史料を用いるのとは別の視角から明らかにすることができる．

　第3の理由は，古代ローマの特に賃貸借に関しては既に我が国でも優れた研究がなされているが，欧米での研究の進展により，その所説を再検討する必要があるという点にある．我が国におけるこの領域の研究としては星野英一教授によるものがある[16]．星野教授は，賃貸借に関するローマの学説が賃貸人に有利に形成されているとした上で，このような学説が形成された原因を，賃借人の社会的・経済的地位が賃貸人のそれに比して著しく低いものであったことに求めている．星野教授の理解は，概ねそれ以前のローマ法研究者のそれと一致する．仮にローマの法学者が社会的に低い地位にある賃借人の居住を保護しようとしなかったということであれば，この分野では，彼らは批判に値する成果しかあげていなことになろう[17]．例えば，Fritz Schulzは，次のように述べている[18]．

---

15) Tacitusについては，国原（1981下），381ff., Pliniusについては国原（1999），444-450.
16) 星野（1972）．これに対する書評が小菅（1958）である．
17) 星野（1972），328ff. も，古典期の法学者に対し肯定的な評価を下してはいない．
18) Schulz (1951), 544-546. 引用邦文は佐藤（1981）を引用した．

古典期の賃約法はその時代の社会経済的実態と調和していた．法学者は彼らの属する有産階級（beati possidentes）のために著述し，活動した．そうして彼らの社会にたいする意識はあやまった方向にすすんだのである．彼らは労務者にわずかばかりの関心しか払わなかったし，労務者やフラットとか農地を借りる貧しい賃借人を資本主義から保護しようとする観念は，彼らにはまったく無縁のものであった．

原田慶吉教授もまた，「賃借人の特に不動産の賃借人はその社会的地位を反映して，その法律的地位も極めて劣等であって，賃貸人の専断的意思に服する手先に過ぎない」といった評価を下し[19]，この説明が近年の民法の教科書でも採用されている[20]．

このような評価に対して，近年，Frierによって次のような異議が唱えられている[21]．ローマの法制度をみると，確かに賃借人である居住者を保護しようとする法原則が豊富に形成されていないことは確かである．しかし，その原因は，法学者たちが賃貸人に有利に法原則を形成したためではない．ローマでは富裕層もまた集合住宅を賃借することがあり，彼らが住居の賃貸借関係を考える時，彼等の視野に入っていた賃借人とはこうした富裕層の人々であった．住居の確保に汲々とするような貧困層は，そもそも訴訟の場に出ることができなかったため，ローマの法学者たちは，こうした人々が抱える問題に考察を払う機会がなかった．このように，法学者たちは，富裕層の賃貸人と富裕層の賃借人との間の規律のみを念頭において法を形成したため，一見したところ賃貸人に有利にみえる法原則が形成されたとFrierはいう．このようなFrierの指摘により，旧来からの理解を再検討する必要性が生じている[22]．

---

19) 原田（1955），192.

20) 例えば，内田貴『民法Ⅱ債権総論』東京大学出版会1997, 214 は，ローマ法において賃借人がその権利を第三者に対抗できなかったことの理由を説明するにあたり，「当時のローマでは，土地所有者と非所有者間の社会的地位の格差が著しく大きく，賃借人となる者は，住宅でも農地でも貧困者や奴隷上がりの者だった．このような力関係の差が法制度の上にも反映し」たと述べている．

21) Frier (1980), 174-195; Frier (1977), 27-37.

22) Zimmermann (1990), 348-351; Van den Bergh (2003), 469ff. は Frier に従う．Frier

最後に，契約法の発展史をみるための素材としても，居住関係が有益であることを指摘しておく．有償で住居を貸し借りすることは賃約契約（locatio conductio）にあたる．無償での貸し借りは使用貸借契約にあたると思われがちであるが，ローマの法学者は単純にそのように考えていたわけではない[23]．さらに，契約法の外でも，用益権や使用権といったいわゆる他物権の領域でも居住についての合意が問題とされている．こうした状況の中で，居住という問題のどの範囲を契約法が担当していたのかを考察することを通し，当時の契約法の在り様を，あるいは契約理論の特質を明らかにできると考えている．

2. 分析の視角

1. 本書で取り上げる居住形態

Ulpianusは，居住の形態に関して次のように述べている．

> D. 9, 3, 1, 9 Ulp. 23 ad ed.: Habitare autem dicimus vel in suo vel in conducto vel gratuito. [...]
> 自己の所有する住居であれ，賃借したものであれ無償のものであれ，居住しているといえる．
> D. 47, 10, 5, 2 Ulp. 56 ad ed.: [...] quare sive in propria domu quis habitaverit sive in conducto vel gratis sive hospitio receptus, [...]
> なぜなら，自分の所有するドムスに居住するのであれ，賃借したところに住むのであれ，無償で住むのであれ，客として受入れているのであれ……

前者は窓からの投棄に関する告示，後者は不法侵害に関するCornelius法の

の研究への書評として，坂口明(1983)がある．
[23] この点の先駆的研究として，岡本(1989)がある．この研究の史料解釈については本書の中で批判をしているところもあるが，本書の視角には大変啓発されるものがあった．なお無償居住については欧米でも研究は少ない．したがって，岡本研究の先駆性は単に我が国の学界にとどまるものではない．

文脈で述べられたものであり，ここから居住の形態の分類に関する Ulpianus の理解をここにみることができる．すなわち，彼によると居住の形態には，(1)所有している建物での居住，(2)賃借した物件での居住，(3)無償で提供された住居での居住がある．

この内の前2者についてはそれが何かは疑問を差し挟む余地はないが無償の住居提供については少し説明が必要である[24]．ローマの法学者たちがいうところの「無償での gratis」居住がなされている場合とは，債権遺贈に基づいて遺言者の被解放自由人に住居を提供する場合，あるいは遺贈に基づかず自発的意思に基づいて提供する場合である．用益権や使用権に基づく居住は，今日のわれわれの用語法からするとここに属するようにも思えるが，ローマの法学者がこれを「無償」での提供といっている例はみあたらない．また客人に住居を提供することも，上記の D. 47, 10, 5, 2 からすると，無償での居住にあたるものではない．いずれにせよ，古代ローマの居住関係に注目する本書では，Ulpianus があげる上記の3つの居住形態および用益権や使用権に基づく居住も取り上げることにする．

古代ローマの生活形態は，都市内でのものと郊外のものとがある．元老院議員などの富裕層は，郊外に所有する農園の中に建てられた別荘（villa）をもち，両者相互に行き来しつつ生活している[25]．しかし，本書の対象は，都市内での生活に限定し，農園での生活については法的議論で関連する範囲で限定的にのみ取り上げることにする．

無論，居住関係は上記の形態に限られるわけではない[26]．例えば，父の家に子供が住んだり，手権婚をした妻が夫の家に住むこともある．また，多くの場合，奴隷は主人の家に住む．しかし，こうした1つの家族に属する者の間での居住をめぐる紛争は，ごく例外的な形でしかローマ法上は，法的な問題とはならない．また路上生活者も当然いたと想像される．しかし，こうした，ローマ

---

24) 後述第2章第3節5参照．
25) 例えば，Plinius, ep. 2, 17 を見よ．
26) 後藤(1986), 65.

の法学者の視点から完全にはずれる居住者たちについては本書の対象にはし得ない．

法的な観点に限定したとしても，理論上は，この他，地上権，質権，公有地賃貸借に基づく居住関係も存在し得た．しかし，法史料の中では，こうした権利に基づき居住している例はみあたらないので，さしあたり本書では取り上げないことにする[27]．

2. 訴権法思考

本書の研究対象は，前述のとおり，古代ローマの法学である．彼らの見解や議論をできる限り，彼らの思考に則した形で捉えていくことを目指す．

しばしば指摘される通り，ローマの法学者は，訴権や抗弁や特示命令といった権利救済の手段から私法を考察した[28]．すなわち，彼らは，多くの場合，個々の訴権や特示命令をいかに用いるべきか，またそれを元来の適用領域以外にいかに拡大すべきかという観点から考察を行っている．19世紀の私法学の中で，ローマ法の素材を用いつつも，こうした思考方法からの訣別がなされている．そのため，今日の民法学上用いられる概念から出発すると，しばしば，古代ローマの議論を適確に捉えることはできない．そこで，本書では今日の概念をむやみに古代に遡及させるのではなく，各訴権や特示命令毎にその適用がいかなるものであったのか，またそれがいかに変化したのかをまず捉え，その上で，用語の問題を考えるという方法を徹底させることにしたい．

3. 物権化の議論

古典期の法学者のボキャブラリーの中には，「物権」という用語は存在しな

---

27) 碑文史料では，CIL 6, 1585b (FIRA 3, 110) をみよ．ここでは，都市内の公有地を永続的な形で賃借している者が，賃料を免除してもらうかわりに，自分の生きている限りという形に変更してもらっている．
28) ローマの法学者の訴権法的思考方法については，さしあたりシュルツ (2003), 47ff. を参照．

い．所有権やそれに類似する各種の権利が存在したことは事実であるが，その上位概念としての「物権」に相当する用語はない[29]．所有権以外の物権を示すius in re aliena は，周知の通り，古典期法律家の用語ではない．物（res）を有体物と無体物に分ける分類では[30]，無体物の中に，他物権に相当するいくつかの権利（ius）が収められるが，ここには hereditas（相続の対象となる相続財産の総体）や obligatio（債権ないし債務）もここにあげられ，他物権とその他の権利とが区別されているわけではない．また，権利の「物権」化について法学者たちがまとまった形で論じている箇所はない．そもそも，所有権についてすら，その内容に関する包括的記述は存在しない[31]．

このような中であえてローマ法における権利の「物権」化を議論するとすればどうすればよいのであろうか．すぐに思いつくのは，対物訴権（vindicatio）の提起可能性をみるというものである[32]．用益権・地上権・質権では，こうした訴権の提起が可能とされている．他方，賃借人や無償居住者のための対物訴権なるものは法務官告示中には存在しない．したがって，賃借人や無償居住者の権利が物権化していないということはとりあえずは可能である．

しかし，法務官告示がほぼ固定化された状況で議論をしているローマの古典期の法学者にとってみれば，賃借人や無償居住者に対物訴権を付与するとの告示の規定がない以上，対物訴権を付与すべきとの議論ができないのはいわば当然である．当時の法学者としては，この状況を前提にしつつ，所有者に与えられるのと類似の保護を，彼らが使える技術を用いていかに実現していくかが重要であり，ここにこそ彼らが活動するフィールドが存在した[33]．したがって，

---

29) 原田(1954), 91.
30) Gai. inst. 2, 12-14; Inst. Iust. 2, 2. Ulpianus は，D. 39, 2, 13, 1; D. 43, 26, 2, 3 では，この区別を意識している．この区別と必ずしも一致するわけではないが，類似する区別が Cic. Top. 5, 27; Seneca, ep. 6, 6 (58), 11 にでてくる．
31) 例えば，シュルツ(2003), 179.
32) 星野(1972), 311-317. 最近の文献では大窪(2004), 157-158. また大窪(2004), 162 n. 10 に我が国におけるこの問題についての文献が整理されている．
33) シュルツ(2003), 47f.

古典期の法学を捉えようとする本書の立場からは，法務官告示上の規定の不存在の中で，彼らがいかにして賃借人や無償居住者たちを保護しようとしたのか，あるいは保護しようとしなかったのかを探究することが求められる．

また，所有者に与えられる法手段は，対物訴権のみではない．この他に占有関係の特示命令，新工事禁止通告や未発生損害の担保問答契約の締結強制，その他不法行為法上の訴権を通じても所有者の保護は図られている．こうした保護手段が所有者以外の居住者たちにどの範囲で与えられたかも，あわせてみていく必要がある．

以上の状況を受け，本書では，「物権」化という現象を，所有者に付与される法手段をそれ以外の者に付与する一連の過程と捉えることにしたい[34]．そして，まずは建物の所有者に付与された法務官告示上の法手段（訴権と特示命令等）を概観し，建物所有者の権利の具体的内容を明らかにする．その上で，こうした法手段が所有者以外の用益権者，賃借居住人，無償居住者に与えられたかをみていくことにする．

4. 古代ローマの法学者たちの学説変遷を時系列で辿ること

Digestaに収められている記述の著者たる法学者たちは紀元前1世紀から後3世紀という約300年にも及ぶ時間軸の中に生きた人々である．この時代は政治体政こそ共和政から元首政へと変化したものの，社会的には比較的同質性を保っている時代である．しかし，法学を取り巻く環境の変化は当然存在する．また，法学自体も不変のものではない．特に本書が対象とする住居に関しては，第2章でみる通り，1世紀から2世紀にかけて著しい発展を確認することができる．こういう変化への法学者たちによる対応こそが本書の関心事である．

そこで，本書で法学者の議論をみていくにあたっては，古典期法学という枠内における議論の変遷に特に注目することにしたい．

---

34) この問題を考察する邦語文献として，前掲の星野論文，大窪論文の他，岩田新（1930）がある．

本書の性格上，冒頭で古典期法学についての説明があった方が読者の理解を促進するものであることは確かである．しかし，ここでそれを行う余裕はない．また，この点については，何か新たな知見をつけ加える作業を行っているわけではない．そこで，本書に登場する法学者たちの経歴，著作を時系列に沿って整理した表を以下にかかげるにとどめておきたい[35]．

共和政期の法学者を古法学者（veteres）ということがある．以下の表1の中でいうと，Tuberoまでがこれにあたる．古典期を前期，盛期，後期にわけることもあり，叙述の便宜上，本文でも用いている．前期にあたるのがProculusまで，盛期がScaevolaまで，残りの法学者が後期に属するとされている．なお，およそ時代区分一般の常として，この時代区分もまた便宜的なものであることはいうまでもない．

表1

名　前	生没年	経　歴	主要著作
Q. Mucius Scaevola Pontifex（クィーントゥス・ムーキウス・スカエウォラ）	前82年死亡	前95年執政官，最高神官	
Servius Sulpicius Rufus（セルウィウス）	前43年死亡	前51年執政官	
(P.) Alfenus Varus（アルフェヌス）		前39年補欠執政官	digesta（解答集）
Q. Aelius Tubero（トゥベロ）			
M. Antistius Labeo（ラベオ）	後10-21年に死亡	法務官	responsa（解答録），Pithana（ピターナ）
C. Ateius Capito（カピト）	後22年死亡	後5年補欠執政官	

---

35) 本文中でしばしばでてくる法学者に限定する．表の中の著作は本書で頻出するものを恣意的に選んだものにすぎない．

Masurius Sabinus （サビヌス）			ius civile（市民法論）
M. Cocceius Nerva （大ネルウァ）	後33年死亡	後24年以前に補欠執政官，後24年から水道長官	
M. (?) Cocceius Nerva （小ネルウァ）			
Proculus （プロクルス）			epistulae（書簡録）
Iuventius Celsus （大ケルスス）			
Vivianus （ウィウィアヌス）			
Iavolenus Priscus （ヤウォレヌス）	ハ帝下存命	86年補欠執政官，90年上部ゲルマニ属州総督，シリア属州総督，アフリカ属州総督，最高神官	ex Cassio（カッシウス抜粋），epistulae（書簡録），ex Plautio（プラウティウス抜粋）ex post. Labeonis（ラベオ遺稿集）
Titius Aristo （アリスト）	105年以降に死亡		digesta（法学大全）
Neratius Priscus （ネラティウス）		97年補欠執政官，パンノニア属州総督，ト帝・ハ帝の顧問会の成員	epistula（書簡録），ex Plautio（プラウティウス抜粋），regulae（法範），responsa（解答録）
P. Iuventius Celsus （小ケルスス）		106年か107年に法務官，トラキア属州総督，129年正規執政官，アシア属州総督	digesta（法学大全），epistulae（書簡録），quaestiones（質疑録）
Salvius Iulianus	100年頃出生	148年正規執政官，	digesta（法学大全）

（ユリアヌス）		低地ゲルマニア総督，東部ヒスパニア総督，ハ帝顧問会成員，マ帝顧問会成員，175年執政官（？）	
Sex. Pomponius（ポンポニウス）	ハ帝，ピ帝，マ帝下存命		Enchiridium（法学入門），ad Sabinum（サビヌス注解），ad Q. Mucium（クィーントゥス・ムーキウス注解），epistula（書簡録），ad edictum（告示注解），variarum lectionum（講義集）
Sex. Caecilius Africanus（アフリカヌス）	169年または175年までに死亡		quaestiones（質疑録）
Venuleius Saturninus（ウェヌレイユス）			de interdictis（特示命令論）
Gaius（ガイウス）	178年以降に死亡		institutiones（法学提要），ad edictum provinciale（属州長官告示），ad l. XII tabularum（12表法注解）
Ulpius Marcellus（マルケルス）		ピ帝，マ帝の顧問会成員	digesta（法学大全），de officio consulis（執政官職務論），responsa（解答録）
Q. Cervidius Scaevola（スカエウォラ）		175年消防総監，マ帝顧問会成員	digesta（法学大全），quaestio（質疑録），regula（法範）responsa（解答録）
Aemilius Papinianus（パピニアヌス）	212年カ帝により殺害	203年より近衛都督	quaestiones（質疑録）
Iulius Paulus（パウルス）		セ帝下で近衛都督	ad Sabinum（サビヌス注解），ad edictum（告示注解）
Domitius Ulpianus（ウルピアヌス）	228年死亡	222年より近衛都督	institutiones（法学提要），ad Sabinum（サビヌス注

			解）, ad edictum（告示注解）
Aelius Marcianus（マルキアヌス）			ad formulam hypothecariam（抵当方式集）, instituitones（法学提要）
Herennius Modestinus（モデスティヌス）			regula（法範）, responsa（解答録）

出所：Lenel, Pal. II 1243-1248; Kunkel (1967) に基づき作成した．表中の「ハ帝」は Hadrianus 帝（在位 117-138），「ト帝」は Traianus 帝（在位 98-117），「ピ帝」は Antonius Pius 帝（在位 138-161），「マ帝」は M. Aurelius Antoninus 帝（在位 161-180），「セ帝」は Septimius Severus 帝（在位 193-211）を意味する．

5. インテルポラティオ研究に対する態度について

　周知の通り，Digesta の編纂にあたり Iustinianus 帝は古典期の法学著作をそのまま忠実に採録したわけではない．これは歴史的関心から編纂されたものではなく，当時通用すべき法典であった．そのため，同帝は，Digesta に採録されるべき学説に不適当，不用，または不精練な点をみつけたときには，これを修正するよう指示している[36]．このようにしてなされた修正はインテルポラティオと呼ばれている[37]．

　20 世紀に入ってからしばらくの間，ローマ法研究は，インテルポラティオの指摘に没頭した[38]．上記のようにこうした修正・改竄が存在すること自体は事実であるものの，それがどの程度の規模でなされたかについて Iustinianus 自身は何も語っていない．20 世紀のローマ法研究は当初，これが相当大規模にあるという前提の下，相当量の記述にインテルポラティオにあたると指摘した．しかし，こうした前提に根拠がないことが徐々に指摘され，今日では，インテルポラティオの指摘に謙抑的な態度がとられるのが一般的となっている．

---

36)　Const. Deo Auctore 7; Const. Tanta 10.
37)　船田 (1968), 462ff.; 林 (1981), 255.
38)　Finkenauer (2010), 10ff.; 船田 (1968), 556ff.

本書もこうした態度に則し，インテルポラティオであることを示す明白な証拠がない場合に（例えば Iustinianus によって導入された制度・原則との一致），原文の不正確性や他の記述との矛盾・対立を理由に Digesta 中の記述がインテルポラティオであると断ずる方法はとらない．

とはいえ，かつてのインテルポラティオ研究に一定の意義があるのは確かである．それは，古典期の中の主流の見解とは異なる見解が示されている法文の所在を明らかにした点である．しかし今日では，こうした法文を古典期という時代から締め出すのではなく，古典期という時代の議論の多様性という方向で説明をつけることが求められているといえよう．すなわち，本書の研究では，インテルポラティオ研究によって古典期のものではないとされた法文を，古典期内の少数説，あるいは多くの場合は，古典期末における変化として解釈することを目指すことにしたい．

3. 本書の構成と成り立ち

本書は，まずは，古代ローマの住環境や居住者についてみることから始めたい．古代ローマの居住用の建物については，文献史料としては Vitruvius（ウィトルウィウス）がある．また，ポンペイやヘルクラネウム，オスティアから，数多くの住居遺跡が発見され，近年，これについての研究が考古学上で，また建築史学上で深められている．第 2 章では，まずこれらの成果を利用し，この時代の居住用建物の実態を明らかにする．その上で，住居の諸形態についてみていく．また，これとあわせ，居住者やそれにかかわる人々（賃貸人，仲介業者）の実態も素描する．この作業は，無論，文献史料に頼ることになる．しかし，Cicero や Tacitus といった社会の上層に位置する著述家たちは，庶民の住居にさほどの関心は払っていない．他方，庶民の書き著した文献で今日まで残っているものはとても少ない．法史料を用いることも部分的には可能であるが，当事者の実態を生き生きと描写できる程のものではない．したがって，この部分の叙述は断片的なものにならざるを得ない．

以上の前提作業を行った上で，第 3 章以降でローマの法学者の学説をみていくことにする．第Ⅰ部では所有者たる居住者，第Ⅱ部では用益権者たる居住者および使用権者たる居住者，第Ⅲ部で賃借居住人（inquilinus），第Ⅳ部で無償居住者を取り上げる．

　各部ではその冒頭で総説を付し，所有権制度や用益権制度，賃貸借制度の概要を解説し，その上で居住者を巡る法学者の学説を可能な限り訴権毎に，また時系列でみていくことにする．

　本書は，筆者が 2008 年に中央大学に提出した博士論文（未公刊）がベースとなっているが，大幅な加筆修正を行いもはや原型をとどめてはいない．また，その前後に発表した以下に掲げる論文を部分的に取り込んでいるが，構成のみならず内容上も大幅な修正を加えている．

「古典期ローマ法における無償住居提供の法的性質決定」『法学新報』第 113 巻第 11・12 号（2007），619-673．
「無償住居提供のコンセンサスの法的拘束力」津野義堂編『コンセンサスの法理』（2007），129-154．
「古代ローマ法における建物賃借人の法的地位」『地域文化研究』第 10 号（2007），285-299．
「都市不動産への投資家の保護―古代ローマにおける法学説の展開―」『地域文化研究』第 11 号（2008），115-128．
「古典期ローマ法における建物の賃貸借をめぐる学説の展開」in: Future of Comparative Study in Law: The 60th anniversary of The Institute of Comparative Law in Japan, Tokyo 2011, 835-875.
「古典期ローマ法における「賃借権」の「物権」化」『比較法雑誌』第 45 巻第 3 号（2011），71-125．
Schutz und Haftung der Stadtbewohner im klassischen römischen Recht, in: liber amicorum Guido Tsuno, Frankfurt 2013, 271-285.
「古代ローマ法における建築自由の原則」『地域文化研究』第 16 号（2015），71-84．

　＊　本書は，科学研究費補助金（課題番号：26780005）の成果の一部である．

第 2 章
古代ローマの住居と居住者

居住にかかわる古代ローマの法学の分析に入る前に，当時の住居や居住者がいかなるものであったのかを簡単にみておくことにしたい．

1. 建　　物

1. 基礎構造，壁体

古代ローマの建築物は，通例，石とコンクリートから成り立っている[1]．木材の組合せで骨格を形成する木造建築とは異なり，こうした建築物の構造の基本となるものは壁である．

壁をつくる工法としては[2]，切石によるもの，木組みと石を用いるものもあったが[3]，主流であったのは，セメントを用いるコンクリート工法（opus caementicium）であった[4]．この工法の発明は前 3 世紀から前 2 世紀頃である[5]．当初は，「握り拳程度の大きさの石のできるだけ平らな面を外側にして積み，

---

1) ローマの住宅に関して一般的に述べる邦語文献としては，グリマル(2005), 12-22; 樋脇(2005), 80-82, 106-108; 後藤(1986), 28-108 がある．
2) 堀(1996), 221; リング(2007), 57-59, 82-86; 森田(1971), 37.
3) Vitruvius, 2, 8, 20. opus craticum のこと．Vitruvius によると，これは迅速かつ安価に壁をつくる工法であり，火災に弱いという重大な欠点を有していた．ヘルクラネウムからは，この工法の外壁を用いた建物が出土している．
4) Vitruvius, 2, 8, 1-19.
5) 堀(1996), 221.

目地をモルタルセメントで固めて壁をつくる方法」(opus incertum) が用いられた[6]．その後，ピラミッド型に加工した切片の底面をならべて壁の表面をつくり，内側にセメントを充填するという工法が発展した．この方法によると，完成した壁の表面が網目状になることから，この工法は網目積工法 (opus reticulatum) と呼ばれている[7]．そして，コンクリート工法は，レンガと組み合わせられる最終的な形態へと発展する．すなわち，三角形の薄型のレンガを規則的にならべて壁の表面をつくり，内側にセメントを充填するという工法 (opus testaceum) である．この工法による壁の耐久性について Vitruvius は慎重なものいいをしているが[8]，この工法は1世紀以降の主流の工法となり，アーチやヴォールトを用いた巨大な建築物の建造を可能にした．

2. 建物のタイプ――ドムスとインスラ

Tacitus や Suetonius は，私人の住居について言及するに際し，ドムス (domus) とインスラ (insula) という2つの用語をしばしば並列させている[9]．他方，Vitruvius は，アートリウム，タブリーヌム，ペリステューリウムといった部屋が平面上に配置された間取りを有する住居を有する建物と[10]，複数階をもつことで多数に人々が共同して居住可能となる建物[11]について，それぞれ言及している．Vitruvius は，別の箇所で，「ふつうの財産しかもっていない人たちには，堂々たる玄関や文書室 (tabulinum) やアートリウムは必要ではない」と述べており[12]，ここから前者の建物が富裕層のもの，後者がそれ以下の

---

6) リング(2007), 57.
7) リング(2007), 82; 堀(1996), 22 によると，ポンペイでこの工法が用いられるようになるのは，ポンペイがローマの植民都市となる前80年以降のことである．
8) Vitruvius, 2, 8, 19.
9) Tacitus, Ann., 15, 41: Domum et insularum et templorum, quae amissa sunt [...]; Suetonius, Nero, 16, 1: Formam aedificiorum urbis novam excogitavit et ut ante insulas ac domos porticus essent [...].
10) Vitruvius, 6, 3, 3-8.
11) Vitruvius, 2, 8, 17.

階層のものであったことがわかる．ここから，前者がTacitusやSuetoniusのいうドムスであり，後者がインスラであると考えることができる．以下，前者を「ドムス型建物」，後者を「インスラ型建物」と呼ぶことにする．

ドムス型建物は，1世紀後半の地方都市の様相を今に伝えるポンペイやヘルクラネウムから数多く発見されている[13]．これらは，概ね，Vitruviusの描く富裕層の住居の形態と一致している．

ポンペイの住居は，隣の家と壁を共通にしていることが多い．すなわち，共有壁 (paries communis) が用いられている．この壁の厚みは，およそ40センチ[14]と薄く，高層の上層階を支えることはできない．2階をつくる際には，壁に水平に並んだ形で穴を穿ち，そこに横木を差し込んで床を設けるという方法が用いられた．ポンペイの遺跡は一階部分しか残っていないため[15]，上層階については現物を確認することはできないが，多くの建物は1階建であり，部分的に2階が設けられているにすぎなかったと推測されている[16]．他方，ヘルクラネウムからは，2階部分が様々な形で活用されている建物が発見されている[17]．しかし，ポンペイ同様，隣家と1つの壁を共有する形態が一般的であり，高さもせいぜい2階建て程度であるにすぎない．

インスラ型建物は，2世紀の建築物が残るオスティアからみつかってい

---

12) Vitruvius 6, 5, 1. 訳は森田 (1979), 161 による．
13) Pompei, VI, 12, 2; VI, 6, 1; I, 10, 4. Herculaneum, V, 13-18 (ただし，これは後に改装され集合住宅となっている); VI, 11-13; III, 4-12 など．
14) 堀 (1995a), 196．
15) 後79年のヴェスヴィオ火山の噴火の際，ポンペイの街には，まず火山灰が240センチにわたり降り積り，その後火砕流が襲った (リング (2007), 14-15)．そのため，火山灰に埋もれていなかった構造物は破壊された．
16) 堀 (1995a), 199．またPirson (1999), 33によるPompei, VI, 6区画の2階部分の再構成をみよ．
17) ヘルクラネウムもヴェスヴィオ火山の噴火により地中に埋もれた街である．ここは，ポンペイとは異なり，ゆっくりと流れる溶岩流に襲われた．そのため，構造物は破壊されることなく，溶岩流に呑み込まれ，その後これが凝固したことにより，2階部分も含めて保存された (Losansky (2015), 25ff.)．

る[18]．この種の代表的な建物として，第1地区第4区画（Reg. I 4）と第3地区第9区画（Reg. III 9）とを取り上げる[19]．

　前者の区画は東西におよそ約40メートル，南北に約90メートルある．この区画には東側と西側にそれぞれ位置する2つの建物のみで占められ，区画の中央部分には中庭が設けられている．西側の建物の南側は一部であるが3階まで，西側は2階まで残存している．この建物の壁はレンガ積みのコンクリート工法によって建造されており，2階，3階はアーチやヴォールトを用いて造られており，そもそもは5階建てであったと推計されている．また，東側と西側の建物は，それぞれ自らに固有の壁で建造されており，共有壁は存在しない．

　後者は周囲を建物で囲い，中央には2つの細長い建物が平行した形で配置されている．そして，これらの建物群のほとんどすべてが，後述のメディアーヌム型住居用に設計されたものとなっている．これらの建物は，現在は1階部分しか残存していないが，元来は2階ないし3階建てであったと推測される．仮にこれらの建物のすべてが3階建てであったとすると，この地区に50を超えるメディアーヌム型住居が存在したことになる．

　ポンペイやヘルクラネウムにも，上階を利用した集合住宅は存在する．例えば，Pompei, VI, 6（通称，「パンサの家」）は，その区画の中央にあるアートリウム型住宅の周囲と，その2階部分に賃貸物件が存在する[20]．ヘルクラネウムのV, 13-18（通称，「200年祭の家」）は，もともとは2階建てのドムス型住居であっ

18）　オスティアの街は，ローマ市を流れるティベル川の河口に位置する．海船で運ばれてきた荷物は，この街で川船に移され，ローマへと運ばれた．このような中継港として機能していたオスティアは，ローマ市に歩調をあわせ，1世紀から2世紀にかけて発展し，そして113年頃にトラヤヌス港が街の北に建設された後，徐々に衰退していく．そのため，この街には2世紀の中頃に建築された建物が残存している．オスティアの歴史については，藤沢(2003), 5-7; 久志本(1978), 66-72; Maiggs (1973), 16ff.; Hermansenn (1982), 1ff. を参照．

19）　Reg. I 4 については，Packer (1971), 134ff.; Maiggs (1973), 244f. Reg. III 9 については，Packer (1971), 172ff; Maiggs (1973), 242.

20）　Pirson (1999), 34ff.

たものがいくつかの物件に区分けされている．しかし，1世紀後半の両地方都市には，オスティアにみられるようなインスラ型建物は建設されるには至っていない．オスティアのインスラ型建物がTraianus帝からHadrianus帝時代に数多く建設されていること，また文献史料からすると1世紀の著述家がinsulaという単語を2世紀のTacitusやSuetoniusのようにインスラ型建物をあらわす単語として用いていることを確認できないことからすると[21]，ローマでオスティアのようなインスラ型建物が普及するのは，オスティアと同様，1世紀末から2世紀にかけてのことであったと推測できよう．とはいえ，Augustusが建物の高さ制限を課していることから[22]，既に紀元前後のかわりめには高層建築は出現していたことがわかる．オスティアにみられるインスラ型建物のようなしっかりとした構造をもたずに高く建てられた建物であれば，その構造が脆弱であったことは想像に難くない．2世紀初頭の詩人Iuvenalis（ユウェナーリス）は，ローマでは「我々の大半がやせ細ったつっかい棒に支えられた家に住んでいる」と述べているが[23]，それは根拠のない話ではないといえよう．

---

21) insulaの概念については，後藤(1986), 28ff.; Priester (2002), 25ff.; Pirson (1999), 137 n. 526.
　　アウグストゥス帝時代に著された著作を整理したものとされるFestus (93f.) では，insulaは街区の意味で用いられている．CIL 4, 138のinsulaも街区の意味である．Cicero, Att, 12, 32, 2; 15, 17, 1; 15, 20, 4によると，Ciceroはあるinsulaを所有し，これを賃貸してあがる収益を息子の学資にあてようとしている．このinsulaが具体的に何ものであるかはわからないが，1つの街区である可能性を否定はできない．Cicero, pro Caelio 7, 17は，街区の意味である．Cicero, de fini. 2, 83; de off. 3, 66にあらわれるinsulaの内容は文脈から判別できない．Vitruviusは前述のようにインスラ型建物について述べていることは確かであるが，彼はこれをinsulaとは呼んではいない．

22) 後述第I部第10章第1節参照．

23) Iuv., Sat., 3, 190ff. 訳文は，国原(2012), 113による．

2. 住　　居

1. アートリウム型住居

　古代ローマの住居を語る際，最も典型的なものとして取り上げられるのがアートリウム型住居（ドムス型住居，あるいは単にドムスとも呼ばれている）である[24]．これは Vitruvius の中で語られていた富裕層の住居であり，ポンペイやヘルクラネウムで多数発見された富裕層の住居でもある．

　この住居は，アートリウムとペリステューリウムという2つの中心をもつ間取りをもつ[25]．この両者からアクセスできる形に，その周囲に部屋が配置され，両者の間にタブリーヌム（家の長の執務室）がおかれる．アートリウムは，天井に窓があけられ，ここから光が取り入れられる．ペリステューリウムは，中央部に屋根のない空間が設けられ，その周囲は神殿風の柱で囲まれる．

　このアートリウム型住居を中心に据えた建物が前述のドムス型建物となる．この住居は建物の一階部分におかれる．そして，各部屋を平面上にならべる間取りをもち，さらに採光のため屋根のない空間を必要とすることから，ドムス型建物は必然的に平屋建てとなり，2階を設けるとしても部分的にとどまり，全体を2階建て，3階建てにすることはできない[26]．

　多くの場合，アートリウム型住居を中心にもつドムス型建物には賃貸物件が附随する[27]．往来の多い通りに面したところには店舗用の物件（taberna）が設

---

24)　後藤 (2005), 72ff.
25)　アートリウム型住居についてはリング (2007), 49-68 が詳しい．
26)　後藤 (1986), 71ff.; 後藤 (2005), 83ff.
27)　この点は insula Arriana Polliana (Pompei, VI, 6) が好例を提供している．この区画の一角の壁に次のような貸家広告（CIL 4, 138）が掲げられていた．CIL 4, 138: INSVLA ARRIANA POLLIANA cN ALIeI NIGIDI MAI LOCANTVR EX k IVLIS PRIMIS TABERNAE CVM PERGVLIS SVIS ET CeNACVLA EQVESTRIA ET DOMVS CONDVCTOR CONVENITO PRIMVM cN ALIeI NIGIDI MAI SER「アッリアーナ・ポッリアーナ区画．Gn. Alleius Nigidius Maius の所有物．次の7月1日よ

けられる．また，居住用の賃貸物件が1階や2階部分に設置されることもある．

2．メディアーヌム型住宅

オスティアから発見されたインスラ型建物内にある住居は，アートリウム型住居と大きく異なった間取りを有する．ここでは，住居の中央に広めの空間が設けられ，そこからアクセスできるような形で部屋が配置される．この中央の空間はメディアーヌム（medianum）と呼ばれる[28]．こうした間取りをもつ住居はポンペイにもみられるが[29]，オスティアのものは，それよりも広く，また装飾性の高いものとなっている[30]．ここから，このタイプの住居（以下，メディアーヌム型住居）は，けっして貧困層の住居ではないことがわかる．他方，アートリウム型住居のような接客スペースが存在しないことから，アートリウム型住居の住人とは異なる社会層（具体的には，元老院議員や都市の参事会員層ではなく，商業に従事したり，都市の役人といった人々が想起される）のための住居であったと想像される．インスラ型建物は，3階建て，4階建てという構造となっており，採光のため，天井に窓をあけたり，ペリステューリウムを設置することはできない．しかし，このメディアーヌム型住居であれば，1つの建物内に複数配置することができる．また，間取り上，1階のみならず2階，3階にもお

　り，中2階付き店舗，騎士階級のためのケーナークルム，そしてドムスを賃貸する．賃借を希望する者はGn. Alleius Nigidius Maiusの奴隷Primusまで申し出ること．」

　　CIL 4, 138にでてくるこのinsulaはPompei, VI, 6区画であると考えられる．この区画には，その中央部にはポンペイで最も壮麗な部類に入るアトリウム型住居があり，その周辺および2階部分に，パン屋用店舗，飲食店用店舗，その他6つの店舗用物件，さらに90平米ほどの広さをもつ複数の住居用物件が存在する．この区画については，Pirson (1999) 23ff. を参照．

28)　Hermansenn (1982) 20ff.
29)　例えばPompei, VI, 6, 7; 9; 10. ここでは，アートリウム型住居を中心におくドムス型住居に付随する形でこのタイプの住居がつくられている．
30)　Frier (1980), 3ff.

くことが可能である．

3. ケーナークルム

法史料中には，賃貸物件として，しばしばケーナークルム（cenaculum）というものが出てくる[31]．また，ポンペイのグラフィティの中にも現れている[32]．

ケーナークルムとは[33]，元来は，建物の2階以上に設けられた空間のことを指している[34]．平屋建てが通例である環境にあっては，建物の主要部分は1階であり，2階は副次的機能を有するにすぎなかった．そのような環境にあっては，ケーナークルムは屋根裏部屋というべきものであったといえよう．

しかし，この部分に一定の独立性が与えられ，しばしば賃貸物件として用いられるようになる．例えば，後に皇帝となるVitelliusはガリアに赴任するにあたり，金欠のため自らのドムスを賃貸に出し，家族はケーナークルムを賃貸して住まわせた[35]．また，詩人Martialisは，ローマ市内のとあるケーナークルムに居住していた[36]．

時にケーナークルムがゲストルームとして用いられることもある．Suetoniusによると，朝が弱いAugustusは，しばしば朝の用事に近い場所に位置する知人の家のケーナークルムを利用したとのことである[37]．以上のよう

---

31) D. 1, 15, 3, 4; D. 9, 3, 1, 7; D. 9, 3, 5, 1-2; D. 13, 7, 11, 5; D. 19, 2, 25, 2; D. 19, 2, 30 pr; D. 33, 1, 20, 1; D. 39, 2, 43, 1; D. 44, 7, 5, 5; D. 47, 11, 7 pr.
32) CIL 4, 138 ; CIL 6, 1136.
33) この言葉の意義については，Pirson (1999), 20 に拠る．
34) Varro, ling., 5, 162; Liv., 39, 14, 2.
35) Suet., Vit., 7.
36) Martialis, 1, 10．なお，Martialisは別の箇所（Martialis, 9, 18, 2）では自らの家をcellaと呼んでいる．
37) Suetonius, Aug., 78 : [...] Matutina vigilia offendebatur. ac si vel offcii vel sacri causa maturius vigilandum esset, ne id contra commodum faceret, in proximo cuiuscumque domesticorum cenaculo manebat. [...]「朝の早起きを嫌った．もし公務や祭礼のためにふだんより早く起きなければならないとき，それが快適な眠りを妨げぬように，身内の誰かれを問わず，目的地に一番近い家のケーナークルムに泊

なケーナークルムの用例からすると，これは比較的大きなまとまりをもった賃貸物件であり，その中には相当程度高い住環境を有した物件もあったと想像される[38]．

4．そ の 他

この他，diaeta（部屋）や cella（倉庫）が居住スペースとして用いられている例もある[39]．これは，ケーナークルムのように複数の部屋からなる富裕層の居住するスペースではないことは無論のこと，独立した住居ですらなく，アートリウム型住居やメディアーヌム型住居の中の1室を指している可能性もある．この他，店舗用物件の一部が住居として用いられることもあったであろう[40]．

3．当 事 者

1．所 有 者

ドムス型建物の所有者としては，元老院議員層や騎士層のような富裕層が想起される．しかし，ポンペイでは賃貸物件があまり発達していなことからすると，この下の層の者でも自らが住むためのドムス型建物を都市内に所有できたものと推測される．

インスラ型建物の所有者の例として，文献史料より，歴史上の有名人の名を連ねることができる．Caesar は，賃借人のために賃料を免除した事実を掲げ

　　まっていた．」
　　　また，Suetonius, Aug., 45 によると，友人や被解放自由人のケナクルムから競技を観戦することもあったという．
38) Frier (1980), 3-20.
39) diaeta: D. 33, 2, 34 pr（おそらくは被解放自由人）; D. 32, 41, 1（被解放自由人）D. 39, 5, 32. cella: D. 21, 1, 17, 15（被解放自由人）; D. 32, 41, 1．C 4, 65, 3 の diaeta が住居用として用いられていたかはわからない．
40) 例えば，Herculaneum, V, 6.

ている[41]．ここから，彼が集合住宅を所有し，それを賃貸していたと考えることができる[42]．Plutarchus（プルタルコス）は，Crassus がローマの集合住宅の大部分を買い占めたという話を伝えている[43]．この他，Cicero もまた集合住宅を所有し，年間 80,000 セステルティウスの収入を得ていた[44]．

　碑文史料での貸家広告がポンペイに 2 つ存在する．その 1 つでは，賃貸人は，ポンペイの政治の中心におり，ポンペイのプリンケプスとも称された Gn. Alleius Nigidius Maius[45]であり，他の 1 つでは[46]，Iulia Felix という女性が賃貸人である．名前からすると皇帝家の解放奴隷ではないかと推測されている．当時のローマでは，集合住宅を所有し，これを賃貸することは，多くの収入を保障するものであり，富裕者にとっては，農地と並ぶ格好の投資対象であったと思われる[47]．

2. 賃借人(1)――仲介業者

　建物所有者と居住者の間に立ち，賃貸物件を仲介していた人々が存在する[48]．こうした人々は，法史料中にしばしば登場する．

　文献史料の中では，Cicero の友人 Atticus が Cicero の不動産を管理している例が出てくるが，そこでは Atticus の元奴隷である Eros なる者が管理をして

---

41) Suetonius, Caes., 38.
42) ただし，大衆への施与行為として，一定額以上の賃料を補助したという見方もできるかもしれない．
43) 河野与一訳『プルターク英雄伝（七）』岩波書店 1955 年, 150「その上，ローマの町に附物のやうによく起る災害が家屋の重さと数による火事と崩壊とであることをみて，建築を心得ている奴隷を買った．その後かういふ奴隷が五百以上になつてから焼けた家や焼けが隣の家を持主の恐怖心と不安から僅かの値段で手離すのを買取つた結果，ローマの町の大部分がクラッスの物となつた．」
44) Cic. Att., 16, 1, 5. 賃貸人として Cicero については，Frier (1978) を参照．
45) この人物については，Frankrin (1997) 参照．
46) CIL 4, 1136.
47) Gellius, Att., 15, 1, 2-3.
48) du Plessis (2012); Frier (1980), 29-31.

いる[49]．また，前述の Insula Arriana Polliana の貸家広告（CIL 4, 138）には，賃借希望者は所有者 Maius の奴隷 Primus まで申し出るようにと記載されている．Primus なる者の実態はわからないが，Maius の下で賃貸業務を統括する奴隷であった可能性はある[50]．

3. 賃借人(2)——賃借居住人（inquilinus）

アートリウム型住宅が賃貸借されている例も存在する．Digesta 中には，この邸宅が全体として賃貸借の対象となっている例が数多く見出される[51]．Cicero は弟 Quintus のためドムスを賃借している[52]．また，この時点で弟 Quintus の屋敷は別の者に賃貸されている．

次に，アートリウム型住宅よりも質の低い物件（ケーナークルムなど）が賃借されて居住している例をみていこう．Plutarchus によると，若い頃，Sulla は解放奴隷の息子と同じ建物に住んでいた[53]．また，前述のように，Vitellius は，家族のためにケーナークルムを賃借して住まわせた．Petronius が創作した話の中で，被解放自由人の Diogenes は，一文無しから身を起し，材木を運ぶ仕事に従事していたが，何の幸運か，一躍大儲けし，80万セステルティウスの財産を築いた．そこで，彼は邸宅を購入し，今まで住んでいたケーナークルムを賃貸に出すことになった[54]．Martialis は，建物の高層階にある，ローマ市内のケーナークルムないしは物置部屋（cella）に居住していた[55]．

---

49) Cicero, ad Att., 15, 17, 1 ; Cicero, ad Att., 15, 20, 4.
50) D. 50, 16, 166 pr Pomp. 6 ad Sab.; D. 7, 8, 16, 1 Pomp. 5 ad Sab.; D. 50, 16, 203 Alf. 7 dig.; D. 14, 3, 5, 1 Ulp. 28 ad ed. に出てくる insularius はこうした奴隷のことであろう．
51) D. 7, 1, 13, 8; D. 13, 7, 11, 5; D. 19, 2, 9 pr; D. 19, 2, 9, 6; D. 19, 2, 24, 2; D. 19, 2, 28, 1; D. 19, 2, 28, 2; D. 19, 2, 45 pr; D. 19, 2, 60 pr; D. 43, 32, 1, 4.
52) Cicero, Q. fr, 7, 7 (2, 3, 7).
53) Plut., Sulla, 1.
54) Petronius, Sat., 38.
55) Martialis, 1, 86 ; 1, 108; 1, 117 ; 5, 22 ; 8, 14.

30

4. 用益権者・使用権者

　用益権は，元来は扶養のためのものである[56]．最も典型的には，相続人にならない被相続人の構成員（例えば妻）のために，一定の財産の使用・収益をその者が生きている限りという形で与えるためのものである．したがって，建物についても，被相続人と一定の親族関係やそれと比すことの可能な人間関係を有する者がその用益権を取得するという形態が多かったものと想像される．

　しかし，古典期の学説の中で，遺贈によらず，また明確に区切られた期限を付した上で用益権を設定することも認められた[57]．また，用益権自体が実際の利用権というよりも，賃料収入を取得する権利という側面を強めていく．その結果，法理論的には，親族関係等の人間関係と切断された形で，ビジネスライクな形で建物の用益権を設定することも可能となっていたはずであるが，Digesta 中にそのような例を見出すことはできない．

5. 無償居住者

　Cicero は，書簡の中で友人に無償での habitatio の提供を依頼している[58]．提供を受けるべき者は，C. Avianius Evandrus という人物であり，Cicero が親しく交際している M. Aemilius の庇護民であり被解放自由人の彫刻家である．

　D. 39, 5, 27 の法文における事案においては，Aquilius Regulus という人物が Nicostratus という人物に無償で住居を提供している．Nicostratus は，マケドニア出身の 2 世紀の高名なソフィスト・小説家であり，Aquilius Regulus の弁論術の教師であった[59]．Aquilius Regulus についての詳細はわからない[60]．

　また，D. 33, 1, 10 pr では，友人に住居が無償で提供されている．この法文

---

56) 後述第 12 章第 6 節参照．
57) 後述第 12 章第 3 節 1 参照．
58) Cicero, ad familiares, 13, 2.
59) Willy Stegemann, RE, Nikostratos の項 (Nr. 27) を参照．
60) P. v. Rohden, RE, Aquilius の項 (Nr. 31) を参照．

では，遺言者は，「親愛なる友」である Seius に 6 年間にわたって住居（habitatio）を提供するよう相続人に義務づけている．遺言者は「親愛なる友」と Seius を称しているが，Seius は遺言者の仕事の助力者であり，全く対等な関係にある友人ではないと想像される．この Seius に，遺言者は，Seius が遺言者の死亡する前より利用している住居（habitatio）を遺贈している．すなわち，この遺言者は，生前より，Seius に住居を提供していたことが読み取れる．そして，遺言者は，自らの死後も，自分に対して行ったような助力を自分の娘たちに行うことを条件として，この habitatio を遺贈している．

この他，数多くの法文より，無償で住居が元主人から被解放自由人に提供されていたことが読み取れる[61]．無論，こうした被解放自由人に提供されている住居とは，ドムス型建物やインスラ型建物の中の一部分，すなわち diaeta や cella と表記される空間であると想像される．

---

61) D. 21, 1, 17, 15 や D. 9, 3, 5, 1 の事案では，被解放自由人に habitatio が提供されていることを明瞭に読み取ることができる．また，この他にも，D. 33, 1, 10, 3 や D. 33, 2, 33, 1 からも，元主人から被解放自由人に無償で habitatio の提供がなされていたことを読み取ることができる．これらの法文において取り扱われている事案では，遺言書の中に「私が生前に給付していた物を被解放自由人に与える」との記載があり，このような記載に基づき，相続人は，被解放自由人に住居の提供を義務づけられている．ここから，これらの事案においては，遺言者である元主人は，生前に，被解放自由人に habitatio を提供していたことがわかる．そして，被解放自由人に住居を提供している元主人は，自らの死後も被解放自由人が住居を失うことがないよう配慮し，彼らに住居を遺贈したと考えられる．また，D 18, 6, 19 pr では，邸宅（domus）の売買にあたり，この中に居住している被解放自由人に買主が habitatio を提供すべきことが付加的に合意されている．これもまた，被解放自由人が生きている限り，彼に住居を確保しようとする元主人の配慮のあらわれとみることができる．この他，使用権者が使用権を有する建物の一部に被解放自由人を住まわせるという例もある（D. 7, 8, 2, 1）．これもまた，被解放自由人への住居の無償提供の一例とみることができる．

第Ⅰ部
所　有　者

第3章

総　　　説

　第Ⅰ部のテーマは建物所有者の居住の保護である．第4章以降，この点にかかわる各種の訴権や特示命令について個別的に分析していくことにするが，その全体像を明確にするため，それに先立ち，本章において次の3点についてみておくことにしたい．

　第1に，私的な所有にかかる土地，すなわち私有地とは何であるかについておさえておきたい．ローマ法の物の分類によると，神聖物や宗教物や公有物ではない土地が私的所有の対象となる．したがって私有の対象とならない物をみることで，逆に私有地がなんであるかがわかる．私有の対象とならない物は，元来は私法上の規律の対象外であるが，特にその利用に関し私法上の保護が特示命令によりなされる．その保護の態様は私有地の利用の保護のあり方と一定の共通性を有していることから，この点についてもここであわせてみておくことにしたい．

　第2に，私有地についての公法上の保護・規制について概観しておくことにしたい．周知の通り，私有地の利用に関しては，私法の他にも公法上の保護や規制もまた存在する．

　第3に私法上の保護の概観をしておくことにしたい．ローマの私法の中核には，法務官告示が存在する．ここに定まる様々な訴権や特示命令等により私有地は私法上保護される．我が国の民法は，Bartolusにまで遡る「法令の制限内において，自由にその所有物の使用，収益及び処分をする権利」という定義を用いているが[1]，ローマの法学者による所有権の定義は伝わってきていない．

Schulzは，彼の念頭にあった所有権概念は「所有権とは保持者に現実的あるいは潜在的な形で相対的に最大の法的力を付与する，有体物に対する物的権利」というものであったと説明している[2]．彼らの所有権概念をいかに定義するかはともかく，その保護となると訴権や特示命令の束によるものであったことに疑いはない．そこで，建物の所有者の居住の保護をみていくにあたっては，これらの訴権や特示命令を個別的にみていくことが必要になる．しかし，これらを単に並列的にならべるだけでは全体像を摑むことは困難である．そこで，ローマの法学者たちにある程度共有されていた区分に従い，これらの訴権や特示命令を整理する必要がある．

1. 私人による所有の対象とならない物の取扱い

1. 物 の 分 類

有体物としての物（res）には，私的な所有の対象となりうるものとそうでないものがある[3]．本書の関心はもちろん前者であるが，その位置づけを明確にするため，後者およびその私法的保護についてもこの総説の中で概観しておきたい．

神法物（res divini iuris）に属する物を私人が所有することはできない[4]．これはさらに神聖物（res sacrae）と宗教物（res religiosae）にわかれる[5]．また，聖護物（res sanctae）もここに属する[6]．神聖物とは，ローマ国民の承認の下，天上の神々に捧げられた物である[7]．具体的には，神殿や神像，祭壇，祭具といったものがこれにあたる[8]．宗教物は，地下の神々に捧げられた物である[9]．私人

---

1) 谷口（2001），2．
2) シュルツ（2003），169f. n. 55．
3) Gai. inst. 2, 1
4) Gai. inst. 2, 2ff.; D. 1, 8, 1 pr Gai. 2 inst.; D. 1, 8, 6, 2 Marcian. 3 inst.
5) Gai. inst. 2, 3.
6) Gai. inst. 2, 8.
7) Gai. inst. 2, 4-5; D. 1, 8, 6, 3 Marcian. 3 inst.; D. 1, 8, 9 pr Ulp. 68 ad ed.

が彼の有する土地を墓地とした場合，その土地は宗教物となる[10]．聖護物（res sanctae）にあたる物には，市壁や市門がある[11]．

神聖物の対義語は人法物（res humani iuris）である[12]．これは，公有物（res publica）と私有物（res privata）とにわかれ，前者もまた私人の所有の対象とはならない[13]．公有物は，具体的には，公道，公共広場，河川，湖，水道設備[14]であり，また国または都市が所有しているインスラや農地など[15]もこれにあたる．

この他，万人の共有物（res commnes omnium）もまた私人個人の所有の対象とはならない[16]．ここに属する物には，水，流水，海，海岸があり，これらの物は誰でもが利用することができ，その利用の妨害は不法侵害にあたる[17]．

2. 神聖物たる土地に適用される特示命令

私的な所有の対象とならない物についても，その利用等に関し法務官告示による保護が受けられる場合がある．まず神聖物については，次の3つの特示命令が法務官告示に存在した[18]．

第1に，神聖物，宗教物，または聖護物たる土地での工事を禁止するための特示命令である（§235）[19]．神聖物，宗教物または聖護物たる土地の中である

---

8) Kaser/Knütel (2014), 113.
9) Gai. inst. 2, 4.
10) Gai. inst. 2, 6; D. 1, 8, 6, 4 Marcian. 3 inst.
11) Gai. inst. 2, 8; D. 1, 8, 8 Marcian. 4 reg.
12) Gai. inst. 2, 2; D. 1, 8, 1 pr Gai. 2 inst.
13) Gai. inst. 2, 10-11.
14) Kaser/Knütel (2014), 113.
15) D. 43, 8, 2, 3 Ulp. 68 ad ed. もみよ．
16) D. 1, 8, 2 pr Marcian. 3 inst.
17) D. 1, 8, 2, 1 Marcian. 3 inst.; D. 47, 10, 13, 7 Ulp. 57 ad ed.; D. 43, 8, 2, 9 Ulp. 68 ad ed.
18) 佐々木(2006), 82ff.
19) D. 43, 6, 1 pr Ulp. 68 ad ed.: Ait praetor: "In loco sacro facere inve eum immittere

者が建築をしようとした場合，市民はこの特示命令を申請し，この建築を差し止めることができる．また，工事が完了した場合，この特示命令により建設したものを取り壊して元に戻させることもできた[20]．

　第2に，宗教地に亡骸を運び入れることができなくしようとする暴力行使，あるいはここに墓地を建設することができなくしようとする暴力行使を排除するための特示命令である（§236）[21]．言い換えると，この特示命令は，埋葬という形での宗教地の利用を宗教地上に権利をもつ者[22]に保障するための法手段といえる．

---

　　quid veto".「『神聖地で工事をしたり，そこに何かを侵入させることを私は禁止する．』と法務官はいう．」

　　Digesta に伝わる告示の文言は，神聖物たる土地上での工事の禁止のみがあがるが，Lenel, EP, 456; Berger (1916), Sp. 1655 によると，これは宗教物や聖護物である土地についても適用があり，また工事の禁止とあわせ原状回復の請求についても規定されていた．なお，佐々木(2006), 92 は，この特示命令が宗教物たる土地に拡大適用されたことに懐疑的である．

20）　佐々木(2006), 95ff.
21）　Lenel, EP, 458; Berger (1916), Sp. 1646f.; 佐々木(2006), 98ff.

　　D. 11, 8, 1 pr Ulp. 68 ad ed.: Praetor ait: "Quo quave illi mortuum inferre invito te ius est, quo minus illi eo eave mortuum inferre et ibi sepelire liceat, vim fieri veto."「『遺体を君の意思に反してそこへと持ち込むことができる権利をある男または女が有している場合，その男または女が，そこに遺体を持ち込み，そこに埋葬することができなくなるような形での暴力の行使を私は禁止する．』と法務官は述べている．」

　　D. 11, 8, 1, 5 Ulp. 68 ad ed.: Praetor ait : "Quo illi ius est invito te mortuum inferre, quominus illi in eo loco sepulchrum sine dolo malo aedificare liceat, vim fieri veto."「『君の意思に反してそこに（?）遺体を運び込む権利をある者が有しているならば，その者に対し，そこでお墓を悪意なしで建てることができないようにする形で行使される暴力を私は禁止する．』と法務官は述べている．」

22）　宗教地は私的な所有の対象とはならないものの，元来は私有物であり，もともとの所有者にこの土地を墓地として利用する権限がある．この点については，Kaser/Knütel (2014), 113; 佐々木(2006), 95ff. をみよ．

3. 公有地に適用される特示命令

　法務官告示§237は，公有地（ただし以下でみる公道や河川は除く）での工事や，公有地にバルコニーや帆などを入り込ませるような工事を禁止する（§237.1）[23]．この工事により被害をうける者は[24]，この工事を差し止めることができる．この特示命令は，あくまでも差し止めのためのものであり，既に完成した工事については適用がない[25]．

　公道については，4つの特示命令が存在する．第1に，公道での工事を禁止するための特示命令である（§237.2）[26]．この特示命令により公道内での工事と公道に侵入する形でなされる工事の双方が禁止される．第2にこうした工事を原状回復させるための特示命令である（§237.3）[27]．これが可能である点は通常

23）　Lenel, EP, 458.

　　D. 43, 8, 2 pr Ulp. 68 ad ed.: Praetor ait: "Ne quid in loco publico facias inve eum locum immittas, qua ex re quid illi damni detur, praeterquam quod lege senatus consulto edicto decretove principum tibi concessum est. de eo, quod factum erit, interdictum non dabo".「法務官は次のよう述べている．『君は公有地の中で，彼にに損害を与えるような工事をしてはならない．また，公有地に入る形で何かをつくってはならない．ただし，法律，元老院議決，告示，元首の裁定に基づき君が許可されている場合はこの限りではない．既に完了した工事についてはこの特示命令をを私は与えない．』」

24）　D. 43, 8, 2, 10-15 Ulp. 68 ad ed.

25）　D. 43, 8, 2, 17 Ulp. 68 ad ed.

26）　Lenel, EP, 458f.

　　D. 43, 8, 2, 20 Ulp. 68 ad ed.: Ait praetor: "In via publica itinereve publico facere immittere quid, quo ea via idve iter deterius sit fiat, veto".「法務官は次のようにいう．『公道で工事をしたり，ここに差し入れることで，この公道が劣化するのであれば，こうした工事を私は禁止する．』」

27）　Lenel, EP, 459.

　　D. 43, 8, 2, 35 Ulp. 68 ad ed.: Praetor ait: "Quod in via publica itinereve publico factum immissum habes, quo ea via idve iter deterius sit fiat, restituas".「公道で工事をしたり，ここに差し入れることで，この公道が劣化するのであれば，この工事を元に戻さねばならない．」

の公有地とは異なる．第3に，公道での通行の妨害を排除するための特示命令である（§238）[28]．第4は，公道の修理の妨害を排除するための特示命令である（§240）[29]．

公の河川についても公道と類似の規定がある[30]．すなわち，河川での工事，および河川に差し入れる形での工事がなされようとしているとき，これを禁止することができる（§241.1）[31]．こうした工事がなされた場合にこれを取り壊して元に戻させることができる（§241.2）[32]．また，水の流れをかえるような結果を招来する工事については別途の特示命令により禁止され（§242.1）[33]，またこ

---

[28] Lenel, EP, 459.

　D. 43, 8, 2, 45 Ulp. 68 ad ed.: Praetor ait: "Quo minus illi via publica itinereve publico ire agere liceat, vim fieri veto".「法務官は次のように述べた．『彼が公道を通行することを許さないようにするために行使される暴力を私は禁止する．』」

[29] Lenel, 459.

　D. 43, 11, 1 pr Ulp. 68 ad ed.: Praetor ait: "Quo minus illi viam publicam iterve publicum aperire reficere liceat, dum ne ea via idve iter deterius fiat, vim fieri veto".「法務官次のように述べている『公道を掘り返し，修復したりすることができないようにする形での暴力の行使を，この工事がこの公道が悪化することがないようにするためのものである場合，私は禁止する．』」

[30] 佐々木（2007），29ff.

[31] Lenel, EP, 460; 佐々木（2007），31.

　D. 43, 12, 1 pr Ulp. 68 ad ed.: Ait praetor: "Ne quid in flumine publico ripave eius facias neve quid in flumine publico neve in ripa eius immittas, quo statio iterve navigio deterior sit fiat".「法務官はいう．『公の河川において君が工事をしたり，あるいは君が公の河川やその河岸に入り込む形で何かをつくり，通行や航行を悪化させてはならない．』」

[32] Lenel, EP, 460; 佐々木（2007），31.

　D. 43, 12, 1, 19 Ulp. 68 ad ed.: Deinde ait praetor: "quod in flumine publico ripave eius fiat sive quid in id flumen ripamve eius immissum habes, quo statio iterve navigio deterior sit fiat, restituas".「また法務官はいう．『公の河川または河岸でなされた工事，または公の河川または河岸に侵入させる形で君が行った工事は，それが航行を悪化させたのであれば，原状に戻せ．』」

[33] Lenel, EP, 460f.; 佐々木（2007），36.

　D. 43, 13, 1 pr Ulp. 68 ad ed.: Ait praetor: "In flumine publico inve ripa eius facere

れがなされた場合には元に戻させることが認められている（§242. 2）[34]．さらに，河川の航行について，これを妨害するような暴力行使が禁止される（§243）[35]．この他，水路のまわりにある土手の保護のための特示命令も法務官告示は規定している[36]．

---

  aut in id flumen ripamve eius immittere, quo aliter aqua fluat, quam priore aestate fluxit, veto".「法務官は次のように述べている．『公の河川で工事を行い，あるいはそこに何かを差し入れ，これにより前年の夏における流れと異なるような流れとなる場合，こうした工事を私は禁止する．』」

34） Lenel, EP, 460f.; 佐々木（2007），36.

  D. 43, 13, 1, 11 Ulp. 68 ad ed.: Deinde ait praetor: "quod in flumine publico ripave eius factum sive quid in flumen ripamve eius immissum habes, si ob id aliter aqua fluit atque uti priore aestate fluxit, restituas".「法務官は次のように述べる．『公の河川で工事を行い，あるいはそこに何かを差し入れ，これにより前年の夏における流れと異なるような流れとなる場合，こうした工事を私は元に戻すよう命じる．』」

35） Lenel, EP, 461; 佐々木（2007），37f.

  D. 43, 14, 1 pr Ulp. 68 ad ed.: Praetor ait: "Quo minus illi in flumine publico navem ratem agere quove minus per ripam onerare exonerare liceat, vim fieri veto. item ut per lacum fossam stagnum publicum navigare liceat, interdicam".「法務官は次のようにいう．『公の河川に船や筏を進水できなくなるような形で，あるいは水路を通って荷物を積んだり，積み降ろしたりすることができなくなるような形で行使される暴力の行使を禁止する．同様に，公の貯水池，水路，池を通って航行が可能となるためにも私は特示命令を発する．』」

36） Lenel, EP, 461; 佐々木（2007），39f.

  D. 43, 15, 1 pr Ulp. 68 ad ed.: Praetor ait: "Quo minus illi in flumine publico ripave eius opus facere ripae agrive qui circa ripam est tuendi causa liceat, dum ne ob id navigatio deterior fiat, si tibi damni infecti in annos decem viri boni arbitratu vel cautum vel satisdatum est aut per illum non stat, quo minus viri boni arbitratu caveatur vel satisdetur, vim fieri veto".「公の河川または河岸の土手を守るために，あるいは土手のまわりにある農地を守るための工事ができなくなるような形で行使される暴力を私は禁止する．ただし，この工事が航行を悪化させるものであってはならない．また，君に対して，今後(?)10年分の未発生損害について，善良な者の裁定に基づき，担保提供がなされねばならない．ただし，善良な者の裁定に基づき，担保提供（cautio または satisdatio）がなされないことにつき彼（工事者）に責がない場合はこの限りではない．」

公物である土地——特に農地——が私人に永続的に賃貸されることがある．このとき賃借人（公有地占有者）が地代（solarium）を支払っている限り，賃借人はあたかもこの土地の所有者のごとくこの土地を使用・収益することができる．このような賃借人の使用・収益の保護のため，特別の特示命令が導入された[37]．この特示命令は，占有者の保護のための uti possidetis 特示命令と類似する機能を有しており，公有地の賃借人による実際の使用・収益がこれにより保護される[38]．

4. 公法の遵守のための新工事禁止通告および quod vi aut clam 特示命令

1) 公法上の遵守のための新工事禁止通告

Ulpianus によると，新工事禁止通告を目的には次の3つがある[39]．すなわち，

---

[37] D. 43, 9, 1, 1 Ulp. 68 ad ed.; D. 47, 10, 13, 7 Ulp. 57 ad ed.

[38] Lenel, EP, 459.

D. 43, 9, 1 pr Ulp. 68 ad ed.: Praetor ait: "Quo minus loco publico, quem is, cui locandi ius fuerit, fruendum alicui locavit, ei qui conduxit sociove eius e lege locationis frui liceat, vim fieri veto".「法務官は次のように述べている．『賃貸する権限をもつ者がある者に賃貸した公有地について，これを賃借した者またはその共同賃借人が，賃貸借の約款に基づき収益することができなくなるような形で暴力が行使されることを私は禁止する．』」

[39] D. 39, 1, 1, 16-17 Ulp. 52 ad ed.: Nuntiatio fit aut iuris nostri conservandi causa aut damni depellendi aut publici iuris tuendi gratia. (17) Nuntiamus autem, quia ius aliquid prohib endi habemus: velut damni infecti caveatur nobis ab eo, qui forte in publico vel in privato quid molitur: aut si quid contra leges edictave principum, quae ad modum aedificiorum facta sunt, fiet, vel in sacrovel in loco religioso, vel in publico ripave fluminis, quibus ex causis et interdicta proponuntur.「通告は，我々の権利を守るため，あるいは損害を防ぐため，あるいは公法遵守のためになされる．(17)我々は，何かを禁止することを内容とする権利を有しているがゆえに通告する．あるいは，未発生損害についての担保提供を，公有地または私有地での建築を予定している者に求めてこれをする．あるいは，建築規制にかかわる法律や元首の告示に反した形で，神聖地，宗教地，公有地，公の河川において建築がなされる場合に，こうした目的のため特示命令もまた規定されている．」

第1に私的な権利を守るため，第2に損害発生を防ぐため，第3に公法を遵守させるためである．この内第1の目的が新工事禁止通告制度の中心をなすものであり，本書第7章第2節で取り上げるが，ここでは，第3のものについて簡単にみておくことにしたい[40]．

このタイプの新工事禁止通告は，元来は，神聖地，宗教地，公有地，公の河川での工事の際に用いられるものであり[41]，すべての市民がこれを行うことができる[42]．禁止通告がなされた場合[43]，工事者は速やかに工事を中止しなければならない．さもないと取り壊しを命じられる．そこで，工事を続行したい建築主は法務官の下に行き，禁止解除を求めることになる．

D. 39, 1, 1, 16-17 Ulp. 52 ad ed. の末尾に「こうした目的のため特示命令もまた規定されている」とあるが，これは具体的には上述の法務官告示§235（神聖物，宗教物，聖護物），§237. 1（一般の公有地），§237. 2（公道），§241. 1（河川）のことを指している．これらの特示命令においても工事の差し止めが可能であるが，ここでは特示命令がでてはじめて工事が停止されるのに対し，新工事禁止通告を行った場合は，即座に工事の停止がなされることになる．

この公法遵守のための新工事禁止通告は，元来は，神聖物たる土地，公有地での工事についてのものであったが，後に私有地における公法上の規制に反した建築を差し止めるためにも用いられることになったと考えられる[44]．

---

40) Rainer (1987), 211ff.
41) D. 39, 1, 1, 17 Ulp. 52 ad ed.
42) D. 39, 1, 3, 4 Ulp. 52 ad ed.: ここでは公有地のみをあげるが，神聖地や宗教地についてもあてはまるとみてよいだろう（Rainer (1987), 216）．
43) 新工事禁止通告の効果やその後の手続については，後述第7章第2節を参照のこと．
44) Rainer (1987), 223f.
  私有地において公法上の規制違反を理由とする新工事禁止通告が肯定されている例として，下記の法文をあげることができる．
  D. 11, 8, 3 pr Pomp. 9 ad Sab.: Si propius aedes tuas quis aedificet sepulchrum, opus novum tu nuntiare poteris, sed facto opere nullam habebis actionem nisi quod vi aut clam.「ある者が君の建物の近くに墓を建てるならば，君は新工事禁止通告をす

2) quod vi aut clam 特示命令

暴力または隠秘により工事がなされた場合，この工事を取り壊し原状回復することを求めて quod vi aut clam 特示命令を申請することができる．この特示命令は，後述第7章第1節で詳述するように，私有地での工事に適用されるが，公有地での工事についても適用可能であるとされている[45]．さらに，D. 43, 24, 20, 5 Paul. 13 ad Sab. によると，神聖地や宗教地での工事についても適用があるとされている[46]．

以上本節の内容については後述60頁に表2という形で整理した．

2. 私有地に関する公法上の保護・規制

1.「公法」という概念

私法と公法の区別についての次の有名な Ulpianus の言葉が伝わっている[47]．

> D. 1, 1, 1, 2 Ulp. 1 inst.: Huius studii duae sunt positiones, publicum et privatum. publicum ius est quod ad statum rei Romanae spectat, privatum quod ad singulorum utilitatem: sunt enim quaedam publice utilia, quaedam privatim. publicum ius in sacris, in sacerdotibus, in magistratibus consistit. privatum ius tripertitum est: collectum etenim est ex naturalibus praeceptis aut gentium aut civilibus.
>
> 法学には，公的なものと私的なものという2つの立場がある．公法とは，ローマ国家の地位に関係するものであり，私法とは個々人の利益に関係するものである．

ることができる．しかし，工事が完了するならば，君は quod vi aut clam 特示命令の他は，何らの訴権も持たない．」

45) D. 43, 24, 3, 4 Ulp. 71 ad ed.; D. 43, 24, 5, 4 Ulp. 70 ad ed.; D. 43, 24, 7, 8 Ulp. 71 ad ed.; D. 43, 24, 11, 1 Ulp. 71 ad ed.

46) D. 43, 24, 20, 5 Paul. 13 ad Sab.: Sive in privato sive in publico opus fiat sive in loco sacro sive in religioso, interdictum competit.「工事が私有地でなされるのであれ，公有地でなされるのであれ，あるいは，神聖地や宗教地でなされるのであれ，この特示命令が帰属する．」

47) 船田 (1960), 63ff.; シュルツ (2003), 30ff.; Kaser RPI, 197f.

なぜならある種の法は公の利益に関係し，ある種のものは私的な利益に関係するのであるから．公法とは，神聖なもの，神官，政務官に関して存続しているものである．私法は3つの部門にわかれる．すなわち，自然法，万民法，市民法である．

このように Ulpianus は，法学に私法と公法という区別を持ち込んでいるが，公法はローマ法にあっては未だ体系的まとまりをもってはいない．現代の公法概念は，はるか後年，19世紀になって発達するものである[48]．

確かに，民会議決，元老院議決，勅法や政務官の告示により公法的性質を有する法規[49]が多数定められてきてはいるのは事実である．しかし，これらの法規への法学者の関心は全般的に薄く[50]，ようやく古典期の後半になり簡潔な著作が現れるにとどまる．刑罰法規については『公の訴訟について de iudiciis publiciis』というタイトルの単行著作が Venuleius, Maecianus, Marcianus によって著されている[51]．これらの著作では，刑罰にかかわる個々法律や元老院議決の注解と，刑事訴訟手続の解説がなされている[52]．この他の公法については，執政官，属州総督，首都長官（praefectus urbis），消防長官（praefectus vigilum）といった役職の手引書の中で[53]，その役職にかかわる範囲で取り上げられているにとどまる．

---

48) 松本（2004），295ff.
49) 私人の合意によって排除することができないという点を Papinianus と Ulpianus は公法の特質としてあげている．

   D. 2, 14, 38 Pap. 2 quaest.: Ius publicum privatorum pactis mutari non potest.「公法は，私人どうしの間での合意によって変更することはできない.」

   D. 50, 17, 45, 1 Ulp. 30 ad ed.: Privatorum conventio iuri publico non derogat.「私人どうしの合意によって公法を排除することはできない.」
50) ここの記述は，シュルツ（2003），31ff. による．
51) Schulz (1961), 329.
52) Lenel, Pal. I, Sp. 565ff. (Macer), Sp. 587f. (Maecianus), Sp. 676ff. (Marcianus), Pal. II, Sp. 1214ff. (Venuleius).
53) こうしたジャンルの著作については，Schulz (1961), 309ff. をみよ．

2. 刑事法による所有者の保護

ローマの刑事裁判は[54]，共和政期にあっては常設査問所（quaestio perpetuae）が中心的な役割を果たしていたが，元首政期に入るとまずは元老院の下での刑事手続が発展し，つづいて発展した元首の下での手続である特別審理手続が他を圧倒するに至る．この特別審理手続は，属州にあっては属州総督が，首都ローマにあっては首都長官（praefectus urbis）が所管した[55]．

刑罰の対象となる犯罪については，共和政期より制定されてきた諸々の制定法により定まる．例えば，不敬罪（crimen maiestatis），選挙に関する不正行為（ambitus），暴行罪（crimen vis），不当徴収罪（crimen repetundarum），公物略取罪（peculatus），墳墓侵害罪（crimen sepulchri violati），境界標移動の罪（crimen termini moti），穀物買占の罪（crimen annonae），乱訴の罪（calumnia），偽罪，殺人罪，侵害罪，放火罪，窃盗罪といったものがあげられる[56]．周知の通り，罪刑法定主義はローマにまで遡るものではないため，処罰の対象となる犯罪はこれに限られるわけではない[57]．

この中の境界標移動の罪は，その名称の示す通り，土地の所有者を保護するためのものであるが，都市内の土地に関しての適用例はない[58]．住居への侵入については，上記の暴行罪や侵害罪の中の一形態として取り上げられている．この点については，第9章第2節で述べることにする．また放火罪もまた建物所有者の保護に関わるので第9章第1節で取り上げる．

都市内における平穏な居住を害する行為は，消防長官（praefectus vigilum）による取り締まりの対象となる．消防長官とは，Augustus 帝により設置された役職であり[59]，消防業務の他，放火，住居侵入，窃盗，隠匿，失火についての

---

54) 柴田(1968), 5ff., 65ff.; 船田(1968), 224ff., 335ff.
55) 船田(1968), 340.
56) このリストアップは，船田(1968), 342ff. による．
57) シュルツ(2003), 193ff.
58) この罪については，D. 47, 21; Paul. Sent. 5, 22, 2; Coll. 13, 3, 2 をみよ．
59) Dio Cass., 55, 26, 4-5; D. 1, 15, 3 pr Paul. l. s. de off. praef. vig. 船田(1968), 269.

3. 土地所有権の公法上の制限

　公法上，所有権の制限が存在したことは，諸種の史料が断片的に伝えるところである[61]．例えば，明確な制度化こそされていないものの，水道設備などの公共建築のた収用が行われることはあったようである．また，水道や公道に隣接する土地の所有者が土地の利用を制限されたり，一定の負担を負うこともあった．しかし，こうした公法上の所有権の制限について法学者が体系的に述べている箇所は伝わっていない．

　本書の関心からは，都市内の建物の建築に関する規制についてみていくことが求められる．例えば，穀物供給に関する穀価調節総監（praefectus annonae），消防に関する消防総監（praefectus vigilum）といった特別の役職は，建築規制に関しては設けられていない[62]．

　建築規制については，Vitruvius や Tacitus などの史料の中に断片的に記述を見出すことができる．また，青銅版に記された地方の都市法の中にいくつかの建築規制が存在する．こうした地方の都市法と首都ローマでの建築規制とを即座に同一視することはできないものの，首都ローマの状況を考える素材にはなる．そこで第 10 章では，これらの建築規制にかかわる諸史料を可能な限り網羅的に分析し，ローマ市の公法上の建築規制の態様を考察することにしたい．

3. 私有地に関する法務官告示の諸規定の概要

1. 法務官告示の規定群

　本書はできる限りローマの法学者の視点に沿って彼らの学説をみていくことを目指しており，その方針からすると，私有地に関する私法上の規律をみるに

---

60) D. 1, 15, 3, 1-2 Paul. l. s. de off. praef. vig.
61) 谷口(2001), 2ff.; 船田(1969), 417ff.; シュルツ(2003), 169ff.
62) 元首の官吏については，船田(1969), 268ff. をみよ．

あたっても，法務官告示の編別から出発すべきことになろう．

　所有者の保護に関するもっともまとまった規定群を形成するのは，法務官告示第 15 編（Tit. XV）である[63]．Lenel の再構成によると，第 XV 編は，「財産中にあるものについて De his quae cuiusque in bonis sunt」というタイトルが付されており[64]，その内部には，下記の事項についての規定が収められている．

　　§60 Publicius（対物）訴権　De Publiciana in rem actione
　　§61 物を投擲または放散した者　De his qui deiecernt vel effuderint
　　§62 落下により人を害しかねない庇やバルコニーを設置してはならないこと　Ne quis in suggrunda protectove id postium habeat, cuius casus nocere possunt
　　§63 奴隷を堕落させること　De servo corrupto
　　§64 賭博者　De aleatoribus
　　§65 相続財産が返還請求される場合　Si hereditas petatur
　　§66 相続財産の一部が返還請求される場合　Sie pars hereditatis petatur
　　§67 遺産占有者により訴えが起こされる場合，また遺産占有者に対して訴えが起こされる場合　Quemadmodum a bonorum possessore vel contra eum agatur
　　§68 信託遺贈的相続財産回復請求およびその準訴権　De fideicommissaria hereditatis petitione et utilibus actionibus
　　§69 所有物返還請求訴権　De rei vindicatione
　　§70 公有地の返還請求がなされる場合　Si ager vectigalis petatur
　　§71 貢納地または租税地の返還請求がなされる場合　Si praedium stipendiarium vel tributarium petatur
　　§72 用益権が返還請求される場合，または用益権が他人に帰属することが否認される場合　Si usus fructus petatur vel ad alium pertinere negetur
　　§73 地役権が返還請求される場合，または地役権が他人に帰属することが否認される場合　Si servitus vindicetur vel ad alium pertinere negetur
　　§74 土地の面積　De modo agri
　　§75 四足動物が損害を与えた場合　Si quadrupes pauperiem fecisse dicetur
　　§76 放牧中の畜群（が損害を与えた場合）De pastu pecoris
　　§77 Aquilius 法 ad legem Aquiliam

---

63)　Lenel, EP, 169ff.
64)　法務官告示の訳にあたっては，吉原（2014）；谷口（1981）を適宜参照した．

§78 船主，旅館主，厩舎主を相手方とする事実訴権　in factum adversus nautas caupones stabularios
§79 境界画定訴権　finium regundorum
§80 家産分割訴権　familiae erciscundae
§81 共有物分割訴権　communi dividundo
§82 準共有物分割訴権　de utili communi dividundo iudicio
§§83-88 信命人と誓約人　de fideiussore et sponsore
§89 測量師が虚偽の面積を申告した場合　Si mensor falsum modum dixerit
§90 提示訴権　ad exhibendum

また特示命令について規定する第43編（Tit. XLIII）の中にも，所有者の保護にかかわりうる諸規定がある[65]．

ここでまずは，相続や遺産占有に関する特示命令群（§§227-234）が規定され，それに個別的な物についての特示命令群が続く．後者では，まずは，神法物，公有物等に関する特示命令（§§235-244）が規定され，その後，私有物に関する特示命令に移る．私有物に関する特示命令は，その内部で，土地にかかわるもの（§§245-260），それ以外の物にかかわるもの（§§261-268）にわかれる．この土地にかかわる特示命令に次のものがある．

§245 unde vi 特示命令（不動産占有侵奪特示命令）Unde vi
§246 未発生損害を理由に占有委付を受けた者に対して暴力が行使されてはならないこと　Ne vis fiat ei qui damni infecti in possessionem missus erit
§247 uti possidetis 特示命令（不動産占有保持特示命令）Uti possidetis
§248 土地の返還請求にあって被告が訴訟に応じない場合　A quo fundus petetur, si rem nolit defendere
§249 地上権　De superficiebus
§250 私的な通行権　De itinere actuque privato
§251 常設水路および夏期水路　De aqua cottidiana et aestiva

---

65)　Lenel, EP, 446ff. 諸々の特示命令の整理については，Berger (1916), Sp. 1626ff. による．

§252 河川　De rivis
§253 泉　De fonte
§254 排水溝　De cloacis
§255 地役権の返還請求または否認請求にあって，相手方が訴訟に応じない場合
　　A quo servitus petetur sive ad eum pertinere negabitur, si rem nolit defendere
§256 暴力または隠秘による工事が現状回復されるべきこと　Quod vi aut clam factum erit, ut restituatur
§257 新工事禁止通告がなされた場合　Si opus novum nuntiatum erit
§258 懇願的貸借　De precario
§259 樹木の切断　De arboribus caedendis
§260 木の実拾い　De glande legenda

　以上のように法務官告示の 15 編と 43 編は，土地所有者の保護にかかわる訴権や特示命令をある程度まとまった形で取り上げている．第 15 編としてまとめられている諸規定の中心をなすものは，所有権およびそれに類する権利を有する者を保護する対物訴権であるが，それ以外にも相隣関係法や不法行為法の法手段があることがわかる．第 43 編は，専ら占有にかかわる特示命令がおさめられている．しかし，建物の所有者の保護にかかわるものはこの 2 編のみに限定されるわけではない．

　このように法務官告示自体が体系性という点では十分に発達しきれていないところがあり[66]，法務官告示の配列のままに論じても全体像を把握することは困難であるので，以下，上述の 2 群およびそれに関連する法務官告示の諸規定を，対物訴権，占有関係，相隣関係，不法行為関係という項目にわけて，概観することにする．

2. 対 物 訴 権

1) 所有物返還請求訴権（rei vindicatio）
　所有権保護の中心をなす訴権は，所有物取戻訴権（rei vindicatio）である[67]．

---
66) シュルツ（2003），62f.
67) Kaser/Knütel (2014), 156ff.

この訴権は，所有者が誰であるかを確定した上で，原告に対し，その所有物の取り戻しを認めるためのものである．法務官告示中に規定された方式書やこの訴権の内容については，後述第4章第1節で取り上げる．

　所有物取戻訴権とセットになって機能するいくつかの訴権や特示命令が存在する．この訴権は，元来，ある物について紛争当事者双方が所有権を主張している場合に用いられる[68]．この手続の中では，原告に挙証責任が課せられ，被告の方が有利な地位にたつ．したがって，紛争当事者双方のいずれに原告・被告の役割を割り振るかは重要な問題となる．ローマ法によると，紛争当事者の相互関係において瑕疵のない占有を有していた方が有利な被告の地位を得るべきとされる．占有の帰属について当事者に異論がない場合は問題はないものの，いずれがこの占有を有しているか争いがある場合には，まずはいずれが占有者であるかを確定しなければならない．係争物が土地・建物である場合にはそのために uti possidetis 特示命令が用いられる[69]．

　対人訴権とは異なり，対物訴権では被告に応訴義務はない[70]．しかし，実質的に応訴せざるを得ないようにするための手続がある．動産についての係争にあたっては，所有物取戻訴権の原告となるべき者は，提示訴権（actio ad exhibendum）を提起できる．土地・建物については，quem fundum 特示命令（§248）が用いられる．この手続により，被告となるべき占有者は，係争物の占有を原告となるべき者に移転するよう命じられる[71]．

2）　否 認 訴 権

　A の所有物を利用する何らかの物権的権利があると B が主張したとする．B としては A に所有権があることについて争いはないものの，B はこの物を利用する権利があり，A はそのような権利はないと主張している．このとき B

---

68)　後述第4章第1節3参照．
69)　この特示命令については，後述第5章第3節参照．
70)　Kaser/Knütel (2014), 158f.
71)　Lenel, EP, 474f.

のこの主張を否定するための法手段が否認訴権（actio negatoria）である[72]．法務官告示には，用益権を否認するためのそれと，地役権を否認するためのそれが規定されている．この両者については，それぞれ第4章第2節と第4章第3節で取り上げる．

　仮にBが現実に，自らの主張する権利を行使するならば，それはAにしてみると占有の侵害である．したがって，Aは否認訴権の他，占有侵害を排除するための法手段もあわせて用いることが可能である．通例，所有権に基づく対物訴権を提起するよりも占有保護のための特示命令に頼る方が容易であることから，上述の否認訴権を所有者が提起するのは，こうした占有の特示命令によりBの占有侵害（Bの主張するところでは適法な権利行使）を排除できない場合，すなわち瑕疵のない形での権利行使が既に事実上なされている場合に限定されることになる．

3）　actio Publiciana

　手中物の所有権を移転するためには，元来，握取行為や法廷譲渡といった古くからの市民法上の譲渡行為を行う必要があった．これが行われず，単に売買等の原因に基づき引き渡したにすぎない場合には，譲受人は，さしあたりは所有権は所得しないものの，動産についてはその後1年，土地・建物についてはその後2年が経過することで使用取得（usucapio）が成立し，その物の所有権を取得する．共和政末期には，この占有を取得した後，使用取得が成立するまでの占有者に実質的には所有者と同じような保護を与えるため，actio Publicianaが導入された[73]．

　この訴権の方式書は，Gaiusが書き残している．

> Gai. inst. 4, 36: [...] iudex esto. si quem hominem A. Agerius emit et is ei traditus est, anno possedisset, tum si eum hominem, de quo agitur, eius ex iure Quiritium esse

---

72)　Kaser/Knütel (2014), 160f.
73)　この訴権については，Kaser/Knütel (2014), 161f.; 津野(2010), 183ff.

oporteret et reliqua.

　　汝は審判人となれ．原告がこの奴隷を購入し，この奴隷が原告に引渡されており，仮に1年原告が占有していたならば，当該の奴隷が市民法に基づき原告のものとなっているならば……

　ここに明確に示されている通り，この訴権は使用取得の成立可能性と密接に結びついている．すなわち，原告がこのまま占有を継続していれば使用取得が成立するものの，まだ時間の経過が不十分でそこに至っていない場合に，使用取得の成立を擬制するという構成がとられている．

　actio Publiciana は，その後，適用領域を拡大させる．非所有者から物（手中物と非手中物とを問わず）を購入し引渡を受けた者の保護のためにも用いられるようになる[74]．

4）　地役権の返還請求訴権（vindicatio servitutis）

　対物訴権は，所有権以外の権利の保護のためにも与えられる．法務官告示の第15編の中では，用益権者や地役権者のために同様の訴権が与えられている．この他，地上権者（§249），質権者にも対物訴権が与えられるがそれについての規定は第15編中にはない．

　地役権の返還請求訴権においても，所有物返還請求訴権と同様，当事者のいずれに原告または被告の役割を割り振るかをきめる必要がある．農地地役権については，各種の特示命令（§§ 250-253）により地役権を行使している状態（地役権の準占有）が保護され，準占有を有している者が被告となる．これに対し，都市地役権については，こうした特示命令は排水溝利用に関する特示命令（§254）の他は存在しない．こうした問題についていかに処理されていたかは第4章第3節で取り上げる．

　地役権の返還請求訴権においても，相手方に応訴義務はない．そこで，実質的に相手方に応訴せざるを得なくさせるため，特別の特示命令（§256）が存在

74）　津野(2000), 200.

したと推測されている.

3. 占 有 関 係

　所有が物の法的支配であるのに対し，通例，占有は，物の事実上の支配であると説明される[75]．ローマ法には，物を事実上支配している者を所有関係とは一旦切り離した上で保護する一連の制度，すなわちいわゆる占有制度が存在する．上述の法務官告示第XLIII編中に収められている私有地に関する特示命令の多くは，この占有の保護に関係している．

　物を事実上支配している者のすべてが占有者として保護されるわけではない．まずは，物を自らのものであるという認識をもち，実際に支配している者——この者が最も典型的な意味での占有者（possessor）とされる——が保護の対象となる．所有者には，通例，こうした認識は存在するので，所有者が物を実際に支配している場合には，所有権に基づく上述の法手段の他，占有制度に基づく特示命令の保護を受けることも可能となる．なお特示命令による保護を受けられる占有者には，上記のような自主占有者の他，通例，公有地占有者，質権者，懇願的貸借人，係争物保管人といった他主占有者もあげられる[76]．また，古典期の中で，この他の他主占有者にも特示命令による保護が拡大する．用益権者と賃借人の占有法上の地位については，それぞれ後述する．

　占有保護のための諸々の特示命令は，大きく次の3つに区別される．すなわち，(1) 占有保持のための特示命令，(2) 占有回復のための特示命令，(3) 占有取得のための特示命令である[77]．本書の関心からは，前二者が重要である．

　占有保持のための特示命令は[78]，Aが占有している場合にあって，Bがこの占有を奪取しようとするか，あるいは妨害しようとしている場合に，Bのこうした奪取・妨害を排除するためのものである．土地・建物については uti

---

75) Kaser/Knütel (2014), 115ff.
76) Kaser/Knütel (2014), 118f.
77) Gai. inst. 4, 143.
78) Gai. inst. 4, 148-153.

possidetis 特示命令[79]．動産については utrubi 特示命令がこの目的のために用いられる．この種の特示命令は，このような機能とあわせ，前述のように所有物取戻訴権の前段階にあって占有者の確定を通し，原告・被告の役割を当事者のいずれが担うかを決定する機能も有している．

占有回復のための特示命令は[80]，A による占有を B が奪取した場合にあって，A が B より占有を取り戻すためのものである．この種の特示命令は動産については存在しない．土地・建物については，通常の暴力による奪取の場合には unde vi 特示命令，武装の上での暴力による場合には unde vi armata 特示命令を用いることができる．

4. 相 隣 関 係

1) 境 界 紛 争

土地の境界をめぐる紛争のための訴権としては，12 表法の時代にまで遡る境界画定訴権（actio finium regundorum）がある[81]．12 表法では，隣との間に，双方の共有となる 5 歩の境界域が設けられるべきものとされ，この境界域の場所を確定するためこの訴権が用いられた．しかし，この訴権は，都市内については原則として適用はない．例外的に庭と庭とが隣人と接することがあり，その場合にのみこの訴権を用いることが可能である[82]．

---

79) 詳細については後述第 5 章第 3 節参照．
80) Gai. inst. 4, 154f.
81) Kaser/Knütel (2014), 135. この訴権についての文献としては，足立 (2015) がある．
82) D. 10, 1, 4, 10 Paul. 23 ad ed.: Hoc iudicium locum habet in confinio praediorum rusticorum: nam in confinio praediorum urbanorum displicuit, neque enim confines hi, sed magis vicini dicuntur et ea communibus parietibus plerumque disterminantur. et ideo et si in agris aedificia iuncta sint, locus huic actioni non erit: et in urbe hortorum latitudo contingere potest, ut etiam finium regundorum agi possit.「この訴権は，田舎の地所における境界域（confinium）について適用される．なぜなら，都市の地所の境界域には適合しないから．なぜなら，隣にいる者は confines ではなく vicini とよばれ，多くの場合には共有壁によって画されているのだから．それゆえ，農地で建物が隣とくっつく形で建てられた場合にも，この訴権の適用はな

都市内の境界争いのための特別の法手段は存在しない[83]．共有壁が境界をなしている場合であれば，共有物分割訴権が用いられたと推測できる．この訴権は，共有関係を終了させる場合のみならず，共有物の利用の仕方を共有者で調整するためにも利用可能である[84]．したがって，共有壁を取り払い，隣人双方が独自の壁を設置する場合はもちろんのこと，共有壁の位置の変更に際してもこの訴権を用いることができたと考えることができよう．

共有壁によらずして境界が画されているのであれば，所有権の帰属について争う場合の通常の手段，すなわち uti possidetis 特示命令と所有物返還請求訴権が用いられたものと考えることができる[85]．なお都市内での境界侵害は，その多くの場合で新たな壁の建築という形をとる．最終的に紛争解決は所有物返還請求訴権によることにならざるを得ないが，その前段階として quod vi aut clam 特示命令や新工事禁止通告制度がここでも機能したはずである[86]．

隣どうしの建物がくっついている場合，建物の境界をどこに画すかについて難しい問題が生じる．オスティア遺跡では多くの場合それぞれの建物が固有の壁をもち，この壁は境界線から上階に垂直にのびている．このような建築にあっては権利関係も明確であるが，ポンペイやエルコラーノ遺跡では，1枚の壁で隣地との境界が画され，さらに上階部分の構造物はしばしば隣地へと入り込んでいる．例えば建物Ｘの構造物の一部が建物Ｙの上方にせり出していたり，

　　い．また，都市内であっても，庭と庭とがとなり合うことはありうるのであって，この場合には，境界画定訴権で訴えることが可能である．」
83) 足立(2015), 336.
84) D. 10, 3, 12 Ulp. 71 ad ed.
85) 船田(1969), 530.
86) quod vi aut clam 特示命令については，D. 39, 1, 5, 10 Ulp. 52 ad ed. をみよ．新工事禁止通告を行った場合，被通告者が占有者として扱われる．境界争いにあって，権利関係の証明は困難であり，かつローマに登記制度がなかったことを踏まえると，所有権の挙証責任を負わされることは極めて不利な立場におかれることを意味する．したがって，隣人が境界を侵犯する形で建築を開始した場合には，quod vi aut clam 特示命令によりこの工事を一旦取り壊させる方がはるかに有益であったはずである．

あるいは建物Yに接合しているとする．このときこの構造物の所有権は建物はYの所有者に帰属するよう思うかもしれないが，実際には建物Xの所有者のものとなる場合がある[87]．もちろん，こういう形の建築物をもつためには，建物Xの所有者が建物Yに対し地役権を有していることが求められる．それがない場合には，はみ出している構造物は撤去が求められることになる．

樹木が隣地へとはみ出している場合についても特別な扱いがある．法務官告示の§259には，樹木の伐採に関し，2つの建物間での紛争と，2つの農地の間での紛争のそれぞれについての規定が存在する[88]．建物については「君の建物から生え出ている樹木が彼の建物に侵入しており，君がこの樹木を切断しないことにつき君に責任があるのであれば，彼がこの樹木を切断し，その樹木を彼のものとすることを妨害する形での暴力行使を私は禁止する．」[89]とある．農地については，「君の農地から生え出ている樹木が彼の農地に侵入しており，地表から15ペースの高さまで切り払われていないことにつき君に責任があるならば，その形になるよう伐採がなされ，薪が彼のものとなることを妨害するような暴力行使を私は禁止する．」[90]とある．後者は，12表法にまでその淵源が遡るものである[91]．前者は，後者を模範として，都市の内部での同種のトラブルに対処するため，法務官によって導入されたものである．仮にAの建物からBの建物に樹木がせり出しているとしよう．この場合，Bの建物の所有者は，この樹木を自ら切断することができ，これをAが妨害しようとするならば，この特示命令を申請し，この妨害を排除することができる．農地の場合

---

87) 後述第4章第1節2参照．
88) Lenel, EP, 487.
89) D. 43, 27, 1 pr Ulp. 71 ad ed.: Ait praetor: "quae arbor ex aedibus tuis in aedes illius impendet, si per te stat, quo minus eam adimas, tunc, quo minus illi eam arborem adimere sibique habere liceat, vim fieri veto".
90) D. 43, 27, 1, 7 Ulp. 71 ad ed.: Deinde ait praetor: "quae arbor ex agro tuo in agrum illius impendet, si per te stat, quo minus pedes quindecim a terra eam altius coerceas, tunc, quo minus illi ita coercere lignaque sibi habere liceat, vim fieri veto".
91) D. 43, 27, 1, 8.

には，高さ 15 ペース[92]以上の高さで境界を越えて樹木が侵入することは，B の土地の所有者は甘受しなければならない．しかし，それ以下については，自ら伐採することができ，それを A が妨害するなら，その妨害の排除を請求できる．上述の通り，これは建物や農地の所有者の保護のためのものであるが，法学者は，用益権者にも，この特示命令の申請を認めている[93]．

樹木に関しては，この訴権は，12 表法にまで遡る樹木切断についての訴権（arborum furtim caesarum）も存在する[94]．この訴権の原告は，自らの所有する土地の樹木を窃盗的に（furtim）に切断された者である．この切断を行った者が被告となる．他人の樹木を不法に伐採した者に関し，12 表法は，各樹木につき 25 アスの贖罪金を支払うべきことを定めている．法務官告示は，贖罪金の額を 2 倍額に改めた[95]．

2) 地　役　権

自らの敷地の境界を越えて近隣の土地を利用しようとする場合には，すぐ上で述べたように，地役権を有している必要がある．地役権には，農地地役権（通行権や引水権）と都市地役権とがあり，都市内の建物利用に関係するのはもちろん後者である．ここにいかなる類型があり，またどのような保護がなされるかについては，後述第 6 章 1 節 3 で述べることにする．

また，自らの敷地内での土地利用であっても，地役権が必要とされる場合がある．史料中論じられているのは煙や湿気の排出である[96]．Pomponius によると，通常の生活で生じるような煙については地役権がなくとも可能であるが，それ以上の排出は地役権がなければできないとされる．同様の制限は建物の高

---

[92]　1 ペースは 16 digitus であり，センチに換算すると 29.6 センチである．したがって，15 ペースは約 4 メートル半にあたる．

[93]　D. 43, 27, 1, 4.

[94]　Lenel, EP, 337-338; 佐藤（1969），160-163; Kaser, RPI, 126, 160, 619.

[95]　D. 47, 7, 7, 7.

[96]　D. 8, 5, 8, 5-7 Ulp. 17 ad ed.

さに関してもあったと推測され[97]．この制限を越えて建てようとするならば地役権を取得することが求められた．

3) 建築工事の差し止めと取り壊し

近隣で工事が開始された場合，新工事禁止通告によりこの差し止めを行うことができる．これは将来の工事の差し止めのための制度である．

既に完了した工事については，quod vi aut clam 特示命令により取り壊しを求めることができる．

この両者については，それぞれ第7章第1節と第7章第2節で取り上げることにする．

4) 建物や土地の欠陥に関する未発生損害の担保問答契約

近隣の建物や土地に欠陥があり，これにより損害が生じる怖れがある場合，この土地・建物の所有者に対し，未発生損害の担保問答契約の締結を求めることができる．これが拒絶される場合には，さらにこの土地・建物の占有委付を求めることができる．この制度については，第7章第3節で取り上げる．

5．不法行為関係

上述の通り，法務官告示第 XV 編とは，Aquilius 法上の訴権についても規定している．不法行為法上の訴権で私有地の保護にかかわるものをここで取り上げておく．

1) 不 法 損 害

他人の財産を違法に損壊する行為は Aquilius 法の適用を受ける[98]．この法律は，その1条で，奴隷や家畜の殺害について，3条でその他の物の損壊について規定している．いずれの場合も，加害者は，損害を受けた物の1倍額をこの

---

97) 後述第6章第1節3.2）参照．
98) Kaser/Knütel (2014), 301ff.

物の所有者に支払わねばならない．

本書の関心からは3条が特に問題になる．後述するように，建物の損壊もまたこの法律3条の適用を受ける．

2) 不 法 侵 害

不法侵害は，元来は，傷害や暴行を意味していたが，徐々にその範囲は拡げられ自分や家族の名誉を毀損する行為もまたこれにあたるとされる．さらに，他人の所有物の所有者による使用を妨害することも，この不法侵害にあたるとされる[99]．この行為への制裁は，元来は，行為類型ごとに定まる定額の贖罪金の支払いであったが，侵害の程度を裁判の中で事件毎に評価されるべきものとされた．

3) そ の 他

強迫を理由とする訴権，悪意訴権は，損害額の1倍額の請求をするためのものである．これもまた後述第8章第3節で述べるように，建物所有者の保護に用いられることがある．

表2

土地の種類	工事の差止・禁止	原状回復	利用妨害の排除
神聖地	§235, ONN	§235, QVC	
宗教地	§235, ONN	§235, QVC	§236（埋葬）
聖護地	§235	§235	
公有地（一般）	§237.1, ONN	QVC	
公 道	§237.2, ONN	§237.3	§238（通行），§240（修理）
公の河川	§241.1, §242.1, ONN	§242.1, §242.2	§243（航行）

＊1 §以下の数字は，Lenelの再構成による法務官告示の§番号を意味する．
＊2 ONNは，operis novi nuntiatioの略．新工事禁止通告のこと．
＊3 QVCは，quod vi aut clam 特示命令のこと．

---

99) 後述第8章第2節2参照．

第4章

対 物 訴 権

1. 所有物返還請求訴権（rei vindicatio）

1. 方　式　書

法務官告示中に定まる所有物取戻訴権の方式書は，次のように再構成されている[1]．

> Iudex Esto. Si paret rem qua de agitur ex iure Quiritium A^i A^i esse neque ea re arbitrio iudicis A^o A^o restituetur, quanti ea res erit, tantam pecuniam iudex N^m N^m A^o A^o c. s. n. p. a.
>
> 汝は審判人となれ．もし訴訟の対象となっている物がクィリテースの法により原告に属すことが明らかであり，そして審判人の裁定により原告に返還されないならば，審判人よ，その物の価格相当額の金銭を被告が原告に支払うよう判決せよ．もし明らかでないならば，免訴せよ．

この訴権の原告適格を有する者は，告示の文言では，対象となる物に ius Quiritium を有するものである．ここでいう ius Quiritium とは，市民法上，適法に所有権を取得したものであり[2]，いわゆる法務官法上の所有者は，ここには入らない[3]．

---

1) Lenel, EP, 185f.
2) Gai. inst. 2, 40.
3) 法務官法上の所有者のためには，法務官告示上（§60），別訴権（actio

ここの訴権の被告は，対象となる物の占有者であるが後述するように学説の中で拡大する[4]．

この訴権では，原告が対象たる物に対し所有権を有していることの確認と，その物の返還が求められる．これが認められるのは，原告がこの物につき ius Quiritium を有することが証明された場合である．この証明がなされたにもかかわらず被告が物を返却しない場合には，金銭の支払いが求められる．

この訴権にいう「物（res）」には，私的な所有の対象となるあらゆる有体物であり，もちろんここに土地・建物も含まれる[5]．したがって，自らの土地・建物を誰かが占有している場合，所有者は，これが自らの所有物であることの確認を受けた上で，この訴権でこれを取り返すことができる．農地を被告が占有し，そして果実を収取していた場合，その価格を金銭評価の上，相当額の支払いをあわせて求めることができる[6]．

2. superficies solo cedit の原則

土地と建物とを別個の不動産とする我が国の民法とは異なり，ローマ法では，古くから土地と固着する建物等の構造物は土地と一体として1つの物として把握されてきた[7]．したがって，Aの土地上で建設が行われ，土地と固着するに至った構造物は，建築を誰が行ったのかまたもともと資材が誰の所有物であったかを問わず，Aの所有に帰すことになる[8]．いわゆる superficies solo

---

　Publiciana）が準備されている．

4）　本章第1節3参照．

5）　D. 6, 1, 1, 1 によると，「動産のみならず，土地に属する物についても」この訴権の対象となる．

6）　D. 6, 1, 15, 1.

7）　Kaser/Knütel (2014), 152.

8）　他人の土地を賃借して建物を建てた場合，建物自体は土地所有者の所有物となるものの，建物上に別の独自の物権的権利（superficies）が発生する場合がある．(D. 43, 18, 1, 1 Ulp. 70 ad ed.) また，他人の木材で建築した場合，建物が存続している間はその木材は建物・土地と一体をなすものとして土地所有者の所有物の一部となるものの，木材が分離した時点でもともとの木材の所有者の所有権が復活するとい

cedit（地上物は土地に従う）の原則はこのことをさしている[9]．

1つ1つの建物が他とは物理的に独立して立っている場合，上記の原則はさほど難しい問題は発生させない．しかし，ローマの都市内の建築は，多くの場合，隣の建物と直接接合した形で建設されている．そのため，上記の原則が建物のどの部分にまで及ぶかについてやや複雑な判断が求められる[10]．

1）　バルコニー・庇など

Aの土地に建設された建物の上階に，隣地に張り出す形の構造物（例えばバルコニーや庇）があるとする．この構造物がAの土地内におさまっている限り，何の問題もない．しかし，この構造物がAの土地の境界を越えBの土地の上に張り出していると，Bの土地の上にある部分の権利関係はどうなるのであろうか．

D. 9, 2, 29, 1 Ulp. 18 ad ed. から，この点についての法学者たちの見解をみてとることができる[11]．Aの建物の庇が隣地（Bの土地）に入り込む形になってい

う取り扱いがなされる場合がある（D. 44, 2, 7, 2 Ulp. 75 ad ed.）.

9）　この表現については Gai. inst. 2, 73; Epit. Gai. 2, 1, 4; D. 43, 17, 3, 7 Ulp. 69 ad ed. をみよ．この原則がいつから存在するかについては，Kaser (1971), 138; Kaser (1947), 239; Meincke (1971), 180 ff. をみよ．

10）　Meinche (1971), 168ff.

11）　D. 9, 2, 29, 1 Ulp. 18 ad ed.: Si protectum meum, quod supra domum tuam nullo iure habebam, reccidisses, posse me tecum damni iniuria agere Proculus scribit: debuisti enim mecum ius mihi non esse protectum habere agere: nec esse aequum damnum me pati recisis a te meis tignis. aliud est dicendum ex rescripto imperatoris Severi, qui ei, per cuius domum traiectus erat aquae ductus citra servitutem, rescripsit iure suo posse eum intercidere, et merito: interest enim, quod hic in suo protexit, ille in alieno fecit. 「君のドムスの上に私が何の権利にも基づかず有している私の庇を君が除去した．この場合，Proculus が書いているところによると，私は君を不法な損害を理由として訴えることができる．なぜなら，君は私を相手として『私には庇を有する権利がない』として訴えねばならなかったのだから．君が私の材木を除去した場合に私が損害を甘受することは公平ではないのだから．皇帝 Severus の次の指令に基づくと，これとは異なる結論になるといわねばならない．

るが，Aにはこのような形で庇をつくる地役権がない場合，Bが自らこの庇を取り除いてよいかどうかがこの法文では問題となっている．

確かにBにしては自分の土地の中に勝手につくられた構造物を除去するのであるから，これができると考えるのも当然かもしれない．しかし，Proculusによると，Bが自力でこれを除去するならば，AはAquilius法に基づく訴権で訴えることができるという．Ulpianusもまたこの見解に賛同している．Aquilius法に基づく訴えができるのは，通例，損害が生じた物の所有者である[12]．したがって，上記の判断の前提として，ProculusもUlpianusもこの庇の所有権はAに帰属すると考えていたとみることができる[13]．

2) 他人の建物上での建築

Aの土地に建設された建物の一部をなす構造物が隣地へと越え出ており，これが隣のBの土地上にある建物と接合しているとする．上記の1)の場合は，あくまでもBの土地・建物上方の空中に構造物があったが，ここではBの建物とくっついている点が異なる．例えば，Bの建物の壁に荷重をかける形で部

  ある者のドムスを横断する形で——地役権がないにもかかわらず——水がひかれた．この者に対して皇帝は指令をした．それによると，この者は自らのiusに基づき，これを取り壊すことができる．この指令は正当である．なぜならば，次の点に相違があるのだから．すなわち，前者では自分の土地の中での工事により構造物を張り出しているのに対し，後者では他人の土地で工事をしているのだから．」

  また，D. 39, 2, 47 Ner. 6 membr. もみよ．

12) 原告適格の拡大については，Kaser, RPI, 622.
13) この点は，法文のこの後の議論からも確認できる．Ulpianusは，ある者（以下C）が別の者（以下D）の土地を通る形で——これを可能とする地役権をCは有していないにもかかわらず——導水設備をつくった．このときSeverusの指令によると，Dは一方的にこの導水設備を取り壊すことができる．この点は庇の事例におけるBとは全く逆の結論になる．その理由が法文末尾に示されている．それによると，庇の例とは異なり，導水設備の例では，Dの土地内で工事がなされているという点があげられている．逆にいうと庇の例では，空中で土地の境界を越えているとはいえ，庇は，権利関係においてAの土地と一体をなす建物の一部として捉えられているといえる．

屋やテラスをつくる場合がこれにあたる．

1) の場合とは異なり，ここでは，法学者の間で見解の相違がある．すなわち，この構造物がAの所有物とする見解とBの所有物となるとする見解とにわかれていた．前者の見解をとるのは，Sabinus[14]とおそらくはPaulus[15]であり，後者はProculus[16]，Pomponius[17]，そしておそらくはLabeoとUlpianus[18]

---

14) D. 41, 1, 28 Pomp. 33 ad Sab.

15) D. 32, 31 Lab. 1 pith. a Paulo epit.: Si cui aedes legatae sint, is omne habebit id aedificium, quod solum earum aedium erit. Paulus: hoc tunc demum falsum est, cum dominus aedium binarum aliquid conclave, quod supra concamarationem alterarum aedium esset, in usum alterarum convertit atque ita his usus fuerit: namque eo modo alteris aedibus id accedet, alteris decedet.「建物がある者に遺贈された場合，その者は，建物のたっている土地の中にある建物だけをもつ．Paulusいわく．これは次の場合には不適切である．すなわち双子の建物（A）の一方の所有者が，別の建物（B）のドーム天井の上にある部屋を，もう一方の建物（A）の利用に供しており，そしてこうした形で利用していた場合には．すなわちこうした方法で，別の建物（B）にくっついているものは，この建物（B）に帰属するものではないとされる．」

16) D. 41, 1, 28 Pomp. 33 ad Sab.

17) D. 41, 1, 28 Pomp. 33 ad Sab.: Si supra tuum parietem vicinus aedificaverit, proprium eius id quod aedificaverit fieri Labeo et Sabinus aiunt: sed Proculus tuum proprium, quemadmodum tuum fieret, quod in solo tuo alius aedificasset: quod verius est.「君の壁の上に隣人が建物を建てた場合，建てたものは彼（隣人）のものとなるとLabeoとSabinusは述べている．しかしProculusは君のものとなるという．あたかも君の土地に別の誰かが建てたものが君のものとなるかのごとく．こちらの方が正当である．」

他人の建物上への建設についてPomponiusが言及している例としては，他に，D. 8, 2, 25 pr Pomp. 33 ad Sab. もある．

18) Labeoの判断は，伝承経路により異なる．Neratius（D. 39, 2, 47）とPaulus（D. 32, 31）が伝えるところによると，こういう場合にBのものになる．ところがPomponiusが伝えるところによると（D. 41, 1, 28），Aのものになる．Ulpianusが伝えるところ（D. 43, 17, 3, 6）からすると，Ulpianusと同様，Bのものとなるという理解をしているように思える（境界線から垂直に所有権関係が切り分けられるという前提のもと，proiectioについての例外を論じているとする方が無理のない理解といえる．そこで私としては，Pomponius文に誤りがあり，BのものとなるとするのがLabeoの見解であったと考えたい．

である．

　こうした見解の相違は，最終的に 213 年の次の勅法により解消した．すなわち，こうした構造物は B のものとなることが確認された．

　　C. 3, 32, 2 pr Sev./Ant. AA. Aristaeneto.: Si inferiorem partem aedificii, quae solum contingit, ad te pertinere probare potes, eam, quam vicinus imposuit, accessisse dominio tuo non ambigitur. <a. 213 pp. XII k. Nov. Antonino A. IIII et Balbino conss.>
　　建物の下の，土地に接している部分が君に帰属していることを君が証明できるならば，隣人が上にのせかけた部分は，君の所有物に付加されたものとなっていることについては何等疑いを残さない．

　3)　差し込まれている材木

　A の建物を形成している木材が B の建物の壁に差し込まれているとする．この場合には，2) とは逆の結論になり，1) と同様の扱いとなる[19]．すなわち，バルコニーが隣地に張り出している場合と同様，この木材を B は自らの所有物であるとして取り外すことはできない[20]．

---

19)　D. 47, 7, 6, 2 Pomp. 20 ad Sab.: Si arbor in vicini fundum radices porrexit, recidere eas vicino non licebit, agere autem licebit non esse ei ius (sicuti tignum aut protectum) inmissum habere. si radicibus vicini arbor aletur, tamen eius est, in cuius fundo origo eius fuerit.「樹木が他人の農地へと根を伸ばしていくならば，隣人はこの根を切断してはならない．この場合，隣人は（木材やバルコニーと同様）『このようなインミッシオをする権利はない』として訴えねばならない．もし樹木が隣人の（土地の中にある）根っこから栄養を得ているとしても，この樹木は，もともとの根があるところの農地の所有者のものである．」

20)　なお A の有する木材が完全に B の建物の中に取り込まれ，B の建物を構成する一部分となった場合には，A が有していた木材に対する所有権は休止し，木材が分離しない限り A は権利主張ができなくなる．この点については，D. 6, 1, 23, 6 Paul. 21 ad ed.; D. 47, 3, 1 pr Ulp. 37 ad ed. をみよ．

3. 被告適格の変化

ここの訴権の被告は，元来は対象となる物の占有者である[21]．しかし，後に所持者に拡大されることになる．

D 6, 1, 9 には，この点をめぐる学説が伝えられている．Pegasus は，uti possidetis 特示命令の申請ができる占有者が被告となるとし，受寄者，使用借主，賃借人などは占有者ではないがゆえに，こうした者を相手として rei vindicatio を提起できないと考えた．これに対し，Ulpianus は，物を所持し，返還する権限を有するあらゆる者（qui tenent et habent restituendi facultatem）に対し，これを提起できると考えた[22]．

---

21) Kaser/Knütel (2014), 157.

22) D. 6, 1, 9 Ulp. 16 ad ed.: Officium autem iudicis in hac actione in hoc erit, ut iudex inspiciat, an reus possideat: nec ad rem pertinebit, ex qua causa possideat: ubi enim probavi rem meam esse, necesse habebit possessor restituere, qui non obiecit aliquam exceptionem. quidam tamen, ut Pegasus, eam solam possessionem putaverunt hanc actionem complecti, quae locum habet in interdicto uti possidetis vel utrubi. denique ait ab eo, apud quem deposita est vel commodata vel qui conduxerit aut qui legatorum servandorum causa vel dotis ventrisve nomine in possessione esset vel cui damni infecti nomine non cavebatur, quia hi omnes non possident, vindicari non posse. puto autem ab omnibus, qui tenent et habent restituendi facultatem, peti posse.「この訴権における審判人の職務は，被告が占有しているかどうか調べることである．ここではいかなる原因により占有しているかは重要ではない．私がその物が私のものであることを証明した場合，占有者は，何らかの抗弁により対抗できないならば，これを返還しなければならない．Pegasus をはじめ何人かの法学者によると，この訴権でいうところの possessio とは，uti possidetis 特示命令や utrubi 特示命令でいうところの possessio のみである．それゆえ Pegasus は，受寄者または使用借人，賃借人，遺贈物の保管人，嫁資または胎児の名義でもって占有下においている者，未発生損害の担保問答契約の締結を受けられなかった者は，占有していないがために vindicatio の被告となることはできない．しかし，私は，物を保持し，これを返還する権限を有するすべての者を相手方として訴えることができると考える．」

2. 用益権を否定する否認訴権

1. 方 式 書

用益権を否認するための否認訴権の方式書は，次のように再構成されている[23]．

> Si paret N^o N^o ius non esse eo fundo qua de agitur uti frui invito A^o A^o neque ea res arbitrio iudicis A^o A^o restituetur, quanti ea res erit, tantam pecuniam Iudex N^m N^m A^o A^o condmnato, si non paret, absovito.
> 訴訟の対象となっている土地に関し，被告がこれを原告の意思に反した形で使用・収益する権利を有さないことが明らかであるならば，そして審判人の裁定により原告に返還されないならば，審判人よ，その物の価格相当額の金銭を被告が原告に支払うよう判決せよ．もし明らかでないならば，免訴せよ．

この訴権の原告となるのは，対象となる物の所有者である．その相手方は，この物について用益権の存在を主張する者（多くの場合は，現にこの権利を準占有するもの）である．原告は，自ら所有権を有することを証明し，そして被告に用益権がないことが明らかになると[24]，訴訟上，この物が用益権という負担から免れていることが確認され，被告が使用・収益をやめないならば，相当額の金銭の支払が強制されることになる．

2. 原告と被告のふりわけ

用益権の存否について問題になった場合，用益権が自らにあると主張する者

---

23) Lenel, EP, 190-191.
24) D. 7, 6, 5 pr Ulp. 17 ad ed. の末尾からすると，挙証責任を負うのは，否認訴権を提起した所有者であろう．仮に所有者が事実上，用益権が存在しないかのごとく支配しているのであれば，否認訴権を用いるよりは uti possidetis 特示命令を用いる方が得策である．

が用益権のvindicatio[25]を提起するのか，それとも所有者が否認訴権を提起するのかを決める必要がある．すなわち，Aが自分には所有権があり，Bが自分には用益権があると主張し，さらにAが用益権をBは有さないと主張している場合，AとBのいずれが原告として訴えねばならないのであろうか．

　この問題について直接言及している史料はない．しかし，以下でみるように，こうした場合にも所有者がuti possidetis 特示命令を使えること[26]，また用益権者にこの準特示命令が与えられること[27]からすると，少なくとも古典期後期の段階では，次のようにこの問題に対応が図られていたと考えることができる．すなわち，Aが事実上支配している（つまり占有を有している）土地に，Bが用益権の存在を主張してきたとする．このときAはuti possidetis 特示命令を用いこの支配を維持することができる．したがって，Bの方から用益権のvindicatioを提起しなければならない．これに対して，Bが事実上支配している（すなわち準占有 quasi possessio[28]を有している）土地に，Aが所有権を主張し，かつBには用益権がないことを主張したとする．このときは逆にAの方から否認訴権で訴えねばならない．

3. 地役権を否定する否認訴権

1. 方　式　書

　法務官告示の地役権の章（§73）には，地役権にかかわる2つの方式書のひな型が記載されていた[29]．それは，地役権の存在の確認を求める訴権（actio confessoria）の方式書と，その不存在の確認を求める訴権（actio negatoria）の方式書である．前者は，「もし原告に通行権があることが明らかであるならば，

---

25) 後述第12章第4節1参照．
26) D. 43, 17, 4 Ulp. 70 ad ed.
27) Lenel, EP, 473f.
28) Gai. inst. 4, 139.
29) Lenel, EP, 191-194.

......」[30]というものであり，これは，地役権の存在を主張する要役地所有者が提起する．これに対して後者は地役権の存在を否定しようとする承役地所有者が提起するものである．その文言は，次のようなものと再構成されている[31]．

> Si paret N° N° ius non esse per fundum illum ire agere invito A° A°, [...].
> もし訴訟の対象となっている土地に関し，被告がこれを原告の意思に反した形で通行する権利を有さないことが明らかであるならば，……

ここでは，通行権（iter）の例をあげたが，この他 Lenel は，より高く建てさせない権利，荷重をかける権利，材木を差し込ませる権利，雨滴をおとす権利についても，それぞれ 2 つのタイプの方式書のひな型が記載されていたと考えている[32]．

2. 住環境保護

A の所有する土地・建物上に，B は，自分が地役権や用益権を有していると主張しているとき，A は，否認訴権によりこの不存在の確認を求めることができる．これにより，B によるこうした権利を理由とする物の利用を禁止できる．

ここで否定するのは，必ずしも既存の特定の権利（つまり用益権や使用権，地役権の各種類型）である必要はない．所有者による物の使用・収益を妨げるような行為をこの訴権により排除することができる．この点は，D. 8, 5, 8, 5 から明らかになる[33]．

---

30) Si paret A° A° ius esse per fundum illum ire agere, quanti ea res *et et rel*.
31) Lenel, EP, 193.
32) Lenel, EP, 193f.
33) D. 8, 5, 8, 5 Ulp. 17 ad ed.: Aristo Cerellio Vitali respondit non putare se ex taberna [casiaria] <casearia> fumum in superiora aedificia iure immitti posse, nisi ei rei servitutem talem admittit. idemque ait: et ex superiore in inferiora non aquam, non quid aliud immitti licet: in suo enim alii hactenus facere licet, quatenus nihil in

第 4 章 対物訴権 *71*

　D. 8, 5, 8, 5 Ulp. 17 ad ed. には，ナポリの北に位置するミントゥルノ[34]でおきた紛争が伝わる．ミントゥルノ市から店舗を賃借した者がここでスモークチーズの生産のため燻蒸を行ったところ，ここから発生した煙が上方の建物[35]

alienum immittat, fumi autem sicut aquae esse immissionem: posse igitur superiorem cum inferiore agere ius illi non esse id ita facere. Alfenum denique scribere ait posse ita agi ius illi non esse in suo lapidem caedere, ut in meum fundum fragmenta cadant. dicit igitur Aristo eum, qui tabernam [casiariam] <caseariam> a Minturnensibus conduxit, a superiore prohiberi posse fumum immittere, sed Minturnenses ei ex conducto teneri: agique sic posse dicit cum eo, qui eum fumum immittat, ius ei non esse fumum immittere. ergo per contrarium agi poterit ius esse fumum immittere: quod et ipsum videtur Aristo probare. sed et interdictum uti possidetis poterit locum habere, si quis prohibeatur, qualiter velit, suo uti.「Aristo が Cerellius Vitalis に次のように解答した．『チーズ屋から出た煙を上の建物に入り込ませることは，上の建物の所有者がこうした地役権をチーズ屋に許している場合を除き適法であるとは考えない』と．Aristo はまた述べている．『上にあるところから下にあるところへ水やその他の何かを差し入れることは許されないと，なぜなら，自分の土地の中であるものがすることができるのは，他人の土地に何かを差し入れない限り，すなわち煙や水のインミッシオをしない限りにおいてであるから．それゆえ上の方の者は下の方の者を相手方として，「そういうことをする権利はない」として訴えることができる．』Aristo がいうには，『Alfenus はそれゆえに，次のように書いている．私の土地にそのかけらが落ちてくるような形で彼の土地で石を切り出す権利は彼にはないとして訴えることができると．』それゆえ Aristo は次のように述べている．『チーズ屋用物件をミントゥルノの人々から賃借した者は，上にいる者によって煙のインミッシオを禁止されうる．しかしミントゥルノの人々は，賃借人訴権によって責を負う』．Aristo がいうには，『煙のインミッシオをした者を相手方として，「その者には煙のインミッシオをする権利はない」として訴えの提起ができる．』それゆえ，これとは反対に，『煙のインミッシオをする権利がある』として訴えを提起することもできる．このこと自体に Aristo は賛同しているように思える．しかし，もし自分が使いたいように使うをことをある者が禁止されるならば uti possidetis 特示命令をつかう余地がある．」

　Van den Bergh (1979), 185ff.; Rainer (1987), 103ff.; Rainer (1992), 358ff; Ruiz (2000), 49ff. この法文についての文献は，Möller (2010), 280 n. 245 に整理されている．

34) 　Neue Pauly, art. "Minturnae" (2000).
35) 　D. 8, 5, 8, 5 の記述からすると，坂の下にある店舗から煙が坂の上にある建物に入

に入りその住人から苦情が出た．そのため，この燻蒸を行ってよいか否かが問題となった．

　この問題の解決にあたり，Aristo は次のような Alfenus の見解を紹介している．すなわち，A の土地から掘り出した石が B の土地に落ちてくるとき，Alfenus は B が A に対し「このような形で彼の土地で石を切り出す権利は彼にはない」として訴えることができるとする．これはすなわち否認訴権のことを指している．そして，これと同様，Aristo は，煙の侵入を受けた者は否認訴権により煙の排出を禁止することができるとする．

　同様の判断は，D. 8, 5, 17, 2 Alf. 2 dig. にも伝わる[36]．A の建物と B の建物とが壁で区切られている場合にあって，A が自ら建物の内部で，壁にそってこやしの山をつくり，これにより壁がしめった．このとき B がいかにしてこのこやしを除去するよう A に求めることができるかについて問題となり，Alfenus は地役権の否認訴権に関する訴えを提起すべきとする．

　以上のように，住環境を悪化させるインミッシオの対抗手段として否認訴権を用いることも可能であった[37]．

　　ったとみるのが自然な解釈である．ところが古代のミントゥルノ市は全くの平地にあり，坂は市内には存在しない．そうすると，店舗から発生した煙が隣の建物の上階に入ったということになろうか．

36) D. 8, 5, 17, 2 Alf. 2 dig.: Secundum cuius parietem vicinus sterculinum fecerat, ex quo paries madescebat, consulebatur, quemadmodum posset vicinum cogere, ut sterculinum tolleret. respondi, si in loco publico id fecisset, per interdictum cogi posse, sed si in privato, de servitute agere oportere: si damni infecti stipulatus esset, possit per eam stipulationem, si quid ex ea re sibi damni datum esset, servare.「隣人が隣人の壁にそってこやしの山をつくった．これにより壁がしめった．どのようにすれば隣人に対し，こやしの山を除去するよう強制することができるか質問がなされた．私は解答した．もし（隣人が）公有地でこれをするならば，特示命令を通じ強制することができる．しかし私有地でこれをしたのであれば，地役権に関して訴えなければならない．もし未発生損害についての問答契約がなされており，このことにより損害をうけたのであればこの問答契約を通して保護することができる．」

37) Ruiz (2000), 49ff.

3. 原告と被告のふりわけ

　地役権をめぐる紛争にあっても，用益権と同様，地役権者の方から認諾訴権（actio confessoria）で訴えるべきか，それともこの存在を否定している所有者の方から，否認訴権で訴えるべきかという問題が生じる．

　この問題についての，より高く建ててはならないことを内容とする権利（servitus altius non tollendi）と材木を差し込ませることを内容とする権利（servitus tigni immittendi）に関し論じた Ulpianus の見解が伝わっている．

　前者についての史料が D. 8, 5, 6, 1 Ulp. 17 ad ed. である[38]．Aの所有する建物 X の隣に，B の所有する建物 Y がある．B がこの建物 Y をより高く増築しようとしたところ，A は建物 Y 上に，より高く建ててはならない権利（servitus altius non tollendi）を自らが有すると主張し，B はこの存在を否定した．このとき，A がこの地役権の認諾訴権で訴えるべきなのか，B が否認訴権で訴えるべきなのかが問題となった．Ulpianus の見解は，現状にあって建物 Y が低い状態のままであるならば，A が地役権という権利の占有を有しているとする．対物訴権において占有者は被告の地位にたつ．したがって，B が原告として否認訴権で訴えるべきということになる[39]．他方，B が高く増築する工事を開始し

---

38) D. 8, 5, 6, 1 Ulp. 17 ad ed.: Sciendum tamen in his servitutibus possessorem esse eum iuris et petitorem. et si forte non habeam aedificatum altius in meo, adversarius meus possessor est: nam cum nihil sit innovatum, ille possidet et aedificantem me prohibere potest et civili actione et interdicto quod vi aut clam: idem et si lapilli iactu impedierit. sed et si patiente eo aedificavero, ego possessor ero effectus. 「この地役権においては，占有者，すなわち権利の占有者と，原告とがいることを知っておかねばならない．もし私が私の土地の中により高くした建物を有していないならば，私の相手方が占有者である．すなわち，何も新しい工事がなされていないならば，この相手方が占有しており，私が建築を開始するならば，市民法上の訴権や quod vi aut clam 特示命令により私を禁止することができる．また投石によって妨害することもできる．しかし，相手方の認容の下で私が建設を終えるならば，私が占有者となることになる．」

39) D. 8, 5, 6, 1 中の "civili actione" は，多くの場合，A が提起する認諾訴権と解され

た時点でAがこれに異論を唱えず，この工事が完了したのであれば，Bがこの地役権に関して占有者となるとUlpianusはいう．したがって，この時点に至ってAが地役権の存在を主張するならば[40]，Aの方から認諾訴権で訴えねばならないことになる．

材木の差し込みに関する地役権における原告・被告の地位の配分については，D. 8, 5, 8, 3 Ulp. 17ad ed. が伝える[41]．ここでは，建物X（所有者はA）を構成する木材を建物Y（所有者はB）の壁に差し込むことを内容とする地役権の有無が問題になっている．Ulpianusは，既に木材が差し込まれているのであれば，Aが占有者であるという．したがって，この場合，Bの方から地役権がないことの確認を求め否認訴権を提起しなければならない．逆に，差し込まれていない状態であるならば，Aの方から認諾訴権を提起しなければならない．

以上の2つの法文から，原告・被告の振り分けに関するUlpianusの見解が明確になる．すなわち，ここでは建築物の現状（status quo）[42]が決定的な役割

ている．その上で，この法文冒頭のpossessorem esse eum iuris et petitoremをpossessorem esse iuris et eum petitoremと修正の上で，「権利の占有者が原告となることもある」という意味に理解する．しかし，actio civilisは，地役権の認諾訴権を意味しているとは限らない．仮に売買を通じて地役権が設定されたのであれば（D. 8, 1, 20 Iav. 5 ex post. Labeionis; D. 8, 4, 6, 3a Ulp. 28 ad Sab.; D. 8, 5, 16 Iul. 7 dig.; D. 18, 1, 80, 1 Lab. 5 post. a Iav. Epit.; D. 21, 2, 10 Cels. 27 dig.），買主訴権というactio civilisにより地役権の主張をすることも可能であろう．

40) なおAがこの後2年間にこの主張を行わないならば，仮にAが地役権を有していたとしても，usucapio libertatisによりこの地役権は消滅する．この点については後述第6章第1節2を参照．

41) この法文および地役権の準占有については，より詳細な検討が必要であるが，この問題については別稿に委ねることにしたい．

D. 8, 5, 8, 3 Ulp. 17 ad ed.: Sed si quaeritur, quis possessoris, quis petitoris partes sustineat, sciendum est possessoris partes sustinere, si quidem tigna immissa sint, eum, qui servitutem sibi deberi ait, si vero non sunt immissa, eum qui negat. 「誰が占有者で誰が原告となるかについて問題になるならば，既に木材が差し込まれているのであれば，地役権が自分のために負われていると主張する者が占有者となる．これに対し，まだ差し込まれていないならば，これを否定している者が占有者となる．」

を果たす．このstatus quoと権利関係とが合致しないと主張する当事者が原告の役割を与えられるというものである．ここでは，占有保護の発想が都市地役権に応用されているとみることができる．

---

42) ただし，これは今あるまさにその状況と完全に一致するものではなく，瑕疵のない形で存続している現状のことを指す．そのため，現在の状況が瑕疵のある形，すなわち暴力や隠秘や懇願的貸借によって変更を加えられているのであれば，この変更が生じる前の状態にquod vi aut clam特示命令，または懇願的貸借に関する特示命令により戻される．

第5章
占 有 関 係

1. unde vi 特示命令

1. 法務官告示の内容

法務官告示§245には，土地の占有者が暴力により占有を侵害された場合に法務官が下す特示命令についての3つの規定がある[1]．その第1のものがここで取り上げる unde vi 特示命令，第2のものは次で取り上げる unde vi armata 特示命令，第3のものは用益権者にかかわるものである．

第1の告示の文言は，次のように再構成されている[2]．

> Unde in hoc anno tu illum vi deiecisti aut familia tua deiecit, cum ille possideret, quod nec vi nec clam nec precario a te possideret, eo illum quaeque ille tunc ibi habuit resituas.
>
> 君または君の家人が，この1年間に彼の占有するところから，彼を暴力で排除したならば，そして彼が君との関係で暴力，隠避または懇願的借用によって占有していたのでないならば，その占有とそこに彼が所持していた物を君は原状回復しなければならない．

---

1) Lenel, EP, 461-467.
2) Lenel, EP, 465.
  この特示命令については，Kaser, RPI, 399; 吉野(1978), 11-12; Berger (1916), Sp. 1677ff. を参照．

2. 占有侵奪の形態

1）土　　地

　この特示命令は，土地から追い出しの場合に適用される．最も典型的には農地または建物から占有者が追い出された場合であり[3]，敷地（area）や土地に固着している物から追い出された場合も同様である[4]．建物が木造のものであってかわりはない[5]．他面，動産が持ち出された場合には適用されず[6]，例えば車や船からの追い出しの場合にも適用はない[7]．

2）vis atrox による侵奪であること

　この追い出しは vis atrox によってなされるものであることを要する[8]．
　Ulpianus は，actio quod metus causa の解説の中で，vis atrox を「善良な習俗に反してなされた行為」と述べている[9]．また，Ulpianus は，unde vi 特示命令の解説の中では，vis を「良俗に反してなされた暴力」と定義している[10]．文脈はよくわからないが，Paulus は，「vis とは，押し返すことのできない圧倒的な衝撃力のことをいう」とする[11]．quod vi aut clam 特示命令における vis については，相手方の意思に反して行った行動すべてが vis によるものとする Cascellius と Trebatius による定義が伝わっているが（D. 43, 24, 1, 7 Ulp. 71 ad ed.），unde vi 特示命令における vis はそれよりは程度の強いものが想定されて

---

3) D. 43, 16, 1, 3 Ulp. 69 ad ed.
4) D. 43, 16, 1, 4 Ulp. 69 ad ed.
5) D. 43, 16, 1, 8 Ulp. 69 ad ed.
6) D. 43, 16, 1, 6 Ulp. 69 ad ed.
7) D. 43, 16, 1, 7 Ulp. 69 ad ed.
8) D. 43, 16, 1, 3 Ulp. 69 ad ed. vis atrox の意味については，詳しくは Berger (1916), Sp. 1678 をみよ．
9) D. 4, 2, 3, 1 Ulp. 11 ad ed.
10) D. 43, 16, 1, 28 Ulp. 69 ad ed.
11) D. 4, 2, 2 Paul. 1 sent.

いるといえよう．なお武器を帯同して暴力が行使された場合には，次にみる unde vi armata 特示命令の適用の問題となる．

unde vi 特示命令における vis の具体例をみておこう．Pomponius は，強制されたとはいえ自ら占有を明け渡した場合には，unde vi 特示命令の適用はないと判断している[12]．Labeo は，「群衆の恐怖に恐れおののいて逃げ出した」ときに vis により追い出されたものと判断した．Pomponius は，物理的な力が作用していない場合には適用はないとした上で，「襲撃を受けて逃げ出した者は，襲撃者が vis により possessio を占領している場合には，vis により追い出されたものとみることができる」と述べている[13]．Marcellus と Papinianus は，農地賃借人が賃貸人の要求にもかかわらず退去しなかった場合に，賃貸人が農地賃借人を相手方とする形でこの特示命令を申請できるとしている[14]．ここでは，追い出そうとする実力行使への抵抗が vis による侵奪とみなされている[15]．

3. 申　請　者

1）占有者であったこと

この特示命令の申請は，侵奪の対象となった土地の占有者であった者に認められる[16]．占有者本人が追い出された場合はもちろんのこと，占有者の家族や奴隷が追い出された場合にも占有者が申請を行う[17]．また，土地・建物等が賃貸されている場合であっても，賃借人は占有者とはされず賃貸人が依然として占有を保持しているとされ[18]．賃借人が暴力により追い出された場合には，賃

---

12) D. 43, 16, 5 Ulp. 11 ad ed.
13) D. 43, 16, 1, 29 Ulp. 69 ad ed.
14) D. 43, 16, 12 Marcell. 19 dig. と D. 43, 16, 18 pr Pap. 26 quaest.
15) この点について Paulus は別見解であった可能性がある．D. 41, 3, 4, 27 Paul. 54 ad ed. をみよ．
16) D. 43, 16, 1, 9 Ulp. 69 ad ed.
17) D. 43, 16, 1, 22-23 Ulp. 69 ad ed.
18) この点については後述第 22 章第 1 節を参照のこと．

借人ではなく，賃貸人である占有者が特示命令を申請することになる[19]．無論，占有者である賃貸人が賃借人を追い出した場合に賃借人が賃貸人を名宛人とする形でこの特示命令を申請することは通例はできない．さらに，申請が認められるためには，申請者が単に占有しているのみならず，その占有が名宛人との間で瑕疵のないものであったことを要するが，この点については以下で述べる．

　占有を侵奪された者が死亡した場合，その相続人または承継人が申請者となることができる[20]．

2)　瑕疵のない占有を有していたこと

　これが認容されるには，申請者が有していた占有が，名宛人との関係において瑕疵あるものでなかったことが求められる[21]．

　申請者は，名宛人から対象物を暴力または隠避により奪って占有していたり，懇願的借用として対象物を名宛人から受け取っている場合には，占有はあるもののそれに瑕疵があるとして，この特示命令の申請は認められない．例えば，もともとAが建物を占有している場合において，Bが暴力によりAを追い出し，その後さらにBをAが追い出したとする．このときBは，確かに占有をしてはいたものの，それはAより暴力によって奪って開始されたものであるため，名宛人たるAとの関係において「瑕疵のある」占有を有していることになり，この特示命令の申請は認められない[22]．

　しかし，瑕疵の有無は名宛人との関係によって決まる．したがって，例えばAの占有する建物からAをBが追い出し，その後CがBを追い出した場合には，Bは暴力によって占有を開始したとはいえ，それはあくまでもCとの関

---

19)　D. 43, 16, 20 Lab. 3 pith. a Paulo epit.; D. 43, 16, 1, 22 Ulp. 69 ad ed. なおこの点に関する例外的判断がMarcellusとPapinianusによってなされている．この点については本章で後述する．

20)　D. 43, 16, 1, 44 Ulp. 69 ad ed.

21)　D. 43, 16, 1 pr には，無瑕疵の要件はでてこない．Lenel, EP, 464は，Ulpianus D. 43, 16, 1, 27-30 に，この要件の存在した痕跡が残っているという．

22)　D. 43, 16, 1, 26 Ulp. 69 ad ed.

係においては瑕疵のある占有を有していないことになり，Cを名宛人とする形では特示命令の申請が認められる[23]．

4. 名　宛　人

特示命令の名宛人となる者は，最も典型的には土地を侵奪した本人である．しかし侵奪者が奴隷または家子である場合には，その所有者または家長が名宛人となる[24]．また，誰かの指図でこの侵奪が行われた場合には，指図をした者を特示命令の名宛人とすることができる[25]．

土地を侵奪した本人が死亡している場合には，その相続人またはその他の承継人を名宛人とすることができる[26]．

5. 期　間　制　限

この特示命令の申請は，占有侵奪の後，1年以内になされることを要する．ただし1年後であっても，侵奪により取得した物の返還を求めることは可能である[27]．

6. 法務官による処分

1）原　状　回　復

法務官がこの特示命令の申請を認めた場合，占有侵奪者は，侵奪した土地・建物を申請者に返還しなければならない[28]．また土地・建物に付随している物についても同様である[29]．こうした物が果実を生じている場合には果実を返還

---

23) D. 43, 16, 1, 30 Ulp. 69 ad ed.
24) 上記引用の告示の文言をみよ．
25) 指図があった場合については D. 43, 16, 1, 11 を，procurator が追い出した場合については D. 43, 16, 1, 14 を，その他の場合については D. 43, 16, 1, 15 をみよ．
26) D. 43, 16, 1, 48 Ulp. 69 ad ed.
27) D. 43, 16, 1 pr; 39. Ulp. 69 ad ed.
28) D. 43, 16, 1, 31 Ulp. 69 ad ed.
29) D. 43, 16, 1, 32 Ulp. 69 ad ed.

し[30]．また損害が生じているならばその損害を賠償することも求められる[31]．

2) 土地内にあった物の返還および賠償

また，侵奪時点において[32]その土地・建物内に[33]あった動産等を返還することも求められる．申請者本人の所有物に限らず，申請者に寄託されていた物，使用貸借されていた物，申請者が用益権や使用権を有している物，申請者に保管が委託されていた物，申請者に賃貸されていた物もここに含まれる[34]．こうした物が果実を生じている場合には果実を返還し[35]．また損害が生じているならばその損害を賠償することも求められる[36]．

3) 現に存する利益の返還

侵奪者の相続人またはその他の承継人に請求する場合には，上に述べた内容は，現に存する利益の返還という形に変更される[37]．この場合は，事実訴権（actio in factum）が申請者に与えられ，1年の期間制限には服さない[38]．

2. unde vi armata 特示命令

1. 法務官告示の規定

§245に規定される第2の特示命令は，単なる暴力ではなく，武装の上で行

---

30) D. 43, 16, 1, 40 Ulp. 69 ad ed.
31) D. 43, 16, 1, 41 Ulp. 69 ad ed.
32) D. 43, 16, 1, 34 Ulp. 69 ad ed.
33) D. 43, 16, 1, 35 Ulp. 69 ad ed.
34) D. 43, 16, 1, 33 Ulp. 69 ad ed.
35) D. 43, 16, 1, 40 Ulp. 69 ad ed.
36) D. 43, 16, 1, 41 Ulp. 69 ad ed.
37) D. 43, 16, 1, 48 Ulp. 69 ad ed. unde vi armata については D. 43, 16, 3, 12 Ulp. 69 ad ed.
38) D. 43, 16, 3, 1 Ulp. 69 ad ed.

使された暴力による占有侵奪にかかわるものである[39]．告示の文言は次のように再構成されている[40]．

> Unde tu illum vi hominibus coactis armatisve deiecisti aut familia tua deiecit, eo illum quaeque ille tunc ibi habuit restutias.
> 君または君の家人が，人間の集合または武力により彼を追い出すならば，君は，彼とその時彼がその場所に有していた物を現状回復しなければならない．

2. 申請の要件

この特示命令は，上述の unde vi 特示命令の変種であるため，それとの相違のみを記すことにする．

この特示命令が適用されるために，単なる暴力ではなく武装の上での暴力により侵奪が行われていることが求められる．ここでいう武装には，剣，槍，投槍はもちろんのこと，棒や石も含まれる[41]．複数の者によって侵奪がなされた場合にあっては，その内の1人が武装していれば十分である[42]．また事前に準備がなされていなくとも，その場で棒や石を取り上げた場合にもこの特示命令は適用される[43]．侵奪者が武器を手にとったかどうかが重要であって，実際に武器を使用したかどうかは重要ではない[44]．

委託事務管理人（procurator）や奴隷が武装して侵奪を行った場合には，所有者本人による指示，または追認がある場合に限り，所有者本人がこの特示命令の名宛人となる．

unde vi 特示命令とは異なり，占有の瑕疵の要件はない．したがって，申請者が名宛人から暴力で占有を奪っていたとしても，名宛人が武装による暴力で

---

[39] Lenel, EP, 467-468; Kaser, RPI, 399; Berger (1916), Sp. 1680f.
[40] Lenel, EP, 467f.
[41] D. 43, 16, 3, 2 Ulp 69 ad ed.; Gai. inst. 4, 155.
[42] D. 43, 16, 3, 3 Ulp 69 ad ed.
[43] D. 43, 16, 3, 4 Ulp 69 ad ed.
[44] D. 43, 16, 3, 5 Ulp 69 ad ed.

申請者から占有を奪い返したのであれば，この特示命令の適用がある．

また，unde vi 特示命令にある期間制限はここにはない[45]．

3. 法務官による処分

侵奪した物，およびその内部にあった物の返還という点は同様である．法務官による処分の内容は，unde vi 特示命令のそれと同一であると考えられる．すなわち，法務官により，侵奪した土地・建物の返還，その内部にあった物の返還，損害賠償が認められる．

なおこの他にも相違点として，通常の暴力の場合には lex Iulia de vi privata が問題になるのに対し，武装による場合には，lex Iulia de vi publica の問題となることもあげられる[46]．

3. uti possidetis 特示命令

1. 法務官告示の内容

§247 に，占有に関する最古の特示命令とされる uti possidetis 特示命令についての規定がある[47]．この告示の文言は次のように再構成されている[48]．

---

[45] Lenel, EP, 468. Gai. inst. 4, 155 は，武装による暴力の際には「あらゆる場合に possessio を彼に返還しなければならない omni modo debeam ei restituere possessionem」と伝えている．

[46] Inst. Iust. 4, 15, 6: [...] qui autem aliquem de possessione per vim deiecerit, tenetur lege Iulia de vi privata aut de vi publica: sed de vi privata, si sine armis vim fecerit, sin autem cum armis eum de possessione expulerit, de vi publica. armorum autem appellatione non solum scuta et gladios et galeas significari intellegimus, sed et fustes et lapides.

[47] Lenel, EP, 469ff.; 吉野(1978a)，113; 小菅(1958)(1), 12ff.; 佐々木(2004)(1), 137ff. をみよ．

[48] 告示の文言については，次の2つの史料がある．D. 43, 17, 1 pr Ulp. 69 ad ed.: Ait praetor: "uti eas aedes, quibus de agitur, nec vi nec clam nec precario alter ab altero possidetis, quo minus ita possideatis, vim fieri veto. de cloacis hoc interdictum non

Uti eas aedes, quibus de agitur, nec vi nec clam cec precario alter ab altero possidetis, quominus ita possidetatis, vim fieri veto.

De cloacis hoc interdictum non dabo.

訴訟の対象となっている建物に関し，君たちが相手方との関係において，暴力，隠避または懇願的借用（容仮）により占有しているのでないならば，君たちの占有を禁ずるような暴力の行使を私は禁止する．

排水溝については，この特示命令を与えない．

　この特示命令は，占有保持のための特示命令に分類される[49]．すなわち，ある物の所有権の帰属に関し紛争が生じた場合に，所有権をめぐり提起される訴訟（vindicatio）に先立ち，当事者のいずれが占有者として被告の地位につき，またいずれが原告の地位につくかをこの手続で法務官は決定する．原告に挙証責任が負わされるため，被告の地位を得る占有者の方が所有権をめぐる裁判で有利な地位にたつことになる[50]．古典期における uti possidetis 特示命令の機能

---

　　dabo. neque pluris, quam quanti res erit: intra annum, quo primum experiundi potestas fuerit, agere permittam".

　　　Festus, s.v. Possessio: uti nunc possidetis eum fundum, quo de agitur, quod nec vi nec clam nec precario alter ab altero possidetis, ita possideatis. adversus ea vim fieri veto.

49) Gai. inst. 4, 148: Retinendae possessionis causa solet interdictum reddi, cum ab utraque parte de proprietate alicuius rei controversia est, et ante quaeritur, uter ex litigatoribus possidere et uter petere debeat. cuius rei gratia comparata sunt uti possidetis et utrubi.「当事者双方がある物についての所有権について争う場合には，占有を保持するために特示命令が与えられるのを常とする．このときまず事前に，当事者の内のいずれが占有し，いずれが請求しなければならないのかについて問題にされる．そのために用意されているのが uti possidetis 特示命令と utrubi 特示命令である．」

50) D. 43, 17, 1, 1 Ulp. 69 ad ed.: Hoc interdictum de soli possessore scriptum est, quem potiorem praetor in soli possessione habeat, et est prohibitorium ad retinendam possessionem.「この特示命令は土地の占有者に関して規定したものである．法務官は，土地の占有をめぐる争いにおいて占有者をより有利な地位におく．またこの特示命令は，占有を保持させるための禁止的特示命令でもある．」

　　D. 6, 1, 24 Gai. 7 ad ed. provinc.: Is qui destinavit rem petere animadvertere debet,

は，このようなvindicatio訴訟の準備的機能に限られたものではないが[51]，以下の叙述ではこの機能を中心に述べた上で，それ以外の場合は派生例として後で論じることにしたい[52]．

2. 当　事　者

uti possidetis特示命令は双面的特示命令とされており，当事者の一方が原告，他方が被告，あるいは一方が申請者，他方が被申請者といった地位にたつのではなく，双方がともに申請者たる地位につく[53]．この特示命令の申請が認

---

　　an aliquo interdicto possit nancisci possessionem, quia longe commodius est ipsum possidere et adversarium ad onera petitoris compellere quam alio possidente petere.「物を求めて訴えようと心に決めた者は，何らかの特示命令によって占有を取得できないか考えねばならない．なぜなら自分自身が占有し，相手方に原告としての負担を強いることは，相手方が占有している状態で自ら訴え出るよりもはるかに有利であるのだから．」

　　　また，D. 7, 6, 5 pr Ulp. 17 ad ed.（ただしこれは所有者と用益権者との争い）．

51)　この用語は小菅(1958)によるものである．なお同研究では，こうした準備的機能は古典期に由来するものではなく，古典期後の発展の中で生み出されたものであるという捉え方をしている（特に，小菅(1985)(1), 4-5)．この捉え方が成り立つためにはGai. inst. 4, 148がインテルポラティオであることが前提となり，その「可能性」の探究が小菅研究では行われている．しかし，このような大幅な改竄がGaiusテキストに行われたという見方は困難である．また，Digestaのテキストからも，むしろこうした準備的機能の方こそが中心であったとみることができる．

52)　今日まで伝わる法史料中には，上記のようなuti possidetisの典型例にあてはまらない一群の史料が存在する．すなわち申請者の一方が所有の意思を有していないものの，他方の平穏な占有状態を侵害している場合に，この侵害を排除するためにuti possidetis特示命令を使うことができるとする史料が存在する．Berger (1916), Sp. 1683; Beseler (1922), 421ff.; 小菅(1958)(2), 379があげるのは，以下のものである．D. 43, 17, 3, 2; D. 43, 17, 3, 3; D. 43, 17, 3, 4; D. 43, 17, 3, 7; D. 43, 17, 3, 9; D. 10, 3, 12; D. 39, 1, 5, 10; D. 8, 5, 8, 5.

53)　D. 43, 17, 3, 1 Ulp. 69 ad ed.: Hoc interdictum duplex est et hi, quibus competit, et actores et rei sunt.「この特示命令は双面的であり，原告でも被告でもある者に対して与えられる．」

　　　Gai. inst. 4, 160: Duplicia sunt velut uti possidetis interdictum et utrubi. ideo autem

められるのは，当事者双方とも対象に対する所有権が自らにあることを主張し，いずれか一方が現に占有し[54]，他方は占有の意思は有しているものの，物理的支配を喪失している場合である．

3. 対象となる物

この特示命令は，土地の占有保持のためのものである[55]．土地の一種である農地（fundus）はもちろんのこと，土地に固着した物——その典型例が建物——が対象となる[56]．ただし，排水溝（cloaca）は適用外である[57]．ケーナークルムや部屋（diaeta）といった，建物の中で一定の独立性を有する，居住のための空間は，建物本体と切り離した形で占有の対象になるものとは捉えられて

---

duplicia vocantur, quod par utriusque litigatoris in his condicio est, nec quisquam praecipue reus vel actor intellegitur, sed unusquisque tam rei quam actoris partes sustinet; ．．．．「双面的特示命令の例としては uti possidetis 特示命令と utrubi 特示命令とがある．双面的というのは，両方の当事者が同じ地位にたち，一方が被告，一方が原告と呼ばれるわけではなく，双方ともに原告の役割を担うからである．……」

54) ローマ法における占有者には，今日でいうところの「自主占有者」の他，ある種の他主占有者（質権者，公有地占有者，懇願的借主，係争物保管人）が含まれる．しかし，本書では，特に断りのない限りは，「占有 possessio」・「占有者 possessor」は今日でいう「自主占有」・「自主占有者」の意味で用いることにする．

55) D. 43, 17, 1 pr が伝える方式書の文言には aedes とある．Festus s. v. possessio が伝える文言では fundus とある．D. 43, 17, 1, 6 には，この特示命令は praedium の占有者の保護のためのものとある．

56) D. 43, 17, 1, 8 Ulp. 69 ad ed.: Hoc interdictum in omnibus etiam possessionibus, quae sunt soli, sine dubio locum habebit, dummodo possideri possit.「この特示命令は，土地の中のあらゆる占有物（possessiones）に対して，それが占有の対象になる限り適用されることは疑いのないところである．」res quae soli est (sunt) という表現については D. 13, 6, 1, 1 Ulp. 28 ad ed.; D. 41, 3, 23, 2 Iav. 9 epist.; D. 43, 16, 1, 32 Ulp. 69 ad ed.; Gai. inst. 2, 54; Gai. inst. 2, 59; C. 7, 53, 3 をみよ．これは土地の定着物のことと理解してよいと思われる．

Paul. Sent. 5, 6, 1 は，"de rebus soli" についてこの特示命令の適用があるという．

57) D. 43, 17, 1 pr Ulp. 69 ad ed.

いない[58]．なお，地上物（superficies）について土地とは切り離した財産として捉える見方が古典期の中期以降発展するが，こうした地上物の保護のためには特別な特示命令が告示中に規定された[59]．

　建物は，ときに隣地上の建物と連続しているときがある．このような場合にどこが建物の境界となるのかわかりにくく，そのため占有の境界が曖昧となることが生じる．所有の境界は，基本的には地面の境界によってきまる．しかし，構造物の状況によっては，これとは異なる事態が発生する．まず隣地へとはみ出し，隣地の地面や建物と固着している構造物については，単純に地面の境界から垂直にのびた線によって所有関係を決するとする見解をとる法学者と，地面の境界とはかかわりなく，いずれが建築したのかによってか，あるいは利用関係の実態に即してきめるとする法学者とがあった．最終的にはこの問題は，勅法により前者の見解が採用されるに至った．他方，隣地へとはみだしているものの，隣地の地面とも建物とも固着していない構造物（例えばバルコニー）は，土地の境界とは関係なく，構造物とつながっている地面の所有関係によって決せられた[60]．以上のような所有の境界は，同時に占有の境界もなしたと考えられる[61]．

　境界が画された土地・建物の全体についての争いがある場合はもちろんのこと，その特定の[62]一部の場合でも適用される[63]．したがって，境界争いのよう

---

58) cenaculum については D. 43, 17, 3, 7 Ulp. 69 ad ed. をみよ．D. 13, 6, 1, 1 Ulp. 28 ad ed. では，res quae soli est が使用貸借契約の対象となり得ると述べた上で，"Vivianus amplius etiam habitationem commodari posse ait" とあり，ここからすると，habitatio は，res quae soli est ではないと読める．

59) D. 43, 17, 3, 7 Ulp. 69 ad ed.; D. 43, 18, 1 pr Ulp. 70 ad ed.

60) 前述第 4 章第 1 節 2 参照．

61) この点については，D. 43, 17, 3, 5-7 Ulp. 69. ad ed. をみよ．

62) 特定していない一部分についての占有はできないとされる（D. 41, 2, 3, 2 Paul. 54 ad ed.; D. 41, 2, 26 Pomp. 26 ad Q. Muc.）．

63) D. 43, 17, 1, 7 Ulp. 69 ad ed.: Hoc interdictum locum habet, sive quis totum fundum possidere se dicat, sive pro certa parte, sive pro indiviso possideat.「この特示命令は，農地全体についてこれを占有しているとある者が主張する場合であれ，その一部に

に，土地の一部について争っている場合にも適用がある[64]．

また，複数の者によって共有されている土地・建物についても適用がある[65]．この場合，共同で占有している者どうしで uti possidetis 特示命令を申請することもできる．したがって，例えば，壁が隣同士で共有されている場合にあって，この壁をめぐる紛争の際にも uti possidetis 特示命令の申請が可能である[66]．

4．申請の期間

この特示命令は，物の帰属に関して複数の者の間で紛争が生じており，両者がそろって申請するという特質から，申請の期間制限というものは存在し得ない[67]．また，以下にみる占有の瑕疵の判断にあたって，一定期間をすぎたものは考慮しないといった発想はあり得るが，この点に関しても期間制限はない[68]．

5．処分の内容およびその基準

法務官は，2人の申請者の内のいずれか一方が当該物を占有することを認め

　　ついてであれ，その（共有物たる土地の）持ち分についてであれ適用される．」
- 64) D. 39, 1, 5, 10 Ulp. 52 ad ed.
- 65) D. 43, 17, 1, 7 Ulp. 69 ad ed. における pro indiviso の意味については Kaser, RPI, 383 n. 12 をみよ．
- 66) D. 10, 3, 12 Ulp. 71 ad ed.; D. 39, 1, 3, 1-2 Ulp. 52 ad ed.
- 67) D. 43, 15, 1 pr には，告示の文言として，"intra annum, quo primum experiundi potestas fuerit, agere permittam"「はじめて訴える権限を取得してから一年以内に私は訴えることを許可する」とある．これは特示命令に申請期限があったことを想起させるが，これは後続手続における期間制限について言及しているものである（Lenel, EP, 471f.）．後続手続については小菅 (1958)(1), 44ff. を参照．
- 68) D. 43, 17, 1, 5 Ulp. 69 ad ed.: Perpetuo autem hoc interdicto insunt haec: "quod nec vi nec clam nec precario ab illo possides".「『相手方との関係において暴力により隠秘にも懇願的借用にもよらずして占有しているならば』ということは，期間制限なくこの特示命令に内在する．」

る．これは，具体的には他方による占有を奪おうとする暴力を禁止するという形で実現される[69]．

　2人の申請者のいずれに占有を認めるかは，占有の瑕疵の有無によってきまる[70]．前述の通り，申請者はいずれも紛争対象について自らが所有者であるという意思（animo）を有しており，その内の一方はさらに物理的支配（corpus）も有する．この意思とこの支配の双方を有する者が占有者（possessor）であるが，この特示命令では必ずしもこの意味での占有者を保護するものではなく，申請者の内，相手方との関係において瑕疵のない占有を現に有する者，あるいは有していた者を保護する．占有の瑕疵の有無は，あくまでも2人の申請者の相互の間で判断される．したがって，申請者が第三者との関係において瑕疵ある形で占有を取得していたとしても，そのことはここでは問題にされない．

　ここでいう瑕疵のある占有には，3つの類型がある．すなわち，(1) 暴力（vis）によって開始された占有，(2) 隠秘（clam）によって開始された占有，(3) 懇

---

69) D. 43, 17, 1 pr に伝わる法務官告示§247の文言による．

70) Gai. inst. 4, 150: Et si quidem de fundo vel aedibus interdicitur, eum potiorem esse praetor iubet, qui eo tempore quo interdictum redditur nec vi nec clam nec precario ab adversario possideat. [...]「農地または建物が特示命令の対象となる場合，特示命令が付与される時点で，相手方との関係で暴力，隠秘，懇願的借用によらずして占有している方を優位におくよう法務官は命じている．……」

D. 43, 17, 1, 9 Ulp. 69 ad ed.: Quod ait praetor in interdicto: "nec vi nec clam nec precario alter ab altero possidetis", hoc eo pertinet, ut, si quis possidet vi aut clam aut precario, si quidem ab alio, prosit ei possessio, si vero ab adversario suo, non debeat eum propter hoc quod ab eo possidet vincere: has enim possessiones non debere proficere palam est.「法務官がこの特示命令に関し『君たちが相手方との関係において，暴力，隠避または容仮により占有しているのでないならば』と述べていることは，次のような意味をもつ．すなわち，ある者が暴力，隠秘または懇願的借用により—それも第三者との関係において—占有しているならば，この占有はこの者にとって有益である．これに対し，ある者が相手方との関係において（暴力，隠秘または懇願的借用により）占有しているならば，この相手方から奪って占有しているがゆえに，この者が勝利することがあってはならない．なぜなら，こうした占有が有益なものであってはならないのであるから．」

占有の瑕疵に関する説明は，田中他(2015), 63f. がわかりやすい．

願的借用 (precarium) によって開始された占有である．この特示命令に関する解説の中で vis や clam の内容について述べた法学者の記述はみあたらない．

6. 派生例(1)——懇願的借用

uti possidetis 特示命令では，典型的には申請者が双方とも占有者または占有者であったことが求められる．ここでいう占有者は，いわゆる自主占有者のことが主として念頭におかれているが，古い時代より，precarium（懇願的借用）として物を使用・収益する者もまた占有者であるとされ，この者もまた uti possidetis 特示命令の申請ができるものとされてきた[71]．

懇願的借用とは，提供者が返して欲しいといえばすぐに返すという条件の下で行われる貸借関係である[72]．これは使用貸借契約に類似するが，この貸借によって債務関係が発生することはなく[73]，また提供者が返すよう求めた場合には，借用者はすぐに返すことが求められた[74]．しかし，こうした借用者も占有者とされ[75]，提供者以外との紛争にあっては，uti possidetis 特示命令による保

---

71) precarium については，Kaser/Knütel (2014), 118f. をみよ．

72) D. 43, 26, 1 pr Ulp. 1 inst.: Precarium est, quod precibus petenti utendum conceditur tamdiu, quamdiu is qui concessit patitur.「懇願的貸借とは，懇願者の懇願に基づき，提供者が許容している限りということで，使用のために譲ることである．」

　ただし，貸借関係以外にも，地役権に相当する便益を precarium という形で提供することも行われていた．こういう関係については D. 43, 26, 15, 2 Pomp. 29 ad Sab.; D. 43, 26, 3 Gai. 25 ad ed. provinc.; D. 43, 26, 2, 3 Ulp. 71 ad ed.; D. 43, 26, 8, 5 Ulp. 71 ad ed. をみよ．

73) ただし古典期には actio praescriptis verbis により訴えることも可能となり（D. 43, 26, 19, 2 Iul. 49 dig.; D. 43, 26, 2, 2 Ulp. 71 ad ed.），ここに契約関係への接近をみることもできる（Kaser/Knütel (2014), 118）．

74) 借用者がこれに応じない場合は，提供者は uti possidetis 特示命令を申請する．借用者も占有者であるため，この特示命令の申請は可能である．手続においては，申請者の占有には瑕疵があることになり（nec precario），提供者が占有者であるとされ，借用者の使用・収益は禁止されることになる．

75) D. 43, 26, 4, 1 Ulp. 71 ad ed.: Meminisse autem nos oportet eum, qui precario

護をうけることができる[76]．他面，提供者との間で争いが生じた場合には，懇願的借用者の占有は瑕疵のあるものとされ，提供者が勝つことになる．なお提供者が返還を求めるためには，この特示命令の他，懇願的借用に関する特示命令（§258 interdictum de precario）を用いることもできた．

7. 派生例(2)――占有者の意思に反する使用

今日まで伝わる法史料中には，上記のような uti possidetis 特示命令の典型例にあてはまらない一群の史料が存在する．すなわち申請者の一方が所有の意思を（少なくとも明示的には）有していないものの，他方の平穏な占有状態を侵害している場合に，この侵害を排除するために uti possidetis 特示命令を使うことができるとする史料がある[77]．この種の史料をここでみておくことにする．

1) 建築紛争

D. 43, 17, 3, 2 Ulp. 69 ad ed. によると[78]，自己の土地の中での建築を禁止された者は uti possidetis 特示命令によりこの禁止を排除できるとある．

> D. 43, 17, 3, 2 Ulp. 69 ad ed.: Hoc interdictum sufficit ei, qui aedificare in suo prohibetur: etenim videris mihi possessionis controversiam facere, qui prohibes me uti mea possessione.
> 自己の土地の中での建築を禁止された者にとっては，この特示命令で十分である．

---

habet, etiam possidere.「懇願的借用により有している者は，占有もしているということを覚えておかねばならない．」

76) D. 43, 26, 17 Pomp. 23 ad Sab.: Qui precario fundum possidet, is interdicto uti possidetis adversus omnes praeter eum, quem rogavit, uti potest.「懇願により農地を占有している者は，提供者以外のあらゆる者に対し uti possidetis 特示命令を行使することができる．」

77) 本章注52）をみよ．なおこの問題については，ここでは簡単な概観にとどめ，詳細な検討は別稿に委ねることにしたい．

78) Beseler (1922), 422; 小菅 (1958)(2), 388.

なぜなら，私の占有物を私が使用することを君が禁止するならば，君は，私に対して占有について争っているとみられるのだから．

Ulpianusによると，Aが占有する土地において建築を開始した場合において，Bがこの工事を禁止した場合，Bの禁止によりAの占有に関し争いが生じており，Aはuti possidetis特示命令でもってBの禁止を排除することができるとする．なお建築の禁止が占有の禁止にあたるとする見方は，既にVenuleiusも唱えているところである[79]．

Ulpianusは別の法文で，建築の禁止の態様として(1)法務官を通じての禁止，(2)手による禁止があるとした上で，後者は，すなわち小石を投げて行う禁止であるとする[80]．この小石の投石は一種の儀式化された禁止行為であり，この

---

79) D. 41, 2, 52, 1 Ven. 1 interd.: Eum, qui aedificare prohibeatur, possidere quoque prohiberi manifestum est.「建築することを禁止された者が，占有することもまた禁止されていることは明白である．」

80) D. 39, 1, 5, 10 Ulp. 52 ad ed.: Meminisse autem oportebit, quotiens quis in nostro aedificare vel in nostrum inmittere vel proicere vult, melius esse eum per praetorem vel per manum, id est lapilli ictum prohibere quam operis novi nuntiatione: ceterum operis novi nuntiatione possessorem eum faciemus, cui nuntiaverimus. at si in suo quid faciat, quod nobis noceat, tunc operis novi denuntiatio erit necessaria. et si forte in nostro aliquid facere quis perseverat, aequissimum erit interdicto adversus eum quod vi aut clam aut uti possidetis uti.「次の点は注意しなければならない．ある者が我々の土地の中で建設をしたり，我々の土地に何かを突入れたり，我々の土地上に何かを張り出させたならば，法務官を通じて，または手による禁止―すなわち小石を投げて行う禁止―の方が新工事禁止通告よりも良い．そうではなく新工事禁止通告をするならば，これによって我々は通告の相手方を占有者としてしまうことになる．これに対し，ある者がその者自身の土地の中で，何か我々に害になるような工事をするならば，その時には新工事禁止通告が必要である．もしある者が我々の土地の中で工事を続行するならば，この者を相手方としてquod vi aut clam 特示命令またはuti possidetis特示命令を用いるのが極めて衡平に適っている．」

これに対し次のPaulus文は，禁止のあり方として(1)言葉による禁止，(2)手による禁止をあげた上で，後者を投石による禁止と言い換えている．

D. 43, 24, 20, 1 Paul. 13 ad Sab.: Prohibitus autem intelligitur quolibet prohibentis

行為にもかかわらず建築工事を続行した場合，その工事は暴力（vis）による工事であるとされ，quod vi aut clam 特示命令による取り壊しの対象となる[81]．そうである以上，上記の例でいうと，Aの占有する土地の中でAが建築工事をすることをBが投石により禁止した場合，Aは一旦，工事を停止しなければならない．さもないと，quod vi aut clam 特示命令により投石後になした工事の取り壊しが命じられる．それでは，Aが工事を再開するためにはどうすればよいのであろうか．この点に関する答えが D. 43, 17, 3, 2 に示されている見解，すなわち uti possidetis 特示命令ということになる．

Bが建築を禁止する理由として，例えば，Aによる建築がBの占有する土地へとはみ出す形でなされているということもあり得よう[82]．その場合，Bによる禁止は，まさしく占有の主張をしていることになろう．しかし，投石による建築禁止は，自らの権利を守るためでなくても行うことができ，またその場合であっても，この禁止に反した工事が続行されるならば，quod vi aut clam 特示命令の適用が可能となる．そうであるとすると，投石による禁止を行った者が占有を主張する意思がない場合であっても，この建築禁止を解くためにAは uti possidetis 特示命令を用いる必要性があったはずである．この点が肯定されるならば，uti possidetis 特示命令は，典型例とは異なり，一方のみが占有

---

actu, id est vel dicentis se prohibere vel manum opponentis lapillumve iactantis prohibendi gratia.「禁止されたとみることができるのは，何らかの形での禁止行為がなされた場合である．すなわち，言葉でもって自ら禁止した場合，あるいは手を出すこと，すなわち禁止のために小石をなげることがこれにあたる．」

81) D. 43, 24, 1, 6 Ulp. 71 ad ed.: Sed et si quis iactu vel minimi lapilli prohibitus facere perseveravit facere, hunc quoque vi fecisse videri Pedius et Pomponius scribunt, eoque iure utimur.「もしある者が例えば小さな石を投げることにより工事を禁止されたにもかかわらず，工事を続行した場合，これもまた暴力によってなされたものとみることができると Pedius と Pomponius は書いている．我々はこの法を用いている．」

82) D. 39, 1, 5, 10 Ulp. 52 ad ed. の事例はまさしくこういうものであると思われる．そうであるからこそ，この末尾で uti possidetis 特示命令が言及されていることになるのではないか．Rainer (2001), 3ff. はこれとは異なる理解をしている．

し，他方が単にその占有を侵害しているにすぎない場合でも適用が可能であったことになろう．

2)　ブドウの蔓の切断

上述の建築禁止の例の2つ下の段落で（D. 43, 17, 3, 4），Ulpianus は次のように述べている．

> D. 43, 17, 3, 4 Ulp. 69 ad ed.: Item videamus, si auctor vicini tui ex fundo tuo vites in suas arbores transduxit, quid iuris sit. et ait Pomponius posse te ei denuntiare et vites praecidere, idque et Labeo scribit, aut uti eum debere interdicto uti possidetis de eo loco, quo radices continentur vitium: nam si tibi vim fecerit, quo minus eas vites vel praecidas vel transducas, vim tibi facere videtur, quo minus possideas: etenim qui colere fundum prohibetur, possidere prohibetur, inquit Pomponius.
>
> 隣人の管理人が君の農地からブドウの蔓を自己の樹木へと引っぱっていたならば，どういう法的な取り扱いがなされるのだろうか．Pomponius は次のようにいう．「君は隣人に対して通告をした上で，ブドウの蔓を切断することができるか」──この点は Labeo も書いていることである──「あるいは，ブドウの蔓の根が固着しているところの土地に関して uti possidetis 特示命令を用いることができる．なぜなら，君がブドウの蔓を切断したり移動できないように隣人が君に対して暴力を行使するならば，君が占有できなくなるように君に対して暴力が行使されているとみることができるのだから．」Pomponius は，（また別の所で）「農地で農作業を行うことを妨害された場合，占有が妨害されている」ともいっている．

Bの土地にはえているブドウの木の蔓を，その土地に隣接するAの土地の管理人[83]が既に以前に[84]この土地へとひっぱり，この土地内の樹木にまきつ

---

83)　注釈学派以来，この法文の auctor は管理人といった意味に解されている．しかし，この土地の前の持ち主という解釈もあり得るのではなかろうか．

84)　他人のブドウの蔓を移動する行為は，quod vi aut clam 特示命令の適用の対象となる工事にあたる（D. 43, 24, 22 pr Ven. 2 interd.）．しかし，この法文ではこの特示命令への言及がない．おそらくは既に1年以上前にブドウの蔓の移動がなされており，そのため quod vi aut clam 特示命令の申請ができないものと想像される．

けていた．このときBがこの蔓を樹木から取り外し自らの土地へと戻すことができるかについて問題となった．Ulpianusが引用しているところによると，Pomponiusは，こうした場合，事前通告の上[85]，B自らブドウの蔓を切断することができるとする．しかしAがこれを禁止する場合，Pomponiusによると，Bはuti possidetis特示命令を用いることができるとする．

この事例におけるuti possidetisの機能も，前述の同法文第2段落（D. 43, 17, 3, 2）のそれと同様のものである．すなわち，ここでも，Bによる工事（ここでは蔓の切断）が禁止された場合に，quod vi aut clam特示命令の存在ゆえに実際上強力な効果のあるこの禁止を解いて，いかにして工事を可能にするかが問題になっている．そして，そのためにuti possidetis特示命令が用いられるべきとされている点も同じである．

一点，同法文第2段落と異なるのは，ここでの工事は建物の建築ではなく，蔓の切断という点である．しかし，この点は本質的な相違ではない．なぜなら，地上物は土地に従うの原則により，ブドウの蔓は，その根が固着している土地と一体をなすものとして捉えることができる．したがって，ブドウの蔓に対する侵害は土地への侵害とみなすことができる[86]．

3） 修 理 妨 害

上記のブドウの蔓の事例の直前で[87]，Ulpianusは，Aが所有する建物に，Bが賃借人として居住しており，Aがこの建物を修理しようとしたところ，Bがこの修理を禁止したという事例を取り上げている．このときAはuti possidetis特示命令を用いることができるとUlpianusは述べている．

---

85) 直前に注で述べたように，ブドウの蔓の切断はquod vi aut clam特示命令の適用対象たる工事にあたる．したがって事前通告なしに切断した場合，clamによる工事にあたるとして原状回復を求められることになりかねない．

86) "de eo loco, quo radices continentur vitium"という文言が示すことは，ブドウの蔓の占有の争いにあっても，superficies solo ceditの原則が適用され，土地の問題として考えるということだと思われる．

87) D. 43, 17, 3, 3 Ulp. 69 ad ed. この法文については，後述395頁以下を参照．

直前と直後の事例と同様，ここでもまたいかにして工事禁止を排除するかという問題が取り上げられている．しかし両者と異なり，ここでは禁止しているのは賃借人（inquilinus）である．賃借人が占有者ではないことは，様々な法文が明確に述べているところである[88]．また，quod vi aut clam 特示命令の申請が賃借居住人に認められた例はない．

ところが古典期後期になると，事案解決の中で，賃借人を占有者として扱う場面がでてくる．すなわち Marcellus[89] と Papinianus[90] は，所有者であり占有者である賃貸人の意思に反した行動をとった賃借人（colonus）について，まさしくその行動により占有者から占有を侵奪したと構成することを通じ，賃借人が占有者であることを肯定している．

こうした見解が本法文でも応用されているとみることができる．すなわち，賃借人が所有者による修理を禁止したことにより，賃借人は占有を侵奪したと法的に構成されることになる．そうであれば，元来占有者であり占有を奪われた所有者と現在占有している賃借人との間で uti possidetis 特示命令を用いることは可能であるということになる．

4) 共有壁の修理

D. 10, 3, 12 Ulp. 71 ad ed.: Si aedes communes sint aut paries communis et eum reficere vel demolire vel in eum immittere quid opus sit, communi dividundo iudicio erit agendum, aut interdicto uti possidetis experimur.

建物または壁が共有されており，この壁を修繕したり，破壊したり，または壁に差し込むといったことが必要であれば，共有物分割訴権で訴えるべきである．あるいは，我々は，uti possidetis 特示命令でもって訴える．

建物や壁などが共有されている場合，その改築・修理にあたっては，共有者全員の同意が必要とされ，共有者の内の1人が改築・修理に反対する場合，他

---

88) 例えば D. 43, 16, 20 Lab. 3 pith. a Paulo epit. 詳しくは後述．
89) D. 43, 16, 12 Marcell. 19 dig.
90) D. 43, 16, 18 pr Pap. 26 quaest.

の共有者がこの者の意思に反して工事を行うことはできない[91]．共有者は，こうした工事差し止めを行うため，新工事禁止通告をすることはできないが，法務官の助力を得て差し止めたり，共有物分割訴権を提起することができる[92]．また，共有者の禁止にもかかわらず工事が続行された場合には，共有者はquod vi aut clam 特示命令の申請もできる[93]．

　上記の法文では，こうした状況を前提とした上で，共有者の 1 人が建物の工事に反対している場合にあって，それでも工事を続行する必要がある場合に，工事の実施を望む共有者がいかなる手段を用いることができるかについて問題となっている．ここで Ulpianus がまずあげるのは共有物分割訴権である．この訴権とあわせ，Ulpianus は，建築を禁止された共有者が uti possidetis 特示命令を用いることもできるという．この uti possidetis 特示命令は，ここでは共有者の 1 人によってなされた建築禁止を解除する機能を有していることになる．この点で，D. 43, 17, 3, 2 および D. 43, 17, 3, 4 において同特示命令が果たしている機能と同一の機能を果たしているといえる．

　5) インミッシオンの排除または認容強制

　ミントゥルノ市から店舗を賃借した A がここでスモークチーズの生産のため燻蒸を行ったところ，ここから発生した煙が上方の B の建物に入り，B は燻蒸の差し止めを要求した[94]．この事例にあって Ulpianus は，日常生活レベルをこえる煙を排出することを内容とする地役権がこの店舗たる建物に設定されているか否かが重要であるとする．すなわちこの地役権が存在するならば，燻蒸は可能であるのに対し，これがない場合には燻蒸は差し止めねばならない．

---

91) D. 10, 3, 28; D. 8, 2, 8; D. 33, 3, 4.
92) D. 39, 1, 3, 1-2.
93) D. 43, 24, 13, 3. なお，D. 10, 3, 28 の後半は，quod vi aut clam 特示命令の申請ができるということと矛盾しない．vi aut clam によらずして 1 人の共有者により建築がなされた場合，別の共有者がこの者の意思に反して取り壊すことができないということをいっているだけである．
94) D. 8, 5, 8, 5 Ulp. 17 ad ed.

Ulpianus はさらに進んで，地役権がない場合にいかなる法手段で燻蒸を差し止めることができるのか，また逆に地役権がある場合に燻蒸を実行し，煙の侵入（インミッシオン）を認容させることができるかを問題にしている．その答えとして，Ulpianus は，地役権の否認訴権と地役権の認諾訴権をあげた上で，「もし自分が使いたいように使うをことをある者が禁止されるならば，uti possidetis 特示命令をつかう余地がある」とも述べている．

この Ulpianus の言葉は，2つの解釈が可能である[95]．第1の解釈は，Aが燻蒸を行うという形で建物を利用することをBによって禁止された場合にあって，このBによる妨害をAが排除するために uti possidetis を使うことができるとするものである．第2の解釈は，Bが平穏に生活するという形で自己の建物を利用することを，Aによる燻蒸およびそれに伴うインミッシオンによって妨害された場合にあって，このインミッシオンを排除するために uti possidetis を使うことができるとするものである．いずれの解釈が正しいかどうかは D. 8, 5, 8, 5 の文言からは明らかにすることは困難である．前者の解釈にたつならば，地役権の行使の事実を守るために uti possidetis が用いられることになる．後者の解釈にたつならば，インミッシオンを占有侵害と捉え，この占有侵害を排除するため uti possidetis 特示命令が用いられていることになる．

---

95) Ruiz (2000), 111ff., 134ff.

第 6 章
都市地役権

1. 概　　　　要

1. 発　　　生

　農地地役権と異なり，非手中物である都市地役権は[1]，握取行為による設定が不可能であり，その設定のためには要役地[2]所有者と承役地所有者の間で法廷譲渡（in iure cessio）をすることが求められた[3]．しかし，土地を握取行為により譲渡するにあたり，地役権を留保するのであれば（例えば，Aが土地Xと土地Yとを有しており，土地YをBに譲渡するに際し，土地Xを要役地とする形で地役権を設定する場合），握取行為により地役権は有効に設定されることになる[4]．この他，遺贈により地役権を設定することも可能である[5]．

　以上のような市民法上の設定方法に加え，法務官法上，より緩やかな方法に

---

[1]　都市地役権の設定に関しては，Kaser/Knütel (2014), 165f.
[2]　通例，日本では要役地，承役地という用語が用いられる．しかしローマの都市地役権の多くは，土地と一体化しているとはいえ，建物を対象として設定されていると捉えられる．そこで，建物に地役権が設定されているときは，要役地に相当する用語として要役建物，承役地に相当する用語として承役建物という用語も用いることにする．
[3]　Gai. inst. 2, 29: Sed iura praediorum urbanorum in iure cedi possunt; rusticorum vero etiam mancipari possunt.「都市地役権は，法廷譲渡することができる．これに対し，農地地役権は握取行為が可能である．」
[4]　fr. Vat. 47.
[5]　D. 33, 3, 1 Iul. 1 ex Minic.

よる設定が認められる．まずは，属州の土地について，問答契約や合意による地役権の設定が可能とされた[6]．また，Labeo, Celsus, Iavolenus, Iulianus, Marcellus は，売買による地役権の設定について言及している[7]．Ulpianus は，引渡や容認による地役権の設定が可能であるとする[8]．Papinianus は，贈与による servitus の設定に言及している[9]．さらに，Caracalla 帝は，長期間にわたる事実の継続による地役権の発生を認めている[10]．

地役権を使用取得することはできない．これは，lex Scribonia（制定年不詳・共和政期）が禁止しているところである[11]．しかし，古典期後期以降，長期間占有（longi temporis praescriptio）による取得が可能であった可能性もある[12]．

2. 消　　滅

地役権を消滅させる方式としては法廷譲渡がある[13]．しかし，都市地役権の消滅にあたり，実際上より大きな役割を担ったと想像されるのが ususcapio liberatatis（地役権からの自由の使用取得）である．なお地役権からの自由の使用取得は都市地役権のみに適用される制度であり，農地地役権はこれにあたる制度として不使用による消滅がある[14]．

usucapio libertatis の成立要件は次の通りである[15]．(1) 地役権に反する状態が

---

6) Gai. inst. 2, 31.
7) D. 18, 1, 80, 1 Lab. 5 post. a Iav. epit.; D. 8, 1, 20 Iav. 5 ex post. Labeonis.; D. 21, 2, 10 Cels. 27 dig.; D. 8, 5, 16 Iul. 7 dig.; D. 8, 4, 6, 3a Ulp. 28 ad Sab.
8) D. 8, 3, 1, 2 Ulp. 2 inst.; D. 6, 2, 11, 1 Ulp. 16 ad ed.
9) D. 8, 4, 17 Pap. 7 quaest.
10) C. 3, 34, 1. この勅法については，Rainer (1987), 264ff.; Möller (2010), 177ff. 参照．
11) D. 41, 3, 4, 28 Paul. 54 ad ed. なお，Paulus は，別の箇所で，「servitus は無体物だから」これを usucapio することはできないといっている（D. 8, 1, 14 pr Paul. 15 ad Sab.）．
12) Kaser, RPI, 445.
13) 都市地役権の消滅については，Kaser/Knütel (2014), 167.
14) D. 8, 2, 6 Gai. 7 ad ed. provinc.
15) D. 8, 2, 6 Gai. 7 ad ed. provinc.; D. 8, 2, 32 pr-1 Iul. 7dig.; D. 8, 2, 7 Pomp. 26 ad Q.

存在すること[16]．(2) この状態が承役地所有者の工事によりつくりだされたこと[17]．(3) この状態が一定年数（おそらく2年）継続すること．

(1)に関して補足すると，承役地所有者が地役権に反する状態を単につくりさえすればよく，その状態の創出が法的な原因（例えば売買や贈与）に基づいていることはもとめられない．善意の有無もまた問題にならない．したがって使用取得により自由を取得する者，すなわち承役地所有者が地役権の存在を認識していようといまいと，この使用取得の成否には関係がない．おそらく多くの場合は，地役権があることを知っていてあえて建てているとみることが可能であろう．

このように通常の使用取得の成立要件との間には大きな差異があるが，その背景には，建築紛争特有の手続（quod vi aut clam 特示命令や新工事禁止通告）の存在を指摘できる．建築紛争にあっては，これらの制度を通じ建築現場近くの土地の所有者は工事を差し止め，自らの権利を主張をする機会が十全に保障されている．地役権の自由の使用取得は，こうした権利の主張がなされないまま2年が経過した場合に成立するものであり，ローマ人の感覚からは，こうした場合に地役権者を保護する必要はもはやなかったのであろう．

3. 諸 類 型

都市地役権には，様々な類型が存在する．Lenel の再構成によると，法務官

　　Muc.
16) quasi possessio という観念を servitus にも認めるという立場にたてば，servitus の quasi possessio を承役地所有者に移転するという言い方もできるかもしれないが史料中にこうした表現は全然でてこない．史料中には，要役地所有者が possessio を取得するというような表現は出てくる（D. 8, 2, 32, 1 Iul. 7 dig.）. servitus の行使された状態を保持することを「possessio をもつ」という言い方は，Ulpianus には確認できる．しかし，Ulpianus もこの quasi possessio を承役地所有者に移転するという言い方はしていない．
17) 例えば樹木が繁茂して地役権に反する状態がつくられたとしても，これにより地役権からの自由の使用取得が成立することはない（D. 8, 2, 6 Gai. 7 ad ed. provinc）．

告示には，より高く建てさせない権利（servitus altius non tollendi），荷重をかけさせる権利（servitus oneris ferendi），材木を差し込ませる権利（servitus tigni immittendi），雨滴を落とさせる権利（servitus stillicidii）について規定が存在したとされる[18]．しかし都市地役権はこれに限定されていたわけではない．いくつかの法文には，都市地役権の諸類型がリストアップされている[19]．D. 8, 3, 2 pr Ner. 4 reg. には[20]，(1) より高く建てて隣の屋敷の採光を妨げる権利，(2) 他人のドムスや屋敷を通す形で排水溝を有するための権利，(3) （他人の土地上に）バルコニーを有するための権利をあげる．D. 8, 2, 2 Gai. 7 ad ed. provinc. は，(1) より高く建てて隣人の採光を妨げる地役権，(2) より高く建てさせない権利，(3) 雨滴を（隣地の）屋根または敷地内に落とすための権利，(4) 雨滴を落とさせないための権利，(5) 他人の壁に材木を差し込ませる権利，(6) 他人の土地に庇やバルコニーを張り出させるための権利，(7) その他，これらに類似するものをあげる．Gaius が末尾で「その他」をあげているように，法務官告示中では特定の類型にしか規定がないものの，それ以外にも様々な内容の地役権を設定することが可能であった[21]．

以下では，法史料中にでてくる都市地役権の諸類型について，その特性に応

---

[18] Lenel, EP, 192f. Lenel のここの再構成は，特に Ulpianus の『告示注解』に基づく．Lenel は，さらに servitus stillicidii をいれる．これは Varro de l. l., 5, 27 と Cic. de orat., 1, 38, 173 に示されているように，共和政期より存在していることが確証されているという理由によるものである．

[19] すぐ下でみる D. 8, 3, 2 pr Ner. 4 reg. と D. 8, 2, 2 Gai. 7 ad ed. provinc. の他，Epit. Gai. 2, 1, 3; Gai. inst. 2, 14 もみよ．

[20] D. 8, 3, 2 pr 冒頭の "rusticorum praediorum" は urbanorum praediorum の誤りであろう．

[21] 地役権の型強制があったかについては，Rainer (1995), 415ff. が分析している．Rainer はこの点に否定的である．Rainer は，地役権という権利の性質上，(1) 要役地にとって利益となるものであること（utilitas），(2) 要役地と承役地とが近隣に存在すること（vicinitas），(3) 上記の利益が継続的に受けられるものであること（perpetua causa）は求められるが，こうした制限の範囲内であれば，型強制にしばられることなく新たなタイプの地役権を創出できたとする．

じた形でグループに分けてみていくことにする．

1) 水の排水にかかわる地役権

　都市には排水の問題がある[22]．雨水や生活排水・し尿を都市の外に排出しなければならない．ローマ市内の各建物から出たこれらの排水は，道路や私的な排水溝を通り，公の排水溝に流れ込み，最後にティベル川に至る．都市の排水システムの管理は行政に委ねられているが，私有地から公的な排水溝までは私法の規律に服する．

　各建物の敷地に降り注いだ雨水は，基本的には，その建物で処理されねばならない[23]．すなわち，土にしみこませるか，道路や排水溝へと排出する必要がある．もとより土の吸収力には限界があるし，下水設備の許容能力にも——特にその整備が十分でない時代にあっては——限りがある．その対応策として，各建物内に貯水槽を設けるという方法とならび，雨水を近隣地へとまわすという方法がある．もちろん他人の土地に無断で雨水を流し込むわけにはいかない．ここに雨水を隣地へと落とすことを内容とする地役権の存在する意義がある．この地役権が設定された場合，承役地所有者は，この雨水がおちるのを甘受し，雨水を受け止められなくなるような構造物をつくることは禁止される[24]．

---

22) Robinson (1992), 117ff. ポンペイの排水の実態については，堀(2009), 1895ff.; 堀(2012), 165ff. をみよ．

23) D. 8, 2, 2 Gai. 7 ad ed. provinc. には，雨滴を（隣地の）屋根または敷地内に落とすための地役権とあわせ，雨滴を落とさせないための地役権が都市地役権の例としてあげられている．この後者をいかに理解するかは難しい問題である．本来，自分の土地・建物上に降った雨水が一滴残さずその土地・建物内で処理されるべきであれば，この地役権が存在する理由はない．しかし，おそらくは煙や湿気の場合と同様（D. 8, 5, 8, 6f.），通常の生活をしていく上で許容すべき範囲内の雨滴を隣地へと落とすことは地役権の存否にかかわらず許されていたとみるべきであろう．こうしたレベルの雨滴をも落とさせないために，この「雨滴を落とさせないための権利」があったとみるべきだろう．Rodger (1972), 141ff. 参照．

24) D. 8, 2, 20, 3 Paul. 15 ad Sab.; D. 8, 5, 9 pr Paul. 21 ad ed.

雨水を生活排水とあわせ，排水溝に流すという方法もある．各家庭から出た排水は，排水溝を通り，公的な排水溝へと流れ込む．この排水溝は時に他人の敷地を通すことが必要になる．このとき排水溝を設置するため地役権が必要になる．排水溝設置のための地役権については特別な特示命令による保護がある[25]．

2) 採光にかかわる地役権

ローマの住居の採光は，もっぱら外光に依拠している．アートリウム上部の天窓や壁にあけられた窓から入る光が住居内を明るくする．ところが都市の建物は隣と通例，接していること，さらに街路に面したところには店舗用賃貸物件（タベルナ）が配置されることにより，外光を周囲から取り入れることがしばしば困難であった．そのため，壁にあけられた窓からの採光のためには，隣の建物との調整が必要になる．例えば，エルコラーノ遺跡のV, 17-18 では[26]，タベルナの2階の部屋に窓をあけるため，隣のタベルナは2階部分が低くおさえられている．またV, 8 では[27]，隣のアートリウムの屋根の上にかかる形で窓が設置されている．さらに天窓にしても，太陽光をさえぎるような形に隣人が建物を建てるならば，ここからの採光は害されることになる．ここにこの種の地役権が存在する必要性がある．

採光の問題は古代ローマの建築状況にあっては，専ら窓をどこにあけるかという問題となる．また建物を高くすることはこの窓からの採光を妨害する結果になる．このように採光の妨害と建築の高低はここでは密接な関連性を有している．建物を高くしてはいけない地役権と採光を妨害してはいけない地役権は，多くの場合，一体をなすものとして取り上げられているが[28]，その背景に

---

25) 本章第4節参照．
26) Pirson (1999), 72.
27) Losansky (2015), 92.
28) D. 8, 3, 2 pr Ner. 4 reg.; D. 8, 2, 2 Gai. 7 ad ed. provinc.; D. 8, 4, 16 Gai. 2 rer. cott.; Gai. inst. 2, 14; 2, 31; D. 7, 1, 30 Paul. 3 ad Sab.; D. 8, 2, 4 Paul. 2 inst.; D. 8, 5, 6 pr Ulp. 17 ad ed.; D. 8, 5, 15 Ulp. 6 opin.; C. 3, 34, 1.

はローマのこうした建築状況が存在するといえよう[29]．

上に述べてきたような，より高くしないことを内容とする地役権に加え，より高くすることを内容とする地役権もまた存在する[30]．Neratius[31]，Gaius[32]，Paulus[33]がこの類型の地役権に言及している．他方，Ulpianusは，地役権の負担を負っていない所有者が，自らの建物を自由に高くすることができるとする[34]．このように，地役権がない限り土地所有者が自由に高く建てることが許されているのであれば，建物所有者が自らの建物をより高く建てることを内容とする地役権が存在する理由はない．しかし，公法上は建物の高さ制限は存在しており[35]，こうした制限を近隣地の所有者との間で取り去ることを内容とする合意がなされ，その合意に基づき，高く建てることを内容とする地役権が設定されるということはあり得よう．また，別の可能性として，私法上，何らかの形で所有権が制限されていることもあり得る[36]．例えば，旧来通りの建築状況を遵守することや，通常生活に必要な最低限レベルの採光を妨害してはならないという制限が私法上存在し[37]，こうした制限を私的な合意により取り去るためにこの地役権が用いられた可能性もある．

こうした高さや採光にかかわる地役権と類似するものに眺望を悪くさせない

---

29) この種の都市地役権の発生史については，Möller (2010), 111ff. をみよ．
30) この問題に関する近年の文献として，Rodger (1972), 19ff.; Lee (1999), 9ff; Lee (2000), 217f.; Rainer (1987), 39ff.; Möller (2010), 148ff.
31) D. 8, 3, 2 pr Ner. 4 reg.
32) Gai. inst. 2, 14; 2, 31; D. 8, 2, 2; Epit. Gai. 2, 1, 3.
33) D. 8, 2, 1 pr Paul. 21 ad ed.; D. 8, 4, 7, 1 Paul. 5 ad Sab.
34) D. 8, 2, 9 Ulp. 53 ad ed.: Cum eo, qui tollendo obscurat vicini aedes, quibus non serviat, nulla competit actio.「高くすることで隣の建物を暗くしようとする者を相手方とする訴権は，この建物を要役地とする形で地役権が設定されていないならば，何も存在しない．」
35) 後述第10章第1節1参照．ただし，公法上の制限は，本来私人間の合意により破ることはできない．この点については前述第3章第2節1参照．
36) Lee (2000), 217f.
37) 用益権の文脈ではあるが，こうした制限について D. 7, 1, 30 Paul. 3 ad Sab. が言及している．

ことを内容とする地役権がある[38]．これは，要役地の眺望を悪くするような承役地内での建設をさせないことを内容とする．

3）　他人の土地上に建造物を建てる地役権

２世紀の建築状況が残るオスティア遺跡では，各建物はそれぞれ独立した壁に囲まれる形で建設されている[39]．ここでは土地の境界から垂直に上方にのばした線がそのまま建物の利用の境界をなし，また同時にこれが権利関係の境界となる．ところが１世紀の建築状況が残るポンペイ遺跡やエルコラーノ遺跡では，多くの場合，１枚の壁が隣の建物との境界をなしており，隣との間に建築構造上の明確な区分があるわけではない．こういう環境にあっては，土地の境界と建物の利用の境界とは一致せず，しばしば建物の上方では隣の土地へとはみだす形で構造物がつくられることになったと想像される．

例えばＡの土地に立つ建物の２階部分がＢの土地へとはみだす形で建設が行われた場合，そのはみ出した部分がＡとＢのいずれのものになるかについては，上で既にみた通りである[40]．この構造物がＢの土地や建物と接していない（荷重がかかっていない）場合には，この構造物はＡのものとなる．逆に接している（荷重がかかっている）場合，法学者間でＡのものとする見解とＢのものとする見解があったが，最終的にはＢのものとする見解が支配的となった．

しかし，このような構造物が誰のものであるかということと，そのような構造物を他人の土地・建物上にもち，利用することができるかということは別問題である．すなわち，ＡがＢの土地上にこうした構造物を有していたとしても，この構造物をそのようにもつこと，あるいは構造物を利用することについての権利をもつ必要がある．この権利が，荷重をかける権利（servitus oneris ferendi）[41]，バルコニーを張り出させる権利（servitus proiciendi）[42]，庇を張り出

---

[38]　例えば，D. 8, 2, 16 Paul. 2 epit. Alf. dig.; Gai. inst. 4, 3; D. 8, 2, 3 Ulp. 29 ad Sab.; D. 8, 2, 15 Ulp. 29 ad Sab.
[39]　前述第２章第１節２参照．
[40]　前述第４章第１節２参照．

させる権利（servitus protegendi）である[43]．

　荷重をかける権利は，上記のAがBの土地上に自らの建物の一部をせり出させ，そこに接合させることでこの建物の一部を支えることを内容とする．バルコニーを張り出させる地役権は，境界線を越える形にバルコニーをつくることを，庇を張り出させる地役権は，庇を境界線を越えて張り出すことをそれぞれ内容とする．

　また，隣の建物と近接する建築状況にあっては，屋根や天井や床を支えるため，ときに隣の家に材木を差し込むことで自らの家の利便性を高めることができる．そのために用いられるのが，材木を壁に差し込ませる権利である．この権利が設定されるならば，要役地の建物の所有者は権利に則した形で材木を隣地の壁に差し込むことができ，隣地の所有者はこの材木をそのままにしておく義務を負い，これを取り除いてはならない．

4）　煙などインミッシオンを甘受させる権利

　D. 8, 5, 8, 5 Ulp. 17 ad ed. には，ナポリの北に位置するミントゥルノでおきた紛争が伝わる[44]．それは，ミントゥルノ市から店舗を賃借した者がここでスモークチーズの生産のため燻蒸を行ったところ，ここから発生した煙が上方の建物[45]に入ったというものである．ここでAristoは，煙を排出することを内容とする地役権がない限り，こうした形で燻蒸をすることはできないとする．

41）　D. 8, 2, 33 Paul. 5 epit. Alf. dig.; D. 39, 2, 47 Ner. 6 membr.; D. 33, 3, 1 Iul. 1 ex Minic.; D. 8, 2, 1, 1 Paul. 21 ad ed.; D. 8, 2, 24 Paul. 15 ad Sab.; D. 8, 5, 6, 2-7 Ulp. 17 ad ed.

42）　D. 47, 10, 44 Iav. 9 ex post. Labeonis.; D. 50, 16, 242, 1 Iav. 2 ex post. Labeonis.; D. 8, 2, 2 Gai. 7 ad ed. provinc.; D. 8, 2, 1 pr Paul. 21 ad ed.（prohibendi はおそらく proiciendi の誤り）; D. 11, 6, 6 Paul. 24 ad ed.

43）　D. 8, 3, 2 pr Ner. 4 reg.; D. 8, 2, 2 Gai. 7 ad ed. provinc.; D. 8, 2, 41, 1 Scaev. 1 resp.; D. 43, 26, 15, 2 Pomp. 29 ad Sab.; D. 47, 7, 6, 2 Pomp. 20 ad Sab.; D. 8, 2, 1 pr Paul. 21 ad ed.; D. 9, 2, 29, 1 Ulp. 18 ad ed.

44）　テキストと訳については，前述第4章注33）をみよ．

45）　この点についての議論については，Ruiz (2000), 51 n. 180 をみよ．

このことは，逆にいうと，こうした地役権があれば燻蒸は可能であるということであり，こうしたインミッシオンを甘受させる内容の地役権の設定も可能であったことがわかる[46]．この他，堆肥から発生する湿気の侵入に関して地役権の否認訴権が問題になっている例もある[47]．

2. 地役権の返還請求訴権（vindicatio servitutis）

Lenelの再構成によると[48]，法務官告示§73には，通行地役権，より高く建てさせない権利，荷重を支えさせる権利，材木をはめ込ませる権利，雨滴を落とさせる権利についての規定があった．ここには，承役地の所有者が地役権の存在を否定するための否認訴権とあわせ，要役地の所有者が地役権の存在を主張するための認諾訴権がそれぞれ規定されていた．より高く建てさせない地役権の文言をLenelは次のように再構成している．

> Si paret A° A° ius esse aedes suas altius tollere invito N° N°, quanti ea res erit [...], tantam pecuniam iude
> 被告には自己の建物を原告の意思に反してより高くする権利がないことが明らかであるならば，その物の価格につき……

承役地の所有者がここでいう被告であり，要役地の所有者が原告である．所有物返還請求訴権（rei vindicatio）と同様，ここでも原告が挙証責任を負うとみるべきであろう．

---

46) 農地については，掘り出した石を他人の土地へと投げ入れることを内容とする地役権もあり得たことをD.8, 5, 8, 5の"Alfenum denique"以下が伝える．
47) D. 8, 5, 17, 2 Alf. 2 dig.
48) Lenel, EP, 194.

3. 応訴強制のための特示命令

　古典期の民事訴訟手続においては，対物訴権の被告は応訴義務を負わない．しかし，応訴がないことで問題解決ができなくなることを防ぐため，所有物返還請求訴権（rei vindicatio）においては，動産については actio ad exhibendum，土地・建物については quem fundum 特示命令が用いられる．後者では，現に訴訟の対象の物を占有している被告に対し，その物を原告に戻すよう命じられる．これにより原告はその物の占有者となる．

　Lenel は，Paul. Sent. 5, 6, 8 (=D. 43, 20, 7); D. 39, 1, 15 Afr. 9 quaest.; D. 39, 2, 45 から，これと同様の手続が都市地役権に関しても存在したと推測している[49]．

---

49) Lenel, EP, 481f. 本文中であげた法文の内，後二者が都市地役権に関するものである．以下は，その法文と訳文である．

　　D. 39, 1, 15 Afr. 9 quaest.: Si prius, quam aedificatum esset, ageretur ius vicino non esse aedes altius tollere nec res ab eo defenderetur, partes [iudicis] <praetoris> non alias futuras fuisse ait, quam ut eum, cum quo ageretur, cavere iuberet non prius se aedificaturum, quam ultro egisset ius sibi esse altius tollere. idemque e contrario, si, cum quis agere vellet ius sibi esse invito adversario altius tollere, eo non defendente similiter, inquit, officio iudicis continebitur, ut cavere adversarium iuberet nec opus novum se nuntiaturum nec aedificanti vim facturum. eaque ratione hactenus is, qui rem non defenderet, punietur, ut de iure suo probare necesse haberet: id enim esse petitoris partes sustinere.「建物が建てられる前に，『隣人にはより高く建てる権利がない』として訴えが提起され，隣人が応訴しない場合には，法務官の役割は，次のこと以外にはないと彼（Iulianus?）はいう．すなわち，『自分により高く建てる権利がある』と反対に訴える前に建築しないことにつき担保提供するよう被告に命じること以外に．これとは逆に，『自分には相手方の意思に反した形でより高く建てることができる権利がある』と訴えようと望んでいるが，相手方が応訴しないとする．同様に彼（Iulianus?）がいうには，法務官の職務には，相手方に対し『新工事禁止通告をしないこと，建築する者に対して暴力を行使しないこと』について担保提供させるよう命じることが含まれる．こうした理由により，応訴しない者は，次の限りで制裁を受ける．すなわち，自己の権利を証明することが必要とされると

4. 排水溝に関する特示命令

　都市地役権の準占有を守るための特示命令は，ここでみる排水溝に関する地役権についてのみ法務官告示は定めを有している[50]．

　法務官告示§254には，私的な排水溝と公的な排水溝のそれぞれについての規定がある[51]．ここでは前者についてみる．

　　いう限りで．すなわち原告たる役割を引き受けるということで．』

　　ここに出てくる"partes iudicis"が，もともとは partes praetoris であったことについては Möller (2010), 151 n. 443; Rainer (1987), 196 をみよ．

　　D. 39, 2, 45 Scaev. 12 quaest. a q. fund. pet.: Aedificatum habes: ago tibi ius non esse habere: non defendis. ad me possessio transferenda est, non quidem ut protinus destruatur opus (iniquum enim est demolitionem protinus fieri), sed ut id fiat, nisi intra certum tempus egeris ius tibi esse aedificatum habere.「君は建物を有している．私は『君には持つ権利がないと』として訴える．君は応訴しない．possessio は私に移転しなければならない．しかし，これはすぐに工事を破壊するためではない（なぜなら，すぐに取り壊しがなされるのは不適当であるから）．そうではなく，一定期間の間に，君が私に対し『君には建物をもつ権利がある』として訴えさせるためである．」

　　一見したところ，これは rei vindicatio が問題になっているようにもみえる．しかし，「君にはもつ権利がない」という文言は rei vindicatio のものというよりは，地役権に関する訴えを想起させる．おそらくは他人の土地や建物上に何らかの構造物をのせるというタイプの地役権（servitus tigni immittendi や servitus oneris ferendi など）の存否がここでは問題になっているものと思われる．

50) Lenel, EP, 481.
51) 後者の文言は，次のようなものである．D. 43, 23, 1, 15 Ulp. 71 ad ed.: Deinde ait praetor: "Quod in cloaca publica factum sive ea immissum habes, quo usus eius deterior sit fiat, restituas. item ne quid fiat immittaturve, interdicam".「さらに法務官は次のようにいう．『君が公の排水溝に何かをつくったり，あるいはそこに差し入れさせ，これにより排水溝の利用を悪化させたのであれば，君はこれを原状に戻さねばならない．同様に，君がそこで工事をしたり，何かを差し入れさせるようなことを私は禁じる．』」

D. 43, 23, 1 pr Ulp. 71 ad ed.: Praetor ait: "Quo minus illi cloacam quae ex aedibus eius in tuas pertinet, qua de agitur, purgare reficere liceat, vim fieri veto. damni infecti, quod operis vitio factum sit, caveri iubebo".

法務官は次のようにいう．「彼の建物から君の建物へとつながる当該排水溝を，清掃したり修繕できなくするような暴力の行使を私は禁ずる．工事の欠陥により発生する未発生損害について，担保提供を行うことを私は命ずる．」

Aの建物から出る排水を通すための排水溝がBの土地内を通っており，Aがこの排水溝を清掃したり修繕することをBが許さないとする．このときAが強引に清掃や修繕を強行した場合，これはBの土地内で行われることであり，Bの権利侵害や占有侵害にあたる[52]．しかし，排水溝が機能していることは，都市内の衛生を保つために必要不可欠であることから，上記の特示命令が定められた[53]．この特示命令により，Aは，Bによる禁止行為を排除し，清掃や修繕をBの拒絶にもかかわらず実行することが可能になる[54]．

この特示命令の文言には，占有や準占有に関する特示命令に頻出する「暴力または隠秘または懇願的貸借によるものでないならば」という文言が入っていない．したがって，仮にAがBから暴力や隠秘により奪って排水溝の使用を

---

[52] ただし，uti possidetis 特示命令は排水溝については適用されないため，Bはこれを用いてAを排除することはできない．

[53] D. 43, 23, 1, 2 Ulp. 71 ad ed.: Curavit autem praetor per haec interdicta, ut cloacae et purgentur et reficiantur, quorum utrumque et ad salubritatem civitatium et ad tutelam pertinet: nam et caelum pestilens et ruinas minantur immunditiae cloacarum, si non reficiantur.「法務官はこの特示命令を通じて，排水溝が清掃されることと修繕されることについて配慮した．この両者とも，都市共同体の衛生や管理に関係する．なぜなら，排水溝が修繕されないと，その不潔さにより，疫病が蔓延し，廃墟が増大するから．」

[54] D. 43, 23, 1, 5 Ulp. 71 ad ed.: Hoc interdictum, quod primum proponitur, prohibitorium est, quo prohibetur vicinus vim facere, quo minus cloaca purgetur et reficiatur.「1つ目として掲げられたこの特示命令は，禁止的なものである．この特示命令により，隣人は，排水溝を清掃したり修繕したりすることを禁止するためになされる暴力の行使が禁止される．」

していたとしても，あるいはAがBに排水溝に関する懇願的貸借関係にたっていたとしても，Aはこの特示命令により清掃・修繕の認容をBに強制することができる．その理由をUlpainusは，排水溝の公益性に求めている[55]．

---

55) D. 43, 23, 1, 7 Ulp. 71 ad ed.: Quia autem cloacarum refectio et purgatio ad publicam utilitatem spectare videtur, idcirco placuit non esse in interdicto addendum "quod non vi non clam non precario ab illo usus", ut, etiamsi quis talem usum habuerit, tamen non prohibeatur volens cloacam reficere vel purgare.「ここには『相手方との関係において，暴力または隠秘または懇願的貸借によるものでないならば』という文言は付加されてはない．その理由は，排水溝の修繕や清掃は，公益の実現のためであると評価されているからである．その結果，たとえこうした形である者が使用していたとしても，排水溝を修繕したり清掃したいという者が妨害されてはならない.」

第 7 章

相 隣 関 係

1. quod vi aut clam 特示命令

1. 法務官告示

quod vi aut clam 特示命令についての法務官告示の規定は，D. 43, 24, 1 pr の中に伝わっている[1]．

> Quod vi aut clam factum est, qua de re agitur, id cum experiendi potestas est, restituas
> 当該の工事が暴力または隠避によりなされており，申請者に訴える権限が生じて 1 年以内であれば，君は工事を元に戻さねばならない．

これは，建築主（この規定のいう「君」にあたる）が工事を開始した際に，その近隣の土地の所有者等が法務官に申請する特示命令であり，その申請が認められるならば，法務官は建築主に対し工事が開始される以前の状況に戻すこと，すなわち工事の結果できあがった建築物を取り壊すことを命じるものである．法務官によるこの命令は，「暴力または隠秘による工事に関する特示命令 (interdictum quod vi aut clam)」と呼ばれている（以下，「quod vi aut clam 特示命令」と呼ぶ)[2]．

---

1) Lenel, EP, 482f. この特示命令についての近年の文献としては，Rainer (2001); Rainer (1987), 234ff. がある．
2) この特示命令については，Rainer (1987), 234ff.; Rainer (2001), 1ff. をみよ．

2. 当　事　者

　この特示命令を法務官に申請することができるのは，最も典型的には，工事が行われている土地の近隣の土地を所有する者である[3]．しかし既に Servius は，農地上にはえている樹木を切断し取得する権利を得た者にこの申請を認めている[4]．2世紀の法学者 Iulianus は「利害関係者」が申請可能であると述べている[5]．具体的には，用益権者[6]や共有者[7]があげられる．また，農地賃借人[8]に申請が認められている例もある．

　所有権の侵害の他，地役権の侵害に関係するような工事がなされた場合にも，この特示命令の申請は認められる[9]．

　この特示命令申請の相手方となるのは，工事をしている者である．これは実際に工事現場で働いている人という意味ではなく，この工事をするよう指示した建築主のことを指している[10]．

3. 対象となる工事

　この特示命令の対象となる工事は，「土地の中でなされているもの」[11]であるとされている[12]．建物の建築はその最も典型的な行為であり，その取り壊し

---

3) D. 43, 24, 17 Paul. 69. ad ed. 法務官法の所有者の取扱いについては D. 43, 24, 11, 8 以下をみよ．
4) D. 43, 24, 13, 4 Ulp. 71 ad ed.
5) D. 43, 24, 11, 14 Ulp. 71 ad ed.
6) D. 43, 24, 13 pr Ulp. 71 ad ed.
7) D. 43, 24, 13, 3 Ulp. 71 ad ed.
8) D. 43, 24, 19 Ulp. 57 ad ed. また D. 9, 2, 27, 14 Ulp. 18 ad ed. もみよ．
9) D. 39, 3, 21 Pomp. 32 ad Q. Muc. また D. 8, 2, 15 Ulp. 29 ad Sab. や D. 8, 5, 6, 1 Ulp. 17 ad ed. における prohibitio はおそらくこの特示命令と関連性がある．
10) D. 43, 24, 5, 8-14. ただし，下でみるようここでいう工事には樹木を切断することも該当する．その場合には，樹木の切断を指示した者が相手方ということになる．
11) D. 43, 24, 1, 4 Ulp. 71 ad ed.
12) D. 43, 24, 7, 5ff. Ulp. 71 ad ed.

もここでいう工事にあたる．この他，横木，鍵，柵，彫像を建造物から抜き取る行為にもこの特示命令の適用があるとされている．建物の建築以外では，農地上の堆肥を崩したり，樹木を切断したり，森の中に排水溝を掘るといった行為もここでいう工事に該当する．他方，農地から果実を取り去ったり，農地を通常行われる形で耕作する行為はこれにはあたらない．なお，この特示命令による取り壊しの対象となるのは，申請時より遡って1年以内になされたものであることを要する[13]．

4．暴力（vis）または隠秘（clam）の意義

この特示命令の申請が認められるためには，こうした工事が「暴力により（vi）」なされるか，「隠秘により（clam）」なされたものであることを要する．

暴力による工事とは，その工事をやめるよう求める禁止行為（prohibitio）がなされたにもかかわらず続行された工事のことを指す[14]．禁止行為とは，元来は，文字通り有形力を使って——あるいはそれをちらつかせて——相手の工事の続行をやめさせるものであったと想像される．しかし，古典期盛期までには，既にある種の形式化がなされており，工事をしている者に対し小さな石を投げる行為がこれにあたると理解されるようになる[15]．このように儀式化され

---

13) D. 43, 24, 15, 4 Ulp. 71 ad ed.
14) D. 43, 24, 1, 5 Ulp. 71 ad ed. これは共和政期の Quintus Mucius による定義である．
15) 投石の禁止に言及している法学者は，古典期盛期から後期にかけての法学者のみである．Pedius et Pomponius: D. 43, 24, 1, 6; Ulpianus: D. 8, 5, 6, 1; D. 39, 1, 5, 10; D. 43, 24, 1, 6; Paulus: D. 43, 24, 20, 1. Rainer (2001), 3 は，これが古くからの制度であるというが，その根拠は示されていない．

　Möller (2010), 146 n. 426 は，Javier Paricio, La denuncia de obra nueva en el derecho romano clásico, Barcelona 1982（未見）の議論を紹介している．それによると，Paricio は，Gellius, Noctes Atticae 4, 14 を投石による禁止の例としてあげているとのことであるが，Gellius が伝える逸話は，遊女が投石をしながら自分の家に入ろうとする高官を追い出したということであり，建築の禁止というものにかかわるものではない．

た禁止行為は，私人間でなされるものであり，法務官やその他のいかなる官吏の立ち会いも必要とはされない．しかしそれにもかかわらず，この禁止行為は実際上は強力な法的効力を有する．すなわち，禁止行為がなされたにもかかわらず工事が続行されるならば，その工事は「暴力によりなされた工事」とみなされ[16]．仮に建築主に工事をする権利が存在しているとしても，quod vi aut clam 特示命令によりその工事は破壊を命じられることになる[17]．そのため，禁止行為を受けた建築主は，即座に工事を中断し，禁止行為をした者とともに公権力による紛争解決手続に服さねばならなくなるのである．

「隠秘による（clam）」工事については，定式化された定義は伝わってはいない．当時のローマでは，建築開始にあたり，工事の具体的内容・時間・期間を近隣の人々に事前に通知することが必要とされていた[18]．帝政期初期の法学者 Cassius は，紛争を回避する意図の下，事前通知をしないで工事をした場合，この工事は「隠秘による工事」にあたると述べている[19]．その次世代の法学者である Aristo は，自らの工事が禁止されることを既に認識していた者はもちろんのこと，禁止されるであろうと認識しておくべき状況であったにもかかわらず工事を開始した場合も，隠秘による工事を行ったとして取り壊しの対象になるという[20]．この見解によると，工事開始後に紛争になるほとんどの場合においてその工事が隠秘による工事であるということになろう．

5. 各種の抗弁

quod vi aut clam 特示命令にあっては，暴力または隠秘による工事がなされたか否かのみが問題となり，建築主に当該工事をする権利があるか否かは問題

---

16) D. 43, 24, 1, 6 Ulp. 71 ad ed.
17) D. 43, 24, 1, 2 Ulp. 71 ad ed.
18) D. 43, 24, 5, 1-2 Ulp. 70 ad ed. なお Lenel, Pal. II, Sp. 835 n. 3 は，この 70 は 71 の誤りであると考えている．
19) D. 43, 24, 3, 7 Ulp. 71 ad ed.
20) D. 43, 24, 3, 8 Ulp. 71 ad ed.

とされない[21]．そのため，この特示命令の申請がなされた際，建築主は，自分には建築する権利があるという抗弁でこれに対抗することはできない[22]．

D. 43, 24, 7, 3 Ulp. 71 ad ed. によると，Iulianus は，「君が暴力または隠秘により工事をした」という抗弁を認めている[23]．したがって，建築主が暴力また

---

21) D. 43, 24, 1, 2 Ulp. 71 ad ed.: Et parvi refert, utrum ius habuerit faciendi, an non: sive enim ius habuit sive non, tamen tenetur interdicto, propter quod vi aut clam fecit: tueri enim ius suum debuit, non iniuriam comminisci.「工事をする権利があったかどうかは重要ではない．なぜなら，権利があろうがなかろうが，暴力または隠秘により工事をしたことゆえにこの特示命令の拘束を受けるのだから．なぜなら，自己の権利が守られねばならず，不正状態がでっちあげられてはならないのだから．」

22) D. 43, 24, 1, 3 Ulp. 71 ad ed.: Denique est quaesitum, an hoc interdicto utenti exceptionem possit obicere: "quod non iure meo receperim". et magis est, ne possit: nam adversus vim vel quod clam factum est nulla iusta exceptione se tueri potest.「それゆえ，次のことが問題となった．この特示命令を行使しようとする者に対し，『私の権利に基づいて私が工事（Mommsen にならい fecerim と修正して訳出した）したのでないならば』という抗弁で対抗することができるのかと．むしろできないと言うべきである．すなわち，暴力に対して，または隠秘によってなされた工事に対しては，『正当な権利に基づく』との抗弁によって自らを護ることはできないのである．」

　この magis est という表現から，こうした抗弁を認めるべきとする見解も存在したと推測することができる．

　iusta exceptio という表現は，actio Publiciana における exceptio iusti domini を想起させるものである（D. 6, 2, 16 Paul. not. ad Pap. 10 quaest.）．これは，所有権や地役権など建築を基礎づける権利があると主張することを内容とする抗弁を意味しているとみてよいだろう．

23) D. 43, 24, 7, 3 Ulp. 71 ad ed.: Bellissime apud Iulianum quaeritur, an haec exceptio noceat in hoc interdicto "quod non tu vi aut clam feceris?" ut puta utor adversus te interdicto quod vi aut clam, an possis obicere mihi eandem exceptionem: "quod non tu vi aut clam fecisti?" et ait Iulianus aequissimum esse hanc exceptionem dare: nam si tu, inquit, aedificaveris vi aut clam, ego idem demolitus fuero vi aut clam et utaris adversus me interdicto, hanc exceptionem profuturam. quod non aliter procedere debet, nisi ex magna et satis necessaria causa: alioquin haec omnia offcio iudicis celebrari oportet.「Iulianus の下で，極めて適切にも次のような質問がなされた．『君が vi aut clam で工事をしていないならば』という抗弁は，この特示命令におい

は隠秘で行った工事を隣人が暴力または隠秘で取り壊したとすると，隣人による取り壊しにこの特示命令の適用はない．すなわち，建築主がこの取り壊しは暴力または隠秘による工事にあたるとして原状回復（具体的には取り壊しがなされる前の状態にまで作り上げること）を求めた場合，隣人はこの抗弁により対抗することができる[24]．

> て対抗事由になるのかと．例えば，私が君に対して quod vi aut clam 特示命令を行使し，君が私に対して同じ抗弁によって，すなわち「君が vis aut clam によって工事をしていないならば」で対抗したとしよう．Iulianus は，この抗弁を与えるのが極めて公正に適っているという．したがって，Iulianus がいうには，君は vi aut clam で建てており，私はその同じ物を vi aut clam で壊し，君が特示命令を私に対して行使するならば，私はこの抗弁を援用する．ただし，こうしたことは，重大かつ十分な必要性がある場合に限られる．これ以外の場合には，審判人の下で手続が進められねばならない．」
>
> この抗弁については Wesener (1958) 117 をみよ．

[24]　D. 43, 24, 22, 2 Ven. 2 interd.: Si ad ianuam meam tabulas fixeris et ego eas, priusquam tibi denuntiarem, refixero, deinde invicem interdicto quod vi aut clam egerimus: nisi remittas mihi, ut absolvar, condemnandum te, quasi rem non restituas, quanti mea intersit, aut certe exceptionem mihi profuturam "si non vi nec clam nec precario feceris". 「私の扉に君が板をうちつけ，私は，君に通告する前に，これを取り外した．その上で，相互に quod vi aut clam 特示命令で訴えた．君が訴えを取り下げて私を解放しないならば，君はあたかも何も原状回復していないかのごとく，私の利害関係分について有責判決をうける．あるいは，私は『君が暴力，穏秘また懇願的借用によらずしてこれをしたならば』という抗弁を援用できる．」

ここでは，次のよう事実関係になっている．君が板を私の扉にうちつけ，これを私が取り外した．この両者の行為は，いずれも暴力または隠秘によるものであり，相互に quod vi aut clam 特示命令が申請された．

筆者としては，aut 以下—すなわち抗弁についての言及—は，後世の Glossa であると考えたい．ここが真正であるとすると，それ以前の部分をうまく解釈することができない．aut 以前では，相互に quod vi aut clam 特示命令を提起可能であることを前提とした上で，君が remittere（取り下げ）をしないならば，利害関係分（quod mea interfuit）を給付せよとの判断がなされている．この利害関係分とは，私が原状回復の相当額として支払うべき費用と君が同じく支払うべき費用の差額のことと理解するのが自然であろう．しかし，抗弁が可能であれば，君が取り下げる必要もないし，また差額が問題になることもない．このような解釈がなりたつなら

この他，申請人本人またはその委託事務管理人（procurator）や後見人が既に工事の許可を与えているにもかかわらずこの特示命令の申請がなされた場合にも，抗弁が建築主に与えられる[25]．さらに Celsus は，火事による延焼を防ぐために建物を取り壊した場合にも抗弁付与の可能性を検討している[26]．

6. 法務官による処分の内容

法務官告示の文言にある通り，法務官は，暴力または隠秘によりなされた工事を取り壊し，原状回復するよう建築主に命じる．

この命令を出すにあたり，法務官は，建築主に当該建築をする権利があったか否かは問わない[27]．したがって仮に建築主が自らの所有する土地上において公法上の規制を遵守した形で工事を開始したとしても，その工事が近隣住民との関係において暴力または隠秘によるものであるならば，一旦，工事開始前の状況に戻すことが命じられることになる．Ulpianus は，こうした処置をなす理由を「自己の権利が保護されねばならず，不正状態がでっちあげられてはならないから」と説明している[28]．

Iulianus によると，暴力または隠秘によりなされた工事が自力により原状回復された場合，それに要した費用を建築主に対しこの特示命令により求めることも可能であるとされる[29]．前述のように，暴力または隠秘による工事がなされた場合，この工事を原状回復させるためであれば自力行使が許容されている．この費用請求は，このような自力行使がなされた場合にあたると考えられる．

ば，もともと Venuleius 自身は，この抗弁の存在を念頭におかずに議論を進めていたことになる．
25) D. 43, 24, 3, 2-3 Ulp. 71 ad ed.
26) D. 43, 24, 7, 4 Ulp. 71 ad ed.
27) D. 43, 24, 1, 2 Ulp. 71 ad ed.
28) D. 43, 24, 1, 2 Ulp. 71 ad ed. 末尾.
29) D. 43, 24, 11, 4 Ulp. 71 ad ed. また，D. 43, 24, 14 Iul. 68 dig. もみよ．

2. 新工事禁止通告（operis novi nuntiatio）

1. 概　　要

　新工事禁止通告制度とは，新たに開始された工事を，その適法性の審査のため一旦中断させるための一連の制度である[30]．これは，私人による通告（新工事禁止通告）に始まる．この通告がなされると，建築主は工事を中断し，公権力の下での紛争解決手続に服さねばならない．仮に，通告にもかかわらず建築主が工事を続行するならば，通告後になされた工事は権利の有無にかかわらず取り壊しを命じられる．この制度は上でみた quod vi aut clam 特示命令——特に禁止行為がなされた場合——と類似しているが，この特示命令が既になされた工事の取り壊しを目指すものであるのに対し，新工事禁止通告は今後の工事を中断させることが目的とされている[31]．また禁止行為は，行為者が自らの権利を回復（または保持）するためになされるものであるが，新工事禁止通告は自らの権利の侵害を防ぐためのみならず，公の規制（例えば上でみたような建築に関する公法上の規制）を守らせるため，また将来発生しかねない損害を予防するためにもなされる[32]．なおここでは，自らの権利の侵害を防ぐための新工事禁止通告に対象を絞ってみていくことにする．

---

30)　この制度についての文献としては，Möller (2010), 132-147; Rainer (1987), 152ff.; Berger (1939), 558ff.; Burckhard (1871); Stölzel (1865); Hesse (1866); 船田（1969）531f.
　　なお船田の記述には次の点に問題がある．(1) operis novi nuntiatio は所有権を守るためとするが，所有権と地役権を守るためのものである．(2)「(工事を取り壊させる）命令は告知者が告知を為すこと権利を有することを条件として発せられ」とあるが，この命令は権利を有するか否かにかかわらず発せらる（D. 39, 1, 20, 3 Ulp. 71 ad ed.）．(3)「告知が適法か否かは訴訟の方法によって決定される」とあるが，これは正確には，建築を停止させる権利があるか否かが法務官の下で審査され，これがない場合には告知が失効することになるということの誤りであろう．

31)　D. 39, 1, 1, 1 Ulp. 52 ad ed.
32)　D. 39, 1, 1, 16 Ulp. 52 ad ed.

法務官告示の§174には，禁止通告が有効になされるための要件等についての規定があったものと推測される[33]．

法務官告示の§257は，通告がなされた後の法務官の下での手続について規定している．ここには次の3つの規定がある[34]．

(1. De remissionibus) Quod ius sit illi prohibere, ne se invito fiat, in eo nuntiatio teneat. ceterum nuntiationem missam facio.

(1. 禁止解除) 自らの意思に反して工事がなされることを禁止する権利が通告者にある場合は，通告は拘束力をもつ．それ以外の場合には，私は拘束を解く．

(2. Quod ante remissionem factum erit) Quem in locum nuntiatum est, ne quid operis novi fieret, qua de re agitur, quod in eo loco, antequam nuntiatio missa fieret aut in ea causa esset, ut remitti deberet, factum est, id restituas.

(2. 禁止解除の前になされた工事について) 新工事禁止に関する通告がなされた場所で，禁止解除がなされる以前に，あるいは禁止解除がなされねばならない原因が発生する以前に工事がなされた場合には，君（被通告者）は原状回復を行え．

(3. Si satisdatum erit) Quem in locum nuntiatum est, ne quid operis novi fieret, qua de re agitur, si de ea re satisdatum est, quod eius cautum sit, aut per te stat, quo minus satisdetur: quo minus illi in eo loco opus facere liceat, vim fieri veto.

(3. 担保提供がなされた場合) 新工事禁止の通告がなされた当該工事に関し，担保提供（satisdatio）がなされるか，あるいは担保提供（satisdatio）がなされないことにつき通告者に責がある場合には，その場所で工事をするを認容しないような形での暴力行使を禁止する．

さらに，§291には，新工事禁止通告を受け，被通告者が締結すべき（言い換えると，法務官が当事者に締結を強制すべき）問答契約のひな型が規定されている[35]．

---

33) §174の文言は伝わってはいない．Ulpianus『告示注解』の§174に関する叙述（D. 39, 1, 1-5）は，告示の目的，有効な通告の要件，通告ができる者，通告の名宛人等について解説するものである．

34) Lenel, EP, 483-487.

35) Lenel, EP, 549ff.

Quem in locum nuntiatum est, ne quid operis novi fieret, quod in eo loco intra annum ex quo nuntiatum est a te heredeque tuo opus novum factum erit, id, si ea res secundum me iudicata erit sive ea res boni viri arbitratu non defendetur, restitui boni viri arbitratu, quod si ita restitutum non erit, quanti ea res erit, tantam pecuniam dari dolumque malum huic rei abesse afuturumque esse spondesne? spondeo.

　新工事禁止の通告がなされた場所で，君または君の相続人が新工事を行った場合において，(1)私の下でこのことについて判決が下されるか，善良な第三者の裁定に基づき応訴がなされないならば，善良な第三者の裁定に基づき現状回復を行う．もし現状回復がなされないならば，このことに相当する額の金銭を支払う．以上のことに関し背信的悪意が現時点でもこの後についても存在してはならない．以上のことについて誓約するか．誓約する．

2. 有効な通告の要件

1) 対象となる工事

新工事禁止通告の対象となる行為は[36]，典型的には建物の建設または破壊である[37]．作物の刈り取りや樹木の切断[38]，また建物の補修もこれにあたらないとされる[39]．建物の建設または破壊といった工事であっても，その場所の外観

---

36) Rainer (1987), 152; Berger (1939), 561.
37) D. 39, 1, 1, 11 Ulp. 52 ad ed.: Opus novum facere videtur, qui aut aedificando aut detrahendo aliquid pristinam faciem operis mutat.「新工事がなされたとされるのは，建築または破壊によりもともとの建造物の形状を変更した者である．」
38) D. 39, 1, 1, 12 Ulp. 52 ad ed.: Hoc autem edictum non omnia opera complectitur, sed ea sola, quae solo coniuncta sunt, quorum aedificatio vel demolitio videtur opus novum continere. idcirco placuit, si quis messem faciat, arborem succidat, vineam putet, quamquam opus faciat, tamen ad hoc edictum non pertinere, quia ad ea opera, quae in solo fiunt, pertinet hoc edictum.「この告示はありとあらゆる工事に適用があるわけではなく，土地に結合した工事にのみ適用される．こうしたものの建設や破壊が『新工事』に含まれる．それゆえ，作物を刈り取ったり，樹木を切断したり，ブドウを摘んだりした者は，無論何らかの工事（opus）を行う者ではあるが，この告示の適用はない．なぜなら，土地においてなされる工事にのみこの告示は適用されるのであるから．」
39) D. 39, 1, 1, 13 Ulp. 52 ad ed.: Si quis aedificium vetus fulciat, an opus novum

を変えるに至らない程度の工事には適用されない[40]．他面，既に完成された工事には適用されない[41]．工事が既に完了している場合には，別の手段により救済がはかられる．

　この制度の適用が問題になる多くの場合は都市内での建設工事であると想像されるが，この制度自体は郊外での建築にも適用される[42]．また私的な工事は

---

　　　nuntiare ei possumus, videamus. et magis est, ne possimus: hic enim non opus novum facit, sed veteri sustinendo remedium adhibet.「ある者が老朽化した建物を補修している場合，この者に対し，われわれは新工事禁止通告をすることができるか考えてみよう．やはり，できないとするのがよいだろうか．なぜなら，ここでは新工事がなされたというよりも，古いものを維持するための手段が講じられているのだから．」

40) D. 39, 1, 21, 3 Ulp. 80 ad ed.: Opus autem factum accipimus non, si unum vel alterum cementum fuit impositum, sed si proponatur instar quoddam operis et quasi facies quaedam facta operis.「工事がなされたといえるためには，1つや2つの石を置いただけでは不十分である．建造物が一定の形をとること，また建造物が一定の様相にまで形作られることが必要である．」

41) D. 39, 1, 1, 1 Ulp. 52 ad ed.: Hoc autem edictum remediumque operis novi nuntiationis adversus futura opera inductum est, non adversus praeterita, hoc est adversus ea quae nondum facta sunt, ne fiant: nam si quid operis fuerit factum, quod fieri non debuit, cessat edictum de operis novi nuntiatione et erit transeundum ad interdictum "quod vi aut clam factum erit ut restituatur", et "quod in loco sacro religiosove" et "quod in flumine publico ripave publica factum erit": nam his interdictis restituetur, si quid illicite factum est.「この告示と新工事禁止通告の救済手段は，将来の工事について導入されたものであって過去の工事に対してではない．すなわち，未だなされていない工事について，これがなされないようにするためのものである．したがって，何等かの工事が本来なされてはならないにもかかわらず，既になされてしまっているという場合には，この新工事禁止に関する告示の適用はなく，こうした場合については『暴力または隠避によりなされた工事は回復されねばならない』および『神聖地および宗教地に関する』および『公の河川，公の岸部で工事がなされた場合』といった特示命令のところをみてもらいたい．こうした特示命令では，不正になされた工事を原状に戻すことが目指される．」

42) D. 39, 1, 1, 14 Ulp. 52 ad ed.: Sive autem intra oppida sive extra oppida in villis vel agris opus novum fiat, nuntiatio ex hoc edicto locum habet, sive in privato sive in publico opus fiat.「都市の内部であれ，都市の外——別荘や農地の中——であれ，新工

もちろん公的な工事にも適用がある．しかし，工事の中断が危険を生じさせるような公共性の高い工事については，法務官告示の規定の中に，禁止通告の対象とならない旨の規定が存在した[43]．この他，排水溝に関する工事には適用がない[44]．

2) 通告の方法

禁止通告は，私人が行う意思表示であり，法務官の立会いは必ずしも必要とはしない[45]．通告に際しては，工事の一部分について差し止めたい場合には，

　事がなされるならば，この告示は適用される．その工事が私的なものでも公的なものでも適用される．」
　また，属州で行われる工事にも適用がある．
　D. 39, 1, 3 pr Ulp. 52 ad ed.: In provinciali etiam praedio si quid fiat, operis novi nuntiatio locum habebit.「属州の土地で工事がなされた場合も，新工事禁止通告をすることができる．」

43) D. 39, 1, 5, 12 Ulp. 52 ad ed.: Praeterea generaliter praetor cetera quoque opera excepit, quorum mora periculum aliquod allatura est: nam in his quoque contemnendam putavit operis novi nuntiationem. quis enim dubitat multo melius esse omitti operis novi nuntiationem, quam impediri operis necessarii urguentem extructionem? totiens autem haec pars locum habet, quotiens dilatio periculum allatura est.「法務官は，この他にも一般的にいくつかの工事が新工事禁止通告の適用除外となることを定めている．それは，工事の中断が何等かの危険を招来させるような場合である．こうした場合に法務官は新工事禁止通告よりも工事を優先すべきと考えた．必要かつ緊急性の高い工事が差し止められることよりも新工事禁止通告が除外されることの方がよりよいことに誰が疑問をもつのであろうか．しかし，遅延が危険を招来する場合に限り，当該の場所についてのみこの規定は適用される．」
　この他，法務官自身が行う工事については特殊な手続がある（D. 39, 1, 5, 7. Ulp. 52 ad ed.）．

44) D. 43, 23, 1, 13 Ulp. 71 ad ed.: Si quis purganti mihi cloacam vel reficienti opus novum nuntiaverit, rectissime dicetur contempta nuntiatione me posse reficere id quod institueram.「私が排水溝を洗浄または修繕しているときに私に対し新工事禁止通告をするならば，通告を無視して，私が設置したものを修繕することができるとするのが極めて適切であるとの見解が出された．」

45) D. 39, 1, 1, 2 Ulp. 52 ad ed.: Nuntiatio ex hoc edicto non habet necessariam

どの工事のどの部分に対して禁止通告をしたのかを明確にしなければならない[46]．

通告は工事現場で行うことを要する[47]．その理由は，通告をしたその時点で工事を速やかに中止させるためと説明されている[48]．

----

praetoris aditionem: potest enim nuntiare quis et si eum non adierit.「この告示に基づく禁止通告は，法務官の立会いを必要とはしない．すなわち，各人は法務官が付き添っていなくとも禁止通告をすることができる．」しかし，ここで，"et si" とあるように，実際に法務官が立ち会うこともあったと推測される．

D. 39, 1, 16 Ulp. 13 ad ed. および D. 39, 1, 19 Paul. libro quaest. によると，法務官による事前審査があった可能性がある．しかしおそらくこれは，緊急性・公共性の高い工事についてのものと推測される (D. 39, 1, 5, 11-13 Ulp. 52 ad ed.)．

46) D. 39, 1, 5, 15 Ulp. 52 ad ed.: Qui nuntiat, necesse habet demonstrare, in quo loco opus novum nuntiet, scituro eo cui nuntiatum est, ubi possit aedificare, ubi interim abstinendum est. totiens autem demonstratio facienda est, quotiens in partem fit nuntiatio: ceterum si in totum opus fiat, non est necesse demonstrare, sed hoc ipsum dicere.「通告者は，どの部分について新工事禁止通告をするかを明示しなければならない．それは，被通告者がどこについては建築をしてよくどこについては控えねばならないのかをわかるようにするためである．しかし，こうした明示をしなければならないのは，一部分について通告をする場合である．そうではなく，工事全体について通告する場合には，この表示は必要ではなく，工事そのものといえばよい．」

47) Rainer (1987), 153.

D. 39, 1, 5, 2 Ulp. 52 ad ed.: Nuntiationem autem in re praesenti faciendam meminisse oportebit, id est eo loci, ubi opus fiat, sive quis aedificet sive inchoet aedificare.「通告は，工事対象の面前にてなされねばならないことを忘れてはならない．すなわち，工事がなされているまさにその場所である．建築をしている場合であれ，建築に取り掛かろうとしている場合であれ．」

48) D. 39, 1, 5, 4 Ulp. 52 ad ed.: Si quis forte in foro domino opus novum nuntiat, hanc nuntiationem nullius esse momenti exploratissimum est: in re enim praesenti et paene dixerim ipso opere, hoc est in re ipsa, nuntiatio facienda est: quod idcirco receptum est, ut confestim per nuntiationem ab opere discedatur. ceterum si alibi fiat nuntiatio, illud incommodi sequitur, quod, dum venitur ad opus si quid fuerit operis per ignorantiam factum, evenit, ut contra edictum praetoris sit factum.「例えば，フォルム（中央広場）で所有者に対し新工事禁止通告をしたとしても，この通告が効

禁止通告はいつでも行うことができる[49]．

証人の帯同は有効な通告の要件ではないが，実際には証人が帯同していた可能性はある[50]．

通告の後，相手方が求めるならば，通告者は法務官の下で自らが濫訴しているわけではないことについて宣誓しなければならない[51]．

3） 通　告　者

自らの権利の侵害を防ぐための新工事禁止通告をすることができるのは，元来は，「その物が帰属する者である」とUlpianusはいう．これは典型的には所有者である[52]．より具体的には工事が行われている土地または，その近隣の土

力をもたないことは極めて明白である．工事現場の面前で，いわば工事のその場所で，すなわち工事それ自体のところで通告はなされねばならない．なぜこういうことになっているかというと，速やかに工事を中止させるためである．そうではなく，他のところで通告がなされるならば，次のような不都合が生じる．すなわち，工事現場に戻るまでの間に通告されたことを知らずに工事が続けられると，この工事は法務官の告示に反してなされたものとなってしまう．」

49) D. 39, 1, 1, 4 Ulp. 52 ad ed.: Item nuntiatio omnibus diebus fieri potest.「通告は，いついかなる日でもこれをなすことができる．」

50) Berger (1939), 565 は，下記の法文を手掛かりに推測している．D. 39, 1, 8, 1 Paul. 48 ad ed.: Qui opus novum nuntiat, si quid operis iam factum erit, in testationem referre debet, ut appareat, quid postea factum sit.「新工事禁止通告をする者は，既に工事がいくばくかなされていた場合には，証人にこのことを伝えておかねばならない．これは，あとで何がなされたかを明らかにするためである．」

51) D. 39, 1, 5, 14 Ulp. 52 ad ed.: Qui opus novum nuntiat, iurare debet non calumniae causa opus novum nuntiare. hoc iusiurandum auctore praetore defertur: idcirco non exigitur, ut iuret is ante, qui iusiurandum exigat.「新工事禁止通告をする者は，自分が濫訴のために新工事禁止通告をしているのではないことを宣誓しなければならない．この宣誓は，法務官の承認の下で執り行われる．それゆえ，（相手方が？）宣誓を要求する前に，宣誓をすべき者が宣誓するよう強制されているわけではない．」

52) Stölzel (1865), 33; Rainer (1987), 158. ここでいう「その物が帰属する者」には，市民法上の所有者の他，いわゆる法務官法上の所有者も含まれるとみるべきであろう．この点については，Rainer (1987), 161 n. 2 をみよ．

地の所有者であると理解できる[53]．しかし，通告者の範囲は徐々に広げられ，用益権者[54]や地上権者[55]，また質権者[56]もまた通告ができるとされるに至る．

　未成熟者は，原則として通告することはできないが，未成熟者自身の便益にかかわる場合において後見人の助成がある場合には可能である[57]．

　時には所有者本人ではなく，別の者が所有者の名義で通告をすることができる[58]．しかし，奴隷がこれをすることはできない[59]．他人の名義で通告を行っ

---

53) Berger (1939), 561f. この点については，特に D. 39, 1, 8 pr Paul. 48 ad ed. を参照のこと．この他，新工事禁止通告の文脈では，しばしば，vicinus が通告したり，あるいは vicinus に対して通告するとある．(Iulianus) D. 39, 1, 2; (Africanus) D. 39, 1, 15; (Ulpianus) D. 10, 3, 6, 12; D. 39, 1, 3, 1; D. 39, 1, 3, 3; D. 39, 1, 21 pr; D. 43, 25, 1, 4. また，通告の後の禁止解除を求める手続にあっては，通告者に ius prohibiendi があるか否かが問題となるが，その権利は具体的には所有権と地役権と説明されている（D. 43, 25, 1, 3 Ulp. 71 ad ed.）．地役権の侵害が問題になるのは近隣の土地の所有者の間においてである．

54) D. 39, 1, 1, 20 Ulp. 52 ad ed.

55) D. 39, 1, 3, 3 Ulp. 52 ad ed.

56) D. 39, 1, 9 Gai. ad ed. urb. de op. novi nuntiatione.

57) D. 39, 1, 5 pr Ulp. 52 ad ed.: De pupillo quaesitum est: et Iulianus libro duodecimo digestorum scripsit pupillo non esse operis novi nuntiationis executionem dandam, nisi ad ipsius privatum commodum res pertineat, veluti si luminibus eius offciatur aut prospectui obsit. non aliter autem pupilli rata habebitur nuntiatio quam intercedente tutore auctore.「未成熟者に関して質問がなされた．Iulianus は，『法学大全』の 12 巻で『未成熟者には新工事禁止通告の実施を認めることはできない．ただし，未成熟者個人の便益にかかわる場合，例えば彼の採光や眺望が害される場合はこの限りでない』と書いている．未成熟者に通告が許されるのは，後見人の助成が介在する場合のみである．」

58) D. 39, 1, 1, 3 Ulp. 52 ad ed.: Item nuntiationem et nostro et alieno nomine facere possumus.「我々は，我々自身の名義でも別の誰かの名義でも，通告をすることができる．」

59) D. 39, 1, 5, 1 Ulp. 52 ad ed.: Servo autem opus novum nuntiari potest, ipse vero nuntiare non potest neque nuntiatio ullum effectum habet.「奴隷を相手方として通告をすることはできる．しかし，奴隷自身が通告をすることはできず，奴隷による通告はいかなる効果ももたない．」

た場合，所有者が追認することについての担保提供を行う必要があり，これを怠る場合には禁止通告の解除が認められることになる[60]．適切なタイミングで新工事禁止通告がなされないと，占有の喪失や地役権の消滅といった効果が生じかねない．そのため，所有者が不在の場合，所有者にかわって新工事禁止通告をするためのこのような制度が必要不可欠であった．

4）　被通告者

　新工事禁止通告の目的は，権利侵害の疑いないしは怖れのある建築を一旦停止させ，権利関係を明らかにするための司法手続に建築主（通例は，建築が行われている場所の所有者や地上権者）を服させることにある．しかし，禁止通告は上記のように工事現場で行われる必要があり[61]，その相手方は[62]，直接的には建築現場で工事に従事している人である[63]．この者の性別・年齢・身分は問わ

---

[60]　D. 39, 1, 5, 18 Ulp. 52 ad ed.: Qui procuratorio nomine nuntiaverit, si non satisdabit eam rem dominum ratam habiturum, nuntiatio omni modo remittitur, etiamsi verus sit procurator.「委託事務管理人として通告を行った者は，後で所有者が追認することについて担保提供を行わない限り，いかなる場合であれ禁止通告は解除される．たとえこの者が真の委託事務管理人であるとしても．」
　　procurator により禁止通告がなされる場合については，D. 3, 3, 45, 2 Paul. 9 ad ed.; D. 39, 1, 5, 19-20 Ulp. 52 ad ed.; D. 39, 1, 13 pr Iul. 41 dig. も参照のこと．

[61]　D. 39, 1, 5, 2 Ulp. 52 ad ed.

[62]　Berger (1939), 563ff.; Rainer (1987), 162ff.

[63]　D. 39, 1, 5, 3 Ulp. 52 ad ed.: Nuntiari autem non utique domino oportet: suffcit enim in re praesenti nuntiari ei, qui in re praesenti fuerit, usque adeo, ut etiam fabris vel opificibus, qui eo loci operantur, opus novum nuntiari possit. et generaliter ei nuntiari opus novum potest, qui in re praesenti fuit domini operisve nomine, neque refert, quis sit iste vel cuius condicionis qui in re praesenti fuit: nam et si servo nuntietur vel mulieri vel puero vel puellae, tenet nuntiatio: suffcit enim in re praesenti operis novi nuntiationem factam sic, ut domino possit renuntiari.「通告は，所有者に対してなされねばならないというわけではない．工事のところで現に働いている人に対してすればよい．極論すれば，その場所で働いている職人や雇人に対して新工事禁止通告を行ってもよい．また，新工事禁止通告は，工事現場に建築主の名義で現に働いている者に対し，一般的にこれをすればよい．工事現場で現に働いている

れない[64]．彼らに対する禁止通告により，建築主によるこれ以降の工事の続行が禁止される．

3. 通告の効果

有効な形で禁止通告がなされた場合，建築主は直ちに建築工事をやめねばならない[65]．仮に通告後も工事を継続するならば，上記の法務官告示（§257. 2）に基づき，通告者は工事の取り壊しを請求することができる[66]．この請求があった場合，法務官は，下でみる禁止解除事由が存在する場合を除き，建築主に建築する権利が仮にあるとしても，新工事禁止通告後になされた工事を取り壊すよう命じる[67]．この特示命令があることにより，禁止通告を受けた建築主は，

　　被通告者が誰であるか，どういう身分であるかは重要ではない．なぜなら，たとえ奴隷に対し通告したとしても，婦人であろうと，少年であろうと，少女であろうと，通告は拘束力を有するのであるから．工事現場で現に働いている者に対してなされた新工事禁止通告は，所有者に対してなされたものとして十分である．」

64）　D. 39, 1, 5, 3 の他．D. 39, 1, 5, 1 Ulp. 52 ad ed. もみよ．
65）　Berger (1939), 568.
66）　この特示命令については，Rainer (1987), 188ff.; Berger (1939), 568; Berger (1916), Sp. 1646. これは，史料上の表現ではないが，interdictum demolitorium と呼ばれることもある．
67）　D. 39, 1, 20, 1 Ulp. 71 ad ed.: Interdictum hoc proponitur ex huiusmodi causis, edicto expressum est, ne post operis novi nuntiationem quicquam operis fiat, antequam vel nuntiatio missa fiat vel vice nuntiationis missae satisdatio de opere restituendo fuerit interposita. qui igitur facit, etsi ius faciendi habuit, tamen contra interdictum praetoris facere videtur et ideo hoc destruere cogitur.「この特示命令が規定されたのは，通告が解除されるか，禁止解除の効果をもつ原状回復に関する担保提供がなされる前にはなされないようにするためである．それゆえ，この間に工事をした者はたとえそれをする権利を有していたとしても，法務官の特示命令に反して工事をしたとみなされ，それを破壊するよう強制される．」(Lenel, Pal. II, 841 は，"ex huius modi causis, edicto expressum est" は glossa ではないかと疑う．訳出にあたってはこの部分を除いている．)

　　D. 39, 1, 20, 3-4 Ulp. 71 ad ed.: Ait praetor: "quod factum est, restituas". quod factum est, iubet restitui, neque interest, iure factum sit an non: sive iure factum est sive non iure factum est, interdictum locum habebit. (4) Quidquid autem ante

工事を止めた状態のままで通告者とともに法務官の下での紛争解決手続に服すよう強く促されることになる[68]．

取り壊しを求める特示命令の申請は，次にみる禁止解除を法務官より受けた場合，また禁止解除がなされねばならない原因が発生した場合には，できないものとなる[69]．この場合にあって，再開された工事を禁止通告者がさらに妨害するならば，逆に被通告者が，この妨害を排除し工事を続行するため，特示命令（§257.3）を用いることができる．

この「禁止解除がなされねばならない原因が発生」した場合として，まず第1にあげられるのは，担保提供（satisdatio）がなされた場合である[70]．すなわ

---

remissionem fit vel illud quod loco remissionis habetur, pro eo habendum est, atque si nullo iure factum esset.「法務官は『なされた工事を元にもどさねばならない』と述べている．なされた工事は，元に戻すように法務官は命じる．権利に基づいてなされたかどうかは問題ではない．権利に基づいてなされたとしてもそうでないとしても，この特示命令は適用される．(4) 禁止解除の前にまたはこれと同様の効果をもつ原因が生じる前になされたことは，それが何であれ，あたかもいかなる権利に基づかずになされたかのごとく扱われる．」

 D. 39, 1, 1, 7 Ulp. 52 ad ed.: Sed si is, cui opus novum nuntiatum est, ante remissionem aedificaverit, deinde coeperit agere ius sibi esse ita aedificatum habere, praetor actionem ei negare debet et interdictum in eum de opere restituendo reddere.「新工事禁止通告を受けた者が禁止解除の前に建物を建て，そして自分にはこのように建設する権利があると訴えるならば，法務官は，この者に訴権を否認しなければならない．そして，特示命令によりこの工事を元に戻すよう命じる．」

68) D. 39, 1, 1, 9 Ulp. 52 ad ed.: Et post operis novi nuntiationem committunt se litigatores praetoriae iurisdictioni.「新工事禁止通告をした後，紛争当事者は，法務官の裁判権に服さねばならない．」
69) Rainer (1987), 169ff.
70) D. 39, 1, 21 pr-1 Ulp. 80 ad ed.: Stipulatio de operis novi nuntiatione interponi solet, quotiens vicinus dicit ius sibi esse prohibere vicinum opus novum invito se facere. (1) Si quis autem vult post opus novum nuntiatum impune aedificare, offerre debet satis nuntiatori: quod si fecerit, utrique consultumest tam ei qui nuntiavit, quoniam cautum habet de opere restituendo, quam ei cui nuntiatum est, quia molitio eius non impeditur: antequam enim caveat quidquid aedificaverit, interdicto restitutorio destruere compellitur.「隣人が自分には『隣人により自らの意思に反した建築を禁

ち，建築主は，仮に後で建築主に建築する権利がないことが明らかになった場合には自ら建物を取り壊すことについて，保証人を付した上で[71]問答契約の形式で約束する．この問答契約の文言については，法務官告示§291にそのひな形が規定されていた．仮に，相手方，すなわち禁止通告者が問答契約締結に協力しないため被通告者が担保提供ができない場合には，これがなされなくとも禁止解除の効果が生じる[72]．この担保問答契約の締結は双方にとって利益をもたらす．すなわち通告者は，自らの主張が後で法廷で認められた場合，工事の結果できた建築物を取り壊すことについての保証を得ることができる．他面，建築主は，この担保問答契約に応じることにより建築を再開することができる[73]．

禁止解除の効果が生じる第2の場合は，通告者と建築主との間で工事続行を許可する旨の合意がなされた場合である．これについて Ulpianus は次のように述べている．

止する権利がある』と主張する場合，新工事禁止通告に関する問答契約が締結されるのを常とする．(1)ある者が新工事禁止通告を受けた後，安全に建築を行いたければ，通告者に対し担保提供を行わねばならない．もしこれをするならば，両者にとって利益となる．なぜなら通告者は，工事の原状回復に関する担保を受けとり，被通告者は自らの仕事を邪魔されないことになるから．仮に担保問答契約を締結する前に何等かの工事がなされるならば，原状回復を命じる特示命令により破壊が強制されることになる．」この他，D. 39, 1, 20, 1 et 5 Ulp. 71 ad ed. および§257.3 もみよ．

71) 私有地の場合は，おそらく，保証人のつかない repromissio という形式の担保提供も許容される（D. 39, 1, 20, 13 Ulp. 71 ad ed. の反対解釈による）．

72) D. 39, 1, 20, 5 Ulp. 71 ad ed.: Si quis paratus fuerit satisdare, deinde actor stipulari nolit, in ea causa est, ut remitti debeat: nam cum per actorem fiet, apparet in ea causa esse, ut remitti debeat.「ある者が担保提供をする準備をしている場合にあって，禁止通告者が問答契約締結を望まないならば，禁止解除が行われねばならない状況にある．なぜなら，禁止通告者に責のある形で，禁止解除なされねばならない状態が生じているのは明らかであるので．」この点については，D. 39, 1, 20, 9 Ulp. 71 ad ed. に伝わる告示の文言もみよ．

73) D. 39, 1, 21, 1 Ulp. 80 ad ed.

D. 39, 1, 1, 10 Ulp. 52 ad ed.: Inde quaeritur apud Celsum libro duodecimo digestorum, si post opus novum nuntiatum conveniat tibi cum adversario, ut opus faceres, an danda sit conventionis exceptio? et ait Celsus dandam, nec esse periculum, ne pactio privatorum iussui praetoris anteposita videatur: quid enim aliud agebat praetor quam hoc, ut controversias eorum dirimeret? a quibus si sponte recesserunt, debebit id ratum habere.

これに関し Celsus『法学大全』12巻で次のような考察が加えられている．新工事禁止通告がなされた後，君と相手方との間で，君が工事を行うことについての合意がなされた．この場合，合意についての抗弁は与えられるべきであろうか．Celsus がいうには与えられるべきである．なぜなら，私人による無方式の合意が法務官の命令より優先されてしまうという危険はないのだから．いったい法務官は，この両者の紛争を解消させること以外にすることはあるのだろうか．両当事者が自らの意思で紛争を収めたのであれば，それは承認されるべきである．

ここでは，禁止通告がなされた後，通告者と建築主との間で，建築の再開を認める旨の合意がなされたにもかかわらず，通告者が特示命令により建築物の取り壊しを求めた場合，この申請が認められるべきか否かが問題になっている．Celsus は，この場合には抗弁が建築主に与えられるべきとの見解を述べている．そうすると，法務官の権威で認められた建築停止を私人間の合意で無力化することができるのかという疑問が湧くところであるが，Celsus は，そもそも法務官は私人間の紛争を解消するために介入するのであるから，その紛争を当事者が解消させることで一致した以上，この点は問題とならないと考えている．Ulpianus もまた同意見であると思われる[74]．

Ulpianus によると，新工事禁止通告がなされた場合，通告者は，工事をしている場所に関する占有（または地役権に関する準占有）に関する主張を放棄したものとする処理がなされ，建築主に占有（または準占有）があるものとされ

---

74) こうした合意の有効性が問題になる背景には，法務官の権威の下で効力が認められた工事停止の効果を私人間の合意で取り除くことが可能であるかという点がある．この問題についての Ulpianus の見解は，D. 2, 14, 7, 14 Ulp. 4 ad ed. にも伝わっている．

た．この点は次の2つの史料の中で明言されている．

　　D. 39, 1, 1, 6 Ulp. 52 ad ed.: In operis autem novi nuntiatione possessorem adversarium facimus.
　　新工事禁止通告がなされた場合，われわれは相手方を占有者とする．
　　D. 39, 1, 5, 10 Ulp. 52 ad ed.: [...] ceterum operis novi nuntiatione possessorem eum faciemus, cui nuntiaverimus.[...]
　　そうではなく，新工事禁止通告をするならば，被通告者を占有者とする．

これにより，通告者は，地役権や所有権といった権利関係を争うならば，通告者の方から対物訴権を提起しなければならないものとされた．仮に通告者があくまでも占有（または準占有）を主張するならば，新工事禁止通告ではなく別手段（例えば投石により工事禁止を求める意思表示を行い，quod vi aut clam 特示命令により原状回復を求める）を用いて自己に占有があることを主張し，この点をめぐって相手方と争いになるならば，uti possidetis 特示命令を通じて占有の保持を求めることが求められた[75]．

4．禁止解除の手続

法務官告示は，上述の通り有効になされた禁止通告の結果発生した工事差し止めを解除するための手続について規定している（§257. 1）．新工事禁止通告がなされた後，通告者と建築主との間での協議が整わないならば——すなわち担保提供も行われず，建築再開についての合意も形成されないならば——，この紛争は法務官の下に持ち込まれることになる．

ここで法務官は，通告者に建築を差し止める権利（所有権か地役権）があるかを審理し[76]，これがあることが明らかであれば，法務官は再開許可を出さず，

---

75) D. 39, 1, 5, 10 Ulp. 52 ad ed.
76) D. 43, 25, 1, 3 Ulp. 71 ad ed.: Ius habet opus novum nuntiandi, qui aut dominium aut servitutem habet.「新工事を禁止する権利を有するのは，所有権または地役権を有する者である．」これは，自己の権利を守るために新工事禁止通告がなされた

逆にこうした権利が存在しないことが明らかであれば，単純に再開許可が出ることになる．おそらくこの手続では，この差し止める権利の有無についての終局的な判断が下されるのではなく，迅速な形で仮の決定がなされ，差し止める権利があるとされた場合には，建築が停止されたまま建築主の方から対物訴権を提起し，逆に差し止める権利がないとされた場合には，建築が再開された上で禁止通告者の方から対物訴権を提起するとされたものと想像される．

しかし，少なくとも古典期後期にあっては，自己の権利を守るための新工事禁止通告がなされた場合に，この法務官により禁止解除の手続が行われることは稀になっていたと推測できる．すなわち，前にみたように，禁止通告がなされた場合，建築主は禁止通告者との間で保証人付き担保問答契約という形の担保提供（satisdatio）により，工事を再開することができる．仮に禁止通告者がこれを拒絶した場合には，担保問答契約がなくとも禁止解除の効果が生じる．そうであるとすると，何のためにこの禁止解除の手続が存在するか疑問が生じる．建築主がより簡単な担保提供ではなく，あえて禁止解除手続きを求めなければならない理由はない．この両者の関係性については種々の議論が存在するところであるが[77]，元来は，禁止解除のためには法務官の下のこの手続が唯一の手段であったが，のちに担保問答契約の締結により禁止解除が認められという発展があったとする説明が最も説得力があるように思える[78]．

3. 未発生損害の担保問答契約（cautio damni infecti）

1. 法務官告示の規定

未発生損害の担保問答契約をめぐる諸制度も，新工事禁止通告と同様，古くからの歴史を有する[79]．詳細は不明であるが，ガイウスは，この制度に関連す

場合を念頭においているものと推測される．
77) Rainer (1987), 186ff.
78) Rainer (1987), 186f.
79) この制度については，Salmen-Everinghof (2009), 15-36; Rainer (1987), 97-151 吉

る法律訴訟（legis actio）が存在することを伝える[80]．法務官告示には，これに関連する3つの規定が存在するが，その内の1つ（§3）は，地方都市政務官に未発生損害に関し，法務官が有するのと同等の特別の権限を付与するためのものであるので，ここでは詳述しない[81]．

第2の規定は§175であり，それは，次のようなものであった[82]．

> damni infecti suo nomine promiti, alieno satisdari iubeo, ei qui iuraverit non calumniae causa id se postulare eumve cuius nomine aget postulaturum fuisse, in eam diem, quam causa congnita statuero. si controversia erit, dominus sit nec ne qui cavebit, sub exceptione satisdari iubeo. de eo opere, quod in flumine publico ripave eius fiet, in annos decem satisdari iubebo. eum, cui ita non cavebitur, in possessionem eius rei, cuius nomine, ut caveatur, postulabitur, ire et, cum iusta causa essse videbitur, etiam possidere iubebo. in eum, qui neque caverit neque in possessione esse neque possidere passus erit, iudicium dabo, ut tantum praestet, quantum praestare eum oporeret, si de ea re ex decreto meo eiusve, cuius de ea re iurisdictio fuit quae mea est, cautum fuisseet, eius rei nomine, in cuius possessionem misero, si abo eo qui in possessione erit, damni infecti nomine non satisdabitur, eum, cui non satisdabitur, simul in possessione esse iubebo.
>
> 私は，未発生損害について，諾約者自身にかんするときは単純問答契約が，他人にかんするときは保証人附問答契約が，要約者自身のまたは彼がその者のために訴えているところの者の締約申請がシカーネのためにあらざるを宣誓する要約者に対して，事情審査後私の定める期間で諾約されるよう命ずるだろう．もし諾約する担保者が所有者であるか否かにつき争いがある場合，私は保証人附問答契約を十年間命ずるだろう．このように担保〔問答契約〕をえられなかった者が締結申請の目的物の占有にはいるよう，さらに正当原因があるとみられるときには占有するように，私は命ずるだろう．担保〔問答契約〕もせず占有にあることも占有することも許される者を相手方として，つぎの訴訟を，すなわち，もしもこの件につき私の決定

原（1984），102-135；吉野（1978）（2），57-61；クリンゲンベルク（2007），41；Kaser/Hackl (1996), 36; Kaser, RPI, 126, 407-408 を参照．

80) Gai. inst. 4, 31.
81) 吉原（1984），27; Lenel, EP, 53ff.
82) Lenel, EP, 372. 告示の文言は，D. 39, 2, 7 pr Ulp. 53 ad ed. に伝わる．

またはこの件につき私の裁判権を授権された者の決定に基づいて担保〔問答契約〕がなされていたとすれば彼が給付するを要するであろうものを給付せよという訴訟を，私は付与するだろう．私が占有を付与するであろう物について，もしも現に占有にある者が未発生損害について保証人附問答契約をなさない場合，保証人附問答契約がなされない者が単独で占有にあるよう命ずるだろう．（吉原訳）

第3の規定は§292であり，そこには，(1)公の河川またはその岸でなされる工事の瑕疵による何か損害が生じる場合，(2)建物，土地または工事＝工作物の瑕疵により損害が生じる場合，(3)樹木または土地の瑕疵により損害が生じる場合，(4)私の土地で水道のためになされる工事の瑕疵により損害が生じる場合のそれぞれについて，締結されるべき担保問答契約のひな型が規定してあった．Lenelは，この内，(2)を次のように再構成している[83]．

> quod aedium loci operisve q. d. a. vitio, si quid ibi ruet scindetur fodietur aedificabitur, in aedibus meis intra ... damnum factum erit, quanti ea res erit, tantam pecuniam dari dolumque malum abesse afuturumque esse spondesne? spondeo.
> 当該の建物，土地または工事（＝工作物）の瑕疵により，もしそこで何かが崩れ，切離され，掘返されて建築されて，私の建物に……年内に損害が発生するときは，その件が値するであろうだけの金額が与えられることを，また悪意が現在も将来もなきことを，君は誓約するか，私は誓約する．

ここでは，将来，損害を受ける怖れのある者が損害を与える可能性のある者に担保問答契約の締結を要求する．この問答契約は，損害が発生することを条件に一定額の金銭を支払うことを約するものである．後者が自発的にこれを締結しない場合でも，法務官は，前者の申し出により，この締結を相手方に強制する．法務官告示上は（§175）は，単に「事実審査の上」となっているが，いかなる要件により，担保問答契約の締結を強制するかは，告示上からは明らかではない．

---

83) Lenel, EP, 551ff.

§292では,損害の形態について,4つの類型をあげている.この中の第1の類型は,公共の土地で,工事をしようとする者,あるいは工作物を設けた者を相手方として(公共の工事や建築物は除く(D. 39, 2, 24, 1)),これにより損害を受ける怖れのある者が担保問答契約の締結を法務官に求めるというものである.ここでは,公共の土地の便益の侵害が問われており,土地の私的な所有者の保護のためではない.それ以外の3つの類型では,私人の土地に損害が生じる怖れがある場合が問題となっている.

2. 当 事 者

未発生損害の担保問答契約の締結を申請できる者について,法務官告示は何も定めてはいない.しかし最も典型的には,これは被害を受ける怖れのある土地の所有者であることに疑いはない[84].古典期の法学者たちの議論により申請可能な者の範囲は徐々に拡げられ,用益権者[85],地上権者[86],質権者[87],賃借人[88]にも申請が認められた例がある.Paulusは,この申請ができる者は「その物を財産中に有する者ではなく,その物の危険を負っている者である」と定式化している[89].

締結強制申請の名宛人は,瑕疵ある建物,工作物,土地の所有者である.

3. 担保問答契約の締結申請

1) 建物・土地の瑕疵,工事の瑕疵

担保問答契約の締結申請は,名宛人の土地・建物に瑕疵があること,あるいは相手方が行う工事に瑕疵があることが前提となる[90].この担保問答契約の締

---

84) Salmen-Everinghof (2009), 15; Rainer (1987), 97.
85) D. 39, 2, 5, 2 Paul. 1 ad ed.; D. 39, 2, 13, 8 Ulp. 53 ad ed.
86) D. 39, 2, 13, 8 Ulp. 53 ad ed.
87) D. 39, 2, 11 Ulp. 53 ad ed.
88) D. 39, 2, 13, 5-6 Ulp. 53 ad ed.
89) D. 39, 2, 18 pr Paul. 48 ad ed.
90) 吉原(1984),35ff.; Salmen-Everinghof (2009), 16ff.; Rainer (1987), 102ff.

結に至った後，この瑕疵が原因となって損害が生じた場合，締結した文言に従い，損害の賠償を求めて問答契約訴権を提起することができる[91]．

建物や土地の瑕疵について，Labeo は，「建物または土地の瑕疵とは，外的要因と重なることでそれを劣化させるもの」と説明している[92]．具体的には，老朽化等により建物の全体または一部が倒壊する恐れがおきていたり，地盤が弱っているといった事態が想像されるところである．

工事の瑕疵とは，これから開始しようとする工事の将来生じうる不具合のことを指す[93]．このときにも土地や建物の瑕疵と同様，担保問答契約の締結申請ができるが，ここではあわせて新工事禁止通告も可能である[94]．この通告がなされた場合，これから行われる工事が本当に瑕疵あるものか否かを問わず，名宛人は工事を中断することが必要であり，名宛人が担保問答契約の締結に応じたら工事の再開が可能となる[95]．したがって，下にみる占有委付を求める手続をまたずして，申請者は名宛人に問答契約の締結を事実上強制することができる．

2) 担保問答契約の締結申請

両当事者の合意により担保問答契約の締結に至らない場合，法務官の下に行き，法務官告示§175の定めに基づいて，担保問答契約の締結を申請することになる[96]．

まず法務官は，申請者および名宛人にこの特示命令の申請に関する当事者適格があるかを審査する[97]．

---

91) D. 39, 2, 24, 2ff. Ulp. 81 ad ed.
92) D. 39, 2, 24, 2. Ulp. 81 ad ed.: [...] vitium autem aedium et loci esse Labeo ait, quod accidens extrinsecus infirmiores eas facit [...]
93) Salmen-Everinghof (2009), 16f.
94) D. 39, 1, 1, 17 Ulp. 52 ad ed. このタイプの新工事禁止通告については，Rainer (1987), 205ff. をみよ．
95) 本章注70) をみよ．
96) ここでの手続については，Salmen-Everinghof (2009), 21f.

次に，申請者は法務官の下で，§175 の定めに従い，この担保問答契約の申請がシカーネとしてなされているものではないことについて宣誓しなければならない[98]．法務官は，この宣誓があれば，申請者の主張する土地・建物または工事の瑕疵の存在の証明をまたず，担保問答契約の締結に応じるよう名宛人に命令した[99]．

3) 担保問答契約

この手続で締結が強制される担保問答契約には，単純問答契約（repromissio）と保証人附担保問答契約（satisdatio）の 2 種が存在する．前者では諾約者と要約者との間で締結されるにすぎないが，後者ではそれに加えて保証人（fideiussor）が付される点に相違がある[100]．法務官告示 §175 にある通り，名宛人本人の土地・建物や工事について担保問答契約が締結される場合には単純問答契約（repromissio）でよいが，名宛人以外のものに帰属する場合，あるいは名宛人に帰属するか争いがある場合には，保証人附担保問答契約（satisdatio）の締結が命じられる．

担保問答契約が締結される場合にあって，将来，損害が現実に発生するに至るならば，この担保問答契約を理由にして，問答契約訴権（actio ex stipulatu）の提起が可能となる．しかし，ここで請求できるのは，あくまでも建物・土地または工事の瑕疵に起因する形で生じた損害であって，地震や河川の氾濫などの偶発的自由（casus fortuitus）により発生した損害の賠償をこの訴権により求めることはできない[101]．

---

97) D. 39, 2, 13, 3-10 Ulp. 53 ad ed.
98) D. 39, 2, 13, 3 Ulp. 53 ad ed.
99) Rainer (1987), 97 は，この宣誓がありさえすれば，法務官は担保問答契約締結申請を認めたとする．また Salmen-Everinghof (2009), 21.
100) この区別については，Finkenauer (2010), 211.
101) D. 39, 2, 24, 3 Ulp. 81 ad ed. この点をめぐるカズイスティークが同じ法文の §4 以降でも展開されている．

4. 締結を強制する手続——占有委付

上でみてきた担保問答契約の締結申請手続により，締結の申請を受けた名宛人は，担保問答契約の締結を促されるものの，これを敢えて拒絶する場合，締結が直接に強制されるわけではない．そこで本人が締結するようしむけるため，次の手続が用意されている[102]．

1) 第一次裁定

法務官告示§175は，まずは「担保〔問答契約〕を得られなかった者が締結申請の目的物の占有にはいるよう」命じると規定している．これが，通例「第一次裁定に基づく占有委付 missio in possessionem ex primo decreto」と呼ばれる手続である[103]．

「占有へと委付する missio in possessionem」という表現が用いられているが，この処分により，申請人は，対象たる土地・建物についての事実上の支配（所持）を得ることになるにとどまり，土地・建物の占有者となるわけではない[104]．

---

102) D. 39, 2, 15, 11ff. Ulp. 53 ad ed. Salmen-Everinghof (2009), 18ff.; Rainer (1987), 127ff.

103) D. 39, 2, 15, 11 Ulp. 53 ad ed.: Ex hoc edicto si non caveatur, mittitur in possessionem a praetore in eampartem, quaeruinosa esse videtur.「問答契約の締結がなされない場合，この特示命令に基づき，倒壊の怖れのある部分について法務官により占有委付がなされる」

104) D. 39, 2, 15, 16 Ulp. 53 ad ed.: Iulianus scribit eum, qui in possessionem damni infectinomine mittitur, non prius incipere per longum tempus dominium capere, quam secundo decreto a praetore dominus constituatur.「Iulianusが書いているところによると，未発生損害の名義でもって占有委付を受けた者は，法務官による第2の裁定に基づく改定がなされる以前には，長期間（の占有）を通して所有権を取得するわけではない．」

Rainer (1987), 128; Salmen-Everinghof (2009), 19.

2) 第二次裁定

前述の第一次裁定による占有委付がなされたにもかかわらずなおも名宛人が担保問答契約の締結に応じない場合，法務官告示 § 175 は，「さらに正当原因があるとみられるときには占有するよう」命じるとある．この命令がいわゆる「占有委付に関する第二次裁定 missio in possessionem ex secundo decreto」である．

ここでは文字通り申請人が「占有」することが認められ，この時点から，いわゆる使用取得占有を申請人が有することになる[105]．そのため，これから2年間占有を継続することにより当該の土地・建物の市民法上の所有権を取得することになる．

---

105) Rainer (1987), 128; Salmen-Everinghof (2009), 19.

第 8 章
不 法 行 為

1. 不法損害（damnum iniuria datum）

1. Aquilius 法の文言

不法損害について規定する Aquilius 法の第 3 条が本書の関心からは問題となる．同法の第 3 条について，D. 9, 2, 27, 5 は次のように伝えている[1]．

> D. 9, 2, 27, 5 Ulp. 18 ad ed.: Tertio autem capite ait eadem lex Aquilia: "ceterarum rerum praeter hominem et pecudem occisos si quis alteri damnum faxit, quod usserit fregerit ruperit iniuria, quanti ea res erit in diebus triginta proximis, tantum aes domino dare damnas esto".
>
> 同 Aquilius 法の第 3 条は次のように述べている．「奴隷と家畜の殺害以外の形でもって，不法に火を放つこと，壊すこと（frangere），または（rumpere）することを通じて，ある者が別の者に損害を与えるならば，その物が直近の 30 日以内に有する価格に相当する金銭を所有者（dominus）に与える責を負う．」

---

1) Kaser, RPI, 161 n. 60; Zimmermann (1990), 959-961; Crawford (1996), II, 723ff. によると，D. 9, 2, 27, 5 は，制定当時の lex Aquilia の文言を正確に伝えるものではない．Crawford による 3 条の再構成は次の通りである．"si quis alteri damnum faxit, quod usserit fregerit ruperit iniuria, quanti ea res fuit in diebus triginta proximis, tantum aes ero dare damnas esto"「不法に火を放つこと，壊すこと（frangere），または（rumpere）することを通じて，ある者が別の者に損害を与えるならば，その物が直近の 30 日以内に有する価格に相当する金銭を所有者（erus）に与える責を負う．」

以下でみていくように，都市内の建物もまた同法の適用対象になる．したがって，これに損害が加えられた場合には，所有者は「直近の 30 日以内」におけるその物の価値を請求することができる．ここの「30 日以内」とは，行為時から遡る 30 日であり[2]，文言には示されていないが，その期間内の最高額を請求できると解されている[3]．

2. 失火・放火

Ulpianus『告示注解』は，第 3 条についての解説の中で比較的まとまった形で放火・失火について取り上げている．この記述は D. 9, 2, 27[4]の他，Coll. 12,

---

[2] Kaser, RPI, 161 n. 61.

[3] D. 9, 2, 29, 8 Ulp. 18 ad ed.: Haec verba: "quanti in triginta diebus proximis fuit", etsi non habent "plurimi", sic tamen esse accipienda constat.「『直近の 30 日以内』という文言は，『最高額』という文言を含んでいないものの，それがあるものとして解すべきものとされている．」

[4] D. 9, 2, 27, 7ff. Ulp. 18 ad ed.: Item si arbustum meum vel villam meam incenderis, Aquiliae actionem habebo.「私のぶどう園または別荘に君が火をつけた場合，私は Aquilius 法上の訴権をもつ．」

⑻ Si quis insulam voluerit meam exurere et ignis etiam ad vicini insulam pervenerit, Aquilia tenebitur etiam vicino: non minus etiam inquilinis tenebitur ob res eorum exustas.「ある者が私のインスラに火をつけようと望み，その火が隣のインスラにまで到達した場合には，隣人に対しても Aquilius 法により責任を負う．賃借居住人に対しても，焼失した彼らのものに関して責任を負う．」

⑼ Si fornicarius servus coloni ad fornacem obdormisset et villa fuerit exusta, Neratius scribit ex locato conventum praestare debere, si neglegens in eligendis ministeriis fuit: ceterum si alius ignem subiecerit fornaci, alius neglegenter custodierit, an tenebitur qui subiecerit? nam qui custodit, nihil fecit, qui recte ignem subiecit, non peccavit: quid ergo est? puto utilem competere actionem tam in eum qui ad fornacem obdormivit quam in eum qui neglegenter custodit, nec quisquam dixerit in eo qui obdormivit rem eum humanam et naturalem passum, cum deberet vel ignem extinguere vel ita munire, ne evagetur.「かまど係の奴隷がかまどの前で居眠りをし，別荘が消失してしまった場合，Neratius が書いているところによると，賃貸人訴権で訴えられた者は，仕事の割り振りにあたって不注意があったのであれば，責任を負わねばならないと述べている．そうではなく，1 人がかまどに火をつけ，別の 1

7⁵⁾を通じても伝わっている.

　Coll. 12, 7, 2 と D. 9, 2, 27, 8 に明確に書かれているように，Ulpianus は，イン

人が過失ある形で監視を行った場合．火をつけた者は責を負うのであろうか．監視をした者は何も（積極的な行為を）してはおらず．適切な形で火をつけた者は悪いことはしていない．そうであればどうすればよいのであろうか．私は，かまどの前で居眠りをした者に対してと同様，過失ある形で監視した者を被告とする形で準訴権が与えられるべきと考える．居眠りをした者について，人間的・自然的であるというものはいない．なぜなら，彼は火がよそへといかないよう火を消したり，火勢を弱くしたりしなければならないのだから」

　⑽ Si furnum secundum parietem communem haberes, an damni iniuria tenearis? et ait Proculus agi non posse, quia nec cum eo qui focum haberet: et ideo aequius puto in factum actionem dandam, scilicet si paries exustus sit: sin autem nondum mihi damnum dederis, sed ita ignem habeas, ut metuam, ne mihi damnum des, damni infecti puto suffcere cautionem.「君が共有壁にそった形でかまどを有しているならば，君は不法損害で責を負うのであろうか．Proculus がいうには，この訴えはできない．なぜなら，火を使った者を被告とするものではないのだから．それゆえ私の見解では，事実訴権が付与されるべきである．もちろんこれは壁が消失した場合の話である．そうではなく，君が私に未だ損害を与えていないものの，私に損害を君が与えかねないと私が怖れる場合，未発生損害の担保問答契約で十分であると私は考える．」

　⑾ Proculus ait, cum coloni servi villam exussissent, colonum vel ex locato vel lege Aquilia teneri, ita ut colonus possit servos noxae dedere, et si uno iudicio res esset iudicata, altero amplius non agendum. sed haec ita, si culpa colonus careret: ceterum si noxios servos habuit, damni eum iniuria teneri, cur tales habuit. idem servandum et circa inquilinorum insulae personas scribit: quae sententia habet rationem.「Proclus がいうには，colonus の奴隷が別荘を消失させた場合，colonus は賃貸人訴権または Aquilius 法上の訴権により責を負う．ここでは，奴隷を加害者委付するよう求めることができる．もしこの内の一方で審理が行われるならば，さらにもう１つでもって訴えることはできない．しかし，これは colonus に過失がない場合の話である．もし colonus が犯罪傾向のある奴隷を有していたならば，こうした奴隷を有していたことを理由として不法損害について責を負う．同じことがインスラの賃借居住人たちについても遵守されるべきと彼は書いている．この見解は正当である．」

5)　Coll. 12, 7, 1ff. Ulp. 18 ed.: Item si insulam meam adusseris vel incenderis, Aquiliae actionem habebo, idemque est, et si arbustum meum vel villam meam.「君が私の

スラへの放火・失火がなされた場合，Aquilius 法の適用があると考えている．また，その直後では (D. 9, 2, 27, 8)，インスラにつけた火が隣に燃え移った場合

> インスラに火をつける（adurere vel incendere）ならば，私は Aquilius 法上の訴権をもつ．私のブドウ園や別荘についても同様である．」
>
> (2) Quod si dolo quis insulam exusserit, etiam capitis poena plectitur, quasi incendiarius.「あるものが故意にインスラに放火した場合，放火犯として死刑に処せられる．」
>
> (3) Item si quis insulam voluerit exurere et ignis etiam ad vicini insulam pervenerit, Aquilia tenebitur lege vicino etiam, non minus inquilinis ob res eorum exustas, et ita Labeo libro XV responsorum refert.「ある者がインスラに火をつけようと望み，その火が隣のインスラにまでおよんだ場合，Aquilius 法によって隣人に対しても責を負う．賃借居住人に対しても，焼失した彼らの物について責を負う．このように Labeo は『解答録』15 巻で述べている．」
>
> (4) Sed si stipulam in agro tuo incenderis ignisque evagatus ad praedium vicini pervenerit et illud exusserit, Aquilia lex locum habeat an in factum actio sit, fuit quaestio.「君が君の土地の中の刈り株に火をつけ，火が隣の地所にまでおよび，この地所を燃やした場合，Aquilius 法が適用されるか，それとも事実訴権があるか問題となる．」
>
> (5) Sed plerisque Aquilia lex locum habere non videtur, et ita Celsus libro XXXVII digestorum scribit. ait enim "si stipulam incendentis ignis effugit, Aquilia lege eum non teneri, sed in factum agendum, quia non principaliter hic exussit, sed dum aliud egit, sic ignis processit".「多くの学者は，Aquilius 法は適用されないと考えている．Celsus の『法学大全』37 巻もそのように書いている．Celsus は次のように書いている．『君が藁につけた火が移った場合，Aquilius 法による責任は負わないが，事実訴権で訴えるべきである．なぜなら，ここをメインとして火をつけたのではなく，他のことをしている内にこのように火が移ったのだから．』」
>
> (6) Cuius sententia et rescripto divi Severi conprobata est in haec verba: "profitere propter ignem, qui pabuli gratia factus culpa servorum Veturiae Astiliae evagatus agrum tuum, ut proponis, depopulatus est, ad exemplum legis Aquiliae noxali iudicio actura: si litis aestimatio permittitur, iudicium consistere potest". videlicet non est visa Aquilia sufficere.「彼の見解と以下にみる神皇 Severus の指令は一致している．『肥料をつくるためにつけた火が Veturia Astilia の奴隷たちの過失によって君の農地へと及んできたと君が主張している．君の主張によると，これにより君の農地は荒廃した．Aquilius 法の例にならった形での加害者委付訴権でもって訴えがおこされねばならない．もし争点決定が許可されるならば，審理が行われなければならな

第8章　不法行為　*149*

において，「賃借居住人たちに対しても etiam inquilinis」責任を負うと述べられているが，ここの「も etiam」というところからすると，インスラの所有者

い.』もちろん，Aquilius 法による訴えで十分であるとされてはいない.」

(7) Si forte servus, qui idem conductor est, coloni ad fornacem obdormisset et villa fuerit exusta, Neratius scribit ex locato conventum praestare debere, si neglegens in elegendis ministeriis fuit. Ceterum si alius ignem subiecerit fornaci, alius neglegenter custodierit, an tenetur? Namque qui non custodit, nihil fecit: qui recte ignem subiecit, non peccavit: quemadmodum si hominem medicus recte secuerit, sed neglegenter vel ipse vel alius curaverit, Aquilia cessat. Quid ergo est? et hic puto ad exemplum Aquiliae dandam actionem tam in eum, qui ad fornacem obdormivit vel neglegenter custodit, quam in medicum qui neglegenter curavit, sive homo periit sive debilitatus est. Nec quisquam dixerit in eo qui obdormivit rem eum humanam et naturalem passum, cum deberet vel ignem extinguere vel ita munire, ut non evagaretur.「colonus の奴隷――この奴隷もまた colonus である――が暖炉の前で眠りこけてしまい．別荘が焼失したならば，Neratius が書いているところによると，賃貸人訴権に基づき相当額を給付しなければならない．もし仕事担当者の選任にあたり過失があったならば．そうではなく，1 人が火をかまどにくべ，別の 1 人が過失ある形で監視したならば，責を負うのか．なぜなら，監視した方でない者はなにもしなかったのだから，適切に火をくべた者は，なにも悪いことをしていないのだから．この点は，医者が奴隷を適切に手術したが，被害者本人かあるいは別の誰かがうまく看護しなかった場合に Aquilius 法に基づく訴権が与えられねばならないことと同様である．それではどうなるのだろうか．私の考えでは，ここでもまた，Aquilius 法を模範として，次の場合と同様，暖炉の前で寝た者または過失ある形で監視した者を被告とする形で訴権が与えるべきである．すなわち，過失ある形で施術し，奴隷が死亡したか弱ってしまった場合に医者を相手方として訴権が与えられるように．なぜなら，眠ってしまった者について，人間的・自然的であるという者はいないのだから．なぜなら，彼は火がよそへといかないように火を消したり，火勢を弱くしたりしなければならないのだから．」

(8) Item libro vi ex Vibiano relatum est: si furnum secundum parietem communem haberes, an damni iniuria teneris? et ait Proculus agi non posse Aquilia lege, quia nec cum eo qui focum haberet: et ideo aequius putat in factum actionem dandam. Sed non proponit exustum parietem. Sane enim quaeri potest, si nondum mihi damnum dederis et ita ignem habeas, ut metuam ne mihi des, an aequum sit me actionem, id est in factum inpetrare? Fortassis enim de hoc senserit Proculus. Nisi quis dixerit damni non facti suffcere cautionem.「『Vibianus 抜粋』6 巻は次のように述べている．

が損害賠償を請求できることは当然の前提とされている[6]．この他，Coll. 12, 7, 7 および D. 9, 2, 27, 11 では，郊外にある建物に火がつけられた事例が取り上げられている．以上のように，都市内であろうと，郊外であろうと，建物に火をつける行為に Aquilius 法が適用されることについては法学者の間に全く異論のないところである．

Coll. 12, 7, 2 が伝えるところによると，Ulpianus は，故意に放火した者は死

共有壁にそって君がかまどをもっている場合，君は不法損害に関して責任を負うのか．Proculus がいうには，Aquilius 法に基づいて訴えられることはあり得ない．なぜなら，かまどを使った人を相手方とするのではないから．それゆえ事実訴権が与えられるべきである．しかし，原告は，壁が焼失したとは申し立てていない．もちろん次の点を問題にすることは可能である．もしまだ君が私に損害を与えておらず，君が私に損害を与えるのではないかと私が恐れる形で火を君が使っている場合に，私が訴権，すなわち事実訴権をもつというのが衡平なのだろうか．おそらくこの点も Proculus は気づいていたであろう．ただし，未発生損害の担保問答契約で十分であるとの主張がなされる場合は，この限りではない．」

(9) Sed et si qui servi inquilini insulam exusserint, libro X Urseius refert Sabinum respondisse lege Aquilia servorum nomine dominum noxali iudicio conveniendum: ex locato autem dominum teneri negat. Proculus autem respondit, cum coloni servi villam exusserint, colonum vel ex locato vel lege Aquilia teneri, ita ut colonus servos posset noxae dedere et si uno iudicio res esset iudicata, altero amplius non agendum. 「賃借居住人の奴隷がインスラに放火した場合，Urseius が 10 巻で伝えているところによると，Sabinus は，Aquilius 法に基づき奴隷の名義でもって所有者は加害者委付訴権によって訴えを起こされる．しかし賃貸人訴権によって訴えられることはないと否定した．これに対し Proculus は，colonus の奴隷が別荘に放火した場合，colonus は賃貸人訴権または Aquilius 法に基づき責を負い――ただし，colonus は奴隷を加害者委付することができる――，いずれか一方で判決を受けるならば，他の一方で訴えられることはないと解答した．」

以上の Collatio の翻訳・解釈にあたっては，Robert M. Frakes, Compiling the Collatio legum Mosaicarum et Romanarum in late antiquity, Oxford 2011 を適宜参考にした．

6) D. 9, 2, 27, 7 と Coll. 12, 7, 2 とを比較すると，前者に出てくる insula という単語が後者にはない．全般的に Coll. の方がより忠実に Ulpianus の文章を伝えていると考えてよいであろう．

刑になるという．この記述より，Aquilius法に基づく損害賠償と刑法上の規律とが競合することがあることがわかる．刑罰については，後述の第9章第1節で取り上げる．

Ulpianus（D. 9, 2, 27, 8 と Coll. 12, 7, 3-5）[7]は，火が近隣へと及んでいった場合の責任についても論じている．Aが土地Xにつけた火が土地Yに類焼した場合，土地Yの所有者は，Aに対しAquilius法の類推適用により付与される事実訴権で損害賠償を求めることができる[8]．

---

7) この中のD. 9, 2, 27, 8 と Coll. 12, 7, 3 は，ほぼ同一の内容を有している．Digesta文では，後者に存在するLabeoについての情報が消えている．しかし，UlpianusもLabeoと同様の見解を有していたことはColl. 12, 7, 3から明らかであり，法典編纂者の手による内容の改変があるとはいえない．

Coll. 12, 7, 4-5 は，農地での類焼について論じている．ここに伝わるケースは，Digestaでは削除されている．Coll. 12, 7, 3 (=D. 9, 2, 27, 8) の事例と類焼という点では同じであるが，ここでは自らの土地の中でつけた火が近隣へと燃え広がったというケースが取り上げられている．

8) Coll. 12, 7, 5 に引用されるCelsusが明確に述べているように，被害をうけた土地に直接火をつけたわけではないということが，actio in factumにより訴えるべきという結論を帰結している．これはAquilius法の1条の解釈として法学者の間で展開された，occidereとmortis causam praestareの問題と同様の構造をもつものである．この区別については，Zimmermann (1990), 976f. をみよ．

しかし，1点，疑問が残るのは，Coll. 12, 7, 3 に伝えるインスラへの放火の事例では，類焼が生じているにもかかわらずactio legis Aquiliaeの付与をLabeoもUlpianusも肯定しているのに対し，なぜColl. 12, 7, 4-5 ではこれが否定され，actio in factumが付与されているのかという点である．

この問題について，MacCormack (1982), 274ff. は，故意により火をつけたのか，それとも火をつけたこと自体は問題のない行為であったがそれが他所へと燃え移ったのかという違いがあるとする．すなわち，もともとiniuriaにより火をつけたのかどうかという点に違いがあるとする．すなわち，Coll. 12, 7, 3 の事例では，インスラに放火しているのに対し，Coll. 12, 7, 4-5 では，もともとは自らの土地の中で適法に火がつけられたが，それが燃え広がったという点にこの相違の原因があるということである．しかし，私としては，インスラの場合は，隣といえどもある程度の一体性があるので，それゆえにactio legis Aquiliaeの肯定につながったのではないかと考えたい．

3. 建物（全部または一部）の取り壊し

Ulpianus は，建物の扉を破壊したり，建物を取り壊した場合にも Aquilius 法の適用があるという[9]．Paulus は，壁を取り去った者はその壁の所有者に不法損害を理由として責任を負うという[10]．このように，建物の一部または全部に損害が与えられた場合，Aquilius 法が適用されることについては法学者間で何ら異論のないところである[11]．

2. 不法侵害（iniuria）

不法行為類型としての不法侵害（iniuria）は広範な適用領域を有している．ここでは居住にかかわる範囲で侵害の態様毎にみていくことにする．

1. インミッシオ

下方の建物から上方の建物へと煙を排出したり，他人の土地上にバルコニーを張り出したり，水を排出した場合，Labeo は不法侵害訴権の提起を否定したものの，Iavolenus はこれを肯定した[12]．

---

[9] D. 9, 2, 27, 31 Ulp. 18 ad ed. Si quis aedificii mei fores confregerit vel refregerit aut si ipsum aedificium diruit, lege Aquilia tenetur. 「ある者が私の建物の扉を破砕・破壊した場合，または建物それ事態を取り壊した場合，Aquilius 法に基づき責を負う．」

[10] D. 9, 2, 45, 5 Paul. 10 ad Sab.: Qui idoneum parietem sustulit, damni iniuria domino eius tenetur. 「適切な壁を取り去った場合，その壁の所有者に対し，不法損害について責を負う．」

[11] 上記の他，建物に対する不法損害付与については，D. 19, 2, 57 Iav. 9 ex post. Labeonis.; D. 39, 2, 7, 1 Ulp. 53 ad ed.; D. 43, 15, 1, 5 Ulp. 68 ad ed.; D. 9, 2, 49, 1 Ulp. 9 disp. D. 47, 9, 3, 7 Ulp. 56 ad ed. もみよ．この他，共有壁の損傷については，D. 17, 2, 47, 1 Ulp. 30 ad ed Sab.; D. 17, 2, 52, 16 Ulp. 31 ad ed. をみよ．

[12] D. 47, 10, 44 Iav. 9 ex post. Labeonis.: Si inferiorum dominus aedium superioris vicini fumigandi causa fumum faceret, aut si superior vicinus in inferiores aedes quid aut proiecerit aut infuderit, negat Labeo iniuriarum agi posse: quod falsum puto, si

第8章 不法行為　153

多くの法学者がインミッシオへの対抗手段としてあげるものは否認訴権であり[13]．かつインミッシオの事例において不法侵害訴権の付与を認めた例はこのIavolenus文の他にはない．したがって，このIavolenusの見解は，少なくとも，古典期の支配的見解とはいえない．

2. 使用・収益・処分の禁止

所有者が自らの所有物を利用することを禁止された場合，この所有者は不法侵害訴権でもって訴えることができる[14]．Iulianusは，摘み取ったブドウを農地の所有者が持ち出すことを禁止された場合，この訴権を用いることができるとする[15]．Ulpianusは，自己の奴隷を売ることを禁止された者にこの訴権を付与する[16]．

---

　tamen iniuriae faciendae causa inmittitur.「下にある建物の所有者が，上にある隣人を煙でいぶるために煙を出した．または上にある隣人が下にある建物に何かを張り出したり，(液体を)流した．こうした場合に，Labeoはactio iniuriarumで訴えることはできないとした．私(Iavolenus)はこれは誤っていると考える．もしiniuriaをするためにインミッシオがなされた場合には．」

13) 煙についてはD. 8, 5, 8, 5ff.，石についてはD. 8, 4, 13, 1 Ulp. 6 opin.，湿気についてはD. 8, 5, 17, 2をみよ．雨水については，actio aquae pluviae arcendaeが存在する．インミッシオへの対抗手段については，Ruiz (2000), 42ff. 参照．

14) Hageman (1998), 88f.; Raber (1969), 152ff.

15) D. 19, 1, 25 Iul. 54 dig.: Qui pendentem vindemiam emit, si uvam legere prohibeatur a venditore, adversus eum petentem pretium exceptione uti poterit "si ea pecunia, qua de agitur, non pro ea re petitur, quae venit neque tradita est." ceterum post traditionem sive lectam uvam calcare sive mustum evehere prohibeatur, ad exhibendum vel iniuriarum agere poterit, quemadmodum si aliam quamlibet rem suam tollere prohibeatur.「未収穫のブドウを購入した者がブドウの収穫を売主によって禁止され，売主が買主に代金を請求するならば，買主は抗弁を行使することができる．『訴訟の対象となっている金銭が未だ引渡されていない物の代金として請求されている』として．そうではなく引渡の後，あるいは摘み取ったブドウの破砕，またはブドウ果汁の持ち出しが禁止されるならば，提示訴権または不法侵害訴権でもって訴えることができる．これはあたかも，別の自己の物をもっていくことを禁止された場合のように．」

建物の所有者が建物の使用・収益を禁止された場合に不法侵害訴権を行使できると明言している史料はない．しかし，理論上はこれは可能であったと考えられる．D. 43, 8, 2, 9 Ulp. 68 ad ed. と D. 47, 10, 13, 7 Ulp. 57 ad ed. において，万人の共有物である海で釣りをしたり航行することを禁止された場合，不法侵害訴権を用いることができるかが問題となっている[17]．ここでは，公共の物（公

---

16) D. 47, 10, 24 Ulp. 15 ad ed. praetoris.: Si quis proprium servum distrahere prohibetur a quolibet, iniuriarum experiri potest.「ある者が自己の奴隷を売ることを禁止されるならば，その禁止が誰によってなされたものであろうとも，不法侵害訴権によって訴えることができる.」

17) D. 43, 8, 2, 9 Ulp. 68 ad ed.: Si quis in mari piscari aut navigare prohibeatur, non habebit interdictum, quemadmodum nec is, qui in campo publico ludere vel in publico balineo lavare aut in theatro spectare arceatur: sed in omnibus his casibus iniuriarum actione utendum est.「ある者が海で釣りをしたり航海することを禁止された場合には，この特示命令（公有地の利用を禁止しようとする暴力を排除するための特示命令）を有しない．この点は，公共の広場で遊んだり，公共の浴場で入浴したり，劇場で観劇することを禁じられた者と同様というわけではない．しかし，上のすべての場合において不法侵害訴権を用いるべきである.」

D. 47, 10, 13, 7 Ulp. 57 ad ed.: Si quis me prohibeat in mari piscari vel everriculum (quod Graece σαγήνη dicitur) ducere, an iniuriarum iudicio possim eum convenire? sunt qui putent iniuriarum me posse agere: et ita Pomponius et plerique esse huic similem eum, qui in publicum lavare vel in cavea publica sedere vel in quo alio loco agere sedere conversari non patiatur, aut si quis re mea uti me non permittat: nam et hic iniuriarum conveniri potest. conductori autem veteres interdictum dederunt, si forte publice hoc conduxit: nam vis ei prohibenda est, quo minus conductione sua fruatur. si quem tamen ante aedes meas vel ante praetorium meum piscari prohibeam, quid dicendum est? me iniuriarum iudicio teneri an non? et quidem mare commune omnium est et litora, sicuti aer, et est saepissime rescriptum non posse quem piscari prohiberi: sed nec aucupari, nisi quod ingredi quis agrum alienum prohiberi potest. usurpatum tamen et hoc est, tametsi nullo iure, ut quis prohiberi possit ante aedes meas vel praetorium meum piscari: quare si quis prohibeatur, adhuc iniuriarum agi potest. in lacu tamen, qui mei dominii est, utique piscari aliquem prohibere possum.「私が海で釣りをしたり，漁網を引いたり（これをギリシア語でσαγήνηと呼ばれている）することをある者が禁止するならば，不法侵害訴権でもって私はこの者を訴えることができるのであろうか．私が不法侵害訴権でもって訴えることができる

共広場，公共浴場，劇場）の利用を禁止された場合と同様，海の利用を禁止された場合にも不法侵害訴権を用いることができるとされている．さらに，D. 47, 10, 13, 7 Ulp. 57 ad ed. では，こうした処理は，「ある者が私の物を私が使用することを許可しない場合と」同じであるとされている．ここから，私有地，公有地，万人の共有地の区別なく，利用する権利のある者の利用を禁止する行為が不法侵害にあたるということを導くことができる．

しかし，古典期後期には，uti possidetis 特示命令の適用拡大により，私有地の使用を禁止された場合，不法侵害訴権の他，この特示命令により禁止を排除することが可能になった[18]．土地や建物の利用妨害における不法侵害訴権の言及がないことはこれが原因であると推測される．

と考える法学者もいる．Pomponius やその他の法学者たちは，この者は，公の浴場に入浴したり，公の観客席に座ったり，その他の場所で何かをしたり座ったり行動することを許さない者と似ていると述べている．あるいは，ある者が私の物を私が使用することを許可しない場合と似ているとも．なぜなら，この場合にもまた不法侵害訴権でもって訴えることができるのだから．しかし，古法学者たちは，公的な形で賃借されている場合には，賃借人に特示命令を与えた．なぜなら，自己の賃借物を用いて収益をあげることを妨害しようとする暴力は禁止されねばならないのだから．しかし，私の家の前で，または私の屋敷の前で誰かが釣りをすることを私が禁止したとしよう．この場合は何がいわれるべきであろうか．私は不法侵害訴権によって訴えられることになるのであろうか．もちろん海は万人の共有物であり，海岸もまた空気と同じ様に万人の共有物である．それゆえ，至聖なる指令により，釣りが禁止されてはならないとされた．しかし，鳥の捕獲はしてはならない．ただしある者が他人の農地へと侵入することを禁止できる場合はこの限りではない．しかし，何等の権利もないにもかかわらず，私の家または屋敷の前である者が釣りをすることを禁止してもよいということになれば，それは不当な領得ということになろう．それゆえ，禁止された者は，その時には不法侵害で訴えることができる．しかし，私の所有物である湖の中については，そこで誰かが釣りをすることを私は禁止することができる．」

18) Ulpianus については，D. 43, 17, 3, 2-4 および D. 8, 5, 8, 5 末尾をみよ．Paulus については，D. 47, 10, 14 Paul. 13 ad Plaut. をみよ．ここでは海に関する特殊な私的権利の侵害が問題になっている．

156　第Ⅰ部　所　有　者

3.　住　居　侵　入

Paulus は，他人の家に侵入した者は，不法侵害訴権により責を負うという[19]．ここから住居の侵入が不法侵害にあたると彼が考えていたことがわかる．

住居侵入については，不法侵害に関する Cornelius 法（lex Cornelia de iniuriis）が規定しており，この法律に基づき，少なくとも当初は，刑法上の制裁もまた存在した可能性がある[20]．

3.　そ　の　他

1.　強迫訴権（actio quod metus causa）

強迫訴権もまた建物所有者の保護のために用いられることがある．Ulpianus が伝えるところによると，Pomponius は，強迫により建物の建築をした場合や[21]，

---

19)　D. 47, 10, 23 Paul. 4 ad ed.: Qui in domum alienam invito domino introiret, quamvis in ius vocat, actionem iniuriarum in eum competere Ofilius ait.「ある者が他人のドムスに所有者の意思に反して侵入したならば，たとえこの所有者を法廷に召喚するためにこれをしたのであっても，この者を被告とする不法侵害訴権が与えられると Ofilius は述べている．」

　　この法文については Hageman (1998), 62 n. 58 を参照．ここでは，これは lex Cornelia de iniuriis についてのものとして取り扱われている．

　　D. 47, 2, 21, 7 Paul. 40 ad Sab.: Qui furti faciendi causa conclave intravit, nondum fur est, quamvis furandi causa intravit. quid ergo? qua actione tenebitur? utique iniuriarum: aut de vi accusabitur, si per vim introivit.「窃盗をしようと部屋に入った者は，まだ窃盗者ではない．たとえ窃盗をするために入ったとしても．それではどうなるのか．いかなる訴権により責を負うのか．少なくとも不法侵害訴権によって責を負う．あるいは暴力により侵入したのであれば，暴力に関して制裁をうける．」

20)　後述第 9 章第 2 節参照．

21)　D. 4, 2, 9 pr Ulp. 11 ad ed.: [. . .] idem ait, et si forte adhibita manu in meo solo per vim aedifices, et interdictum quod vi aut clam et hoc edictum locum habere, scilicet quoniam metu patior id te facere. [. . .]「君が手を下して私の土地の中で暴力により

逆に取り壊しが行われた場合[22]，この訴権でもって原状回復を求めることができるとした[23]．

２．悪意訴権（actio de dolo）

悪意訴権は，様々な場面で補充的に用いられる．これが土地の取得者の保護のために用いられることもある．すなわち，D. 4, 3, 7, 3 Ulp. 11 ad ed. によると，土地を売却した際，引渡がなされる前に売主が地役権を設定したり，建物を取り壊したり，樹木を切ったり，根元から引き抜いた場合，買主は売主を悪意訴権で訴えることができるとされている[24]．

建築した場合，quod vi aut clam 特示命令またはこの特示命令が適用される．」
22) D. 4, 2, 9, 2 Ulp. 11 ad ed.: Idem Pomponius scribit quosdam bene putare etiam servi manumissionem vel aedificii depositionem, quam quis coactus fecit, ad restitutionem huius edicti porrigendam esse.「同じく Pomponius が書いているところによると，何人かの法学者は，強迫の下でなされた奴隷の解放や建物の取り壊しは，この告示に基づき原状回復に至ることになると考えている．」
23) この告示の文言は D. 4, 2, 1 pr Ulp. 11 ad ed. にある．この告示により原状回復ができることについては，D. 4, 2, 3 pr Ulp. 11 ad ed. をみよ．
24) D. 4, 3, 7, 3 Ulp. 11 ad ed.: [...] vel fundum, et dum tradit, imposuit ei servitutem vel aedificia diruit, arbores excidit vel extirpavit : [...]「……あるいは農地について，これを引き渡すまでの間に，売主が地役権を設定したり，建物を破壊したり，樹木を切断したり根元から引き抜いた場合に……」

第 9 章

刑　　罰

1. 放　　火

　放火・失火に関する刑罰は 12 表法にまで遡るが[1]，それ以後の展開過程はよくわからない．刺殺者および毒殺者に関する Cornelius 法（lex Cornelia sicariis et veneficis）[2] や暴力に関する Iulius 法（lex Iulia de vi）[3] が放火・失火についての

---

1) D. 47, 9, 9 Gai. 4 ad l. XII tab.: Qui aedes acervumve frumenti iuxta domum positum conbusserit, vinctus verberatus igni necari iubetur, si modo sciens prudensque id commiserit. si vero casu, id est neglegentia, aut noxiam sarcire iubetur aut, si minus idoneus sit, levius castigatur. appellatione autem aedium omnes species aedificii continentur.「建物または邸宅（domus）の側にある穀物の山に火をつけた者は，これを知りつつ，かつ熟知しつつ行ったのであれば，鎖につけられ，打擲の上，火で殺されるよう命じられる．これに対し，事故により，すなわち過失によるならば，損害を賠償するよう命じられる．あるいは，こうした処置が適切でないならば，より軽い懲戒がなされる．建物（aedes）という名称には，あらゆる種類の建造物（aedificium）が含まれる．」
2) この点は D. 48, 8, 1 pr Marcian. 14 inst. の "Lege Cornelia de sicariis et veneficis tenetur, qui hominem occiderit: cuiusve dolo malo incendium factum erit" という記述に基づく．しかし同じく lex Cornelia de siccariis et veneficis の文言を伝える Coll. 1, 3, 2 には "qui cum telo ambulaverit hominis necandi furtive faciendi causa, hominemve occiderit, cuiusve id dolo malo factum erit." とあり，incendium という文言はない．Ad legem Corneliam de siccariis et veneficis というタイトルをもつ D. 48, 8 には，前記の D. 48, 8, 1 pr の他，D. 48, 8, 10 Ulp. 18 ad ed. も放火について言及している．しかし，この記述のもともとの文脈は Aquilius 法についての解説の中と考えられる．

規定を有していた可能性もある．

　古典期においては[4]，都市内にあって略奪目的で放火した者は死刑に処される[5]．そうではない放火については，身分により刑が異なり，高身分者（honestiores）であれば島流し，低身分（humiliores）は鉱山送りとなる[6]．故意ではない失火の場合は，原則として民事上の責任のみを負う[7]．

2. 住 居 侵 入

　不法侵害に関するCornelius法（lex Cornelia de iniuriis）は，前81年，Lucius Cornelius Sullaの下で制定された[8]．これは，打擲・殴打や，暴力的な住居侵入を禁ずるものであった[9]．この法律に基づく訴えというものが史料中に出てくるが，これはおそらくは私法上のものではない[10]．

　本書の関心から問題となるのは，この法律の規定する3番目の暴力的な住居侵入である．Ulpianusによると，ここでいう家（domus）は，所有物として家（proprietas domus）ではなく，住居（domicilium）であるという．そして，賃借人であろうが，無償居住者であろうが，住んでいる所に侵入されたならば，この法律により訴え出ることができるという[11]．また，農地に関していえば，賃

---

3) Croud (1989), 445によると，火事場からの強奪（D. 48, 7, 3, 3）についてはこの法律は規定を有しており，その後，火事場での武力を用いた侵入行為（D. 48, 7, 3, 5）もこの法律に基づく処罰の対象となった．
4) Mommsen, StrafR., 646f.; Robinson (1996), 35f.; 船田（1968），347f.
5) Coll. 12, 4; Coll. 12, 6; Paul. Sent. 5, 20, 1.
6) Paul. Sent. 5, 20, 2 et 5; Coll. 12, 5.
7) Paul. Sent. 5, 20, 3; Coll. 12, 5, 2; Coll. 12, 6, 1.
8) Zimmermann (1990), 1053 n. 24 にこれに関する文献があがっている．
9) D. 47, 10, 5 pr Ulp. 56 ad ed.
10) Lenelはこのactioの再構成を試みてはいない．また，この法律について伝えるD. 47, 10, 5 prは，特定のactioやinterdictumについての解説を行うものではないと解している（Lenel, Pal, II, c. 766-767）．
11) D. 47, 10, 5, 2 Ulp. 56 ad ed.

貸に出している農園に暴力的侵入行為がなされた場合にも，この法律の適用があり，その場合，賃貸人ではなく，colonus がこの法律により救済される[12]．

住居侵入を伴う強盗を働いた者（effractor）は，消防警察隊により処罰される[13]．夜間にこれをなした者は，棒叩きの上鉱山送り，昼間になした者は棒叩きの上で有期または無期の労働を科せられる[14]．

3. 不動産侵奪

Paul. Sent. 5, 26, 3. によると，私的暴力に関する Iulius 法（lex Iulia de vi privata）は，武装した奴隷によりドムスや別荘（villa）から人を追い出す行為を禁止した[15]．その目的のために奴隷を使用貸借として借りたり，賃貸・賃借した者も同様であるとされた[16]．

---

12) D. 47, 10, 5, 4 Ulp. 56 ad ed.
13) D. 1, 15, 3, 1-2 Paul. l. s. de off. praef. vig.
14) D. 47, 18, 2 Paul. l. s. de off. praef. vig.: Inter effractores varie animadvertitur. atrociores enim sunt nocturni effractores, et ideo hi fustibus caesi in metallum dari solent: diurni vero effractores post fustium castigationem in opus perpetuum vel temporarium dandi sunt.「押し込み強盗を働いた者は，様々な形で処罰がなされる．夜間に押し込み強盗を働いた者は，より重く処罰される．それゆえ，棒で叩いた上で鉱山送りに処せられるのが通常である．昼間に押し込み強盗を働いた者は，棒による懲戒の後，無期または有期の労働に処せられる．」
15) Paul. Sent. 5, 26, 3: Lege Iulia de vi privata tenetur, qui quem armatis hominibus possessione domo villa agrove deiecerit expugnaverit obsederit clauserit, idve ut fieret homines commodaverit locaverit conduxerit [...]:「奴隷を武装させてある者を占有物，ドムス，別荘，または農地から追い出したり，これらを占領したり，占拠した場合，私的暴力に関する Iulius 法に基づき責を負う．これをするために，奴隷の使用貸借や賃貸借をした者も同様である．……」

D. 48, 6, 3, 6 Marcian. 14 inst.: Eadem lege tenetur, qui hominibus armatis possessorem domo agrove suo aut navi sua deiecerit expugnaverit「奴隷を武装させ，占有者を彼のドムスまたは農地または船から追い出した者，あるいはドムス，農地または船を占拠した者も同様である．」

16) Paul. Sent. 5, 26, 3.

この行為がなされた場合，Pius 帝がテッサロニキ市に発した指令によると，占有や所有について問題にする前に，まずは暴力について問題にしなければならないとする[17]．これはすなわち，所有者や占有者といえども，暴力により他人の不動産を侵奪した場合には，この法律により処罰されることを意味している．

不動産侵奪の場合の刑罰は，財産の3分の1の没収と，元老院，参事会員，その他の名誉職からの追放である[18]．

---

17) D. 48, 6, 5, 1 Marcian. 14 inst.: Si de vi et possessione vel dominio quaeratur, ante cognoscendum de vi quam de proprietate rei divus Pius τῷ κοινῷ τῶν Θεσσαλῶν Graece rescripsit: sed et decrevit, ut prius de vi quaeratur quam de iure dominii sive possessionis.「暴力と占有または所有権について問題になった場合，所有権に先立ち暴力について審理されねばならないと，Pius 帝はギリシアのテッサロニキ市に対して指令した．また彼は次のように裁決も出している．すなわち，所有者の権利について，または占有について問題にする前にまずは暴力について問題にするようにと．」

18) D. 48, 7, 1 pr Marcian. 14 inst.: De vi privata damnati pars tertia bonorum ex lege Iulia publicatur et cautum est, ne senator sit, ne decurio, aut ullum honorem capiat, neve in eum ordinem sedeat, neve iudex sit: et videlicet omni honore quasi infamis ex senatus consulto carebit.「私的な暴力に関して有罪判決を受けた者は，財産の3分の1を没収される．また，元老院議員や参事会員となれないこと，またいかなる名誉職にもつけないこと，またその身分につけないこと，審判人となれないことが規定されている．したがって，あたかも不名誉の汚点を受けたかのごとく，元老院議決に基づきあらゆる名誉職から追放される．」

第 10 章
公法上の規制

ここでは，都市内の建物にかかわる公法上の規制をみることにする[1]．

1. 建 築 制 限

1. 高 さ 制 限

建物の高さについて歴代の皇帝による規制がある[2]．まず Strabon は，Augustus 帝が建物の高さを規制したことを伝えている[3]．

> Strab. 5, 3, 7：(アウグストゥスは)……公共の道路のそばの建物を 70 プース（21 メートル）以上に高くすることを禁じた．（飯尾訳）

道路のそばの建物に規制をかけたことからすると，建物の倒壊防止が規制の目的であったことがわかる．Augustus 帝が建築の規制に関心をもっていたことは，Suetonius もまた伝えているところである[4]．

---

1) 以下の記述は，Simshäuser (1982) に負うところが大きい．この他，この問題については，Voigt (1903); Bachofen (1848), 185ff; Höft (1952), 30ff.; Rainer (1987a), 281ff. を参照．古典期後の建築規制については，Levy (1951), 114-116 をみよ．
2) Priester (2002), 139-142; Simshäuser (1982), 353-356; Voigt (1903), 182ff.; Bonfante (1926), 268; Lee (1999), 108f.
3) Höft (1952), 30; Voigt (1903), 184; Priester (2002), 139; Simshäuser (1982), 354f.; Levy (1951), 104; Rainer (1987a), 224; Biondi (1938), 43.

164 第 I 部 所 有 者

　有名な 64 年のローマ市の大火の後,Nero 帝が建築規制を行ったことが伝わっている.

　　Tac. Ann. 15, 43: Ceterum urbis quae domui supererant non, ut post Gallica incendia, nulla distinctione nec passim erecta, sed dimensis vicorum ordinibus et latis viarum spatiis cohibitaque aedificiorum altitudine ac patefactis areis additisque porticibus, quae frontem insularum protigerent. . . .
　　ネロの館で占められなかった都の他の部分は,ガッリア人のあの放火のあとのごとく,無計画かつでたらめに再建されたのではない.家並を規則正しく区画し,道幅を拡げ,建物の高さを制限し,共同住宅には中庭を備え,正面の防火対策として,柱廊を敷設した[5].

　Tacitus が伝えるところによると[6],Nero 帝は,大火の後,街並みの区画整理や道幅の拡大とともに,建築規制を行い,建物の高さを制限した.ここでの高さ規制の数値は不明である[7].

---

4) Suet. Aug. 89, 2: [. . .] Etiam libros totos et senatui recitavit et populo notos per edictum saepe fecit, ut orationes Q. Metelli "de prole augenda" et Rutili "de modo aedificiorum", quo magis persuaderet utramque rem non a se primo animadversam, sed antiquis iam tunc curae fuisse.「……のみならず,元老院で何冊かの本を全巻朗読したこともあり,民衆に布告を通じて,これらの本に注意を喚起したこともある.例えば,クィントゥス・メテルスの『子孫の繁栄』やルティリウスの『建築の規制』などである.」(国原訳)
　　ここに出てくる Rutilius とは,紀元前 2 世紀に生きた P. Rutilius Rufus である (Suerbaum (2002), 443-447). 彼のこの著作は現存していないし,また他で引用されてもいないため,その内容はわからない.
5) 国原訳(下), 268-9.
6) Rainer (1987a), 224, 282f.; Simshäuser (1982), 355; Höft (1952), 30f; Levy (1951), 105; Biondi (1938), 44; Voigt (1903), 185.
7) Tac. Ann. 15, 43 への国原の注釈には,「アウグストゥスは,共同住宅の高さを 70 歩(20 メートル)に限り,ネロはさらに 60 歩(17 メートル)に制限したと.」(372)とあり,Heller (2002), 863 には,"auf 60 Fuß = 18m" とある.また後藤 (1986), 53 は,この法律ではじめて建築の高さの制限がなされ,70 フィートを超え

Traianus 帝もまた高さ制限を行っている．

> Aur. Vict. ep. 13, 13: Quibus omnibus Traianus per exquisita remedia plurimum opitulatus est, statuens, ne domorum altitudo sexaginta superaret pedes ob ruinas faciles et sumptus, si quando talia contingerent, exitiosos.
>
> Traianus は，彼らすべてを，適切な手段を通じてしばしば救済した．彼は，ドムスの高さは，60 ペデスを超えてはならないと定めた．それは，倒壊を防ぐこと，そして一度それが生じた際にかかる恐るべき費用の支出をおさえるためであった．

Aur. Vict. ep. 13, 13 は，このように，Traianus 帝がドムスの高さを 60 ペデス（約 18 メートル）に定めたとは伝えている[8]．この書物は，4 世紀に生きた Aurelius Victor の著作をもとに，何人かが 4 世紀末から 5 世紀初頭に作ったものである[9]．別系統で伝わる，Aurelius Victor, liber de Caesaribus の Traianus 帝についての記述（Aur. Vict., Liber Caesaribus, 13）には建築規制の話は出てこない．

Marcus Aurelius Antoninus 帝もまた Verus 帝との共同統治時代（161 から 169 年）に高さ制限の遵守を勅法の中で要求している[10]．

> C. 8, 10, 1 Antoninus et Verus AA. Tauro.: Et balneum, ut desideras, instruere et aedificium ei superponere potes, observata tamen forma, qua ceteri super balnea aedificare permittuntur, id est ut concamaratis superinstruas et ipsa concameres nec modum usitatum altitudinis excedas.
>
> 汝が求めているように，汝は浴場を建設し，その上に建物を建てることができる．しかし，浴場の上に建設が許可される際に他の者に要求されている形態を遵守しなければならない．すなわち，汝はドーム型天井の上に建造し，浴場のすぐ上にドー

てはならないことが定められたとする．しかしこれらの数値の根拠はよくわからない．

8) Rainer (1987a), 224; Simshäuser (1982), 355; Biondi (1938), 44; Höft (1952), 31; Voigt (1903), 188.
9) Art. "S. Aurelius V." in: Neue Pauly, Altertum Band 12/2, Stuttgart/ Weimar 2002, 187f.
10) Voigt (1903) 188 n. 51; Höft (1952), 31, n. 9; Bonfante (1926) 268, n. 6.

ム型天井を建設し，通常の高さ制限を超えてはならない．

ここでは主として浴場のドームの上にさらに建造物を建設できるかが問題となっている．両帝は，これは可能としつつも，高さ制限の遵守を要求している．この高さ制限が具体的にいかなるものであるかは示されていない．

以上のような皇帝による高さ制限については Digesta 中には情報は伝わっていない．他面，D. 8, 2, 11 によると，執政官の職務に関する著作の中で，Ulpianus は，隣人の採光の妨害が問題になる場合に，「旧来からの建物の形態や状態」を遵守すべきであるとしている．この記述が高さ制限を意図したものである可能性もある．

> D. 8, 2, 11 pr-1 Ulp. 1 de off. cons.: Qui luminibus vicinorum offcere aliudve quid facere contra commodum eorum vellet, sciet se formam ac statum antiquorum aedificiorum custodire debere. (1) Si inter te et vicinum tuum non convenit, ad quam altitudinem extolli aedificia, quae facere instituisti, oporteat, arbitrum accipere poteris.
>
> 隣人の採光を妨げ，隣人の快適さに反する形に何かを建設しようとする者は，旧来からの建物の形態や状態を守らねばならない．(1) 君と君の隣人の間で，君が建設に取り掛かった建物をどの程度まで高くしてよいか合意に至らない場合，君は裁定をうけることができる．

この抜粋は，通常裁判にかかわることはない執政官の職務に関する手引書からのものであることから，何らかの公法上の規制が問題になっていると考えたくなるところである．確かに Ulpianus は法務官告示の注解書の中で，地役権が設定されていないならば，建物所有者はより高く建てたとしても訴えをおこされることはないとしており[11]，建築にあたって旧来の形態や形状の遵守を求

---

11) D. 8, 2, 9 Ulp. 53 ad ed.: Cum eo, qui tollendo obscurat vicini aedes, quibus non serviat, nulla competit actio.「高くすることで隣の建物の日照をさまたげた者を相手方としては，この建物を要役地とする形での地役権が設定されていない限り，何らの訴権も付与しない．」

めるとするここの記述と調和しないように思える．しかし，212年の勅法により，長期間の慣行による地役権の発生が認められるに至っている[12]．したがって，D. 8, 2, 11 pr でも，こうした形で発生する地役権の遵守が求められているとみることができる．そうであれば，これは公法上の規制を問題にした史料ではないとみてよいと思われる[13]．

2. 間隔規制・共有壁など

続いて，水平関係における建築規制をみていく[14]．

12表法7表の1は，隣の建物との間にambitusと呼ばれる一定の間隔を設けるべきと定めていた[15]．その文言は，次のように再構成されている[16]．

---

12) C. 3, 34, 1 (a. 211).
13) Lee (1999), 63 n. 212 はここで私法上の制限が問題になっていると解している．Lee (2000), 217f. もみよ．
14) Höft (1952), 31-32; Lee (1999), 106-108.
15) Kaser, RPI, 125 n. 30; Flach (2004), 109-119; 207-210; F. Wieacker, Zwölftafelprobleme, in: RIDA 3 (1956), 475ff. 190-191; Franciosi (1967), 190-191; Möller (2010) 118ff. Simshäuser (1982), 356; Höft (1952), 31f.; Biondi (1938), 42; FIRA I., 48; Rudolf Düll, Das Zwölftafelgesetz, München/ Zürich 1989, 42f.; Crawford (1996) II, 580f., 666-668.
16) Crawford (1996) II, 580. ambitus については，下にあげる Varro と Festus の他，Cicero, Topica, 24; CIL 6, 29788, Isidore XV, 16, 12; Volusius Maecianus, Distributio 46 にも言及がある．この問題については，特に Crawford (1996), 667 をみよ．

　Varro, de l. l., 5, 22: Via quidem iter, quod ea vehendo teritur, iter item actus, quod agendo teritur; etiam ambitus <i>ter, quod circueundo teritur; ab eoque Duodecim Tabularum interpretes 'ambitus parietis' circuitum esse describunt. 「via もまた iter（道）である．なぜならここを荷車を引きつつ通行するのだから．actus もまた iter である．なぜならここを家畜を追い立てつつ通行するのだから．ambitus も iter である．なぜなら周りを回る形で通行するのだから．12表法の解釈者は，ambitus parietis（壁の周りの空き地）を circuitum（周囲の道）であると説明している．」

　Festus, Pauli, Exc., 15 L: ambitus proprie dicitur inter vicinorum aedificia locus duorum pedum et semipedis ad circumeundi facultatem relictus. ex quo etiam honoris ambitus dici coeptus est a circumeundo supplicandoque. ambitio est ipsa actio ambientis. 「本来は，隣人の建物同士の間に，建物の周囲を回ることができる

ambitus parietis sestertius pes <esto>.
壁の ambitus は 2 ペース半とせよ．

12 表法のこの規定は，その後，適用されなくなり[17]．隣との境界は，1 枚の壁，すなわち共有壁で仕切られることが常となる[18]．さらにこの共有壁は禁止され，各建物が固有の壁で囲まれる形へと変化する．

> Tacitus, Ann. 15, 43: [...] aedificiaque ipsa certa sui parte sine trabibus saxo Gabino Albanove solidarentur, quod is lapis ignibus impervius est; iam aqua privatorum licentia intercepta quo largior et pluribus locis in publicum flueret, custodes; et subsidia reprimendis ignibus in propatulo quisque haberet; nec communione parietum, sed propriis quaeque muris ambirentur.
>
> 住居については，一定の部分を，木材を使用せず，ガビイ産かアルバ産の石を用いて堅固にするよう命じた．これらの石には耐火性があるからだ．水道は，それまで個人が勝手に中途から横取りしていたので，今後は監視人をおいて，もっと豊富にもっと広く，公共の目的に供給されるようにした．邸宅所有者にはみな，空き地に消火用器具を備えておくことを義務づける．共通壁の使用を禁止し，それぞれの家が固有の壁で取り囲まれることを定める．（国原訳）

Nero 帝は，大火の後，ローマ市の街並を整備した．その中で街並みの区画

> ようにするためにおかれた 2 ペース半の場所を指していた．ここからさらに，まわりをまわって嘆願するということから，honoris ambitus（名誉を求めたへつらい，人気取り）という表現が使われるようになる．ambitio は，それ自体，巡回する行為のことをいう．」
>
> Festus, Pauli, Exc., 5 L: ambitus proprie dicitur circuitus aedificiorum, patens in latitudinem pedes duos et semissem, in longitudinem idem quod aedificium. 「amibuts とは，元来は，建物の周囲の道のことを指していた．これは横方向に 2 ペース半，奥行きは建物と同じ長さになっていることが求められた．」

17) Simshäuser (1982), 356; Rainer (1988), 489; Franciosi (1967), 190-191. ただし，これに Möller は反対している．この点については後述する．
18) ポンペイ遺跡の 1 つの街区の中にあって，隣との境界はほとんど常に 1 枚の壁で仕切られている．共有壁にかかわる法律問題については，Rainer (1988) が詳しい．

整理や道幅の拡大とともに，建築規制を行い，建物の高さを制限し，インスラには中庭を備えること，一定の部分を木材ではなくガビイ産またはアルバ産の石を用いることを要求し，共有壁の使用を禁止したのである．Höft は[19]，この禁止の結果，改めて隣との間に空き地を設けることが求められたと考える．しかし，ここでは単に固有の壁で囲むことが求められているにすぎず，さらに進んで空き地を設けることをも要求しているとは読むことはできない．

オスティア遺跡では共有壁が使用されている例が少なく[20]，この規制が実効性を伴うものであったことを想起させる．しかし，Iavolenus, Gaius, Pomponius といった中期の法学者のみならず，Paulus, Ulpianus もまた共有壁をめぐるトラブルが発生した事案について取り上げており[21]，この規制後も共有壁が消滅したわけではないことが窺われる．

次の Papirius 文の中に伝わる勅法も，隣地との距離に関係するものである．

> D. 8, 2, 14 Papir. 1 de Const.: Imperatores Antoninus et [Severus] <Verus>[22] Augusti rescripserunt in area, quae nulli servitutem debet, posse dominum vel alium voluntate eius aedificare intermisso legitimo spatio a vicina insula.
>
> Antoninus と Verus 帝の指令によると，地役権の負担を負っていない敷地の中で，

---

19) Höft (1952), 31.
20) Hermansen (1982), 92.
21) Iavolenus: D. 33, 3, 4. Gaius: D. 8, 2, 8. Pomponius: D. 8, 2, 25, 1; D. 8, 5, 14, 1; D. 10, 3, 22; D. 39, 2, 39 pr. Paulus: D. 8, 2, 19, 1-2; D. 8, 2, 40; D. 10, 1, 4, 10; D. 39, 2, 36. Ulpianus: D. 9, 2, 27, 10; D. 10, 3, 12; D. 39, 2, 28; D. 39, 2, 35; D. 39, 2, 40, 1. Nero 帝以前の法学者のものとしては，Proculus: D. 8, 2, 13 pr-1 および Alfenus: D. 39, 2, 43, 1 がある．
22) Hal 版は Antoniunus et Verus とする．そうであれば，161 年から 169 年の間に出されていることになる．Antoninus et Severus の両名が皇帝であったのは，193 年から 211 年である．他の箇所で，Antoninus と Severus の両名が併記される場合には，Severus, Antoninus の順で記載されている．また，Papirius Iustus が Severus 帝の勅法に言及している例は，ここの他には見出せない．フィレンツェ写本には確かに "Severus" との記載はあるが，以上からすると，テキストに欠損があり，もともとは "Antonius et Verus" であったと解すべきである．

所有者またはその他ここに建設を望む者は，法定の間隔を隣のインスラ（街区）との間においておくことを要する．

　12表法に定められていたambitusは，その後，遵守されなくなり[23]，ポンペイ遺跡やオスティア遺跡では，1つの街区の中の建造物は，ほとんど例外なく隣と接する形で建設されている．ところが，上記の勅法によると，建築にあたって隣のインスラとの間に法定の間隔をあけることが求められており，ambitusがなお生きていると読むことも可能である．

　Möllerは，D. 8, 2, 14を根拠にambitus自体は生きているが，ambitusを当事者の合意で消滅させることができたと考えている[24]．確かに，公法上の制限をこえた建築を可能にすることを内容とする地役権というものはあり得た可能性はある[25]．しかし，ambitusがなおこの時代残っていたとすると，ポンペイ遺跡やオスティア遺跡の状況をいかに説明すればいいか困難が生じる．ポンペイにもオスティアからも，ambitusの存在を推認させるような例は指摘されてはいない．特にオスティアでは共有壁の使用例は減り，独自の壁を双方の建物がそれぞれ有しているが，その壁と壁とはくっついている．建物の建築にあたり，常に隣接する所有者との間でambitusの消滅に関し合意しているとは考えにくい．また，Digesta中に，こうした合意がなされた例はみあたらない．そうであるとすると，D. 8, 2, 14のみを根拠としてambitusがこの時代なお生きていたと考えるのは無理があろう．

　以上からすると，上記勅法に関する伝承には何等かの欠損（例えば否定辞がおとされたなど）があるとするか，あるいはinsulaという単語を「共同住宅」という意味ではなく，「街区」として理解し，隣の街区との間に法定の距離をと

---

23) Rainer (1987a), 78. ただし，D. 8, 2, 14についての言及はない．
24) Möller (2010), 119 n. 322.
25) 例えば，servitus altius tollendiがあげられる．これは，上記の皇帝たちによる高さ制限を超えて建てることを近隣の土地の所有者に認めさせることを内容とするものであったという解釈もあり得よう．

ることを求めていると解すべきであろう．

2. 取り壊しの制限

1. 都　市　法

　地方都市の都市法の中に建築物の取り壊しに関する規定がある[26]．興味深いことに，ほぼ同様の規定が様々な地域や時期の都市法で共有されている[27]．これらの都市法は，あくまでも各都市で適用されたものであるが，ローマの強い影響下でつくられたものであるため，ローマ市内の建築規制の在様を考える素材とすることはできる．

　1894年にイタリア南部のターラント（Taranto）で，都市タレントゥムの都市法（lex municipalis Tarentina または lex municipii Tarentini）を刻んだ銅板が発見された[28]．この銅板は，紀元前89年から紀元前62年につくられたと推定されている[29]．

> Lex Tarent. 9, 4.: Nei quis in oppido quod eius municipi e[r]it aedificium detegito neive dem[olito] neive disturbato, nisei quod non deterius restituturus erit, nisei d[e]s(enatus) s(ententia). sei quis adversus ea faxit, quant[i] id aedificium f[u]erit, tantam pecuni[a]m municipio dare damnas esto, eiusque pecuniae [que]i volet petiti[o] esto. magi(stratus) quei exegerit dimidium in [p]ublicum referto, dimidium in l[u]deis, quos publice in eo magistratu facie[t] consumito, seive ad monumentum suom in

---

26）　Rainer (1991); Simshäuser (1982); Rainer (1987a), 284f.; Höft (1952), 35f.; Voigt (1903), 192ff.

27）　ここでみた都市法のような規制がローマにあったかについては，それを判定する確固たる史料はなく，研究者の間で意見がわかれている．Spitzl (1984), 82; Phillips (1973), 86-87 は，単に地方都市だけのものではなく，ローマでも適用があったとする．これに対し，Mommsen (1855), 373; Simshäuser (1982), 357 n.124 は，否定的である．

28）　FIRA I, 168f. (Nr. 18); Hardy (1911), 102ff.; Simshäuser (1982), 356.

29）　FIRA I, 166f.

publico consumere volet, l[ice]to idque ei s(ine) f(raude) s(ua) facere liceto.

　何人もこの自治市に属する都市内で建物の屋根を取り払ったり，建物の破壊または取り壊しをしてはならない．ただし，以前より悪くならない形で原状に戻す場合，元老院の承認がある場合はこの限りではない．これに反して行動した者は，建物の価格相当額の金銭を自治市に支払う責を負う．何人であれ望む者はこの訴えを提起することができる．この金銭を徴収した政務官は，その半分を公共財産とし，半分を政務官が公に開催する遊戯の場で消費するか，あるいは政務官が公に建築しようとする記念碑のために支出しなければならない．このことについて不正がなされてはならない．

　1870 年頃，スペインの Urso（現在の Osna）で発見された青銅板に，かつてこの地にあった都市の都市法（lex Coloniae Genetivae Iuliae s. Urosnensis）が刻まれていた[30]．この青銅版は，前 44 年につくられたとされている[31]．

　　Lex Ursonensis 75: Ne quis in oppido colon(iae) Iul(iae) aedificium detegito neve demolito neve disturbato, nisi si praedes IIvir(um) arbitratu dederit se re*d*aedificaturum, aut nisi decuriones decreverint, dum ne minus L adsint, cum e(a) r(es) consulatur. Si quis adversus ea fecer*it*, q(uanti) e(a) r(es) e(rit), t(antam) p(ecuniam) c(olonis) c(oloniae) G(enetivae) Iul(iae) d(are) d(amnas) e(sto), eiusq(ue) pecuniae qui volet petitio persecutio(que) ex h(ac) l(ege) esto.

　Iulius 植民市の都市の中で，何人も建物の屋根をはいだり，建物を破壊したり，粉砕してはならない．ただし，二人官の裁定に基づき，建て直すことについての保証人を立てた場合，また 50 人以上が出席する市参事会に諮問し，その許可を得た場合はこの限りでない．これに反した行動をとった者は，相応額の金銭を Iulius 植民市に支払う責を負う．何人であれこの法律に基づき前記金銭を請求することができる．

　スペインの東海岸に位置する Málaga で発見された銅板に，都市マラカ（Malaca）の都市法（Lex Malacitana）が記載されていた[32]．これは後 82 - 後 84 年

---

30)　FIRA 1, 184 (Nr. 21); Hardy (1912), 34; Simshäuser (1982), 356f.
31)　FIRA 1, 184 (Nr. 21).

につくられたものである[33]．その中に下記の条文が存在する[34]．

  Lex Malacitana 62.: Ne quis in oppido municipii Flauii Malacitani quaeque ei oppido continentia aedificia erunt, aedificium detegito destruito demoliundumue curato, nisi [de] decurionum conscriptorumue sententia, cum maior pars eorum adfuerit, quod restitu[*tu*]rus intra proximum annum non erit. Qui aduersus ea fecerit, is quanti e(a) r(es) e(rit), t(antam) p(ecuniam) municipibus municipi Flaui Malacitani d(are) d(amnas) e(sto), eiusque pecuniae deque ea pecunia municipi eius municipii, qui uolet cuique per h(anc) l(egem) lice*b*it, actio petitio persecutio esto.
  Favius Malaca 植民市の都市およびこの都市の近郊で建物がある場所において，これから1年以内に建て直しが行われる予定がないときに，建物の屋根を取り払ったり，建物を破壊したり，取り壊したり，その準備をしてはならない．ただし，過半数の出席する参事会で，参事会員とそこに名を連ねている者たちの承認がある場合はこの限りではない．これに反して行動した者は，相当額の金銭を Flavius Malaca 植民市に支払わねばならない．この金銭についての訴えは，この植民市の市民は誰であれ提起することができる．

 lex Irnitana は，1981年にスペイン南部で発見された．ここにも上記の3つの都市法とほぼ同様の次の規模が存在する[35]．

  Lex Irnitana 62: R. Ne quis aedificia quae restituturus non erit de ... struat, Ne quis in oppido Municipi Flavi Irnitani quae que ei oppido continentia aedificia erunt, aedificium delegito destruito demoliundumve curato nisi *de* decurionum conscriptorumve sententia[m] cum maior pars eorum ad fuerit, quod restiturus intra proximum annum non erit. qui adversus ea fecerit, is quanti ea res erit t(antam)

---

32) Pedro Barceló/Hans Georg Niemeyer, Malaca, in: Neue Pauly, Bd. 7 (1999), 762.
33) Spitzl (1984), 9.
34) FIRA 1, 214 (Nr. 24); Spitzl (1984), 20 ff.
35) Wolf (2011) 88f.; F. Fernández Gómez y M. del Amo y de la Hera, La lex irnitana y su contexto arqueológico, Marchena (1990), 84; Francesca Lamberti, Tabulae Irnitanae, Napoli (1993), 318.

p(ecuniam) Muncibus Municipi Flavi Irnitani decreto decurionum esto.[36] eiusque pecuniae deque ea pecunia Municipi eius Municipi, qui volet cuique per h(anc) l(egem) licebit, actio petitio persecutio esto.

　建て直しを予定していない建物を取り壊してはならないことについて．Flavius Irni 植民市の都市内，または都市の郊外で建物があるところで，これから 1 年以内に建て直す予定がないのであれば，建物を撤去したり，破壊したり，取り壊しの準備をしてはならない．ただし，過半数の出席する参事会で参事会員またはそこに名を連ねている者たちの承認がある場合はこの限りではない．これに反して行動した者は，相当額の金銭を Flavius Irni 植民市の市民に支払わねばならない．この金銭についての，またこの植民市の市民のものとなったこの金銭に関する訴えは，何人であれこの法律に基づき提起することができる．

　以上の 4 つの都市法は，それぞれ細かい相異はあるものの，次の点においては一致している．まず第 1 に，建物の取り壊しは原則禁止とされている．たとえそれが再築を目的とするものであってもこの点にかわりはない．第 2 に，取り壊しが認められるのは，再築を目的としており，かつ事前の許可がある場合に限られる．第 3 に違反者には罰金が課せられるものとなっている．

2．Hosidianum 元老院議決（後 44 年），Volusianum 元老院議決（後 56 年）

エルコラーノで 1600 年頃に発見され，その後失われた青銅板に，後 44 年と後 56 年に出された 2 つの元老院議決が刻まれていた[37]．前者は Hosidianum 元老院議決，後者は Volusianum 元老院議決と呼ばれている[38]．後者は，前者の

---

36)　Wolf は，decreto decurionum esto は，DDESTO と略記されていたものを展開するに際し，dare damnas esto とすべきところを誤ったか，あるいは，esto の前に，dare damnas が入っていたが誤記により欠落したのではないかと考えている．碑文には確かに "decreto decurionum esto" と記載されている．この点は，Gómez (1990), 84 で確認できる．Lamberti (1993), 318 は，decreto decurionum esto を dare damnas esto と修正している．

37)　FIRA, 1, 288; CIL 10, 158.

38)　Bachofen (1848), 185-227; Höft (1952), 34ff.; Phillips (1973); Garnsey (1976),

元老院議決の適用回避に関する特例的措置にかかわるものであるので，ここでは両者をあわせてみていくことにする．

Hosidianum 元老院議決の内容については，3 つの史料がある．第 1 に CIL 10, 1401 におさめられているこの元老院議決そのものである．第 2 に同じく CIL 10, 1401 中にある Volusianum 元老院議決の中で，Hosidianum 元老院議決についても触れた記述がある．第 3 に D. 8, 1, 52 Paul. 54 ad ed. である．長くなるがまずはこの 3 つを以下に引用する[39]．

  Cn. Hosidio Geta, L. Vagellio cos. X k. Octobr. SC. Cum providentia optumi principis tectis quoque urbis nostrae et totius Italiae aeternitati prospexerit, quibus ipse non solum praecepto augustissimo set etiam exsemplo suo prodesset, conveniretq(ue) felicitati saeculi instantis pro portione publicorum operum etiam privatorum cusodi[a] deberentque apstinere se omnes cruentissimo genere negotiationis, ne[que] inimicissimam pace faciem inducere ruinis domum villarumque, placere: si quis negotiandi causa emisset quod aedificium, ut diruendo plus adquireret quam quanti emisset, tum duplam pecuniam, qua mercatus eam rem esset, in aerarium inferri, utiq(ue) de eo nihilo minus ad senatum referretur. Cumque aeque non oportere[t] malo exsemplo vendere quam emer[e, u]t venditores quoque coercerentur, qui scientes dolo malo [co]ntra hanc senatus voluntatem vendidissent, placere: tales venditiones inritas fieri. Ceterum testari senatum, domini[s nihil] constitui, qui rerum suarum possessores futuri aliquas [partes] earum mutaverint, dum non negotiationis causa id factum [sit]. Consuere. In senatu fuerunt CCCLXXXIII.

  Gn. Hosidius Geta と L. Vagellius が執政官の年の[40] 9 月 22 日の元老院議決・至高の元首の先見は，我々の都市とイタリア全体の建物保護を永続的な形で視野に入れており，至尊の規則のみならず自らの模範によっても，元首はその実現を図られておられる．そこで元首は，現代の幸福のために，ある一部に関し，公の工事と私人の工事の規則遵守を要求された．また，何人も，血なまぐさい営利行為を差し控

  133ff. Simshäuser (1982), 357-359; Rainer (1987b); Ussani (1992), 140ff. n. 4.
39) CIL 10, 1401 の訳文の作成にあたっては，Jhonson (1961), 142ff. を参照した．
40) 44 年以後，47 年以前（FIRA, 1, 288 n. 1）．

えねばならないと定めた．ドムスや別荘の取り壊しにより，平和な時代にあって，極めて有害な様相を呈することになってはならない．（したがって）建物を，営利目的で，すなわちこれを取り壊した上で，後で買ったときよりも高く転売するために購入してはならない．この場合，この建物の取引額の2倍の金銭を国庫に支払わねばならない．また必ずこれに関して，元老院に諮問がなされねばならない．また，この元老院議決に反していることを知りつつも故意に売った売主にも制裁が加えられるものとする．すなわち，この売買は無効とする．これとは異なり，自己の物の将来の占有者となりその一部分を改築しようとする所有者について，これが営利目的のためになされていない限りにおいては，何ら定めるものではないと元老院は宣言する．以上のように，383名の出席の下，元老院は議決した．

[*Q.*] Volusio, P. Cornelio cos. VI non. Mart. SC. Quod Q. Volusius, P. Cornelius verba fecerunt de postulatione necessari[*orum*] Alliatoriae Celsil[*l*]ae, q(uid) d(e) e(a) (r)e f(ieri) p(laceret), d(e) (e)a (r)e (i)ta (c)ensuerunt: Cum SC., quod factum est Hosidio Geta et L. Vagellio cos., clarissimis viris, ante d[*iem X.*] k. Oct. auctore divo Claudio, cautum esset, ne quis domum villamve dirueret, qu[*o plus*] sibi adquireret, neve quis negotiandi causa eorum quid emeret venderetve, poenaq(ue) in emptorem, qui adversus is SC. fecisset, consituta esset, [*ut*] qui quid emisset duplum eius quanti emisset in aerarium inferre cogeretur et eius qui vendidisset inrita fieret venditio, de iis autem, qui rerum suarum possessores futuri aliquas partes earum mutassent, dummodo non negotiationis causa mutassent, nihil esset novatum; et necessari Alliatoriae Celsil[*l*]ae, uxoris Atilii Luperci ornatissimi viri, exposuissent huic ordini, patrem eius Alliatorium Celsum emisse fundos cum aedificis in regione Mutinensi, qui vocarentur campi Marci, in quibus locis mercatus a[*g*]i superioribus solitus esset temporibus, iam per aliquod annos desisset haberi, eaque aedificia longa vetustate dilaberentur neque refecta usui essent futura, quia neque habitaret in iis quisquam nec vellet in deserta [*a*]c ruentia commigrare: ne quid fraudi multae poenaeq(ue) esset Celsil[*l*]ae, si ea aedificia, de quibus in hoc ordine actum esset, aut demolita fuissent, aut ea condi[*c*]ione sive per se sive cum agris vendidisset, ut emptori sine fraude sua ea destruere tollereque liceret; in futurum autem admonendos ceteros esse, ut apstinerent se a tam foedo genere negotiation[*is*], hoc praecipve saeculo, quo excitari nova et ornari universa, quibus felicitas orbis terrarum splenderet, magis conveniret, quam ruinis aedificiorum ullam formam deform[*ari*] Italiae et adhuc retinere priorum tempolum [*incuriam quae universa affecisset*], ita ut diceretur senectute ac tum[ulo iam rem Romanam perire]. Censuere. In senatu [fuerunt . . .]

　Q. Volusius と P. Corenelius が執政官の年（後56年）の3月2日．Q. Volusius と P. Cornelius が，Alliatoria Celsilla の親戚たちの申立に関し，いかなる行動を善しとすべきかについて提議し，元老院は以下のように議決する．Hosidius Geta と L. Vagellius という傑出した人物が執政官の年の9月22日に，神皇 Claudius の承認の下で元老院は次のように定めた．ドムスまたは別荘をより高く（売って）利益を得るために壊してはならない，営利目的でドムスや別荘を購入し売ってはならないと．この元老院議決に反した行動をとった買主に対する制裁として，購入金額の2倍額を国庫に支払うよう強制されるべきものとする．また売主への制裁として，売却は無効となるものとする．しかし，こうした物の将来の占有者でその一部分を変更する者に関しては，これが営利のためになされたものでないならば，何らの変更も加えるものではない．

　尊敬すべき Atilius Lupercus の妻，Alliatoria Celsilla の親族たちが，元老院に諮問した．彼女の父である Alliatorius Celsus が，Mutina の Marcus 広場と呼ばれる区画にある，建物と一緒になっている土地を購入した．はるか以前にはこの場所で市が開かれていたが，既に何年も前にこれは行われなくなっていた．建物は老朽化により倒壊しようとしており，利用するための修繕も行われようとはしていなかった．なぜなら，ここには誰も住んでおらず，見捨てられた廃墟に移住しようとは誰も望まなかったからである．当元老院で問題となっている建物を Celsilla が取り壊したとしても，Celsilla が違法行為をし，多額の罰金を科せられることはない．あるいは，買主が違法行為を問題にされることなくこれを破壊したり取り壊すことが許されるという状況の下で，建物を単独で，または農地付きで売却することができる．しかし，今後については他の者たちはこのように卑しい種類の取引を差し控えるべきと認識しておかねばならない．とりわけ，新奇なものがもてはやされ，あらゆるものが飾り立てられ，これを通じて世界の幸福が輝いている今日にあっては，建物の倒壊によりイタリアの形が損なわれるよりむしろこの種の取引を取り締まるべきである．またさらに以前の時代にあってあらゆるものに影響を与えていた質実さを保持しなければならない．さもなければ，いわば，ローマという国は老衰により滅び，葬られることになりかねない．以上のように……名の元老院議員の出席の下，議決する．

　D. 18, 1, 52 Paul. 54 ad ed.: Senatus censuit, ne quis domum villamve dirueret, quo plus sibi adquireretur neve quis negotiandi causa eorum quid emeret venderetve: poena in eum, qui adversus senatus consultum fecisset, constituta est, ut duplum eius quanti emisset in aerarium inferre cogeretur, in eum vero, qui vendidisset, ut irrita fieret venditio. plane si mihi pretium solveris, cum tu duplum aerario debeas, repetes a me: quod a mea parte irrita facta est venditio. nec solum huic senatus consulto locus erit, si quis suam villam vel domum, sed et si alienam vendiderit.

　元老院は，ドムスまたは別荘をより高く転売するために破壊してはならず，またこうしたドムスや別荘を営利目的で購入し売ってはならないと議決した．この元老院議決に反した行動をとった者に対する制裁として，購入金額の 2 倍額を国庫に収めるよう強制されるべきものとされた．他方，売った者に対しては，売買が無効とされるという制裁が科せられる．もちろん君が国庫に 2 倍額を支払わねばならない場合において，君が私に代金を支払っていたならば，君は私からこれを取り戻す．なぜなら，私の側からすると，この売買は無効となったのだから．この元老院議決は，ある者が自己の別荘またはドムスを売った場合のみならず，他人の別荘またはドムスを売却した場合にも適用される．

　この元老院議決がそもそも禁止しているのは，取り壊した上で転売して，利益を得る目的でなされるドムスまたは別荘の売買である．すなわち，A から B へのドムスまたは別荘の売却にあって，B がこれを取り壊し，そしてその資材と土地とを[41] 売却することで利益を得ようとしていたならば，この売買は禁止される．禁止に違反した者に対する制裁は 2 つある．第 1 に，購入者は購入金額の 2 倍額の罰金を国庫に収めねばならない．第 2 に，この売買そのものが無効となる[42]．

　Hosidianum 元老院議決の文言からすると，上記のような要件と効果となるが，Volusianum 元老院議決の中に引用されている Hosidianum 元老院議決の要約，および D. 18, 1, 52 によると，若干，その適用範囲が拡大している．すなわち，この両者は，全く同じ文言でもって，「ドムスまたは別荘をより多く（売って）利益を得るために壊してはならない，また営利目的でドムスや別荘を

---

41) 3 史料のいずれも，何を転売するのかは明示していない．Rainer (1987b), 31; Höft (1952), 40 は資材のみが転売されると考えるが，土地もまた転売対象となっているとみる方が自然であろう．

42) この点についての詳細は Rainer (1987b), 32 をみよ．

購入し売ってはならない」とある．前半は，Hosidianum 元老院議決にあるのと同じであるが，後半はそこには見出せない．すなわち，後半部分では，取り壊し目的がなくとも，単なる転売目的でなされるドムスや別荘の売買も禁止されるとある．無論，碑文に刻む際の欠損や碑文の記載内容の伝承過程[43]ということも全く考えられないわけではないものの，適用範囲の拡大があるとみる方が自然であろう．

3. Volusianum 元老院議決（56 年）

続いて，Volusianum 元老院議決をみていくことにする[44]．これは，Hosidianum 元老院議決の適用が問題になった 1 つのケースに関して下された元老院議決である．このケースは，イタリア北部の都市 Mutina で生じたものであるが，この元老院を刻んだ青銅版はエルコラーノで発見されている．

ことの発端は，Alliatoria Celsilla という女性が元老院に諮問したことにある．Celsilla の父は，以前に Mutina の Marcus 広場の中にある土地・建物を購入した．この場所では以前は市が開かれていたが，それがなくなったことにより，この建物も用いられなくなり，老朽化し，修繕も行われていなかった．おそらくは相続によりこの土地・建物を取得した Celsilla は，この建物を取り壊した上で売却したいと考えていた．ところが，仮に Celsilla がこれを実行するならば，Celsilla の父の行為と Celsilla 自身の行為とを同一人格による行為と捉えることにより，Hosidianum 元老院議決の禁止する売買に該当する可能性が出てくる．すなわち，この父＝娘は，購入した建物を取り壊し，そして売却したことになる．より高く売れるかどうか[45]，また営利目的があったといえるかど

---

43) 前述のように，この碑文は 1600 年頃に発見されその後，失われている．
44) 文献については，本章注 38) 参照．
45) Rainer は，Volusianum 元老院議決では，高く売ったという点についての言及がないことから，この要件を緩め，これにより Hosidianum 元老院議決の適用範囲を拡大させていると解する．しかし，この言及の不在は，Hosidianum 元老院議決を，元老院が，結果的に高く売れ，利得を得たかどうかというよりも，つまり利益を図るために土地を転がすような行為をしようとすることを否定的に捉えていることを

うかは即座に肯定できるわけではないものの，Hosidianum 元老院議決の適用を怖れるには十分な状況といえよう．

元老院は Celsilla の申し出に基づき審議を行い，結果的に，Celsilla は，取り壊しをしてもよいし[46]，また転売してもよいとする．しかし，Celsilla の行為は「卑しい種類の取引」にあたり得るという点を否定してはいない．元老院は，こうした建物を転売するような行為に対する否定的態度を末尾に明確に記している．

4. Vespasianus 帝の勅法

222 年に Alexander 帝の出した勅法（C. 8, 10, 2）によると[47]，Vespasianus 帝は，元老院とともに，営利目的でもって，建物を破壊すること，大理石を取り去ることを禁止している．

5. Acillianum 元老院議決（後 122 年）および Hadrianus 帝の勅法

> D. 30, 41, 1 Ulp. 21 ad Sab.: Sed ea quae aedibus iuncta sunt legari non possunt, quia haec legari non posse senatus censuit Aviola et Pansa consulibus.
>
> しかし，建物に固着している物を遺贈することはできない．なぜなら，こうした物の遺贈ができないことを Aviola と Pansa の年に元老院が議決しているから．

ここでいう Aviola と Pansa は，後 122 年の執政官である Manius Acilius Aviola と Lucius Corellius Neratius Pansa のことを指しており，1 人目の氏族名から通例，Acilianum 元老院議決と呼ばれている[48]．後 122 年は Hadrianus

---

示しているとみるべきではないだろうか．

46) Hosidianum 元老院議決は，購入した建物の取り壊しそのものを禁止するものではない．取り壊しをしてもよいという判断は，したがって，この元老院議決の適用として出てくるものではない．おそらくは，元老院は，建物の取り壊しについての事前許可を行う権限もあったのであろう．

47) 後述第 10 章第 2 節 7 参照．

48) この元老院議決については，Höft (1952), 48ff.; Bachofen (1848), 203ff.; Simshäuser (1982), 358 を参照．

帝の治世下となる．

上記法文は，遺贈の対象となり得る物は何かを論じる文脈の中にある．Ulpianus は，まず有体物や地役権などの権利を遺贈することができると述べた上で (D. 30, 41 pr)，建物に固着している物について取り上げ，こうした物の遺贈は元老院議決が禁止しているとする．Ulpianus は，次の段落でさらに続けて，仮にその後，こうした物が取り外されたとしても，この遺贈が有効になることはないとする (D. 30, 41, 2)．

建物の取り壊しに関係する Hadrianus 帝の勅法は，次の史料の中にも伝わっている．

> Historia Augusta, Had. 18, 2: Constituit inter cetera, ut in nulla civitate domus aliqua transferendae ad aliam urbem vilis materiae causa dirueretur.
> 彼はとりわけ次のようなことを定めた．どこの都市にあっても，ドムスを，別の都市に移築することで資材を安くすませるために破壊してはならない．

この勅法もまた[49]，上記の元老院議決と同様，建物からの資材の取り外しを禁止するものである．この立法を上記の元老院議決の一部であるとみる見解もあるが[50]，両者は内容的に異っており，そのようにみなければならない理由はない．

6. Severus 帝の指令

> D. 30, 41, 3 Ulp. 21 ad Sab.: Item quaeri potest, si quis binas aedes habens alteras legaverit et ex alteris aliquid iunctum ei cui aedes legavit, an legatum valebit? movet quaestionem, quod ex senatus consulto et constitutionibus licet nobis ab aedibus nostris in alias aedes transferre possessoribus earum futuris, id est non distracturis: et ita imperator noster et divus Severus rescripserunt. numquid ergo et legari possit ei, cui aliam domum legem? sed negandum erit, quia cui legatum est non est

---

49) Höft (1952), 51f.; Bachofen (1848), 205ff.; Simshäuser (1982), 358, n. 129.
50) Bachofen (1848), 205 は，H.A. が伝える Hadrianus 帝による勅法は SC. Acilianum の一部であるとする．

possessor futurus.

　ある者が双子の建物を有しており，その一方の建物を遺贈した．また，もう一方の建物からはみだしてこの建物に固着しているものも遺贈した．この遺贈は有効なのだろうか．次のような疑問がわく．すなわち元老院議決と，我らの勅法に基づき，我々は，我々がこうした物，すなわち分離していない物の将来の占有者であるとして，我々の建物から別の建物へと（遺贈された物を）移動させることは許されないのではないかと．我らの皇帝と神皇 Severus は次のような指令を出した．「一方のドムスを私が遺贈した相手に，さらに（固着している物も）遺贈することはできるのだろうか．これは否定されるべきである．なぜなら，受遺者はその物についての将来の占有者ではないのだから．」

　まずはここに出てくる指令（rescrpitio）がいつの時点でだされたものであるかみておく．法文中の「我々の皇帝」が Caracalla 帝であることに疑いはない．同帝と Severus 帝の共同統治は，198 年から 211 年であるので，とりあえずこの間にこの指令は出ているということになろう[51]．

　次に事実関係をみていこう．A は双子の建物を有している．これは，機能上は 2 つの物件を構成しているものの，物理的にそれぞれ独立しているのではなく，相互に結合している建物である．この建物の一方（以下，建物 X）を A は B に遺贈した．他の一方（以下，建物 Y）を C が相続した（あるいは遺贈を受けた）．この建物 X から，建物 Y 上にせりだし，ここに固着する形でつくられている構造物（例えば，小部屋や柱廊など[52]）があった[53]．おそらく建物 X と機能上一体をなすものであったこの構造物も，A は B に遺贈した．建物 X 自体の遺贈の有効性については疑問の余地はない．ここで問題となっているのは，上

---

51) ただし，211 年以後も両帝の名前ででている勅法がある．C. 3, 32, 2; C. 4, 5, 1; C. 5, 23, 1 をみよ．
52) この例については，D. 39, 2, 47 Ner. 6 membr. をみよ．
53) ラテン語としては，建物 Y から建物 X にせり出す形で構造物があると読むこともできる．しかしそうであるとすると，そもそも建物 X 上にある構造物をどうして建物 Y へと移動する必要があるのかうまく説明することができなくなる．また本法文後半に引用されている Severus 帝の指令と整合的な形で解釈することもできなくなる．

記の構造物の遺贈が有効であるか否かである．

　前述のように，Alliananum 元老院議決は，文字通り建物の一部についての遺贈を禁止している．したがって D. 30, 41, 3 の「元老院議決」はこの元老院議決のことを指していると考えることができる．他方，「勅法」は，建物の一部の取り外しを禁止する上記の Vespasianus や Hadrianus の勅法のことを指していると理解できよう[54]．こうした先行の立法において既に，建物の一部の取り外しが認められないこと，また建物の一部を対象とする遺贈が無効であることが定められている以上，Severus 帝の指令は，先行するこれらの立法を確認したにすぎないということができる．

7. Alexander 帝の勅法

　建物の取り壊しに関しては，Alexander 帝（在位 222-235 年）の次の 2 つの勅法も伝わっている[55]．

---

[54] 「将来の占有者」とはある種の潜在的な占有者のことを意味している．この点については，次の勅法をみよ．この勅法についての詳細は，Meinche (1971), 154ff. をみよ．

　　C. 3, 32, 2 Sev./Ant. AA. Aristaeneto.: (pr) Si inferiorem partem aedificii, quae solum contingit, ad te pertinere probare potes, eam, quam vicinus imposuit, accessisse dominio tuo non ambigitur. (1) Sed et id, quod in solo tuo aedificatum est, quoad in eadem causa manet, iure ad te pertinet. si vero fuerit dissolutum, materia eius ad pristinum dominium redit, sive bona fide sive mala fide aedificium extructum sit, si non donandi animo aedificia alieno solo imposita sint. <a. 213 pp. XII k. Nov. Antonino A. IIII et Balbino conss.>「建物の下の，土地に接している部分が君に帰属していることを君が証明できるならば，隣人が上にのせかけた部分は，君の所有物に付加されたものとなっていることについては何等疑いを残さない．(1) 君の土地の中に建てられたものは，同じ状況にとどまっている限りは，権利関係上は君に帰属する．しかし，これが分離するならば，その資材はもともとの所有者にもどる．建物が善意で分解されたのであれ悪意によるのであれかわりはない．ただし贈与する意思の下で建物が他人の土地に設置された場合はこの限りではない．」

[55] Höft (1952), 55.

C. 8, 10, 2 Alex. A. Diogeni.: Negotiandi causa aedificia demoliri et marmora detrahere edicto divi Vespasiani et senatus consulto vetitum est. ceterum de alia domo in aliam transferre quaedam licere exceptum est: sed nec dominis ita transferre licet, ut integris aedificiis depositis publicus deformetur adspectus. <a. 222 pp. XI k. Ian. Alexandro A. cons.>

営利取引を目的とする場合，建物を破壊し，大理石を取り去ることは，神皇 Vespasianus の告示と元老院議決により禁止されている．しかしそうではない場合には，あるドムスから別のドムスへと構造物を移動することは許されている．しかし所有者は，無傷の建物の撤去により，公共の概観を損なってはならない．

C. 8, 10, 2 では[56]，まずは，Hosidianum 元老院議決以来の取り壊しの禁止の原則の存在が確認されている．しかし，この禁止の目的が営利目的でなされる行為の禁止にあることが強調され，建物所有者が自己の建物から取り外した構造物を別の自己の建物へと移築する場合にはこの原則の適用はないとされている．しかし，その場合であっても，公共の外観を損なうことは許されないとある．

C. 8, 10, 3 Alex. A. Apro evocato.: An in totum ex ruina domus licuerit non eandem faciem in civitate restituere, sed in hortum convertere, et an hoc consensu tunc magistratuum non prohibentium, item vicinorum factum sit, praeses, probatis his quae in oppido frequenter in eodem genere controversiarum servata sunt, causa cognita statuet. <a. 224 pp. Vii k. April. Iuliano et Crispino conss.>

都市内では，ドムスの取り壊しの後完全に同じではない形状に戻すことは許されていないのか，それとも庭園にかえることは許されているのか．あるいは，政務官も隣人たちも禁止しないとき，これらの人々の同意に基づきこうした工事をすることは可能なのか．属州総督は，その都市でこの種の紛争において遵守されているところに従い事情を取り調べた上で決定しなければならない．

この勅法は，属州総督からの質問に答える形で皇帝が出した指令であり，こ

---

56) Simshäuser (1982), 358f.; Höft (1952), 55.

第 10 章　公法上の規制　185

の指令そのものはローマ市内での適用を目したものではない．しかし，質問や指令の背景にはローマ市内の法が反映しているとみてよいだろう．すなわち，この指令より，建物の改築にあってはもともとの状態に戻すことが望ましいこと，また変更を加える場合には，隣人たちと政務官の同意が必要であること，さらに紛争解決にあたっては慣習を重要視すべきことがローマ法では要請されていたとみることができよう．

3.　建て直しの強制

次に，建物の建て直しや修繕に関する規制をみていくことにする．

1.　Vespasianus 帝

> Suet. Vesp. 8, 5: Deformis urbs veteribus incendiis ac ruinis erat; vacuas areas occupare et aedificare, si possessores cessarent, cuicumque permisit. [...]
> ローマ市は，かつての火事と倒壊とにより醜悪なものとなっていた．占有者が何もしない場合には，誰でもが空き地を先占し建ててよいと彼は許可した．……

これは[57]，64 年のネロ帝下の火事の後，建物が再建されることなく空き地になっている土地について，Vespasianus 帝が出したものである．上記法文にあるように，同帝は，こうした土地に何人でも建築することを許可している．このような許可に基づき建築がなされた場合，あとで権利関係をめぐる紛争が生じたのではないかと想像されるところであるが，Digesta 中にそうした争いについての記述は見出せない．

2.　Hadrianus 帝

Hadrianus がストラトニケーア市に対して発した書簡が碑文を通じて伝わっている[58]．

---

57)　Höft (1952), 49; Voigt (1903), 197-198; Bachofen (1848), 222-223.
58)　FIRA 1, 431ff. (Nr. 80). Dittenberger, Sylloge Inscriptionum Graecarum II, Leipzig

Imperator Caesar divi Traiani Parthici filius, divi Nevae nepos, Traianus Hadrianus Augustus, pontifex maximus, tribuniciae potestatis XI, consul III, magistratibus et ordini et populo Stratonicensium Hadrianopolitarum salutem. Iusta petere mihi videmini et necessaria nuper natae civitati. Vectigalia igitur quae ex territorio exiguntur dono vobis, et domum Tib. Claudii Socratis, quae est in urbe, vel instauret Socrates vel vendat cuipiam indigenarum, ne vetustate et incuria ruat. Haec per litteras mandavi et optimo proconsuli Stertinio Quarto et procuratori meo Pompeio Severo. Legatus venit Cl. Candidus, cui viaticum soluatur, nisi gratis munus sustineat. Valete. Kalendis Martiis, a Roma. Cl. Candidus tradidi epistulam Lollio Rustico archonti pridie id. Mai . in concilio.

　Traianus Hadrianus Augustus――パルティアの勝利者なる神皇 Traianus の息子, 神皇 Nerva の孫, 最高神官, 11 回にわたる護民官職権保持者, 3 回にわたる執政官――は, ストラトニケーア, 別名ハドリアノポリスの政務官と, 参事会と国民に書をいたす. 汝らの求めは, 新たに生まれた都市にとって正当なことであり, また必要なことであると認める. この領域から徴収された税を汝らに贈与する. また, 都市の中の Claudius Socrates の邸宅は, Socrates 自身が修理するか, 当地の住民に売却し, 老朽化と放置とにより倒壊することがないようにしなければならない. この書簡により, 総督の Stertinius Quartus と, 私の代理人である Pompeius Severus に委任する. Cl. Candidus を使者として遣す. この者に旅費を支給すること. ただしこの者が無償で役目を引き受ける場合はこの限りでない. 汝らの繁栄を祈念しつつ. 3 月 1 日, ローマで記す. 5 月 14 日, Cl. Candidus がアルコン職にある Lollius Rusticus に対し民衆集会にて交付する.

　この書簡は[59], ストラトニケーア市からの質問に答える形で出されたものである. そこで新たな税金の徴収の許可とあわせ, Socrates なる者の邸宅に関する皇帝の意向が示されている. 皇帝は, この邸宅の所有者にまずは修理させ, それをしない場合には, 売却すべきとする. この書簡の名宛人はこの建物の所有者ではなくストラトニケーア市の参事会と政務官である. したがって, 市に対し, この所有者に修理と売却を促すべきとしていることになる.

　次の Codex 文の中に, 建物の再築に関する Hadrainus 帝の告示についての

　　1917, 551-552.
59)　Simshäuser (1982), 359.

言及がある．この告示の詳細はここからはわからないが，上記のストラトニケーア市への書簡と関連がある可能性はある[60]．

    C. 8, 10, 5 Diocl./Maxim. AA. Octavio.: Si is, contra quem precem fundis, sciens prudensque soli partem ad te pertinere, non quasi socius vel collega communis operis sollicitudine solidam balneorum extructionem ea mente, ut sumptus pro portione tua reciperet, adgressus est, sed totius loci dominium usurpare et collapsum balneum refabricare enisus est, cum aedificia quae alieno loco imponuntur solo cedant nec impensae his qui improbe id fecerint restitui debeant, antiquato divi Hadriani edicto praeses provinciae memor iuris publici in dirimenda disceptatione legum placita custodiet. <a. 290 pp. VI non. Oct. ipsis IIII et III AA. conss.>

    君から（地所を）懇願的借用をしている者が，土地の一部が君に帰属することを知りながら，共有者として，あるいは共通の工事を施工する仲間として，浴場全体の建設に費用を君の持ち分に応じた形で（君から）取得するという意思の下で取り掛かるのではなく，この地所全体の所有権を使用取得しようとする意図の下，こわれた浴場の再建を企図した．他人の地所に設置された建物は土地に従うことになり，不適法に支出した費用の取り戻しは認められないのであるから，神皇 Hadianus の告示に基づき，属州総督は，公の法を念頭におきつつ，紛争関係にあたり法律の定めを遵守しなければならない．290 年 10 月 2 日．Diocletianus が 4 度目，Maximianus が 3 度目の執政官のとき．

3. Marcus Aurelius Antoninus 帝

建物修復のための費用の特別扱いに関し，Marcus Aurelius Antoninus 帝の下の元老院議決と帝の告示が伝わっている[61]．

    D. 42, 5, 24, 1 Ulp. 63 ad ed.: Divus Marcus ita edixit: "creditor, qui ob restitutionem aedificiorum crediderit, in pecunia, quae credita erit, privilegium

---

60) Voigt (1903), 198 は，Vespasianus の告示が Hadrianus によって帝国全体に拡大されたとみる．Höft (1952), 49 も同様である．
61) この問題に関する文献は，Nörr (2008), 136 n. 136 をみよ．

exigendi habebit". quod ad eum quoque pertinet, qui redemptori domino mandante pecuniam subministravit.

「建物の修復のために貸し付けた債権者は，貸し付けた金銭に対し優先的に徴収する特権を有するものとする」と神皇 Marcus は告示した．これは，所有者の委任に基づいて工事請負人に金銭を提供した者にも適用される．

D. 20, 2, 1 Pap. 10 resp.: Senatus consulto quod sub Marco imperatore factum est pignus insulae creditori datum, qui pecuniam ob restitutionem aedificii exstruendi mutuam dedit, ad eum quoque pertinebit, qui redemptori domino mandante nummos ministravit.

Marcus 帝の下で可決された元老院議決に基づき，建物建築の修復のために金銭を貸し付けた債権者に，インスラの質権が与えられる．また，工事請負人に所有者の委任に基づき金銭を提供した者にも質権が帰属する．

　Marcus Aurelius Antoninus 帝が発した告示は，建物修復のために所有者に金銭を貸し付けた者は，その債権を優先的に回収する特権（privilegium exigendi）を有するという．また，所有者の委任に基づき工事請負人に金銭を支払った者も同様であるという．Papinianus が伝える，同帝の下で制定された元老院議決も同趣旨の内容を定めているが[62]，ここでは，建築物であるインスラに対して債権者が質権を有するとされている．

　告示の中に出てくる優先的回収の特権（privilegium exigendi）という表現は，ここの他，D. 43, 3, 1[63]，D. 12, 1, 25[64]，D. 17, 2, 52, 10[65] にも出てくる．いずれ

---

62) Ussani (1992), 146 は，D. 20, 2, 1 と D. 17, 2, 52, 10 に出てくる SC は同じものであるとする．後者については，すぐ下をみよ．さらに，D. 42, 5, 24, 1 に示されている告示を確認・補足したものである可能性は排除できないと Ussani はいう．

63) D. 42, 3, 1 Ulp. 17 ad ed.: Creditori, qui ob restitutionem aedificiorum crediderit, privilegium exigendi datur.「建物の修復のために金銭を貸し付けた債権者には，優先的回収の特権が与えられる．」

64) D. 12, 1, 25 Ulp. l. s. de off. Consul.: Creditor, qui ob restitutionem aedificiorum crediderit in pecuniam quam crediderit privilegium exigendi habebit.「建物の修復のために貸し付けた債権者は，貸し付けた金銭に対し，優先的回収の特権を有する．」

65) D. 17, 2, 52, 10 Ulp. 31 ad ed.: Idem respondit: socius, qui cessantis cessantiumve portiones insulae restituerit, quamvis aut sortem cum certis usuris intra quattuor

も建物修理のための金銭貸し付けの文脈においてである．おそらくは，この意味するところは，Papinianus 文が伝える元老院議決のように，債権者に質権が与えられるということであろう[66]．

---

  menses, postquam opus refectum erit, recipere potest exigendoque privilegio utetur aut deinceps propriam rem habebit, potest tamen pro socio agere ad hoc, ut consequatur quod sua intererat. finge enim malle eum magis suum consequi quam dominium insulae. oratio enim divi Marci idcirco quattuor mensibus finit certas usuras, quia post quattuor dominium dedit.「同人は次のように解答した．（修理を）怠っている組合員のために，またはその組合員の持分（たる建物）を，別の組合員が建て直した．工事完了後，この組合員は優先的回収の特権を行使して一定額の利息とともに元本を 4 か月の間に受領するか，あるいはそれにかえて（他の組合員の建物を）自らの所有物としてもつことができるにしても組合員訴権（actio pro socio）でもって，自分の利害関係分を取得することもできる．なぜなら，インスラの所有権よりもむしろ自分のものを取得することを望むのだから．神皇 Marcus の宣示は，一定額の利息は，4 か月後には所有権を与えるので，4 か月までとすると定めている．」

[66] この問題については，Kaser, RPI, 466 をみよ．
  次の勅法にでてくる「古からの定め」もまた質権付与を内容とするものと理解することが可能であろう．
  C. 8, 10, 4 Philipp. A. et Philipp. C. Victori.: Si, ut proponis, socius aedificii ad refectionem eius sumptus conferre detractat, non necessarie extra ordinem tibi subveniri desideras. etenim si solus aedificaveris nec intra quattuor mensuum tempora cum centesimis nummus pro portione socii erogatus restitutus fuerit vel, quominus id fieret, per socium id stetisse constiterit, ius dominii pro solido vindicare vel obtinere iuxta placitum antiquitus poteris. <a. 245 pp. IIII k. April. Philippo A. et Titiano conss.>「君が申し立てているように，建物の 1 人の共有者がその修繕のために費用を拠出することを拒絶した．この場合，君を救済するために君が特別審理手続を求める必要はない．なぜなら，君 1 人で建築を行うならば，4 か月内は，君が 1 人で建築を行い，共有者が 4 か月以内に月 1 パーセントの利息を付して共有者の持ち分に応じた形で支出費用を返還しようとしないならば，あるいは，これがなされないことについて共有者に責任があるとの認定がなされるならば，君は，古からの定めに従い，所有者の権利を全体について返還請求するか，保持することができる．245 年，4 月 1 日の 4 日前（3 月 29 日），Philippus A と Titianus が執政官のときに．」

公的資金が建物の修理に貸し付けられた場合にも[67]，同様の扱いがなされる．すなわち，債務を所有者が弁済しない場合，建物を差し押さえ，売却することができる[68]．

4. ま と め

1. 都市法とローマ市内の法との同一性

建築規制に関する法史料中の伝承は少ない．これについては文学作品や碑文等の方からむしろ多くの情報を得ることができる．なかでも青銅版という形で出土した地方都市の都市法の中には建築規制についての明文の規定が存在した．

都市法の情報をそのままローマ市内にあてはめることができるならば[69]，我々はローマ市内の建築規制についての具体像を描きやすいのであるが，残念ながら，都市法として伝わる建築規制と，ローマ市内の建築規制についての断片的情報をうまく調和させることはできない．都市法では，事前の（元老院，参事会，二人官等の）許可のない建て直しは一般的に禁止されている．またこの許可は，元通りに建て直すときに限定されている．したがって，都市内の土地利用は非常に制限されていたとみることができる．これに対し，ローマでは，Hosidianum 元老院議決や Volusianum 元老院議決により建物の取り壊しに制

---

67) D. 1, 18, 7 Ulp. 3 opin.: Praeses provinciae inspectis aedificiis dominos eorum causa cognita reficere ea compellat et adversus detractantem competenti remedio deformitati auxilium ferat.「属州総督は，建物の検査を行い，その所有者に事情審査の上で修繕を強制する．これを拒絶する者に対しては，形状の崩れに対応するに適した対策をとるために援助を行う．」

68) D. 39, 2, 46, 1 Paul. 1 sent.: Domum sumptu publico exstructam, si dominus ad tempus pecuniam impensam cum usuris restituere noluerit, iure eam res publica distrahit.「ドムスが公的資金により建築された場合にあって，もし所有者が特定の期日までに利息を付して費用を返還しようとしないならば，国は，この物を適法に売却できる．」

69) 先行研究については本章注 27) をみよ．

限がかけられているものの，これは，転売目的での取り壊しを禁止しているにすぎず，建て直し一般を禁止しているわけではない．このようにみてみると，都市法における規制と同様のものがローマ市内にもあったと速断するこはできない．

2. 建築規制の法形式

StrabonやSuetoniusが伝えるように，既にAugustus帝は建築規制を行っている．この規制が戸口総監による父祖の遺風 (mos maiorum) の遵守の監督と結びついている可能性はあるだろう[70]．

周知の通り，元首政期に入ると，まずは元老院が立法を担うようになり，その後，皇帝の勅法がこれにかわるようになる．建築規制にかかわる諸立法もこの流れの中にある．すなわち1世紀には，Hosidianum元老院議決やVolusianum元老院議決があるが，その後は皇帝の指令や告示という形で建築規制は定められている．

3. 建築規制の内容

建築規制についての情報は断片的にしか伝わっていないため，その内容や効果を明確に記述することはできない．ここでは，本章でみてきた範囲で確認される建築規制の内容を以下，列挙しておくにとどめたい．

a) 建物の建物の高さは制限されていた．しかし，その具体的数値は史料上確定できない．
b) 12表法では，隣地との境界線から一定の距離をとることが求められていたが，古典期にあってはこの規制は少なくとも実効性ある形では存在していない．
c) 共有壁の使用は，おそらく禁止されていた．

---

70) Simshäuser (1982), 336ff. Augutstusがcensor職についていたことについては，柴田(1968), 78 n. 18をみよ．

d) 土地・建物を転売する目的で建物を取り壊してはならない．また資材の転売のため建物の一部を取り壊すことも許されない．
e) 空き地や損壊した建物を修復・再築しないまま放置してはならない．

4. 建築規制の遵守を求める手続

Volusianum 元老院議決は，Hosidianum 元老院議決の適用の可否が問題となる事案にあって，建物所有者の事前の問い合わせに応じる形で議決されたものである．ここから，この時点にあって元老院が建築規制の事前審査をしていた可能性を指摘することができる．また，Alexander 帝の勅法 (C. 8, 10, 3) から，ドムスを庭園につくりかえるにあたり，近隣住民の同意とあわせ，政務官による同意を必要であったことを窺い知ることができる．以上の史料を総合的にみると，はっきりとした証拠はないものの，建築開始にあたり，当初は元老院，その後は皇帝（またはその官吏）の許可が必要とされていたとみることができよう．

上記の許可を得ることなく建築が開始された場合や，建築規制に反した工事が開始された場合，近隣の土地所有者は，公法遵守のための新工事通告により建築を差し止めることができたと考えられる[71]．

---

71) 前述第3章第1節4参照．元来，このタイプの新工事禁止通告は，公有地内での工事の差し止めのための制度であったが，後に私有地内での公法規制に反する建築の差し止めのためにも用いられるようになった．この点について，詳しくは Rainer (1987), 224 をみよ．

第 11 章
第Ⅰ部小括

1. 訴権・特示命令の整理

　第Ⅰ部では，建物所有者の保護にかかわる訴権・特示命令をみてきた．ここでこれらを整理しておくことにしたい．

1. 権利帰属をめぐる紛争

1) 所　有　権
　所有者保護の中心は，所有権の帰属をめぐる争いが生じた場合にこの争いを解消し，権利の行使ができなくなっている所有者に権利の回復を実現することにある．このための法手段が所有物返還請求訴権（rei vindicatio）である．
　この訴権にあっては，自らに所有権が帰属していることを原告が証明しなければならない．ローマ市内に登記制度はなく，また境界標などその他所有権を証明する制度もないことに加え，火事等の災害により権利関係が不明になることもあった．そうであるとすると，多くの場合，原告の役割を与えられた当事者が不利な立場にたたされる．そのため，上記の訴権にあっていずれが原告となりいずれが被告となるかは実質的には結論を左右する重要性があった．そこで，uti possidetis 特示命令が活用され，当事者の内，相互の関係において瑕疵のない占有を有している者が占有者とされ，所有物返還請求訴権における被告の役割を割り振られた．これは所有権をめぐる争いが発生し，相互に侵奪が行われたか，あるいは企図された場合にあって，紛争開始の前段階にまで一旦状

況を戻し，その状況と権利関係とが一致しないと主張する当事者に原告の役割を割り振り，挙証責任を負わせることを意味する．

所有物返還請求訴権をはじめとする対物訴権にあっては，被告に応訴義務はない．そこで被告を法廷に呼び寄せるめの手段として quem fundum 特示命令がある．この特示命令により，応訴しない被告から占有が取り上げられる．

2) 地 役 権

地役権が争われた場合も，所有権に関する紛争と同様の手続が用意されている．すなわち権利帰属に関しては地役権の返還請求訴権（vindicatio）により解決される．

いずれが原告・被告となるかについては，基本的に現状（status quo）に従って判断される．すなわち，現状と地役権をめぐる関係が一致していないと主張する当事者が原告の役割を担う．この役割を割り振るための特別の特示命令は存在しない．しかし，quod vi aut clam 特示命令により，暴力（vis）または隠秘（clam）による工事は取り壊しを求めることができる．ここでいう暴力または隠秘による工事は，占有をめぐる争いにおける瑕疵に相当するものである．したがって，この特示命令により瑕疵ある形での地役権の侵害は一旦元に戻すことができる．その上で，この戻された状態が権利関係に反すると主張する当事者が，自ら原告の立場を引き受け，地役権の返還請求訴権を提起しなければならない．

地役権をめぐる紛争にあっても，quem fundum 特示命令に相当する特示命令があったと想像され，応訴しない被告から占有（厳格には，ここでは「準占有」）が奪い取られることになる．

2. 利用の保護

上記の権利関係の帰属をめぐる争いがある場合と異なり，建物所有者の利用の保護のためには，所有者独自の法手段は存在しない．しかし，諸種の法手段をうまく組み合わせることで，利用の保護が図られている．上述第3章第1節の末尾で，非私有地の利用保護について整理しているが，その整理に従って，

私有地の利用保護がいかにはかられたかみていくことにする．

1) 工事の差止・禁止

ある私有地の近隣で実施される工事に関し，その私有地の所有者は，新工事禁止通告を用いて工事を差し止めることができる．この新工事禁止通告制度は，公有地等の非私有地での工事の差し止めにも使用されているものである．新工事禁止通告により建築主は一旦，工事を差し止めねばならない．これを不服とする建築主は，法務官に禁止解除命令を出すよう申請するが，通告者に所有権または地役権があることが確認されるならば，この工事の禁止解除はなされない．

以上のような新工事禁止通告を通じた工事の差止・禁止は，古くから存在するものであるが，古典期の学説の中で，これと並ぶ形で別方法による差止・禁止が可能となる．すなわち，所有権または地役権の侵害そのものを理由とする差止・禁止である．上記の例にあって，所有権または地役権が侵害されていると主張する私有地の所有者は，象徴的禁止行為である投石を行い，建築工事を差し止めることができる．これにもかかわらず工事を建築主が続行した場合，仮に工事をする権利がある（あるいは禁止者に差し止める権利がない）としても，工事の取り壊しを命じられる．上記の投石をなす者は，所有権または地役権の権利主張を行っていることになるが，仮に建築主がこの禁止に反対するのであれば，それはすなわち建築主もまた所有権または地役権について争っているものとみなされ，上にみた権利帰属をめぐる争いの解決手続に則った処理がなされることになる．

2) 原状回復

ある私有地の近隣で工事が実施された場合，その工事が暴力または隠秘によるものである場合，それだけを理由として私有地の所有者は原状回復を求めることができる．そのための法手段は quod vi aut clam 特示命令である．

暴力による工事とは，投石による禁止など何らかの禁止行為がなされたにも

かかわらずなされた工事である．隠秘による工事とは，事前に工事の内容に関して通告を行わずに，あるいは事前の通告に反した形でなされた工事である．こうした工事は，権利関係の如何にかかわらず取り壊しが命じられる．

暴力にも隠秘にもよらずして工事がなされた場合，あるいは暴力・隠秘による工事であるが，工事完了後1年が既に経過した場合にのみ，所有権・地役権に基づく原状回復が問題になる．このときには，上記の私有地の所有者は，対物訴権を用いて権利回復を図ることになる．

3) 利用妨害の排除

私有地の所有者が自らの土地を利用することを妨害された場合，いかにしてこの妨害を排除できるのであろうか．

まずこの妨害が土地の占有侵奪という形でなされた場合，unde vi 特示命令，または unde vi armata 特示命令でもって占有の回復を実現することができる．

こうした妨害を不法侵害としてとらえ，贖罪金を事後的に請求する途は存在したが，占有侵奪に至らない妨害については，これを排除するための特示命令はない．おそらく元来は，自力による妨害排除で十分とされていたと想像される．

ところが古典期の学説の中で，uti possidetis 特示命令の適用領域が拡大され，占有侵奪に至らない占有妨害の際にも，この特示命令の申請が可能とされた．これにより，様々な形でなされる土地利用の妨害を排除することが可能となった．

都市地役権については，排水溝利用を内容とする地役権についてのみ，権利行使の妨害を排除するための特示命令が存在する．これ以外についてはそのために特化した特示命令はない．しかし都市地役権の侵害は，ほとんどの場合，新たな建築工事という形で行われ，こうした工事による権利侵害については，上記の quod vi aut clam 特示命令により対応がはかられた．

2. 建築の自由はあったのか

以上の整理を踏まえ，ローマ法において土地所有者に建築の自由があったか

否かについて考えてみたい．

　まずは公法上の建築制限をみていこう．地方都市については，元通りに建て直すのでない限り取り壊しができないという原則があてはまる．その場合であっても，参事会等の事前の許可が必要とされる．したがって，形式的にも内容的にも建築には大きな制限があった．

　しかし，ローマ市でこの原則が適用されていたわけではない．ローマ市については，都市内の土地の所有者が空き地のままにしておくことに対する否定的態度，取り壊して転売する目的での購入の禁止，高さ制限の存在が確認できる．また元老院や執政官による建築規制も可能であった可能性はあるが，地方都市のような大きな制限は確認できない．

　次に私法についてみていく．地役権や用益権といった物権が設定されている場合，所有者の使用・収益に制限がかかるのは当然である．債権的な権利がある場合も同様である．しかし，こういう権利が存在しない場合でも，所有者は私法上，無制限に権利行使できるというわけではない．

　煙や湿気等の排出に関していうと，通常生活で生じるレベルをこえて排出することは許されない．また建築に関していうと，より高く建てることを内容とする地役権が存在したことからすると，所有者は自らの敷地内であっても，公法上の制限とは別に，一定レベルを超えて建ててはならないという制限に服していた可能性は否定できない．ただし，Ulpianus は，地役権の制限がない限りは自由に高く建築できるとし，またより高く建てることを内容とする地役権について全く言及していない．

　それから，紛争解決手続の中で，暫定的な形ではあるが建築の差し止めが広く認められていたこともここで指摘しておく必要がある．もともとあった居住環境を破壊する形で巨大な建物を建築しようとする建築主に対しては，まずは禁止行為（prohibitio）または新工事禁止通告（operis novi nuntiatio）によりその工事を差し止めることができる．これを通じて，建築する権利の有無に関し法務官の下での紛争解決手続に服させることができる．この段階では建築主に建築する権利があるか否かは問題とはならない．この後法務官の下で進められる

紛争解決手続では，建築主の建築する権利を制限する権利（所有権・地役権）が存在するのか否かが問題となる．ここでの判断にあたっては，所有者の権利を制限する権利がない限りは所有者は自由に建築をすることができるという判断枠組の下で考察がなされている．しかし，この地役権の有無の判断にあたっては，この建築が開始される前にどういう状態が続いてきていたかが重要な判断要素となる．その状態を容認することを建築主自身が合意していた場合はもちろんのこと，建築主の前の持ち主との間での合意が証明できれば，地役権の存在が肯定される．またこれがなくとも，この状態が長い間続いてきているということであれば，Caracalla 帝の勅法に基づき慣習による地役権の発生を主張する余地がある．

　以上のようなローマの建築紛争の解決手続の核心にあるのは，建築の自由の尊重というよりも，現状（status quo）の尊重であるということができる．現状に変更を加えようとする者は，まずは近隣の人々の了承をとるか，少なくとも近隣の人々が権利主張をする機会を与えねばならない．これを怠って建築を開始した場合には，建築主の権利の如何にかかわらず取り壊しを命じられる．また建築にかかわる権利の有無の判断にあたっても，現状の尊重が顔を出す．まず現状とは異なる権利関係の存在を主張する側に訴えを提起する負担が課せられる．したがって所有者といえども，現状を変更するような建築を近隣の土地所有者の意思に反した形でしたければ，自ら積極的に法的手段を用いて，自らの建築を制限する権利が存在しないことの確認を求めなければならない．その際，挙証責任はこの所有者が負担することになる．また一定期間にわたり平穏に続いてきた現状であれば，その現状に合わせた形で権利関係の方が変更される．このように，全体としてみてみると，古代ローマの建築用地の利用関係に関し，建築の自由というものが前面にでているとはいえない．むしろ現状の範囲内での利用が認められていたにすぎないといえよう．

第 II 部
用益権者・使用権者

201

第 12 章
総　　説

1.　内容と対象

　用益権に関する Digesta の諸法文の冒頭におかれた次の Paulus 文は，用益権という権利の内容を適確に現している[1]．

　　D. 7, 1, 1 Paul. 3 ad Vitell.: Usus fructus est ius alienis rebus utendi fruendi salva rerum substantia.
　　用益権は，他人の物をその実質を維持したまま使用・収益する権利である．

　すなわち，ある物に用益権が設定された場合，この権利を有する者は，この物を使用したり，この物からあがる利益を取得することができるが，物の実質を維持したまま利用するという制限に服する．
　この権利は，一身専属的な権利である[2]．したがって，元来，これは譲渡も

---

1) この Paulus 文は，Inst. Iust. 1, 2, 4 にも採録されている．用益権という権利の内容については，Wesener, RE, 1147ff.; Kaser, RPI, 448; Kaser/Knütel (2014), 168 を参照．
2) Gai. inst. 2, 30: Ususfructus in iure cessionem tantum recipit: nam dominus proprietatis alii usumfructum in iure cedere potest, ut ille usumfructum habeat et ipse nudam proprietatem retineat. ipse usufructuarius in iure cedendo domino proprietatis usumfructum efficit, ut a se discedat et convertatur in proprietatem; alii vero in iure cedendo nihilo minus ius suum retinet: creditur enim ea cessione nihil agi.「用益権

相続もできないとされていた[3]．

　用益権の対象となる物として[4]，Gaius は，農地，建物の他，奴隷や家畜をあげている[5]．この他，船[6]や衣服[7]が対象となった例もある．他方，用益権の設定される物は，使用・収益の後返還されることを要するため，消費物に用益権を設定することはできない[8]．しかし，こうした消費物であっても，Ulpianus によると，元老院議決に基づき，総財産上という形であれば，用益権を設定することはできるとされていた[9]．

　以上みたところから，建物上に用益権を設定することは当然に可能であり，またその場合，用益権者はこれを使用・収益することができることがわかる．使用・収益の具体的内容が何であるかについては，次章以降でみていくことにし，本章では，用益権制度の概容を説明しておくことにする．

　　　は，法廷譲渡のみが可能である．すなわち所有者は他人に用益権を法廷譲渡という方法でもって譲渡し，その結果この者が用益権を有し，所有者は裸の所有権を保持することになる．用益権者自身は，法廷譲渡により所有者に用益権を移転し，これにより用益権は用益権者から離脱して所有権に回帰する．所有者以外の誰かに法廷譲渡により移転したとしても，用益権者は自己の権利を保持する．なぜなら，この行為は無効であると考えられているのだから．」

3) Kaser/Knütel (2014), 168.
4) Wesener, RE, 1154f.; Kaser, RPI, 448; Kaser/Knütel (2014), 168.
5) D. 7, 1, 3, 1 Gai. 2 rer. cott.: Constitit autem usus fructus non tantum in fundo et aedibus, verum etiam in servis et iumentis ceterisque rebus.「用益権は，農地や建物のみならず，奴隷，家畜その他の物にも設定することができる．」
6) D. 7, 1, 12, 1 Ulp. 17 ad Sab.; D. 7, 4, 10, 7 Ulp. 17 ad Sab.
7) D. 7, 1, 15, 4 Ulp. 18 ad Sab.; D. 7, 1, 15, 5 Ulp. 18 ad Sab.
8) Epit. Ulp. 24, 26.
9) D. 7, 5, 1 Ulp. 18 ad Sab.: Senatus censuit, ut omnium rerum, quas in cuiusque patrimonio esse constaret, usus fructus legari possit: quo senatus consulto inductum videtur, ut earum rerum, quae usu tolluntur vel minuuntur, possit usus fructus legari. 「元老院は，ある者の財産に属するすべての物を対象とする用益権を遺贈することができると定めた．この元老院議決は，消費により消滅したり減少する物の用益権を遺贈することを可能にしたとみられている．」

2. 設　　　定

1. 遺　　贈

　用益権設定の最も典型的な方法は物権遺贈である[10]．

　例えば，遺言者Aが遺言の中に，Bを相続人に指定し，Cにある物の用益権を遺贈する旨の記述をしたとする．その後，Aが死亡し，Bが相続の承認（hereditatis aditio）を行うことで，遺言が有効となる[11]．Sabinus学派の見解によると，この時点で遺贈が有効となり，Cは用益権を取得する[12]．他方，Proculus学派およびGaiusの時点の支配的見解によると，Cが遺贈を受ける旨の意思表示をすることによりCは用益権を取得する．

　遺贈により用益権を取得したCは，遺言者Aの相続人であるBより，物を受領する．その際，Cは，用益権が消滅した際の返還に関し，Bとの間で担保問答契約を締結すべきものとされている．この担保問答契約については，下で述べる．

2. 市民法上の譲渡方式による設定

　物権遺贈以外にも，古くからの市民法上の譲渡方式により用益権の設定ができる．

　Gai. inst. 2, 30[13]には，法廷譲渡（in iure cessio）を用益権設定のために用いる

---

10)　Wesener, RE, 1164f.; Kaser, RPI, 451; Kaser/Knütel (2014), 170.
　　　D. 7, 1, 6 pr Gai. 7 ad ed. provinc.: Usus fructus pluribus modis constituitur: ut ecce, si legatus fuerit. sed et proprietas deducto usu fructu legari potest, ut apud heredem maneat usus fructus.「用益権は様々な方法で設定することができる．例えば，遺贈された場合である．しかし，所有権を用益権の控除の上で遺贈するということもできる．この場合，相続人下に用益権は残ることになる．」
11)　無論これはBが家外相続人である場合を念頭においている．
12)　Gai. inst. 2, 194.
13)　本章注2)参照．

ことができるとある[14].

　用益権は手中物（res mancipi）ではないため，本来，握取行為（mancipatio）を用益権設定のために用いることができない．しかし，物をこの行為により譲渡するに際し，用益権を控除し譲渡人の下に残すということは可能である[15].

　この他，家産分割訴訟や共有物分割訴訟における裁定により用益権の設定がなされることも可能である[16].

---

14)　Kaser, RPI, 451 n. 40; Wesener, RE, Sp. 1165f.

　　Gai. inst. 2, 32: Sed cum ususfructus et hominum et ceterorum animalium constitui possit, intellegere debemus horum usumfructum etiam in provinciis per in iure cessionem constitui posse.「奴隷またはその他の生き物について用益権を設定することもできるのだから，こうした物の用益権は，属州においてもまた法廷譲渡を通じて設定することができると考えねばならない.」

　　Epit. Ulp. 19, 11.: In iure cedi res etiam [corporales] <incorporales> possunt, veluti ususfructus et hereditas et tutela legitima libertae.「無体物もまた法廷譲渡することができる．例えば用益権や相続財産や被解放自由人の法定後見のように.」

　　また，fr. Vat. 47.（後述）もみよ．

15)　Kaser, RPI, 451 n. 41; Wesener, RE, Sp. 1165.

　　fr. Vat. 47. Item.: Per mancipationem deduci usus fructus potest, non etiam transferri. per do lego legatum et per in iure cessionem et deduci et dari potest.「握取行為を通じて，用益権を控除することができる．しかしこれを通じて用益権を移転することはできない．物権遺贈を通じて，あるいは法廷譲渡を通じて，用益権はこれを留保したり，提供したりすることができる.」

　　Gai. inst. 2, 33: Quod autem diximus usumfructum in iure cessionem tantum recipere, non est temere dictum, quamvis etiam per mancipationem constitui possit eo, quod in mancipanda proprietate detrahi potest: non enim ipse ususfructus mancipatur, sed cum in mancipanda proprietate deducatur, eo fit, ut apud alium ususfructus, apud alium proprietas sit.「握取行為による用益権設定も可能であるというと，用益権では法廷譲渡という形のみが可能であると上で述べたことがでたらめのようにみえるかもしれないが，そのようなことはない．握取行為による設定は，所有権をこれにより移転するにあたり，用益権を控除するという形で生じるのであるから．すなわち，用益権それ自体を握取行為により移転しているのではなく，所有権を移転する握取行為にあたりこれを控除しているのだから．これにより，ある者の下に用益権が，別の者の下に所有権が存在することになる.」

16)　Wesener, RE, 1165; Kaser, RPI, 451.

3. 法務官法上の設定行為

1) 合意と問答契約

Gai. inst, 2, 31 は，属州の土地について，合意と問答契約（pactiones et stipulationes）による用益権の設定が可能であるという[17]．これは，属州の土地については，市民法上の設定行為が適用されないためであると Gaius は説明す

---

  fr. Vat. 47a. Paulus: Potest constitui et familiae erciscundae vel communi dividundo iudicio legitimo. [...]「家産分割訴権や共有物分割訴権といった法律訴訟を通じて，用益権の設定をすることもできる．……」

  D. 10, 3, 6, 10 Ulp. 19 ad ed.: Offcio iudicis etiam talis adiudicatio fieri potest, ut alteri fundum, alteri usum fructum adiudicet.「審判人の職務の中で，次のような裁定をすることもできる．すなわち一方に農地を一方に用益権を裁定するような．」

17) Gai. inst. 2, 31: Sed haec scilicet in Italicis praediis ita sunt, quia et ipsa praedia mancipationem et in iure cessionem recipiunt. alioquin in provincialibus praediis sive quis usumfructum sive ius eundi agendi aquamve ducendi vel altius tollendi aedes aut non tollendi, ne luminibus vicini offciatur, ceteraque similia iura constituere velit, pactionibus et stipulationibus id effcere potest, quia ne ipsa quidem praedia mancipationem aut in iure cessionem recipiunt.「しかし，このことはイタリアの中の土地に関してあてはまることである．なぜなら，こうした土地は握取行為や法廷譲渡による移転が可能なのだから．そうではなく，属州の土地においてある者が用益権，または人通行権，家畜通行権，導水権，建物を高くする権利，隣人の採光を妨害させないため建物を高くさせない権利，あるいはこれに類似の権利を設定することを望んだ場合，合意と問答契約によりこれを発生させることができる．なぜならこうした土地は握取行為も法廷譲渡もできないのだから．」

  D. 7, 1, 3 pr Gai. 2 rer. cott.: Omnium praediorum iure legati potest constitui usus fructus, ut heres iubeatur dare alicui usum fructum. dare autem intellegitur, si induxerit in fundum legatarium eumve patiatur uti frui. et sine testamento autem si quis velit usum fructum constituere, pactionibus et stipulationibus id efficere potest.「あらゆる土地に関して，遺贈の法に基づき，用益権を設定することができる．その結果，相続人は，ある者（受遺者）に用益権を供与するよう命ぜられる．ここでいう供与があるのは，受遺者を農地へと導きいれ，（受遺者が）使用・収益することを許容した場合である．ある者が遺言によらずして用益権を設定しようと望む場合には，合意と問答契約（pactioes et stipulationes）でこれをすることができる．」

  Kaser, RPI, 452; Wesener, RE, 1167f.

る[18]．

2）引渡（traditio et patientia）

　史料中には，引渡（traditio）あるいは認容（patientia）により用益権が設定された例も出てくる[19]．この両者はいずれも，実態としては，市民法上の方式によらず物の使用・収益を許可することを指している．この方法による用益権設定もまた可能であった．

　D. 7, 1, 25, 7 Ulp. 18 ad Sab. では[20]，果実の取得が問題になる中で，引渡によ

---

[18] Finkenauer (2012), 334ff. は，pactiones et stipulationes による設定が可能であったのは属州の土地を対象とする場合に限らないとする．

[19] D. 7, 2, 3, 1 Ulp. 17 ad Sab.; D. 7, 1, 54 Iav. 3 epist.; D. 7, 1, 32 Pomp. 33 ad Sab. には，物の tradidere にあたって用益権を控除するとあるが，これは元来は mancipare とあったものを，mancipatio の廃止にあわせ修正したものである可能性がある．

　fr. Vat. 47a. でも，上にあげた法文と同様，物の引渡を通じた所有権移転における用益権の控除が問題となっている．この法文では引渡による用益権設定ができないとされる．しかしここには何らかの史料伝承上の問題があると推測できよう．この法文については，Finkenauer (2010), 348 をみよ．

　fr. Vat. 47a. Paulus: Potest constitui et familiae erciscundae vel communi dividundo iudicio legitimo. In re nec mancipi per traditionem deduci usus fructus non potest nec in homine, si peregrino tradatur; civili enim actione constitui potest, non traditione, quae iuris gentium est.「家産分割訴権または共有物分割訴権といった法律訴訟手続を通しても用益権の設定をすることができる．非手中物については，引渡を通じてその用益権を留保することはできない．奴隷についても，これが外人へと引渡される場合にはできない．なぜなら，市民法によって設定することができるのであって，万民法に属する引渡によることはできないのだから．」

[20] D. 7, 1, 25, 7 Ulp. 18 ad Sab.: Quod autem diximus ex re fructuarii vel ex operis posse adquirere, utrum tunc locum habeat, quotiens iure legati usus fructus sit constitutus, an et si per traditionem vel stipulationem vel alium quemcumque modum, videndum. et vera est Pegasi sententia, quam et Iulianus libro sexto decimo secutus est, omni fructuario adquiri.「用益権の対象物または労務から発生した物を取得するということは，適法な遺贈により用益権を設定したときからそうなるのか，それとも，引渡や問答契約やその他の方法でもって設定されたときもそうなるのか考え

って用益権が設定された場合にもこれが可能であるかという問いが立てられている．そしてUlpianusは，これが可能であるとするPegasusの見解を紹介した上で，その見解が正当であると述べている．

また，D. 6, 2, 11, 1 Ulp. 16 ad ed. によると[21]，用益権が引き渡された場合にactio Publicianaが与えられる．通例，actio Publicianaは，占有取得後，使用取得成立までの間の占有者を保護するためのものであり，用益権の使用取得があり得ない以上[22]，この訴権の付与もあり得ないと考えたくなるところである[23]．しかし，D. 6, 2, 12, 2 Paul. 19 ad ed. によると[24]，使用取得があり得ない物についてもこの訴権の付与が認められており，そうであれば用益権を単に引渡されたにすぎない場合にこの訴権による救済をうけるということもあり得ない話ではない．

用益権の引渡による設定というときの引渡は，所有権譲渡の際のそれと同様，単なる占有の移転ではなく正当原因に基づくものであることを要する．そ

　　てみよう．すべての用益権者がこれを取得するというPegasusの見解が正当である．Iulianusもまた16巻でこれに従っている．」
　　この法文については，特にFinkenauer (2010), 350f. をみよ．

21)　D. 6, 2, 11, 1 Ulp. 16 ad ed.: Si de usu fructu agatur tradito, Publiciana datur: itemque servitutibus urbanorum praediorum per traditionem constitutis vel per patientiam (forte si per domum quis suam passus est aquae ductum transduci): item rusticorum, nam et hic traditionem et patientiam tuendam constat.「用益権の引渡がなされるならば，actio Publicianaが与えられる．同様に都市地役権が引渡または許容により設定された場合も（例えば自己のドムスをある者が水を通すことを許容した場合）．同様に農地地役権においても．なぜならここでも引渡と許容によって保護されることは異論のないところであるから．」
　　この法文についてはFinkenauer (2010), 351f. をみよ．

22)　Wesener (1968), 202ff.
23)　Wesener, RE, 1160; Kaser, RPI, 453.
24)　D. 6, 2, 12, 2 Paul. 19 ad ed.: In vectigalibus et in aliis praediis, quae usucapi non possunt, Publiciana competit, si forte bona fide mihi tradita est.「使用取得が不可能である公有地やその他の土地についてもactio Publicianaが与えられる．例えば善意でこれが私に引渡された場合に．」

の正当原因にあたるものとして，史料中に，贈与[25]や売買[26]が出てくる．

3. 消　　滅

1. 用益権者の死亡または時間の経過

最も典型的な消滅原因は，用益権者の死亡である[27]．用益権制度の元来の目的は，用益権者の扶養にあり，その死亡によりこの存続の理由が消滅したことになる．

市民法上死亡と同一視される頭格減少によっても用益権は消滅する[28]．すなわち，用益権者が奴隷となったり，市民権を喪失したり，家族内部の自権者たる地位を喪失することにより用益権は消滅する[29]．

時には一定の期間を付して用益権が設定されたり，消滅の条件が付されることがある[30]．こうした場合には，この期日の到来または条件の成就により消滅

---

25) D. 7, 9, 1, 2 Ulp. 79 ad ed.
26) D. 18, 6, 8, 2 Paul. 33 ad ed.
27) Wesener, RE, 1168; Kaser, RPI, 452. Paul. Sent. 3, 6, 33; Inst. Iust. 2, 4, 3 には，用益権の消滅原因として用益権者の死亡が明示されている．
28) Kaser, RPI, 453; Wesener, RE, 1168.
29) Paul. Sent. 3, 6, 29: Capitis minutione amittitur, si in insulam fructuarius deportetur, vel si ex causa metalli servus poenae efficiatur, et si statum ex adrogatione vel adoptione mutaverit.「頭格減少より（用益権は）消滅する．島流の刑を受けた場合や鉱山送りの刑により奴隷におとされたり，養子縁組により身分の変更が生じたときに．」
　　なお，ユ帝法では，最小頭格減少の際には用益権は消滅しないものとなっている（Inst. Iust. 2, 4, 3 ）．
30) Kaser, RPI, 453 n. 56: fr. Vat. 48: Item. Ad certum tempus et in iure cedi et legari et offcio iudicis constitui potest.「一定の期日までということで法廷譲渡により，あるいは遺贈により，あるいは裁判を通して設定することができる．」
　　また，Paul. Sent. 3, 6, 33; fr. Vat. 52 もみよ．
　　条件が付された場合については，D. 7, 4, 15 Ulp. 18 ad Sab.（解放）; D. 33, 2, 30 Iav. 2 ex post. Labeonis（担保提供）をみよ．

する.

　死亡することがあり得ない都市（municipes）を用益権者とする形で用益権が設定されている場合には，100年で消滅する[31]．

2.　不　使　用

　一定期間にわたり用益権者が使用・収益を行わないことによっても，用益権は消滅する[32]．土地・建物に用益権が設定されている場合は，この期間は2年であり，動産に設定されている場合は1年である[33]．Iustinianus は，この期間を20年または10年とした[34]．

　用益権者本人が使用・収益をしていなくとも，その家族や奴隷がこれを継続していれば不使用による消滅は生じない．しかし，用益権者が物を賃貸したり，あるいは用益権を売却した場合に難しい問題を生じさせる．この時，賃借人または買主が使用・収益をしなければ不使用により用益権が消滅することになるが[35]，古典期後期にはこの点を乗り越えようという努力がみられる[36]．

---

31) D. 33, 2, 8 Gai. 3 de legatis ad ed. provinc.: Si usus fructus municipibus legatus erit, quaeritur, quousque in eo usu fructu tuendi sint: nam si quis eos perpetuo tuetur, nulla utilitas erit nudae proprietatis semper abscedente usu fructu. unde centum annos observandos esse constat, qui finis vitae longissimus esset.「用益権が都市に対して遺贈された場合，いつまで用益権を享受できるかについて質問がなされた．なぜならば，永遠にこれを保持するとなると，裸の所有権は，いつまでも使用・収益権限を剥奪されて，全く無用のものとなってしまうので，ここから，人間の最長寿命である100年が期限として遵守されるべきとの見解が確立されることになった.」

　　　また，D. 7, 1, 56 Gai. 17 ad ed. provinc. もみよ．

32) Wesener, RE, 1168f.; Grosso (1958), 389f.; Kaser, RPI, 453.

　　　不使用による消滅に明確に言及している史料としては，Paul. Sent. 3, 6, 28ff. がある．この他，多数の法文で具体的事案の中でこの原則への言及がある．

33) Paul. Sent. 3, 6, 30; C. 3, 34, 12 (531).

34) C. 3, 34, 12 (531). また Inst. Iust. 2, 4, 3 もみよ．

35) D. 7, 1, 12, 2 Ulp. 17 ad Sab.; D. 7, 4, 29 Ulp. 17 ad Sab.

36) D. 7, 1, 38-40 Marcian. 3 inst.

3. 所有者への譲渡，混同

用益権者が用益権を所有者に法廷譲渡した場合，これにより用益権は消滅する[37]．法廷譲渡によらず，売買と引渡によったとしても同様である[38]．

また，所有者と用益権者が同一人格に帰すことによっても同様に用益権は消滅する[39]．

4. 物の滅失

用益権が設定されている物が消滅した場合にも用益権は消滅する[40]．例えば，建物に用益権が設定されており，建物が火事等により滅失するならば，これにより用益権は消滅し，その後，全く同じ建物が建てられたとしても用益権が復活することはない[41]．

4. 保　　　護

用益権保護のための特有の法手段を以下に述べる．この他，古典期の議論の中で，元来は所有者に付与される法手段が用益権者にも認められるようになる．この点については，第17章でみることにする．

1. 用益権の返還請求訴権

法務官告示§72には，用益権者が用益権を請求するための訴権および，所有者が用益権の存在を否認するための訴権が規定されていた[42]．ここでは前者

---

[37] Paul. Sent. 3, 6, 32: In iure cessione amittitur ususfructus, quotiens domino proprietatis eum fructuarius in iure cesserit.「法廷譲渡により用益権は消滅する．これを用益権者が法定譲渡により所有者に譲渡するならば．」

[38] D. 24, 3, 57 Marcell. 7 dig.

[39] D. 7, 4, 27 Paul. 1 manual.

[40] Paul. Sent. 3, 6, 31.

[41] D. 7, 4, 10, 1 Ulp. 17 ad Sab.

のみを取り上げる．この訴権の方式書の文言を Lenel は次のように再構成している．

> Si paret Aulo Agerio ius esse eo fundo qua de agitur frui neque ea res arbitrio iudicis Aulo Agerio resitituetur, quanti ea res erit, tantam pecuniam *et rel.*
> 当該農地に関し原告に用益権があることが明白ならば，そしてまた審判人の裁定に基づき原告に返還されていないならば，その物が値する価額につき……

これは所有物返還請求訴権（rei vindicatio）と同様の機能を有する．すなわち訴訟の中で，用益権の存否を問題にし，これがあることが明らかになったならば，原告にこの権利があることが確認される．そして被告に対し，原告にこの権利を回復させるよう命じる．この権利の回復がなされない場合には，金銭の給付という形をとる有責判決がなされることになる．

用益権の返還請求訴権は rei vindicatio と異なり，当初，用益権者は所有権者のみを被告として提起できたと考えられている[43]．しかし古典期の議論の中で拡大し，あらゆる占有者を被告とする形で提起が可能となる[44]．

2. actio Publiciana

本来，用益権を設定するためには，遺贈や法廷譲渡といった方法によることがもとめられていた．しかし，前述の通り，古典期の発展の中で，売買等の原因に基づく引渡（認容）による設定も認められた．こうした場合に用益権者の保護のためこの actio Publiciana が用いられると次の法文は述べている．

> D. 6, 2, 11, 1 Ulp. 16 ad ed.: Si de usu fructu agatur tradito, Publiciana datur: itemque servitutibus urbanorum praediorum per traditionem constitutis vel per

---

42) Lenel, EP, 190.
43) Kaser/Knütel (2014), 171.
44) この点については後述第 17 章第 1 節を参照．

patientiam (forte si per domum quis suam passus est aquae ductum transduci): item rusticorum, nam et hic traditionem et patientiam tuendam constat.

　用益権に関し引渡がなされた場合，actio Publiciana が与えられる．同じことは都市地役権が引渡や認容を通じて設定された場合にもいえる（例えば，ある者が自己の家を通ることや，導水設備を通すことを認容した場合に）．同じことは，農地地役権にもいえる．なぜなら，ここでも引渡と認容が遵守されるべきものとされているのだから．

　この法文の冒頭で，はっきりと用益権についても actio Publiciana が与えられるとある．この部分については，古典期後の改竄ではないかとの指摘もあるものの[45]，近年のローマ法研究では，真正性を肯定する方向にある[46]．

3.　quem usum fructum 特示命令

　所有物返還請求訴権においては，被告に応訴を強制することはできない．そこで，特別の特示命令，quem fundum 特示命令が法務官告示に規定されている（§ 248.1）[47]．仮に訴訟の対象となっている物を占有している者が訴訟に応じない場合，原告は，この特示命令を申請し，これを通じて，被告の有する占有が原告に移転させられる．

　これと同じような機能をもつ特示命令が用益権の返還請求に関しても法務官告示に定められている（§ 248.1, quem usum fructum 特示命令）[48]．用益権の返還請求訴権は，通例，物の使用・収益ができていない用益権者（もちろんそう主張している者）が原告となり，この物を現実に使用・収益している（多くの場合は占

---

45)　Wesener, RE, 1160; Kaser, RPI, 453 は，この部分は真正ではないとする．
46)　Finkenauer (2010), 351ff. をみよ．真正性を肯定する論拠は，次の通りである．第 1 に，usucapio が不可能でも，longi temporis praescriptio による取得の途がこの時期には既に開かれている．第 2 に，usucapio ができない場合でも actio Publiciana の付与が可能とされることもある．第 3 に，この時期には traditio による usus fructus や servitus の設定を認めるべき社会事情が存在した．
47)　Kaser/Knütel (2014), 158f.; Lenel, EP, 474ff.
48)　Lenel, EP, 475.

有している）者を被告として提起される．このとき被告となるべき者が訴訟に応じないとき，この特示命令により，被告の使用・収益が禁止され，原告にこれが許可される．

4. 担保問答契約

用益権設定に基づき，用益権者が物を受領するに際し，この物の返還に関し担保問答契約を締結すべきと法務官告示は定めている（§286）[49]．法務官告示には，このとき締結すべき担保問答契約の文言が規定されており，その文言をLenelは次のように再構成している[50]．

> Cuius rei usus fructus testamento Lucii Titii tibi legatus est, ea re boni viri arbitratu usurum fruiturum te et, cum usus fructus ad te pertinere desinet, id quod inde extabit restitutum iri dolumque malum abesse afuturumque esse spondesne? spondeo.
>
> Lucius Titius の遺言により君に用益権が遺贈された物に関し，善良な者の裁定により君が使用・収益すること，また用益権が君に属さなくなった場合には，その時点で存在する物を返還すること，また背信的悪意が現在にも将来にも存在しないことを誓約するか．誓約する．

この担保問答契約は，法務官によって強制されるものである[51]．担保する内

---

49) Lenel, EP, 538f.

50) Lenel, EP, 538. この担保問答契約については，Finkenauer (2010), 294-299; Kaser, RPI 451; Wesener, RE, 1152ff. を参照．

51) D. 7, 9, 1 pr Ulp. 79 ad ed.: Si cuius rei usus fructus legatus sit, aequissimum praetori visum est de utroque legatarium cavere: et usurum se boni viri arbitratu et, cum usus fructus ad eum pertinere desinet, restituturum quod inde exstabit.「法務官は，用益権の遺贈の対象を所有する者に対し，次の２点について担保提供をすることが極めて公平に適うと考えた．すなわち，善良な者の裁定に従った形で利用すること，用益権の帰属が終了した際に，その時点で存在する物を返還すること．」

Paul. Sent. 1, 11, 2: Usufructuarius et de utendo usufructu satisdare debet perinde usurum, ac si ipse pater familias uteretur.「用益権者は用益権の行使に関して，あたかも自分が家長であるかのごとく使用することについて担保提供をしなければなら

容は，(1) 善良な者の裁定に従った形で利用すること，(2) 用益権の終了後に，物そのものの返還をすること，また場合によっては損害賠償をすることである．

　用益権の対象物の返還のために所有者は所有物返還請求訴権を用いることはできるし，また物が消滅した場合には Aquilius 法に基づく損害賠償も可能である．したがって多くの場合にはこれらの訴権と競合する．しかし，故意・過失によらずに滅失した場合でも，用益権者が不適切な利用の仕方，すなわち善良な者の裁定に反した利用をしていた場合には損害賠償が必要となる[52]．また，用益権者はこの担保問答契約に基づき物の保管責任（custodia 責任）を負うべきものとされる[53]．こうした場合，この担保問答契約に基づき請求がなされることになる．

5. 使　用　権

　使用権は用益権に類似した権利であるが，その権利者が物に対して行使できる権限が使用に限られている[54]．したがって，使用権者は物を用いて経済的利益をあげることはできず，単に自らと自らの家族のために利用できるにとどまる[55]．この権利は最も典型的には都市内の居住用建物に設定されたものであるが[56]，この他，別荘，農地，奴隷，家畜等にも設定可能である[57]．Gaius は，用益権の設定や消滅は，用益権と同様であると説明している[58]．

　　　ない．」
　　　　また，D. 7, 1, 13 pr Ulp. 18 ad Sab. もみよ．
52)　D. 7, 1, 13, 2 Ulp. 18 ad Sab.
53)　Wesener (1964), 191ff.; Kaser, RPI, 451 n. 37.
　　　D. 7, 9, 2 Paul. 75 ad ed.: Nam fructuarius custodiam praestare debet.「なぜなら用益権者は保管責任を負わねばならないので」
54)　Kaser, RPI, 454; Kunkel/Honsell (1987), 188; Kaser/Knütel (2014), 172.
55)　D. 7, 8, 2 pr Ulp. 17 ad Sab.
56)　D. 7, 8, 2, 1ff. Ulp. 17 ad Sab.
57)　D. 7, 8, 12, 2ff. Ulp. 17 ad Sab.

6. 用益権・使用権制度の目的

　用益権や使用権は，元来は扶養のためのものである．最も典型的には，相続人にならない家族の構成員（例えば妻）のために，一定の財産の使用・収益（使用権にあっては使用のみ）をその者が生きている限りという形で認めるためのものである．遺贈による設定が最もよく用いられていること，また多くの場合，用益権者の死亡するまで用益権が存続するものとされていることがこの元来の性質を反映したものである．

　ところが，古典期の発展の中で，この本来的な形態とは異なる用益権の活用の仕方も現れている．すなわち，地方都市に用益権が与えられる場合や，年数を区切って用益権が与えられる場合がこれにあたる．

---

58)　D. 7, 8, 1, 1 Gai. 7 ad ed. provinc.

第13章
用益権者の権限

1. 賃　　貸

　ある物に用益権が設定されている場合，用益権者は，その物を自ら使用するのみならず，そこから生じる果実を取得することができる[1]．ここから，建物の用益権が遺贈された場合，用益権者が建物を賃貸し，賃料収入を取得できることが導かれる[2]．fructus という概念は，元来は天然果実を指していたと想像されるが，少なくとも古典期後期の学者は，賃料を fructus 概念に組み入れている[3]．

　用益権者が賃貸人として締結した賃貸借契約は，支配的見解によれば用益権の消滅により当然に終了し，用益権者の相続人に賃貸人の地位は引き継がれない[4]．

　賃貸の仕方について一定の制限がある．

> D. 7, 1, 27, 1 Ulp. 18 ad Sab.: Si dominus solitus fuit tabernis ad merces suas uti vel ad negotiationem, utique permittetur fructuario locare eas et ad alias merces, et illud

---

1) D. 7, 1, 7 pr-1 Ulp. 17 ad Sab.; fr. Vat. 41.; D. 7, 1, 12, 2 Ulp. 17 ad Sab.
2) D. 7, 1, 7, 1 Ulp. 17 ad Sab.
3) D. 6, 1, 62 pr Pap. 6 quaest.(?); D. 22, 1, 36 Ulp. 61 ad ed.; D. 7, 8, 18 Paul. 9 ad Plaut.; D. 5, 3, 29 Ulp. 15 ad ed.
4) D. 19, 2, 9, 1 Ulp. 32 ad ed. ただし，後述第15章第2節1でみるように，Scaevola はこれとは異なる見解を有している．

solum observandum, ne vel abutatur usufructuarius vel contumeliose iniurioseve utatur usu fructu.

　もし所有者が彼の商品をおいたり，商売をするためにタベルナを利用していた場合には，用益権者は常にこれを賃貸したり，別の商品をおくために用いることができる．また，用益権者が不適切に利用したり，あるいは侮辱的・不法的な形で用益権を行使してはならないという原則は遵守されねばならない．

ドムスにはしばしばタベルナ（taberna）と呼ばれる物件が付随している．これは，通例，往来の多い道沿いに作られており，商売用に用いられていた[5]．上記法文では[6]，こうしたタベルナが付属したドムスの用益権が設定された場合において，用益権者がいかなる形でこのタベルナを利用できるかについて問題となっている．この点についてのUlpianusの見解は，もともとの所有者が利用していた形で使うことができるというものである．この見解は，以下の建物修繕に関連して扱うD. 7, 1, 13, 8 Ulp. 18 ad Sab. にもまた示されている．また，同様の見解をUlpianusは，衣服の用益権が設定されたケースにおいても展開している[7]．

2. 売買・贈与

続いて，用益権者が自らの権利を贈与したり，売却することができるかについてみていくことにする[8]．

---

5) tabernaについては，Pirson (1999), 19 をみよ．
6) この法文については，Grosso (1958), 125; Amirante (1962), 208 参照．
7) D. 7, 1, 15, 4-5 Ulp. 18 ad Sab.
8) Bretone (1962), 99 n. 35; Wesener, RE, Sp. 1149; Kaser, RPI, 548 n. 29; Grosso (1958) 314-317; Kunkel/ Mayer-Maly (1987), 186.
　Bretone (1962), 99 n. 35 は，usus fructus の売買が問題になっている法文として，以下のものをあげる．Iul. D 7, 1, 67; Pomp. D. 23, 3, 66; Marcel. D. 24, 3, 57; Paul. D. 18, 6, 8, 2; D. 40, 12, 23 pr; Ulp. D. 7, 4, 29, 1; Marcian. D. 7, 1, 38. この内，Paul. D. 40, 12, 23 pr は，謎の多い法文であるが，少なくとも既に設定されている用益権

1. Cassius と Pegasus

用益権の譲渡に言及する最も古い法学者は，Cassius と Pegasus である．

> D. 7, 1, 12, 2 Ulp. 17 ad Sab.: Usufructuarius vel ipse frui ea re vel alii fruendam concedere vel locare vel vendere potest: nam et qui locat utitur, et qui vendit utitur. sed et si alii precario concedat vel donet, puto eum uti atque ideo retinere usum fructum, et hoc Cassius et Pegasus responderunt et Pomponius libro quinto ex Sabino probat.
>
> 用益権者は自分でこれを使うこともできるし，他人に果実収取のために譲渡したり，賃貸したり売却することもできる．なぜなら，賃貸した者も，売却した者も使用しているからである．しかし，第三者に懇願的貸借として譲渡したり，贈与したとしても，私は，用益権者が「使用」しており，それゆえに用益権を保持すると考える．この点は，Cassius と Pegasus が解答し，Pomponius の『Sabinus 抜粋』5巻の賛同するところである．

ここの文脈は，用益権の不使用による消滅である．用益権者本人が使用していなくとも，賃借した者，購入した者，懇願的借用や贈与を受けた者が使用していれば用益権が不使用により消滅することはないと Ulpianus はいう．そして，Ulpianus は，こうした見解を，Cassius, Pegasus, Pomponius は有していたという．ここから，用益権者が懇願的貸与あるいは贈与を通じ，第三者に使用・収益させることも可能であるとこれらの法学者が考えていたことがわかる．

2. Iulianus

> D. 7, 1, 67 Iul. 1 ex Minic.: Cui usus fructus legatus est, etiam invito herede eum extraneo vendere potest.

を売買を通じて移転するという事例を扱うものではない（この法文については，Watson (1965), 166ff. が詳しい．また Kaser (1968), 432; Kaser, RPI, 292 n. 44 も参照）．

用益権の遺贈を受けた者は，相続人の意思に反した形であっても，外部の者にこれを売却することができる．

ここにいう「外部の者」とは何かが重要である．Pomponius は，「外部の者，すなわち所有権を有していないものに譲渡されるならば」[9]と述べている．また，Ulpianus は，別の文脈ではあるが，「外部の者によって，または所有者によって切断されたならば……」と述べており[10]，法学者たちの用語法においてこれが非所有者を指していることは明確である[11]．そうである以上，Iulianus が用益権の売買が可能であったこと，さらにこの法文にはっきり書いているように，そのために所有者たる相続人の了承を得る必要がないと考えていたことは明らかである．

3. Pomponius

D. 23, 3, 66 Pomp. 8 ad Q. Muc.: Si usus fructus fundi, cuius proprietatem mulier non habebat, dotis nomine mihi a domino proprietatis detur, difficultas erit post divortium circa reddendum ius mulieri, quoniam diximus usum fructum a fructuario cedi non posse nisi domino proprietatis et, si extraneo cedatur, id est ei qui proprietatem non habeat, nihil ad eum transire, sed ad dominum proprietatis reversurum usum fructum. quidam ergo remedii loco recte putaverunt introducendum, ut vel locet hunc usum fructum mulieri maritus vel vendat nummo uno, ut ipsum quidem ius remaneat penes maritum, perceptio vero fructuum ad mulierem pertineat.

農地の用益権——これの所有権を妻はもっていなかった——が嫁資の名目でもって所有者から私に与えられたならば，離婚の後，この権利を妻に戻すことに関して難問が生じる．なぜなら，用益権は，用益権者が所有者以外に譲渡することはでき

---

9) D. 23, 3, 66 Pomp. 8 ad Q. Muc.: [...] si extraneo cedatur, id est ei qui proprietatem non habeat, [...]
10) D. 43, 24, 13 pr Ulp. 71 ad ed.: [...] ab extraneo vel a proprietario succisae fuerint, [...]
11) Heumann, extraneus の項をみよ．

ないとわれわれはいうのだから，もし外部の者に——すなわち所有権をもたない者に——譲渡されたならば，何もその者には移転せず，この財産の所有者に用益権は回帰する．それゆえ，何人かの法学者は，救済策として，次のことが導入されたと適切にも考えた．すなわち，この用益権を夫が妻に賃貸したか，あるいは名目上の金額でもって売却するということが．これにより，権利そのものは夫にとどまるが，果実の収取は妻に帰属することになる．

　この法文の事実関係は，次の通りである[12]．A男とB女が婚姻するに際し，CがAに嫁資としてある物の用益権を与えた．その後AとBとが離婚した．通例，嫁資として与えられた物は離婚後妻に返されねばならない．しかし，本来用益権は所有者に返すという形以外の処分は認められておらず，仮に用益権を妻に返そうとすると，これにより用益権は所有者の下にもどってしまう[13]．それであれば，離婚後の妻の扶養のためという嫁資の目的を果たすことはできなくなる．これがここでいう「難問」ということになる．

　これを解決するための手段としてPomponiusは，何人かの法学者（名前は記されていない）が唱えている説を適切なものとして紹介する．それは，夫に対し，妻に名目上の対価で (nummo uno) 用益権を賃貸するか[14]，あるいはこれを売却すべきとするものである．

　locatio conductioにおいても，emptio venditioにおいても対価は真正なものであることを要し[15]，そうである以上，ここでの賃貸または売買は無効であり，

---

12) 本法文については，Grosso (1958), 314; Rosa (2008), 60ff.; Masi (1981), 137-138; Amirante (1962), 209-210; Michel (1962), 248-249 で取り上げられている．

13) Gai. inst 2, 30 および Inst. Iust. 2, 4, 3 をみよ．なお Gaius は，所有者以外を相手方として用益権を法廷譲与（in iure cessio）した場合には，その譲渡行為が単に無効となるとするのに対し，Pomponius は，用益権が所有者の下に戻るとする点は異なる．D. 7, 4, 29, 1 Ulp. 17 ad Sab. に示されているような不使用による消滅をここで Pomponius が念頭においていた可能性はある．

14) Amirante (1962), 210 は，locare usum fructum という表現は古典期のものではないとするが，そう考えねばならない理由はないであろう．

15) Amirante (1962), 210; Michel (1962), 249. locatio conductio については，D. 19, 2, 46 Ulp. 69 ad ed. と D. 41, 2, 10, 2 Ulp. 69 ad ed. をみよ．emptio venditio については，

単なる贈与ということになるが,それでも用益権(あるいは使用・収益権限)の移転は有効であるとされている.

4. Marcellus

  D. 24, 3, 57 Marcell. 7 dig.: Usu fructu in dotem dato si divortium intervenerit nec proprietas rei apud maritum vel mulierem sit,[16] eam dotis esse restitutionem, ut maritus caveat, quamdiu vixerit, passurum se uti frui mulierem heredemque eius. [...]

  用益権が嫁資として与えられ,離婚がなされることになり,物の所有権が夫の下にも妻の下にもないならば,嫁資の返還は次のような形をとることになると,ある法学者は述べた.すなわち,夫は,自分が生きている限り,妻またはその相続人が使用・収益することを許容することについての担保を提供するという形になると.

 用益権が嫁資として提供され離婚がなされた場合,夫は妻にこの嫁資を「返還」しなければならない.まずは,用益権の提供の態様毎にわけ,返還がいかなる形をとるのかを考えてみたい.

 仮に妻が所有している土地の用益権が夫に与えられたということであれば,話は簡単である.単にこの用益権を消滅させればよい.他方,夫が所有している土地の用益権をもともと妻が有していて,この用益権が嫁資として与えられたということであれば,両当事者で改めて用益権を設定するという形がとられることになるであろう.この両者についてはさほど難しい問題はない.では,第三者が所有する土地の用益権を嫁資として夫に与えたとする.このとき用益権者は夫ということになる.元来,用益権の譲渡性は認められていないため,離婚後単純に夫の用益権を妻に移転させるというわけにはいかない.その点をいかに克服するかが Marcellus の下で問題になっている.

  D. 18, 1, 36 Ulp. 43 ad ed.; Zimmermann (1990), 252; Kaser, RPI, 550, n. 44 をみよ.
16) Mom. は "nec-sit" は Marcellus のものではないとする.確かにそのように読めば,この法文全体の論旨はより明快となるものの,これがあるからといって理解不能になるわけではない.

Marcellusの解答は，あくまでも夫を用益権者としつつも，夫は，使用・収益を妻に許さねばならず，そのことを内容とする担保問答契約を締結すべきというものである．権利関係は表向きはそのままとししつ，実際上の利益は妻が受けられるようにしようと工夫している姿勢をここにみることができる．この姿勢は前にみたPapinanusのそれと同様のものということができる．

5. Paulus

  D. 18, 6, 8, 2 Paul. 33 ad ed.: Cum usum fructum mihi vendis, interest, utrum ius utendi fruendi, quod solum tuum sit, vendas, an vero in ipsum corpus, quod tuum sit, usum fructum mihi vendas: nam priore casu etiamsi statim morieris, nihil mihi heres tuus debebit, heredi autem meo debebitur, si tu vivis: posteriore casu heredi meo nihil debebitur, heres tuus debebit.
  君が私に用益権を売った場合，君だけが有している使用・収益する権利を君が売ったのか，それとも君のものである有体物上の用益権を私に君が売ったのかで違いが生じる．なぜなら，前者では，たとえ君がすぐに死亡したとしても，君の相続人は何も私に義務を負わないが，君が生きているならば私の相続人に対し義務を負う．後者の場合には，私の相続人に対しては何も義務を負わないが，君の相続人は義務を負う．

この法文[17]では，2つのタイプの用益権の売買が問題になっている．すなわち，まず第1に，既に設定されている用益権の用益権者による譲渡である．第2に，所有者が売買を通じて用益権を譲渡するということである．後者は，むしろ売買による用益権の設定というべきであろう．

第1のタイプの場合，その用益権の消滅条件はそのまま維持される．つまり，もともとの用益権者（すなわち君）が死亡したら，これにより用益権は消滅する．したがって，用益権者（君）の相続人は用益権を提供するという債務を免れる．他方，用益権者（君）が生きているのであれば，買主である私が死亡したとしても，君は私の相続人に対し用益権を提供する義務を負う．

---

17) Grosso (1958), 315; Kaser, RPI, 548 n. 29.

第2のタイプの場合，私が売買により新たに用益権を取得したことになる．この場合，私の死亡により用益権は消滅する．しかし，用益権設定者である売主が死亡したとしても用益権の存否に影響はない．そのため君が死亡したとしても，君の相続人は依然として用益権を提供する債務を負うが，他方，用益権者である私が死亡すればこれにより用益権は消滅するので，用益権を提供する義務を君は負わない．

　ここで問題にしたいのは，もちろん第1のタイプについてである．その中で，Paulus は，ここで「使用・収益する権利」を売買を通じて移転することができることを当然の前提として議論を展開している．ここには，Papinianus や Marcellus にみられたような技巧的な工夫はなく，もはや売買が可能であることに対する疑念はない．

6. Ulpianus

> D. 7, 4, 29, 1 Ulp. 17 ad Sab.: Sed si emptum a me usum fructum proprietarius vendidisset, amitterem usum fructum, quaerendum est. et puto amitti, quoniam et hic non ut a me empto fruitur fundi emptor.
>
> 所有者が私から用益権を購入し，所有者が用益権を売却するならば，用益権が消滅するか否か問題となる．私は消滅すると考える．なぜなら，ここでも，農地の買主は，私から用益権を購入して，農地の収益活動を行っているわけではないのだから．

ここでは，B を用益権者として用益権が設定されている場合にあって，B がこの用益権を所有者である A に売却し，A がさらにこれを C に売却した場合，用益権が消滅するか否かが問題になっている．Ulpianus はこれを肯定し，その理由の説明として，B から C に売却されたわけではないことをあげている．

　ここで話題になっている消滅原因は，不使用による消滅である[18]．仮に用益

---

18) Beseler (1931), 67. 独訳では，quoniam 以下を "weil auch hier der Käufer des Landguts den Nießbrauch nicht als einer ausübt, der ihn von mir gekauft hat."「なぜなら，ここでもまた農地の買主は，用益権を，私から買った者として行使している

権者本人からCに売却されたのであれば，実際はCが使用・収益しているものの，法的には用益権者Bによる使用が継続しているとみることができる[19]．ところがこの事例では，Bは一旦所有者であるAに用益権を売却している．Ulpianusはここに使用の中断をみた上で，不使用による消滅という結論を導いている[20]．

この法文では，以上のように用益権の3つの形態の売買が言及されている．すなわち第1に用益権者Bと所有者との間の売買，第2に所有者と第三者との売買，第3に用益権者と第三者との売買である．この内第2の売買は，新たな用益権の設定とみるべきであって，用益権の譲渡という問題ではない[21]．第1の売買，第2の売買とも[22]，それが有効であることに疑いは差し挟まれていないが，売買（およびそれに引き続いてなされる引渡）により用益権が移転するという法的構成をUlpianusがとっているとはいえない．すなわち用益権者Bから所有者Aに用益権が売買されても，これによって当然に用益権が所有者に移転することで用益権が消滅するというものではなく，不使用により消滅するとUlpianusは考えている．他方，用益権者自身が第三者に売却した場合には，用益権者の使用は中断していないと理解している．

のではないのだから.」と訳しているが，ここでの訳も不使用による消滅を念頭においている．
19) D. 7, 1, 12, 2 Ulp. 17 ad Sab. ただしこの法文は売買ではなく賃貸と懇願的貸与の事例を取り上げている．売買については，D. 7, 1, 38 Marcian. 3 inst. をみよ．
20) このように考えないとquoniaum以下と整合的な形で解釈することができない．
21) 上述のD. 23, 3, 66 Pomp. 8 ad Q. Muc. には，"quoniam diximus usum fructum a fructuario cedi non posse nisi domino proprietatis" とあり cedere という単語が用いられている．これがin iure cessio のことを指していると理解するのであれば，本法文との間に矛盾は生じない．すなわち用益権者が法定譲渡により用益権を所有者に譲渡すれば，これにより用益権は即座に消滅するが，無方式に（すなわち売買と引渡により）移転するならば，即座には用益権は消滅せず，一定期間が経過することにより不使用により消滅する．
22) Ulpianusが用益権の売買が可能であると考えていたことは，D. 7, 1, 12, 2 Ulp. 17 ad Sab. から明らかである．

7. Marcianus

　D. 7, 1, 38 Marcian. 3 inst.: Non utitur usufructuarius, si nec ipse utatur nec nomine eius alius, puta qui emit vel qui conduxit vel cui donatus est vel qui negotium eius gerit. plane illud interest, quod, si vendidero usum fructum, etiamsi emptor non utatur, videor usum fructum retinere,

　もし自らが使用するのでも，彼の名義でもって別の誰か——例えば買った者や賃借した者や贈与を受けた者，または彼の事務を管理する者が使用していないのであれば，用益権者は，使用していないことになる．もちろん，次の点に相違がある．すなわち，私が用益権を売却したならば，仮に買主が使用していなくとも，私が用益権を維持するとみなされる．

　D. 7, 1, 39 Gai. 7 ad ed. provinc.: quia qui pretio fruitur, non minus habere intellegitur, quam qui principali re utitur fruitur.

　なぜなら，代金を収取する者は，元物を使用・収益する者と同じように所持しているとみなされるのだから．

　D. 7, 1, 40 Marcian. 3 inst.: Quod si donavero, non alias retineo, nisi ille utatur.

　もし私が贈与したならば，受贈者が使用していない限り，私は用益権を保持しない．

　ここで Marcianus が取り上げているのは，用益権の譲渡等における不使用による消滅の可否である．Marcianus は，用益権を賃貸したり，懇願的貸与をしたり，贈与をした場合には，これを受領した者が実際に使用しない限り，不使用による用益権の消滅が生じるという．この点は Ulpianus と同様である．ところが Marcianus は，売買の場合には話が異なるとする．すなわち，用益権が売却された場合，買主の使用・不使用にもかかわらず，用益権は消滅しないとする．ここで売買が可能であることはもはや全く問題にされていない[23]．

　用益権が設定された農地や建物を賃貸する場合，賃貸人である用益権者本人が一定程度これらの物をコントロールしているといえる．賃貸借関係においては，そのようなコントロールを行うことが契約関係においても可能である．例

---

23) Marcianus が用益権の売買が可能であると考えていたことは，D. 20, 1, 11, 2 Marcian. l. s. ad form. hypoth. からも明らかである．

えば，賃借人（特にcolonus）が使用・収益を行わない場合，契約関係を解消することができる[24]．しかし売却した場合には，原則としては売主は対象を以後コントロールすることはできない．したがって，買主が使用しないとしても，これに口出すことはできない．しかし，そうであるとするとこの場合，用益権者は用益権の消滅を阻むことはできないことになる．この点をMarcianusは克服しようとしたと想像される．

8. 小　　活

元来，用益権者は物を賃貸したり，懇願的貸与することができた．その後まずは贈与が認められる．懇願的貸与との相違は，実質的には撤回可能か否かというところにある．

さらに進んで，用益権の売買が徐々に認められていく．MarcellusやPomponiusは，あくまでも権利関係には変動がないとしつつ，買主が実質的には使用・収益が可能になるよう取りはからうという慎重な態度をとっている．PaulusやUlpianusは売買そのものの有効性に疑問を差し挟んではいないものの，売買と引渡により用益権が移転するという法的構成をとるにまでは至っていない．

また，古典期後期になると，贈与の場合とは異なり，不使用による（non utendo）消滅の判断にあたり，買主が実際に使用しているかどうかを問わないという原則が登場する．これにより，不使用による消滅を部分的に廃止し，これを通じて用益権者と買主との間の連続性を弱め，結果的に譲渡可能な財産的価値をもつ用益権を創出させる方向に踏み出しているとみることができるように思われる．

しかし，以上の変化にもかかわらず，売買による用益権の移転の際の用益権の消滅条件に変化はないことを忘れてはならない．すなわち，用益権者が生きている限りということで用益権が設定された場合，この用益権が譲渡されたと

---

24) D. 19, 2, 24, 2 Paul. 34 ad ed.

しても，譲受人ではなくこの用益権者の死亡により，用益権は消滅するということには変わりはない．

3. 質　　　入

前章でみたように用益権の売買・贈与も古典期の議論の中で認められるに至っていたが，さらに用益権の質入もまた認められるに至る[25]．

1. Iulianus/Gaius

　　D. 20, 1, 15 pr Gai. l. s. de form. hypoth.: Et quae nondum sunt, futura tamen sunt, hypothecae dari possunt, ut fructus pendentes, partus ancillae, fetus pecorum [et ea quae] <ut ea cum>[26] nascuntur sint hypothecae obligata: idque servandum est, sive dominus fundi convenerit aut de usu fructu[27] aut de his quae nascuntur sive is, qui

---

25) Wesener, RE, Sp. 1150; Kaser, RPI, 450 n. 30; Löffelmann (1996), 94 n. 62 Kunkel/Mayer-Maly (1987), 186. Mayer-Maly は，Papinianus 以降，質入が可能になったというが，Gaius 文からすると Iulianus 以降というべきではないか．

26) この部分は Mom. や独訳による修正の提案がある．"et ea quae" を simulatque にすべきではないかと疑問を呈している．独訳は "et ea quae" を ut ea cum に修正している．なおフィレンツェ写本には明確に et ea quae とある．Mommsen の修正に従って訳すと「生まれるや否や」となる．意味的には独訳の修正も同様となる．さしあたり独訳に従い訳出する．私見ではあるが，"et ea quae" は et ceterae quae の誤記の可能性もあり得るのではないだろうか．Gaius による用例としては，D. 21, 1, 18 pr Gai. 1 ad ed. aedil. curul.; D. 21, 1, 32 Gai. 2 ad ed. aedil. curul.; Gai. inst. 1, 194 がある．

27) Krüger による修正の提案は，"sive dominus fundi convenerit aut de [usu fructu] <fructibus> aut de his quae nascuntur sive is, qui usum fructum habet, sicut Iulianus scribit. とするもの．Mommsen は，むしろ sive dominus fundi convenerit [aut de usu fructu aut de his quae nascuntur] sive is, qui usum fructum habet, sicut Iulianus scribit." というものである．Krüger の修正によれば，「農地の所有者が果実または（土地）から生じるものについて合意するにせよ，用益権者が合意するにせよ……」となる．Mommsen によれば，「農地の所有者が合意するにせよ，用益権者が合意にするにせよ……」となる．Mommsen の修正は Basilica に沿ったものであるが，

usum fructum habet, sicut Iulianus scribit.

　現時点では存在していないが将来生ずる物も担保として提供することができる．例えば未収穫の果実，女奴隷の産む子，家畜の仔に——これらが生まれるや否や——hypothecaとして担保権を設定することができる．それゆえ，Iulianusが書いているところによると，農地の所有者が用益権を担保として提供した場合であれ，農地から生ずるであろう何かについて合意するにせよ，あるいは用益権者が合意するにせよ，これと同じことが遵守されねばならない．

　この法文[28]が真正であるという前提にたつ限り，用益権の担保設定に関して，次の2つが可能であるとするIulianusの見解が引用されていることになる[29]．すなわち，所有者が自己の農地の用益権を新たに設定し，これを担保として提供すること，また用益権者が自己の用益権を担保として提供することである[30]．

　Gaiusについては，次の法文にも関連する言及がある．

　D. 20, 4, 11, 3 Gai. l. s. de form. hypoth.: Si de futura re convenerit, ut hypothecae sit, sicuti est de partu, hoc quaeritur, an ancilla conventionis tempore in bonis fuit debitoris: et in fructibus, si convenit ut sint pignori, aeque quaeritur, an fundus vel ius utendi fruendi conventionis tempore fuerit debitoris.

　もし将来発生する物——例えば女奴隷の子——に関して，これをhypothecaとして与えるとの合意がなされるならば，女奴隷が合意の時点で債務者の財産中にあったかどうかが問題となる．また果実に関しても，もしこれを質とすることに合意されたならば，同様に，農地または用益権が債務者に帰属していたかどうかが問題となる．

　　単純化しすぎのように思える．所有者が農地の用益権を新たに設定し，それを担保として提供するということも十分に考えられるのではないか．
28)　Löffelmann (1996), 90 ff. 参照．
29)　KaserやMayer-Malyは，おそらくこの点について疑いをもっていたのであろう．
30)　ここの2つの形態をあわせて取り上げる論じ方は，D. 18, 6, 8, 2 Paul. 33 ad ed. のそれとよく似ている．

ここでも，用益権を質入することは可能であるとの前提で議論が展開されている．

2. Papinianus/Marcianus

D. 20, 1, 11, 2 Marcian. l. s. ad form. hypoth.: Usus fructus an possit pignori hypothecaeve dari, quaesitum est, sive dominus proprietatis convenerit sive ille qui solum usum fructum habet. et scribit Papinianus libro undecimo responsorum tuendum creditorem et si velit cum creditore proprietarius agere "non esse ei ius uti frui invito se", tali exceptione eum praetor tuebitur: "si non inter creditorem et eum ad quem usus fructus pertinet convenerit, ut usus fructus pignori sit": nam et cum emptorem usus fructus tuetur praetor, cur non et creditorem tuebitur? eadem ratione et debitori obicietur exceptio.

用益権を質または抵当として与えることが——所有者が（用益権を担保として与えることに）合意するという形であれ，用益権のみを有する者が合意するという形であれ——できるかについて質問がなされた．Papinianus が『解答録』の 11 巻で次のように書いている．所有者が債権者を相手方として「債権者には自己の意思に反して使用・収益する権利はない」と訴えた場合，債権者は保護されるべきである．法務官は次のような抗弁で債権者を保護する「もし債権者と用益権者との間で，用益権を質物とするとの合意がなされていないならば」．法務官は買主との間でも保護するのに，なぜ債権者が保護されないということがあり得ようか．これと同じ理由により，債務者に対しても抗弁により対抗できる．

ここでも[31]用益権の移転に関して，所有者が提供する場合と用益権者が提供する場合とがあわせて論じられている．いずれの場合であれ，用益権が債権者に担保として提供された場合，所有者は「自己の意思に反して使用・収益する権利はない」として訴えることはできない，すなわち否認訴権（actio negatoria）を債権者に対して提起することはできないと Papinianus はいう．これにより，債権者は少なくとも所有権者との間では用益権の質入の有効性を主張することができる．

---

31) Wacke (1969), 375f.; Grosso (1958), 314ff.; Kaser, RPI, 450 n. 30; Kaser (1984), 91 n. 412.

末尾（nam et 以下）で Marcellus 自身の見解が展開される．彼は，用益権の売却が可能である以上，質入も当然可能であるはずとする[32]．Marcellus が用益権の質入を可能とみていたことは，次の法文でも確認できる．

D. 20, 6, 8 pr Marcian. l. s. ad form. hypoth.: Sicut de re corporali extincta, ita et usu fructu exstincto pignus hypothecave perit.
有体物が消滅したときと同様，用益権が消滅したときも，質権や抵当権は消滅する．

4. 建物の改変

1. Nerva

D. 7, 1, 13, 7 Ulp. 18 ad Sab.: Sed si aedium usus fructus legatus sit, Nerva filius et lumina immittere eum posse ait: sed et colores et picturas et marmora poterit et sigilla et si quid ad domus ornatum. sed neque diaetas transformare vel coniungere aut separare ei permittetur, vel aditus posticasve vertere, vel refugia aperire, vel atrium mutare, vel virdiaria ad alium modum convertere: excolere enim quod invenit potest qualitate aedium non immutata. item Nerva eum, cui aedium usus fructus legatus sit, altius tollere non posse, quamvis lumina non obscurentur, quia tectum magis turbatur: quod Labeo etiam in proprietatis domino scribit. idem Nerva nec obstruere eum posse.

建物の用益権が遺贈された場合，息子 Nerva がいうには，用益権者は窓を設置することができる．色をつけたり，絵を書いたり，大理石を置いたり，彫像など家を装飾することもできる．しかし部屋の形状を変更したり，部屋をくっつけたり，分割したりすることは用益権者に許されてはいない．また，玄関や裏口を取り替えたり，地下道をつくったり，アートリウムをかえたり，緑地を一定程度にまでつくりかえたりすることもできる．なぜなら，用益権者は，建物の質に変更を加えない

---

[32] この発想は，Gaius にも確認できる．D. 20, 1, 9, 1 Gai. 9 ad ed. provinc.: Quod emptionem venditionemque recipit, etiam pignerationem recipere potest.「売買が可能な物は，さらに質入することもできる．」

範囲で，手に入れた物をより美しくすることはできるのだから．同様にNervaは，用益権の遺贈を受けた者は，たとえ採光を妨害するものでないとしても，より高く建てることはできないという．なぜなら，屋根がかきみだされるから．Labeoは，さらに財産の所有者についても書いている．同じNervaは，彼は塞ぐこともできないという．

Ulpianusは[33]，建物の用益権を遺贈により取得した者が建物にどの程度まで改変を加えてよいかについて論じる中で，Nervaの見解を引用している．しかし，どこまでがNervaの見解でどこからがUlpianusのものなのかがわかりにくい．文字通りに読むならば，(1) et lumina immittere（窓を設置してよいこと），(2) altius tollere non posse（建物を高くしてはいけないこと），(3) nec obstruere eum posseのみがNervaの見解ということになろう．前二者が何を意味しているかは明確であるが，最後のものはobstruereの目的語が欠けているため，意味が判然としない．またeumが所有者を指しているのか用益権者を指しているのかわからない．D. 8, 2, 6 Gai. 7 ad ed. provinc.では，obstruereという単語は，窓をつぶすこと（具体的には，窓用に空いている壁の穴をレンガ等をつめてこれをつぶすこと）[34]を意味している．仮にeumが用益権者を指しているとするならば，Nervaは，一方で用益権者が壁に窓をあけることはできるとしつつ，他方で壁を埋めて窓を塞ぐことはできないといっていることになる[35]．むしろeumを所有者と読む方が無理のない理解ではなかろうか．

---

33) この法文についての文献は，本章注55)参照．
34) D. 8, 5, 6 pr Ulp. 17 ad ed. もみよ．
35) Glossa ad v. "obstuere" (D. 7, 1, 13, 7). この点に関する文献は，Bretone (1962), 132 n. 122をみよ．それによると，Riccobono (in: Studi Scialoja I. 595 n. 2) は，もともとは，冒頭の "lumina immittere eum posse" のluminaの前にnequeが入っていたと推測している．しかし，そのように解釈すると，このパラグラフ全体の話の流れが破壊される．Ulpianusはここでまずは用益権者ができることについてのNervaの見解を紹介し，その上で自らいくつかの例を補足する．そして，できないことについて話を展開し，まずは自分の意見を述べた上で，Nervaの見解を紹介している．

2. Proculus

Pomponius『Sabinus 注解』に由来する D. 7, 1, 19 pr の中で[36]，Proculus の見解が引用されている．

> D. 7, 1, 19 pr Pomp. 5 ad Sab.: Proculus putat insulam posse ita legari, ut ei servitus imponatur, quae alteri insulae hereditariae debeatur, hoc modo: "si ille heredi meo promiserit per se non fore, quo altius ea aedificia tollantur, tum ei eorum aedificiorum usum fructum do lego" vel sic: "aedium illarum, quoad altius, quam uti nunc sunt, aedificatae non erunt, illi usum fructum do lego."
>
> Proculus は，あるインスラの用益権の遺贈にあたり，相続財産中の別のインスラを要役地とする形で地役権を設定することができると考えた．それは「もしその者が私の相続人に対して，その建物を高くしないと問答契約を通じて約束するならば，この者にこれらの建物の用益権を与え遺贈する．」あるいは，「これらの建物が現状よりも高く建てることがないならば，その用益権を私は与え遺贈する．」という文言を入れることによる．

隣接する 2 つのインスラ X とインスラ Y を有する者 A がこのインスラ X を B に相続させ，インスラ Y の用益権を C に遺贈した[37]．インスラ Y の所有権を取得する者が誰であるかは示されていない．このような場合に，Proculus は，遺言書の中で，インスラ X を要役地，インスラ Y を承役地とする形で，インスラ Y をより高く建ててはならないという内容の地役権（servitus）を設定することができるという[38]．

---

36) この法文については，Finkenauer (2010), 385ff.; Bretone (1967), 42, n. 47, 106-108; Solazzi (1954), 142ff.; Elvers (1856), 704, n. l. を参照．

37) 原文には insulam posse ita legari とあるが，Mommsen は，"insulae usum fructum posse ita legari" ではないかと推測している．独訳は Mommsen に従っている．ここを原文通りに解釈した上で，ここでは属州の土地の所有権が遺贈されていると解する解釈もある．この点については Finkenauer (2010), 387f. 参照．しかし，属州の土地である可能性を完全に否定することはできないものの，そう考えねばならない理由もない．

上述の Nerva によると用益権者は建物を高くすることはできない[39]．Proculus が Nerva と同じ見解であったとすると，用益権の遺贈にあたり，より高く建ててはならないことを内容とする地役権を設定する必要性は全く存在しない．したがって，ここで Proculus が地役権の設定を問題にしたのは，彼が用益権者といえども建物を高くすることができると考えていたためであるか，あるいは少なくともこれが可能であるかに関して議論が存在したためであるとみることができよう[40]．

3. Neratius

以下の 2 法文および D. 7, 1, 7, 3 Ulp. 17 ad Sad.（後述 244 頁参照）に Neratius の見解が伝わっている．

> D. 7, 1, 44 Ner. 3 membr.: Usufructuarius novum tectorium parietibus, qui rudes fuissent, imponere non potest, quia tametsi meliorem excolendo aedificium domini causam facturus esset, non tamen id iure suo facere potest, aliudque est tueri quod accepisset an novum faceret.
> 用益権者は，新たな漆喰を，何もぬっていない壁にぬってはいけない．なぜなら，所有者の建物をよりよい状況にするにせよ，これを用益権者は自己の権利に基づいて行うことはできないのだから．なぜなら，受領した物の維持管理と新たな工事とは別物なのだから．
>
> D. 7, 1, 61 Ner. 2 resp.: Usufructuarius novum rivum parietibus non potest

---

38) Finkenauer (2010), 388 は物権的効力を伴う形で servitus が設定されたと考える．Solazzi (1954), 142 は，第 1 の遺言書の内容は，B が insula Y を高く改築することを C が妨害してはならないというものであると解している．この解釈に対する批判は Finkenauer (2010), 384f.
39) Finkenauer (2010), 386.
40) Nerva (D. 7, 1, 13, 7) や Neratius (D. 7, 1, 7, 3)，Ulpianus (D. 7, 1, 13, 8) の見解と Proculus 文とを調和させることができないことが，Finkenauer (2012), 386ff. が D. 7, 1, 19 pr では属州の土地が問題になっていると考える契機となっているが，Proculus が他の法学者とは異なる見解を有していたという理解もまた可能ではないかと思われる．

imponere. aedificium inchoatum fructuarium consummare non posse placet, etiamsi eo loco aliter uti non possit, sed nec eius quidem usum fructum esse: nisi in constituendo vel legando usu fructu hoc specialiter adiectum sit, ut utrumque ei liceat.

　用益権者は，新たな水路を壁の上に設置してはならない．たとえその場所を別の形で使うことができないとしても，未完成の建物を用益権者は完成させてはならないとされている．しかし，その場所を使用・収益する権限は用益権者にはない．ただし，用益権の設定または遺贈にあたり，この両方について特別に付加された場合はこの限りではない．

　D. 7, 1, 44 では[41]，用益権者は壁に新たな漆喰をぬってはならないとされている．Neratius は，物の維持管理（tueri）と新たな工事（novum facere）とを区別し，用益権者ができるのは前者だけであるとし，もともと何もぬっていない壁に漆喰をぬることは後者にあたるとしている．これに対し，D. 7, 1, 7, 3 では[42]，用益権者は建物の修理をすることは可能であり，さらに嗜好ゆえのこととして，漆喰をぬったり舗装をすることも可能であるとされている．D. 7, 1, 61 では[43]，水路（rivum）[44]の設置が許されるかどうかが問題となっており，Neratius は，未完成の建物を完成させること[45]は許されないとして，これを否定した．

　漆喰の塗装の可否に関し，一見したところ，D. 7, 1, 44 と D. 7, 1, 7, 3 との間に不一致がある．しかしこの点については，D. 7, 1, 61 とあわせて考えること

---

41) この法文については，Ussani (1979), 28-30; Kaser, RPI, 450 n. 26; Bretone (1962), 113-115 を参照．
42) この法文については Bretone (1962), 114 n. 79; Grosso (1958), 111f., 162-165 を参照．訳文およびテキストについては，後述第14章第1節1参照．
43) この法文については Bretone (1962), 115.
44) rivus という単語は通常は，「川」を意味するが，ここでは導水のための設備を指している．このような rivus の用例としては，Vitr., 8, 6, 1 をあげることができる．
45) consummare については，D. 50, 16, 139, 1 をみよ．D. 50, 16, 139, 1 Ulp. 7 ad leg. Iul. et Pap. "Perfecisse" aedificium is videtur, qui ita consummavit, ut iam in usu esse possit. 「建物を「完成させる」とは，建物を利用可能なように consummare することをいう．」

で克服できる．すなわち，D. 7, 1, 61 によると，Neratius は，未完成の建物に用益権が設定された場合にその建物を完成させることはできないとする．D. 7, 1, 44 の事例では壁にはもともと何も塗られておらず，Neratius にしてみると，この建物は少なくとも漆喰に関しては未完成であり，そうである以上，そこに新たに漆喰を塗ることは「新たな工事」にあたり許されないということになるのであろう．他方，D. 7, 1, 7, 3 では，あくまでも修理の一環として漆喰の塗装が問題となっており，その枠内であれば，自分の好みに応じてもともと塗ってあった漆喰の性状を変更することは許容されるということになると思われる．

4. Ulpianus

Ulpianus は，『Sabinus 注解』18 巻の中で，「用益権の担保問答契約と所有者の権利」について論じている[46]．用益権者と所有者は，前者による用益権行使の開始に先立ち，(1) 用益権者が善良な第三者の裁定に従い物を使用すること，(2) 用益権が消滅した後，用益権者が物を返還することを内容とする担保問答契約を締結する[47]．この (2) に関して Ulpianus は，まず一般的な形で次のように述べる．

> D. 7, 1, 13, 4 Ulp. 18 ad Sab.: Fructuarius causam proprietatis deteriorem facere non debet, meliorem facere potest. [...]
> 用益権者は財産の状況を悪化させてはならないが，より良くすることはできる．……

その上で，Ulpianus は，農地 (fundus)，建物 (aedificium)，邸宅 (domus)，奴隷，衣服について各説する．以下では建物と邸宅についての叙述を取り上げるがそれに先立ち，他の物についての Ulpianus の所説を簡単にみておくことにしたい．

農地の用益権が遺贈された場合，用益権者は果実を生む樹木の切断，農地内

---

46) Lenel, Pal, II, 1070.
47) D. 7, 9, 1 pr Ulp. 79 ad ed. Lenel, EP, 538f.; Finkenauer (2010), 294ff.

のvillaの取り壊し，その他財産状況の悪化につながる行為をしてはならない．また，趣味性の高い別荘付き農園の場合には，庭園や遊歩道，散歩道，木陰などを，利益を生む設備に改変することはゆるされない[48]．農園に石切り場や，石灰堀場，砂堀場や，鉱物採掘場を設けてよいかについてもUlpianusは言及し，その設置が農業を害するものでなければ可能であるとする．またこれによる利益が農園本来のものより上回る場合には，所有者の許可があれば，ブドウ畑やオリーブ畑を撤去してもよいと述べている[49]．ただし，その周辺の大気を汚したり維持に費用のかかる過剰な設備を要するものであってはならないとする[50]．

奴隷の用益権が遺贈された場合，その不適切な利用は禁止され，その性質に応じた形で利用することが求められる．例えば，書記として働いていた奴隷を農園に送り農作業に従事させたり，俳優を浴場で働かせたり，音楽家を給仕係にしたり，格闘技家に汚物を扱わせてはならない[51]．奴隷には十分に栄養を与え，衣類を提供することが求められる[52]．

衣服の用益権が遺贈された場合にも，不適切な利用が禁止され，通常はこれを賃貸することはできない[53]．舞台衣装が遺贈されたのであれば舞台衣装として用いられねばならないが，従来，賃貸されることを常とするものであったのであれば，用益権者もまた賃貸してよいとされる[54]．

それでは，建物についてのUlpianusの所説をみていくことにしよう．Ulpianusは，まずは建物一般について述べ（D. 7, 1, 13, 7），続いて邸宅（domus）に特化した形で論じている（D. 7, 1, 13, 8）．

---

48) D. 7, 1, 13, 4 Ulp. 18 ad Sab.
49) D. 7, 1, 13, 5 Ulp. 18 ad Sab.
50) D. 7, 1, 13, 6 Ulp. 18 ad Sab.
51) D. 7, 1, 15, 1 Ulp. 18 ad Sab.
52) D. 7, 1, 15, 2 Ulp. 18 ad Sab.
53) D. 7, 1, 15, 3 Ulp. 18 ad Sab.
54) D. 7, 1, 15, 5 Ulp. 18 ad Sab.

D. 7, 1, 13, 7 (231頁を参照) で Ulpianus は[55]，専ら Nerva の見解を肯定的に引用しつつも，自らの意見も補足的に述べている．彼によると，用益権者ができることは，次の通りである．(1) 窓を開けること (Nerva)，(2) 色をつけたり，絵を書いたり，大理石を置いたり，彫像など家を装飾すること (Nerva?)，これに対し，できないことは次の通りである．(1) 部屋の形状を変更したり，部屋をくっつけたり，分割したりすること，(2) 玄関や裏口を取り替えること，(3) 地下道をつくること，(4) アートリウムの形状をかえること，(5) 緑地を一定程度にまでつくりかえること．(6) 建物をより高くすること，(7) 何か (窓?) を塗りつぶすこと (?)．Ulpianus はこの法文の中頃で，「なぜなら，用益権者は，手に入れた物をより美しくすることはできるものの，それは建物の質に変更を加えない範囲に限られるのだから．」と述べているが，これがこうした区別の背景にある考えとみることができよう[56]．

Ulpianus は次の段落では，さらに焦点を絞り，ドムスの使用・収益のあり方について論じている．

> D. 7, 1, 13, 8 Ulp. 18 ad Sab.: Item si domus usus fructus legatus sit, meritoria illic facere fructuarius non debet nec per cenacula dividere domum: atquin locare potest, sed oportebit quasi domum locare. nec balineum ibi faciendum est. quod autem dicit meritoria non facturum ita accipe quae volgo deversoria vel fullonica appellant. ego quidem, et si balineum sit in domo usibus dominicis solitum vacare in intima parte domus vel inter diaetas amoenas, non recte nec ex boni viri arbitratu facturum, si id locare coeperit, ut publice lavet, non magis quam si domum ad stationem iumentorum locaverit, aut si stabulum quod erat domus iumentis et carruchis vacans, pistrino locaverit,
>
> ドムスの用益権が遺贈された場合，そこに貸間をつくってはならない．またドムスをいくつかのケーナークルムに分割してはならない．しかし，賃貸することはできるが，ドムスとして賃貸しなければならない．また，ここに浴場を建設してはならない．上で「貸間をつくってはならない」と述べていることは，通例，人々が宿

---

55) D. 7, 1, 13, 7 については，Bretone (1962), 131-133; Grosso (1958), 119-120 参照．
56) Bretone (1962), 131f.

屋または洗濯屋と呼んでいるもののことを指していると理解しなければならない．私は，仮に邸宅の中に浴室があったとしても，この浴室は所有者による利用に供されており，ドムスの奥まったところか，あるいは魅力的な複数の居室にはさまれたところにある場合において，用益権者が，公衆が入浴できる形でこの浴室を賃貸し始めるならば，これが善良な第三者の裁定に基づくものでない限り，適法に行動しているとはいえないと考える．このことは，邸宅を家畜置き場として賃貸したり，このことは，ドムスであった建物を家畜や馬車をおくための家畜小屋としてパン屋に賃貸することと何らかわることはない．

　ドムス（domus）の用益権が遺贈された場合について論じるこのパラグラフは，ego quidem の前と後で大きく２つにわかれている．前半では，ある法学者の見解がまとめられている[57]．独訳は Neratius の見解であると解しているが，このパラグラフが『Sabinus 注解』からの抜粋であることを考えると，Sabinus の見解である可能性もある．他方，ego quidem 以下では明確に Ulpianus の見解が展開されている．

　前半では，邸宅に貸間を作ったり，ケーナークルム[58]，集合住宅，宿所[59]，浴場といった性質の異なる建物に改築することが許されないことが示されている．後半で Ulpianus は，仮に建物を改築しなくとも，邸宅としての本来の使い方と異なる形で使用されることを目した賃貸ができないとする理論を展開している．その具体例として，Ulpianus は，邸宅所有者の自己使用のための浴場を公衆浴場として賃貸すること，ドムスを家畜置き場として賃貸することをあげている．

---

57) この点が明確になるのは，"dicit"という表現からである．しかし，この単語は Hal 版では "dicitur" になっている．独訳では主語が Nerva であるとして訳出している．appellant も Hal 版では appellantur となっている．
58) 例えば Herculaneum, V, 15 は，元来アートリウム型住居をいくつかのケーナークルムに分割している．
59) deversorium については，Frier (1977), 31f.; Frier (1980), 27 をみよ．Frier は，これは単に旅行者のための宿舎のみならず，低所得者層のための住居をも指すと指摘している．

第 14 章
建物の維持管理

　本章では，建物の維持管理に関し，用益権者と所有者がいかなる形で責任や費用を分担するかについてみていくことにする．

　まずは建物が滅失した場合の処理について概観しておきたい[1]．ある建物の用益権を遺贈する旨の遺言書が作成され，遺言書が有効になるまでの間にこの建物が滅失した場合には，用益権の遺贈自体が無効になる[2]．遺言書が有効に

---

1) Kaser, RPI, 452 n. 55; Nörr (2009), 12ff.; Schermaier (2001), 301ff.
2) D. 7, 1, 53 Iav. 2 epist.: Si cui insulae usus fructus legatus est, quamdiu quaelibet portio eius insulae remanet, totius soli usum fructum retinet.「ある者に insula の用益権が遺贈された場合，insula の一部が残っている限り，その者は，用益権を insula 全体について保持する．」

　D. 7, 1, 36 pr Afr. 5 quaest.: Qui usum fructum areae legaverat, insulam ibi aedificavit: ea vivo eo decidit vel deusta est: usum fructum deberi existimavit. contra autem non idem iuris esse, si insulae usu fructu legato area, deinde insula facta sit. [...]「遺言者は敷地の用益権を遺贈し，そこに insula を建設した．遺言者が生きている間にこれを破壊したり，これが消失するならば，用益権は消滅したと判断しなければならない．しかし，insula の用益権が遺贈され，これが更地となり，そしてまた insula が建設された場合には，同じ法があてはまるわけではない．」

　D. 7, 1, 34, 2 Iul. 35 dig.: Universorum bonorum an singularum rerum usus fructus legetur, hactenus interesse puto, quod, si aedes incensae fuerint, usus fructus specialiter aedium legatus peti non potest, bonorum autem usu fructu legato areae usus fructus peti poterit: [...]「総体的な財産上の用益権が遺贈されたのか，個々の財産のそれが遺贈されたのかは，次のような形で相違をうむと私は考える．すなわち，建物が消失した場合，特定の建物の用益権が遺贈されている場合には，用益権の請求はできなくなる．これに対し，総体的な財産の用益権が遺贈された場合には，（焼け残った）敷地を請求することができる．……」

なり，用益権が発生し，用益権者が建物をうけとるまでの間に，建物の所有者によって建物が取り壊された場合も，用益権は消滅する．用益権者が建物を受領するに際し，通例，返還に関する担保問答契約が締結される．これにより保管（custodia）責任が用益権者に負わされることになり，vis maiorや老朽化に

D. 7, 1, 2 Cels. 18 dig.: Est enim usus fructus ius in corpore, quo sublato et ipsum tolli necesse est.「用益権は，有体物上の権利である．有体物が滅失するならば，用益権自体も消滅しなければならない．」

D. 7, 4, 5, 2 Ulp. 17 ad Sab.: Rei mutatione interire usum fructum placet: veluti usus fructus mihi aedium legatus est, aedes corruerunt vel exustae sunt: sine dubio extinguitur. an et areae? certissimum est exustis aedibus nec areae nec cementorum usum fructum deberi. et ita et Iulianus.「物の改変により用益権が消滅することは異論のないところである．例えば，建物の用益権が私に遺贈され，建物が倒壊するか消失するならば，（用益権が）消滅することに疑いはない．それでは，敷地についての用益権はどうなるであろうか．全くもって明確なことであるが，建物が消失するならば，敷地についてもコンクリートについても用益権が負われることはない．Iulianusも同様に考えている．」

D. 7, 4, 12 pr Ulp. 17 ad Sab.: Si cui balinei usus fructus legatus sit et testator habitationem hoc fecerit, vel si tabernae et diaetam fecerit, dicendum est usum fructum extinctum.「ある者に浴場の用益権を遺贈し，遺言者がここに住居を作るならば，あるいは店舗や小部屋に改装するならば用益権は消滅したといわねばならない．」

D. 8, 2, 20, 2 Paul. 15 ad Sab.: Si sublatum sit aedificium, ex quo stillicidium cadit, ut eadem specie et qualitate reponatur, utilitas exigit, ut idem intellegatur: nam alioquin si quid strictius interpretetur, aliud est quod sequenti loco ponitur: et ideo sublato aedificio usus fructus interit, quamvis area pars est aedificii.「雨滴を落とす側の建物（要役建物）が取り壊され，同種・同質の建物が再築された場合，便益上，同じ権利が設定されたことになるとされる．もしそうではなく，より厳格に解釈がなされるならば，あとからそこに建てられた物は別のものであることになる．それゆえ，建物がなくなれば用益権は消滅する．たとえ建物が用益権の一部であるとしても．」

Paul. Sent. 3, 6, 31: Rei mutatione amittitur ususfructus, si domus legata incendio conflagraverit aut ruina perierit, licet postea restituatur.「domusが遺贈され，火事により消失したか倒壊した場合，仮にその後に修復されたとしても，物の改変により用益権は消滅する．」

よらざる滅失については用益権者が責任を負うことになる[3]．

以上までは大きな問題はない．問題になるのは，用益権者が物を受領し用益権が消滅し物を返還するまでの間の物の維持管理である．この負担をいかに分担するかについて比較的多くの議論が展開されている．ここでは，まずは修理の問題全般をみた上で[4]，相隣関係において発生する修理負担を所有者と用益権者がいかに分担するかに特化した形で法学者の議論を追っていくことにする．

1. 修繕の負担の分配

1. Marcellus/Cassius/Aristo/Neratius

Ulpianusは，用益権の設定された建物の修理に関し，比較的まとまった形で次のように述べている（D. 7, 1, 7, 2-3）[5]．

 D. 7, 1, 7, 2 Ulp. 17 ad Sab.: Quoniam igitur omnis fructus rei ad eum pertinet, reficere quoque eum aedes per arbitrum cogi Celsus scribit Celsus libro octavo decimo digestorum, hactenus tamen, ut sarta tecta habeat: si qua tamen vetustate corruissent, neutrum cogi reficere, sed si heres refecerit, passurum fructuarium uti. unde Celsus de modo sarta tecta habendi quaerit, si quae vetustate corruerunt reficere non cogitur: modica igitur refectio ad eum pertinet, quoniam et alia onera adgnoscit usu fructu legato: ut puta stipendium vel tributum vel [salarium] <solarium> vel alimenta ab ea re relicta. et ita Marcellus libro tertio decimo scribit.

 あらゆる果実は用益権者のものとなるのであるから，この建物の修繕もまた裁定人を通じて用益権者が強制されるとCelsusはCelsus著『法学大全』8巻で書いている．しかし，それはsarta tectaの保持を限度とする．しかし，もし老朽化により倒壊するならば，両者とも修繕を強制されることはない．しかし，相続人が修繕を完了したならば，用益権者が利用することを相続人は許容しなければならない．

---

3) D. 7, 1, 7, 2 Ulp. 17 ad Sab.; D. 7, 9, 2 Paul. 75 ad ed.
4) Kaser RPI, 450 n. 26; Grosso (1958), 162-165; Wesener, RE, 1151f.
5) Grosso (1958), 162ff.

244　第Ⅱ部　用益権者・使用権者

　Celsus は，さらに進んで，sarta tecta という限度について探究している．彼によると，老朽化ゆえに倒壊した場合には修理を強制されることはない．しかし，日常的な修理は用益権者がしなければならない．なぜならば，用益権が遺贈された場合には，この他の負担もまた用益権者が負うのであるから．例えば，元老院属州地税，皇帝属州地税，地代，この物に関して遺贈された扶養費など．Marcellus の 13 巻もまた同様に書いている．

　D. 7, 1, 7, 3 Ulp. 17 ad Sab.: Cassius quoque scribit libro octavo iuris civilis fructuarium per arbitrum cogi reficere, quemadmodum adserere cogitur arbores: et Aristo notat haec vera esse. Neratius autem libro quarto membranarum ait non posse fructuarium prohiberi, quo minus reficiat, quia nec arare prohiberi potest aut colere: nec solum necessarias refectiones facturum, sed etiam voluptatis causa ut tectoria et pavimenta et similia facere, neque autem ampliare nec utile detrahere posse,

　Cassius もまた，『市民法論』の 8 巻で書いている．用益権者は，裁定人を通して，修理を強制される．このことは，植樹を強制されることと同様である．Aristo もまたこれは正当であると注記している．Neratius の『membrana』の 4 巻は次のように述べる．「用益権者による修理が禁止されてはならない．なぜなら，耕鋤や耕作が禁止されることはないのだから．また，必要な修理のみならず，嗜好ゆえのこと——例えば漆喰や舗装やその他類似のこと——をすることもできる．しかし，拡張したり有用な部分を取り去ったりしてはらならない．」

　ここで Ulpianus は，Celsus，Marcellus，Cassius，Aristo，Neratius の見解を紹介している．この 5 人と Ulpianus の間で，建物の修理をする義務が用益権者にあることについて異論はない．この中の Celsus については次節で取り上げることにし，ここではその他の 4 人についてみておくことにしたい．

　D. 7, 1, 7, 2 の末尾で，Celsus の見解と同様の見解を述べるものとして Marcellus の名を Ulpianus はあげている．しかし，その前に紹介されている Celsus の見解とどの範囲まで Marcellus の見解が一致しているのかはこの法文からはわからない．なお税負担についての Marcellus の見解は D. 7, 1, 52 Mod. 9 reg. にも伝わっている[6]．

---

　6)　D. 7, 1, 52 Mod. 9 reg.: Usu fructu relicto si tributa eius rei praestentur, ea usufructuarium praestare debere dubium non est, nisi specialiter nomine

Cassius は，用益権者が「裁定人を通して」建物の修理を強制されるとする．用益権者と所有者は，通例，使用・収益の開始前に担保問答契約を締結するが，その中には「善良な者の裁定により君が使用・収益すること」が含まれる[7]．修理の強制は，この担保問答契約に基づくということであろう．Cassius は，建物の修理が強制されることは，樹木の植樹が強制されることと同様であるという．樹木については，Paulus が同様のことを述べているところである[8]．以上のことについて Aristo も同意見であったと Ulpianus は伝えている．

　Neratius は，所有者が建物の修理を妨害する場合には，この妨害を排除することもできるという．その上で，修理を超える形であっても一定の範囲で建物に改変を加えることができるという．

2. Celsus ――特に sarta tecta について

　D. 7, 1, 7, 2 の中で Ulpianus によって紹介されている Celsus の見解は，次の4点に分解することができる．第1に，所有者が用益権者に対して建物の修理を強制できることを前提にした上で[9]，建物の修理費用は用益権者が負担する

---

　　fideicommissi testatori placuisse probetur haec quoque ab herede dari. 「用益権が遺贈された場合において，その物に関して皇帝属州地税が給付されねばならないのであれば，これを用益権者が支払わなければならないことに疑いはない．ただし信託遺贈の名義で遺言者が特別に，これもまた相続人が支払うべきと考えていたことが証明される場合にはこの限りではない．」この法文については，Grosso (1958), 171-172; Solazzi (1957), 306-310; Bretone (1962), 111 n. 67 参照．

　　また，D. 7, 1, 27, 3 Ulp. 18 ad Sab. によると，Ulpianus は，下水溝の使用に関する費用もまた用益権者が負担すべきとしている．

7)　前述第12章第4節4参照．
8)　D. 7, 1, 18 Paul. 3 ad Sab.: Agri usu fructu legato in locum demortuarum arborum aliae substituendae sunt et priores ad fructuarium pertinent. 「農地の用益権が遺贈された場合，枯れた樹木のあった場所に別の樹木を代わりに植えねばならない．またもともとの樹木は用益権者に帰属する．」
9)　D. 39, 2, 9, 5 Ulp. 53 ad ed. が伝えるところによると，Celsus は，用益権者が修繕を行わない場合所有者は使用・収益を禁止することができると述べている．

　　また，D. 7, 1, 9pr Ulp. 17 ad Sab. によると，同じく Celsus『法学大全』8巻は農

ことは，果実収取が可能であることの引き換えであること．第2に，建物の修理は，sarta tecta を限度とすること．第3に，修理の他に用益権者は，各種の税負担等をもしなければならないこと．以下，このそれぞれについてみていくことにしたい．

用益権者はそれが設定されている物から生じた果実（fructus）を取得する権利がある[10]．果実は，最も典型的には，農地から生じる農作物や家畜から生まれた仔を意味しているが[11]，この果実には，建物を賃貸して得られる賃料も含まれる[12]．修理の負担を用益権者が負う実質的根拠を Celsus はこの果実収取権に求めている．これと同様の見解は，D. 7, 8, 18 Paul. 9 ad Plaut. にもみることができるが，この法文については使用権のところでみることにする．

修理の程度について Celsus は，sarta tecta を限度とすると述べている．ここでいう sarta tecta という表現の意味について，Festus が次のように説明している[13]．

> Fest.-Paul. (Lind., 429), sv, sarte: Sarte ponebant pro integre. ob quam causam opera publica, quae locantur, ut integra praestentur, sarta tecta vocantur, etenim sarcire est integrum facere.
>
> sarte という単語は，無傷（integer）という意味をあらわしていた．それゆえ，公共の建造物に関する工事が発注され，無傷の状態に保たれているならば，それは

地に用益権が設定されている場合，用益権者は農作業（colere）を行うことを強制されると述べている．
10) D. 7, 1, 7 pr-1 Ulp. 17 ad Sab.
11) Heumann/Seckel, art. Fructus をみよ．
12) D. 7, 1, 7, 1 では Ulpianus は reditus という単語を用いている．しかし，以下の法文の示すところでは，Papinianus, Paulus, Ulpianus は，賃料収入も fructus という概念に含めている．D. 6, 1, 62 pr Pap. 6 quaest.; D. 22, 1, 36 Ulp. 61 ad ed.; D. 5, 3, 29 Ulp. 15 ad ed.; D. 7, 8, 18 Paul. 9 ad Plaut.
13) この用語についての文献としては，Andrea Trisciuoglio, Sarta tecta, ultrotributa, opus publicum faciendum locare. sugli appalti relativi alle opere pubbliche nell'età repubblicana e augustea, Napoli 1998, 7-12 が詳しい．

「sarta tecta である」と呼ばれるのである．なぜなら，sarcire は integrum（元の状態，無傷の状態）にすることであるのだから．

Festus のこの説明によれば，建物をもともとの状態に維持することが用益権者に求められているといえるが，Celsus はさらに詳細に議論を進めている．すなわち，Celsus は建物が老朽化により倒壊した場合には，用益権者は，建物を修理してもともとの状態に戻す必要はないとする．Celsus によると，用益権者が負担しなければならない修理は modica refectio（日常的な修理）のみであり，老朽化による倒壊の防止まで責を負うものではない．もちろん倒壊に至るならば用益権は消滅する．

最後に Celsus は，用益権者による修理の負担は，税などの費用負担を用益権者がしなければならないことと同様であるという．Celsus は，まずは stipendium と tributum をあげる[14]．前者は，元老院属州の土地から徴収される土地税であり，後者は皇帝属州からの土地税である[15]．こうした属州の土地の用益権が設定された場合にはその土地の占有者が支払うべきこうした税は用益権者が負担しなければならない[16]．これに続けて salarium（給与）という単語がでてくるが，これについては solarium（地代）の誤記と理解したい[17]．そうであれば，ここでは公有地上に建物を建て，solarium の支払いを条件としてその建物上に私的な権利をもつことを許された者が，その建物上の用益権を遺贈

---

14) 農地に用益権が設定されている場合の税負担については，D. 7, 1, 27, 3 Ulp. 18 ad Sab.; D. 33, 2, 28 Paul. 13 resp. でも言及されている．いずれも用益権者の負担とされている．
15) Gai. inst. 2, 21.
16) 属州の土地の所有権は国に属し，私人はその使用・収益のみが許されるとされる（Gai. inst. 2, 7）．したがって，ここでは属州の土地上に排他的権利をもつ者から用益権の設定を受けたのではなく，この排他的権利そのものが遺贈されたというケースが想定されている可能性もあり得よう．
17) この点については，Bürge (1993), 331 n. 60 をみよ．また独訳も同様に考えている．solarium は，公有地上に建物を建てた者が支払う金銭のことをいう．CIL 6, 1585 (FIRA III, Nr. 110); CIL 10, 1783 (FIRA III, Nr. 111); D. 43, 8, 2, 17 Ulp. 68 ad ed.

したというケースが想定されているとみることができる．最後にあがる alimenta については，例えば，遺言者である A が，ある土地の用益権を B に遺贈し，さらにこの B に対し，この土地からあがる収益から C に扶養費用を給付する負担を課したというケースが想定されていると思われる[18]．

ところで，修繕義務を用益権者が果たさない場合にどのような法的効果が発生するかについての Celsus の見解が次の法文に伝わっている．

> D. 39, 2, 9, 5 Ulp. 53 ad ed.: [...] idem ait eum quoque fructuarium, qui non reficit, a domino uti frui prohibendum: [...]
> ……Celsus はまたいう．修繕をしない用益権者もまた所有者によって使用・収益を禁止されるべきであると．……

明確にここにある通り，修繕義務を果たさない場合には，用益権者によって使用・収益が禁止される．これによりすぐに用益権が消滅するわけではないにしても，その後，一定期間が経過することにより，不使用により消滅することになる．

3. Pomponius

> D. 7, 1, 65 pr-1 Pomp. 5 ex Plaut.: Sed cum fructuarius debeat quod suo suorumque facto deterius factum sit reficere, non est absolvendus, licet usum fructum derelinquere paratus sit: debet[19] enim omne, quod diligens pater familias in sua domo facit, et ipse facere. (1) Non magis heres reficere debet quod vetustate iam deterius factum reliquisset testator, quam si proprietatem alicui testator legasset.
> しかし用益権者が，自分または自分の家人がしたことにより劣化したものを修繕しなければならない場合，用益権を放棄する準備があったとしても免責されない．なぜなら，注意深い家長が自らのドムスにするようなことを彼自身もしなければな

---

18) こういう負担が遺贈により設定されている例として D. 2, 15, 8, 1 Ulp. 5 de omn. trib. がある．

19) Grosso (1958), 289 は，"debet" 以下は itp であるとする．この点について Knütel (1983), 370 n. 118 は否定的である．

らないのだから．遺言者が既に老朽化により劣化してしまったものを遺贈した場合，相続人が修繕しなければならない．これは，遺言者が所有権を別の者に遺贈した場合と同様のことである．

　この法文では[20]，建物の用益権における修繕に関する2つのケースが論じられている．第1に，用益権者に責ある形で建物が劣化した場合である．用益権者は，物の受領の際，物の返還に関して担保問答契約を締結する．この問答契約に基づき custodia 責任を負い，vis maior や老朽化による毀損・滅失以外には責を負う．したがって，用益権者本人またはその家人の行為による劣化は用益権者が責任を負うことになるのは当然といえる．Pomponius は，仮に用益権者が用益権を放棄したとしても，この責任を免れることはないという．ここから逆にいうと，用益権の放棄により修理の義務を免れることができる場合もあるということになる．おそらくは，例えば上記の sarata tecta の維持のための負担のことが念頭におかれているのであろう．

　第2に，用益権者が受け取る前に既に物が劣化していた場合である．ここでは，第1の場合とは異なり，そもそも物が劣化していたわけであるので，用益権者は責任を負わない．この場合，Pomponius によると，所有者（相続人）が修理しなければならない．

4.　Paulus

　D. 7, 1, 48 pr-1 Paul. 9 ad Plaut.: Si absente fructuario heres quasi negotium eius gerens reficiat, negotiorum gestorum actionem adversus fructuarium habet, tametsi sibi in futurum heres prospiceret. sed si paratus sit recedere ab usu fructu fructuarius, non est cogendus reficere, sed actione negotiorum gestorum liberatur. (1) Si testator iusserit, ut heres reficeret insulam, cuius usum fructum legavit, potest fructuarius ex testamento agere, ut heres reficeret.

　用益権者が不在のときに相続人が事務管理として修繕を行ったならば，事務管理

20）　Grosso (1958), 166 n. 2, 170ff., 289.; Bretone (1962), 111 n. 68; Reichard (1990), 58-59; Knütel (1983), 370.

訴権を用益権者を被告とする形で有する．たとえ相続人が将来における自分の利益を見越して行うことであるとしても．しかし，用益権者が用益権を放棄する用意をしているならば，修繕を強制されることはなく，事務管理訴権からも解放される．
(1) 遺言者が「用益権が遺贈されたところのインスラの修繕は相続人がするように」と命じていた場合には，用益権者は，相続人に修繕させるため，遺言訴権で訴えることができる．

ここで Paulus は，所有者たる相続人が不在の用益権者にかわって修繕を行った場合に事務管理訴権でその費用を請求できるとする．ここから，修繕の費用を用益権者が負うべきと彼もまた考えていたことがわかる．また用益権を放棄すればこの費用負担を免れるというのも，上にみた Pomponius と同様である．Paulus は続けて，遺言の中でこうした修繕義務を相続人が負うべきものとされていた場合は別の結論になり，遺言訴権でもって用益権者は修繕を相続人に要求できるとする．

建物の修理の負担に関する Paulus の見解は次の法文からも明らかになる．

> D. 8, 2, 1, 1 Paul. 21 ad ed.: Si usus fructus tuus sit, aedium proprietas mea, quae onera vicini sustinere debeant, mecum in solidum agi potest, tecum nullo modo.
> 用益権が君にあり，建物の所有権が私にあり，この建物が隣の荷重を支えなければならない場合，私に対して全額について訴えることはできるが，君に対しては全くできない．

荷重をかけさせることを内容とする地役権が設定された場合，承役建物の所有者が壁の補修を行う義務がある[21]．それでは承役建物に用益権が設定されている場合，この補修を行うのは誰なのかについてこの法文では問題になり，Paulus は所有者であると判断している．

---

21) D. 8, 5, 6, 2 Ulp. 17 ad ed.

5. Ulpianus

冒頭にあげた D. 7, 1, 7, 3-4 で Ulpianus はさまざまな法学者の学説を引用しているが，彼独自の学説はそこで展開されていない．修理に関し言及する Ulpianus 文は，この他にも次の法文が存在する．

> D. 7, 1, 64 Ulp. 51 ad ed.: Cum fructuarius paratus est usum fructum derelinquere, non est cogendus domum reficere, in quibus casibus et usufructuario hoc onus incumbit. sed et post acceptum contra eum iudicium parato fructuario derelinquere usum fructum dicendum est absolvi eum debere a iudice.
>
> 用益権者が用益権を放棄しようとしているならば，ドムスの修繕を強制されることはない．この種の事例において，この負担は用益権者にも課せられる．しかし，用益権者を被告とする訴訟が受理された後，用益権者が用益権を放棄する用意があるならば，審判人により解放されねばならない．

ここでは用益権者が用益権を放棄するならば修繕義務を免れるとあるが，これは，上記の Paulus や Pomponius に既にみられる見解である．Ulpianus もまた同様に考えていたことがここからわかる．

6. Gordianus 帝

用益権者の修理義務については 3 世紀半ばに勅法がでている．

> C. 3, 33, 7 Gord. A. Ulpiano mil.: Eum, ad quem usus fructus pertinet, sarta tecta suis sumptibus praestare debere explorati iuris est. proinde si quid ultra quam impendi debeat erogatum potes docere, sollemniter reposces. <a. 243 pp. k. Feb. Arriano et Papo conss.>
>
> 用益権者が，自己の費用でもって sarta tecta を給付しなければならないということは明確な法に属する．この基準を超えて支出しなければならなかった場合には，汝は支出した額を通知し，手続に則って返還を求めることができる．

この勅法の内容は既に上で述べてきたCelsus以来の古典期の学説と一致している．すなわち用益権者はsarta tectaの範囲内で修理義務を負うとする．このような勅法が改めて出されたということは，修理をめぐる紛争が多発していたことを推測させる．

7. 小　　　活

法学者たちが積み上げてきた以上の学説をここで整理しておきたい．

用益権の設定された建物の修理に関しては，遺言者による別段の指示がある場合を除き，次のようになる．

第1に，老朽化やvis maiorによる毀損・滅失は，いずれにも修繕義務がない．これにより建物が利用不能となれば用益権は消滅する．

第2に，建物を通常どおり使えるように維持すること，すなわちsarta tectaを保持することは，用益権者の負担となる．ただし，用益権者が用益権を放棄するならば，その義務を免れることができる．

第3に，用益権者に責ある形で生じた毀損・滅失については，用益権者が修繕義務を負い，また用益権を放棄したとしても責任を免れることはない．

第4に，上記のいずれにもあたらない毀損については，所有者が修理の負担を負う．

用益権者が修理を行わない場合，所有者は用益権者の使用・収益を禁止することができる．その後一定年数が経過することにより，不使用により用益権は消滅する．

他方，所有者が修理を行わず，相隣関係上紛争が生じるに至った場合に，用益権者が所有者に修理費用の支出を強制させる枠組みが存在する．これについては次節でみていくことにしたい．

2.　相　隣　関　係

用益権の設定されている建物に欠陥があり，これが原因となって近隣の建物

に被害が発生する怖れがある場合，未発生損害担保問答契約制度上要求される義務を所有者と用益権者のいずれが負うのであろうか．この問題についての法学者の議論をここではみていくことにする．なお逆にこうした建物が近隣の建物により被害を受ける怖れがある場合については，後述第 17 章第 8 節で取り上げることにする[22]．

1. Cassius

> D. 39, 2, 10 Paul. 48 ad ed.: Quamvis alienus usus fructus sit, dominum promittere oportere Cassius ait. nisi proprietarius in totum repromittat vel fructuarius satisdat, mitti oportet in possessionem eum, cui non caveatur. [...]
> Cassius がいうには，たとえ別の誰かに用益権が帰属しているといえども所有者が，問答契約（promissio）をしなければならない．所有者が全体について単純問答契約（repromissio）をするか用益権者が保証人付問答契約（satidatio）をするのでないならば，担保提供を受けることができなかった者に対して占有委付がなされねばならない．……

建物 X と建物 Y がならんでいて，瑕疵のある建物 Y に用益権が設定してある．このとき Cassius によると，建物 Y の所有者かあるいは用益権者のいずれかが未発生損害についての担保問答契約を債務者として締結しなければならない．いずれも締結しない場合，建物 Y は建物 X の所有者に占有委付されることになる．

Cassius によると，所有者が担保問答契約を締結する場合には，単純問答契約（repromissio）で十分であるが，用益権者が締結の場合には保証人付問答契約（satisdatio）であることを要する．この担保問答契約に関する法務官告示によると，自分の名義によるときには単純問答契約，他人の名義によるときは保

---

22) この他，所有者と用益権者との間で未発生損害の担保問答契約を締結すべきかについて，D. 39, 2, 20 Gai 19 ad ed, provinc. および D. 39, 2, 18, 2 Paul. 48 ad ed. が論じている．

証人付問答契約の締結が必要であるとされており[23]，この相違が反映している
とみることができよう．

2. Celsus

D. 39, 2, 9, 5 Ulp. 53 ad ed.: Celsus certe scribit, si aedium tuarum usus fructus
Titiae est, damni infecti aut dominum repromittere aut Titiam satisdare debere. quod
si in possessionem missus fuerit is, cui damni infecti cavendum fuit, Titiam uti frui
prohibebit. idem ait eum quoque fructuarium, qui non reficit, a domino uti frui
prohibendum: ergo et si de damno infecto non cavet dominusque compulsus est
repromittere, prohiberi debet frui.

Celsus は次のようにはっきり書いている．君の建物の用益権を Titia が有してい
るならば，未発生損害について所有者が単純問答契約（repromissio）するか，あ
るいは Titia が保証人付問答契約（satisdatio）を提供しなければならないと．もし
占有委付が未発生損害担保問答契約の要約者に対してなされるならば，Titia は使
用・収益を禁止される．Celsus はまたいう．修繕をしない用益権者もまた所有者
によって使用・収益を禁止されるべきであると．それゆえ，未発生損害に関して担
保問答契約を行わず，所有者が単純問答契約をせざるを得なくなったならば，用益
権者は収益を禁止されねばならない．

上記の Cassius 同様，Celsus は所有者か用益権者のいずれかが隣人と担保問
答契約を締結することを求めている[24]．確かに隣人からすれば，いずれか一方
が締結すれば十分であろう．Celsus は，さらに進んで，こうした問題におけ
る所有者と用益権者の関係に踏み込んでいる．

Celsus は，用益権者が保証人付担保問答契約（satisdatio）を提供しないため
所有者が単純問答契約（repromissio）を締結せざるを得なくなった場合には，
所有者は用益権者の使用・収益を禁止できるという．その結論を，Celsus は，
用益権者が修理をしない場合との対比から導く．すなわち，用益権者が修理を
怠る場合には所有者は用益権者の使用・収益を禁止できるのであって担保問答

---

23) D. 39, 2, 7 pr Ulp. 53 ad ed.
24) この法文については Grosso (1958), 259 を参照．

契約を締結しない場合もこれと同様であるとするのである．

前節でみたように，Celsus は，用益権者が sarta tecta の維持の範囲で修繕義務を負うと考えている．相隣関係において問題になっている建物の欠陥が sarata tecta の維持の範囲内でなされるべき比較的軽微のものであるとするならば，Celsus のこの所論は納得のゆくものである．

3. Iulianus

> D. 39, 2, 10 Paul. 48 ad ed.: [...] sed nisi proprietario repromittenti fructuarius caveat, denegandam ei fructus petitionem Iulianus scribit. sed si fructuarius de soli vitio quid praestiterit, ius domini ad eum transferri oportet.
> ……しかし，もし単純問答契約（reporimissio）をした所有者に対し用益権者が担保提供しないならば，この用益権者には用益権の請求は否定されるべきと Iulianus は書いている．もし用益権者が瑕疵のある土地に関し何らかの給付を行うならば，所有権が用益権者に移転されねばならない．

用益権者が担保問答契約を締結しない場合，所有者によって使用・収益を禁止される（ただし，ここには用益権の請求が否定されるとある．厳密にいうと，禁止を受けた後，用益権者の方から vindicatio による請求が認められないということであろう）という点は，上記の Celsus と同様である．

Iulianus はまた，これとは逆に，用益権者が土地の瑕疵に関し何らかの給付（具体的には，この瑕疵の修復工事か？）を行うならば，土地の所有権が用益権者に移転することになるという．

土地の瑕疵については，用益権者が所有者に対して修繕義務を負う必要はない．しかしその必要性があり隣人が要求しているにもかかわらずこの修繕を行わない場合，用益権の設定されている土地が隣人に占有委付される．そうすると用益権者は使用・収益をする事ができなくなる[25]．それを防ぐためには自ら工事を行うしかない．この場合，Iulianus は，所有権が用益権者に移転すると

---

25) D. 39, 2, 9, 5 Ulp. 53 ad ed.

いう．この言及は一見したところ謎めいているが，下の Paulus 文とあわせて考察することでその意味内容を理解することができる．

4. Paulus

  D. 39, 2, 22 pr Paul. 10 ad Plaut.: Si proprietarius de damno infecto repromississet vel forte aliquid praestitisset aut contra fructuarius aliquid praestitit, iniquum est alterum sine damno uti aedibus aut aedes habere. et si optulerit proprietarius aliquid, non est fructuario permittendum uti, nisi contulerit: idemque fructuario praestandum est, ut proprietarius cogatur ei conferre. ergo et solum retinebit fructuarius, si aedes ceciderint, donec praestetur ei damnum, ut, quod haberet vicinus missus in possessionem, id fructuarius habeat, qui damnum vicino sarciit. eadem erunt et si minimum damnum detur.

  所有者が未発生損害に関して単純問答契約をするか，あるいは別の何かを給付したとする．あるいは，逆に用益権者が何かを給付したとする．このとき他方が損失を負うことなく建物を利用したり建物を有することは不公平である．もし所有者が何らかの給付を行うならば，用益権者もまたこれに協力しない限り，用益権者の使用は許可されるべきではない．同じ処理が用益権者のためにもなされるべきであり，所有者は用益権者に協力するよう強制される．それゆえ，用益権者は，建物が倒壊した場合，所有者が用益権者に損害額を給付するまでの間，土地を留置することができる．その結果，占有委付が生じていれば隣人が有していたはずのものを，隣人に損害を賠償した用益権者が有することになる．仮に微細な損害が生じたとしても同じ処理となる．

 用益権の設定されている建物の瑕疵ゆえに隣人との間で紛争が生じ，所有者がこの瑕疵の除去のために何らかの工事を行った場合と，用益権者が行った場合の双方についてこの Paulus 文は論じている[26]．以下，それぞれわけてみていくことにしよう．

 所有者が何らかの工事を行った場合，用益権者がその費用等の負担を行わない限り，所有者は用益権者の使用・収益を禁止できるとする．これは，上記の

---

26) Grosso (1958), 259.

ようにCelsusやIulianusにでてきている見解である．ここで問題となっている工事がsarta tectaの維持にかかわるものであるとすれば，このPaulusの言及は古典期の法として十分理解可能である．

他方，用益権者が何らかの工事を行った場合，当然，費用請求は可能であるはずであるが，それとは別の手段をPaulusは認めている．すなわち，Paulusは，「占有委付が生じていれば隣人が有していたはずのものを……用益権者が有する」として，相隣関係における隣人の地位と同じ地位に用益権者が立つと考える．これにより，建物が倒壊し，担保問答契約に基づき用益権者が損害賠償した場合，所有者が損害額を用益権者に支払うまで用益権者は土地を留置することが認められるのである．

仮にこうした処置にもかかわらず，所有者が損害額の支払いに応じない場合には，相隣関係紛争における隣人と同様，この土地の占有を取得し，さらには所有権をも取得するに至ることになる．上記のD. 39, 2, 10 Paul. 48 ad ed. にでてくるIulianusの見解は，この状況に至った場合について述べているものとみることができる．

5. 小　　括

Aの所有する建物XにBが用益権を有しており，Cの所有するこの建物Xに欠陥があるため隣の建物Yの所有者が未発生損害担保問答契約（cautio damni infecti）の締結を求めたとする．

未発生損害担保問答契約は，建物所有者が諾約するのであれば単純問答契約により，それ以外の者が諾約するのであれば保証人付問答契約という形式による[27]．したがって用益権者が諾約者となる場合には保証人付問答契約が締結されねばならない．建物Yの所有者であるCにしてみると，Aとの間の単純問答契約であれBとの間の保証人付担保問答契約であれ目的は達することはできる．

---

27)　D. 39, 2, 7 pr Ulp. 53 ad ed.

建物の維持管理については，前節でみたように sarta tecta の限度で用益権者がその負担を負わねばならない．この範囲に収まる建物の欠陥に関して用益権者 B が担保問答契約の締結に応じない場合，C は所有者 A に担保問答契約の締結を求めることができる．このとき A は，B の使用・収益を禁止し，その結果用益権を消滅させることができる．これにより B による担保問答契約の締結が促されることになる．

　sarta tecta の範囲を超える欠陥については，建物所有者の負担となる．したがって，A が担保問答契約を締結しなければならない．ところが，A がこれに応じない場合，C は B に担保問答契約の締結を求めることができる．B がこれを締結し，その後欠陥に起因する形で生じた損害の賠償をした場合，B はあたかも占有委付を受けた隣人のごとくこの建物を留置し，さらに占有し，最終的には所有権を取得することが認められる．こうした処置が用益権者に認められることにより，用益権者は，sarta tecta を超える建物の維持管理を所有者に実行させることが可能になっている[28]．

---

28)　ただし隣人がからんでいない場合にあっては，下記の Gaius 文が示す通り用益権者が所有者に未発生担保問答契約の締結を求めることはできないとされており，ここに示した方法により所有者に修理を用益権者が強制することはできない．

　D. 39, 2, 20 Gai. 19 ad ed. provinc.: Inter fructuarium et dominum proprietatis ita damni infecti cautio locum habet, si fructuarius quidem de soli vitio caveri sibi desideret, dominus vero proprietatis de operis vitio, si quid fructuarius aedificet: nam de ruina aedium neuter ab altero cautionem desiderare potest, fructuarius ideo, quia refectio aedium ad eius ipsius onus non pertinet, proprietarius ideo, quia usitata stipulatio, qua de rerestituenda fructuarius cavet, ad hunc quoque casum porrigitur. 「用益権者と所有者との間で未発生損害担保問答契約（制度）は次のような形で適用されることがある．用益権者が土地の欠陥に関して担保が自分に供されることを望む場合，また所有者が用益権者による建築がなされるにあたり工事の欠陥に関して担保が供されることを望む場合である．建物の倒壊に関しては，いずれも他方に対して担保提供を求めることはできない．用益権者が求めることができない理由は，建物の修理の負担が所有者だけの負担に帰しているわけではないことに求められる．所有者が求めることができない理由は，用益権者による返還を担保するために締結されるのを常とする問答契約がこれもまた含めて対応しているためである．」

第 15 章
所有者とのその他の関係調整

第 13・14 章でみたものの他にも，建物所有者と用益権者の関係に関わる諸々の学説がある．それらの学説を本章でまとめておくことにしたい．

1. 所有者の権限・義務

1. Labeo/Nerva

D. 7, 1, 13, 7 Ulp. 18 ad Sab.: [...] item Nerva eum, cui aedium usus fructus legatus sit, altius tollere non posse, quamvis lumina non obscurentur, quia tectum magis turbatur: quod Labeo etiam in proprietatis domino scribit. idem Nerva nec obstruere eum posse.
……同様に Nerva は，用益権の遺贈を受けた者は，たとえ採光を妨害するものでないとしても，より高く建てることはできないという．なぜなら，屋根がかきみだされるから．Labeo は，さらに所有者についても書いている．同じ Nerva は，彼は（窓を）塞ぐこともできないという．

この法文では，用益権者の権限について話題になっているが，それに付随する形で，所有者もまた建物を高くするような改築をしてはならないという Labeo の見解が紹介されている[1]．

最後にでてくる Nerva の見解については，eum が指しているのが所有者なのか用益権者なのか判然としない．後者であるとすると，用益権者は窓を開く

---

1) D. 7, 1, 7, 1 Ulp. 17 ad Sab. の "hac ratione" 以下もみよ．

ことはできると Nerva はしつつも（同法文の冒頭），塞ぐことはできないとなり，整合的な理解が難しくなるが，前者であるとするとこうした問題は生じない．

2. Iulianus

> D. 7, 1, 15, 7 Ulp. 18 ad Sab.: Sed nec servitutem imponere fundo potest proprietarius nec amittere servitutem: adquirere plane servitutem eum posse etiam invito fructuario Iulianus scripsit. quibus consequenter fructuarius quidem adquirere fundo servitutem non potest, retinere autem potest: et si forte fuerint non utente fructuario amissae, hoc quoque nomine tenebitur. proprietatis dominus ne quidem consentiente fructuario servitutem imponere potest,
>
> 所有者は農地に地役権を（この農地を承役地とする形で）設定することもできないし，地役権を消滅させることもできない．もちろん，Iulianus が書いているところによると，所有者は，用益権者の意思に反していたとしても，地役権を取得することはできる．このことと，次のことは首尾一貫する．すなわち，用益権者は，地役権を取得することはできないものの，これを保持することはできると．もし用益権者が不使用により地役権を消滅させてしまった場合，このことゆえに責を負う．所有者は，用益権者の同意なくして地役権を設定することはできない．

Iulianus は，農地の所有者は，用益権者の意思に反した形であっても，地役権を取得できるとする．ここでいう地役権の取得とは，用益権が設定されている土地を要役地とする形で地役権を設定することである．これにより農地のもつ便益性は増大する[2]．

3. Pomponius

> D. 7, 8, 16, 1 Pomp. 5 ad Sab.: Dominus proprietatis etiam invito usufructuario vel usuario fundum vel aedes[3] per saltuarium vel insularium custodire potest: interest

---

2) 地役権の設定により負担が増大することは，荷重地役権（servitus oneris ferendi）における壁の修繕義務以外はない．D. 8, 5, 6, 2 Ulp. 17 ad ed. をみよ．なお servitus oneris ferendi にあっても，壁の修繕義務は，所有者が負う（D. 8, 2, 1, 1 Paul. 21 ad ed.）．

enim eius fines praedii tueri. eaque omnia dicenda sunt, quolibet modo constitutus usus fructus vel usus fuerit.

　所有者は，用益権者または使用権者の意思に反する形であっても，農地または建物を山林管理人またはアパート管理人を通して保護することができる．なぜなら，地所の境界が守られることは用益権者または使用権者にとって利益となるのであるから．このことのすべては，いかなる形で用益権または使用権が設定された場合にもあてはまるというべきである．

　ここでは，用益権が建物に設定されている場合と，農地に設定されている場合が並列して論じられている．農地に関しては，樹木のせり出しによる境界の侵犯を定期的に監視する必要があろう．建物については，隣地の建物が境界を侵犯する形で新たな工事を行ったり，あるいは隣地の建物に欠陥があるといった場合に，新工事禁止通告を行ったり，あるいは工事禁止の投石を行うという必要がある．例えば権利侵害が伴う形で新工事が行われたにもかかわらず，その後1年にわたり適切な措置をとらない場合，その工事が行われた後の状態が一種の「占有状態」として把握され，それに異論がある側から訴えをおこすことが求められる．この訴えの中で自らの権利を証明できなければ，敗訴する．登記制度がなく権利の証明が困難なローマにあっては，定期的な監視は必要不可欠であったといえる．

　Pomponius の理由付けについても一言述べておく必要がある．彼は，「地所の境界が守られることは用益権者または使用権者にとって利益となるのであるから」と述べている．結果として用益権者の利益となることか否かという規準は，他の法学者の判断とも相通ずるものである．

---

3)　"vel aedes" と "vel insularium" が真正ではない可能性もあり得よう．古典期後期以降に一般化が行われているがその流れの中で書き加えられた可能性も否定できないであろう．こうした現象は，同様の現象は locatio conductio にもみられる（D. 19, 2, 24, 2 Paul. 34 ad ed.）．

4. Marcellus

D. 7, 1, 30 Paul. 3 ad Sab.: Si is, qui binas aedes habeat, aliarum usum fructum legaverit, posse heredem Marcellus scribit alteras altius tollendo obscurare luminibus, quoniam habitari potest etiam obscuratis aedibus. quod usque adeo temperandum est, ut non in totum aedes obscurentur, sed modicum lumen, quod habitantibus suffcit, habeant.

2つの隣接する建物を有している者がその1つの用益権を遺贈した．この場合，Marcellus が書いているところによると，相続人はもう一方の建物を高くし，採光を害することができる．なぜなら採光を害されても住むことはできるのだから．しかしこのことは，次のような形で調整が計られねばならない．すなわち建物全体が影に入るのではなく，居住者たちにとって十分な節度ある採光は残されるように．

建物Xと建物Yが隣接しており[4]，元来は両方ともAの所有物であった．Aは建物Xの用益権をCに遺贈し，建物Yは相続人Bに移転した．このとき，Bが建物を高くできるかについて問題となっている．無論，より高くしてはならないことを内容とする地役権 (servitus altius non tollendi) が設定されていればこれはできないが，ここでこの地役権は設定されていない．

Marcellus の見解は，基本的にBは自由に高くすることができるとしつつも，そこには一定の限界があるとする．すなわち，ここに居住する者たちにとって「十分な節度ある採光」は残される必要があるという．この制限の根拠がどこに求められるのかは示されていない．

D. 8, 2, 10 Marcell. 4 dig.: Gaurus Marcello: binas aedes habeo, alteras tibi lego,

---

[4] binas aedes が遺贈等により別々の者に帰属した場合における利用のあり方については，種々の問題を生じさせる．こうした問題については，この他に，D. 8, 2, 35 Marcian. 3 reg.; D. 8, 2, 36 Pap. 7 quaest.; D. 8, 4, 6, 2 Ulp. 28 ad Sab.; D. 8, 4, 7 pr Paul. 5 ad Sab.; D. 8, 5, 17 pr Alf. 2 dig.; D. 10, 3, 19, 1 Paul. 6 ad Sab.; D. 30, 41, 3 Ulp. 21 ad Sab.; D. 32, 31 Lab. 1 pith. a Paulo epit.; D. 39, 2, 47 Ner. 6 membr. で取り上げられている．

heres aedes alteras altius tollit et luminibus tuis offcit: quid cum illo agere potes? et an interesse putes, suas aedes altius tollat an hereditarias? et de illo quaero, an per alienas aedes accessum heres ad eam rem quae legatur praestare debet, sicut solet quaeri, cum usus fructus loci legatus est, ad quem locum accedi nisi per alienum non potest. Marcellus respondit: qui binas aedes habebat, si alteras legavit, non dubium est, quin heres alias possit altius tollendo obscurare lumina legatarum aedium: idem dicendum est, si alteri aedes, alteri aliarum usum fructum legaverit. non autem semper simile est itineris argumentum, quia sine accessu nullum est fructus legatum, habitare autem potest et aedibus obscuratis. ceterum usu fructu loci legato etiam accessus dandus est, quia et haustu relicto iter quoque ad hauriendum praestaretur. sed ita offcere luminibus et obscurare legatas aedes conceditur, ut non penitus lumen recludatur, sed tantum relinquatur, quantum suffcit habitantibus in usus diurni moderatione.

　Gaurus が Marcellus に質問した．「私は 2 つの隣接する建物を有しており，その内の 1 つを君に遺贈し，相続人が他の 1 つをより高くし，君の採光を妨害した．君は相続人に対して何を訴えることができるのであろうか．また，相続財産である建物をより高くした場合と，もともと自分のものである建物をより高くした場合とで違いがあると君（Marcellus）は考えるか．また私は次のことについても質問したい．相続人は，遺贈された res（建物）に入るため，他人の建物を通る権利（accessus）を給付しなければならないのだろうか．ある場所の用益権が遺贈された場合にあって，そこに入るためには他人の土地を通過しなければならない場合に問題になることと同様の形で．」Marcellus は解答した．「2 つの隣接する建物を有している者がその一方を遺贈した場合には，相続人がもう一方をより高くして受遺者の建物の採光を害することができることに疑いはない．一方に建物が他方に建物の用益権が遺贈された場合も同様である．通行権についての議論と常に同じになるわけではない．なぜならアクセスができないと遺贈された用益地は無意味になるが，建物が影に入ったとしても住むことはできるのだから．敷地の用益権が遺贈された場合にはこれとは異なり，アクセスする権利が与えられるべきである．なぜなら汲水権が遺贈された場合には汲水するために通行する権利もまた給付されねばならないのであるから．しかし，採光を害したり，影をつくってもよいということは次のような形で理解されねばならない．すなわち完全に光がささないという形になってはならず，居住者たちが日中，慎ましく利用するに十分な程度には残しておかねばならないという形で．」

ここでは[5]，上記の Paulus 文と同じ事例が問題になり，同じく Marcellus の見解が述べられている．Marcellus の結論は，Paulus 文に伝わるものと同様，原則として相続人は建物をより高くすることができるが，一定程度の採光は残しておかねばならないというものである[6]．

建物の高さについては公法上の制限が存在する．Augustus 帝はこれを約 21 メートル，Traianus 帝は約 18 メートルと定めた．私法についてみてみると，古典期後期になると，地役権に服していない限り，所有者は自由に高くしてよいという見解がおそらく支配的となる[7]．しかしこの見解が古典期を通して支配的であったかどうかは，より高く建てる権利（servitus altius tollendi）の存在から懐疑的にならざるを得ない[8]．この地役権を取得してはじめて所有者がより高く建てることが認められるということは，所有者といえども高く建てることができない局面が存在したことを窺わせる．この問題をどう考えるかにより，上記の Marcellus の見解の解釈はかわらざるを得ない．私法上，所有権の内在的制限としての高さ制限が相隣関係において存在したのであれば，Marcellus はその制限を守るべきといっているにすぎないということになる．これに対し，こうした高さ制限がないとすると，所有者は用益権者の使用・収益環境を守るため通常の相隣関係以上の制限に服したということになろう．

---

5) Rainer (1987), 248ff.; Rodger (1972), 56ff.

6) "sed ita" 以下の真正性については，Rainer (1987), 250f. をみよ．

7) D. 8, 2, 9 Ulp. 53 ad ed.: Cum eo, qui tollendo obscurat vicini aedes, quibus non serviat, nulla competit actio.「高くすることで隣の建物—この建物を要役地とする形で地役権は設定されていない—を暗くした者を相手方とする形では，何らの訴権も与えられることはない．」

　なお古典期後期には，慣行に基づく地役権の発生もまた認められていることを見落としてはならない（C. 3, 34, 1）．所有権を強化する一方，地役権の発生要件を緩め，全体としてバランスが図られていた可能性がある．

8) これが古典期に存在したことについては，Rodger (1972), 38ff. をみよ．Neratius (D. 8, 3, 2 pr), Gaius (Gai. inst, 2, 14; D. 8, 2, 2), Paulus (D. 8, 2, 1 pr; D. 8, 4, 7, 1) がこの地役権に言及している．

5. Ulpianus

Iulianus のところであげた D. 7, 1, 15, 7 Ulp. 18 ad Sab. における Ulpianus の見解からみていこう．ここで Ulpianus は，用益権が設定された土地における地役権の設定・消滅に関し，包括的に論じている．

用益権者は，無論，地役権を新たに設定する権限はない．また法廷譲渡等の方法でもってこれを消滅させることができるわけではない．しかし，地役権の消滅原因には不使用によるものもあり，用益権者が地役権を行使しない状態が一定期間継続することにより地役権は消滅する[9]．Ulpianus はこのような事態に至った場合，用益権者は所有者に対して責任を負うという．これは，物をもともとの状態で返さねばならないという用益権者の義務[10]より導かれるものといえよう．

所有者について Ulpianus は，用益権の設定された土地を承役地とする形で地役権を設定することはできないものの，これを要役地とする形で地役権を取得することはできるという．前者の場合，用益権者の使用・収益環境が悪化し，後者の場合には逆に環境はよくなる．所有者は，使用・収益環境をより良くすることはできるが，より悪くすることはできないという考えが Ulpianus の判断の背景にあるといえよう．

それでは，さらに進んで所有者は，用益権者の便益性を増すため，地役権の設定に協力する義務も負うのであろうか．この点については次の法文から Ulpianus の見解を確認することができる．

> D. 7, 6, 1, 4 Ulp. 18 ad Sab.: Sed an et alias utilitates et servitutes ei heres praestare debeat, puta luminum et aquarum, an vero non? et puto eas solas praestare compellendum, sine quibus omnino uti non potest: sed si cum aliquo incommodo utatur, non esse praestandas.

---

9) 前述第 6 章第 1 節 2 参照．
10) 前述第 12 章第 4 節 4 参照．

しかし，別の便益や地役権を相続人は用益権者に給付しなければならないのだろうか．例えば採光地役権や引水地役権といったものを．私は，こうしたものは，それなしでは全く使用できないような場合に限って給付を強制されるべきであると思う．そうではなく，いくばくか不便でも利用ができるのであれば給付を強制されることはない．

土地Xに用益権が設定されている場合，この土地を要役地とする形で地役権を設定する義務が所有者にあるかどうかが問題となっている．Ulpianusの見解は，明快である．すなわち，土地Xの使用・収益が全く不可能になるのでない限りは，その必要はないというものである．

2. 収益の分配

用益権が設定されている限り，そこからあがる利益は用益権者に帰属し，これが消滅すれば所有者に帰属する．しかし，用益権の発生または消滅の時点の前後にあって，いずれに利益を帰属するか争いになり，法学者たちの考察の対象となっている[11]．残念ながらこの問題について建物の用益権についての史料はないため，ここでは農地についての史料をみていく．

1. Scaevola

D. 7, 1, 58 pr Scaev. 3 resp.: Defuncta fructuaria mense Decembri iam omnibus fructibus, qui in his agris nascuntur, mense Octobri per colonos sublatis quaesitum est, utrum pensio heredi fructuariae solvi deberet, quamvis fructuaria ante kalendas Martias, quibus pensiones inferri debeant, decesserit, an dividi debeat inter heredem fructuariae et rem publicam, cui proprietas legata est. respondi rem publicam quidem cum colono nullam actionem habere, fructuariae vero heredem sua die secundum ea quae proponerentur integram pensionem percepturum.

用益権者の女性が12月に死亡した．この農地から生ずるすべての果実は既に10

---

11) Kaser, RPI 450 n. 24, 427 n. 23.

月に農地賃借人（colonus）により収取されていた．この場合，賃料の履行期日である3月1日以前に用益権者が死亡したにもかかわらず，賃料は用益権者の相続人に支払わねばならないのか，あるいは，用益権者の相続人と所有権の遺贈を受けた国（res publica）との間で賃料の分割がなされねばならないのだろうか．私は次のように解答した．国は，農地賃借人に対してなんらの訴権をもたないが，ここまで述べられてきた範囲で判断する限り，用益権者の相続人は履行期日に賃料全額を取得することができる．

Aの所有する農地の用益権をBが有していた[12]．この用益権は，通常よくあるように，Bの死亡時まで存続する形で設定されており，Bはこの農地をCに賃貸していた．この賃貸借に基づく賃料は，3月1日に支払うべきものとなっていた．ある年の12月にこの女性が死亡したが，その前の10月に既に果実はBにより収取されていた（なおこれにより収取した果実の所有権がCのものとなることに疑いはない）．このような場合にあって，Cが誰に賃料を支払うべきか問題となった．ここでScaevolaは，Bの相続人とAとの間で賃料を分割することが可能であるかという問いを立てている．

この問に対するScaevolaの解答は，Bの相続人が賃料全額を受け取ることができるというものである．その理由づけについてはここに示されていないが，いかにしてScaevolaのこの結論が導かれたのか，考えてみたい．用益権が12月のB死亡の時点で消滅していることに疑いをさしはさむ必要はないであろう．賃貸借契約は，通例，賃貸人に賃貸の権限があるか否かはその成立・存続に影響を与えるものではない[13]．したがって，Bが死亡し用益権が消滅したとしても，これにより賃貸借契約は何ら影響を受けるものではないはずである．また賃貸人が死亡した場合，契約当事者としての地位は相続人に受継がれる[14]．そうであるとすると，Bの相続人とCとの間には，従前通りの賃貸借契約が存続しているとみることができる．もちろん，Aとしては，Bが死亡した

---

12) この法文については，Grosso (1958), 157 を参照．
13) 例えば，D. 19, 2, 7 Paul. 32 ad ed.; D. 19, 2, 9, 6 Ulp. 32 ad ed. をみよ．
14) du Plessis (2007), 149ff.

後は，所有者としていつでもCを追い出し別の者に賃貸することは可能である．あるいは，その可能性をちらつかせつつ，Cと改めて契約することもできるであろう．しかし本件ではそのようなことはなされていない．したがって，CとBとの契約は，用益権の消滅にもかかわらず，CとBの相続人との間で存続しており，そうである以上，ScaevolaがBの相続人が全額賃料を取得できるという結論を出しているのも十分に理解できるところである．

2. Marcellus

UlpianusがD. 19, 2, 9, 1で伝えるところによると[15]，上のようなScaevolaの見解には異論が存在した．Ulpianusは次のように述べる．

> Marcellusが彼の『法学大全』の6巻で書いていることを，ここに付け加えておくことができる．「用益権者が土地を5年間賃貸し，そして死亡した．彼の相続人は，（賃借人が）耕作できるようにする責を負わない．これは，集合住宅が焼失した場合に，賃貸人が賃借人に対して責を負わないことと同様である．」しかし，Marcellusは，耕作を行った期間分の賃料の支払いについて，用益権の対象である奴隷の労務を賃借したか，あるいはhabitatioを賃借した場合と同様な形で，借主が貸主訴訟に基づいて責を負うかどうかについて問題にしている．そして，彼は，むしろ賃借人がこのような形で責を負うと認めた．このMarcellusの見解は極めて公正である．

Marcellusは，用益権者が賃貸借期間中に死亡した場合，奴隷の賃貸[16]や住

---

15) D. 19, 2, 9, 1については，後述第20章第1節4を参照のこと．ここでは関係する範囲でのみ引用する．

16) D. 7, 1, 26 Paul. 3 ad Sab.: Si operas suas locaverit servus fructuarius et imperfecto tempore locationis usus fructus interierit, quod superest ad proprietarium pertinebit. sed et si ab initio certam summam propter operas certas stipulatus fuerit, capite deminuto eo idem dicendum est. 「用益権の設定された奴隷が自己の労務を賃貸しており，（賃貸借の）期間が満了する前に用益権が消滅したならば，それ以降分の賃料は所有者に帰属する．しかし，当初より一定の労務の対価として一定の金額の

居の賃貸[17]の場合同様，その時点以降，賃貸人（すなわち用益権者の相続人）は，農地を貸す義務を負わないという．また賃料については，その時点までの賃料を請求できるとする．すなわち Marcellus は用益権の消滅の時点で賃貸借契約も解消すると考える．

したがって Marcellus が上記の Scaevola の事例を考察すれば，違った結論になる．すなわち，B が死亡した時点で，賃貸借契約もまた終了している以上，12 月の時点までの賃料を C は B の相続人に支払う義務はあるがそれ以降はないということなる．

それでは，Marcellus であれば，12 月の死亡時以降の賃料はどのような処理がなされることになるのであろうか．無論，これを請求できるのは所有者ということになるのであろうが，その法的根拠はどうなるのであろうか．おそらくは不当利得請求ということになろう[18]．

3. Paulus

D. 7, 1, 59, 1 Paul. 3 sent.: Quidquid in fundo nascitur vel quidquid inde percipitur, ad fructuarium pertinet, pensiones quoque iam antea locatorum agrorum, si ipsae quoque specialiter comprehensae sint. sed ad exemplum venditionis, nisi fuerint specialiter exceptae, potest usufructuarius conductorem repellere.

農地で生じた物は何であれ，あるいはそこで収取した物は何であれ用益権者のものとなる．既に以前より賃貸されていた農地の賃料もまた，特にこれも含むとされていた場合には，用益権者のものとなる．売買の例にならい，特に除外されていない限り，用益権者は賃借人を追い出すことができる[19]．

支払いが stipulatio により約されており，頭格減少が生じた場合にも同じことがいわれねばならない．」

17) 後述第 20 章第 2 節をみよ．
18) D. 12, 6, 65, 7 Paul. 17 ad Plaut.: Sic habitatione data pecuniam condicam, non quidem quanti locari potuit, sed quanti tu conducturus fuisses.「住居が提供された場合，私は金銭を不当利得請求する．その際は，賃貸できたはずの金額ではなく，君が賃借したであろう金額を．」
19) この法文についての文献としては，Grosso (1958), 150ff. Mayer-Maly (1956),

ここで注目したいのは，「特に除外されていない限り」という記述である．ここでは，何を除外するのかははっきり書かれていないが，次の法文からこの点についての情報を得ることができる．

  D. 19, 1, 13, 30 Ulp. 32 ad ed.: Si venditor habitationem exceperit, ut inquilino liceat habitare, vel colono ut perfrui liceat ad certum tempus, magis esse Servius putabat ex vendito esse actionem: denique Tubero ait, si iste colonus damnum dederit, emptorem ex empto agentem cogere posse venditorem, ut ex locato cum colono experiatur, ut quidquid fuerit consecutus, emptori reddat.
 売主が habitatio を除外し，賃借人が居住できるようにした場合，あるいは colonus の耕作を一定期間まで許可した場合，Servius が考えるには，売主訴権が存在する．それゆえ，Tubero がいうには，この colonus が損害を与えるならば，買主は買主訴権でもって訴え，売主が賃貸人訴権を colonus に対して提起し，これを通じて取得した物をすべて買主に与えるよう求めることができる．

  D. 19, 2, 58 pr Lab. 4 post. a Iav. epit.: Insulam uno pretio totam locasti et eam vendidisti ita, ut emptori mercedes inquilinorum accederent. quamvis eam conductor maiore pretio locaret, tamen id emptori accedit, quod tibi conductor debeat.
 君は，集合住宅全体を一括してきめられた対価で賃貸し，そしてこれを売却した．その際，買主に賃借居住人たちの賃料が帰属すると合意された．たとえこの集合住宅を賃借人がより高い対価でもって賃貸したとしても，買主に帰属することになるのは賃借人が君に負っているものである．

上の2法文では，建物の売却にあたり[20]，それ以前よりそこを賃借して居住

---

 48. この他にも R. G. Verstegen, ususfructus iam antea locatorum agrorum, in: Satura Roberto Feenstra sexagesimum quintum annum aetatis complenti ab alumnis collegis amicis oblata, Fribourg Suisse 1985, 183-200（未見）がある．
 Paul. Sent. 3, 6, 27b もみよ．この部分は lex Rom. Visigoth. に伝わるものではなく，Digesta に伝わる記述を組み込んだものである．
20) 賃借人ではなく売主本人が居住できるようにした例もある（D. 7, 1, 32 Pomp. 33 ad Sab.）．また，居住権が控除された例もある（D. 19, 1, 21, 6 Paul. 33 ad ed.）．農地については，D. 19, 2, 32 Iul. 4 ex Minic. もみよ．また，D. 18, 1, 68 Proc. 6 epist.

している者を追い出してはならないという合意が売主と買主との間でなされた例が取り上げられている．仮に買主がこれに反し賃借人を追い出すならば売主は売主訴権で訴えることになる．

　上記のPaulus文に「売買の例にならい」とあることから，用益権を設定するにあたり，設定者である所有者が，賃借人を追い出さないよう用益権者に義務づけることもあったということであろう．その際には，賃借人が支払うべき賃料は用益権者に帰属するものとされたとすると，Paulus文は全体として理解可能なものになる．

　ところで，こういう処理を用益権終了の際にもすることができるであろうか．これは無理であるように思われる．そのためには，用益権者が死亡した場合，用益権者と賃貸借契約を結んでいた賃借人を追い出すことができないよう，用益権者が所有者に義務づける必要があるが，用益権者にこのような義務づけをする権限はない．もちろん，三者であらかじめこうした合意を形成しておき，用益権者が死亡した場合，引き続き契約期間内は賃借人が居住し，賃料は所有者が取得するということにしておくことは可能であろう．しかし三者による合意形成ができない場合，賃借人の居住を上記の方法で実現することは困難である．

4. 小　　　括

　天然果実は，原則として所有者に帰属する．しかし，用益権者が収取した場合は，用益権者のものとなる．法定果実の場合は，話が一段，複雑になる．ここでは，賃貸することを通じて賃料という果実が得られる．

　賃料を取得する根拠となるのは賃貸借契約である．賃貸借契約は他人物が対象となっている場合でも有効に成立する．このことは，用益権の発生および消滅により，賃貸人に用益権限がなくなった場合にもあてはまる．また当事者の自動的変更というのは，相続の場合を除くとあり得ない．したがって，用益権

　もみよ．

の発生・消滅にあわせ，賃貸人が所有者（遺言者）から用益権者に，あるいは用益権者から所有者に自動的に変更するというわけにはいかない．

　具体的にみていこう．ある建物をもともとの所有者であるAがCに賃貸していた．Aはこの建物の用益権をBに遺贈した．Aが死亡し，HがAの相続人として相続承認を行った．これによりBが建物の用益権を取得し，Hがこの建物の賃貸人たる地位を取得する．ここで，Bが何もしないでいると，Cが支払う賃料はHに帰属する．CとHとの間では有効に契約関係が継続しており，CからHへの支払いは適法な債務の弁済となる．用益権者であるBが用益権による利得を享受するためには，すなわちこの建物が生み出す賃料を取得するためには，Cを建物から追い出し，別の誰かに，あるいは改めてCに賃貸する必要がある．これをCまたはHが了承しない場合には，Bは一方的にCを追い出すことで，CとHの契約関係の継続如何にかかわらずBは自らの利益を図ることができる（もちろんこれは用益権の行使なのだから適法な行為となる）．なおこの場合，Cは，Hに損害賠償を求めることができる（D. 19, 2, 9 pr.）．

　もちろん現実には，BとCとHとの間で契約更改がなされることが多かったと想像される．BはCを追い出したとしても，すぐに借り手がみつかるとは限らない．HはBの意思に反してこの物件の賃貸を継続することはできない．Cは改めて家を探さねばならない．そこで賃貸人をHからBにかえるという形の契約更改をすることは3者の利益に適う合理的行為といえる．しかしもちろん人は常に合理的に行動するとは限らないし，HやCが何等かの意図しない理由により契約更改に協力できないという事態もおこりうる．そういうときには，上の手段が用いられることになる．

　続いて，用益権が消滅した場合をみていこう．上の設例でBが死亡し，BhがBの相続人になったとしよう．なお賃借人は引き続きCとする．このときBhとCとの間で契約関係が継続するにしても，収益権限を回復した所有者Hは究極的にはCを追い出すことができる．HはCを追い出して別の者に賃貸するか，あるいはCと契約を締結することで賃料の取得を可能にできる

（Scaevola の見解）．

ところが Marcellus の学説が新たに提唱された．それは，用益権が消滅した時点で，用益権者が締結していた賃貸借関係が自動的に消滅するというものである．これにより，B と C との契約関係は用益権者の死亡により消滅する．したがって，C と Bh との間に契約関係は成立しない．そのため，仮に C が Bh に賃料を支払った場合，それは非債弁済となる．

続いて，所有者 H と C との関係をみよう．用益権者が死亡した時点で H と C との間には契約関係はない．したがって，契約に基づく形では賃料の請求はできない．しかし，不当利得として H が C に賃料相当額を請求することは可能であろう．C が住居を使用しているということは，所有者 H から住居が提供されていることになる．しかしこの提供は契約上の義務に基づくものではなく非債弁済として提供されている．したがって，賃料相当額を不当利得として H は C に請求できることになろう（D. 12, 6, 65, 7 Paul. 17 ad Plaut.）．

Marcellus の説の効用により，このように収益権限を回復した所有者は，用益権の消滅のその時点からの賃料収入を取得することが可能になる．仮にこれがないとすると，用益権者が死亡した時点から，その事実を所有者 H が知り，賃借人 C を追い出すか，あるいは 3 者で契約更改についての合意が成立する時点までの賃料は，契約が存続している以上，用益権者の相続人（Bh）のものとなる．ところが，この契約を用益権者の死亡の事実を知っていると否とにかかわらず断ち切ることにより，建物からあがる利益を用益権者死亡の時点から所有者に帰属させることが可能となる．

3. 収去権（ius tollendi）

建物賃貸借において，賃借人が建物に装飾品などを取り付けた場合，賃借人は契約終了後，こうした物を取り外す権利，すなわち収去権を有する．建物に用益権が設定された場合の取り扱いについて次の法文が我々に情報を伝える．

D. 7, 1, 15 pr Ulp. 18 ad Sab.: Sed si quid inaedificaverit, postea eum neque tollere hoc neque refigere posse: refixa plane posse vindicare.

しかし（用益権者が）何かを建物に付加した場合，その後になってこれを取り去ったり，取り外したりすることはできない．もちろん取り外されたものについては，所有物取戻訴権の対象とすることはできる．

これによると，用益権者は，取り付けた物の取り外しを求めることはできない．しかし，何らかの理由により，こうした物が取り外されるならば，用益権者の所有権が復活し[21]，その物の返還を求めて所有物返還請求訴権を提起できるとある．

以上の処理は，他人の建物に物を固着させた場合一般の処理と同様であり，用益権者を特別扱いするものではない．

---

21) Meincke (1971), 153-160.

第 16 章
使 用 権

1. 権利の内容(1)——居住

　建物に使用権が設定された場合，使用権者本人は，もちろん居住という形でこの建物を使用することができる．以下では，使用権者本人の他，誰がこの建物に居住できるかについての学説をみていくことにする．

1. Quintus Mucius

　Ulpianus が伝えるところによると（後掲 D 7, 8, 4, 1 参照.），Quintus Mucius は，妻に建物の使用権が与えられた場合，妻は夫とともにこの建物に住むことができるとする[1]．無論，妻が使用権を有しているということであるから，ここの妻は婚姻にもかかわらず頭格減少をうけない自由婚により，自権者の地位にとどまっていると考えらえる．また，Quintus Mucius は，婚姻が成立する前の時点であっても，女性は婚約者である男性とともに住むことができるとも述べている[2]．

2. Tubero

　Ulpianus によると，Tubero は，使用権者が客人を使用権の設定された建物

---

[1] また，D. 7, 4, 22 Pomp. 6 ad Q. Muc. も参照のこと．
[2] D. 7, 8, 4, 1 の "posse eam cum viro et postea nubentem habitare" は，Quintus Mucius の言及内容であるとの理解に基づく．

3. Labeo

Labeoは，使用権者が賃借居住者（inquilinus）をも建物内に受け入れることができると述べていたとUlpianusは述べている[4]．

4. Proculus

Proculusは，使用権者は建物の一部を賃貸に出し，これを賃借した者とともに居住することができることを前提とした上で，inquilinusという用語には，このような賃借人は入れるべきではないと述べている[5]．

5. Aristo

Aristoは，女性に建物の使用権が与えられた場合，夫や，自らの被解放自由人，尊属とともに住むことができると考えた[6]．

6. Celsus

Celsusは，ドムスの使用権者は，自らの被解放自由人，そして客人をもここに居住させることができるという見解を有していた[7]．

7. Africanus

家子または奴隷に建物の使用権が遺贈されたとしても，Africanusは，この遺贈は有効であるとする．そして，用益権の例にならい，家長または主人と同居という形であれ別居という形であれ，家子または奴隷はこの建物に居住でき

---

3) 後掲 D. 7, 8, 2, 1 参照．
4) 後掲 D. 7, 8, 2, 1 参照．
5) 後掲 D. 7, 8, 4 pr 参照．
6) 後掲 D. 7, 8, 6 参照．
7) 後掲 D. 7, 8, 2, 1 参照．

ると Africanus は述べている[8]．

8. Pomponius

使用権者が誰と住むことができるかについて，Pomponius はいくつかの学説をのこしている．特に女性に使用権が設定された場合について彼は論じている．妻が建物の使用権者である場合，妻は夫とともに住むことができる[9]．妻が夫をのこして外国に行ったとしても，夫はこの建物に居住し続けることができる[10]．夫と離婚することを条件として妻に使用権が与えられた場合には，この条件が無効なものとして扱われる[11]．また，使用権者たる妻は，舅とともに住むことができる[12]．使用権者は客人を家に受け入れることができるが，その場合には，使用権者本人もまた一緒に住むことが求められる[13]．

9. Papinianus

Papinianus は，Pomponius と同様，婚姻が成立する前の時点であっても，女性は婚約者である男性とともに住むことができるとする Quintus Mucius の見解に賛同している[14]．

10. Paulus

Paulus は，妻が使用権を有するとき，夫の父もまた一緒に住むことができると述べている[15]．

[8) D. 7, 8, 17 Afric. 5 quaest.
[9) 後掲 D. 7, 8, 4, 1 参照．
[10) D. 7, 4, 22 Pomp. 6 ad Q. Muc.
[11) 後掲 D. 7, 8, 8, 1 参照．
[12) 後掲 D. 7, 8, 4, 1 参照．
[13) D. 7, 8, 7 Pomp. 5 ad Sab.
[14) 後掲 D. 7, 8, 4, 1 参照．
[15) D. 7, 8, 5 Paul. 3 ad Sab.

11. Ulpianus

Ulpianus は,『Sabinus 注解』17 巻の中で, 使用権者が誰と居住することができるかについて比較的まとまった形で次のように論じている.

> D. 7, 8, 2, 1 Ulp. 17 ad Sab.: Domus usus relictus est aut marito aut mulieri: si marito, potest illic habitare non solus, verum cum familia quoque sua. an et cum libertis, fuit quaestionis, et Celsus scripsit, et cum libertis: posse hospitem quoque recipere, nam ita libro octavo decimo digestorum scripsit, quam sententiam et Tubero probat. sed an etiam inquilinum recipere possit, apud Labeonem memini tractatum libro posteriorum, et ait Labeo eum, qui ipse habitat, inquilinum posse recipere: idem et hospites et libertos suos
>
> ドムスの使用権が夫か妻に遺された. 夫に遺された場合, そこに自分が住むことができるのみならず, 自己の奴隷たちもまた住まわせることができる. 被解放自由人について質問がなされ, Celsus が書いているところによると, 被解放自由人たちともまた住むことができる. また, 客人も受け入れることができる. このことは,『法学大全』12 巻が書いているところであり, この見解には Tubero もまた賛同している. しかし賃借居住人も受け入れることができるかについて Labeo が問題にしていたことを私は覚えている. Labeo がいうには, 本人が住んでいるのであれば賃借居住人も受け入れることができる. Labeo がいうには,「自分自身が住んでいる者は, 賃借人を受け入れることができ, また客人や自己の被解放自由人をも受け入れることができる.」

> D. 7, 8, 4 Ulp. 17 ad Sab.: (pr) ceterum sine eo ne hos quidem habitare posse. Proculus autem de inquilino notat non belle inquilinum dici, qui cum eo habitet. secundum haec et si pensionem percipiat, dum ipse quoque inhabitat, non erit ei invidendum: quid enim si tam spatiosae domus usus sit relictus homini mediocri, ut portiuncula contentus sit? sed et cum his, quos loco servorum in operis habet, habitabit, licet liberi sint vel servi alieni. (1) Mulieri autem si usus relictus sit, posse eam et cum marito habitare Quintus Mucius primus admisit, ne ei matrimonio carendum foret, cum uti vult domo. nam per contrarium quin uxor cum marito possit habitare, nec fuit dubitatum. quid ergo si viduae legatus sit, an nuptiis contractis post

constitutum usum mulier habitare cum marito possit? et est verum, ut et Pomponius libro quinto et Papinianus libro nono decimo quaestionum probat, posse eam cum viro et postea nubentem habitare. hoc amplius Pomponius ait et cum socero habitaturam.

　(pr)「そうではなく使用権者と別々に住むのであれば，こうした者たちが住むことはできない．」しかし，Proculus が言うには，一緒に住んでいる人を指して賃借人というのは適切ではない．この見解によるならば，使用権者は，賃料を収取したとしても，彼自身がそこに住んでいるのであれば，こうした者を受け入れることができる．なぜなら，少しのスペースがあれば十分である質素な人に，広大な邸宅の使用権が遺された場合どうなるのであろうか．さらに，奴隷のごとくに労務を使用している人は，それが自由人であれ，他人の奴隷であれ，共に住むことができる．
(1) 妻に使用権が遺贈された場合，妻は夫と共に住むことができると，Quintus Mucius がはじめて許容した．それは，彼女がこの邸宅を利用することを望むときに，夫婦関係が崩壊しないようにするためであった．なぜなら，反対の場合，妻が夫と共に居住できることは，誰も疑問を差し挟んではいないのであるから．それでは，寡婦に遺贈された場合はどうであろうか．使用権が設定された後，寡婦が結婚するならば，この女性は，夫と共に住むことができるのであろうか．Pomponius が第 5 巻で，Papinianus が『質疑録』第 16 巻で賛同しているように，このような女性は，その後に婚姻するならば，夫と共に住むことができるのが正当である．Pomponius は，さらに，舅と共に住むこともできると述べている．

　D. 7, 8, 6 Ulp. 17 ad Sab.: Non solum autem cum marito, sed et cum liberis libertisque habitare et cum parentibus poterit: et ita et Aristo notat apud Sabinum. et huc usque erit procedendum, ut eosdem quos masculi recipere et mulieres possint.

　また，夫ばかりでなく，子供たち，被解放自由人，尊属と共に住むこともできる．Aristo もまた，Sabinus にこのように注記している．そして，さらに，男性の使用権者が受け入れることができる人は，女性の使用権者もまたすべてこれを受け入れることができるまでに至っている．

　D. 7, 8, 8 Ulp. 17 ad Sab.: (pr) Sed neque locabunt seorsum neque concedent habitationem sine se nec vendent usum. (1) Sed si usus aedium mulieri legatus sit ea condicione "si a viro divortisset", remittendam ei condicionem et cum viro habitaturam, quod et Pomponius libro quinto probat.

　(pr) しかし，自分が住まないで，住居（habitatio）を賃貸したり，自分抜きで

もって無償で譲渡したり，使用権を売却したりしてはならない．(1) しかし，「夫と離婚するならば」という条件が付されて，建物の使用権が女性に遺贈された場合，この条件は無視されるべきであり，この女性は夫と共に居住することができる．Pomponius もその第5巻でこの見解に賛同している．

　ある建物に使用権が設定されている場合，使用権者が自らの家長権に服する家族や，自らの所有する奴隷とともに居住することができることはここでの議論当然の前提とされている．この前提の下，一緒に居住できる人の範囲を拡げる方向での議論が展開されている．
　まず使用権者が被解放自由人や客人と共に住むことができることが確認される．さらに使用権者が当該の建物に居住しつつ，その一部を間貸しするのであれば，これを賃借した者と共に住むことも可能であるとされる．元来，使用権者は建物を使用することができるにとどまり，ここから生じる果実を取得することはできない．しかし Ulpianus は，Labeo や Proculus の見解を引用しつつ，建物の空きスペースを賃貸することは例外的に認めるという立場をとっている．
　続いて Ulpianus は夫婦間での問題に視点を移す．仮に手権婚が締結されており，夫が使用権者となるならば，難しい解釈問題は生じない．ところが自由婚の場合には，妻は夫の手権に服さない．しかし Ulpianus によると，妻が夫と住むことができることについては誰も異論を差し挟んでいない．それでは逆に妻が使用権者であるとき夫は妻と一緒に住むことはできるのだろうか．Ulpianus によると，Quintus Mucius 以来，この点は肯定されている．Ulpianus 自身の説明によると，夫婦関係の崩壊を防ぐことがこの目的であるとされている．Ulpianus はさらに，この場合，夫の父，子供，夫の被解放自由人や尊属ともまた共に住むことができるとする．
　元来ローマでは男系を中心とする家制度がとられていたが，この時代にあってはそれが現実の家族構成と合致しなくなる中，現実の家族関係の範囲内であれば一緒に住むことができるという学説が法学者たちによって形成されるに至

っており，Ulpianus はこうした学説をここで整理しているとみることができる．

2. 権利の内容(2)——果実収取

使用権者は，原則として果実収取はできない．しかし，果実の収取が限定的であるが許される場合がある．これは都市内の建物ではなくむしろ郊外の別荘の使用権が設定された場合が念頭におかれている．

1. Labeo/Sabinus/Cassius/Proculus

Labeo，Sabinus，Cassius，Proculus は，別荘の使用権者は，居住すること以外にも，自分や自分の家族による消費のためであれば，敷地内の農地で生育した農産物を収取することができるという[16]．

---

16) D. 7, 8, 12, 1 Ulp. 17 ad Sab.: Praeter habitationem quam habet, cui usus datus est deambulandi quoque et gestandi ius habebit. Sabinus et Cassius et lignis ad usum cottidianum et horto et pomis et holeribus et floribus et aqua usurum, non usque ad compendium, sed ad usum, scilicet non usque ad abusum: idem Nerva, et adicit stramentis et sarmentis etiam usurum, sed neque foliis neque oleo neque frumento neque frugibus usurum. sed Sabinus et Cassius et Labeo et Proculus hoc amplius etiam ex his quae in fundo nascuntur, quod ad victum sibi suisque sufficiat sumpturum et ex his quae Nerva negavit: Iuventius etiam cum convivis et hospitibus posse uti: quae sententia mihi vera videtur: aliquo enim largius cum usuario agendum est pro dignitate eius, cui relictus est usus. sed utetur his, ut puto, dumtaxat in villa: pomis autem et oleribus et floribus et lignis videndum, utrum eodem loco utatur dumtaxat an etiam in oppidum ei deferri possint: sed melius est accipere et in oppidum deferenda, neque enim grave onus est horum, si abundent in fundo. 「使用権を与えられた者は，居住することの他，散歩したり，乗り物で通行する権利を有する．Sabinus と Cassius は，薪を日々の利用に供したり，庭園や果物や野菜や花や水を利用することができるとする．しかし，利益を得る程度にまで利用することはできないのであって，使用を限度とする．もちろん消費し尽くしてはならない．Nerva は同じことをいった上で，藁や小枝も利用することができるが，葉，油，穀物を収取することはできないと付け加えた．しかし，Sabinus と Cassius と Labeo

2. Nerva

上述の法学者たちとは若干異なり，Nervaは，薪，果実，野菜，花，水といった物に加え，藁や小枝を利用することもできるが，葉，油，穀物を収取することはできないとする[17]．

3. Celsus/Ulpianus

Iuventius Celsusは，別荘の使用権が設定された建物内でとれた果実に関し，これを使用権者本人のためのみならず，客人のために供してもよいと考え，Ulpianusもこの見解に賛同している[18]．

3. 権利の内容(3)――賃貸

用益権限を除いた権利という性質を用益権が有することから，使用権者がその権利の対象を賃貸することはできないのが原則である[19]．しかし，ドムスの使用権が設定された場合にあって，使用権者がドムスを自ら利用しつつ，その

とProculusは，さらに広く，農地から生み出された物であっても，自分自身また自分の家族の生活に必要な範囲であれば，Nervaが否定した物についても消費することができるとした．Iuventiusは，さらに，会食者や客人と共にこれを使用することができるとする．この見解は正当であるように私には思える．なぜなら，使用権者を相手方としては，使用権の遺贈を受けた者の品格に相応しい形でより気前よい形で行為がなされるべきであるから．しかし，私の考えでは，こうした物は別荘のなかでのみ利用されるべきである．しかし，果物や油や花や薪については，同じ場所でのみ利用されるべきか，さらに街に運び出すことができるかについて考えてみよう．街に運びだすことを許容する方がより良い．なぜなら，こうした物が農地に豊富にある場合，こうした物についての負担は大したものではないのだから．」

17) D. 7, 8, 12, 1 Ulp. 17 ad Sab.
18) D. 7, 8, 12, 1 Ulp. 17 ad Sab.
19) D. 10, 3, 10, 1 Paul. 23 ad ed.; D. 7, 8, 8 pr Ulp. 17 ad Sab.; D. 7, 8, 11 Gai. 2 rer. cott.; D. 7, 8, 12, 6 Ulp. 17 ad Sab.

中の一部を間貸しすることは許されている[20].

4. 修　　　繕

　　D. 7, 8, 18 Paul. 9 ad Plaut.: Si domus usus legatus sit sine fructu, communis refectio est rei in sartis tectis tam heredis quam usuarii. videamus tamen, ne, si fructum heres accipiat, ipse reficere debeat, si vero talis sit res, cuius usus legatus est, ut heres fructum percipere non possit, legatarius reficere cogendus est: quae distinctio rationem habet.
　　ドムスの収益権限のない使用権が遺贈された場合，sarta tecta の保持に関しては，相続人と使用権者の双方が修繕（の負担）を共同で負う．しかし，果実を相続人が受領する場合，相続人が修繕しなければならないのか，また相続人が果実を収取し得ないような物の使用権が遺贈された場合，受遺者が修繕を強制されるのかどうか考えてみよう．この区別には合理性がある．

　用益権が設定された場合には建物の通常の維持管理の費用は用益権者が負う．これに対し使用権の場合には，この法文[21]の冒頭に所有者と使用権者の共同での負担となることが示されている．おそらくこれは通説的見解を紹介するものと思われる．

　これに対し"videamus tamen"以下では，これとは異なる見解が展開されている[22]．都市内の建物には，ドムスの他，タベルナと呼ばれる店舗用物件やケナクルムという賃貸用居住物件が付随することがある[23]．こうした建物の中のドムスの使用権が遺贈された場合，使用権者はドムスを使用できるにとどま

---

20) 　D. 7, 8, 2, 1; D. 7, 8, 4 pr Ulp. 17 ad Sab.
21) 　Grosso (1958), 471ff.
22) 　Grosso (1958), 472 が指摘するように，もとの Paulus 文が短くまとめられた可能性はあり，"videamus tamen"以下に示される見解が Paulus のものであるかは確定的なことはいえない．
23) 　例えば Pompei, VI, 6 をみよ．

り，こうした物件を賃貸し賃料を収取する[24]権限は所有者（遺言者の相続人）が有する．ここに示された見解によると，こうした場合には，建物の修理費用は，所有者（遺言者の相続人）が負担すべきであるとされている．これに対し，使用権が設定された建物の中にはドムスしかなく，この建物から賃料が発生し得ない場合には，修理費用は使用権者が負担すべきとされている．

---

24) fructum percipere（果実収取）という表現には，賃料の収取も含まれる．この点については，D. 7, 1, 59, 1 Paul. 3 sent. をみよ．

第 17 章
用益権の「物権」化

1. 対物訴権における被告適格の拡大

　　D. 7, 6, 5, 1 Ulp. 17 ad ed.: Utrum autem adversus dominum dumtaxat in rem actio usufructuario competat an etiam adversus quemvis possessorem, quaeritur. et Iulianus libro septimo digestorum scribit hanc actionem adversus quemvis possessorem ei competere: nam et si fundo fructuario servitus debeatur, fructuarius non servitutem, sed usum fructum vindicare debet adversus vicini fundi dominum.
　　この対物訴権は所有者を被告とする形でのみ用益権者に与えられるのか，それとも誰であれ占有者を相手方として与えられるのか質問がなされた．Iulianus は『法学大全』第 7 巻で，「この訴権は誰であれ占有者を相手方とする形で用益権者に与えられる」と書いている．なぜなら，用益権が設定されている農地を要役地とする形で地役権が設定されている場合にも，用益権者は，隣の農地の所有者を相手方として地役権ではなく用益権の返還請求をしなければならないので．

　用益権者の保護のために法務官告示が規定する用益権の返還請求 (vindicatio ususfructus) の被告となるべき者が誰であるかを Ulpianus は問題にしている．所有物返還請求訴権 (rei vindicatio) があらゆる占有者を被告として提起できることと同様[1]，用益権の設定されている対象を占有しているあらゆる者を相手方としてこの訴権を用いることができるのか，それともこの対象の所有者に対してのみ提起できるのかと Ulpianus は問うている．そして，彼は「この訴権

---

1) D. 6, 1, 9 Ulp. 16 ad ed.

は誰であれ占有者を相手方とする形で用益権者に与えられる」というIulianus の見解を肯定的に引用している．

この記述を根拠にWesener は，元来用益権返還請求訴権は所有者のみを被告とすることができたが，Iulianus によってあらゆる占有者を相手方として提起することが認められたと考える[2]．Wesener は，そもそも法律訴訟手続においてはこの訴権は所有者を被告とする場合にのみ提起可能であったがLabeo やNerva により，隣地の所有者に対しても——この隣地を承役地，用益権が設定されている土地を要役地とする形で地役権が設定されている場合にあって，この地役権に基づく訴えをする場合に——提起が認められ（D. 7, 6, 1 pr Ulp. 18 ad Sab)，さらにIulianus により，占有者一般にまで広げられたと考えるのである[3]．

確かにDigesta に伝わる用益権に関する紛争のほとんどは，用益権者と所有者との間で生じており，また占有者（possessor）を被告とする用益権返還請求訴権の提起の例は，Ulpianus やPaulus にのみ確認でき，管見の限りでは，それ以前の法学者に由来する法文に見出すことはできない．したがってWesener の主張に一定の説得力があるのは確かである[4]．しかし，Wesener も認めてい

---

2) Wesener (1964), 99; Wesener, RE, Sp. 1159.

3) Wesener (1964), 99 n. 111 は，D. 7, 2, 10 Ulp. 17 ad ed.; D. 7, 6, 5, 4a-5 Ulp. 17 ad ed.; D. 7, 1, 60, 1 Paul. 5 sent.; D. 7, 6, 6 Paul. 21 ad ed. をあげる．これらのUlpianus 文とPaulus 文では，この訴権がpossessor を被告とする形で用いられている．Wesener は，これらの法文を列挙することにより，Iulianus より後には確かにpossessor を被告とする形でこの訴権の提起が可能であったことを示したいものと思われる．

4) もっともWesener (1964), 99 は，"Gegen einen jeden Besitzer war die vindicatio ususfructus wohl erst seit Iulian zulässig." というようにwohl という単語を入れており，あくまでも推測であるという留保を付した上での主張といえる．この点は，Wesener, RE, Sp. 1159 では，"Passivlegitimiert war ursprünglich nur der Eigentümer; die Ausdehnung auf jeden Besitzer erfolgte in klassischer Zeit, vielleicht durch Iulian." とあり，ここでもvielleicht という留保が付されている．Kaser, RPI, 453 n. 60 は，Wesener を文献としてあげてはいないものの同じ見解をとっている．またKaser/Knütel (2014), 171 も同様の説明をする．

る通り，LaboやNervaが隣地の所有者を被告とする形でこの訴権の提起を認めた例があり[5]．まさしくその例と類似の話がD. 7, 6, 5, 1 の"nam"以下で論じられているにもかかわらず，Wesenerはこの部分について全く取り上げていない[6]．

---

[5] D. 7, 6, 1 pr Ulp. 18 ad Sab. この法文については後述を参照のこと．

[6] まさしくこの部分を問題にするのが芹沢（2007）である．本書も同論文に負うところが大きい．D. 7, 6, 5, 1 の"nam"以下をどう読むかについての詳細な検討は別稿に委ねることにしたいが，ここでさしあたりの私の理解を述べておくことにしたい．

Iulianusのいう"quemvis possessorem"の理解は，少なくともIulianusの意図としては，Wesenerの理解で問題ない．すなわち「誰であれ占有者」という意味である．Ulpianusには，possessorを権利の占有者という意味で用いている例もあるが（D. 8, 5, 6, 1 Ulp. 17 ad ed.; D. 8, 5, 8, 3 Ulp. 17 ad ed.），こうした用語法は決して一般的ではないし（D. 41, 2, 3 Paul. 54 ad ed.），Iulianusに同様の例を見出すことはできない．したがって，少なくともIulianus自身は，用益権の設定された物を文字通り占有している者を相手として用益権の返還請求訴権を提起できるといっているとみてよいであろう．

用益権者が近隣の土地の所有者に対し地役権を主張する場合に，地役権の返還請求訴権（vindicatio servitutis）によるべきとする見解と，用益権の返還請求訴権（vindicatio usus fructus）によるべきとする見解（D. 43, 25, 1, 4 Ulp. 71 ad ed.; D. 7, 6, 1 pr Ulp. 18 ad Sab.）とがあり，Iulianus自身は前者である．そうである以上，"nam"以下の記述内容はIulianusの見解とみることはできない．したがって，"nam"以下は，あくまでもUlpianusにとっての理由づけである．

上述のようにUlpianusは，possessorという単語を「地役権の占有者」を意味するものとして使っている例がある．そうであれば，この法文の"quemvis possessorem"もまた，そうした意味をもつものとUlpianusが考えて議論を展開している可能性もある．

"nam"以下の例では，農地Xの用益権者と農地Yの所有者との間で，通行権の存否が争われている．ここで原告となるべき者が用益権者であるとされている．ところで農地Xの用益権者が農地Yを通行しようとする際に農地Yの所有者がこれを禁止した場合，用益権者は，私道に関する特示命令（法務官告示§250）を用い，この禁止を排除することができる（D. 8, 5, 2, 3 Ulp. 17 ad ed.）．したがってこの特示命令が利用できる限りにおいては，地役権の返還請求訴権であれ用益権の返還請求訴権であれおよそ対物訴権が問題になる余地はない．逆にいうと，この特示命令

2. 境界確定訴権・共有物分割訴権

D. 10, 1, 4, 9 Paul. 23 ad ed. が明確に伝えている通り，用益権者もまた境界確定訴権を提起できる[7]．

共有物分割訴権についても用益権者による提起が可能であることを D. 10, 3, 7, 7 Ulp. 20 ad ed. は示している[8]．

の利用ができない状況，すなわち過去1年以内に通行した事実がない状況にあるといえる．このときには，地役権の存在を主張する側——すなわち通例であれば，要役地の所有者，ここでは用益権者——から対物訴権を提起しなければならない．この状態は，地役権の権利占有を承役地所有者が有しているという言い方も可能であろう．D. 8, 5, 6, 2 末尾の "possessor" は，より高く建てさせないことを内容とする地役権がない状態を保持している者のことをさしている．これと同じ用語法によれば，通行地役権がない状態を土地Yの所有者を，地役権の占有者と呼ぶことも可能であろう．

　この解釈が成り立つならば，D. 7, 6, 5, 1 の "quemvis possessorem" は，少なくとも Ulpianus にとっては，「地役権の占有者」（より厳格には地役権がない状態を現状として保持している者）をも意味しており，こうしたタイプの占有者を被告とする形で用益権の返還請求訴権を提起することも可能であるといっていると理解することも可能ではなかろうか．このように解釈すれば，"nam" 以下とそれ以前とを整合的に理解することができる．

7) Wesener, RE, Sp. 1161. D. 10, 1, 4, 9 Paul. 23 ad ed.: Finium regundorum actio et in agris vectigalibus et inter eos qui usum fructum habent vel fructuarium et dominum proprietatis vicini fundi et inter eos qui iure pignoris possident competere potest.「境界画定訴権は，永借公有農地についても，また用益権を有している者どうしの間でも，また用益権者とその隣の農地の所有者との間でも，また質権に基づいて占有している者どうしの間でも提起することができる．」

8) D. 10, 3, 7, 7 Ulp. 20 ad ed.: Sed et si de usu fructu sit inter duos controversia, dari debet.「しかし用益権者に関して2人の間で紛争が生じた場合にも，付与しなければならない．」

3. 準 uti possidetis 特示命令

fr. vat. 90 が伝えるところによると[9]，法務官告示の中には，uti possidetis 特示命令と類似の機能をもつ，用益権者の準占有を保護するための特示命令が存在した．この記述および下にみる D. 43, 17, 4 Ulp. 70 ad ed. に基づき Lenel は，この準 uti possidetis 特示命令の存在を肯定した上で，法務官告示の文言（§ 247.2）を次のように再構成している[10]．

> Uti eo fundo q. d. a. nec vi nec clam nec precario alter ab altero utimini fruimini, quo minus ita utamini fruamini, vim fieri veto.
> 当該農地を君が相手方との関係において暴力，隠秘または懇願的借用によらずして使用・収益していたならば，その使用・収益をできなくするような形で行使される暴力を私は禁止する．

この特示命令は，用益権者としてある物を使用・収益している者の使用・収益の事実を保護するためのものである．uti possidetis 特示命令において申請者に所有権が帰属しているか否かを問題としないことと同様，申請者に用益権が帰属しているかを問題にせず，単に使用・収益の事実があったこと，さらにそれが相手方との関係において瑕疵のないものであったことに基づき申請者を保護する．

次に引用する D. 43, 17, 4 Ulp. 70 ad ed. にも，この特示命令について言及がある．

---

9) fr. Vat. 90: [...] Inde et interdictum "uti possidetis" utile hoc nomine proponitur et "unde vi", quia non possidet, utile datur, [...]「……そこで uti possidetis 特示命令の準特示命令と unde vi 特示命令の準特示命令がこの名義ゆえに規定された．なぜなら用益権者は占有していないのだから．……」

10) Lenel, EP, 474.

D. 43, 17, 4 Ulp. 70 ad ed.: In summa puto dicendum et inter fructuarios hoc interdictum reddendum: et si alter usum fructum, alter possessionem sibi defendat. idem erit probandum et si usus fructus quis sibi defendat possessionem, et ita Pomponius scribit. perinde et si alter usum, alter fructum sibi tueatur, et his interdictum erit dandum.

　要するに，用益権者と用益権者との間でもこの特示命令は付与されるべきと私は考える．一方が用益権を主張し，他方が占有を主張（defendere）する場合も同様である．Pomponius も同じように書いている．また一方が使用権を，他方が用益権を主張する場合にも，この特示命令が付与されるべきである．

　この準特示命令は，ある土地に複数の者が用益権を主張している場合のみならず，一方が用益権を他方が所有権を，あるいは一方が用益権を他方が使用権を主張して争っている場合にも適用される．例えばある建物を B が用益権者として使用・収益をしているとする．ここに A が自らが所有者であり，かつ占有者であるとして A を排除しようとした場合，この準特示命令により，さしあたりいずれが使用・収益をすることができるのか，言い換えると A の占有が認められるのか，それとも B の準占有（quasi possessio）が認められるのかについて判断がなされる．

4. unde vi 特示命令

　法務官告示の中の unde vi 特示命令について規定する章（§ 245）の中には，占有者の保護のための特示命令と同様の機能を有する，用益権者のための特示命令を付与する旨の規定が存在した．Lenel はその文言を次のように再構成している[11]．

---

11) Lenel, EP, 469; Wesener, RE, Sp. 1162f.; Kaser/Knütel (2014), 171.

　fr. Vat. 91: Idem libro II de interdictis sub titulo "si uti frui prohibitus esse dicetur". Non is, ad quem usus fructus venit vivi tum vel qui utendi fruendi causa, cum usus fructus, ad eum non pertineat, in aliqua re sit, possidere eum videtur, et ob id, qui uti

Quo fundo in hoc anno tu illum uti frui prohibuisti aut familia tua prohibuit, cum ille nec vi nec clam nec precario a te uteretur frueretur, eo . . . restituas.

　この 1 年において君がこの農地の使用・収益を禁止した場合，あるいは，君の家族・奴隷がこれを禁止した場合，被禁止者が君との関係において暴力・隠秘・懇願的貸借によらずして使用・収益していたのであれば，君は原状回復を行わねばならない．

　文言上は「農地」とあるが，この特示命令は建物にも適用される[12]．また使用権者にも適用がある[13]．用益権者がその対象を使用・収益している状況は，

---

frui prohibitus est, proprie deiectus dici non potest. ideo specialiter hoc interdictum eo casu desideratum est.「特示命令に関する第 2 巻は『使用・収益が禁止されたと主張される場合』というタイトルが付されている．用益権が帰属している者は，または実際は用益権が帰属していないにもかかわらず使用・収益している者は，この物を占有しているとみることはできない．そこで，使用・収益を禁止された者は，厳格にいえば『（占有から）追い出された』とはいえない．それゆえ，特別にこの特示命令がこうした場合のために必要とされた．」

　　D. 43, 16, 3, 13 Ulp. 69 ad ed.: Interdictum necessarium fuisse fructuario apparet "si prohibeatur uti frui usu fructu fundi".「『もし農地の用益権を使用・収益することを禁止されたならば』という特示命令が用益権者にも必要であったことは明らかである．」

12)　D. 43, 16, 3, 15 Ulp. 69 ad ed.: Pertinet autem hoc interdictum ad eum, qui fundo uti frui prohibitus est: sed pertinebit etiam ad eum, qui aedificiis uti frui prohibetur. consequenter autem dicemus ad res mobiles hoc interdictum non pertinere, si quis uti frui prohibitus est re mobili, nisi si rei soli accedebant res mobiles: si igitur ibi fuerunt, dicendum est etiam ad eas referri hoc interdictum debere.「この特示命令は，農地の使用・収益を禁止された者に帰属する．しかし，建物の使用・収益を禁止された者にも帰属する．しかし，(unde vi 特示命令がそうであることと同様)，この特示命令は，もし動産の使用・収益が禁止された場合，動産には適用されないとわれわれはいう．ただしこの動産が土地に固着している場合はこの限りではない．それゆえ，（土地に固着する形で）そこにあった物については，この特示命令の適用があると言わねばならない．」

13)　D. 43, 16, 3, 16 Ulp. 69 ad ed.: Item si non usus fructus, sed usus sit relictus, competit hoc interdictum. ex quacumque enim causa constitutus est usus fructus vel usus, hoc interdictum locum habebit.「用益権ではなく使用権が遺された場合も，こ

外観的には所有者による占有とかわりはない．しかし用益権者は占有者ではないので通常の unde vi 特示命令の適用はない．しかし用益権者による使用・収益の事実を保護する必要があることから，この特示命令が導入された[14]．おそらくこのような法務官告示の規定に触発される形で，古典期後期には用益権者による使用・収益をしている事実状態のことをさす quasi possessio（準占有）とよぶ用語法が一般化した[15]．

5. 地役権の返還請求訴権およびそれに関連する特示命令

建物 X に用益権が設定されており，この建物 X を要役地とする形で近隣の建物 Y 上に地役権が設定されているとする．このとき用益権者はこの地役権

の特示命令は付与される．いかなる原因により用益権または使用権が設定されたとしても，この特示命令の適用はある．」

使用権については D. 39, 5, 27 Pap. 29 quaest. もみよ．ここで Papinianus は使用権者の保護のため unde vi 特示命令に類似した特示命令が使えることを前提とした上で，その特示命令を無償居住者保護のために準用している．

14) D. 43, 16, 3, 14 Ulp. 69 ad ed.: Uti frui autem prohibuisse is videtur, qui vi deiecit utentem et fruentem aut non admisit, cum ex fundo exisset non usus fructus deserendi causa. ceterum si quis ab initio volentem incipere uti frui prohibuit, hoc interdictum locum non habet. quid ergo est? debet fructuarius usum fructum vindicare.「次の者は使用・収益を禁止したとされる．すなわち，使用している者，収益している者を追い出した者は，あるいは，用益権を放棄するために出ていったのではない者が（戻ることを）許容しなかった者は．そうではなく，使用・収益を開始しようとしている者を禁止した場合には，この特示命令の適用はない．それではどうなるのか．この者は用益権の vindicatio を提起しなければならない．」

15) Gaius: Gai. inst. 4, 139. Papinianus: D. 4, 6, 23, 2 Ulp. 12 ad ed. Ulpianus: D. 43, 3, 1, 8 Ulp. 67 ad ed.; D. 43, 16, 3, 17 Ulp. 69 ad ed. この用語については，Grosso (1958), 334ff.; Wesener, RE, Sp. 1163f.; Wesener (1975), 455f.; Kaser, RPI, 390 を参照．以前はこの用語が古典期後の産物であるとする見解もあったが，今日はこの古典期性は支持されている．

この用語については上記の他，D. 7, 6, 3 Iul. 7 dig.; Paul. Sent. 3, 6, 30; D. 43, 3, 1, 8 Ulp. 67 ad ed. もみよ．

に関する主張を建物Yの所有者に対してすることができるのであろうか[16]．またいかなる法手段でこれをなすことができるのであろうか．地役権の保護は，本来，地役権の返還請求訴権（vindicatio）の他，各種の特示命令によっても保護される．ここではこうした訴権や特示命令の行使が用益権者に認められたかについてみていくことにする．

1. Labeo/Nerva

> D. 7, 6, 1 pr Ulp.18ad Sab.: Si fundo fructuario servitus debeatur, Marcellus libro octavo apud Iulianum Labeonis et Nervae sententiam probat existimantium servitutem quidem eum vindicare non posse, verum usum fructum vindicaturum ac per hoc vicinum, si non patiatur eum ire et agere, teneri ei, quasi non patiatur uti frui.
>
> 用益権の設定されている農地を要役地とする形で地役権が設定されている場合，MarcellusがIulianusの（『法学大全』の）8巻（の注釈の中）で，LaboとNervaの見解に賛同している．その見解とは，用益権者は地役権の返還請求訴権の提起はできないが，用益権の返還請求訴権の提起はでき，これを通して——用益権者が自ら通行したり，家畜を通行させることが許可されないならば——隣人は，あたかも使用・収益を許可しなかったかのごとく訴えを起こされるというものである．

ここでは，農地に通行権が設定されている場合を念頭において議論が進められている．仮に要役地の所有者が通行を禁止されているのであれば，地役権の返還請求訴権を提起することができる．それでは，この農地に用益権が設定されている場合に，用益権者がこの訴権を提起できるのであろうか．

この問題についてIulianusの『法学大全』8巻に付されたMarcellusによる注釈の中[17]に，LaboとNervaの見解が書かれており，この見解をUlpianusは紹介している．その見解によると，この場合，用益権者は地役権の返還請求

---

16) この問題については，Wesener (1961), Sp. 1161, 1162; Wesener (1964a), 100をみよ．

17) Lenel, Pal. I, Sp. 318によると，IulianusのDigestaには，Mauricianus, Marcellus, Scaevola, Paulusによる注釈が含まれている．

訴権の提起はできないが，用益権の返還請求訴権を用いることで，同様の主張を用益権者は隣人にすることができる[18]．

この問題に関する Iulianus の見解が何であるかはこの法文からは明らかではない．この点を次にみることにしたい．

2. Iulianus

用益権者に地役権の主張をいかにして実現させるかについての Iulianus の見解は，次の法文から明らかになる[19]．

> D. 43, 25, 1, 4 Ulp. 71 ad ed.: Item Iuliano placet fructuario vindicandarum servitutium ius esse: secundum quod opus novum nuntiare poterit vicino et remissio utilis erit. ips[i] <e> autem domino praedii si nuntiaverit, remissio inutilis erit: neque sicut adversus vicinum, ita adversus dominum agere potest ius ei non esse invito se altius aedificare. sed si hoc facto usus fructus deterior fiat, petere usum fructum debebit. idem Iulianus dicit de ceteris, quibus aliqua servitus a vicino debetur.

同様に Iulianus は，用益権者には地役権の返還請求訴権をする権利があると考えた．この見解に従うと，用益権者は新工事禁止通告を隣人にすることができ，その場合禁止解除の適用がある．これに対し，もし用益権者が土地の所有者に通告をした場合には，禁止解除は必要ではない．なぜなら，隣人に対するがごとく所有者を相手方として「自らの意思に反してより高く建築する権利はない」と訴えることはできないのであるから．しかし，この工事により使用・収益が悪化するならば，用益権を請求しなければならない．Iulianus は，他の地役権を隣人が負担している場合についても書いている．

ここでは，建物 X の用益権者と所有者との争いと，建物 X に隣接する Y の

---

18) なお下でみる D. 8, 5, 2, 3 Ulp. 17 ad ed. によると，Labeo は私道についての特示命令の準特示命令の申請を用益権者に認めている．これにより，単純に通行が妨害されたにすぎない場合には，この妨害を排除できる．用益権の返還請求訴権が問題になるのは，この準特示命令の申請ができなくなった場合，すなわち過去 1 年の間に通行の事実がない場合ということになる．

19) Wesener (1964a), 100.

所有者との争いとがあわせて取り上げられている．Iulianus は，前者にあっては，用益権者が所有者に新工事禁止通告をしたとしても，この通告は何の効果ももたないとする[20]．また，地役権の主張もできないとされている．これに対し，後者にあっては，建物 X の用益権者は建物 Y の所有者に対して新工事禁止通告も可能であるし，また地役権の返還請求訴権を提起できるとする．

このようにみてくると，用益権者に地役権の主張をいかに実現するかについての見解の対立が存在したといえる．Labeo と Nerva は，用益権の返還請求訴権を隣人に対して提起し，地役権の回復を図ることができると考えた．これに対し，Iulianus は，地役権の返還請求訴権そのものの提起を用益権者に認めている．

3. Pomponius

通例，農地地役権に関しては，地役権行使の事実を保護するための特示命令が法務官告示（§§ 250-253）の中に規定されており，その特示命令に基づき，権利行使の妨害が排除される．その中の私道の通行に関する特示命令[21]を用益権者が申請できるかについてが次の法文では問題になっている．

---

[20] この点については次の法文もみよ．D. 39, 1, 2 Iul.49 dig.: Si autem domino praedii nuntiaverit, inutilis erit nuntiatio: neque enim sicut adversus vicinum, ita adversus dominum agere potest ius ei non esse invito se altius aedificare: sed si hoc facto usus fructus deterior fiet, petere usum fructum debebit.「もし（用益権者が）農地の所有者に新工事禁止通告をした場合，この禁止通告は無効である．なぜなら，隣人に対するがごとく所有者を相手方として『自らの意思に反してより高く建築する権利はない』と訴えることはできないのであるから．しかし，この工事により使用・収益が悪化するならば，用益権を請求しなければならない．」ここでもまた，隣人に対してであれば禁止通告が可能であることが示唆されている．

[21] D. 43, 19, 1 pr Ulp. ad ed.: Quo itinere actuque privato, quo de agitur, vel via, hoc anno nec vi nec clam nec precario ab illo usus es, quo minus ita utaris, vim fieri veto.「訴訟の対象となっている私人の人通行権や家畜通行権または人・家畜通行権を，この 1 年内に君が相手方との関係において暴力，隠秘または懇願的貸借によらずして利用したのであれば，君の利用を制限しようとする暴力の行使を私は禁止する．」

D. 8, 5, 2, 3 Ulp. 17ad ed.: Pomponius dicit fructuarium interdicto de itinere uti posse, si hoc anno usus est: alibi enim de iure, id est in confessoria actione, alibi de facto, ut in hoc interdicto, quaeritur: quod et Iulianus libro quadragensimo octavo digestorum scribit. pro sententia Iuliani facit, quod Labeo scribit, etiam si testator usus sit qui legavit usum fructum, debere utile interdictum fructuario dari, quemadmodum heredi vel emptori competunt haec interdicta.

　Pomponiusがいうには，用益権者は，この一年以内に道を通行した事実があれば，私道に関する特示命令を行使することができる．なぜならば，権利に関して――すなわち認諾訴権において――問題となることと，事実に関して――すなわちこの特示命令において――問題となることは別のことであるのだから．これはIulianusもまた『法学大全』48巻で書いているところである．Labeoが次のように述べていることは，Iulianusの見解を支持する者といえよう．すなわち，用益権を遺贈した遺言者が利用していたとしても，準特示命令が用益権者に与えられねばならない．あたかもこの特示命令が相続人や買主に与えられるがごとく．

　ここに明確に示されているように，Pomponiusによると，用益権者もまた私道に関する特示命令の申請が可能である．この特示命令により私道の利用妨害を排除するためには，過去1年以内に私道を利用した事実が求められるが，Pomponiusは，用益権者本人のみならず遺言者が過去1年の間に通行した事実がある場合にも，この特示命令による保護が受けられるとする．

　上記のPomponiusの見解は，Ulpianusが伝えるところによると，LabeoやIulianusもまたとっていたものである．

4. Ulpianus

　用益権者が地役権の主張をいかなる訴権で行うことができるかについては，上で引用した[22] D. 7, 6, 5, 1 Ulp. 17ad ed. から読み取ることができる[23]．

　ここでUlpianusは，「なぜなら，用益権が設定されている農地を要役地とする形で地役権が設定されている場合にも，用益権者は，隣の農地の所有者を相

---

22)　前述第17章第1節参照．
23)　また下でみる D. 39, 1, 1, 20 Ulp. 52 ad ed. もみよ．

手方として地役権ではなく用益権の返還請求をしなければならないので」[24]と述べている．ここから，UlpianusがIulianusの見解ではなく，NervaやLabeoと同様の見解にたっていたことがわかる[25]．

6. 新工事禁止通告

1. Iulianus

前節で取り上げた D. 43, 25, 1, 4 Ulp. 71ad ed. によると[26]，Iulianusは，用益権者が所有者を相手として新工事禁止通告をすることはできないが，用益権者は隣人を相手としてこれをすることはできるとしている．

本来，新工事禁止通告をすることができるのは，その工事により被害がでる怖れのある土地の所有者であるところ[27]，Iulianusは，この制度の当事者適格を用益権者にも認め，用益権者の保護を強化しているといえる[28]．

2. Ulpianus

上述のIulianusの態度は，その後，支配的見解となったわけではない．次にみる法文から，UlpianusはIulianusとは違う見解をとっていることがわかる[29]．

> D. 39, 1, 1, 20 Ulp. 52 ad ed.: Usufructuarius autem opus novum nuntiare suo nomine non potest, sed procuratorio nomine nuntiare poterit, aut vindicare usum

---

24) D. 7, 6, 5, 1 Ulp. 17 ad ed.: [...] nam et si fundo fructuario servitus debeatur, fructuarius non servitutem, sed usum fructum vindicare debet adversus vicini fundi dominum.
25) Wesener (1964a), 100.
26) D. 39, 1, 2 Iul. 49 dig. もみよ．
27) D. 39, 1, 1, 19 Ulp. 52 ad ed.
28) Wesener (1964a), 100; Rainer (1987), 158.
29) Grosso (1958), 194; Rainer (1987), 158.

fructum ab eo qui opus novum faciat: quae vindicatio praestabit ei, quod eius interfuit opus novum factum non esse.

　用益権者は，新工事禁止通告を自己の名義ですることはできないが，委託事務管理人としてこれをすることはできる．あるいは，新工事をした者を相手方として用益権の返還請求訴権を提起することができる．この返還請求訴権により，新工事がなされなかったとしたら用益権者が得ていたであろう利益が給付されることになる．

　Ulpianus は，用益権者が新工事禁止通告ができないとはいわない．しかし用益権者本人の名義ではなく，所有者の名義で，その委託事務管理人としてこれをすることができるとする．

　Iulianus は，新工事禁止通告制度の運用にあたり，用益権者に所有者と同等の地位を与えようとしていた．これに対し Ulpianus は，ここから若干後退し，用益権者は，あくまでも委託事務管理人としての禁止通告ができるにとどまるとする[30]．

　確かに一般的にみて用益権者には，所有者・占有者に与えられる法手段の利用が認められているが，この例にみるように，建築紛争のための法手段に関しても同様の取り扱いを受けているとは限らない．こうした現象は，次にみる quod vi aut clam 特示命令でもみてとることができる．

7.　quod vi aut clam 特示命令

1.　Venuleius

　D. 43, 24, 12 Ven. 2 interd.: Quamquam autem colonus et fructuarius fructuum nomine in hoc interdictum admittantur, tamen et domino id competet, si quid praeterea eius intersit.

　農地賃借人と用益権者の名義でもってこの特示命令は許可されたとしても，所有者にも利害関係がある場合には所有者にもこれは帰属する．

---

30)　委託事務管理人（procurator）が新工事禁止通告した場合については，D. 39, 1, 13 pr-2 Iul. 41dig.；D. 39, 1, 5, 18-20 Ulp. 52 ad ed.；D. 39, 1, 17 Paul. 57 ad ed. をみよ．

ここでは用益権者もまた quod vi aut clam 特示命令の申請ができることが明確に示されている．しかし，農地賃借人と併列する形で用益権者があげられていることから，これは農地の用益権者を念頭におくものとみることができる．

2. Iulianus

D. 7, 1, 13, 2 Ulp. 18 ad Sab.: De praeteritis autem damnis fructuarius etiam lege Aquilia tenetur et interdicto quod vi aut clam, ut Iulianus ait: [...]
過去に生じた損害に関し，用益権者は Aquilius 法によっても，また quod vi aut clam 特示命令によっても責を負うと Iulianus は述べている．……

この法文から Iulianus が用益権者に quod vi aut clam 特示命令の申請を認めていたことがわかる．しかし，具体的状況についてはわからない．

3. Pomponius

D. 7, 4, 5, 3 Ulp. 17 ad Sab.: Si areae sit usus fructus legatus et in ea aedificium sit positum, rem mutari et usum fructum extingui constat. plane si proprietarius hoc fecit, ex testamento vel de dolo tenebitur,
敷地の用益権が遺贈され，そこに建物が建てられた場合，物の変更が生じており用益権が消滅することに異論はない．もちろん所有権者がこれをすれば，遺言訴訟または悪意訴訟により責を負う．

D. 7, 4, 6 Pomp. 5 ad Sab.: sed et interdictum quod vi aut clam usufructuario competit.
また，quod vi aut clam 特示命令も用益権者に帰属する．

この法文から Pomponius もまた quod vi aut clam 特示命令を用益権者が申請可能としていたことがわかる．問題は，それがどういう場面において認められたのかである．Digesta の編纂者によると，直前の D. 7, 4, 5, 3 と Pomponius 文とは強く関連づけられている．このまま理解するならば，用益権が設定された敷地上に所有者が何かを建設した場合に，用益権者がこれの取り壊しをこの

特示命令で求めることができるということになる．しかし，もともとこうした建物建設の文脈で用いられていたかはわからない．

4. Paulus

> D. 43, 24, 16, 1 Paul. 67 ad ed.: Si quis vi aut clam arbores non frugiferas ceciderit, veluti cupressos, domino dumtaxat competit interdictum. sed si amoenitas quaedam ex huiusmodi arboribus praestetur, potest dici et fructuarii interesse propter voluptatem et gestationem et esse huic interdicto locum.
>
> 暴力または隠秘により，ある者が果実を生まない樹木――例えばイトスギ――を切断した場合，所有者に対してのみこの特示命令は帰属する．しかし，この種の樹木がある種の心地よさを演出している場合，用益権者は，嗜好や遊歩道（の景観？）のためにもこの特示命令の適用があるということができる．

ここで Paulus もまたこの特示命令の申請を用益権者に認めている．古典期中期以降，用益権者が quod vi aut clam 特示命令を申請できたことは疑いようのないところである．

5. Ulpianus

> D. 43, 24, 13 pr Ulp. 71 ad ed.: Denique si arbores in fundo, cuius usus fructus ad Titium pertinet, ab extraneo vel a proprietario succisae fuerint, Titius et lege Aquilia et interdicto quod vi aut clam cum utroque eorum recte experietur.
>
> それゆえ，用益権を Titius が有している農地の中の樹木が第三者または所有者によって切断されたならば，Titius は，Aquilius 法に基づいても，quod vi aut clam 特示命令によっても，いずれの者に対しても適法に訴えることができる．

樹木の保護のために用益権者が quod vi aut clam 特示命令を用いることができるというのは，上記で述べてきたように，典型的な適用例にあたる．

6. 小　　括

以上みてきたところから，quod vi aut clam 特示命令の申請が用益権者に認

められていたことは確かに確認できる．しかし，それは農地の用益権者の果実の保護，あるいは樹木の保護のために認められているにすぎない．都市内の建築紛争においてこの特示命令の申請が用益権者に認められたことをはっきりと示す証拠は存在しない．

前節で述べたように，古典期後期の Ulpianus は，新工事禁止通告制度における当事者適格を用益権者に認めていない．用益権者はあくまでも所有者に代わって禁止通告をすることができるにとどまる．こうした態度と，建築紛争にあたり，quod vi aut clam 特示命令の申請を用益権者本人の認めないという態度は軌を一にするものといえよう．

8. 未発生損害の担保問答契約

用益権の設定している建物の隣の建物に欠陥がある場合に，用益権者が隣人に対して担保問答契約の締結を申請できるかについてみていく[31]．この他，未発生損害の担保問答契約に関しては，用益権が設定されている建物に欠陥がある場合に用益権者自身が担保問答契約を諾約者として締結しなければならないか[32]，あるいは用益権者と所有者との間で担保問答契約の締結が可能であるか[33]といった問題についても法学者による言及があるがここでは取り上げない．

1. Paulus

> D. 39, 2, 5, 2 Paul. 1 ad ed.: Si et dominus proprietatis et fructuarius desideret sibi caveri damni infecti, uterque audiendus est: nec enim iniuriam sentiet promissor, non plus cuique praestaturus, quam quod eius intersit.
>
> 所有者と用益権者が自らのために未発生損害担保問答契約が締結されるよう求めている場合，両者ともこの要求は聞き入れられるべきである．なぜなら，彼の利害

---

31) Wesener (1961), Sp. 1162; Salmen-Everinghof (2009), 15f.
32) D. 39, 2, 9, 5 Ulp. 53 ad ed.; D. 39, 2, 10 Paul. 48 ad ed.; D. 39, 2, 22 pr Paul. 10 ad Plaut.
33) D. 39, 2, 20 Gai. 19 ad ed. provinc.

関係分をこえて給付するわけではない諾約者は,不正を蒙っているわけではないのだから.

Paulus は,隣人に対し,所有者と用益権者の両方が未発生担保問答契約の締結を求めるならば,この両者をそれぞれ要約者とする形で2つの担保問答契約を締結すべきであるとする.ここでは,用益権者もまた自らが要約者となる形でこの担保問答契約を隣人に求めることができるのは当然の前提とされている.

2. Ulpianus

D. 39, 2, 13, 8 Ulp. 53 ad ed.: Superficiarium et fructuarium damni infecti utiliter stipulari hodie constat.
地上権者や用益権者が未発生損害の担保問答契約を債権者として締結することについては,今日,何人も異論のないところである.

D. 7, 1, 7, 1 Ulp. 17 ad Sab.: Rei soli, ut puta aedium, usu fructu legato quicumque reditus est, ad usufructuarium pertinet quaeque obventiones sunt ex aedificiis, ex areis et ceteris, quaecumque aedium sunt. unde etiam mitti eum in possessionem vicinarum aedium causa damni infecti placuit, et iure dominii possessurum eas aedes, si perseveretur non caveri, nec quicquam amittere finito usu fructu. [...]
土地に属する物,例えば建物の用益権が遺贈された場合,そこからあがる利益はすべて用益権者に帰属する.また,建物,敷地その他建物に属する物からの利得も同様である.さらに,隣の建物の未発生損害を理由として用益権者に対して占有委付をすることも可能であるとされるに至っている.用益権者は,仮に隣人が担保問答契約を締結せず(占有委付を受けることになったならば),使用・収益が終了したとしても,所有者としての権利に基づき,この建物を占有することができる.
……

D. 39, 2, 13, 8 に用益権者が担保問答契約の締結を求めることができることが明確に示されている.また,D. 7, 1, 7, 1 からもこの点を確認することができる.

9. Aquilius法上の訴権

ここでは，用益権の設定されている建物を毀損する行為がなされた場合に，用益権者がAquilius法上の訴権を提起できるかについてみていく[34]．

1. Iulianus

> D. 9, 2, 11, 10 Ulp. 18 ad ed.: An fructuarius vel usuarius legis Aquiliae actionem haberet, Iulianus tractat: et ego puto melius utile iudicium ex hac causa dandum.
>
> 用益権者または使用権者にAquilius法上の訴権が与えられるべきか否かについてIulianusが論じていた．私は，この原因に基づき準訴権が与えられるべきとする方がよいと考える．

この法文は，用益権者または使用権者がAquilius法上の訴権を提起できるかについてIulianusが何か述べたことを伝えるが，その具体的内容はここにはない．Ulpianusは，準訴権の方が「より良い」と述べており，ここから，UlpianusとIulianusとは別見解をとっていたことがわかる．このIulianusの見解は，次の法文から明らかになる．

> D. 7, 1, 13, 2 Ulp. 18 ad Sab.: De praeteritis autem damnis fructuarius etiam lege Aquilia tenetur et interdicto quod vi aut clam, ut Iulianus ait:
>
> 過去に生じた損害に関し，用益権者はAquilius法によっても，またquod vi aut clam特示命令によっても責を負うとIulianusは述べている．

この法文によるとIulianusは用益権者がAquilius法に基づく訴えが可能であるとしている．すなわちUlpianusとは異なり，準訴権ではなくAquilius法上の訴権そのものの提起が可能であったと考えていたと推測される．

---

34) Wesener (1961), Sp. 1162; Corbino (2008), 85.

2. Paulus

D. 9, 2, 12 Paul. 10 ad Sab.: Sed et si proprietatis dominus vulneraverit servum vel occiderit, in quo usus fructus meus est, danda est mihi ad exemplum legis Aquiliae actio in eum pro portione usus fructus, ut etiam ea pars anni in aestimationem veniat, qua nondum usus fructus meus fuit.

しかし，私が用益権をもつ奴隷をその所有者が傷つけるか殺害した場合，私には，用益権の持ち分に応じた形でAquilius法上の訴権を模範とした訴権が与えられるべきである．この訴権により，過去1年以内にあって未だ用益権が私のものとはなっていなかった部分についても価格算定の対象となる．

D. 4, 3, 18, 2 Paul. 11 ad ed.: Si dominus proprietatis insulam, cuius usus fructus legatus erat, incenderit, non est de dolo actio, quoniam aliae ex hoc oriuntur actiones.

用益権の設定してあるインスラの所有者がこのインスラに放火した場合，悪意訴権の提起はできない．なぜなら別の訴権が発生するのであるから．

D. 9, 2, 12より，用益権者はAquilius法上の訴権の準訴権の提起をすべきと考えていたことが明確になる．D. 4, 3, 18, 2における「別の訴権」もこの準訴権のことを指していると理解してよいだろう．

3. Ulpianus

IulianusのところでÂ引用したD. 9, 2, 11, 10 Ulp. 18 ad ed.の中に明確に伝わるように，Ulpianusは，用益権者または使用権者はAquilius法上の訴権の準訴権の提起が認められるべきという見解を有していた．この点は，D. 7, 1, 17, 3 Ulp. 18 ad Sab.[35]およびD. 43, 24, 13 pr[36]からも明らかとなる．なおD. 4, 3,

---

35) D. 7, 1, 17, 3 Ulp. 18 ad Sab.: Si quis servum occiderit, utilem actionem exemplo Aquiliae fructuario dandam numquam dubitavi. 「(用益権の設定された) 奴隷が殺害された場合，Aquilius法上の訴権を模範とした準訴権が与えられるべきことについて何人も疑問をもってはいない．」

36) D. 43, 24, 13 pr Ulp. 71 ad ed.: Denique si arbores in fundo, cuius usus fructus ad Titium pertinet, ab extraneo vel a proprietario succisae fuerint, Titius et lege Aquilia et interdicto quod vi aut clam cum utroque eorum recte experietur. 「それゆえ，

7, 4 Ulp. 11 ad ed.[37]によると，Ulpianus は，使用権者に Aquilius 法上の訴権そのものを付与しているように読めるが，この法文には史料伝承上の何らかの欠損があるとみるべきであろう．

Titius が用益権を有している農地の中にある樹木が外部の者または所有者によって切断された場合，Titius は，Aquilius 法上の訴権または quod vi aut clam 特示命令のどちらか一方で適法に訴えることができる．」

37) D. 4, 3, 7, 4 Ulp. 11 ad ed.: Si servum usurarium proprietarius occidit, legis Aquiliae actioni et ad exhibendum accedit, si possidens proprietarius occidit, ideoque cessat de dolo actio.「使用権の対象である奴隷を所有者が殺害した場合，Aquilius 法上の訴権に加え提示訴権が発生する．もし所有者が（この奴隷を）占有している間に殺害したのであれば，それゆえ悪意訴権は与えられない．」

第18章
第Ⅱ部小括

1. 物の実質を保持した使用・収益

　用益権の役割は，最も典型的には，被相続人(A)が相続人(B)に引き継がせる物について，受遺者(C)が生きている限りという形で受遺者に使用・収益させるためのものである．仮にCにこの財産の所有権を譲渡した場合，Cの死亡後，誰に引き継がれるかはAがコントロールできることではない．他方，単にBにこの財産が移転した場合，BがCの使用・収益を許可するとは限らない．そこで，用益権をCに遺贈しておけば，Cが生きている限りはCが使用・収益でき，Cの死亡後はBがこの財産を完全な形で取得することになる．

　以上のような用益権の存在意義から，用益権者の物利用の制限に関する諸学説の多くは説明可能である．建物の用益権を取得した者は，この建物をそのまま利用しなければならず，これを改築することはもちろん，元来の利用形態と異なる形で利用することはできない．すなわち居住目的の建物に用益権が設定された場合，用益権者は，この建物を居住以外の用途に用いてはいけない．用益権者に許されているのは装飾の変更程度にとどまる．他面，建物の日常的な維持管理のための修理や補修は用益権者の負担で実施しなければならない．このようにして，用益権者が死亡した時点で，用益権の開始時の状況のまま所有者に返すことが求められる．

　建物に使用権が設定された場合には，使用権者は単に自分や家族が居住することができるにすぎない．用益権の場合には，さらにこの建物を賃貸すること

が可能である．しかしここでも，建物の元来の使用目的から逸脱することは許されない．

　古典期後期の Paulus は，用益権を定義し，「用益権は，他人の物をその実質を維持したまま使用・収益する権利である」と述べているが，これは建物の用益権に関する上述の法学者たちの学説を取りまとめたものとしても極めて適切な表現ということができよう．また，法学者たちの学説形成もその大部分はこの表現の範囲内での精緻化と総括することができる．

2.　譲渡性の承認

　元来，用益権は一身専属的な権利であったが，古典期の学説の中で，その譲渡性が徐々に認められる．すなわち，用益権者は，自らの使用・収益権限を他人に有償・無償で譲渡できるようになる．また用益権の質入もこれとあわせて認められる．

　もちろん，この場合であっても，そもそもの用益権の終了条件（多くの場合，それは用益権者の死亡）にかわりはない．したがって，用益権者がその使用・収益権限を他人に売却したとしても，用益権者の死亡により用益権は消滅する．

　このような譲渡性の承認により，建物の用益権者は，自らその建物に居住したり，あるいは賃貸して賃料収入を得ることの他，使用・収益権限を他人に売却することでまとまった収入を得ることも可能となった．

　用益権の買主は，新たな用益権者になるわけではない．したがって，買主の保護は，用益権の返還請求訴権を用いることはできない．そこで，このような買主の保護のため Publicius 訴権が活用された．

　しかし，こうした動きを過度に強調することはできない．古典期の学説形成により，新たなタイプの用益権が創出されたとまではいえない．

3. 「物権」化

　古典期の法学者たちの議論の中で，確かに用益権の「物権」化は押し進められている．すなわち，所有者に付与される様々な法手段の行使が用益権者にも認められる．

　占有関係についていえば，unde vi 特示命令と同様の機能を有する特示命令が法務官告示に規定されるに至っており，uti possidetis 特示命令と同様の機能を有する準特示命令が用益権者に与えられるべきものとされた．

　地役権についていえば，Iulianus は，地役権の返還請求訴権を提起することは認めた．しかし，この拡大は一部おし戻され，支配的見解では，用益権の返還請求訴権の枠内で承役地所有者に対し地役権に関する主張をすることが可能とされた．

　相隣関係についていえば，quod vi aut clam 特示命令の申請は農地の用益権者には認められた．ここにも物権化の存在を指摘することができるが，この領域での用益権者の保護の拡大は，農地の果実の保護を目指すものであり，居住環境を守るものではなかった．新工事禁止通告は，所有者の委託事務管理人という名目であればこれをすることができるとされた．この点は地役権の返還請求訴権の提起が用益権者に認められなかったことと軌を一にするものであり，結果的に居住環境を守るための権利主張にあっては，用益権者は所有者から独立した主体たる地位を与えられてはいない．

　不法行為については，Aquilius 法に基づく訴権の準訴権の提起が認められた．

　以上のような変化は，一部，法務官告示の中に取り入れられたものもあるものの，その大部分は，法学説によって実現されている．

　このような「物権」化はなぜ押し進められたのであろうか．おそらくは，用益権者は用益権の設定されている物の存続についての利害を有しているという点にその理由があるのではなかろうか．建物に用益権が設定された場合，この建物が滅失すれば用益権も消滅する．仮に再建されたとしても，新たに建てら

れた建物上に用益権をもつことはできない．したがって，建物が滅失しないようにすることは用益権者の重大な関心事といえる．上記の「物権化」は——特に相隣関係にかかわるものは——建物の維持管理に関し用益権者に資するところが大きいことは疑いの余地はないところであろう．

建物の維持管理に関しては，日常的な維持に関する費用は用益権者が負担しなければならない．それを超える分については，所有者の負担となる．元来，所有者が日常的な維持管理をするよう用益権者に求めるための法手段は準備されていたが，その逆はなかった．しかし，この点は学説によって補われる．すなわち，未発生損害の担保問答契約における隣人の地位と同様の地位が用益権者に与えられる．これにより，用益権者は本来所有者がすべき建物の維持管理を所有者にかわって実行した場合，最終的にはこの建物の占有，さらには所有権を取得できるということを通じ，所有者に対し建物の補修を実行するよう間接的に強制できることになる．ここに出てくる発想と，建物の維持のために第三者に対して主張可能な法手段を用益権者に認めるというものは同じ平面にあるとみることができる．

他面，用益権者はあくまでも建物を原状のままで利用することが求められる．そのため，用益権者の建物への利害はこの範囲に限定される．この限定が，地役権の主張や新工事禁止通告制度にあって，所有者と切断された独立した主体たる地位を与えられていない理由とみることができよう．

第 III 部
賃借居住人

第 19 章
総　　説

　第Ⅲ部では住居を賃貸借を通じて賃借して居住する者に焦点をあわせる．法史料中にしばしば出てくる inquilinus は，こういう形態の居住者のことを指している．

　賃貸借は賃約（locatio conductio）の一形態であり，この契約に関する議論の中で，こうした賃借居住人（inquilinus）の地位についても論じられている．

1.　locatio conductio という契約類型の概要

1.　賃貸人訴権・賃借人訴権

　locatio conductio については，法務官告示の中の賃貸人訴権（actio ex locato）と賃借人訴権（actio ex conducto）方式書の文言が Lenel によって，以下のように再構成されている[1]．

　　Quod Aulus Agerius Numerio Negidio fundum (opus faciendum, operas) q. d. a. locavit, q. d. r. a., quidquid ob eam rem Numerium Negidium Aulo Agerio dare facere oportet ex fide bona, eius iudex Numerium Negidium c. s. n. p. a.
　　原告が，訴訟の対象となっている農地（行うべき仕事，または労務）を賃貸（locare）したので，このことゆえに，信義誠実に基づき，被告が原告に与えるか，またはなすべきことにつき，審判人は被告に有責判決せよ．もし明らかにならない

---
1)　Lenel (1927), 299-300.

ならば，免訴せよ．

　賃借人訴権は，「賃貸したので」という部分が「賃借（conducere）したので」となるのみで，その他は同一である．

　locatio conductio に関する法務官告示の規定は，Iulianus の編纂した永久告示録にあっては，この2つのみである[2]．

　locare は，多義的な言葉である．ローマの法律家たちの用語法において，これは農地や建物を有償で貸すこと，職人に物の製作を依頼すること，荷物の輸送を依頼すること，自らの労務を対価を得る目的で提供することなど，多用な行為を包摂する用語である．そして，これに対応する相手方当事者の行為が conducere である．ここに包含される行為は，今日の我が国の用語法では，賃貸借，雇用，請負に相当する行為である．locare または conducere には，広範な行為形態が含まれるにもかかわらず，ローマ人は，これを一体的に捉えている．

　locatio conductio の方式書によると，被告は，「信義誠実に基づく」給付をすることを要求される．この文言は，売買，委任，寄託といった契約に基づく訴権や，その他の訴権にも含まれる[3]．信義誠実は，ローマの法律関係でしばしば用いられる用語であり，第一義的には，約束したことを守ることを意味するが，その意味内容を確定させる制定法上の規定はもちろん存在しないし，法学者自身もこの意味を明確にしているわけではない．

2. どういう行為が locatio conductio に含まれるのか

　locatio conductio は，上述のように建物の賃貸借の他にも農地の賃貸借，各種の請負，雇用など様々な行為を包含する契約類型である．今日のローマ法の

---

[2] Lenel (1927), 300 は，actio oneris aversi が Alfenus の時代に存在した可能性は否定していない．しかし，これは荷物の船による輸送にかかわるものであり，いずれにせよ本書の考察には無関係である．

[3] Gai. inst. 6, 62. この種の方式書については，Kaser/Hackl (1996), 153-157 をみよ．

概説書では，locatio conductio を，locatio conductio rei（賃貸借），locatio conductio operis（請負），locatio conductio operarum（雇用）の3つに分ける分類が用いられる．そして，この第1の分類の1つの典型形態として，農地の賃貸借や奴隷の賃貸借とならんで，建物賃貸借があがる．しかし，locatio conductio の3分類法は，無論，古典期の法学者に由来するものではない[4]．せいぜい古典期末期の Ulpianus に，この分類法の萌芽がみられるにすぎない[5]．

また，農地の賃貸借と建物の賃貸借を1つの行為類型として捉えようとする視点も，はっきりとした形ではすぐ下でみるように，Ulpianus にのみ確認できるにすぎない．共和政末期に導入された法務官告示の規定では，農地の賃貸借と建物の賃貸借を明確に区別しているし[6]，Alfenus や Labeo は，明らかにいずれか一方の賃貸借のみを念頭に議論を進めている．本書では，古典期の法学者たちは，その末期を除き，農地の賃貸借と建物の賃貸借とを，一応，別の行為類型であると考えていたという仮説の下に[7]，建物の賃貸借にかかわる学説の分析を行うことにする．

2. locatio conductio についての法学者の論題構成

Gaius の『属州長官告示注解』10巻と，Paulus の『告示注解』34巻，Ulpianus の『告示注解』32巻から Digesta 中に比較的まとまった引用があることから，この法学者たちの locatio conductio に関する体系を認識することが可能である．

---

4) Zimmermann (1990), 338f.
5) すぐ下で述べる Ulpianus の『告示注解』32巻の論題構成の分析に基づく．
6) 後述の interdictum de migrando の文言は建物賃貸借を念頭に置くものであるし，Ulpianus が明言しているところでもある（D 43, 32, 1 pr-1）．
7) Frier の一連の研究では，建物賃貸借と農地の賃貸借とを区分し，古典期後期以降に，この両者が統合されたという視角で考察がなされている．Kaser (1957) や Molnár (1982) には，この両者を区分しようという視角はみられない．

1. Gaius

D. 19, 2, 25 には，Gaius の『属州長官告示注解』10 巻からの比較的まとまった引用がある．その内容の概要は以下の通りである．

(1) locatio conductio の成立のためには賃料・賃金について合意することが求められるという，locatio conductio 全般に通じる法理（D. 19, 2, 25 pr）．
(2) 建物および農地の賃貸借における賃貸人の義務（D. 19, 2, 25, 1-2）
(3) 建物の賃貸借における賃貸人の義務（D. 19, 2, 25, 2）
(4) 農地の賃貸借における賃借人の義務（D. 19, 2, 25, 3-5）
(5) 農地の賃貸借における賃料の減額（D. 19, 2, 25, 6）
(6) 物の輸送の請負（D. 19, 2, 25, 7）
(7) 衣服の洗濯・修繕の請負（D. 19, 2, 25, 8）

Gaius は，基本的には，行為類型別に議論を進めながらも，体系的整理を若干，取り入れている．それは，第 1 には，冒頭で，賃貸借全般に通じる法理を述べている点，そして第 2 に建物と農地の賃貸借を統合的に論じようとしている点にあらわれている．Gaius は，まずは(2)と(3)で賃貸人の義務について述べ，その上で(4)で賃借人の義務について述べている．賃貸人の義務については，農地と建物とをあわせて論じている．しかし，(2)においてはともかく，(3)において Gaius が本当にこの両者を統合的に考察していたかは疑問が残るところである[8]．そうであるとすると，Gaius は，まずは建物と農地の賃貸借の双方に通用する原則を述べ，その上で(3)(4)(5)で，それぞれ別に論じていることになる．

---

[8] D. 19, 2, 25, 2 の "colono vel" は後世の付加であろう．この点については，Frier (1980), 101 n. 111 をみよ．D. 19, 2, 25, 1 についても，"vel habitationem"，"vel aedes"，"et inquilino habitare" を後世の付加であるとみることで，ここでは，農地の賃貸借についてのみ取り上げていると読むこともできるかもしれない．

2. Paulus

Paulus の『告示注解』34 巻には，locatio conductio について述べる章がある．レーネルの再構成をもとに論題構成を整理すると，以下のようになる．
 (1) locatio conductio の成立など（D. 19, 2, 1; D. 19, 2, 20 pr-2; D. 19, 2, 22 pr）
 (2) 建物建設の請負（D. 19, 2, 22, 1-3; D. 19, 2, 24 pr）
 (3) 農地の賃貸借（D. 19, 2, 24, 1-5）
 (4) 船による荷物輸送の請負（D. 14, 2, 2）

以上のように，Paulus は，locatio conductio について若干の通則的叙述の後，3 つの行為類型についてそれぞれ論じている．なお，前にみた Gaius においては，建物の賃貸借は独立の行為類型として論じられているが，Paulus の告示注解では，このような形で論じられた痕跡はない．

3. Ulpianus

学説彙纂 19 巻 2 章は，Ulpianus の『告示注解』32 巻から長文の引用を行っている．この章の約 3 分の 1 がこの引用によって成り立っている．この引用から，Ulpianus の locatio conductio に関する論題構成をみていく[9]．
 (1) 賃貸人の住居提供義務（賃借人の居住が禁止された場合を中心に）
  1. 目的物の追奪（D. 19, 2, 7; D. 19, 2, 9 pr）
  2. 用益権者たる賃貸人の死亡（D. 19, 2, 9, 1）
 (2) 目的物滅失の際における賃貸借関係の帰趨について（特に賃料債権の存否について）
  1. vis maior による場合（D. 19, 2, 9, 2-3）
  2. 賃貸人に帰責性がある場合（D. 19, 2, 9, 3 末尾）

[9) 以下に示す論題構成の理解は，次の点に難点を有する．D 19, 2, 9, 6 を賃借人に帰責性がある場合の中に位置づけているが，ここの事例では，賃借人に過失があるとは考えられない．D 19, 2, 11, 2 以下は，賃借人が物を返還できない場合における賃借人の責任について一貫して議論しているが，その配列方法がよくわからない．

　　　　3. 賃借人に帰責性（過失，未熟さ，用方違反）がある場合（D. 19, 2, 9, 4-6）
（3）賃借人（conductor）による物の返還義務
　　　　1. 通則（D. 19, 2, 11, 2）
　　　　2. 物の輸送（D. 19, 2, 11, 3）
　　　　3. 別荘の焼失（D. 19, 2, 11, 4）
　　　　4. 奴隷の教育の請負（D. 19, 2, 13 pr）
　　　　5. 物の輸送（D. 19, 2, 13, 1-2）
　　　　6. 奴隷の教育の請負（D. 19, 2, 13, 3-4）
　　　　7. 職人への物製作注文（D. 19, 2, 13, 5）
　　　　8. 洗濯屋への洗濯・修繕の注文（D. 19, 2, 13, 6）
　　　　9. 兵士による別荘の略奪（D. 19, 2, 13, 7）
　　　10. 秤の賃貸借（D. 19, 2, 13, 8）
　　　11. 目的物が2つある場合（D. 19, 2, 13, 9）
（4）約定の期間後の処置
　　　　1. 建築の請負（D. 19, 2, 13, 10）
　　　　2. 農地の賃貸借（D. 19, 2, 13, 11）
（5）賃借人訴権での請求
　　　　1. 農地の賃貸借（D. 19, 2, 15 pr-9; D. 19, 2, 17; D. 19, 2, 19, pr-2）
　　　　2. 居住用建物の賃貸借（D. 19, 2, 19, 3-6）
　　　　3. 船での輸送（D. 19, 2, 19, 7）
　　　　4. 当事者死亡（D. 19, 2, 19, 8）
（6）労務の locatio conductio（D. 19, 2, 19, 9-10）

　本書の関心からは，以上の Ulpianus の論題構成に，次の特色を指摘できる．第1に，全体に関していえば，Gaius や Paulus のような行為類型別構成をとらず，locator の給付義務の消滅の可否，conductor による物の返還義務，約定の期間後の処置など，テーマ別に議論を進めている．第2に，この内部にあっては依然として行為類型別の考察が見受けられるが，その中にあって農地と建物

とを統合的に捉えようとする視点がUlpianusに存在する点である．Ulpianusのこういう視点については，Gaius（D. 19, 2, 25, 1）やMarcellus（D. 19, 2, 9, 1）にも若干見受けられるが，他の法学者にはみられず，Ulpianusに特徴的のものといってよいであろう．

Ulpianusは，単に論題構成において建物と農地の賃貸借を同時に取り扱っているのではない．さらに進んで，この両者を同一の法理の下におくための学説を展開している．彼のこうした方向性は，他人物の賃貸借における追奪[10]，賃借人の奴隷や同居人が損害を与えた場合における賃借人本人の責任[11]，約定の期間の経過後の賃貸借契約の存続にかかわる議論で現われている[12]．

4. 本書第20章の構成について

以上みてきたように，Ulpianus以前の法学者にあっては，locatio conductioに関する包括的な学説をたて，それを適用することで建物の賃貸借の事例を解決しようという態度はもちろんのこと，およそ物の賃貸借（locatio conductio rei）に関する一般的学説の定立を目指す態度は見出せない．したがって，こうした法学者については，建物賃貸借について言及している史料のみを取り上げればよい．ところがUlpianusは，農地の賃貸借と建物の賃貸借とをあわせて論じる姿勢があり，建物賃貸借の事案解決にあたり農地賃貸借についての先行する法学者の学説を引用したり，その逆を行うこともある．そこで，Ulpianusのこうした議論とかかわる限りで農地賃貸借に関する学説もまた取り上げていくことにする．

本書第20章でこうした学説を分析するあたり，まずはUlpianusの論題構成に依拠した形で諸々の学説を整理することにする．すなわち，賃貸人の住居提供義務（第1節），建物の消滅に伴う契約関係の終了（第2節），賃借人による賃貸人に対する物の返還請求（第3節），黙示の更新（第4節）をみるが，これは

---

10) D. 19, 2, 9 pr Ulp. 32 ad ed.
11) D. 9, 2, 27, 11 Ulp. 18 ad ed.
12) D. 19, 2, 13, 11 Ulp. 32 ad ed.

上述の Ulpianus の論題構成の (1) ないし (4) に対応している．そして，第 5 節以降に順不同の形で Ulpianus の『告示注解』32 巻では扱われていないテーマを取り上げる．

ローマの法学者自身が賃貸借の学説を体系的に整理していないため，このような整理法をとらざるを得ない．しかし，この整理にしたがって彼らの学説を辿るのみでは，彼らの法思考を我々が理解することは困難である．そこで，第 23 章（第Ⅲ部小括）の中で，ローマの法学者の論題構成からやや離れた形で，彼らの学説を理論的に整理することにしたい．

3. 賃借人に関係するその他の法手段

賃貸人の債権担保に関し，若干の法手段が法務官告示に規定されている．

建物の賃貸借においては，賃借人が持ち込んだ物上に黙示の合意に基づき質権が設定される．賃料が完済されていない場合，賃貸人は賃借人の引越に際し，これらの物を自力で差し押さえることが許されている．この差し押さえが不当である場合，賃借人は引越の特示命令（interdictum de migrando）でもって対抗することができる．この特示命令については，後述第 21 章で取り上げる．

農地の賃貸借においても，これと似た形で，colonus（農地賃借人）が持ち込んだ物上に担保権が設定されることがある．ただし建物の場合とは異なり，黙示の合意により設定されることはない．また，賃貸人は自力での差し押さえは許されず，差し押さえのため Salvianus 特示命令が存在している[13]．

---

13) Kaser/Knütel (2014), 182; クリンゲンベルク (2007), 113f.

第20章
賃貸人訴権，賃借人訴権

1. 賃貸人の住居提供義務

　賃貸借契約が成立すると，賃貸人は賃借人に対し，物件の使用・収益を許可しなければならない（Ulpianus がよく用いる表現では，frui licere をしなければならない）．賃貸人がこの義務を怠るならば，賃借人は賃借人訴権でもって訴えることになる．本節ではこの義務をめぐる法学者の議論をみていくことにする．なお，建物滅失の際，この義務が消滅することがあるが，この点については次節で取り上げることにする．

1. Labeo

　D. 19, 2, 28, 2 Lab. 4 post. epit. a Iav.: Idem iuris esse, si potestatem conducendi habebat, uti pretium conductionis praestaret. sed si locator conductori potestatem conducendae domus non fecisset et is in qua habitaret conduxisset, tantum ei praestandum putat, quantum sine dolo malo praestitisset. ceterum si gratuitam habitationem habuisset, pro portione temporis ex locatione domus deducendum esse.
　賃借人が賃借する権限を有していた場合に賃借することの対価を支払わねばならないことは同じ法に属する．しかし，賃貸人が賃借人にドムスを賃借する権限を与えず，賃借人が住むための場所を（別の者から）賃借した場合には，賃借人が背信的悪意なくして給付した分に相当する額を賃貸人が給付すべきと（Labeo は）考えた．そうではなく，無料で住居を得ていたのであれば，その期間に応じて，ドムスの賃貸から控除されねばならない．

ここでは Labeo は[1]，賃貸人が賃借人による住居の使用を許可しなかった場合に関し，2つの事例を論じている．第1の事例は，賃借人が別の住居を賃借したというものである．第2の事例は，一部の期間，無償で別の住居を賃借したというものである．Labeo は第1の事例にあっては，賃借人が背信的悪意なしで支出した金額に相当する金銭を支払うべきとする．具体的には賃借人が別の住居を借りるために支出した賃料，およびそれに関連して支出せざるを得なくなった費用ということになろう．第2の事例では，Labeo は，無償で住居の提供を受けた期間については，賃料相当額の支払いは必要ないとの判断を示している．

賃貸借契約が有効に成立している以上，賃貸人は賃借人に合意に則した形で住居の提供を行わねばならないし，これをしないならば損害賠償をしなければならない．Labeo はこの原則の存在を前提とした上で，これをしないときに支払うべき損害賠償の範囲を議論している．ここでは，賃貸人が実際に履行しなかったがゆえに賃借人が支払わねばならなくなった金額相当額を支払うべきという見解が示されているといえる．

> D. 19, 2, 60 pr Lab. 5 post. a Iav. epit.: Cum in plures annos domus locata est, praestare locator debet, ut non solum habitare conductor ex calendis illis[2] cuiusque anni, sed etiam locare habitatori si velit suo tempore possit. itaque si ea domus ex kalendis Ianuariis fulta in kalendis Iuniis permansisset, ita ut nec habitare quisquam nec ostendere alicui posset, nihil locatori conductorem praestaturum, adeo ut nec cogi quidem posset ex kalendis Iuliis refecta domu habitare, nisi si paratus fuisset locator commodam domum ei ad habitandum dare.
>
> 複数年にわたってドムスが賃貸された場合，賃貸人は，単に賃借人が各年のその1日より居住できるようにすることのみならず，賃借人が望むならば，自己の期間

---

1) この法文についはKaser (1957), 160f.; Medicus (1962), 47f.; Honsel (1969), 121; Frier (1980), 77 をみよ．"potestas conducendi" という表現は Digesta 中，ここにしかでてこない．ここの文脈では，入居する可能性の提供ということであろう．この点については，Kaser (1957), 160 をみよ．

2) Hal 版には "Iuliis" とある．

にあって居住者に賃貸することもできるようにしなければならない．それゆえ，1月1日より修理されている家が6月1日になってもまだその状態であり，居住することも，誰かに内見させることもできなければ，賃借人は賃貸人に何も給付する必要はない．さらに，修繕が完了したとしても7月1日以降にそこに居住するよう強制されることすらない．ただし，賃貸人が快適な家を賃借人に居住のために与える準備をしている場合にはこの限りではない．

　この法文にはいくつか細かい点に関し解釈上の難問がある．

　独訳は「各年の1日」を1月1日のことであると解する．しかし7月1日が賃貸借の開始日となっているケースを，ポンペイの壁書き[3]，サテュルコンの中の記述[4]に見出すことができる．したがってここの1日とは，7月1日のことと解するのが自然であろう[5]．

　またなぜ1か月前の6月1日に賃貸物件の内見が可能になっていなければならないのかもよくわからない．独訳では修理が完了していない日付を7月1日と読み替えている．そうであれば，契約期間の開始日の時点で賃貸人が必要な履行を行っていないことになる．しかし，原文の通り6月1日と読むとなると，我々には不知のローマの賃貸の実務上の要請から，賃貸物件の広告等のため最低1か月程度は賃借希望者に内見等をさせる必要があったという解釈をせざるを得ない．

　さらに，末尾の記述を本法文全体の内容と整合的に理解することはできない．すなわち，法文全体においてLabeoは，賃借人の収益の保護を話題にしており，収益をあげることが可能な状況を賃貸人が提供できていないことが解約の原因となっている．したがって賃貸人が賃借人に単なる居住用物件を提供しても，それによって収益の機会を提供したことにはならない．それにもかかわらずなぜLabeoがここで解約を認めていないのか，合理的に理解することは困難である．この法文の伝承過程で表現が混乱したか，あるいは後世の付加

---

3) CIL 4, 138.
4) Petron. Sat., 38, 10.
5) Frier (1980), 224 も7月1日と解している．

である可能性も否定できないであろう[6]．後述の D. 19, 2, 9 pr の末尾には Ulpianus の同趣旨の見解があり，賃貸人が別の同等の物を給付することによって債務を免れることができるとある．しかし，D. 19, 2, 9 pr とは異なり，Labeo が問題にしているのは，賃借人による転貸をも可能にしなければならない賃貸人の債務である．賃借人にしてみれば自らがドムスに居住するのみならず，ドムス内の賃貸物件を貸すことによって賃料収入を得るチャンスをこの契約を通じて得ており，その期待が保護されねばならないと Labeo はいっているのである．

以上のような難点はあるものの，全体として Labeo がいっていることは明快である．すなわち，賃貸人が住居の提供を行わない場合には，Labeo は，「賃借人は賃貸人に何も給付する必要はない．さらに，修繕が完了したとしても 7 月 1 日以降にそこに居住するよう強制されることすらない」というが，この意味するところは，賃借人が賃貸借契約を解約できるということである[7]．解約については，下記で改めてみることにする．

2. Gaius

> D. 19, 2, 25, 1 Gai. 10 ad ed. provinc.: Qui fundum fruendum vel habitationem alicui locavit, si aliqua ex causa fundum vel aedes vendat, curare debet, ut apud emptorem quoque eadem pactione et colono frui et inquilino habitare liceat: alioquin prohibitus is aget cum eo ex conducto.
>
> 農地を果実収取のため，または住居を誰かに賃貸した者は，何らかの原因により農地または建物を売ることになったならば，買主の下でも同じ合意に従って，農地賃借人が果実収取を行い賃借居住人が居住することが許されるよう配慮しなければならない．それをせず果実収取または居住が禁じられた農地賃借人または賃借居住人は，賃借人訴権で賃貸人を訴えることができる．

---

6) Frier (1980), 171f.
7) シュルツ（2003），253 n. 26 は，本法文の"adeo"以下および D. 19, 2, 25, 2 Gai. 10 ad ed. provinc. の"certe–est"が真正でないとした上で，古典法に解約制度がなかったとする．

D. 19, 2, 25, 1 では[8]，「農地を耕作のため，または住居を賃貸した」場合において，賃貸人がこれを売却する場合には，「買主の下でも，同じ合意の下，賃借耕作人が耕作し，賃借居住人が居住することが許されるように配慮しなければならない」と述べられている．このような建物の賃貸人の義務を明示的に定式化したのは，Gaius が最も古い．しかし，こうした配慮が実行されている例については，Gaius 以前の法学者の言及の中にも見出すことができる[9]．おそら

---

[8] Mayer-Maly (1965), 42ff.; Thomas (1973), 35f.; Frier (1980), 67f.; Zimmermann (1990), 378f.

[9] D. 19, 1, 53, 2 Lab. 1 pith.: Si habitatoribus habitatio lege venditionis recepta est, omnibus in ea habitantibus praeter dominum recte recepta habitatio est. Paulus: immo si cui in ea insula, quam vendideris, gratis habitationem dederis et sic receperis: "habitatoribus aut quam quisque diem conductum habet", parum caveris (nominatim enim de his recipi oportuit) itaque eos habitatores emptor insulae habitatione impune prohibebit.「『居住者たち』に住居が売買の約款の中で留保されたならば，所有者を除く全居住者のために住居が留保されたものとみることができる．Paulus のコメント．君が売却したインスラの中である者に無償で住居を君が提供しており，『居住者たちに，各人が賃借した期限まで』という文言で君は留保を付したのであれば全く逆の結論となる．君は―無償居住者については―何も保証を与えておらず（なぜなら無償居住者については名前をあげて留保しなければならないのだから），それゆえにこうした居住者の居住をインスラの買主が禁止したとしても問題はない．」

C. 4, 65, 9 Alex. A. Aurelio Fusco mil.: Emptori quidem fundi necesse non est stare colonum, cui prior dominus locavit, nisi ea lege emit. verum si probetur aliquo pacto consensisse, ut in eadem conductione maneat, quamvis sine scripto, bonae fidei iudicio ei quod placuit parere cogitur.「農地の買主は，以前の所有者が賃貸した農地賃借人をとどめさせておく必要はない．ただしそのような約款の下で購入した場合はこの限りではない．もし同じ賃貸借にとどまるということで合意していることが証明されるならば，たとえそれが無方式で書面によらざる者であったとしても，誠意訴訟において彼に合意を守るよう強制される．」

次の法文では同様の配慮が農地の売買においてなされている．

D. 19, 1, 13, 30 Ulp. 32 ad ed.: Si venditor habitationem exceperit, ut inquilino liceat habitare, vel colono ut perfrui liceat ad certum tempus, magis esse Servius putabat ex vendito esse actionem: denique Tubero ait, si iste colonus damnum dederit, emptorem ex empto agentem cogere posse venditorem, ut ex locato cum colono

く，Gaius 以前より，賃貸人にこうした配慮する義務があることは承認されていたものと推測される．賃借人には通例占有者としての保護は与えられず，また物権的な権利は有さない．したがって，賃貸人から所有権や用益権といった

experiatur, ut quidquid fuerit consecutus, emptori reddat.「売主が留保し，賃借居住人が居住できるようにした場合，あるいは農地賃借人の農作業が一定の期日まで可能なようにした場合，Servius の見解によると，むしろ売主訴権が存在する．それゆえ Tubero が述べているところによると，農地賃借人が損害を与えた場合には，買主が買主訴権でもって売主を訴え，売主が賃貸人訴権でもって農地賃借人から取得するものを―何を取得するにせよ―買主に与えるよう求めることができる」

以下の法文では，買主への賃料の移転が話題になっているがその背景には，賃借人がいままで通り使用・収益を継続させるという点があったと考えることができる．

D. 19, 1, 53 pr Lab. 1 pith.: Si mercedem insulae accessuram esse emptori dictum est, quanti insula locata est, tantum emptori praestetur. Paulus: immo si insulam totam uno nomine locaveris et amplioris conductor locaverit et in vendenda insula mercedem emptori cessuram esse dixeris, id accedet, quod tibi totius insulae conductor debebit.「インスラの賃料が買主に帰属すると言明されていた場合，インスラの賃貸された額が買主に給付されねばならない．Paulus のコメント．もしインスラ全体を君が一体として賃貸し，賃借人がより多額で転貸されており，インスラの売買において買主にインスラの賃料が移転する旨を君が言明した場合，インスラ全体の賃借人が君に支払わねばならない賃料額が買主に帰属したとみるべきである．」

D. 19, 2, 58 pr Lab. 4 post. a Iav. epit.: Insulam uno pretio totam locasti et eam vendidisti ita, ut emptori mercedes inquilinorum accederent. quamvis eam conductor maiore pretio locaret, tamen id emptori accedit, quod tibi conductor debeat.「君は，集合住宅全体を一括してきめられた対価で賃貸し，そしてこれを売却した．その際，買主に賃借居住人たちの賃料が帰属すると合意された．たとえこの集合住宅を賃借人がより高い対価でもって賃貸したとしても，買主に帰属することになるのは賃借人が君に負っているものである．」

D. 18, 1, 68 pr Proc. 6 epist.: Si, cum fundum venderes, in lege dixisses, quod mercedis nomine a conductore exegisses, id emptori accessurum esse, [...].「君が農地を売却するにあたり，約款の中で次のように言明した．すなわち君が賃借人から賃料として徴収するものは買主に帰属すると．……」

D. 19, 1, 13, 11 Ulp. 32 ad ed.: Si in locatis ager fuit, pensiones utique ei cedent qui locaverat: idem et in praediis urbanis, nisi si quid nominatim convenisse proponatur.「農地が賃貸されている場合，賃料は常に賃貸した人に帰属する．同じことは都市

権利を取得した第三者により退去を求められた場合，賃借人にこの第三者に対抗する手段はない[10]．そうであればこそ賃貸人は新たな所有者や用益権者の下でも[11]賃借人が継続して居住できるよう取り計らわねばならないし，これを怠った場合には，賃借人による損害賠償請求に服することになる．

3. Pomponius/Ulpianus

　　D. 19, 2, 9 pr Ulp. 32 ad ed.: Si quis domum bona fide emptam vel fundum locaverit mihi isque sit evictus sine dolo malo culpaque eius, Pomponius ait nihilo minus eum teneri ex conducto ei qui conduxit, ut ei praestetur frui quod conduxit licere. plane si dominus non patitur et locator paratus sit aliam habitationem non minus commodam praestare, aequissimum esse ait absolvi locatorem.

　　ある人が善意で購入したドムスまたは土地を，私に賃貸し，この土地がこの人の故意も過失もなくして追奪された場合，Pomponius がいうには，それにもかかわらず，この人は賃借人訴権により，賃借人に対して責任を負い，賃借物の耕作許可が給付されるようにしなければならない．もちろん所有者がこれを許容せず，賃貸人が同程度の快適さをもつ別の habitatio を給付する準備ができているならば，賃貸人が責任を免ぜられるのが極めて公平に適う．

　ここの[12]事例は明快である．A は，C から購入したドムスまたは農地[13]を B に賃貸していた．この農地は D のものであったが，その事実を A は知らなかった．賃貸借が継続中に D は所有物返還請求訴権（rei vindicatio）を提起し[14]，

　　内の地所にもいえる．ただし明示的に別の合意がなされたとの主張がなされる場合はこの限りではない．」
10)　この問題については，Thomas (1973), 35ff. をみよ．
11)　なお用益権者が賃貸している場合，用益権者の相続人は用益権者の死亡により用益権が消滅した以後については通例は責任を負わなくてよい．この点については後述 328ff. を参照のこと．
12)　この法文については，Kaser (1957), 168; Molnár (1982), 621; Frier (1980), 170ff..
13)　おそらく Pomponius は農地の賃貸借について論じている．この点は，D 19, 2, 9 pr の Pomponius からの引用では，"frui quod conduxit licere" と，農地の賃貸借における典型的用語である fruere が用いられていることからわかる．これに対し，Ulpianus は，建物と農地の双方を念頭においている．

農地を取り戻し，この結果Bの農耕が不可能になった．このときBがAを賃借人訴訟で訴え損害賠償を求めることができるか否かが問題になっている．

上で述べたように，賃貸人自身が賃貸の対象である農地を売却するのであれば，賃貸人は賃借人の農耕が継続できるよう配慮をする義務がある．これを怠ったということであれば，賃貸人が責を負うことに異論はない．ここには明らかに賃貸人の帰責性の存在を肯定することができる．しかし，D. 19, 2, 9 pr で取り上げている事例は，これとは異なり，Aが購入した時点で，Aの預かり知らぬところでこの農地がDのものであったというものである．ここでは，Aに帰責性はない．しかし，Pomponius は，そういう場合であっても，Aは給付義務を果たしていないとして損害賠償をしなければならないとする．通例，locatio conductio においては当事者は故意または過失について責を負い[15]，火事などの vis maior といった抵抗できない事由による履行不能の場合は，履行不能になった時点以降は両当事者とも債務を負わないものとしている[16]．Pomponius はこうした一般原則から離れ，追奪の事例において，無過失責任を賃貸人に課し履行利益の賠償を認めたとみることができる[17]．

4. Marcellus/Ulpianus

> D. 19, 2, 9, 1 Ulp. 32 ad ed.: Hic subiungi potest, quod Marcellus libro sexto digestorum scripsit: si fructuarius locaverit fundum in quinquennium et decesserit, heredem eius non teneri, ut frui praestet, non magis quam insula exusta teneretur locator conductori. sed an ex locato teneatur conductor, ut pro rata temporis quo

---

14) 通例であれば占有者であるAが被告となるが，古典期後期には非占有者を相手方とする rei vindicatio の提起も可能であった．この点については，D. 6, 1, 9 Ulp. ad ed. をみよ．

15) この点については，D. 13, 6, 5, 2 Ulp. 28 ad ed. をみよ．

16) 火事や老朽化による建物の滅失の場合については，後述第20章第2節を参照．D. 19, 2, 33 Afr. 8 quaest. では，収用の事例が vis maior による建物滅失に類するものとして扱われている．

17) Wacke (1976), 478; Zimmermann (1990), 362f. なお Müller (2002), 34 は，賃料の返還のみを認めたと考える．

fruitus est pensionem praestet, Marcellus quaerit, quemadmodum praestaret, si fructuarii servi operas conduxisset vel habitationem? et magis admittit teneri eum: et est aequissimum. idem quaerit, si sumptus fecit in fundum quasi quinquennio fruiturus, an recipiat? et ait non recepturum, quia hoc evenire posse prospicere debuit. quid tamen si non quasi fructuarius ei locavit, sed si quasi fundi dominus? videlicet tenebitur: decepit enim conductorem: et ita imperator Antoninus cum divo Severo rescripsit. in exustis quoque aedibus eius temporis, quo aedificium stetit, mercedem praestandam rescripserunt.

　Marcellusが彼の『法学大全』の6巻で書いていることを，ここに付け加えておくことができる．「用益権者が土地を5年間賃貸し，そして死亡した．彼の相続人は，（賃借人が）耕作できるようにする責を負わない．これは，集合住宅が焼失した場合に，賃貸人が賃借人に対して責を負わないことと同様である．」しかし，Marcellusは，「耕作を行った期間分の賃料の支払いについて，用益権の対象である奴隷の労務を賃借したか，あるいはhabitatioを賃借した場合と同様な形で，借主が貸主訴訟に基づいて責を負うかどうか」について問題にしている．そして，彼は，「むしろ賃借人がこのような形で責を負う」と認めた．このMarcellusの見解は極めて公正である．彼はまた次のことも問題にしている．「もし賃借人が5年間耕作するものと見越して土地に費用をかけた場合，賃借人はこの費用を取り戻すことができるのであろうか．」Marcellusがいうには，「賃借人はこれを取り戻すことはできない．なぜなら，賃借人は，こうした事態が生じることを予見していなければならなかったのであるから．しかし，もし用益権者が，自分は用益権者ではなく土地の所有者であるかのように装って彼に賃貸していた場合はどうなるであろうか．無論，この場合は責を負うことになる．なぜなら，賃借人は騙されているからである．」これと同じことを皇帝Antoninusは，神なる皇帝Severusと共に指令している．また，彼らは，建物が焼け落ちた場合においても，建物がまだ立っていた時の賃料は支払われねばならないと指令している．

　この法文で[18]Ulpianusは，Marcellus『法学大全（Digesta）』6巻からMarcellusの見解を比較的まとまった形で引用している[19]．Marcellusは，農地の用益権

---

18)　Kaser (1957), 184-185; Mayer-Maly (1956), 167.
19)　"et ita"より前の部分は，"et est aequissimum"を除き，そのすべてがMarcellusの見解の要約であろう．原文は不定法では書かれていないもののその解釈の下で訳

者がこれを賃貸し，その賃貸借の継続中に，賃貸人が死亡した場合，賃貸人の相続人は，以後，賃借人が耕作を継続できるようにする義務は負わないとする．

Ulpianus は，Marcellus の見解を肯定的に要約しつつ，最後に Severus と Antoninus の勅法に言及している．この勅法（ここでは rescriptio）は，建物の賃貸借に関して出されたものであり，Ulpianus にとってはここの問題は農地・建物の区別なく適用されるものであったとみることができる（Ulpianus の見解については後でみる）．他方，Marcellus は終始，農地の賃貸借について言及している．

用益権者が農地を賃貸し，契約の期間中に死亡した事例については Marcellus のほぼ同時代人の Scaevola の議論が D. 7, 1, 58 pr Scaev. 3 resp.[20] に伝わっている．ここでは 3 月 1 日に農地の賃料を支払うという形で，用益権者により農地の賃貸借がなされている．この用益権者が 3 月 1 日の前年の 12 月に死亡した．ここで問題となっているのは，農地の賃借人が支払う賃料が用益権者の相続人に帰属するのか，農地の所有者に帰属するのかという点である[21]．この問題の解決方法として，Scaevola は，賃料を所有者と用益権者の相続人との間で（おそらく，用益権者死亡時を基準とする日割り計算により）分配するという案を退け，全額を用益権者の相続人に帰属させている．

この Scaevola の結論と上記の Marcellus の結論は明らかに異なる．Marcellus は，農作業を行った期間に応じて賃料を支払うべきであるという．これは住居の賃貸借期間中に住居が火事で消失した場合，その消失した時点でもって賃貸借契約は「終了」し，以後の賃料を支払う必要はないことと同様であるとする．

文に「　」を付している．
20) 前述第 15 章第 2 節 1 参照．
21) なお，用益権者死亡の時点で既に果実の収取は終わっているため，果実は有効に賃借人の所有物となっており，農地の所有者である res publica が果実に対し権利主張することはできない．

用益権者の死亡によって賃貸借契約を即座に終了させるという Marcellus の見解の合理性は，農地の用益権者と所有者との収益の分配という観点からみるとよく理解できる．用益権者が死亡した場合，用益権は消滅し，それまで使用・収益権限のなかった所有者がこれらの権限を回復する．したがって，用益権が設定されている物から発生する利益は，用益権者が死亡した後は所有者に帰属すべきものとなる．この利益が天然果実である場合には，果実収取の日が用益権者の死亡の前か後かで考えればよい．ところがこの利益が賃貸借の賃料という形をとっている場合には，契約関係を通じて利益が発生する．周知の通り，他人物についての契約も可能であり[22]，賃貸借契約上の地位が相続可能である以上，用益権者と賃借人との契約が用益権者の相続人との間で継続し，賃料収入は用益権者の相続人に帰属することになる．これを断ち切るためには，使用・収益権限を回復した所有者が賃借人を追い出した上で別の賃借人と契約するか，あるいはこの賃借人本人と改めて契約を締結する必要がある．この場合であっても，用益権者死亡から契約の再締結時までの賃料を用益権者の相続人から取り戻すことはできない．また用益権者がいつ死亡したのか所有者がすぐに知りうる環境にあるとは限らない[23]．ところが Marcellus 説のように，いわば自動的に用益者死亡により賃貸借契約が終了したという処理をするならば，所有者はこうした手間を省き，現在農地で農業に従事している賃借人から，用益権消滅時以降分について不当利得として賃料相当額を取り立てることが可能となる（仮に賃借人が既に賃料を用益権者の相続人に支払っているならば，賃借人は，用益権者の相続人からこの分の賃料の返還を求めなければならない）[24]．

---

22) 例えば D. 19, 2, 7 Paul. 32 ad ed.; D. 19, 2, 9, 6 Ulp. 32 ad ed. をみよ．
23) この点は，用益権設定の場合とは異なる．用益権設定の場合には用益権者は遺言の開封を通じ，自らが用益権者となったことを比較的早く知り得る立場にある．
24) なお用益権が遺言により設定された場合は，これとは異なる処理となる．仮に遺言者 A が既に C に賃貸している農地の用益権が B に遺贈され，H が相続人としてその所有権を取得したとする．A の死亡により遺言が有効となったとしても，A と C との賃貸借契約は H と C との契約として存続する．用益権を取得した B は，C を追い出して別の者と賃貸借契約を締結することもできるし，あるいは C 本人と

最後に，Marcellus がなぜ用益権者の死亡により契約が「終了」[25]すると考えたのかについて考察しておこう．Marcellus は，こうした処理は，インスラが消失した場合と同様であると述べている．ここから，あたかも用益権者の死亡は vis maior の1つと位置づけられていたかのように考えたくなるところである．そうであれば契約の「終了」という処理も納得できる．しかし，用益権者の死亡は当事者が当然に予測できることである以上，これを建物の老朽化や火事の消失といった事態と同一視することはできないはずである．それでは，用益権者の死亡による賃貸借の「終了」という法的処理の正当化根拠は何であったのであろうか．Marcellus は，この後，賃貸人たる用益権者があたかも自

　　改めて賃貸借契約を締結することもできる．しかしあくまでも，B が用益権者として活動を開始し，有効な契約を締結してはじめて農地から発生する利益を手中にできる．用益権の取得―― Proculus 学派の見解によれば相続承認時，Sabinus 学派の見解によれば用益権者が用益権の取得を望んだとき（Gai. inst. 2, 194f.）――の時点から B による収益活動の開始（Sabinus 学派の見解であればこの2つの時点の間隔は限りなくゼロに等しくなる）までに農地が生み出した利益は用益権者は取得できない．

　　他面，C としては，B により契約期間中に追い出された場合には，農地の使用・収益を許可する債務が履行されていないとして，賃貸人である H を相手方として損害賠償を請求できる．これを避けるためには，遺言者自身が遺言書の中で何らかの配慮（例えば契約期間中は賃借人の使用・収益を許すよう用益権者に義務づけておく）をしておく必要がある．

25)　ローマの法学者たちは，賃貸借の文脈において契約の「終了」に相当する用語を用いていない．Servius の区別によると，賃貸人（＝所有者）がやむを得ずして建物を取り壊した場合には，以後，賃借人は賃料を支払う必要はなく，そうではない場合には賃借人は損害賠償を請求できる．前者にあたる場合として，さらに火事による消失が典型例としてあがる．この区分は，Africanus にも受け入れられ，賃貸借の目的物が収用された場合にも，収用時点以降の賃料支払い債務がないという処理がなされ，損害賠償請求は否定されている．Africanus もここで「終了」に相当する用語は用いていない．すなわち，Marcellus が D. 19, 2, 9, 1 で「火事による消失と同様」と述べたかったのは，こうした場合と同様に，以後の賃料債務が消滅し，かつ損害賠償請求はできないという法的処理がなされるということ，言い換えると賃貸借契約が「終了」しているということを述べたかったにすぎないとみることができよう．

らが所有者であるかのように装っていた場合には，用益権者の相続人に責任を負わせている．逆にいうと，法文冒頭の設例では賃貸人が用益権者であることを賃借人も知っていたということになろう．用益権というものが通例は用益権者の死亡によって消滅することは，当時のローマ人であればいわば常識であったのであり，そのような中，賃貸人が自分が用益権者であることを隠匿していなければ，賃借人は，用益権者たる賃貸人の死亡により賃貸人の使用・収益権限が消滅することは当然に知り得ていたとみることができよう．そうであれば，用益権者たる賃貸人の死亡により契約が「終了」するという処理は当事者の少なくとも暗黙の合意に基づくものとみることができよう．

5. Paulus

> D. 19, 2, 7 Paul. 32 ad ed.[26]: Si tibi alienam insulam locavero quinquaginta tuque eandem sexaginta Titio locaveris et Titius a domino prohibitus fuerit habitare, agentem te ex conducto sexaginta consequi debere placet, quia ipse Titio tenearis in sexaginta.
>
> 私が君に他人のインスラを50金でもって賃貸し，君がこのインスラを60金でTitiusに賃貸した．そして，Titiusが所有者によって居住を禁止された．君が賃借人訴権で訴えるならば，60金を取得しなければならない．なぜなら君自身はTitiusに対して60金につき責を負うのであるから．

DのものであるインスラをAがBに50金の賃料でもって賃貸し，BがCに60金の賃料でもって賃貸した．その後，DがCを追い出した．この時，BがAに請求できる損害賠償額が問題になりここでは60金であると解答されてい

---

26) この法文のinscriptioに誤記があり正しくはUlpianus 32 ad ed.からの抜粋であるとする見解がある（Lenel, Pal, I, Sp. 1033 n. 4; Frier (1980), 78 n. 60; 拙稿(2010), 864）．Paulusの『告示注解』は34巻でlocatio conductioを取り上げており，32巻では委任と組合とが取り上げられており，locatio conductioについて論じている本法文の内容からすると32巻内に適切に位置づけることはできない．しかし，この法文がUlpianusのものであるという決定的な根拠はない．著者名の表示ではなく巻数の表示に誤りがあるという見方もできるであろう．

る．すなわち今日でいうところの履行利益の賠償が認められている[27]．

上でみたように他人物の農地の賃貸借において Pomponius は，それが追奪された場合に，賃貸人の故意・過失を問題にすることなく，損害賠償の請求が可能であるとした．上記 Paulus 文における A と B との間の損害賠償についての判断はこれと同じものとみることができよう．

6. Ulpianus

Ulpianus の『告示注解』32 巻の論題構成については，上で述べた通りである．D. 19, 2, 9 pr と D. 19, 2, 9, 1 とはコンテクスト上 1 つのまとまりをなし，賃借人による使用・収益を許容すべき賃貸人の義務について論じている．特に，賃貸人に非ざる所有者によって使用・収益が禁止された場合において，賃借人が賃貸人に責任を追求できるかについて Ulpianus は論じている[28]．

Ulpianus が引用する Pomponius も Marcellus も，おそらくは農地の賃貸借についてのみ念頭において議論を展開していたと思われるが，Ulpianus は彼らの学説を建物にも適用可能なものとして一段抽象化している．D. 19, 2, 9 pr において "domum bona fide emptam vel fundum" と述べていること，D. 19, 2, 9, 1 において建物賃貸借に関する Severus 帝と Antonius 帝と組み合わせて論じているところに Ulpianus のこの態度が現れているとみることができる．

まず D. 19, 2, 9 pr では，追奪という形で使用・収益の禁止が生じた事例が論じられる．所有者が現に居住する賃借人を追い出すことができることは当然の前提となっている．Ulpianus は，この事例にあって，Pomponius の見解に賛同しつつ，賃貸人の故意・過失の有無を問題にすることなく，賃借人は賃貸人に損害賠償を請求できるとする．この点は Paulus もまた同意見である[29]．通

---

27) こうした場合に履行利益の賠償を求めることができることは，D. 19, 2, 8 Tryph. 9 disp. にも明確に示されている．

28) ここに先行する D. 19, 2, 7 Paul. 32 ad ed. および D. 19, 2, 8 Tryph. 9 disp. も同様である．仮に D. 19, 2, 7 の inscriptio に誤記があり，これが Ulp. 32 ad ed. からの抜粋であるならば，D. 19, 2, 7 と D. 19, 2, 9 pr と D. 19, 2, 9, 1 とを一体的に解釈することが可能となる．

例，賃貸借契約関係にあって損害賠償を請求できるためには故意・過失の存在が前提とされているところからすると，いわゆる物権的保護を受けることのできない賃借人に対し，少しでも保護を厚くしようとする態度をみて取ることも可能であるように思われる．

D. 19, 2, 9, 1 では，用益権者が死亡した後，所有者によって使用・収益が禁止された[30]事例が取り上げられている．Ulpianus は，Marcellus の見解に賛同しつつ，原則として（すなわち用益権者たる賃貸人が詐術を用いていない限りにおいて）損害賠償請求はできないとする．このように同じく所有者によって賃借人の居住が禁止された事例にあって，前段落の事例とは別の結論がでることになるが，その原因は，ここでは賃貸借契約が「終了」するとされていることに求められる．ローマの法学者は，賃貸借契約という継続的契約にあって，一定の事由が発生した場合に，その事由が発生した後について，賃貸人の債務も賃借人の債務も消滅したものとして扱うという処理をしている（言い換えると，賃貸借契約が「終了」したものとして扱っている）．この処理がこの事例でもなされている．Marcellus は，この事例にあって用益権者の死亡以後，賃貸人（すなわち用益権者の相続人）が賃借人に住居提供義務を負わないことは，建物が焼失した場合と同様であると述べているが，これは建物焼失の場合と同様，契約が「終了」したものとして処理すべきと考えていたことを示しているとみることができる．Ulpianus もこの見方を引き継いでいるとみてよい．

Ulpianus は以上のように，2つの事案解決を通し，賃借人の住居提供義務が果たされていない場合には損害賠償請求と契約の「終了」という2つの処理があり得ることを示した上で，次の段落（D. 19, 2, 9, 2）以降で，建物や農地の滅失の場合を主として念頭におきつつ，賃貸借の「終了」についての解説に移っていく．次節はこのテーマについてみていくことにしよう．

---

29) D. 19, 2, 7 Paul. 32 ad ed. でも，賃貸人の故意・過失の存在は要求されていない．
30) 耕作や居住の禁止が行われたと法文中に明示的に書かれているわけではない．しかし，この点は当然の前提とされているとみてよいと思われる．

2. 建物の滅失に伴う契約関係の「終了」

1. Servius/Alfenus

D. 19, 2, 30 pr Alf. 3 dig. a Paulo epit.: Qui insulam triginta conduxerat, singula caenacula ita [conduxit] <locavit>, ut quadraginta ex omnibus colligerentur: dominus insulae, quia aedificia vitium facere diceret, demolierat eam: quaesitum est, quanti lis aestimari deberet, si is qui totam conduxerat ex conducto ageret. respondit, si vitiatum aedificium necessario demolitus esset, pro portione, quanti dominus praediorum locasset, quod eius temporis habitatores habitare non potuissent, rationem duci et tanti litem aestimari:[31] sin autem non fuisset necesse demoliri, sed quia melius aedificare vellet, id fecisset, quanti conductoris interesset, habitatores ne migrarent, tanti condemnari oportere.

集合住宅を30金でもって賃借した者が，その中の個々のケーナークルムを全員から40金を徴収する形でもって賃貸した．集合住宅の所有者は，建物に欠陥があると主張し，これを取り壊した．集合住宅全体を賃借した者が賃借人訴権で訴える場合，訴額をいくらに算定しなければならないかについて質問がなされた．彼は解答した．もし建物に欠陥があり，必要に迫られて取り壊されたのであれば，土地の所有者が既に賃貸した割合と，居住者が居住できなくなった期間の割合に応じて計算がなされ，相応分について訴額が算定されねばならない．これに対し，取り壊す必要がなく，よりよく建て直したいと（土地の所有者が）望んだためにこれをしたのであれば，居住者が退去しなければ賃借人が得たであろう利益分について有責判決がなされねばならない．

集合住宅 (insula) の所有者がこの集合住宅を一括して1人の賃借人に賃貸し（第1の賃貸借），この賃借人が集合住宅の中のケーナークルムを複数の転借人に転貸した（第2の賃貸借）[32]．第1の賃貸借の賃料は30金であり，第2の賃

---

31) Miquel (1963), 239 は，伝わっている文章に欠陥があるとして，次のように修正する．"demolitus esset, pro portione, quanti dominus praediorum locasset, et eius temporis, quod habitatores habitare non potuissent, rationem duci et tanti litem aestimari". 以上の修正に従って訳出した．

貸借の賃料の総額は40金であった．これらの賃貸借の継続中に，集合住宅の所有者（すなわち，第1の賃貸借の賃貸人）が，「この建物に欠陥がある」として建物を取り壊した．この事例において，第1の賃貸借の賃借人が賃貸人に対し，いくらを請求することができるかについて問題となった．

この問題にServiusが次のように解答したとAlfenusは伝える[33]．すなわち，Serviusは，場合分けを行い，この取り壊しが必要に迫られてのものであれば[34]，居住者が居住できなくなった期間分について差引計算がなされ，訴額が決定されねばならないとする．すなわち，所有者が取り壊しをした後の期間の賃料は，賃借人が取り戻すことができることを意味している[35]．これに対し，この必要性がなく，「建物をより良くするために」取り壊したのであれば，「居住者が退去していかなければ賃借人が得ていたはずの利益に相当する額」[36]を支払うことを要すると，Serviusは解答している．

Serviusのこの区分の意味は次のように説明できる．すなわち建物を取り壊さざるを得ない状況であるならば，取り壊しでもって契約関係は「終了」し[37]，その時点以降については，賃貸人は住居の給付義務を免れ，その一方で，

---

32) この法文については，Watson (1965), 116-117; Kaser (1957), 157-160; Molnár (1982), 663; Frier (1980), 76 n. 54を参照．
33) "respondit" とのみあり，主語は明示されていない．この主語がAlfenusである可能性もあるが，Afric. D 19, 2, 35 prによると，Africanusは，以下に示される見解をServiusのものとして引用している．この主語について，MolnárはAlfenusと，FrierはServiusととる．Watson (1965), 117は，両者の内いずれかとして，判断を保留している．
34) 都市内部において建物の老朽化等により倒壊する怖れがある場合には，相隣関係法上，cautio damni infectiにかかわる一連の制度の中で，建物の所有者が取り壊しを事実上強制されることはあり得る．
35) Kaser (1957), 158; Watson (1965), 117; Molnár (1982), 663.
36) Kaser (1957), 158は，「契約が履行されていないことから生ずる損害」と，FrierとMolnárは，前払金と損害の合算分であろうと考えている．
37) ただし契約の終了という概念をServiusが用いてはいないし，また古典期の議論を通じて，そのような概念が体系的に構築されているわけではない．D. 19, 2, 13, 11 Ulp. 32 ad ed.; D. 19, 2, 14 Ulp. 71 ad ed. にでてくるfinitumは，あくまで約定の

賃借人は賃料債務を免れる．他面，このような状況がない場合には，それ以後に賃借人が得たはずの利益を賠償することになる．

上記に示されている Servius の見解は，Africanus を通しても伝わっている．Africanus は，賃貸借の対象である農地が公的に収用された際の賃貸人の責任を考察する中で，Servius の学説を引用している．

> D. 19, 2, 35 pr Afr. 8 quaest.: Et haec distinctio convenit illi, quae a Servio introducta et ab omnibus fere probata est, ut, si aversione insulam locatam dominus reficiendo, ne ea conductor frui possit, effecerit, animadvertatur, necessario necne id opus demolitus est: quid enim interest, utrum locator insulae propter vetustatem cogatur eam reficere an locator fundi cogatur ferre iniuriam eius, quem prohibere non possit? intellegendum est autem nos hac distinctione uti de eo, qui et suum praedium fruendum locaverit et bona fide negotium contraxerit, non de eo, qui alienum praedium per fraudem locaverit nec resistere domino possit, quominus is colonum frui prohibeat.

この区分は，Servius によって導入され，ほとんどすべての者によって賛同されている区分と一致する．すなわち，集合住宅が一括して賃借された場合において，所有者がこれを修理することによって，賃借人の収益が不可能になったならば，必要に迫られてその建造物が取り壊されたのかどうかに注意が払われねばならないというものである．いったい，集合住宅の賃貸人が老朽化ゆえにこれを修繕することを余儀なくされたことと，農地の賃貸人が自らでは防ぐことのできない者の不正を耐えしのぶことを余儀なくされたこととの間に相違があるのだろうか．いやむしろ，この区別は，自己の土地を果実収取のために賃貸した者や，善意で取引を締結した者についても適用されるとみなければならない．しかし，他人の土地を自己の土地であると偽って賃貸し，所有者による農地賃借人の果実収取の禁止に抵抗することができなかった者には適用されない．

契約期間の満了という意味である．契約関係は，賃貸人が正当な理由をもって賃借人を追い出した場合，あるいは逆に賃借人が正当な理由をもって退去した場合，それ以後については，両者とも債務を免れる．後世の概念を用いて表現すれば，ここで契約が「終了」したということになろう．

Africanus は農地の賃貸借の事例を取り上げているが，その中で，建物賃貸借に関する Servius の見解を引用している．それは建物を所有者が取り壊した場合において，それが必要に迫られていたのか否かで区別すべきというものであり，この Servius の学説は，上述の D. 19, 2, 30 pr に示されている Servius の見解と同一のものであると考えられる[38]．

2. Mela

D. 19, 2, 19, 6 Ulp. 32 ad ed.: Si quis, cum in annum habitationem conduxisset, pensionem totius anni dederit, deinde insula post sex menses ruerit vel incendio consumpta sit, pensionem residui temporis rectissime Mela scripsit ex conducto actione repetiturum, non quasi indebitum condicturum: [...]
1年ということで住居を賃借した者が1年分の賃料全額を支払っており，6か月が経過した後，倒壊するか，または火事で消失した．Mela が書いているところによると，残余の期間の賃料については，非債弁済されたものであるとして不当利得返還請求するのではなく，賃借人訴権でもって返還請求される．……

---

[38] 下記の法文にでてくる Alfenus の見解も同様のものといえよう．
D. 19, 2, 30, 1 Alf. 3 dig. a Paulo epit.: Aedilis in municipio balneas conduxerat, ut eo anno municipes gratis lavarentur: post tres menses incendio facto respondit posse agi cum balneatore ex conducto, ut pro portione temporis, quo lavationem non praestitisset, pecuniae contributio fieret.「按察官が地方都市で浴場を賃借した．それは，彼の任期中，この都市の市民たちが無償で入浴できるようにするためであった．3か月が経過した後，火事が発生した．彼の解答によると，按察官は浴場主を相手方として賃借人訴権でもって訴えて，浴場の提供をしない期間に応じて，金銭の損失負担をするよう求めることができる．」
ここでの賃貸人が誰であるかは示されていないが，素直に読めば balnerator（浴場主）ということになろう．balnerator が奴隷であることもあるが（D. 7, 1, 15, 1 Ulp. 18 ad Sab.; D. 33, 7, 13, 1 Paul. 4 ad Sab.），ここでは自由人でないと話が通じない．按察官は浴場という建造物を賃借したというよりも，浴場設備を balnerator つきで借り上げということになろう．そうすると，実態としては，浴場の1年分の収入相当額を balnerator に支払い，balnerator は入浴料をとらずに地方都市市民に浴場を利用させるということが契約の内容ということになる．

住居が1年の期間で賃貸借され，6か月が経過した後，これが焼失した場合において，Ulpianus が伝えるところによると，Mela は，焼失時以降の賃料を賃借人訴権でもって返還請求できるという[39]．

Servius と Alfenus は，賃料債務の消滅という結論を，建物の老朽化により取り壊しを余儀なくされた場合に導いているし，また浴場の賃貸借においては火事による焼失の際に同様の結論を出している[40]．したがって，Mela の判断は，この点に関しては，必ずしも新たなものというわけではない．おそらく Mela に由来するのは，この場合において不当利得返還請求訴権ではなく賃借人訴権で訴えることができるという点であろう．

3. Ulpianus

Ulpianus の『告示注解』32巻の locatio conductio の章は，賃貸人の使用・収益させる義務についての解説につづき，D. 19, 2, 9, 1 末尾より D. 19, 2, 11, 1 まで，目的物滅失の場合における賃貸借関係の帰趨，特に滅失時以降の賃料債権の消滅の可否というテーマについて論じている．D. 19, 2, 9, 1 の末尾に引用されている Severus 帝と Antoninus 帝による指令では，まずは用益権者が詐術をし，自らが所有者であるかのごとく賃貸した場合に続けて，建物が焼失した事例を取り上げる．両帝によると，この事例にあっては，焼失時点までの賃料は支払わねばならないとされている．用益権者の詐術の場合には，使用・収益をさせるという義務を履行しなかったことについて履行利益の賠償が帰結するのに対し，焼失の場合には，焼失時以後，この義務の消滅は当然のこととした上で，さらに対価である賃料もまた消滅するものとされている．この指令における区別は，Servius 以来の区別と一致するものである．この指令の引用に促される形で，『告示注解』ではこの後，主として建物が焼失した場合を念頭におきつつ[41]，賃貸人と賃借人の債務の消滅の可否が検討されている．ここでの

---

[39] Kaser (1957), 185-186; Molnár (1982), 662-663; Mayer-Maly (1956), 167-168.
[40] D. 19, 2, 30, 1 Alf. 3 Dig. a Paulo epit.
[41] D. 19, 2, 9, 4 では賃借した畜群の連れ去りが問題になっている．D. 19, 2, 9, 5 は，

Ulpianus 議論の内容は，今日の用語を使うならば，目的物滅失に伴う賃貸借契約の「終了」の可否ということができる．

Ulpianus は，まず（D. 19, 2, 9, 2），vis maior により賃貸借の対象である建物が消滅した場合には，契約が「終了」するという原則を前提とした上で，Iulianus を引きつつ，当事者間でこれとは異なる合意がなされている場合には，合意に拘束されるとする．したがって，例えば，vis maior による滅失にもかかわらず賃借人が賃料を支払うとか，逆に賃貸人が使用・収益させる義務を負う（具体的には別の物件を提供する）ということが合意されているならば，その合意の遵守が求められることになる．

これに続けて（D. 19, 2, 9, 3），Ulpianus は，賃借人または賃貸人に過失がある場合について論じる．Ulpianus は，仮に偶発的事故により物が滅失したのであっても，賃借人が火の取り扱いについての取り決めに反した行動をとっていた場合には，賃貸人が損失を負担することはないとする[42]．すなわち，この

　賃借した（あるいは請負として受領した）牛や衣服等を賃借人（または請負人）が滅失させた（死亡させたか著しく汚損した）場合が問題になっていると想像される．

　　D. 19, 2, 9, 6 をどう理解するかは難しい問題がある．ここでは，D. 19, 2, 9 pr と同様，他人のドムスの賃貸の事例が問題になっている．D. 19, 2, 9 pr によると，Pomponius と Ulpianus は，他人のドムスを善意で賃貸したのであっても，それを使用・収益させる義務を賃貸人は負い，仮に所有者によって居住が禁止されたとしても，賃貸人の故意・過失を問うことなくその義務は存続し，その履行ができない以上，賃貸人は履行利益の賠償をしなければならないとする．ところで，D. 19, 2, 9, 6 の事例では賃借人と所有者が同一人格に帰している．D. 19, 2, 9 pr に示された原則をここに適用するならば，賃貸人は，所有者となった賃借人が建物の使用を禁止したとしても（つまり賃借人たる所有者は賃借人としての自己の建物使用を禁止し，以後は所有者としてこれを使用することになる），使用・収益させる義務を果たさなかったとして履行利益の賠償をしなければならないことになる．しかしこの結論は明らかに妥当ではない．そこで Ulpianus は，賃借人と所有者とが同一人格に帰した時点以降の賃料債務は消滅していると考えている．この事例は，賃貸借契約の「終了」という結論に至っている点で，前後の文脈と一致するものの，目的物である建物の滅失が問題になっているわけではない．

[42]　Ulpianus は，periculum praestare という表現を用いている．

とき賃借人は残余の期間の賃料を支払うとともに，物の返還をできなかったことについての損害をも賠償しなければならないということになろう．これに対し，賃貸人の過失により目的物が滅失した場合には，賃貸人が損害を賠償しなければならない．

この後，Ulpianusは，いかなる場合に賃借人に過失（帰責性）があるといえるかについて詳細に論じる．その中で，賃借人が偽計にあった場合（D. 19, 2, 9, 4），賃借人に未熟さがあった場合（D. 19, 2, 9, 5），賃借人の奴隷の過失で火事が発生した場合（D. 19, 2, 11 pr）が取り上げられ，再度，火の取り扱いに関する取り決めの事例に回帰する．ここではこの議論の詳細には立ち入らないが，全体としてUlpianusは，賃借人に何らかの帰責性がある場合には，目的物がvis maiorまたはそれに類する事由により滅失したとしても，賃貸借契約は「終了」せず，賃借人は賃料債務を負うべきと考えていることが明瞭に読み取れる．もちろんこうした場合に，賃借人は賃料債務を負いさえすればよいというわけではなく，物を返還できなかったことについての責任も負わねばならない．そこで，この後Ulpianusは，賃借人の物の返還義務についての解説（本章次節参照）に進んでいく．

3. 賃借人の物の返還義務

賃借人は賃借した物件を元々の状態——すなわち滅失したり毀損していない状態——で賃貸人に返す義務がある．この義務を果たせない場合には，賃借人は賃貸人に損害賠償をしなければならない．もちろん，賃貸借の対象である建物がvis maiorによって滅失した場合には当事者双方ともそれ以降，義務を負わないのであり，賃借人も損害賠償の必要はない．ここで問題にするのはそれ以外の場合である．

1. Labeo

D. 19, 2, 57 Iav. 9 ex post. Labeonis.: Qui domum habebat, aream iniunctam ei domui vicino proximo locaverat: is vicinus cum aedificaret in suo, terram in eam aream amplius quam fundamenta caementicia locatoris erant congessit, et ea terra adsiduis pluviis inundata, ita parieti eius qui locaverat umore praestituto madefacto, aedificia corruerunt. Labeo ex locato tantummodo actionem esse ait, quia non ipsa congestio, sed umor ex ea congestione postea damno fuerit, damni autem iniuriae actio ob ea ipsa sit, per quae, non extrinsecus alia causa oblata, damno quis adfectus est: hoc probo.

　ドムスをもっていた者が，このドムスに隣接する敷地をすぐ隣の隣人に賃貸した．この隣人は，自己の土地に建設するにあたり，土をこの敷地の中でコンクリートの土台より高く積み上げたところ，建造物が倒壊した．Labeoは，この者は賃貸人訴権のみを有すると述べた．なぜなら，積み上げたことそれ自体によってではなく，積み上げたことにより発生した湿気が後になって損害を生じさせたのであるから．不法損害を理由とする訴権は，ある者に損害が生じることになった原因そのものに関して与えられるのであって，外部から加わる別の原因に関しては与えられないのであるから．私（Iavolenus）は同意見である．

　敷地X，敷地Y，敷地Zが隣接する形で並んでいる[43]．敷地Xと敷地YはAが所有し，敷地ZはBが所有している．敷地XにはAの建物が建っており，敷地Yは空き地となっていた．Bが敷地Zに建物を建てることになり，その工事の際に発生する土を置くため，Aから敷地Yを賃借（conducere）した．そして，Bは敷地Yに土を積み上げた．その高さは，コンクリート製の土台部分よりも高かった．その後，長雨が続いたことにより，敷地Yの盛り土が水を含んで敷地Xの方に崩れ，Aの建物の壁に寄りかかった．これにより，Aの建物の上部構造部分が濡れ——おそらくはその結果，木材の腐敗が進み——，壁の崩落を引き起こし，Aの建物が崩れてしまった．以上の事案において，Aがいかなる訴権（actio）をBに対して有するかについて問題となった．Labeoは，ここでAquilius法上の訴権で訴えることができるかについて検討し，これを否定した上で，Aは賃貸人訴権（actio ex locato）のみを有すると結論づけ

---

43) この法文については，Mayer-Maly (1956), 178; Rabel (1909), 211f. Molnár (1982), 626; Frier (1980), 136 n. 186.

ている．

　本法文の「ある者に損害が生じることになった原因そのものに関して与えられるのであって，外部から加わる別の原因に関しては与えられないのであるから」は，Aquilius 法上の訴権が与えられない理由であろう．この点については疑問はない．問題は，なぜ賃貸人訴権で訴えることができるのかという点である[44]．その背景には，隣の家の壁も含めて，locatio conductio の対象と考えられていたことがあげられる．Nero 帝治下の大火以前のローマにおいては，家と家との境界に共有壁（paries communis）がしばしば使用されており，敷地それ自体と，それを隣と区切る壁が密接不可分なものとして観念されていたと思われる．すなわち，敷地 Y が賃貸借の対象になるという時，Labeo の時代のように未だ共有壁があたり前のように使用されていた頃には，単に観念的な境界で区切られた敷地そのものが賃貸借の対象と考えられたのではなく，実際上隣との境界を形成している壁も含めて賃貸借の対象と捉えられていたのであろう．

　　D. 19, 2, 11, 4 Ulp. 32 ad ed.: Inter conductorem et locatorem convenerat, ne in villa urbana faenum componeretur: composuit: deinde servus igne illato succendit. ait Labeo teneri conductorem ex locato, quia ipse causam praebuit inferendo contra conductionem.

　賃借人と賃貸人との間で，都市内の邸宅に藁を集め置いてはいけないとの合意が

---

[44] Rabel (1909), 211f. によると，Labeo は，賃借人（conductor）が賃貸借の対象を管理し返還する義務を負っていたが，それはその対象そのもののみならず，隣地にまで及ぶものと考えていた．そして，D. 19, 2, 57 の事案においては，賃借人は隣地に損害を与えたのであるから，この義務に違反したとして，賃貸人は actio ex locato で訴えることができるということになる．しかし，賃貸借において，このような形で賃借人が付随的義務を負うべきと Labeo が考えていたことを示す証拠を Rabel があげているわけではない．

　Mayer-Maly (1956), 178 によると，Labeo は，物権法や不法行為法には存在しない，相隣関係法的性格を有した義務が bona fides から生み出されていると考えた．しかし，Labeo がこのような考えを有していたことを示す証拠はない．Mayer-Maly は，D. 19, 2, 25, 4-5 に，同様の見解が示されているとするが，この法文は，必ずしもそのように理解できるものではない．

なされていたが，賃貸人がこれを集め置いた．その後，奴隷が火を持ち込んで燃やしてしまった．Labeo がいうには，賃借人は賃貸人訴権でもって責を負う．なぜなら，賃借（の約款）に反して持ち込むことにより原因を自らつくったのであるから．

都市内の邸宅（villa urbana）の賃貸借において，乾草を建物内に持ち込んではいけないとの合意がありながら賃借人がこれを持ち込み，そして賃借人の奴隷がこれに火をつけたという事例が取り上げられ，ここで賃貸人が賃借人に賃貸人訴権でもって損害の賠償を求めることができるかについて問題となっている[45]．賃借人自身が火をつけたのであれば，これが肯定されるところであるが，賃借人本人ではなく，奴隷が火をつけたことから，判断が難しくなる．この問題で Labeo は，「賃借人自身が火事の原因を賃借（の約款）に反してつくっている」として，賃貸人訴権による責任追及が可能であると判断した．

2. Sabinus/Proculus

Coll. 12, 7, 9 Ulp.18 ed.: Sed et si qui servi inquilini insulam exusserint, libro X Urseius refert Sabinum respondisse lege Aquilia servorum nomine dominum noxali iudicio conveniendum: ex locato autem dominum teneri negat. Proculus autem respondit, cum coloni servi villam exusserint, colonum vel ex locato vel lege Aquilia teneri, ita ut colonus servos posset noxae dedere et si uno iudicio res esset iudicata, altero amplius non agendum.

賃借居住人の奴隷がインスラに放火した場合，Urseius が 10 巻で伝えているところによると，Sabinus は，Aquilius 法に基づき奴隷の名義でもって所有者は加害者委付訴権によって訴えを起こされると解答した．しかし賃貸人訴権によって訴えられることはないと否定した．これに対し Proculus は，農地賃借人の奴隷が別荘に放火した場合，農地賃借人は賃貸人訴権または Aquilius 法に基づき責を負い――この場合農地賃借人は奴隷を加害者委付することができる――，いずれか一方で判決を受けるならば，他の一方で訴えられることはないと解答した．

---

45) Molnár (1982), 634; Mayer-Maly (1956), 197; Frier (1980), 142-143.

この Ulpianus 文と同じ箇所からの引用と思われる法文が Digesta にも伝わっている[46].

> D. 9, 2, 27, 11 Ulp. 18 ad ed.: Proculus ait, cum coloni servi villam exussissent, colonum vel ex locato vel lege Aquilia teneri, ita ut colonus possit servos noxae dedere, et si uno iudicio res esset iudicata, altero amplius non agendum. sed haec ita, si culpa colonus careret: ceterum si noxios servos habuit, damni eum iniuria teneri, cur tales habuit. [idem servandum et circa inquilinorum insulae personas scribit: quae sententia habet rationem.]
>
> Proculus がいうには，農地賃借人の奴隷が別荘に放火した場合，農地賃借人は賃貸人訴権または Aquilius 法に基づき責を負い——この場合農地賃借人は奴隷を加害者委付することができる——，いずれか一方で判決を受けるならば他の一方で訴えられることはない．しかし，このことは，農地賃借人に過失がない場合の話しである．賃借人が有害な奴隷を有していた場合には，話しが異なる．同じことはインスラの賃借居住人に関しても遵守されるべきと彼（Proculus?）は書いている．この見解は正当である．

上記の 2 史料は，Proculus の学説を伝える部分については細かい表現の違いはあるものの内容上相違はない．しかし，その前の Sabinus の見解について Digesta 文は伝えておらず，またその後の部分（Digesta 文の "sed haec" 以下）について Collatio 文は伝えていない．

Digesta 文の "idem servandum" 以下の真正性は疑わしい．上で述べたように，賃借居住人と農地賃借人とをあわせて論じる姿勢は Ulpianus にはあるものの，それ以前の法学者にはほとんど見受けられない．Digesta 文を文字通りに読むと Proculus がこの両者をあわせて考察していることになる．また Collatio 文によると Sabinus が賃借居住人について論じており，そこでは Proculus と異なる見解が展開されている．この状況からすると，元来は Collatio 文が示すような文章であったところ，Digesta の編纂者は，Proculus

---

46) 両史料についての文献として，Knütel (1983), 392; Frier (1978), 260; Frier (1980), 145-150; Mayer-Maly (1956), 200 がある．

の見解を善しとした上で，これと矛盾するSabinusの見解を消した上で，この部分を書き足したとみるのが妥当であるよう思われる[47]．

3. Neratius

D. 9, 2, 27, 9 Ulp. 18 ad ed.: Si fornicarius servus coloni ad fornacem obdormisset et villa fuerit exusta, Neratius scribit ex locato conventum praestare debere, si neglegens in eligendis ministeriis fuit:

かまど係の奴隷がかまどの前で居眠りをし，別荘が焼失してしまった場合，Neratiusが書いているところによると，賃貸人訴権で訴えられた者は，仕事の割り振りにあたって不注意があったのであれば，責任を負わねばならないと述べている．……

上述のように，賃借人の奴隷に起因する形で火事が生じた場合についてSabinusは，賃貸人訴権による責任追及を否定し，Proculusはこれを肯定した[48]．NeratiusもProculus同様，賃貸人訴権による責任追及を肯定している．しかし，Proculusはあくまでも加害者委付という形で賃借人が責任を負うということを視野に入れているのに対し，Neratiusは，不適切な奴隷を仕事にあたらせたという点に賃借人の過失を見出し，賃借人自身に責任を負わせている．

4. Ulpianus

1) 『告示注解』32巻中の一群の論述

Ulpianusの『告示注解』32巻には，賃借人の物の返還義務についてのまとまった論述が存在する．

D. 19, 2, 11, 2 Ulp. 32 ad ed.: Item prospicere debet conductor, ne aliquo vel ius rei vel corpus deterius faciat vel fieri patiatur.

同様に，賃借人は，物に関し権利または物理的形状を悪化させたり，悪化するの

---

47) Frier (1980), 146 n. 204.
48) ただしSabinusではインスラ，Proculusでは農地が賃貸借の対象である．

を甘受してはならない.

まず Ulpianus は上のように述べた上で,この後[49],賃貸借(または請負)として locator(賃貸人・注文主)から conductor(賃借人・請負人)に渡された物(ワイン,別荘,奴隷,船荷,船,象牙,衣服,はかり)が滅失または毀損した場合の賃借人の責任について議論する.Ulpianus は vis maior によって滅失した場合には賃借人が免責されることを前提とした上で,様々な事例をあげ,賃借人の責任がいかなる場合に肯定されるかについて論じている.これが肯定される場合としてまず第1に,賃借人(請負人)がその物の利用に関し契約上期待される行動に反した行動をとった場合があげられる[50].こうした場合,仮に火事や敵による拉致など,通例は vis maior にあたるとされる事態によって物が滅失・毀損したとしても賃借人は免責されないとされる[51].第2に,賃借人の行為が基本的には契約上許されているものの,程度が許されるレベルを超えていた場合[52],第3に,賃借人の不注意や未熟さにより物が滅失した場合[53],第4に,物の違法性について賃借人に認識がある場合があげられている[54].

以上の論述の中で Ulpianus は2回,建物の賃貸借について論じている.そ

---

49) D. 19, 2, 11, 3-13, 9.
50) D. 19, 2, 11, 4 および D. 19, 2, 13 pr-3.
51) 別荘に藁を持ち込んではならないと合意されていたにもかかわらずこれを持ち込み,別荘が火事で消失した(D. 19, 2, 11, 4).本来必要なはずの水先案内人をつけることなく航行し,嵐によって船が遭難した(D. 19, 2, 13, 2).不適切な船を選択していた(D. 19, 2, 13, 1).外国につれていくべきでない奴隷を外国につれて行き敵に拉致された(D. 19, 2, 13, 3).
52) 奴隷の教育を請け負った場合において,過度の懲戒により奴隷を傷つけた(D. 19, 2, 13, 4).ここでは奴隷の懲戒そのものは契約上許されている.しかしそれが過度であった点に帰責性が求められている.
53) 象牙の加工が依頼された場合にあって,職人の未熟さゆえに象牙を壊してしまった(D. 19, 2, 13, 5).洗濯業者が布をねずみにかじられたり,他人のものととり違えた(D. 19, 2, 13, 6).
54) 賃貸借の対象である秤が不正なものであったので,政務官によって破壊された場合にあって,賃借人がこの秤の不正について悪意であった場合(D. 19, 2, 13, 8).

れは D. 19, 2, 13, 7 と D. 19, 2, 11, 4 であり，後者については既に Labeo のところで取り上げたので前者のみを以下論じる．

> D. 19, 2, 13, 7 Ulp. 32 ad ed.: Exercitu veniente migravit conductor, dein de hospitio milites fenestras et cetera sustulerunt. si domino non denuntiavit et migravit, ex locato tenebitur: Labeo autem, si resistere potuit et non resistit, teneri ait, quae sententia vera est. sed et si denuntiare non potuit, non puto eum teneri.
> 軍隊がやってきたので賃借人が退去し，ゲストハウスから兵士達が窓やその他の物を取り去った．もし所有者に通告することなく退去したのであれば，賃貸人訴権により責を負う．しかし Labeo は，抵抗できたにもかかわらず抵抗しなかったのであれば責を負うという．この見解は正当である．しかし通告できなかったのであれば，私は賃借人が責を負うとは考えない．

軍隊が賃貸借の対象である建物から窓やその他の物を取り去ったという事実関係は明快である．ここにでてくる hospitium は，客のために提供される部屋，あるいは宿屋やゲストハウスのことを指す[55]．しかし，この賃貸借の対象である hospitium が都市内のものであるか郊外のものであるかは判然としない[56]．軍隊の到来により逃げ出したという状況からすると，城壁外にある建物と考えたくなるところではあるが，決定的な証拠があるわけではない．

---

55) D. 9, 3, 1, 9 Ulp. 23 ad ed.; D. 9, 3, 5, 1 Ulp. 23 ad ed.; Suet., Aug., 72.
また，ポンペイの遺跡には，都市内の hospitium が賃貸されている例が2例伝わっている（Pirson (1999) 21ff.）．CIL 4, 807: Hospitium hic locatur / triclinium cum tribus lectis / et comm. CIL 4, 3779: Hospitium / C(ai) Hugini Firmi. 前者は，Pompei, VII, 1, 44 と 45 の間に書かれていたものであり，ここの hospitium とは具体的には VII, 1, 44 の家を指している．この家は小さな6つの部屋に分かれており，ある種の宿屋として用いられていたことが容易に想像できる．後者は，Pompei, IX, 8, b の前にかかっていたものであり，この建物は典型的なアートリウム型住居である．この内部が分割されて宿屋として用いられていたか，あるいは住居全体が短期間の滞在者のために貸し出されていた可能性もある．

56) Frier (1980), 59 は hospitium が都市内にあると考える．Pflüger (1947), 202; du Plessis (2013), 137 n. 75, 141 n. 84; Mayer-Maly (1957), 371 は郊外（rustica）にあると考える．

この法文では，上記のような事実関係にあって，賃借人が損害について責任を負うか否かが問題になっている．この問題に関し Ulpianus が自説を展開し，その中で Labeo の見解が引用されている．この両者の学説を分析するにあたり従来の研究では 2 つの相異なる観点から説明が試みられてきた．その 1 つは，ここでは物の元々の状態での返還ができなかったことについての賃借人の責任が問われているという見方であり[57]，他の 1 つはここでは賃借人による解約が問題になってというものである（すなわち軍隊が物件を毀損する前に賃貸借が解約されていれば賃借人が責任を問われることはないということ）[58]．しかしこのいずれか一方の見方から分析する限り，この法文における Ulpianus と Labeo の見解を整合的に理解することはできない．すなわちここで物の返還義務が問題になっているとすると，通告により免責されるとする Ulpianus の見解を説明できない．他方，解約が問題になっているとすると，抵抗可能であった場合に賃借人が責を負う（すなわち解約ができず，その結果物の返還できないことについて責を負う）とする Labeo の見解を Ulpianus が「正当である」としつつ，そのすぐあとで通告ができなかったような場合には免責されるとしていることを説明できない．そこで筆者としては，Labeo は物の返還義務が果たされているか否かという観点で論じているのに対し，Ulpianus は賃貸借の解約という観点から論じていると考えることにしたい．

　Ulpianus の引用によると，Labeo は，「抵抗できたにもかかわらず抵抗しなかったのであれば責を負う」と述べている．そして Ulpianus は，この見解は正当であるとする．前述のように，この法文の前後では，賃借人の未熟さゆえに物が滅失・毀損した場合を取り上げているが，到来した軍隊の規律状態を過度に大きく見積もり逃げ出したということであれば，この判断は未熟なものと評することができる．そうであれば，Labeo の説を Ulpianus がここで引用していることも十分に理解できるところである．

　これに対し Ulpianus は，この事例を解約の可否という観点から考える．下

---

57)　Mayer-Maly (1957), 370f.; Zimmermann (1990), 375f.
58)　Kaser, RPI, 568 n. 50; Frier (1980), 96ff.

でみるように，法学者たちは，一定の正当事由がある場合には，賃借人が一方的に退去し，以後の賃料支払いを拒絶することを認めている[59]．その正当事由として，倒壊の恐怖や住環境の悪化といった例があげられている．軍隊の到来，そして略奪の恐怖というものもまたこうした例に類するものであり，それゆえにこの事例にあって賃借人による一方的解約が許されるとUlpianusが考えたという解釈をすることも十分に可能であろう．

　Ulpianusはこの事例で，退去するにあたって賃貸人に通告をすることを賃借人に要求している[60]．仮に賃借人が通告せずに退去した場合，賃貸人は軍隊の到来に備えた対応をすることができない．そこで，Ulpianusは，賃借人による退去による解約を認めつつも，物の返還義務から派生する義務として，通告を要求したということであろう．とはいえこの通告義務は絶対的に要求されるものではなく，本法文末尾にあるように，通告が不可能な状況にあるならば，その義務は免除される．

　Ulpianusはまず，通告をしないで退去した場合には賃借人が責を負うという．賃借人は，建物の倒壊のリスクがある場合や住環境が悪化した場合に一方的に退去することで賃貸借契約を「終了」させることができる．この事例では特に宿屋やゲストハウスといった短期滞在型の物件が問題になっている以上，こうした原則を修正しなければならない事情はない．しかし，そうであるとしても賃借人が単に一方的に出て行くだけというのでは，賃借物を返すという義務を果たしたことにはならない．この点は軍隊の到来が予測されている状況であれば尚更のことであろう．そこでUlpianusは，少なくとも退去するということを賃貸人に伝えることで，賃貸人が防御のための措置をとることを可能にする必要性はあると考えたのであろう．

---

59) 本章第7節7参照．
60) denuntiatioという単語が解約ないしは解除という法律行為を指すものとして使われている例はみあたらない．

2) D. 19, 2, 11 pr Ulp. 32 ad ed.

Ulpianus については次の法文もある．

> D. 19, 2, 11 pr Ulp. 32 ad ed.: Videamus, an et servorum culpam et quoscumque induxerit praestare conductor debeat? et quatenus praestat, utrum ut servos noxae dedat an vero suo nomine teneatur? et adversus eos quos induxerit utrum praestabit tantum actiones an quasi ob propriam culpam tenebitur? mihi ita placet, ut culpam etiam eorum quos induxit praestet suo nomine, etsi nihil convenit, si tamen culpam in inducendis admittit, quod tales habuerit vel suos vel hospites: et ita Pomponius libro sexagesimo tertio ad edictum probat.
>
> 奴隷の過失，または（そこに賃借人が）引き入れた者の過失についても，賃借人は責を負うのかについて，またもし負うのであれば，奴隷を加害者委付することになるのか，賃借人自身の名義で責を負うのかについてみていくことにしよう．引き入れた者に関しては，この者を相手方とする訴権を（賃貸人に）単に譲渡すればよいのか，それとも自分自身の過失のように責を負うのだろうか．私は次のように考える．引き入れた者の過失については，たとえ何らの合意が（賃貸人と賃借人との間で）なされていなかったとしても，自己（＝賃借人）の名義でもって責を負う．しかし，それは引き入れるにあたって，こうした者を自らの奴隷または客人として有するという過失を犯している場合においてである．Pomponius もまた『告示注解』63 巻で賛同している．

賃借人の奴隷の過失について賃借人が責を負うかについては，Sabinus と Proculus の対立，および Neratius の見解を上で紹介した．Ulpianus は，ここでさらに，客人など「賃借人が引入れた者」の過失についても同列に論じている．ここに示された Ulpianus の見解は，基本的には上でみた Neratius の見解と同様のものということができる．また Ulpianus の証言により，Pomponius もまた同様の見解を有していたことがわかる．

4. 黙示の更新（relocatio tacita）

> D. 19, 2, 13, 11 Ulp. 32 ad ed.: Qui impleto tempore conductionis remansit in

conductione, non solum reconduxisse videbitur, sed etiam pignora videntur durare obligata. sed hoc ita verum est, si non alius pro eo in priore conductione res obligaverat: huius enim novus consensus erit necessarius. eadem causa erit et si rei publicae praedia locata fuerint. quod autem diximus taciturnitate utriusque partis colonum reconduxisse videri, ita accipiendum est, ut in ipso anno, quo tacuerunt, videantur eandem locationem renovasse, non etiam in sequentibus annis, etsi lustrum forte ab initio fuerat conductioni praestitutum. sed et si secundo quoque anno post finitum lustrum nihil fuerit contrarium actum, eandem videri locationem in illo anno permansisse: hoc enim ipso, quo tacuerunt, consensisse videntur. et hoc deinceps in unoquoque anno observandum est. in urbanis autem praediis alio iure utimur, ut, prout quisque habitaverit, ita et obligetur, nisi in scriptis certum tempus conductioni comprehensum est.

　賃借の期間が満了したにもかかわらず賃借を継続している者は，それを再び賃借したとみなされるのみならず，質物もまた被担保債権の担保となり続けているものとみなされる．しかし，これが正当であるのは，当初の賃借において彼のために第三者が，物を質物として供したのではない場合においてである．こうした質物に関しては，別に改めて合意が必要である．国有地が賃貸されたのであっても，同じ状況が存在した．両当事者の黙示の内に土地の賃借人は再び賃借をしたとみなされると我々は述べたが，このことは，次のように理解されねばならない．すなわち，彼らが黙示の内に経過した年それ自体には，同一条件の賃貸借が更新されたものとみなされるが，例えば当初は5年の期間が賃借に付されていたとしても，この更新がその翌年にまで及ぶものではないと．しかし，5年経過後の2年目において反対の行為がなされないならば，同一条件の賃貸借がこの年もまた継続したものとみなされる．なぜなら，黙示の内に経過したことそれ自体によって両者は合意をなしたとみなされるのであるから．そして，こうしたことはこの後，毎年に関して遵守されるべきである．都市の地所については，別の法を我々は適用する．すなわち，各人が居住している限りにおいて，債務もまた負担される．ただし，書面の中に賃借の期日が書き込まれることになったならば，この限りではない．

　農地の賃貸借において当初合意された期間が経過した後，賃借人がそのまま農地にとどまり農作業を継続し，賃貸人が賃借人を追い出すことがなかった場合，Ulpianusによると，賃貸借契約が黙示の内に更新したものとして取り扱

われる[61]．また，旧来の契約において担保として供されていたものは，更新された契約上の債務をも担保する．このような黙示の合意による更新は，農地のみならず，都市内の建物の賃貸借にも適用される．しかし，農地の場合には，1年単位で契約期間が伸長されるのに対し，都市の建物の場合は，賃借人が居住している限りということで継続する．したがって，更新後の任意の時点で賃貸人が契約の終了を望んだ場合，賃借人は契約期間内であるとの抗弁はできず，退去せざるを得なくなる．

5. 居住環境の悪化に伴う賃料減額請求

1. Servius/Alfenus

Alfenus の『解答録』については，Paulus による抄録の他，不詳の人物によって編纂された抄録が Digesta の編者まで伝わっている．ここから Digesta に引用された D. 19, 2, 27 は，伝承過程のいずれかの段階で大きく原文が短縮されており，解釈に困難が伴う史料となっている[62]．

---

61) D. 19, 2, 13, 11 に関する文献として Frier (1980), 164ff.; Zimmermann (1990), 356f. がある．また D. 19, 2, 14 Ulp. 71 ad ed. もみよ．

　　D. 19, 2, 14 Ulp. 71 ad ed.: Qui ad certum tempus conducit, finito quoque tempore colonus est: intellegitur enim dominus, cum patitur colonum in fundo esse, ex integro locare, et huiusmodi contractus neque verba neque scripturam utique desiderant, sed nudo consensu convalescunt: et ideo si interim dominus furere coeperit vel decesserit, fieri non posse Marcellus ait, ut locatio redintegretur, et est hoc verum.「ある期日までということで賃借した者は，期間が終了しても colonus である（ことがある）．なぜなら，colonus が農地にいることが許容されているならば，所有者は，またさらに1年賃貸したとみなされるのだから．この種の契約は，問答方式も文書記載も必要とはされておらず，裸の合意により有効となる．それゆえに，所有者がそうこうするうちに自ら農作業を開始するか，あるいは死亡するならば，Marcellus がいうには，賃貸がくり返されたことにはならないと述べている．この見解は正当である．」

62) Roth (1999), 27 n. 27.

D. 19, 2, 27 pr Alf. 2 dig.: Habitatores non, si paulo minus commode aliqua parte caenaculi uterentur, statim deductionem ex mercede facere oportet: ea enim condicione habitatorem esse, ut, si quid transversarium incidisset, quamobrem dominum aliquid demoliri oporteret, aliquam partem parvulam incommodi sustineret: non ita tamen, ut eam partem caenaculi dominus aperuisset, in quam magnam partem usus habitator haberet.

　居住者は，ケーナークルムのある一部分を快適性という点でわずかに劣る[63]形でしか利用できない場合に，ただちに賃料の減額をしなければならないわけではない．なぜなら，例えば横に通した何か[64]が落下し，そのために所有者がどこかを取り壊さねばならなくなったとすれば，居住者は小さな一部分が不快であることはたえねばならない条件の下にいるのだから[65]．しかし，居住者がその大部分を用いているところにあたるケーナークルムの天井を所有者が取り払ってしまうならば，話しは異なる．

　この法文の首項（pr）では[66]，建物内のケーナークルムが賃貸借されていたところ，このケーナークルムの床または天井を支える梁が落下し[67]，その修繕のために建物の一部の取り壊しが行われ，居住者の住環境が悪化したという事例が取り上げられている．そして，この事例において賃借人が賃料の減額を求めることができるかについて問題になっている．Servius または Alfenus の解

---

63) どういう点で少ないのかは示されていない．独訳は時間において少ないととる．注釈の Casus では少しの損害が生じている（si paruvum damnum est）と解している．後者に依拠して訳出は行っている．

64) "quid transversarium" の訳．独訳はこれを Unvorheregesehenes と訳している．

65) この文は不定法となっているため，この理由は Paulus による Alfenus の引用か，Alfenus による Servius の引用と解することができる．

66) Watson (1958), 115-116; Kaser (1957), 183 n. 115; Molnár (1982), 664; du Plessis (2003), 48; du Plessis (2005), 70-74; Mayer-Maly (1956), 154; Frier (1980), 151-154.

67) "si quid transversarium incidisset" は，「不測の事態の発生」としばしば理解されてきた（Frier (1980), 234 (?); Molnár (1982), 664）．しかし，transversarium は，Caes., Civ., 2, 15, 2 や Vit., 2, 8, 10 では，構造物の横木を指している．ここもその意味で理解することが可能である．この点については，du Plessis (2005), 74; Röhle (2005), 68-69 をみよ．

答によると，この減額請求は否定される．その理由は，少しの部分の不快さは耐えることが暗黙の内に条件[68]になっていることに求められている．ただし，「居住者がその大部分を使用している部分を所有者が開いた場合」は，この限りではないとされている．

2. Labeo

> D. 19, 2, 28 pr-1 Lab. 4 post. epit. a Iav.: Quod si domi habitatione conductor aeque usus fuisset, (1) praestaturum etiam eius domus mercedem, quae vitium fecisset, deberi putat.
>
> もしドムスの中のhabitatioを賃借人が同じように使うことができるのであれば，欠陥のあるドムスの賃料もまた支払わねばならないとLabeo（?）は考えた．

この法文でも[69]，賃料の減額請求が問題になっている．具体的状況はわからないが，住環境の悪化を理由とするこの請求をLabeoは否定している．

賃料減額請求への言及は，このように古典期初期の法学者には確かに見出すことができる．しかし，その後の法学者がこれに言及している例はみあたらない（次頁でみるD. 19, 2, 25, 2の中にでてくる賃料の話は，契約関係の存続を前提として賃料を減額するということではなく，退去後の期間分の賃料を請求額から差し引くというものである）．これは，古典期の議論の中で，居住環境に不満があるときに退去による解約が認められていく中で，減額請求よりもむしろ解約の方が好まれたためであろう．

---

[68] 法文中には，単に"condicione"とのみある．しかし，ここでは明示的にこの種の条件が付されていたとは考えにくい．時代は少し後になるが，Papinianus（D 35, 1, 99）がこの言葉で黙示的合意を著している例がある．

[69] Plessis (2005), 74; Frier (1980), 154-155; Mayer-Maly (1956), 155; Kaser (1957), 183 n. 119; du Plessis (2003), 53; du Plessis (2005), 74-75.

6. 居住環境確保の請求

1. Sabinus

D. 39, 2, 13, 6 Ulp. 53 ad ed.[70]では，建物の欠陥に関し，賃借居住人を要約者，賃貸人を諾約者とする形の未発生担保問答契約の締結を賃借人が申請ができるか否かが問題になっている．Sabinus はこれを否定し，「なぜなら，はじめから欠陥がある建物を賃借したのであれば，自らにその責任があるのであるし，建物が欠陥を帯びるに至ったのであれば，賃借人訴権でもって訴えることができる」と述べている．ここでいう賃借人訴権が，建物を修理するよう求めることをその内容とするものである可能性もある[71]．

2. Gaius

D. 19, 2, 25, 2 Gai. 10 ad ed. provinc.: Si vicino aedificante obscurentur lumina cenaculi, teneri locatorem inquilino: certe quin liceat [colono vel] inquilino relinquere conductionem, nulla dubitatio est. de mercedibus quoque si cum eo agatur, reputationis ratio habenda est. eadem intellegemus, si ostia fenestrasve nimium corruptas locator non restituat.

隣人が建物を建設することでケーナークルムの日照が害されるならば，賃貸人は賃借居住人に対して責を負う．無論，農地賃借人または賃借居住人が賃貸物を放棄することができることに何らの疑いはない．賃料についても，賃借人を被告とする形で訴えが起こされるならば，差引計算がなされねばならない．ひどく壊れた扉や窓を賃貸人が修繕しない場合も，これと同様である．

D 19, 2, 25, 2 では[72]，賃貸借の目的物となっている建物の隣の建物が改築に

---

70) テキストと翻訳については，後述第 22 章第 5 節 2 参照．また後述 361 頁もみよ．
71) Frier (1987), 99ff. は，D. 39, 2, 33 Ulp. 42 ad Sad. とあわせて考えることで，賃借人による退去の妨害を排除することがここでの賃借人訴権の目的であると解釈している．
72) Frier (1980), 101-102; Mayer-Maly (1956), 153; Rainer (1987), 253.

より高さが増し，それがために採光が妨げられたという事例が取り上げられている．Gaius は，この場合，賃借人が「賃借物を放棄すること」，すなわち退去により解約すること（この点については本章 7 節 5 参照）とあわせ，「賃貸人は賃借居住人に対して責を負う」という．すなわち賃借人は，隣人による建築による居住環境の悪化を理由として，賃貸人を訴えることができるとする．これはすなわち賃貸人に対し，相隣関係上の法手段を用いることで居住環境の維持，または回復をするよう求めることができることを意味している．具体的には，隣人に対し，工事完了前であれば新工事禁止通告や投石による禁止をするよう，工事完了後であれば quod vi aut clam 特示命令の申請や地役権の返還請求訴権を提起するよう求めることを意味している．

建物の用益権者は，こうした相隣トラブルにあっては，所有者の委託事務管理人という立場ではあるが，直接隣人に対し法的措置をとることが認められている．しかし Gaius は，賃借居住人にこうした措置をとることは認めず，あくまでも契約関係に基づき賃貸人に対してこの種の措置をとるよう求めることができるとするにとどまっている．Gaius が伝えるように，この措置を賃貸人がとらない場合には，賃借居住人は退去することを通じ，一方的に契約関係を断ち切ることができる．この点については本章第 7 節 5 で取り上げる．

なお，この法文では，1 箇所で「賃借耕作人または賃借居住人 colono vel inquilino」と，農地の賃貸借についての言及も含まれているが，ここではケーナークルムの賃貸借が問題となっていること，また日照妨害という都市内部の相隣トラブルについて述べていることからすると，この "colono vel" は，後世のどこかの段階での挿入とみるべきである[73]．

7. 賃借人による解約

前述のように目的物たる建物が滅失した場合，賃貸借契約は終了する．この

---

73) Frier (1980), 101 n. 111.

場合，滅失時以後，賃借人も賃貸人も債務を免れる．本節では，このような事態に至っていない場合にあって，賃借人より契約関係を一方的に終了させることができるかについてみていく[74]．

Ulpianus の『告示注解』32 巻の中にはこのテーマに関するまとまった論述は存在しない．また他の Ulpianus の他の著作や他の古典期後期の法学者の著作の中にも，このテーマ全体を包含する記述は見出せない．そこで，ここではこのテーマにかかわる断片的記述をまずは法学者の時系列に沿って概観した上で，本節末尾の「小活」にてこのテーマに関する古典期学説が何であったかについて考察を加えることにしたい．

1. Alfenus

> D. 19, 2, 27, 1 Alf. 2 dig.: Iterum interrogatus est, si quis timoris causa emigrasset, deberet mercedem necne. respondit, si causa fuisset, cur periculum timeret, quamvis periculum vere non fuisset, tamen non debere mercedem: sed si causa timoris iusta non fuisset, nihilo minus debere.
>
> また彼に質問がなされた．もし恐怖ゆえに（居住者が）退去したとするならば，（居住者は）賃料を支払わねばならないのだろうか．彼の解答によると，危難を恐れる理由があったのであれば，たとえ本当にはその危難は発生しなくとも，賃料を支払う必要はない．しかし恐怖を感じる正当な理由がなかったのであれば，退去にもかかわらず賃料を支払わねばならない．

Alfenus は[75]，住居が客観的に居住不能となっているわけではないものの，倒壊等の怖れを賃借人が感じて退去した場合に，以後の賃料を支払う必要はな

---

74) このテーマについて考察する文献としては，特に Frier (1980), 92ff. を参照. Kaser/Knütel (2014), 262 は，Frier の研究を踏まえその内容を端的に整理している．
75) この法文については，Frier (1989), 94-96; Müller (2002), 89-90; du Plessis (2003), 50-51 で論じられている．また，Kaser, RPI, 568 もみよ．Kaser と Frier は，ここで賃借人の退去により，賃貸借が終了したとみる．Müller は，退去は一時的なものかもしれず，必ずしも終了したとは限らないとみる．Müller は，恐怖を理由とする退去による契約の終了という原則の存在に懐疑的である．

いという[76]．すなわちその時点でもって賃貸借が「終了」したものとして取り扱っている．Alfenus は，実際に倒壊などの危難が後で生じたかどうかは問題にしないが，恐怖を感じる正当な理由があったことは必要であるとする．すなわち単に賃借人が恐れたというのではなく，恐れることに一定の合理性があるということが要求されているものと思われる．

2. Labeo

既に上で取り上げた D. 19, 2, 60 pr Lab. 5 post. a Iav. epit. によると，Labeo は，賃貸人が住居の提供義務を果たしていない場合に，賃借人が解約することを認めている[77]．

---

[76] この判断と同様の判断は下記の法文でもなされている．

D. 39, 2, 43, 1 Alf. 2 dig.: Cum parietem communem aedificare quis cum vicino vellet, priusquam veterem demoliret, damni infecti vicino repromisit adeoque restipulatus est: posteaquam paries sublatus esset et habitatores ex vicinis cenaculis emigrassent, vicinus ab eo mercedem, quam habitatores non redderent, petere vult: quaesitum est, an recte petet. respondit non oportuisse eos, cum communem parietem aedificarent, inter se repromittere neque ullo modo alterum ab altero cogi potuisse: sed si maxime repromitterent, tamen non oportuisse amplius quam partis dimidiae, quo amplius ne extrario quidem quisquam, cum parietem communem aedificaret, repromittere deberet. sed quoniam iam in totum repromisissent, omne, quod detrimenti ex mercede vicinus fecisset, praestaturum.「ある者が隣人と共有する壁を建設することを望み，旧来の壁を破壊する前に未発生損害について隣人に対して repromissio し，さらに restipulatio を受領した．壁が取り壊された後，居住者たちが隣人の cenaculum から退去した．隣人は，居住者たちが払わなかった賃料を払うようにこの者に求めた．この請求が適法かどうか問題となる．彼は解答した．両者がともに共有壁を建築した場合には，相互に repromissio をする必要はないし，一方が他方に強制することもできない．しかし，ともかくも repromissio したとしても，共有の壁を建設するのである以上，半分を超えて repromissio すべきではない――それ以上については第三者に対しても repromissio する必要はない．しかしもし全体について repromissio したならば，隣人の賃料に関して生じた損害をすべて給付しなければならない．」

[77] 本章第 1 節 1 参照．

3. Sabinus

D. 39, 2, 13, 6 Ulp. 53 ad ed. の中で Ulpianus が伝えているところによると[78]，Sabinus は，「建物が欠陥を帯びるに至ったのであれば，賃借人訴権でもって訴えることができるのであるから」と述べている．この訴権で何を求めることができるかはここからはわからないが，建物の欠陥を補修とあわせ，解約の上での賃料返還がここで念頭におかれている可能性もある．

4. Cassius/Aristo

D. 39, 2, 28 Ulp. 81 ad ed.: In hac stipulatione venit, quanti ea res erit. et ideo Cassius scribit eum, qui damni infecti stipulatus est, si propter metum ruinae ea aedificia, quorum nomine sibi cavit, fulsit, impensas eius rei ex stipulatu consequi posse: idemque iuris esse, cum propter vitium communis parietis qui cavit sibi damni infecti, onerum eorum relevandorum gratia, quae in parietem incumbunt, aedificia sua fulsit. in eadem causa est detrimentum quoque propter emigrationem inquilinorum, quod ex iusto metu factum est. Aristo autem non male adicit, sicuti hic exigit Cassius, ut si iustus metus migrandi causam praebuerit, ita in eius personam qui fulsit eadem Cassium dicere debuisse, si iusto metu ruinae fulcire coactus est.

　この問答契約では，その物の価格が約定される．それゆえ Cassius は，未発生損害について要約した者は，もし崩壊の惧れがあったので問答契約の対象となった建物を自ら補強した場合，その費用を問答契約に基づく訴権でもって取得することができる．次の場合にも同じ法が適用される．瑕疵のある共有壁ゆえに未発生損害の担保を提供したものが荷重を軽減するため，この壁によりかかっている構造物を自らの建物でもって支えた場合にも．また，賃借居住人たちが正当な恐怖ゆえに退去した結果発生した損害もこれと同じ状況にある．Aristo は――Cassius がここで要求しているように――適切にも次のように付け加えている．すなわち，「Cassius は，正当な恐怖が退去の理由となった場合にも，倒壊の正当な恐怖により補強を余儀なくされて補強した人に対していうべきことと同じことをいったことであろう」と．

---

[78] この法文については後述第22章5節2および前述357頁参照．

この法文[79]は未発生損害の担保問答契約における損害について解説するものである．共有壁に瑕疵があり，その瑕疵により将来生ずるかもしれない損害についてAとBとの間で担保問答契約が締結された．その後，共有壁がいよいよ壊れるかもしれないという見込みの下でBがその補強のために自らの費用で工事を行った場合，Cassiusによると，この費用を担保問答契約に基づき請求できる．またAristoは，Bの建物の中でBから物件を賃借して居住している賃借居住人たちが倒壊の怖れを感じて退去し，その結果Bが予定していた賃料を取得できなくなった場合もこれと同様であるとする．すなわち，この判断は，退去した賃借人から以後の賃料を得ることができないことを前提にしている．

5. Gaius

　D. 19, 2, 25, 2 Gai. 10 ad ed. provinc.[80]でも，賃借人による解約が問題になっている．ここでは，ケーナークルムが賃貸の対象となっており，このケーナークルムを収める建物の隣の建物がより高く建てたことによりケーナークルムの日照が害されたという事案が取り上げられている．Gaiusによると，この場合に賃借人は，然るべき措置をとることを求めて賃貸人を訴えることができるとしつつも，「賃借居住人が賃借物を放棄することができることに何ら疑いはない」と述べている．さらに賃貸人により賃料支払いを求められた場合には差し引き計算がなされるべきとする．この意味するところは「放棄」後の，すなわち退去後の賃料支払いは拒絶できることを意味する．以上のように，Gaiusは，隣人の建築により居住環境が悪化したことを理由に，賃借人は一方的に賃貸借契約を解約できると考えている．

6. Paulus

　D. 19, 2, 24, 2 Paul. 34 ad ed.: Si [domus vel] fundus in quinquennium pensionibus

---

79) Frier (1980), 99.
80) テキストと訳文は前述357頁参照．

locatus sit, potest dominus, si deseruerit [habitationem vel] fundi culturam colonus [vel inquilinus], cum eis statim agere.

　家または農地が5年間ということで賃料の下賃貸されたならば，所有者は，農地賃借人または賃借居住人が居住または農地の耕作をやめるならば，ただちに彼らを訴えることができる．

　D 19, 2, 24, 2 には，「ドムスまたは農地」が5年の期間で賃貸借された場合において[81]，「賃借耕作人または賃借居住人 colonus vel inquilinus」が「居住をまたは土地の耕作を放棄するならば deserverit habiationem vel fundi culturam」，賃貸人は賃借人を即座に訴えることができるとある．このように，ここでは農地の賃貸借と建物の賃貸借があわせて論じられているが，元来は農地のみについて論じていたと考えられる[82]．

　Paulus は，『見解集』でも，農地の賃貸借に関して，同様の判断をしている．D. 19, 2, 24, 2 では賃貸人が何を求めて訴えることができるかは示されていないが，この点は次にみる法文より明らかになる．

　　D. 19, 2, 55, 2 Paul. 2 sent.: Qui contra legem conductionis fundum ante tempus

---

81) Molnár (1982), 625; Mayer-Maly (1956), 139-140; Frier (1980), 92-94 は，これは賃借人が正当化されない退去をした場合について問題にしていると考えている．
82) 法文の構成上，いかにもとってつけたような形で建物賃貸借にかかわる用語が配置されているが，この点を問題にしないとしても，以下のような点が指摘できる．第1に，訴訟による賃貸借の「終了」は，Iulianus 以降，農地の賃貸借に関して発展した原則であるが，それが建物賃貸借に適用された例はみあたらない．第2に，この法文の前後で，Paulus は，一貫して農地の賃貸借について論じており，ここでのみ建物と農地とを統合的に議論しているのは不自然である．第3に，Paulus がこの両者の賃貸借を統合的に議論している痕跡は，この法文の他 D. 19, 2, 7 があるのみである．第4に，habitationem deservere という表現は，この法文の他には出てこない．以上より，そもそも Paulus は，ここで農地の賃貸借についてのみ議論を展開していたが，その後の伝承過程の中で，建物賃貸借と農地の賃貸借とを統合的に議論する方法論の影響を被り，建物賃貸借についての用語，すなわち "domus vel"，"vel inquilinus"，"habitationem vel" が挿入されたとみるべきであろう．なおこの itp の指摘は，既に Mayer-Maly (1956), 139 がしている．

sine iusta ac probabili causa deseruerit, ad solvendas totius temporis pensiones ex conducto conveniri potest, quatenus locatori in id quod eius interest indemnitas servetur.

　賃貸借の約款に反した形で農地を賃借した者が期限以前に，正当かつ妥当な理由なくして農地を放棄するならば，全期間分の賃料の支払いを求め，賃貸借に基づき訴えることができる．ただし賃貸人の利害関係分の補償が確保される範囲を限度とする．

　ここに明確に示されているように Paulus は，期間を定めて農地の賃貸借がなされた場合にあって，賃借人が契約期間内に農地を放棄するならば，賃貸人は全期間分の賃料の支払いを求めることができるとする．

　D. 19, 2, 24, 2 は元来は農地の賃貸借について取り上げるものであり，D. 19, 2, 55, 2 も同様である．しかし，ここに示される原則が建物賃貸借でも妥当した可能性はある．locatio conductio が成立している場合，両当事者は合意の遵守を求めることができるのであり，期間についての合意がなされた以上，期間内に一方的に退去してはならないことが契約上の義務として導かれねばならない．したがって，建物の賃貸借において期間について当事者で合意するならば[83]，賃借居住人はこの合意に反した形で退去することは許されず，仮にこれをするならば利害関係分を賠償しなければならなかったとみるべきであろう．

7. Ulpianus

　既に述べたように，Ulpianus の『告示注解』32 巻には賃借人による解約に関する記述は存在しない．しかし，既に 361 頁で取り上げた D. 39, 2, 28 Ulp. 81 ad ed. より，Ulpianus の見解を知ることができる．この中で Ulpianus は，「また，賃借居住人たちが正当な恐怖ゆえに退去した結果発生した損害もまたこれと同じ状況にある」と述べている．これは彼自身の見解を述べたものであり，その内容は同法文の中で Ulpianus が引用している Aristo のそれと一致し

---

83)　こうした合意がなされている例として D. 43, 32, 1, 4 Ulp. 73 ad ed.; D. 19, 2, 60 pr Lab. 5 post. a Iav. epit.; D. 19, 2, 19, 6 Ulp. 32 ad ed. があげられる．

ている．

　Ulpianus の見解は，次の法文からも明らかになる．

　　　D. 39, 2, 37 Ulp. 42 ad Sab.: [...] si forte habitatores migraverunt aut non tam commode habitare possunt, imputari id aedificatori potest.
　　　もし居住者たちが退去した場合，あるいは快適性に劣る形でしか居住できなくなった場合，その損害は建築者の負担とすることができる．

　上記引用の前の部分では，共有壁が不適切に建築された場合の責任について問題となっている．工事にあたり未発生損害の担保問答契約が締結されているならば，その工事の瑕疵によって発生した損害を賠償しなければならないが，Ulpianus は，上記引用のように述べ，この損害の中に，壁の不適切さゆえに居住者たちが恐怖を感じて退去した場合に発生した損害も含まれるとする．この損害は具体的には，賃借居住人たちからとれるはずであった賃料がとれなくなったことを意味する．

8．小　　　括

　以上みてきたように，一定の場合に賃借人は契約を一方的に解消し，以後の賃料支払いを拒絶することができる．すなわち，今日の用語でいえば賃借人は契約を解除（告知）できるといえそうであるが，ローマの法学者は，この契約の一方的解消のための法的行為があるとはみていない[84]．また解約予告制度と

---

84) 以下のまとめは Frier (1980), 92ff. に大きく依拠している．なお Kaser/Knütel (2014), 262 はこれを簡潔に以下のようにまとめている．「確かに両当事者は，たとえ特定の期間について合意しているとしても，この関係を任意のときに解消することができる．それも（法律行為としての告知によるのではなく）事実上，これを終了させることを通じて．賃貸人は目的物を取り返すことで（すなわち賃借人を「追い出す expellere」ことで），賃借人は目的物を返すこと—例えば住居から退去する (relinquere, migrare) すること—で終了させる．こうした解消により賃料支払義務は消滅する．しかし，正当化されない形で契約を解消されたならば，相手方に対し

いったものも存在しない．契約を「終了」させたい賃借人は，単に一方的に退去すればよく（退去を賃貸人が実力で妨害する場合には，次章でみる引越の特示命令を申請できる），この退去に正当性がある場合には，契約「終了」という法的効果が付与されている．他方，正当性がない場合には，賃貸人により損害賠償を請求される．具体的には契約期間全体の賃料の支払いが求められる．

　ここで我々にとって馴染みの深い期間の定めについて少し考えておきたい．法史料中，建物賃貸借にあって期間が定められている例はいくつか見出される[85]．他方，例えば D. 19, 2, 27, 1 Alf. 2 dig. や D. 19, 2, 25, 2 Gai. 10 ad provinc. では期間についての言及がないが，これは史料中に期間についての記述がないということにすぎないのであって，直ちに期間の定めのない賃貸借が行われていることにはならない．確かに D. 19, 2, 13, 11 Ulp. 32 ad ed. は，当初，期間の定め付きで行われた賃貸借契約がその後黙示の内に更新された場合について言及しており，こうした場合，期間の定めのない賃貸借契約が存在していることになる．しかし，この他に，史料中期間の定めのない賃貸借契約が行われていることが明らかな事例を指摘することはできない．したがって，通例法学者たちが念頭においている賃貸借契約は期間の定めのある契約であり，本節で取り上げた法文においても期間についての言及がなくとも，期間の定めのある契約が問題になっているとみてよいと思われる．

　期間の定めがない場合における賃借人による解約についてはこのように史料はないものの，その場合の法的な取り扱いについての推測は十分に可能である．すなわち，この場合，D. 19, 2, 13, 11 の末尾が伝える通り，賃借人が居住している限り賃貸借契約は存続する．したがって賃借人が退去するならば，その時点でもって契約関係は「終了」し，賃貸人からそれ以後分の賃料を請求することはできないということになろう．

　これに対し，期間の定めがある場合には，賃借人は退去したとしても当然に

　　損害賠償をしなければならない．この場合，賃貸人が蒙った損害とは，残余の期間
　　分の賃料を徴収できなくなったという形で存在する．」
85)　本章注83）をみよ．

は賃貸借契約は「終了」しない．賃貸借契約が「終了」するためには，それを正当化する理由が必要とされる．上述の D. 19, 2, 55, 2 は，農地賃貸借の事例を論じるものであるが，その中で「正当かつ妥当な理由」なくして農地を放棄した場合には賃貸人は残余の期間分についても賃料請求が可能であるとする．逆にいうと，この理由があれば，農地の放棄後の賃料支払義務はなくなるということになる．ここにいう「正当かつ妥当な理由」と D. 19, 2, 27, 1 の「恐怖を感じる正当な理由」や D. 39, 2, 28 の「正当な恐怖」とは表現上の類似性があり，またその果たしている機能も同様であることから，D. 19, 2, 55, 2 に示されている農地における賃借人の解約の原則と同様の原則が建物にも存在したとみることは許されるであろう．すなわち建物の賃貸借においても，共和政期より正当な理由があれば賃借人は一方的に退去したとしても履行請求や損害賠償をする必要はなく，退去時点でもって賃貸借契約が「終了」したものとして扱われていたと考えることができる．

　それではこの正当な理由とは何であろうか．D. 19, 2, 60 pr Lab. 6 post. a Iav. epit. では，賃貸人が住居の提供義務を果たさない場合に Labeo は解約を認めており，ここからこの義務の不履行が正当な理由の1つであるとみることができる．D. 19, 2, 27, 1 によると，Servius と Alfenus は倒壊の恐怖により退去した場合に，以後の賃料支払いを免れるとしており，これもまた正当な理由になっているといえる．この点は D. 39, 2, 28 からも読み取れる．また D. 19, 2, 25, 2 によると，隣人の建築により日照が害された場合にも退去の上賃料支払いの拒絶が認められており，賃貸物件そのもののみならず，それを取り巻く環境の悪化もまた正当な理由となっている．これらの居住環境の悪化に際しては，賃貸人の故意・過失は全く問題とされず，単純に居住環境の悪化という事実があることにより正当な理由の存在が肯定されている[86]．

---

86)　Frier (1980), 104f.

8. 賃貸人による解約

　本章第1節でみたように，賃貸人は賃借人による建物の使用・収益を許容する義務がある．したがって，この義務に反する形で賃借人を追い出すならば，賃借人に損害賠償をしなければならない．しかし，賃借人と同様，一定の場合には，契約期間内であっても，賃借人を追い出すことを通じ，契約関係を「終了」させることができた[87]．この点についての情報は，以下に引用する，214年に出たCaracalla帝の勅法から得ることができる．

　なお賃借人の退去が法的行為でないことと同様，賃貸人による追い出しもまた法的行為ではなく，一種の自力行使としてなされる．この自力行使に賃借人が抵抗する場合，賃貸人は占有者としての地位に基づきこの抵抗を排除することになる．賃貸人によるこうした自力行使に賃借人が抵抗する手段は法務官告示上には存在しないし，法学者がそのための方法を講じることもなかった（この点については後述第22章を参照）．

　　　C. 4, 65, 3 Ant. A. Flavio Callimorpho.: Diaetae, quam te conductam habere dicis, si pensionem domino insulae solvis, invitum te expelli non oportet, nisi propriis usibus dominus esse necessariam eam probaverit aut corrigere domum maluerit aut tu male in re locata versatus es. < a. 214 pp. VIII id. Ian. Messala et Sabino conss.>
　　　もし君がインスラの所有者に賃料を支払っているならば，君が賃借していると君が主張している部屋から，君が意思に反して追い出されてはならない．ただし所有者が自ら使用する必要性を証言するか，ドムスを修理することを望んでいるか，賃貸された物を君が不適切に管理した場合はこの限りではない．

　上記勅法は，賃貸人による解約が認められる例を列挙したものである．この勅法はその後の私法の発展において極めて重要な役割を付与されるものである

87）　本章注84）参照．

が，ここではこの点には立ち入らない．ここで考えたいのは，この勅法は，それまで法学者たちが形成してきた学説をまとめたものなのか，それとも皇帝による変革を意図したものであるかという点である．以下，この点を考えるため，(1)賃料不払い，(2)賃貸人による自己使用，(3)修理の必要性，(4)賃借人による物の不適切な管理という解約事由に関する学説状況をそれぞれみていくことにしよう[88]．

賃料不払いの際における賃貸人による追い出しが建物賃貸借について話題になっている例はみあたらないものの，農地の賃貸借については，D. 19, 2, 54, 1 Paul. 5 resp. が存在する[89]．そこでは，契約の期間内であり，かつまた追い出

---

88) この問題についての文献として，Calonge/Wacke (1997), 1010ff.; Frier (1980), 73ff. がある．

89) D. 19, 2, 54, 1 Paul. 5 resp.: Inter locatorem fundi et conductorem convenit, ne intra tempora locationis Seius conductor de fundo invitus repelleretur et, si pulsatus esset, poenam decem praestet Titius locator Seio conductori: vel Seius conductor Titio, si intra tempora locationis discedere vellet, aeque decem Titio locatori praestare vellet: quod invicem de se stipulati sunt. quaero, cum Seius conductor biennii continui pensionem non solveret, an sine metu poenae expelli possit. Paulus respondit, quamvis nihil expressum sit in stipulatione poenali de solutione pensionum, tamen verisimile esse ita convenisse de non expellendo colono intra tempora praefinita, si pensionibus paruerit et ut oportet coleret: et ideo, si poenam petere coeperit is qui pensionibus satis non fecit, profuturam locatori doli exceptionem.「農地の賃貸人と賃借人との間で，次のことが合意された．『賃貸借の期間内にあって賃借人であるSeius がその意思に反して追い出されてはならない．また，もし追い出しがなされるならば，違約金として 10 金を賃貸人 Titius は賃借人 Seius に給付する』と．また，『賃借人 Seius が賃貸借の期間内に退去を望むならば，同じように，賃貸人 Titius に 10 金を支払う』と．そして，相互に問答契約を締結した．私は次の点を問題にした．賃借人 Seius が 2 年連続して賃料を支払わなかったとすると，違約金支払いの怖れなくして追い出すことができるのだろうか．Paulus は解答した．たとえ違約金についての問答契約の中で賃料の弁済に関してなんら明示的な合意がなされていなかったとしても，次のようなことが合意されたとみるのが真実であろう．すなわち，期間が終了する前における農地賃借人の追い出しに関しては，農地賃借人が賃料を支払っており，やるべき形でもって農業を行っている場合に限られる．それゆえ，賃料を十分に支払っていない者がもし違約金を請求しようとするな

さないという内容の約款があっても，連続する2年の賃料不払いがあったならば追い出してよいとされている[90]．また，D. 19, 2, 56 においては，倉庫やインスラの賃貸借において賃借人が2年にわたって賃料を支払わなかった場合に，消防隊の立ち会いの下で賃貸人は物件に立ち入ることができるとされている[91]．以上のような史料状況をふまえると，賃料不払いの場合に賃貸人が賃借人を追い出してもよいという点は古典期の法学者の間で広く認められていたと推測することが許されるように思われる．

賃貸人による自己使用を理由とする解約については，建物賃貸借もちろん，その他の賃貸借関係においてもこれに相当するような例をあげることはできない．

賃貸人が必要な建物を修繕しなければならないこと[92]，その修繕による住環境の少々の悪化はたえねばならないことなど[93]，賃貸借の対象である建物の修理に関する記述はいくつか存在する．また賃貸人が修繕をしようとしているも

らば，賃貸人は悪意の抗弁を用いることができる．」

90) この他，D. 39, 4, 10, 1 Hermog. 5 epit.; D. 33, 4, 1, 15 Ulp. 19 ad Sab. も参照のこと．

91) D 19, 2, 56 Paulus l. S. de off. praef. vig.: Cum domini horreorum insularumque desiderant diu non apparentibus nec eius temporis pensiones exsolventibus conductoribus aperire et ea quae ibi sunt describere, a publicis personis quorum interest audiendi sunt. tempus autem in huiusmodi re biennii debet observari.「倉庫やインスラの所有者が望んだ．賃借人たちが長い間姿をみせず，その時点で賃料を支払っていない場合に，（倉庫を）開くことを．そして，そこに有る物をリストアップすることを．この場合，利害関係をもつ公の人間による聞き取り調査がなされねばならない．この種のことに関する期間は2年が遵守されねばならない．」

この法文については，du Plessis (2007), 236-237; Frier (1980), 133-135 をみよ．なお，本法文末尾によると，そのためには，賃料が2年にわたって支払われていないことが求められるが，この要請についての記述の真正さに Frier は疑問を呈している．いずれにせよ，Paulus は，農地の賃貸借においても2年間の不払いの際に，賃貸人による賃借人の追い出しができるとするが (D 19, 2, 54, 1)，その原則が居住用の建物の賃貸借にも，当然に妥当するとは限らない．

92) D. 19, 2, 25, 2 Gai. 10 ad ed. provinc.
93) D. 19, 2, 28 pr-1 Lab. 4 post. epit. a Iav.

のの賃借人がこれを拒絶する場合に，Ulpianus は，賃貸人に uti possidetis 特示命令を与えている[94]．しかし，これを理由とする賃貸借の解約について言及している史料はみあたらない．

賃借人は賃借した物を適切に使用し，元々の状態で返還しなければならない．このような義務が賃借人にあり，この義務に違反した場合，賃借人は損害賠償をしなければならない．問題は，これが解約理由にもなるかという点である．用益権者が不適切な形で使用しているときには，所有者は用益権者による使用を禁止することができるとする学説がある[95]．しかし，同様の処置を賃貸人がとることができるとする史料はみあたらない．

以上のように，C. 4, 65, 3 のあげる(1)賃料不払い，(2)賃貸人による自己使用，(3)修理の必要性，(4)賃借人による物の不適切な管理の内，(1)については従来の学説を踏まえたものとみることができるが，(2)ないし(4)については，それに相応する学説の存在を指摘することはできない．したがって，これらが Caracalla 帝のこの勅法により導入された可能性は否定できない[96]．

9. 収去権 (ius tollendi)

D. 19, 2, 19, 4-5 Ulp. 32 ad ed.: Si inquilinus ostium vel quaedam alia aedificio adiecerit, quae actio locum habeat? et est verius Labeo scripsit competere ex conducto actionem, ut ei tollere liceat, sic tamen, ut damni infecti caveat, ne in aliquo dum aufert deteriorem causam aedium faciat, sed ut pristinam faciem aedibus reddat. (5) Si inquilinus arcam aeratam in aedes contulerit et aedium aditum coangustaverit dominus, verius est ex conducto eum teneri et ad exhibendum actione, sive scit sive ignoraverit: offcio enim iudicis continetur, ut cogat eum aditum et facultatem inquilino praestare ad arcam tollendam sumptibus scilicet locatoris.

---

94) D. 43, 17, 3, 3 Ulp. 69 ad ed.
95) D. 7, 1, 15, 6 Ulp. 18 ad Sab.
96) Calonge/Wacke (1997), 1025f. は，帝が他地域の慣習を持ち込んだ可能性もあるとする．

建物の賃借人が扉か何らかの物を建物に付加したならば，その者はいかなる訴権をもつのであろうか．Labeo は，より正当にも「この者が撤去することを認めるため，賃借人訴権が帰属する」と書いている．しかし，撤去の際にどこかに建物が劣化する原因をつくることなく，建物を元々の状態に戻すようにするため，未発生損害の担保問答契約が締結されねばならない．(5) 建物の賃借人が銅引きの箱を建物に運び込み，(建物の) 所有者が入口を狭くしたならば，知っていたと否とを問わず，所有者は賃借人訴訟と提示訴権とにより責を負うという方がよりよい．審判人手続では，所有者に対し，入口を広げ，賃借人が箱を持ち出すことを可能にするよう強制することになる．もちろん，費用は賃貸人が負担する．

D. 19, 2, 19, 4 では[97]，賃貸借契約が終了し賃借人が退去するにあたり，いかなる訴権でもって物件内に自らが取りつけた扉等の物を取り外すことができるかについて問題となっている．Labeo および Ulpianus の見解は，賃借人訴権によるというものである．

D. 19, 2, 19, 5 では，賃貸人が意図的に持ち出しを妨害している事例が問題になっている．Ulpianus は，ここでは賃貸人訴権または提示訴権により持ち出しを実現できるとする．

---

97) Mayer-Maly (1956), 170; Frier (1980), 157ff.; MacCormack (1982), 91ff.

第21章
引越の特示命令

1. 引越の特示命令の概要

1. 法務官告示の規定

　質権を設定するためには，本来，質権設定者と債権者との間で質権の設定に関して合意をし，そして前者が後者に質物を引渡すことが求められた．しかし，賃貸人の賃借人に対する債権を担保するための，特別の担保制度が共和政期より存在した．すなわち，賃借人が農地や建物に運び入れた持ち込み物 (invecta et illata) は，賃借人から賃貸人に引渡されていないにもかかわらず，賃貸人の債権を担保する質物として扱われた[1]．

　この方法により質権が設定される場合，賃貸人は，質権の目的物を占有していない．そこで，質権を債権者が主張するに際しては，まずは，賃借人の持ち込み物を差し押さえなければならない．農地の賃貸借においては，このためにサルウィアヌス特示命令 (interdictum Salvianum) が導入された．これに対し，建物の賃貸借においては，この手続のための法手段は導入されず，賃貸人が自力で差し押さえることが容認された[2]．しかし，このように自力救済が認められていると，賃貸人が不当な形で差し押さえを実行することもありうる．そこで，その場合に備えて，引越の特示命令 (interdictum de migrando) が導入され

---

1) Kaser/Knütel (2014), 182f.; クリンゲンベルク (2007), 104-119.
2) ただし，lex Cornelia de iniuriis や lex Iulia de privata の適用が問題になることはありうる．

た．導入の時期は，はっきり確定することはできないが，共和政期末までに導入されていることに異論はない[3]．

この特示命令については，法務官告示の文言が伝わっている[4]．

> D. 43, 32, 1 pr Ulp. 73 ad ed.: Praetor ait: "Si is homo, quo de agitur, non est ex his rebus, de quibus inter te et actorem convenit, ut, quae in eam habitationem qua de agitur introducta importata ibi nata factave essent, ea pignori tibi pro mercede eius habitationis essent, sive ex his rebus est et ea merces tibi soluta eove nomine satisfactum est aut per te stat, quo minus solvatur: ita, quo minus ei, qui eum pignoris nomine induxit, inde abducere liceat, vim fieri veto".
>
> 法務官は次のように述べた．「訴訟の対象となっている奴隷が，君と原告との間でなされた合意—すなわち，争いの対象となっている住居に持ち込まれたり運び込まれたり，そこで生まれたものは，原告の住居の対価を担保する質物となるべきものとする合意—の対象となる物にあたらないならば，あるいはこうした物にあたるものの，この賃料が君に支払われているか，あるいはその名義で担保が供されているか，支払われていないことにつき君に責めがあるならば，私は，質物という名目で持込んだ者がこれを持ち出すことを許容しないような形での暴力行使を禁止する．」

この法務官告示により，賃貸人が賃借人の物を差し押さえた後，賃借人が自らの物を物件から持ち出そうとすることを禁じている場合，賃借人は，賃貸人のこの行為を禁止し，自らの物の持ち出しを実現することができる．告示の文言によると次の4つの場合にこれが認められる[5]．

1. 賃貸人が差し押さえた物が質物ではない場合
2. 賃料が賃貸人に支払われている場合
3. 賃料のために別の担保が供されている場合

---

3) du Plessis (2007), 220 や Frier (1980), 106-107 は，interdictum Salvianum と同時期に導入された可能性を指摘している．そうであれば，Servius の時代ということになる．
4) Lenel (1927), 490; Frier (1980), 105f.; du Plessis (2007), 219f.
5) Frier (1980), 106f.; du Plessis (2007), 220f.

4. 賃借人が賃料を支払っていないことについて，賃貸人に責がある場合

2. 当　事　者

引越の特示命令の申請者は，法務官告示の文言上は，住居（habitatio）の賃借人である．しかし，Ulpianus によると，無償居住者にもこの申請が認められている[6]．

名宛人は，申請者の物を差し押さえている者である．典型的には賃貸人であるが，転貸がなされている場合にあって，賃貸人に建物を賃貸している建物所有者が名宛人となることもある[7]．

3. 法務官の処分

法務官は，名宛人に対し，申請者が物を持ち去ることを不当に妨害するような暴力の行使を禁止する．これにより申請者は，持ち込み物（invecta et illata）を取り返すことが可能となる．

ここで取り返すことのできる持ち込み物とは，文字通り，申請者が住居内に持ち込んだ物である．奴隷もまたその対象となる．取り返しの対象となるのは，申請者自身の所有物に限られるわけではなく，賃借居住人が賃借していた物なども含まれる[8]．

法務官のこの処分は，不当な差し押さえがなされた場合にのみなされる．名宛人による差し押さえ一般が禁止されているわけではない[9]．不当な差し押さ

---

[6] D. 43, 32, 1, 3 Ulp. 73 ad ed.; D. 20, 2, 5 pr Marcian. l. s. ad form. hypoth.

[7] 本章第 6 節参照．

[8] D. 43, 32, 2 Gai. 26 ad ed. provinc.: Hoc interdictum inquilino etiam de his rebus, quae non ipsius sint, sed forte commodatae ei vel locatae vel apud depositae sunt, utile esse non dubitatur.「この特示命令は，inquilinus に対して，彼自身以外の物についても与えられる．例えば，彼に使用貸借として貸与されていた物，賃貸借として貸与されていた物，彼の下に寄託されていた物についても適用があることに疑いはない．」

[9] 例えば占有侵奪が生じた場合や，相隣間で建築紛争がおき建築主が強引に建築を

えにあたるのは，法務官告示の文言上は，上にあげた4つの場合，すなわち差し押さえた物が質物ではない場合，賃料が支払われている場合，別の担保が提供されている場合，賃料の受領遅滞がある場合である．特に重要なのはこの内の前2者である．いかなる場合に賃料が支払われていることになるかは本章第2節で，またいかなる場合に持ち込み物に質権が設定されたことになるかについては本章第3節でみることにする．

4. 管　　　轄

この特示命令をめぐる法務官の下での手続は，ある時期より法務官の下から特別審理手続へと移された[10]．おそらくは，消防長官（praefectum vigilum）の下で，この手続は進められることになったものと思われる[11]．

　した場合には，占有侵奪や建築が権利に基づくか否かを問わず原状回復を法務官は命じる．しかしこの引越の特示命令にあっては，あくまでも不当な差し押さえのみが禁止されているにすぎない．
　しかし，別の形で賃貸人による自力差し押さえに制限が加えられていた可能性はある．D. 19, 2, 56 (de Plessis (2007), 236f.; Frier (1980), 133ff. 参照) によると，Paulus は，倉庫または集合住宅（ただし，居住用のものとは限らない）の賃貸借において，賃借人が賃料を支払わない場合には，賃貸人は消防警察隊の立会の下で，施錠を解くことが許可される．通例，賃借人が倉庫内に運び入れた持ち込み物は，賃貸人の賃料を債権する質物となり，賃料不払の際には，賃貸人は，これを差し押さえることになる．この差し押さえにあたって，Paulus は，消防警察隊の立会を要求している．これは，自力救済を制限する趣旨があるものと想像される．

10) D. 43, 32, 1, 2 Ulp. 73 ad ed.: Cui rei etiam extra ordinem subveniri potest: ergo infrequens est hoc interdictum.「この問題に関しては特別審理手続によることも可能である．それゆえ，この特示命令が出されるのはさほど多くはない．」

11) D. 19, 2, 56 Paul. l. s. de off. praef. vig. と D. 20, 2, 9 Paul. l. s. de off. praef. vig. では，明らかにこの特示命令にかかわる問題が取り上げられている．この法文はいずれも praefectus vigilum の職務についての本からの抜粋である．また，praefectus vigilum は住居の侵入についても事物管轄を有している（D. 1, 15, 3, 2 Paul. l. s. de off. praef. vig.）．賃貸人と賃借人とが住居の前で争っていれば，不法な侵入が行われようとしているとの嫌疑がもたれ，消防長官の下で取調べが行われることもありうるであろう．そして，それにあわせて，賃借人が物を取り戻すことを賃貸人に認

2. 支払済の賃料とは何か

1. Labeo

D. 43, 32, 1, 4 Ulp. 73 ad ed.: Si pensio nondum debeatur, ait Labeo interdictum hoc cessare, nisi paratus sit eam pensionem solvere. proinde si semenstrem solvit, [sexmenstris] <semenstris> <nondum> debeatur,[12] inutiliter interdicet, nisi solverit et sequentis [sexmenstris] <semenstris>, [...]

賃料がまだ債務として負われていなくとも[13]，Labeo がいうには，この賃料を支払う準備がない限り，この特示命令は与えられない．例えば，6 か月分については支払っているが，6 か月分についてはまだ債務として負われていない場合がこれにあたる．……

ここには引越の特示命令の法務官告示に関する Labeo の解釈が伝わっている．法務官告示は，賃借人が賃料を支払っている場合には，賃貸人の行う差し押さえを解くために特示命令を発することを規定する．Labeo は，ここでいう「賃料を支払っている場合」にあたるためには，既に履行期が到来している賃料のみならず，未だ履行期が到来していないもの[14]もまた支払っていなければならないという．すなわち，期間が約定されている場合において，その期間中に賃借人が退去しようとした際，賃貸人が賃借人の物を差し押さえるならば，Labeo によると，賃借人は，その時点までの賃料のみならず，残余の期間分についても支払っていない限り，差し押さえを解くための法務官の介入を得

めるかについても審理されたと考えることもできるのではなかろうか．
12) nondum debeatur と理解したい．この点については，Kreller SZ 64 (1944), 315 n. 37 は，"sexmestris debeatur" を削除する．Frier (1980), 116 n. 143 は，nondum を補う．ここでは Frier に従う．
13) Mommsen は，冒頭の "Si" は Etsi ではないかと指摘している．ここでは Etsi として訳した．
14) "nondum debeatur" のこの解釈については，Glossa ad "non debeatur"（D. 43, 32, 1, 4）もみよ．

ることはできないということである．

　Labeo のこの解釈は，賃借人に不利益を課すものである．ここでは，契約期間中に賃借人が退去しようとしているが，その退去に正当な理由がないのであれば，確かに契約期間の全期間分の賃料の支払いがない限り賃借の持ち込み物の持ち出し禁止を解かないことに合理性はある．しかし，例えば居住環境の著しい悪化などを理由に，賃借人が退去し以後の賃料の支払いを拒んだとしよう．この時もし退去の正当性の有無に関し賃貸人と賃借人との間で争いになれば，訴訟の場で賃料債務の存否が判断されることになるが，Labeo の解釈によるならば，賃借人は自分の物が差し押さえられたままの状態で賃借人訴権を提起するか，あるいは一旦賃料全額を支払って持ち込み物を取り返した上で，賃借人訴権を提起して賃料の返還を求めねばならない．このように，Labeo の解釈は，退去の正当性が争われる場面において，賃借人を不利な立場におくことを帰結する．

2.　Ulpianus

> D. 43, 32, 1, 4 Ulp. 73 ad ed.: [...] ita tamen, si conventio specialis facta est in conductione domus, ut non liceat ante finitum annum vel certum tempus migrare. idem est et si quis in plures annos conduxerit et nondum praeterierit tempus. nam cum in universam conductionem pignora sunt obligata, consequens erit dicere interdicto locum non fore, nisi liberata fuerint.
>
> 　しかし，こういう取り扱いをするのは，ドムスの賃借において特別な合意，すなわち 1 年の終了または特定の期間の終了まで引越してはならないという合意がなされていた場合である．また，複数年にわたって賃借した場合にあって，未だに期間が経過していない場合も同様である．なぜなら，賃借の全期間分として質物が提供されたのであれば，(すべての) 債務から解放されない限り，この特示命令の適用はないというのが当然の帰結であるから．

　ここに引用したのは，上でみた Labeo の引用に続く部分である．Ulpianus はここで Labeo とは異なる見解を展開している[15]．Ulpianus は，Labeo のような取扱いがなされる場合があることを全面的に否定してはいないが，それは特

定の場合に限定されるとする．すなわち，１年の途中または期間の満了まで賃借人が退去しないという条件が付加されていた場合のみであるとする[16]．

この条件の付加は，賃借人にとって有利に作用する．すなわち，この特別な条件が付加されていない限り，賃借人が，自らには退去する正当な理由があるとして，契約期間の途中で退去したとしても，退去するまでの賃料を支払っていれば，この特示命令により保護される．賃貸人が退去の正当な理由の存在に異論があり，契約期間の全期間分の賃料を請求したい場合には，賃貸人の方から賃貸人訴権で訴えねばならなくなる．

3.　黙示の合意による質入

D. 20, 2, 4 pr Ner. 1 membr.: Eo iure utimur, ut quae in praedia urbana inducta illata sunt pignori esse credantur, quasi id tacite convenerit: in rusticis praediis contra observatur.

都市内の地所に持ち込まれ，運び込まれた物は，あたかも黙示の内に合意がなされたかのごとく質物となるとする法を我々は用いる．田舎の地所についてはこれとは逆のことが遵守される．

D. 20, 2, 3 Ulp. 73 ad ed.: Si horreum fuit conductum vel devorsorium vel area, tacitam conventionem de invectis illatis etiam in his locum habere putat Neratius: quod verius est.

倉庫，宿屋，敷地が賃借されたならば，持ち込み物に関する黙示の合意（の原則）がここで適用されると Neratius は考えている．この見解の方がより適切である．

---

15)　Frier (1980), 116 はここにはインテルポラティオがあると考える．本法文前半の Labeo の見解と後半の Ulpianus の見解とを調和させることができないことがその理由である．しかしこの両者の間に見解の相異があったという理解でよいのではなかろうか．

16)　"idem" 以下についても，単に複数年契約が締結され，その期間が満了していない場合に Labeo のような処理がなされるというのではなく，こうした場合にも特別の合意があって初めて Labeo のような処理がなされるという意味であるととるべきであろう．

法務官告示の文言上は，持ち込み物を質物とすることの合意が当事者間でなされていることを要する．ここで引用した法文は，この合意の態様に関する Neratius の見解を伝えている．D. 20, 2, 4 pr によると[17]，Neratius は，「あたかも黙示の内に合意がなされたかのごとく質物となる」と述べている．また，Ulpianus が伝えるところによると，Neratius は，この原則が倉庫や宿屋，その他の敷地についてもあてはまると述べている．この両史料より，Neratius は，都市の建物の賃貸借において，賃借人が物件内に持ち込んだ持ち込み物の上に，明示的な合意がなくとも，黙示的合意により質権が設定されると考えていたことがわかる．

このような Neratius の見解は，この後，Pomponius[18]，Paulus[19]，Ulpianus[20] によっても採用されているが，彼以前の法学者が同様の見解をとっていたことを示す証拠はない．法務官告示の文言は，むしろこの種の質権設定に関する明示的合意を要求しているようにも読める．また，D. 20, 2, 3 によると，Ulpianus は，Neratius の見解の方が「よりよい verius」と述べており，ここから，合意の態様に関する別見解——おそらく明示的な合意の存在を要求するもの——が存在したことが窺われる．おそらく，Neratius 自身によって，あるいは彼の同時代人によって，黙示の合意による質権設定が認められるにいたったと考えることができる[21]．

4. 持ち込み物である奴隷の解放制限

D. 20, 2, 6 Ulp. 73 ad ed.: Licet in praediis urbanis tacite solet conventum accipi, ut perinde teneantur invecta et inlata, ac si specialiter convenisset, certe libertati huiusmodi pignus non officit idque et Pomponius probat: ait enim manumissioni non

---

17) du Plessis (2007), 232.
18) D. 20, 2, 6 Ulp. 73 ad ed.
19) D. 20, 2, 9 Paul. l. s. de off. praef. vig.
20) D. 20, 2, 6 Ulp. 73 ad ed.; D. 20, 2, 3 Ulp. 73 ad ed.
21) du Plessis (2007), 227.

officere ob habitationem obligatum.

　都市の地所にあっては，黙示の内に次の合意がなされているとされる．すなわち，持ち込み物はあたかもそのような合意があるかのごとく処理される．しかし，この種の質関係が奴隷解放に制約を課すことがあってはならない．この点はPomponiusも賛同しているところである．Pomponiusがいうには，住居ゆえに質入れされた物が奴隷解放の制約となることはないとのことである．

　D. 20, 2, 9 Paul. l. s. de off. praef. vig.: Est differentia obligatorum propter pensionem et eorum, quae ex conventione manifestari pignoris nomine tenentur, quod manumittere mancipia obligata pignori non possumus, inhabitantes autem manumittimus, scilicet antequam pensionis nomine percludamur: tunc enim pignoris nomine retenta mancipia non liberabimus: et derisus Nerva iuris consultus, qui per fenestram monstraverat servos detentos ob pensionem liberari posse.

　賃料を理由とする担保と，明示的合意に基づいて質物として保持されている担保との相違は，質物として担保に供された奴隷は解放できないが，居住者たる奴隷は解放できるという点にある．これはもちろん賃料の名義でもって我々が締め出される前の話である．その後になれば，質物として保持された奴隷を我々は解放することはできない．法学者Nervaは，賃料ゆえに拘束された奴隷達を窓を通して指し示し，この奴隷達を解放することができると（述べ），笑われた．

　奴隷が債権を担保する質物となっている場合，所有者といえどもこの奴隷を解放することはできないのが原則である[22]．したがって，賃借人が持ち込んだ物の上に，黙示の合意により包括的に担保権が設定された場合，賃借人は共に居住する奴隷を解放できないのではないかという疑問がわく．この点について，上に引用したUlpianus文によると[23]，Pomponiusは，持ち込み物たる奴隷を解放することに妨げはないと述べている．

　このPomponiusの見解と同様の見解がPaulus文にも現れている[24]．Paulus

---

[22] Gai. inst. 1, 37.
[23] この法文については，Frier (1980), 113ff.; du Plessis (2007), 229.
[24] Knütel (2004), 466はこの点について懐疑的である．この法文については，Frier (1980), 119ff.; du Plessis (2007), 229.

は，賃料を理由とする担保，すなわち黙示の合意により担保となっている物と，明示的合意により担保となっている物には相違があるとする．すなわち前者に属する奴隷は債務者が解放することはできるが，後者ではできないとする[25]．

Paulusによると，賃借人が居住物件から締め出され[26]，賃貸人が奴隷を差し押さえた場合，以後，奴隷の所有者たる賃借人はこの奴隷を解放できなくなる．この点に関し，Paulusは，1世紀の法学者Nervaが笑われた逸話を伝える．Nervaは，奴隷が差し押さえられた際には，窓を通して賃借人は奴隷を解放できるといったとのことである[27]．

---

[25] Knütel (2004), 466ff. では，この法文に関する別の解釈が展開されている．この法文の冒頭では，担保となっている物として次の4つがでてくる．
 a) 賃料を理由とする担保
 b) 明示的合意に基づいて質物として保持されている担保
 c) 質物として担保に供された奴隷 （解放不可）
 d) 居住者 （解放可能）
 通例の理解（独訳，またdu Plessis (2007), 229）では，a) が賃借人による持ち込み物であると理解した上で，d) はこれにあたると解し，他方，c) はb) にあたると解する．これに対し，Knütelは，この順序通りに，c) がa) にあたり，d) がb) にあたると解する．Knütelのこの解釈によると，b) こそが持ち込み物にあたるが，ここでは黙示的ではなく明示的に，持ち込んだ物上に包括的に担保権を設定することが合意されていることになる．

[26] percludamurの解釈についてはKnütel (2004), 468をみよ．ここにpercludereはpraecludereの誤記ではないかという見解が紹介されている．

[27] なぜ笑われたのかを説明することは難しい．du Plessis (2007), 230 は，Nervaの時代には，まだ黙示の合意により持ち込み物上の担保権が設定されるという原則がなかったことを前提とした上で，差し押さえられた奴隷を取り戻すために賃借人が引越による特示命令を使えるにもかかわらず解放したという点でNervaが嘲笑されたと推測する．しかしこれでは，Nervaの述べたことはあまりにも馬鹿げている．Knütel (2004), 470 は，ローマの住宅構造からすると，賃借物件内にいる奴隷を外から窓を通じて解放しようとすることは当時のローマ人にとっては滑稽にみえたのではないかと考えている．

5. 被担保債権の範囲

1. Pomponius

　D. 20, 2, 2 Marcian. l. s. ad form. hypoth.: Pomponius libro quadragesimo variarum lectionum scribit: non solum pro pensionibus, sed et si deteriorem habitationem fecerit culpa sua inquilinus, quo nomine ex locato cum eo erit actio, invecta et illata pignori erunt obligata.

　　Pomponius の『諸理論集』40 巻は書いている．賃料のみならず，賃借居住人が自らの過失により住居を悪化させた場合にも，このことを理由とする彼を相手方とする訴権が存在し，持ち込み物は質物としてその担保となる．

　この法文の中で[28]，Pomponius の『諸理論集 varia lectionum』40 巻からの引用がある．それによると，Pomponius は，賃借人の持込物が担保する債権は，賃料のみならず，賃借人の過失により生じた損害の賠償を目的とする債権にも及ぶと述べている．

2. Ulpianus

　D. 43, 32, 1, 3 Ulp. 73 ad ed.[29] によると，Ulpianus は，無償居住の場合にも引越の特示命令の準用をみとめている．無償居住の場合には当然，賃料債権は存在しないため，持ち込み物が賃料債権を担保していることは考えられない．おそらくここで Ulpianus は，Pomponius 同様，持ち込み物が居住者が負担すべき損害賠償を担保すると考えていたと思われる．

　また，D. 19, 2, 13, 11 Ulp. 32 ad ed. によると，Ulpianus は，契約期間がすぎても賃借人が居住し続け，賃貸人がこれを黙認しているときには，賃貸借契約が更新されたものとされ，質入された物もまた担保で在り続けるとする．すなわち，当初の契約に基づいて発生した賃料債権のみならず，黙示の更新によっ

---

28)　du Plessis (2007), 235 n. 55; Frier (1980), 135ff.
29)　後述第 25 章第 6 節参照．

て発生することになった賃料債権もまた持ち込み物は担保することになる．

6. 転貸借における特別の処置

1. Pomponius/Marcianus

> D. 20, 2, 5 pr Marcian. l. s. ad form. hypoth.: Pomponius libro tertio decimo variarum lectionum scribit, si gratuitam habitationem conductor mihi praestiterit, invecta a me domino insulae pignori non esse.
>
> Pomponius の『諸理論集』13 巻が書いているところによると，賃借人が無償の住居を私に給付している場合には，私が持ち込んだ物はインスラの所有者の質物とはならない．

ここでは，インスラの所有者（A）がBにインスラ全体またはその中のケーナークルムといった物件を賃貸し，Bが賃貸している物件の中の一部分をCに無償で提供したという事例が問題になっている．ここで，Pomponius は，Cが持ち込んだ物は，AのBに対する債権を担保する質物とはならないと述べている．

D. 43, 32, 2 Gai. 26 ad ed. provinc. に示されているように，賃借人が持ち込んだ物であっても，賃借人の所有物ではなく，賃借人が使用貸借として借りたり，賃借したり，賃借人の下に寄託された物については，賃貸人の債権を担保とする質物とはならず，これを賃貸人が差し押さえた場合には引越の特示命令によって返還を求めることができる．D. 20, 2, 5 pr でも同様の判断がなされているとみる．しかし，次にみるように，上記のBとCとの貸し借り関係が無償ではなく有償である場合には，これとは異なる処理がなされる．

2. Ulpianus

> D. 13, 7, 11, 5 Ulp. 28 ad ed.: Solutam autem pecuniam accipiendum non solum, si ipsi, cui obligata res est, sed et si alii sit soluta voluntate eius, vel ei cui heres exstitit, vel procuratori eius, vel servo pecuniis exigendis praeposito. unde si domum

conduxeris et eius partem mihi locaveris egoque locatori tuo pensionem solvero, pigneraticia adversus te potero experiri (nam Iulianus scribit solvi ei posse): et si partem tibi, partem ei solvero, tantundem erit dicendum. plane in eam dumtaxat summam invecta mea et illata tenebuntur, in quam cenaculum conduxi: non enim credibile est hoc convenisse, ut ad universam pensionem insulae frivola mea tenebuntur. videtur autem tacite et cum domino aedium hoc convenisse, ut non pactio cenacularii proficiat domino, sed sua propria.

　担保権者に支払った場合のみならず，別の者に——担保権者の意思に基づいて——支払った場合にも，金銭は弁済されたとみるべきである．例えば，担保権者の相続人となった者に，または担保権者の委託事務管理人，債権回収を任務とする奴隷に支払った場合がこれにあたる．

　君がドムスを賃借しており，その一部を私に賃貸している．私は，君の賃貸人に賃料を支払った．私は，君を質訴権で訴えることができる．なぜなら，Iulianus は，彼に支払うことも可能であると書いているのだから．もし君に一部を彼に一部を私が支払った場合も，同じことがいわれねばならない．

　もちろん，ケーナークルムを賃借した額の範囲内で私の持ち込み物は担保となる．なぜなら，インスラ全体の賃料を私のとるにたらない物が担保するということが合意されたとは到底思えないのだから．黙示のうちに，建物の所有者との間でも，次のことが合意されたとみることができる．すなわち，所有者が自らのために主張できるの仲介者の合意内容ではなく，賃借人本人の合意内容であると．

　ここでは，まずは債務の弁済を債権者本人以外にした場合について一般的に述べた後，ドムスの賃貸借の転貸の事例が取り上げられている．ドムスの所有者 (A) がそれを B に賃貸し，B が C に転貸するに際し，C の物が何らかの形で担保となり，この物を A が差し押さえたことを受け（以下のこの法文の 2 事例の説明でも，第 1 賃貸人を A，転貸人を B，転借人を C と表記する），C が B ではなく A に賃料を支払った場合，C は A に対し質訴権（actio pigneraticia）を提起し，質物の返還を求めることができるとされている．

　なぜ C の物を A が差し押さえることができるのかについてはここでは問題にされることなく，それが可能であることを前提とした上で[30]，C が A に賃料を払えば，その支払いは弁済として有効であるとする Iulianus の見解が引用さ

れている[31]．

　農地の賃貸借において転貸借がなされた場合，転借人の持ち込み物が第１賃貸人の債権を担保する質物とならないことはPaulusがはっきりと否定しているところである[32]．しかし，この法文から，都市内の建物の賃貸借においてはこれとは異なる原則が適用されていたことがわかる．

　この点は，さらにこの法文のこれに続く部分からも明らかになる．ここでは，事例を変えて，インスラの転貸借の事例が取り上げられる．前の事例とは異なり，ここではCがケーナークルムに持ち込んだ物が担保となっていることが明確に示されている．この持ち込み物がBの債権はもちろんのこと，Aの債権をも担保することは当然の前提であるとされた上で，この物が担保するのがAの債権全体なのか，それともBの債権の額に限定されるかについて問題にされている．この問題に対するUlpianusの見解は，結論としては後者であるとした上で，その根拠は，前者の理解は現実の実態に適合しないこととあわせ，黙示の合意に求められている[33]．

---

30)　おそらくは，下記の法文の事例にあるように，賃料を担保とすることが合意されているものと想像される．

　　D. 20, 1, 20 pr Ulp. 63 ad ed.: Cum convenit, ut is, qui ad refectionem aedificii credidit, de pensionibus iure pignoris ipse creditum recipiat, etiam actiones utiles adversus inquilinos accipiet cautionis exemplo, quam debitor creditori pignori dedit. 「建物の修理のために金銭を貸し付けた者が，賃料から質の法に基づいて貸付額を受け取ることができるとの合意がなされたならば，賃借居住人を相手方とする準訴権をこの者は受け取る．その際には，債務者が債権者に提供した証書を呈示することが求められる．」

31)　Kaser RPI, 637 n. 14 は，これは例外的に認められたものとする．

32)　D. 19, 2, 24, 1 Paul. 34 ad ed.: Si colonus locaverit fundum, res posterioris conductoris domino non obligantur: [...] 「colonus が農地を賃貸したならば，第２の賃借人の物は所有者の担保とはならない．……」

33)　"pactio cenacularii" は，具体的にはAとBとの間で合意された賃料額のことと解した．"sua propria" は，sua propria pactio のことであると理解した上で，その具体的内容はC自身がBとの間で合意された賃料額のことと解した．

　　この部分については，様々な解釈がなされている．Frier (1980), 231 は，"But

以上のように，都市内の建物が転貸される場合には，居住者が持ち込んだ物は，第一賃貸人の債権をも——ただし居住者自身の負っている賃料額を限度として——担保することに暗黙の内に合意したものとされるとする原則が存在した．この原則は，建物の所有者のみならず，仲介業者にとっても有益である．前述のように[34]，建物所有者が建物を一括して仲介業者に賃貸し，仲介業者がこれを個別に賃貸するという行為がローマでは行われていた．所有者と仲介業者との間で約定される賃料は，通例仲介業者が複数の転借人より取得する賃料の総額よりも安く設定され，その差額が仲介業者の利益となる．所有者にしてみると，個別の賃貸借の契約事務を行う負担を免れることができる．オスティアに残る巨大なインスラには，富裕層向けの住居物件や大小様々な賃貸物件が混在しており，所有者にしてみると，このような諸種の物件の賃貸業務を自ら行うよりも仲介業者にまかせた方が良い場合があったことは想像に難くない．ただ，こうした場合，仲介業者が一括して賃料を所有者に前払いすることができたとは考えにくい．仲介業者は，一定期間（おそらく通例は1年）にわたり転借人から賃料を取り立て，その取り立てた賃料から所有者に支払ったものと想

---

what was tacitly agreed upon also with the building's owner was obviously this, that it is not the arrangement of the apartment dweller which advantages the owner, but rather his own (arrangement)." 独訳は，"Vielmehr wird angenommen, dies [die Einschränkung] sei auch mit dem Eigentümer stillschweigend vereinbart, so dass nicht die Abrede des Wohnungsmieters zu seinen Gunsten wirkt, sondern seine eigene mit dem Mieters des Hauses." と訳す．
　先行訳はいずれも cenacularius を C のことを指すと理解している．確かに Heumann/Seckel は，cenacularius に Mieter des Stockwerks という訳語をあてているが，その例として D. 13, 7, 11, 5 をあげるのみであり，法史料中にこの他に使用例はみあたらない．他方，D. 9, 3, 5, 1 には，cenaculariam exercens (cenacularium の賃貸業を営む者) という表現が出てくる．この表現からすると，cenacularius という単語が C（転借人・居住者）ではなく B（転貸人）であると理解することも可能であるように思える．通例であれば C をさすためには inquilinus という単語が用いられるのであって，cenacularius が C をさしているとすると，なぜ inquilinus という単語を用いなかったかの説明をつけることができなくなる．

34) 前述第2章第3節2参照．

像される．しかし，そうであるとすると，所有者にしてみると，仲介業者との関係でより確実な保証を求めたくなるところである．この需要に応えるため，転借人の持ち込み物が所有者の債権をも担保するものとしたのであろう．これにより，所有者は，仮に仲介業者から債権を取り立てることができない場合には，転借人たる居住者から取り立てることができるようになったし，居住者が支払わない場合には，あたかも自らが賃貸人であるかのごとく居住者の持ち込み物を差し押さえることが可能となった．

7．弁済の順位

持ち込み物が複数の債権を担保すべきものとなっている場合がある．こうした場合に，どの債権から満足を得ることができるかについての若干の学説が伝わっている．

1．Nerva/Proculus/Paulus

D. 20, 4, 13 pr Paul. 5 ad Plaut.: Insulam tibi vendidi et dixi prioris anni pensionem mihi, sequentium tibi accessuram pignorumque ab inquilino datorum ius utrumque secuturum. Nerva Proculus, nisi ad utramque pensionem pignora sufficerent, ius omnium pignorum primum ad me pertinere, quia nihil aperte dictum esset, an communiter ex omnibus pignoribus summa pro rata servetur: si quid superesset, ad te. Paulus: facti quaestio est, sed verisimile est id actum, ut primam quamque pensionem pignorum causa sequatur.

私は君にインスラを売った．そして私は，１年目の賃料は私に，それ以降は君に帰属し，賃借居住人によって与えられた質物についての権利は両者が取得すると言明した．NervaとProculus（がいうには），質物が両者の賃料を充足するのに十分でないならば，質物全体についての権利が，まず第1に，私に帰属する．なぜなら質物全体から生ずる合計金額が割合に応じて分配されて回収されると明示的に言明されているわけではないのだから．その上で余剰があるならば君に帰属する．Paulusは以下のようにコメントしている．これは事実の問題である．しかし，質物の諸関係がまず一番最初の賃料に狙いを定めていると合意されていることはあり

そうなことである.

　ある建物の所有者Aは，それをBに賃貸している．Aはこの建物をCに譲渡した．その際，Bがそのまま住み続けることにAとCとは合意し，1年目の賃料はAが取得するものの，2年目以降は，Cが受け取るものとされた．またCの物は，AとB双方の賃料を担保するものとされた．その後，Cが2年以上にわたって賃料を払わないという事態に至り，AとBの双方がBの物（おそらくは持ち込み物）上に質権を主張した．

　この事例にあって，Paulus が引用している見解（Plautus か？）によると，質物はまずは1年目の賃料，すなわちAの賃料を担保しており，Aが質物から債権額を回収してもなお残額がある場合にのみCの債権の回収が可能であるとする．これに対し Paulus は，基本的にはAとCとの合意に従い処理されるべきであるとするが——おそらくそれが明示的に明らかにならない場合を念頭におきつつ，——両者の間で，まずはAの債権を担保するということが合意されているということはありそうなことであるとする．この Paulus の見解によっても，結論としては，Aの優先的な債権回収が認められることになる．

2. Pomponius

　　D. 11, 7, 14, 1 Ulp. 25 ad ed.: Si colonus vel inquilinus sit is qui mortuus est nec sit unde funeretur, ex invectis illatis eum funerandum Pomponius scribit et si quid superfluum remanserit, hoc pro debita pensione teneri. [...]
　　死亡した者が農地賃借人または賃借居住人であり，葬儀費用がないならば，持ち込み物によってこの者の葬儀が行われねばならないと Pomponis は書いている．その上で残った物が，債務となっている賃料の担保として差し押さえられる．……

　賃貸借契約の継続中に賃借居住人が死亡し，葬儀が行われた場合，持ち込み物からまず弁済を受けることができるのは葬儀費用の債権者である．そこに支出した後，なおも残額がある場合に限り，賃貸人は持ち込み物から弁済を受けることができる．

第 22 章
「賃借権」の「物権」化

1. unde vi 特示命令

　unde vi 特示命令の申請ができるのは，侵奪が問題となっている土地の占有者であった者である[1]．通例，賃借人は所有者の占有を補助する存在として位置づけられ，占有者であるとはされない[2]．しかし，農地賃借人 (colonus) については，Marcellus[3] と Papiniaus[4] が，ある特殊な事例にあって，unde vi 特示

---

1) 前述第 5 章第 1 節参照．
2) すぐ下でみる D. 43, 16, 20 Lab. 3 pith. a Paulo epit. をみよ．
　また，inquilinus を通して所有者が占有すること，すなわち inquilinus 自身は占有者とならず，所有者の占有を補助する存在と位置づけられていることについては，以下の法文をみよ．Gai. inst. 4, 153; D 41, 2, 3, 8 Paul. 54 ad ed.; D. 41, 2, 25, 1 Pomp. 23 ad Q. Muc.; D. 41, 3, 31, 3 Paul. 32 ad Sab.; D. 43, 26, 6, 2 Ulp. 71 ad ed.; D. 41, 2, 37 Marcian. l. s. ad form. hypoth.; Inst. Iust. 4, 15, 5; C. 7, 32, 12 pr. また inquilinus と明示されてはいないが C. 7, 30, 1 もみよ．
3) D. 43, 16, 12 Marcell. 19 dig.: Colonus eum, cui locator fundum vendiderat, cum is in possessionem missus esset, non admisit: deinde colonus vi ab alio deiectus est: quaerebatur, quis haberet interdictum unde vi. dixi nihil interesse, colonus dominum ingredi volentem prohibuisset an emptorem, cui iussisset dominus tradi possessionem, non admisit. igitur interdictum unde vi colono competiturum ipsumque simili interdicto locatori obstrictum fore, quem deiecisse tunc videretur, cum emptori possessionem non tradidit, nisi forte propter iustam et probabilem causam id fecisset.「賃貸人が農地を売った相手方が占有を開始するよう派遣された際，colonus がこの者が入ることを許容しなかった．そして，第三者により

命令の申請を認めており，ここに，農地賃借人の地位を向上させようという法学者の姿勢をみてとることができる[5]．

---

colonus が暴力で排除された．この場合，誰が unde vi 特示命令を有するかについて問題となる．私は，入ろうとする所有者を colonus が許容しないのであれ，所有者によって占有の引渡を指図された買主を許容しないのであれ，何らの違いはないと述べた．それゆえ，colonus に unde vi 特示命令が帰属し，colonus が同じ特示命令により賃貸人に拘束される．なぜなら，買主に占有を移転しなかったのであれば，賃貸人が排除されたとみられるからである．ただし，正当で妥当な原因により colonus がこれを行った場合は，この限りではない．」

この法文については，Mayer-Maly (1956), 53-55; Thomas (1973), 36-37; Zimmermann (1990), 380; Wieling (1997), 681-682 を参照のこと．

ここで取り上げられている事案を整理すると次のようになる．農地の所有者（A）がこれを colonus である B に賃貸し，B がここで耕作を行っていたところ，A がこの農地を C に売却し，C が B に農地の明け渡しを求めた．そして，B はこれに応じないでいたところ，第三者である D により，B は，暴力的に農地から排除された．このような事案において，上記法文では，誰が unde vi 特示命令を申請できるかについて問題となっている．

Marcellus は，この事案にあって，2つの暴力（vis）の存在を認める．第1の暴力は，C による明け渡しを B が拒否したことである．これは，B による—C ではなく—A に対する暴力行使であると Marcellus は捉えている．第2の暴力は，D による B の排除である．これが暴力の行使であることは自明である．そして，Marcellus は，このそれぞれに対応する形で，特示命令の申請が可能であるとする．すなわち，まずは，B が D に対し，特示命令を使って農地を取り戻すことを認める．その上で，A が B に特示命令により農地を取り戻すことを認める．無論，買主である C は，この時点でまだ占有を取得していないため，特示命令申請の主体とはなれない．

4) D. 43, 16, 18 pr Pap. 26 quaest.: Cum fundum qui locaverat vendidisset, iussit emptorem in vacuam possessionem ire, quem colonus intrare prohibuit: postea emptor vi colonum expulit: de interdictis unde vi quaesitum est. placebat colonum interdicto venditori teneri, quia nihil interesset, ipsum an alium ex voluntate eius missum intrare prohibuerit: neque enim ante omissam possessionem videri, quam si tradita fuisset emptori, quia nemo eo animo esset, ut possessionem omitteret propter emptorem, quam emptor adeptus non fuisset. emptorem quoque, qui postea vim adhibuit, et ipsum interdicto colono teneri: non enim ab ipso, sed a venditore per vim fundum esse possessum, cui possessio esset ablata. quaesitum est, an emptori

この特示命令の関する記述の中で賃借居住人に言及しているのは次の史料のみである．

> succurri debeat, si voluntate venditoris colonum postea vi expulisset. dixi non esse iuvandum, qui mandatum illicitum susceperit.「賃貸した者が土地を売り，買主に対し空の占有を開始するよう買主に指図し，この買主の進入を colonus が妨害した．その後，買主は暴力でもって colonus を追い出した．unde vi 特示命令に関し質問がなされた．この場合，colonus が売主に特示命令で拘束されると考えられていた．なぜなら，賃貸人本人の進入を禁止するのであれ，賃貸人の意思により派遣された別の者の進入を禁止するのであれ，何ら相違は存在しないからである．なぜなら，売主に引渡がなされる以前には，賃貸人が占有を放棄したとみることはできない．なぜなら，何人であれ，買主が占有を取得する以前に，買主のために占有を失うという意思を有してはいないからである．あとになって，買主が（colonus に）暴力を加えるならば，買主もまた colonus によって特示命令により拘束される．なぜなら，colonus によって，買主からではなく売主から暴力により農地が占有されており，このような colonus から占有が奪われたからである．この場合，買主に救済が与えられねばならないかにつき問題となる．これに関し，指示されたことを違法な形で実行した者に救済を与えるべきではないと，私は述べた．」

この法文は前述の Marcellus 文とほぼ同様の事案が取り上げられている．Marcellus 文の際と同様，所有者である賃貸人を A，colonus を B，土地の転得者を C と表示して以下の議論を進める．なお，ここでは，B を追い出したのが別の D ではなく，C である点が異なる．

Papinianus は，Marcellus 同様，2 つの暴力が存在すると捉える．すなわち，まず第一段階として，B による A に対する暴力であり，第 2 段階として，C による B に対する暴力である．

Papinianus は，C の進入を B が妨害したことについて，B が A に対して暴力を行使したと考える．この点は Marcellus と同様である．そして，この場合，A は（無論，C ではない），B に対し，unde vi 特示命令を下すよう法務官に申請できる．法文中に示されているように，C の進入を妨害するという行為は，A に対する暴力行使と同一視されるからである．そして，Papinianus は，この時点で，B が A より，暴力により占有を奪取したとみる．したがって，これより B は占有者となる．ただし，これは A との間では瑕疵のある占有である．この点に，前述の Marcellus 文にはない Papinianus の独自性がある．

次に，進入を妨害された C が，B を暴力により排除した場合をみていこう．ここで Papinianus は，B が暴力により，A より占有を奪っていたと Papinianus はみるため，B の占有が C によって侵害されたと捉えられることになる．B の占有は，

D. 43, 16, 20 Lab. 3 pith. a Paulo epit.: Si colonus tuus vi deiectus est, ages unde vi interdicto. idem si inquilinus tuus vi deiectus fuerit. Paulus: idem dici potest de coloni colono, item inquilini inquilino.

君の農地賃借人が暴力により追い出された場合，君がunde vi 特示命令でもって訴えることができる．君の賃借居住人が暴力で追い出された場合も同様である．Paulus曰く．農地賃借人から（転借した）農地賃借人，賃借居住人から（転借した）賃借居住人についても同じことをいうことができる．

確かに瑕疵のある占有ではあるが，それはAとの間での瑕疵であって，Cとの間ではない．したがって，BはCに対しunde vi 特示命令の申請が可能となる．

このようにして特示命令によりCからBへと土地が返還されるということになると，買主であるCの保護がないようにみえる．この点についてPapinianusは，それでよいと解答する．その理由は，暴力で奪取した彼は保護に値しないということであろう．確かにAはCに，Bから農地を明け渡してもらい，この占有を取得することを認めたが，それは暴力的に奪取することを許容したわけではなく，仮にそれを実行した以上は特示命令のレベルでは保護に値しないということと理解してよいのではないであろうか．この場合，買主としては，あらためてAとかけあい，Aの助力によりBを排除し，この土地の占有を取得するという手順をとらねばならない．

以上のように，Papinianusは，Cの進入の拒絶という事実をもって，AからcolonusであるBが占有を取得したという構成をとり，これを通じて，colonusにunde vi 特示命令による保護を与えたとみることができよう．

5）ただし，こうした姿勢が完全に貫徹されたかどうかはわからない．下記のPaulus文によると，Paulusは，支配の侵奪の妨害を暴力による占有開始とみる見方を否定している．

D. 41, 3, 4, 27 Paul. 54 ad ed.: Item si occupaveris vacuam possessionem, deinde venientem dominum prohibueris, non videberis vi possedisse. 「もし君が空の占有を先占し，その後所有者がやってくるのを禁止した場合，暴力により占有していると君がみられることはない．」

このような見方によるならば，MarcellusやPapinianusのような形でcolonusにunde vi 特示命令の申請を認めることはできなくなる．また，Ulpianusはcolonusによるこの特示命令の申請を否定している．

D. 43, 16, 1, 10 Ulp. 69 ad ed. Denique et si maritus uxori donavit eaque deiecta sit, poterit interdicto uti: non tamen si colonus. 「それゆえ，夫が妻に贈与し，妻が追い出されたとしても，妻（?）は，この特示命令を行使することができる．しかし，colonusが追い出された場合は，この限りではない．」

ここで Labeo は，賃借居住人（inquilinus）が暴力により追い出された場合，賃貸人である立場にたつ土地の所有者が unde vi 特示命令の申請をすることができると述べ，賃借居住人自身の申請は認めていない[6]．

2. uti possidetis 特示命令

uti possidetis 特示命令は双面的特示命令であり，紛争の両当事者双方ともが申請者となる．この申請が認められるのは占有者であるが，賃借人は占有者でないため，この特示命令の申請はできない．しかし，以下の法文では，これが認められている[7]．

> D. 43, 17, 3, 3 Ulp. 69 ad ed.: Cum inquilinus dominum aedes reficere volentem prohiberet, aeque competere interdictum uti possidetis placuit testarique dominum

---

　　この法文の解釈の難しさは，"poterit" の主語をいかに解するかにある．仮に主語が夫であるとすると，"non tamen" 以下の内容は，農地を賃貸していたとすると，農地の所有者にして賃貸人は，この特示命令の申請ができないということをいっていることになる．これは，D 43, 16, 1, 22 に伝わる Ulpianus の見解と矛盾する．
　　夫婦間の贈与は禁止されているが，Paulus が伝えるところによると，法学者たちは，贈与として引渡された物は，受贈者がこれを占有すると考えていた（D 41, 2, 1, 4）．この法文では，前の段落からのつながりでわかるように，自然占有をしている者の例を取り上げており，同じく Paulus が伝えるところによると，夫婦間での贈与の受遺者は，市民法上の占有を有していないと解されているところからすると，ここでは，自然的な占有を有している妻がこの特示命令を申請できるか否かについて言及していると解するのが文脈に沿っているといえよう．そして，このように解すると，colonus は，自然占有を有しているか，あるいはそれに類するものとされるが，それでも unde vi 特示命令の申請をすることはできないとウルピアヌスがいっているように読めることになる．ただし，これは原則を確認しているだけであって，Marcellus や Papinianus のような技巧的論理により colonus に占有者たる地位を与えることを否定しているとまではいえない．

6) この法文についての文献としては，Behrends (2002), 74 n. 64; Brockmeyer (1971), 739; Frier (1980), 66 n. 26; 87 n. 76 をあげることができる．
7) この法文については，前述第 5 章第 3 節を参照のこと．

non prohibere inquilinum, ne habitaret, sed ne possideret.
　所有者が建物を修理することを賃借居住人が禁止するならば，uti possidetis 特示命令が同様に与えられると考えられるに至った．所有者は賃借居住人による居住を禁止するのではなく，占有を禁止するのであると証言することが求められる．

　既に述べたように[8]，賃貸人が農地賃借人を追い出そうとしたときに農地賃借人がこれに抵抗した場合，Marcellus と Papinianus は，これをもって農地賃借人が賃貸人から占有を奪取したとみなした．これと同じような考えを，ここで Ulpianus が紹介している見解はとっている[9]．すなわち，所有者の修理を賃借居住人が拒絶することは，所有者の占有を奪ったものとみなすのである．Ulpianus は，占有者の使用を禁止すること自体に占有の侵奪があるという新たな見解をとるに至っており[10]，彼にとってはこの紛争にあって uti possidetis 特示命令を認めることに大きな障害はなかったとみることができる．
　"testarique" 以下の部分についても考えておきたい．uti possidetis 特示命令は元来は占有意思を有する者どうしの紛争の際に用いられるものである．したがって，賃貸人と賃借人の間の紛争でこの特示命令が問題になることはなかった．しかし，古典期末にかけてある種の擬制により単なる占有妨害の際にも両当事者による占有の主張があるとされ，uti possidetis 特示命令の申請が認められるようになると，賃借人が物件の利用に関し占有者たる賃貸人の意思に反した行動をとった場合，uti possidetis 特示命令の適用可能性が認められることになる．それでは，このとき賃貸借契約に反する形の要求を通すために賃貸人が uti possidetis を申請しようとするならばどうなるのであろうか．例えば，契約の期間中に正当な理由がないにもかかわらず，賃貸人が賃借人に退去を求め，これを賃借人が拒絶した場合，賃借人が占有を賃貸人から奪ったとして uti possidetis 特示命令を申請するという場合である．

---

8)　本章注 3) 参照．
9)　"placuit" とあることから，ここにかつて議論が存在したことが窺われる．
10)　D. 43, 17, 3, 2ff. Ulp. 69. ad ed.

こういう場合には，unde vi 特示命令により賃借人から「占有」を回収することも古典期後期にあっては理論上可能となっている．これについて Marcellus は，colonus の事例にあってではあるが，賃借人は「正当で妥当な原因 iusta et probabilis causa」がある場合には，この特示命令に対抗できると考えている．すなわち特示命令手続の中で賃貸借契約について一定の考慮が払われている．同じことは，土地所有者 (= 占有者) と地上権者との間で紛争が生じた際にも問題になる．この場合に，Ulpianus と Pomponius は，両当事者の間の契約条項に従い，地上権者が保護されるという (D. 43, 17, 3, 7 末尾)．このように，uti possidetis 特示命令の適用領域の拡大により，この特示命令手続の内部で一定程度契約関係についても考慮が払われるようになっていたということができよう．

D. 43, 17, 3, 3 の "testari" 以下の記述もこうした配慮の一貫と解釈することができよう．すなわち，uti possidetis 特示命令の手続の中で，賃貸人は，賃借人を追い出すつもりではなく，単に賃借人による修理の妨害を排除する——これは Ulpianus の見解によるならば占有の妨害と表現し得る——にすぎないということを証人のいる中で証言することを通じ——状況によっては担保問答契約の締結も求めるなどの措置もさらに講じた上で——賃借人の契約上の権利が侵害されないような配慮を法務官が求めていると理解してよいのではなかろうか．

3. quod vi aut clam 特示命令

quod vi aut clam 特示命令は，最も典型的には工事が行われている土地の近隣の所有者が申請するものであるが，Iulianus や Paulus は，「利害関係者」もまたこれが認められるという[11]．具体的には，農地の中の樹木を取得した

---

11) D 43, 24, 11, 14 Ulp. 71 ad ed. ictum: Idem Iulianus scribit interdictum hoc non solum domino praedii, sed etiam his, quorum interest opus factum non esse, competere.「同様に，Iulianus が書いているところによると，この特示命令は，土

者[12]や，用益権者の他[13]，農地賃借人もまたこれにあたる．すなわち，Venuleius は，農地の果実への侵害がある場合にこの特示命令の申請を認めている[14]．他方，Ulpianus は，賃借している農地の中の樹木の切断に関しては認めるが，果実に関しては認めていない[15]．

    地の所有者のみならず，工事がなされないことについて利害関係を有する者にも帰属する．」

    D 43, 24, 16 pr Paul. 67 ad ed.: Competit hoc interdictum etiam his qui non possident, si modo eorum interest.「この特示命令は，占有しない者であっても，その者に利害関係があれば帰属する．」

    Ulpianus 文については，吉野(1978-2), 20-21; Rainer (1987), 234 n. 3 をみよ．Paulus 文については，Rainer (1987), 234 n. 4 をみよ．

12) D. 43, 24, 13, 4 Ulp. 71 ad ed.: Unde apud Servium amplius relatum est, si mihi concesseris, ut ex fundo tuo arbores caedam, deinde eas alius vi aut clam ceciderit, mihi hoc interdictum competere, quia ego sim cuius interest: quod facilius erit admittendum, si a te emi vel ex aliquo contractu hoc consecutus sim, ut mihi caedere liceat.「ここから Servius の下でさらに広く次のことが問題となった．君の農地から私が樹木を切断することを私が君に許可した．そして，別の誰かがこれを暴力または隠秘により切断した．この場合，私に特示命令が帰属する．なぜなら，私が利害関係者なのだから．このことは，次の場合にはより容易に許容されるべきである．私が君から買ったか，あるいは別の何等かの契約に基づいて，私が切ることが許されていた場合には．」

13) 前述第17章第6節参照．

14) D. 43, 24, 12 Ven. 2 interd.: Quamquam autem colonus et fructuarius fructuum nomine in hoc interdictum admittantur, tamen et domino id competet, si quid praeterea eius intersit.「colonus や用益権者に果実の名義でこの特示命令（interdictum quod vi aut clam）が与えられるにしても，それに加え所有者に利害関係があるならば，所有者にもまたこの特示命令が帰属する．」

    この法文については，Wieling (1997), 682 をみよ．

15) D. 43, 24, 19 Ulp. 57 ad ed.: Interdictum quod vi aut clam competere filio familias colono arboribus succisis Sabinus ait.「quod vi aut clam 特示命令は，樹木の切断を理由として，家子，colonus に付与されると Sabinus は述べている．」

    D 43, 24, 7, 5 Ulp. 71 ad ed.: Notavimus supra, quod, quamvis verba interdicti late pateant, tamen ad ea sola opera pertinere interdictum placere, quaecumque fiant in solo. eum enim, qui fructum tangit, non teneri interdicto quod vi aut clam: nullum

このように，農地に関しては所有者のみならず賃借人もまた quod vi aut clam 特示命令を申請する余地が認められていたが，都市内における建物の賃借人にこの申請が認められた例はない．

　　D. 43, 24, 17 Paul. 69 ad ed.: Interdictum quod vi aut clam per quemvis domino adquiritur, licet per inquilinum.
　　quod vi aut clam 特示命令は，他人を通して所有者が取得する．賃借居住人を通しても同様である．

・

　この Paulus 文が明確に述べるように，quod vi aut clam 特示命令が問題になる場合には，賃借居住人ではなくあくまでも所有者本人が当事者となることを要した．したがって，近隣で不適切な工事が行われることを察知した賃借居住

---

enim opus in solo facit. at qui arbores succidit, utique tenebitur, et qui harundinem et qui salictum: terrae enim et quodammodo solo ipsi corrumpendo manus infert. idem et in vineis succisis. ceterum qui fructum aufert, furti debet conveniri. itaque si quid operis in solo fiat, interdictum locum habet. in solo fieri accipimus et si quid circa arbores fiat, non si quid circa fructum arborum.「この特示命令の文言が広く開かれたものであるとしても，この特示命令は，土地の中でなされた工事（opera）にのみかかわるものであると，我々は，上で注記した．したがって，果実に手をつけた者は，quod vi aut clam 特示命令により拘束されるわけではない．なぜなら，土地での工事がなされたわけではないからである．しかし，樹木が切断された場合は，常に拘束される．葦や柳を切断した場合も同様である．なぜなら，何らかの形で土地それ自体の毀損のために手が加えられたからである．葡萄の蔓の切断も同様である．そうではなく，果実を持ち去る場合には，盗みにより訴えねばならない．それゆえ，土地の中で何らかの工事がなされた場合に，この特示命令の適用がある．土地での工事というものは，樹木をめぐって何かが行われることであって，樹木の果実をめぐって何かが行われることではない．」
　収穫前の果実が刈取られた場合に，Venuleius は，この特示命令による保護が受けられると考えていたが，Ulpianus は，そもそも果実への侵害行為は，この特示命令による保護対象ではないという．そして，それにかえて，actio furti を用いるべきであるという．したがって，当然，Venuleius とは異なり，この種の行為を理由とするこの特示命令での colonus の保護はあり得ないことになる．

人は，自らが賃借する建物の所有者にまずはかけあい，適切な措置をとるよう求めるしかないことになる[16].

4. 新工事禁止通告

新工事禁止通告ができるのは，元来は，工事が行われている場所の近隣の土地の所有者である[17]．古典期の議論の中で，その当事者適格の拡大がみられるが，賃借居住人にそれを認めた例はない．逆に，以下の史料から賃借居住人にはそれが明確に否定されていたことを読み取ることができる．

> D. 39, 1, 3, 3 Ulp. 52 ad ed.: Si ego superficiarius sim et opus novum fiat a vicino, an possim nuntiare? movet, quod quasi inquilinus sum: sed praetor mihi utilem in rem actionem dat, et ideo et servitutium causa actio mihi dabitur et operis novi nuntiatio debet mihi concedi.
> 私が地上権者であり，隣人が新工事を始めた場合，隣人に対して新工事禁止通告をすることができるのであろうか．この私はあたかも賃借居住人のような存在と思うかもしれない．しかし法務官は，私に対して対物訴権を与え，また地役権に関しても私に訴権を与えるのであるから，私には新工事禁止通告が許されねばならない．

ここでは，地上権者（superficiarius）に新工事禁止通告が認められるか否かについて問題にされ，それが肯定されている[18]．その議論の中で賃借居住人に言及されているが，こうした者が新工事禁止通告ができないことが明白な例として引き合いに出されている．

---

16) D. 19, 2, 25, 2 Gai. 10 ad ed. provinc.
17) 前述第 7 章第 2 節 2 参照．
18) 対物訴権については，D. 43, 18, 1 pr Ulp. 70 ad ed. を，地役権については，D. 43, 18, 1, 9 Ulp. 70 ad ed. をみよ．

5. 未発生損害の担保問答契約

1. Labeo

D. 39, 2, 13, 5 Ulp. 53 ad ed.: Vicinis plane inquilinisque eorum et inquilinorum uxoribus cavendum esse ait Labeo, item his qui cum his morentur.

隣人に対してはもちろんのこと，隣人の賃借居住人たちに対しても，また賃借居住人たちの妻たちに対しても担保問答契約を締結しなければならないとLabeoは述べた．彼らと一緒に生活している者たちに対しても同様である．

この史料の中でUlpianusが引用しているところでは[19]，Labeoは，未発生損害の担保問答契約の締結申請を，被害を受ける可能性のある隣地の所有者のみならず，そこに賃貸借を通じて居住する者，その妻，さらにはこれ以外の同居人に対しても締結しなければならないと述べている．すなわち，賃借人であっても，自らの利益を守るため，担保問答契約の締結を求めることができるとLabeoは考えている．

2. Sabinus

D. 39, 2, 13, 6 Ulp. 53 ad ed.: De illo quaeritur, an inquilinis suis dominus aedium cavere possit. et Sabinus ait inquilinis non esse cavendum: aut enim ab initio vitiosas aedes conduxerunt et habent quod sibi imputent, aut in vitium aedes inciderunt et possunt ex conducto experiri: quae sententia verior est.

賃借居住人に関して質問がなされた．自己の賃借居住人を相手方として建物の所有者は担保問答契約を締結する必要はあるのだろうか．Sabinusがいうには，賃借居住人に対して締結する必要はない．なぜなら，はじめから欠陥がある建物を賃借したのであれば，自らにその責任があるのであるし，建物が欠陥を帯びるに至ったのであれば，賃借人訴権でもって訴えることができるのであるから．この見解の方が正当である．

---

19) この法文については，Wieling (1997), 675 をみよ．

これは上の Labeo のところで取り上げた法文の次の段落である[20]．前の段落では，欠陥のある建物 X に建物 Y が隣接しており，建物 Y を賃借している賃借居住人を要約者，建物 Y の所有者を諾約者とする形で担保問答契約を締結すべきかが問題となっていたのに対し，ここでは建物 X を賃借している者を要約者，建物 X の所有者が諾約者となる形で担保問答契約を締結しなければならないのか否かについて問題となっている．

Ulpianus が伝えるところによると，Sabinus は，こうした場合には賃借居住人は担保問答契約の締結を求めることはできないとした．その理由として Sabinus は，もともと欠陥があったのであれば，それを甘受しなければならないし，仮に契約開始後に欠陥が発生するに至った場合には，賃借人訴権で訴えることができるという．なお Ulpianus は「この見解の方がよりよい」と述べており，ここから担保問答契約の締結を賃貸人に求めることができるという見解があったことがわかる．

3. Paulus

> D. 39, 2, 18, 3 Paul. 48 ad ed.: Sed inquilino meo, si vicinas aedes habeat, cavere debebo damni infecti propter eas aedes.
> 私の賃借居住人が隣の建物を有しているのであれば，この建物に関して私の賃借居住人に対しても未発生損害についての担保問答契約を締結しなければならない．

建物 X をその所有者 A が B に賃貸している[21]．B はこれに隣接する建物 Y を所有している．建物 X に欠陥がある場合にあって，B を要約者，A を諾約者とする形で未発生損害担保問答契約の締結を求めることができるかについて問題となった．

Paulus は「この建物に関しては propter eas aedes」担保問答契約の締結をし

---

20) この法文については，Frier (1980), 99ff. をみよ．
21) この法文については，Frier (1980), 98 n. 103, 164 n. 243, 189 n. 32 で言及されているものの，詳細な分析の対象とはなっていない．

なければならないという．すなわち B は建物 Y の保護を理由として担保問答契約の締結を求めることができるとする．前述のように Sabinus は，賃借人を要約者，賃貸人を諾約者とする形でのこの問答契約の締結の申請を認めていない．Paulus もまた同じ見解にたっており，単に建物 X の賃借人としての地位に基づいては締結を求めることはできないとしつつも，近隣の土地の所有者としてはこれが可能であるとしているとみることができる．したがって，この事例は，賃借居住人としてではなくあくまでも近隣の土地の所有者として担保問答契約の締結が認められた例であるにすぎない．

しかし，賃借居住人が担保問答契約の締結を近隣の建物所有者に対して求めることができると Paulus が考えていたことは，次の法文から明らかになる．

> D. 39, 2, 21 Paul. 8 ad Plaut.: Si filius familias inquilinus sit, videamus, an damni infecti nomine in possessionem aedium vicinarum mittendus sit (quaeritur enim, an filius familias non videtur damnum pati, si res peculiares sint) et pater possit stipulari, si quid ei damni fiat. et placet utrumque eorum in possessionem mitti, nisi sic filius conduxerat, ut eius periculo aedes essent: tunc enim, quia solus tenetur ex locato, recte dicetur ipsum mittendum in possessionem, nisi ei caveatur.
> 家息が賃借居住人である場合，未発生損害を理由として隣人の建物の占有委付がなされるべきなのかどうかが問題となる．（なぜなら，特有財産がそこにあるならば，家子が損害を蒙ったとみることができるか否か問題となるのだから）．また家父に損害が生じることになるのであれば家父が要約できるかどうか問題となる．この場合，この両者に対して占有委付がなされるべきであるとされている．ただし，家息が建物の危険を負担する形で賃借している場合はこの限りではない．この場合には，家息のみが賃貸人訴権で拘束されるのであるから，仮に家息に対して担保提供がなされないならば，家息自身が占有委付を受けるのを適当とすべきである．

ここでは，家息である賃借居住人を要約者とし，近隣の建物の所有者を諾約者とする形で未発生担保問答契約の締結を求めることができるかについて問題となっている．Paulus は，家息たる賃借居住人が特有財産をその建物内に有している場合[22]，これを肯定する．また家父についても，家父に損害が生じる

場合には家父も問答契約の締結を求めることができるとする．

以上の Paulus の議論の中で，賃借人という地位にある者が未発生損害の担保問答契約を要約者として締結できることそのものについては全く問題視されていない．しかし注意を要するのは，これは賃貸借契約の対象である建物を守るためではなく，建物内に持ち込んだ賃借人の物を守るためと理論構成されている点である．もちろん住居内の賃借居住人の物が守られるためには建物が守られていることが必要であるにしても，あくまでも賃借人は持ち込んだ物の所有者としての地位に基づいて担保問答契約の締結が認められているにすぎず，ここに賃借権の物権化の存在を私的することは難しいように思われる．

"nisi sic" 以下についても簡単にふれておきたい．ここで Paulus は，家息が建物の危険を負う形で賃貸がなされている場合には，家息のみが未発生損害の担保問答契約の当事者となると述べている．ここでは上で述べたことと異なり，賃借居住人が持ち込んだ物ではなく，建物そのものの保護のための担保問答契約の締結が問題になっている．通例，建物の危険は賃貸人が負う．しかし例えば vis maior によって建物が倒壊したとしても賃借人が賃料を支払うという合意がなされた場合には[23]，賃借人が建物滅失の危険を負担していることになる．ところで Paulus は，未発生損害の担保問答契約の締結に関して，「その物を財産中に持つ者に対してのみならず，その危険を負担している者」もこれが可能であるとする[24]．したがって，例外的に賃借人が危険を負担することになっており，かつそれが家息が自身の特有財産を用いて契約関係に入っている

---

22) "si res peculiares sint." この理解は，吉原訳に従う．

23) こうした合意の有効性については，D. 19, 2, 9, 2 Ulp. 32 ad ed. をみよ．Paulus のいう periculum については，D. 18, 6, 8 pr Paul. 33 ad ed. をみよ．

24) D. 39, 2, 18 pr Paul. 48 ad ed.: Damni infecti stipulatio competit non tantum ei, cuius in bonis res est, sed etiam cuius periculo res est.「未発生損害に関する問答契約は，その物を財産中にもつ者に対してのみならず，その危険を負担している者にも帰属する．」

この法文については，Salmen-Everinghof (2009), 15 n. 5; Rainer (1987), 97; Wieling (1997), 674 をみよ．

場合には，Paulus は，家息たる賃借居住人が，賃借人という地位にたっているものの建物保護のため未発生損害の担保問答契約の締結を求めることができるとしたと考えたとみることができる．

4. Ulpianus

上述の D. 39, 2, 13, 6 Ulp. 53 ad ed. の中で，Ulpianus は，Sabinus の見解に賛同している．ここから，賃借居住人が要約者，賃貸人が諾約者とする形での未発生損害担保問答契約の締結はできないと彼が考えていたことがわかる[25]．

賃借人が要約者，隣人が諾約者とする形での担保問答契約の締結に関しては，上述の D. 39, 2, 13, 5 Ulp. 53 ad ed. で Ulpianus は Labeo の見解を引用しているが，それへの賛否は示していないが，おそらくは肯定的であったとみてよいだろう．

5. 小　　活

賃借居住人が未発生損害の担保問答契約を要約者として締結できるかについては，賃貸人を諾約者とする形か，隣人を諾約者とするかで場合分けがなされている．前者については，Sabinus 以来，学説は一貫してこれを否定している．賃貸人と賃借人との間の関係は，locatio conductio の枠内で問題処理が図られるべきとされている．これに対し後者については，Labeo 以来，これを肯定すべきとされている．

しかし後者の場合であっても，賃借権という権利を守るため未発生損害担保問答契約制度の利用が賃借人に認められたという視点では捉えられていない．あくまでも保護されるべきは，賃借居住人が持ち込んだ賃借人の所有物として

---

25) この点については次の法文もみよ．D. 39, 2, 33 Ulp. 42 ad Sab.: Inquilino non datur damni infecti actio, quia possit ex conducto agere, si dominus eum migrare prohiberet:「賃借居住人に対しては，未発生損害の訴権（担保？）は与えられない．なぜならば，所有者が退去を禁止するならば，actio ex conducto でもって訴えることができるのだから．」

捉えられているとみるべきである．この点に関し，Paulus は，未発生損害の担保問答契約の当事者を「危険を負担する者」とした上で，例外的な場合にあって賃借人が建物を守るために未発生損害の担保問答契約の締結を求めることができるとする．ここにささやかながら賃借人の地位の「物権」的保護の萌芽を見出すことはできるように思われる．

6. Aquilius 法上の訴権

Aquilius 法による保護は，侵害が加えられた物の所有者に与えられる[26]．古典期の議論の中で用益権者[27]も保護されるなど，一定の拡大を確認することはできる．農地賃借人については，事実訴権の付与が可能であるとする Celsus の学説が伝わっているが，その事実訴権が Aquilius 法の類推適用によるものであるかどうかははっきりしない[28]．

---

26) 前述第 8 章第 1 節 1 参照．
27) 前述第 17 章第 8 節参照．
28) D. 9, 2, 27, 14 Ulp. 18 ad ed.: Et ideo Celsus quaerit, si lolium aut avenam in segetem alienam iniecris, quo eam tu inquinares, non solum quod vi aut clam dominum posse agere vel, si locatus fundus sit, colonum, sed et in factum agendum, et si colonus eam exercuit, cavere eum debere amplius non agi, scilicet ne dominus amplius inquietet: nam alia quaedam species damni est ipsum quid corrumpere et mutare, ut lex Aquilia locum habeat, alia nulla ipsius mutatione applicare aliud, cuius molesta separatio sit. 「それゆえに Celsus は次のことを問題にしている．ドクムギまたはカラスムギを君が他人の畑にまき，これにより君が畑を荒廃させるならば，所有者は quod vi aut clam 特示命令でもって訴えることができる．あるいは，農地が賃貸されているならば，colonus は actio in factum でもって訴えるべきである．もし colonus がこの訴権を提起した場合，colonus はさらなる訴えがなされないことについての担保提供を行わねばならない．すなわち所有者がさらにかき回さないことについて．なぜなら，ある物それ自体を悪化させて変質させてしまうこと―その結果 Aquilius 法が適用される―と，ある物それ自体には変化を加えるのではなく，そこからの分離が面倒な何かをすることとは異なるからである．」

Ulpianus は，lex Aquilia のいう rumpere の意義が何かについて述べる文脈の中で，Celsus の見解を紹介している．D. 9, 2, 27, 14 については，Zimmermann

1. Labeo/Ulpianus

　　Coll. 12, 7, 3 Ulp.18 ed.: Item si quis insulam voluerit exurere et ignis etiam ad vicini insulam pervenerit, Aquilia tenebitur lege vicino etiam, non minus inquilinis ob res eorum exustas, et ita Labeo libro XV responsorum refert.
　　もしある者がインスラを燃やそうとしたところ，火が隣のインスラにまで及んだ場合，Aquilius 法に基づき隣人に対しても責を負う．同様に賃借居住人に対しても，消失した彼らの物に関して責を負う．このように Labeo は『解答録』15 巻で書いている．

　　D. 9, 2, 27, 8 Ulp. 18 ad ed.: Si quis insulam voluerit meam exurere et ignis etiam ad vicini insulam pervenerit, Aquilia tenebitur etiam vicino: non minus etiam inquilinis tenebitur ob res eorum exustas.
　　もしある者がインスラを燃やそうとしたところ，火が隣のインスラにまで及んだ場合，Aquilius 法に基づいて隣人に対しても責を負う．同様に賃借居住人に対しても，消失した彼らの物に関して責を負う．

　建物 X に隣接する建物 Y の中の物件を B が賃借していたところ，建物 X に A が放火し，この火が隣接する建物 Y に及んだ．この場合，上記 2 史料によると，Ulpianus と Labeo は，A は建物 Y の所有者に対してのみならず，B に対しても責任を負うと考えた．しかし，ここで "ob res eorum exustas" とあるように，Aquilius 法によって保護されている物は，賃借人が建物の中に持ち込んでいる賃借人自身の物とみるべきである．すなわち，賃借権が侵害されたというのではなく，建物の中にある賃借人自身の所有物が侵害されたとして Aquilius 法の適用が肯定されている．したがって，ここに賃借権の物権化現象があるとみることはできない．

2. Paulus

　　D. 19, 2, 45 pr Paul. 22 ad ed.: Si domum tibi locavero et servi mei tibi damnum

---

　(1990), 986, 995; Kaser (1971), 622; Wieling (1997), 673-674 参照．

dederint vel furtum fecerint, non teneor tibi ex conducto, sed noxali actione.
　私が君にドムスを賃貸し，私の奴隷が君に損害を与えたか，盗みを働いたならば，私は賃借人訴権によってではなく，加害者委付訴権で責を負う．

　これは Aquilius 法の付加的訴権としての加害者委付訴権の付与が問題になっている．ここでも賃借人の「賃借権」という権利の侵害ではなく，あくまでも賃借人自身の所有物に対する侵害という観点から問題にされているにすぎない．

7. 不法侵害に関する Cornelius 法

　不法侵害に関する Cornelius 法（lex Cornelria de iniuriis）が住居侵入の処罰を規定していたことは既に述べた通りである[29]．この法律による保護を賃借人もまた受けることが認められている．この点は以下の史料から明白である．

　　D. 47, 10, 5, 2 Ulp. 56 ad ed.: Domum accipere debemus non proprietatem domus, sed domicilium. quare sive in propria domu quis habitaverit sive in conducto vel gratis sive hospitio receptus, haec lex locum habebit.
　ドムスとは，所有物としてのドムスではなく，居所と解さねばならない．したがって，所有物たるドムスに居住している者であれ，賃借して居住している者であれ，無償で居住している者であれ，客として受入れてもらっている者であれ，この法律は適用される．

---

29)　前述第 9 章第 2 節参照．

第 23 章
第Ⅲ部小括

1. 建物賃貸借契約の成立

　locatio conductio は，合意のみによって成立する．この原則について明確に言及している最も古い法学者は Neratius である[1]．しかし，建物の賃貸借に関して，Labeo は，既に，住居への入居や賃料の支払を待たずに賃貸借の成立を肯定している[2]．

　土地・建物の賃貸借一般に適用されるルールを法学者たちは必ずしも発展させておらず，むしろ建物賃貸借独自のルールが形成されている．そのルールが適用されるためには，目的物である建物が，最も典型的には，都市内の建物（ドムスまたは集合住宅）であることを要する．農地と共に賃貸借される郊外の建物は，これとは別のルールが適用される．郊外の別荘として用いられる建物，あるいは都市内部における居住を目的としない建物との区別は，必ずしも明確ではないが，全く同一視されているわけでもない[3]．ただし，古典期後期にはこれらを統合しようという動きを確認することができる．

　建物の賃貸借は，有償でなされるものであることを要する．無償での住居提供に，一部，賃貸借に関するルールが準用されることもあるが[4]，基本的には

---

1)　D. 2, 14, 58 Ner. 3 membr.
2)　D. 19, 2, 28, 2 Lab. 4 post. epit. a Iav.; D. 19, 2, 60 pr Ner. 3 membr.
3)　例えば，D. 20, 2, 3 Ulp. 73 ad ed. をみよ．
4)　D. 20, 2, 5 pr Marcian. l. s. ad form. hypoth.; D. 43, 32, 1, 3 Ulp. 73 ad ed.

区別されている．賃料は，当初の段階で約されれば十分であり，Ulpianus は，後で賃料が全額免除された場合であっても，賃貸借契約が存続していることを承認している[5]．

建物の賃貸借は，賃借人が自ら居住するためになされることも，賃借人がこれを転貸して賃料収入を得るためになされることもある．この両者を区別しようとする態度を法学者の間に見出すことはできない．

2. 賃貸人と賃借人の債務

1. 賃貸人の債務

賃貸人は，合意に則した形で，賃借人の使用・収益を開始させ，その状態を維持しなければならない．この義務が履行されない場合，賃借人は損害賠償を請求するか[6]，一方的に退去し賃料支払を拒否することが可能である[7]．賃貸人は，この義務の一貫として，所有者である賃貸人が第三者に建物を売却するに際しては，新たな所有者である買主の下でも賃借人が使用・収益できるよう配慮しなければならない[8]．

また，賃貸借の対象である物件を収める建物が壊れたり，近隣の建物の欠陥や工事により住環境が悪化したり，あるいはその怖れがあるならば，賃貸人は，然るべき処置をとり住環境の悪化を防止しなければならない[9]．この義務を怠り，居住環境が悪化するならば，賃借人の退去が正当化される[10]．

賃貸借契約の終了後，賃貸人は，質権の設定がない限り，賃借人の物を賃借人が持ち出すことに協力しなければならない．具体的には，賃借人が建物に作

---

5) D. 19, 2, 5 Ulp. 28 ad ed.
6) D. 19, 2, 30 pr Alf. 3 dig. a Paulo epit.; D. 19, 2, 35 pr Afr. 8 quaest.
7) D. 19, 2, 28, 2 Lab. 4 post. epit. a Iav.; D. 19, 2, 60 pr Lab. 5 post. a Iav. epit.
8) D. 19, 2, 25, 1 Gai. 10 ad ed. provinc.
9) D. 19, 2, 25, 2 Gai. 10 ad ed. provinc.
10) D. 19, 2, 25, 2 Gai. 10 ad ed. provinc.

りつけたものを取り外すことを容認したり[11]，搬出の障害を除去しなければならない[12]．

2. 賃借人の債務

賃借人は，合意に則した形で賃料を支払わねばならない．この義務が履行されない場合，賃貸人は，賃料の請求の他，賃借人を追い出すことができる[13]．農地および倉庫に関しては，Paulus は，2年間の賃料不払いによって，これが可能であるとするが[14]，建物に関して，いかなる態度がとられていたかはわからない．

共和政末期には，居住環境が悪化した場合に，賃料の減額を賃借人が求めることができるとする見解があったが[15]，古典期の議論にはこの見解はあらわれない．賃料減額よりもむしろ退去により契約関係を「終了」させる方が好まれたためと想像される．

賃借人は，契約終了後，物件を当初の状態のままで返還しなければならない[16]．賃借人に責がある形で，これができなかった場合，賃借人は，損害を賠償しなければならない．また，賃借人の奴隷などの同居者の過失により損害を与えた場合，Ulpianus は，賃借人自身がこの責任を負わねばならないとした[17]．

---

11) D. 19, 2, 19, 4 Ulp. 32. ad ed.
12) D. 19, 2, 19, 5 Ulp. 32. ad ed.
13) C. 4, 65, 3 (214).
14) D. 19, 2, 27 pr Alf. 2 dig.
15) 倉庫については D. 19, 2, 56 Paul. l. s. de off. praef. vig., 農地については D. 19, 2, 54, 1 Paul. 5 resp. をみよ．
16) D. 19, 2, 11, 2 Ulp. 32 ad ed.
17) D. 19, 2, 11 pr Ulp. 32 ad ed.

3. 建物賃貸借契約の「終了」

　賃貸借契約の「終了」という概念をローマ人自身は明示的には用いていない．しかし，Servius 以来，一定の事由が生じた場合には，それ以後，賃貸人は物件の提供義務を免れ，賃借人も賃料債務を免れるという処理がなされる．ここでいう「終了」とはこのような処理がなされる状況のことを指すものとして用いている．

1. 建物の滅失およびそれに類する事由の発生

　賃貸借契約が「終了」するのはまずは，老朽化による取り壊し[18]，または火事等により建物自体が存在しなくなった場合である．ただし賃貸人に責のある形でこういう事態が生じた場合，例えば建物をより良くするために改築した場合[19]はこの限りではない．

　Africanus は農地の賃貸借の事例において，農地が収用された場合に契約関係が「終了」したものとして扱っている[20]．また Marcellus および Ulpinaus は，賃貸人が用益権者である場合にあって，その賃貸人が死亡した場合も同様とする[21]．また Pomponius 以前にあっては，賃貸借の対象たる物が第三者たる所有者によって追奪された場合にあって，賃貸人に故意も過失もないならば，契約関係が「終了」したものという取扱いがなされていた可能性がある[22]．

2. 賃貸人による正当な理由をもった追い出し

　賃貸人が正当な理由をもって賃借人を追い出した場合にも契約関係は「終

---

18) D. 19, 2, 30 pr Alf. 3 dig. a Paulo epit.
19) D. 19, 2, 30 pr Alf. 3 dig. a Paulo epit.; D. 19, 2, 35 pr Afr. 8 quaest.
20) D. 19, 2, 33 Afr. 8 quaest.
21) D. 19, 2, 9, 1 Ulp. 32 ad ed.
22) D. 19, 2, 9 pr Ulp. 32 ad ed.

了」する[23]．

　正当な理由がある場合としては，賃料不払，賃貸人が自ら物件を使用する場合や，賃借人の用方違反がある[24]．

　追い出しのための特別な手続は用意されておらず，自力による追い出しが容認されていたと考えられる[25]．ただし古典期後期には，賃借人により占有が奪取されたとみなした上で，unde vi 特示命令[26]，あるいは uti possidetis 特示命令[27] を用いることができるとされるに至っており，ここから逆に自力行使が実際上制限されていた可能性は指摘できよう．

3. 賃借人による正当な理由を伴う退去

　賃借人も，正当な理由がある場合には，自ら退去し，これにより契約を「終了」させることができる[28]．

---

[23]　建物賃貸借に関する史料中に iusta causa という表現が出てくるわけではない．農地については，D. 19, 2, 55, 2 Paul. 2 sent. をみよ．正当な理由がなければ，賃借人により損害賠償を請求されることになる．

[24]　C 4, 65, 3 (214).

[25]　Frier (1980), 70-92 は，賃貸人が自力により賃借人を追い出すことができるものと考えている．C 4, 65, 3 では，一定の条件を満たしているならば，賃貸人が追い出しを自力で行うことができることを前提にしているとみるべきであろう．また，このような追い出しが行われたことを伝える史料としては，D. 19, 1, 53, 2; D. 19, 2, 7; D. 19, 2, 8; D. 19, 2, 9 pr; D. 19, 2, 25, 1; D. 19, 2, 30 pr. がある．ここでは，賃借人が追い出された事実が明らかになるが，いかなる法手段によるかは明示されていない．賃貸人が追い出しをするための法手段としては，rei vindicatio や uti possidetis 特示命令などを想像することができるが，これらの法手段を用いての追い出しの例を史料中にみつけることはできない．

[26]　D. 43, 16, 12 Marcell. 19 dig.; D. 43, 16, 18 pr Pap. 26 quaest. ただし両者とも農地の賃貸借についての事例を取り上げている．

[27]　D. 43, 17, 3, 3 Ulp. 69 ad ed.

[28]　Kaser, RPI, p. 568 n. 50 は，この根拠として，D. 19, 2, 25, 2; D. 19, 2, 27, 1; D. 19, 2, 13, 7; D. 39, 2, 28; D. 39, 2, 33 をあげる．Frier (1980), 92-105 がこの点を詳細に論じている．Mayer-Maly (1956), 217 は，D. 39, 2, 33 を根拠にして，賃借人は，訴権により引越をすることを認容するよう賃貸人に求めることができると考える．し

正当な理由がある場合として，共和政期末に，居住環境が悪化し，身の危険が感じられるに至った場合があげられている[29]．その後，単に居住環境が悪化したにすぎない場合にも，退去が認められている[30]．

この他，賃借人は，住居の使用・収益が許容されない場合にも退去して以後の賃料支払を拒絶できる[31]．

4. その他

賃貸借の期間が満了した場合も，原則として，賃貸借は「終了」する．ただし，賃借人が居住を継続している場合には黙示の内に契約は更新されたものとして扱われる[32]．ただし，この場合には，居住している限りでのみ契約は存続するため，賃貸人も賃借人も，正当な理由の有無にかかわらず，一方的にこれを「終了」させることができる[33]．

この他，Ulpianus は，賃貸人と賃借人が同一人格に帰した場合に，賃貸借を「終了」したものとして扱っている[34]．

4. 賃貸人の債権の担保

賃借人の持ち込み物の上への質権設定は，そもそもは，明示的合意によってなされることを要した[35]．しかし，Neratius の頃までには，これが黙示的なも

かし，D. 39, 2, 33 は，Frier (1980), 118 が述べているように，引越に際し，賃貸人が賃借人の物を不当に留置しているとき，その返還を求めるための訴えについて述べているとみるべきであろう．

29) Alfenus に確認できる（D. 19, 2, 27, 1 Alf. 2 dig.）．また，Aristo や Cassius がこの原則の存在を想起させる言及をしている（D. 39, 2, 28 Ulp. 81 ad ed.）．
30) D. 19, 2, 25, 2 Gai. 10 ad ed. provinc.
31) D. 19, 2, 60 pr Lab. 5 post. a Iav. epit.
32) Ulpianus の見解は，D 19, 2, 13, 11 に示されている．それ以前の法学者が実質的にこれと異なる処理をしていたことを示す証拠はない．
33) Frier (1980), 166.
34) D. 19, 2, 9, 6 Ulp. 32 ad ed.

のでも構わないとされる．これにより，賃借人が持ち込んだ物の上に質権を設定しないことについての特段の合意がない限り，質権の設定が肯定される[36]．

質権が担保する債権は，当初は，賃料債権のみであった．しかし，Pomponius 以降は，賃借人に対する損害賠償債権もまた，この質権が担保するものとなった[37]．

質物となるのは，賃借人が物件内に持ち込んだ賃借人の所有物である[38]．

賃借人に債務不履行がある場合，賃貸人は，賃借人の持ち込み物を差し押さえることができる．このための特別の手続はなく，賃貸人は自力で差し押さえることができる．Paulus は，倉庫の賃貸借において消防警察隊の立合いが必要であると述べており[39]，住居の賃貸借において，実際には，そのような処置が求められていた可能性はあるかもしれない．しかし，この自力救済を否定しようという学説は形成されていない．

引越の特示命令によると，賃借人が賃料を支払っている場合には，自らの持ち込み物が差し押さえられた賃借人は，この特示命令により保護を受けることができるとされている．しかし，Labeo は，賃貸借の期間中にこの差し押さえがなされた場合には，期間すべての賃料が支払われていない限り，この特示命令による賃借人の保護を否定した[40]．これに対し Ulpianus は，約定の期間が満了するまで賃借人が退去しないことが特別に合意されている場合にのみ賃借人は全期間分の賃料を支払うことを要するが，それ以外の場合には退去時までの賃料を支払っていればこの特示命令による保護を受けることができるとした[41]．

---

35) D. 43, 32, 1 pr に伝わる告示の文言より．Frier (1980), 107; du Plessis (2007), 224.
36) Ulpianus も Pomponius も，黙示の合意による質権の設定を肯定している (D. 20, 2, 6 Ulp. 73 ad ed.)．また，Paulus も同様である (D. 20, 2, 9 Paul. l. s. de off. praef. vig.)．
37) D. 20, 2, 2 Marcian. l. s. ad form. hypoth.
38) D. 43, 32, 2 Gai. 26 ad ed. provinc.
39) D. 19, 2, 56 Paul. l. s. de off. praef. vig.
40) D. 43, 32, 1, 4 Ulp. 73 ad ed.
41) D. 43, 32, 1, 4 Ulp. 73 ad ed.

5. 「物権」化

1. 対物訴権

　まず対物訴権に関してみてみると，賃借居住人（inquilinus）であれ農地賃借人（colonus）であれ，およそ賃借人（conductor）にこの種の訴権の提起を認めようという動きは全くない．

2. 占有関係

　占有関係に関していうと，元来，賃借人は占有補助者という位置づけを与えられており，占有保護のための特示命令の申請はできないものとされていた[42]．しかし，古典期後期には，賃貸人による退去要求に賃借人が抵抗した場合に，賃借人が占有を侵奪したという構成をとることを通じ，占有の特示命令による保護が肯定される場合があった[43]．また占有の特示命令の枠内で賃貸借契約についての考慮されることもあった[44]．そのため，単純に賃借人が占有法上保護されていないとはいえない．そこで，以下，まずは郊外の農地の賃貸借と，都市内の建物の賃貸借（特に建物内の物件の賃貸借）の場合に分けた上で，具体的局面を念頭において考察していくことにする．

　（事例X1）　Cの所有する農地をAが占有しており，AがこれをBに賃貸した．その後，CがBに農地の返還を求めたとする．このときCは占有を有していないので，Cが占有の特示命令によりBを排除することはできない．仮にCが暴力を行使し退去を迫るならば，BはAの助力を求めることになる．Aの助力を得られれば，Bによる農地の使用・収益は守られる．仮にAが助力しないならば，Bは賃貸人訴権でこれを求めることができる．Cは，所有物返還請求訴権をBを被告とする形で提起することになり[45]，その結果農地を追い

---

42)　例えば D. 43, 16, 20 Lab. 3 pith. a Paulo epit.
43)　D. 43, 16, 12 Marcell. 19 dig.; D. 43, 16, 18 pr Pap. 26 quaest.
44)　D. 43, 16, 12 Marcell. 19 dig.; D. 43, 17, 3, 3 Ulp. 69 ad ed.

出されたBは賃借人訴権でAに損害賠償を求めることができる．

（事例X2）　Aは自らの所有物である農地をBに賃貸していた．この賃貸借の継続中に，Aはこの農地をCに売った．これを購入したCはBに退去を迫った．この時点ではまだCは農地の占有を取得するには至っていない．このときMarcellusとPapinianusは，Cによる退去請求をBが拒絶したことをもって，BがAから占有を侵奪して占有者となったと法的構成することを通し，Bによる使用・収益の事実を保護している[46]．Cは，Bを追い出すためにはAの助力を得ることが必要となる．その後のAとBとの関係については，次に述べる事例X3の問題となる．なおCは未だ購入した農地の占有を取得していないため，農地の所有者とはなっておらず，所有物返還請求訴権を提起することはできない．

（事例X3）　Aが占有する農地をBに賃貸しており，契約期間内にAがBに退去を迫った．このときBがこれを拒絶するならば，MarcellusとPapinianusの上述の見解によると，BはAから占有を侵奪したことになり，Bを名宛人とする形でunde vi特示命令の申請ができる．しかしこの特示命令の枠内で賃貸借契約についても考慮が払われ[47]，結果的にAはBを追い出すことはできない．

　以上のようにみてくると，農地賃借人は占有者ではないにしても，農地の使用・収益の事実は，かなりの程度保護されているとみることができよう．また上記の事例X1にあって，仮に農地賃借人が占有補助者としての地位に基づき占有者たる賃貸人の助力をまつことなく，例えば委託事務管理人としてuti possidetis特示命令やunde vi特示命令の申請が認められさえすれば[48]，実質的

---

45)　非占有者も被告となりうることについては，D. 6, 1, 9 Ulp. 16 ad ed. をみよ．
46)　D. 43, 16, 12 Marcell. 19 dig.; D. 43, 16, 18 pr Pap. 26 quaest.
47)　D. 43, 16, 12 Marcell. 19 digの末尾"nisi"以下をみよ．またuti possidetis特示命令についてはD. 43, 17, 3, 3 Ulp. 69 ad ed. の"testarique"以下をみよ．
48)　残念ながらそのことを示す史料は見出し得ない．しかしこうした申請が認められるというのも全くあり得ない話しではないのではなかろうか．別の文脈ではあるが，D. 43, 24, 13, 6 Ulp. 71 ad ed. でUlpianusは，colonusをprocuratorと擬制して

には占有者同然の地位に立ち得たということもできるのではないだろうか．このように従来インテルポラティオを含むとされ古典期から排除されてきた法文を古典期の文脈に組み込んでみることで，農地賃借人の「占有」に関しては，従来とは異なる実情を浮き彫りにすることができる．ここに学説を通じて賃借人の地位が向上させられたとみることも可能であろう．

しかしこのことは，建物賃貸借における賃借居住人（inquilinus）もまたこうした占有関係法の発展の恩恵に浴したことを意味するわけではない．農地の賃借人は，農地全体を賃借することを通じ，その全体を物理的に支配しているのに対し，建物賃貸借においては，建物全体が一括して賃貸される場合と，その中に収まる１つの物件（ケーナークルム，タベルナ等）が賃貸される場合とがある．前者にあっては，上記の農地賃貸借の場合と同じことになろう．しかし，ローマ法においては物の一部についての占有という発想がないため，ケーナークルムやタベルナを対象物とする占有というものは存在し得ない．そこで，建物の一部が賃貸されている場合の占有関係をめぐる処理は，農地の場合と大きく事情が異なることになる．具体的にみていこう．

（事例Y1）　Ｃの所有する建物をＡが占有しており，この中の１物件をＢに賃貸した．その後，Ｃがこの建物の返還を求めたとする．このとき上記の事例X1とは異なり，Ｂの抵抗にもかかわらず，Ｃが建物全体を占有することは可能である．そうなった場合，Ｃが占有者としてＢに退去を迫るならば，Ｂに抵抗する術はない．

（事例Y2）　Ａの所有物であった建物の中の１室をＡはＢに賃貸していた．その後，Ａはこの建物をＣに売った．このときも事例X2の場合とは異なり，ＣはＢが建物内に居住しているとしても，この建物全体の占有をＡから取得することは可能である．そして占有者としての地位に基づきＢに退去を迫った場合，Ｂに抵抗する術はない．

（事例Y3）　Ａが所有する建物の中の１室をＡがＢに賃貸しており，その契

いる．

約期間中にAがBに退去を迫った．Bがこれを拒絶したとしても，Bがこの1室の占有をAから侵奪するという構成はとれない．しかし，古典期後期には，占有侵奪に至らない占有妨害の際にも uti possidetis 特示命令の申請が可能となっている[49]．そのため，Bがあくまでも退去を拒絶するならば，Aは uti possidetis 特示命令を申請し，Bによる占有妨害の排除を求めることになる．D. 43, 17, 3, 3 の末尾が示すところによると，この手続の枠内で，賃貸借契約についても考慮が払われるので，AはBによる占有妨害の排除，すなわちBの居座りの排除を実現できるわけではない．

このようにみてくると，古典期における占有学説の発展にもかかわらず，建物内の1物件が賃貸された場合にあっては，賃貸人と賃借人との間で物支配が争われている場合を除き，賃借居住人（inquilinus）は占有関係の法理に基づく保護は受けられなかったとみることができる．

3. 不法行為

賃借居住人もまた Aquilius 法上の訴権の提起が認められる場合がある．すなわち，賃借居住人が賃貸物件の中に持ち込んだ賃借人自身の物への侵害が行われるならば，賃借人は Aquilius 法上の訴権の提起をすることができる[50]．しかしこれはあくまでも賃借居住人の物の侵害に対する効果であって，賃借居住人の居住権や居住利益といったものの侵害に対する効果ではない．

農地の賃貸借にあって，未分離の果実に対する侵害の際，農地賃借人（colonus）に損害賠償が認められた例がある[51]．しかしこれも農地の収益権の侵害というよりは，果実が侵害の時点では確かに農地の所有者の所有物であるにしても，潜在的に賃借人の物であるため，このような請求が認められたとみることができよう[52]．

---

49) D. 43, 17, 3, 2-4 Ulp. 69 ad ed.
50) Coll. 12, 7, 3 Ulp. 18 ad ed.; D. 9, 2, 27, 8 Ulp. 18 ad ed.
51) D. 9, 2, 27, 14 Ulp. 18 ad ed.
52) Wieling (1997), 674.

4. 相 隣 関 係

　quod vi aut clam 特示命令や未発生損害担保問答契約の締結申請など，相隣関係上の法手段の援用が賃借人に認められた例は確かに存在する．例えば Venuleius は農地の果実への侵害がなされた場合に，quod vi aut clam 特示命令の申請を農地賃借人に認めている[53]．また Labeo 以来，賃借居住人も隣人に対しては未発生損害の担保問答契約の締結を求めることができた[54]．しかし，上記の不法行為法上の法手段と同様，これもまた賃借人の使用権・収益権を守るためというよりも，賃借人の所有物（あるいは賃借人が危険を負担している物）を守るためといってよいであろう[55]．

---

53) D. 43, 24, 12 Ven. 2 interd.
54) D. 39, 2, 13, 5 Ulp. 53 ad ed.
55) まさしくそうであるからこそ，D. 39, 2, 21 Paul. 8 ad Plaut. の事例にあって，賃借居住人が建物の危険を負担するという形がとられているときには，未発生損害の担保問答契約の締結が認められたということになろう．そうではなく通例の場合には，賃借居住人はこうした危険を負担せず，隣人の建物の欠陥故に賃借している建物に損害がでるか，あるはその怖れがある場合には，一方的に退去し，以後の賃料の支払いを拒絶することができる．ローマの法学者にしてみれば，このような退去が可能であれば，賃借居住人の保護は十分であるということであったのだろう．

第 IV 部
無償居住者

第24章
住居の遺贈

 上でみた用益権者・使用権者，賃借居住人と異なり，無償居住者については，冒頭で総説として語るべきことは少ない．

 ここでいう無償居住者とは，一言でいえば，他人の所有する住居に居住している者で，用益権者・使用権者でも，賃借居住人でもない者である．したがって，無償居住者全体を包含する法的規律はない．遺言書の中で，特定の者（特に自らの被解放自由人）に住居を遺贈するということはローマではしばしば行われていたようであり，このときには遺贈に関する法が適用される．しかし，それ以外については，法制度のすきまにおちているといってもよい．

 第Ⅳ部では，まずは遺贈により住居を取得した無償居住者についてみた上で，その他の無償居住者を取り上げる．

1. 遺贈の文言

 Digesta 中には，habitatio の取得という効果を発生させる遺言書の具体的記述が伝わる．ここでは，この効果の発生が拒絶された場合も含め，どういう文言があれば有効に住居（habitatio）の遺贈がなされたことになるのかをみていくことにする．

1. 特定の住居の遺贈

  D. 32, 41, 1 Scaev. 22 dig.: In testamento ita scriptum fuit: "domum meam cum horto applicito libertis meis concedi volo" et alio capite: "Fortunio liberto meo ex domu mea, quam libertis dedi, diaetam, in qua habitabam, item cellarium iunctum eidem diaetae ab herede meo concedi volo". quaesitum est, an heres testatoris oneratus videatur in praestando legato Fortunio, quamvis domus universa libertis sit praelegata. respondit non esse oneratum.

　遺言の中に次のように書かれていた．「私は，私の被解放自由人たちに，私の邸宅と，それに隣接する倉庫とが与えられることを望む．」また別の章に「私の被解放自由人であるFortuniusには，私が被解放自由人たちに与えた邸宅の中の，私がかつて住んでいた部屋と，この部屋に結合している部屋とが，私の相続人から与えられることを望む」と．次の質問がなされた．遺言者の相続人は，邸宅全体が被解放自由人に先取遺贈されていたとしても，Fortuniusに遺贈の給付をする責務を負っているとみられるのだろうか．彼の解答によると，その責務はない．

　ここでは，物件を特定した上で，そこに被解放自由人が住むことを許容するよう相続人に義務を課している．このような形で遺贈がなされたとき，相続人が受遺者に住居を提供する債務を負うことになることに疑いはない．

　　D. 33, 2, 34 pr Scaev. 18 dig.: Codicillis fideicommissa in haec verba dedit: "libertis libertabusque meis et quos in codicillis manumisi fundum, ubi me humari volui, dari volo, ut qui ab his decesserit, portio eius reliquis adcrescat, ita ut ad novissimum pertineat: post cuius novissimi decessum ad rem publicam Arelatensium pertinere volo. hoc amplius libertis libertabusque meis habitationes in domo, quamdiu vivent: Pactiae[et] Trophimae diaetas omnes, quibus uti consuevit: habite<n>t. quam domum[1)] post mortem eorum ad rem publicam pertinere volo". quaesitum est, rei publicae fideicommissum utrum ab herede an a libertis datum sit. respondit secundum ea quae proponerentur posse ita verba accipi, ut eius legatarii, qui novissimus decederet, fidei commissum videatur. idem quaesiit defunctis quibusdam ex libertis, quibus habitatio relicta erat, an portiones domus, in quibus hi habitaverant, iam ad rem publicam pertineant. respondit, quoad aliquis eorum vivat,

---

1) Mommsenは，"Pactiae et Trophimae"の"et"を削除した上で，"consuevit"以下については，consuevit: quam domum habitentではないかと指摘している．独訳も"et"を削除するが，"consuevit"以下については，consuevit habitent quam domumと読む．ここでは独訳に従う．

fideicommissum rei publicae non deberi.

　小書付の中で，彼は，次のような文言でもって信託遺贈を与えていた．「被解放自由人の男と女，そして私が小書付の中で解放した人々に，私が埋葬を望んだ土地が与えられることを望む．そして，これらの人々の中である人が死ぬならば，その人の持分は残った人の持分に付け加えられることとし，それは，最後の1人が死亡するまで継続させられるものとする．そして，この中の最後の1人が死亡するならば，その土地はアレラス市の公共の物となることを望む．また，私の被解放自由人の男と女には，ドムスの中の住居（habitatio）を，彼らが生きている限り与える．Pactia Trophima には，彼女が使用するのを常としていた部屋を与える．彼らは居住している．そして，こうした人々が死亡した後，このドムスは，公共の物となることを，私は望む．」さて，問題となる．公共の物にするとの信託遺贈は，相続人によってなされるべきなのか，それとも被解放自由人によってなされるべきなのだろうか．彼は答えた．「ここまで示された範囲では遺言の文言は，最後に死亡する受遺者に信託されているとみなされていると理解することができる．」同じ法学者が問題にした．住居を遺贈された被解放自由人の中のある者が死亡した場合，邸宅の中の，彼らが居住している部分は，この時点で公共の物となるのであろうか．そして，彼は答えた．「被解放自由人の中で他に生きている人がいる間は，公共に対する信託遺贈の義務が発生することはない．」

　ここでは[2]，次のような複雑な遺言がなされている．遺言者は，被解放自由人たち（遺言によって解放される者も含む）に，(1) 遺言者が埋葬されることになる土地，(2) 邸宅の中の住居（habitatio）を信託遺贈という形でもって与えた．そして，土地は，被解放自由人たちの一身上の権利とし，彼らの中のある者が死亡した場合，その者の持分は彼らの相続人には移転せず，信託遺贈を受けた他の被解放自由人に譲渡されるものとした．これは，最後の1人が死亡するまで続けられ，最後の1人が死亡したならば，土地と邸宅とは，アレラス市（Arelas）の公共の物となるものとされた．また，同様に，邸宅の中の住居についても，被解放自由人たちの死亡の後には，アレラス市（Arelas）の公共の物となるものとされた．

2）　この法文については，Rüfner (2015), 321ff. が詳しい．

ここで注目したいのは,「そして,私の被解放自由人の男と女には,邸宅の中の habitatio を,彼らが生きている限り与える.Pactia と Trophima には,彼女たちが使用するのを常としていた部屋を与える.」という文言である.この文言通りの遺贈が認められることに疑問は差し挟まれていない.

2.「alimenta を遺贈する」

> D. 34, 1, 6 Iav. 2 ex Cass.: Legatis alimentis cibaria et vestitus et habitatio debebitur, quia sine his ali corpus non potest: cetera quae ad disciplinam pertinent legato non continentur.
>
> 「alimenta を遺贈する」という形で遺贈がなされた場合には,食料,衣服と住居とが与えられねばならない.なぜなら,こうしたものがなければ,体の育成は不可能であるからである.これ以外の教育に必要な物は,遺贈には含まれない.

Iavolenus が伝えるところによると,「alimenta を遺贈する」と遺言書にあった場合には,食料や衣服とあわせ住居(habitatio)も受遺者に給付されねばならない.

> D. 34, 1, 16, 2 Scaev. 18 dig.: Basilice libertae decem dedit, quam apud Epictetum et Callistum libertos esse voluit, ut, cum fuerit Basilice annorum viginti quinque, cum usuris quincuncibus restituerentur ita, ut ex usuris aleretur, prout aetatem ampliaverit: quaesitum est, an ex alio capite, quo generaliter libertis libertabusque cibaria et vestiaria et habitationem reliquit, etiam basilice deberentur. respondit secundum ea quae proponerentur non deberi, nisi hoc quoque ei datum probaretur. Claudius: quia destinaverat alimentis eius usuras pecuniae, quas specialiter ei praelegaverat.
>
> 彼は,Basilica という被解放自由人の女性に 10 金を与え,この金銭が被解放自由人である Epictetus と Callistus の下にあることを望んだ.そして,この 10 金を 12 分の 5 の利息を付し,彼女が年齢を重ねるに応じて,この利息でもって彼女が養育されるものとし,Basilica が 25 歳となったときに,この利息とともに返還されるべきものとした.さて,次のことが問題となる.遺言の別の部分で,被解放自由人の男性や女性一般に,食料と衣服と住居(habitatio)とを遺贈していた場合,Basilica

に対しても，これを与える義務が負われるのであろうか．ある法学者は答えた．説明したことに従い，こうした義務が負われることはない．ただし，こうした物が彼女にも与えられたことが証明されるならば，この限りではない．Claudius いわく，その理由は，この金銭の利息が，生活維持のためにあてがわれており，これを遺言者は特別な形で彼女に前もって遺贈しているからである．

D. 34, 1, 16, 2 では遺言者は，Basilica という名の被解放自由人が 25 歳になるまで養育費を受け取ることができるようにするため，次のような指示を遺言書の中で行った．すなわち，まず 10 金を彼女に遺贈した上で，この金銭を別の被解放自由人 Epictetus と Callistus に委ねる．そして，この被解放自由人が 12 分の 5 の利息を Basilica に支払い，この利息分を彼女の養育費にあてる．そして，Basilica が 25 歳になったら，残余の利息と元本である 10 金とを Epictetus と Callistus とは Basilica に返還すべきものとした．このような指示がなされている遺言書の別の部分で，この遺言者は，特に名前を指定することなく，自らの被解放自由人たちに食料と衣服と住居（habitatio）とを遺贈すると記載していた．それは，例えば「自らの被解放自由人の女性と男性に食料と衣服と住居とを遺贈する」といった文言でもってなされたと考えることができよう．この場合において，Basilica もまた彼の被解放自由人であるため，Basilica も食料と衣服と住居の遺贈を受けたことになるのか否かが問題となっている．そして，Scaevola が引用する法学者（Claudius）は，Basilica はこのような遺贈を受けることはできないと解答している．ここの問題は，「被解放自由人に」という遺言の文言の中に Basilica も含まれるかというものである．ここでは，Basilica には別途記載があるのだから，それに含まれないということになったと考えられる．

ここで注目したいのは，被解放自由人一般に食料，衣服とあわせ住居が提供されるよう遺言書に記載があった場合，その遺言に基づき住居提供を受遺者が受けることができるとされている点である．上にみたように「alimenta を遺贈する」という文言があれば同じ効果が発生するが，このように 1 つ 1 つ列挙するということもあったことがわかる．

> D. 34, 1, 23 Paul. 4 ad Ner.: Rogatus es, ut quendam educes: ad victum necessaria ei praestare cogendus es. Paulus: cur plenius est alimentorum legatum, ubi dictum est et vestiarium et habitationem contineri? immo ambo exaequanda sunt.
> 君はある人を養育するように頼まれた．君は，生活するために必要な物をその人に給付するよう強制される．以下，Paulus のコメント．なにゆえ，生きていく上で alimenta の遺贈の方が（この場合には，衣服も住居もが含まれることになる）より大きいのであろうか．そうではなく，この両者は，同等視されるべきである．

遺贈により，ある者を養育する（educere）ことが義務づけられた場合，Neratius がいうには，相続人はこの者が生活していくために必要な物を給付しなければならない．これに対し Paulus は，もっと具体的に議論を進め，相続人は，この者に，alimenta が遺贈された場合と同様の物が給付されねばならないという．alimenta が遺贈された場合，相続人は，衣服や住居を給付しなければならない．したがって，ここでもまた，こうした物の給付が義務づけられることになる．

> D. 34, 1, 21 Ulp. 2 fideicomm.: Diariis vel cibariis relictis neque habitationem neque vestiarium neque calciarium deberi palam est, quoniam de cibo tantum testator sensit.
> 日々の食い扶持または食料が遺贈された場合，住居も衣服も靴の代金も（給付する）義務はないことは明らかである．なぜなら，遺言者は，食べ物に関してのみ考えているからである．

遺言書中に，alimenta を遺贈するとあるのではなく，単に食料を給付するようにとあった場合には，住居提供までは義務づけられていなことになると Ulpianus は判断している．

3．「今まで遺言者が給付していたものを給付せよ」

> D. 33, 2, 33 Scaev. 17 dig.: (pr) "Sempronio ea, quae vivus praestabam, dari volo": is etiam habitabat in testatoris domo, quae uni ex heredibus praelegata erat:

quaesitum est, an habitatio quoque debeatur. respondit nihil proponi, cur non debeatur. (1) Ex his verbis testamenti: "libertis meis, quibus nominatim nihil reliqui, quae vivus praestabam dari volo"quaesitum est, an libertis, qui cum patrono suo in diem mortis habitabant, etiam habitatio relicta videatur. respondit videri.

　「私は，生前にSemproniusに給付していた物が彼に与えられることを望む」という遺言がなされた．Semproniusは，遺言者の邸宅に居住してもおり，この邸宅は相続人の内の1人に先取遺贈されていた．さて，問題となる．相続人は，住居もまた与える義務を負うのであろうか．彼は答えた．その義務が負われないといわれることはけっしてないと．(1)「この遺言書で1人1人名前をあげなかった私の被解放自由人たちに，私は，私が生前において給付していた物が与えられることを望む．」という遺言書の文言があった場合，次のことが問題となる．すなわち，故人の死亡時において保護者と共に居住していた被解放自由人には，さらに住居もまた遺贈されたとみなすべきなのだろうか．そのように考えるべきであると，法学者某は答えた．

　Scaevolaは，遺言者が生前に受遺者に給付していた物を，遺贈として死後も引き続き相続人が受遺者に給付することを遺言者が相続人に義務づけた場合において，遺言者が生前に受遺者に住居（habitatio）を給付していたならば，相続人は受遺者にhabitatioをも給付しなければならないのかについて問題にした．そして，彼は，この場合，相続人は受遺者に住居を給付する義務を負わねばならないとした．

　D. 33, 1, 10, 3 Pap. 8 resp.: "Libertis dari volo quae viva praestabam": et habitatio praestabitur: sumptus iumentorum non debebitur, quem actori domina praestare solita fuit utilitatis suae causa: ideo nec sumptum medicamentorum medicus libertus recte petet, quem ut patronam eiusque familiam curaret, acceptabat.

　「私は，私が生前に給付していた物を，被解放自由人たちに与えることを望む．」この場合，住居もまた給付されねばならない．女主人が自己の便益のため，牧畜を行う者に給付するのを常としていた役畜の費用を与える義務はない．それゆえに，被解放自由人たる医者は，保護者の家族の治療のためにかつて受領していた薬の費用を請求することはできない．

「私は，私が生前に給付していた物を，被解放自由人たちに与えることを望む．」という文言により何を相続人は給付しなければならないかが問題になっている．ここではPapinianusが住居提供については当然給付する必要があるとみている点を確認しておけば十分である．

4. そ の 他

> D. 34, 3, 18 Paul. 9 ad Plaut.: Cassius. etiam si habitatio eo modo legata esset, gratuitam habitationem heres praestare deberet. et praeterea placuit agere posse colonum cum herede ex testamento, ut liberetur conductione: quod rectissime dicitur.
>
> 上のような形で住居が遺贈された場合であっても，相続人は無償で住居（habitatio）を給付しなければならない．そして，さらに，農地の賃借人が遺言訴訟により相続人を訴えて賃借から解放されることを求めることができることは，既に共通の理解となっている．これは，極めて正当なことであるといわれている．

D. 34, 3, 18 中の「上のような形で」というのはD. 34, 3, 16[3]にある遺贈の方法のことを指している．ここでは，賃貸人が賃借人を受遺者とし，自分の相続人に対し賃借人に賃貸人として有する債権を実行しないよう義務づけたという事例が取り上げられている．これを踏まえると，D. 34, 3, 18 では，次のような

---

[3] D. 34, 3, 16 Paul. 9 ad Plaut.: Ei cui fundum in quinquennium locaveram legavi quidquid eum mihi dare facere oportet oportebitve ut sineret heres sibi habere. Nerva Atilicinus, si heres prohiberet eum frui, ex conducto, si iure locationis quid retineret, ex testamento fore obligatum aiunt, quia nihil interesset, peteretur an retineret: totam enim locationem legatam videri, 「私が5年の期間で農地を賃貸している者を受遺者とする形で，私は，『彼が私に与えまたは為さねばならないこと，または与えまたは為さねばならなくなることは何であれ，相続人は免除することを要する』という遺贈をした．NervaとAtilicinusは，『相続人がこの受遺者の収益を禁止するならば，受遺者は賃借人訴権でもって訴えることができるとする．もし賃貸人としての権利に基づき相続人が何かを留置するならば，遺言訴権により義務を負う．なぜなら，請求することも留置することも違いはないのだから，賃貸（の権利）の全体が遺贈されたとみられるのだから．』と述べた．」

事案が取り上げられていたと考えられる．AがBに住居を賃貸していた．そして，Aは，遺言書の中で，Bに対し許容遺贈をなし，相続人に対し，自らが賃貸人としてBに対してもっている債権，または今後もつことになるであろう債権を主張してはならないと義務づけた．この場合，遺言者の相続人は，無償で受遺者に対し住居を給付しなければならないと述べている．なお，本法文の"et praeterea"以下は，住居が遺贈された場合について述べているものではなく，D. 34, 3, 16に出てくる事案についての言及である．このことは，colonusという農地の賃借人を示す単語が用いられていることから明らかである．

  D. 33, 2, 40 Alf. 8 dig. a Paulo epit.: "Illi cum illo habitationem lego": perinde est, ac si ita 'illi et illi"legasset.
  「某と共に某に住居を遺贈する」．これは，「某と某に」という形での遺贈と同様である．

 D. 33, 2, 40によると，Alfenusは，複数の人に住居（habitatio）を遺贈する場合，遺言書に"illi cum illo"（直訳すれば「某と共に某に」）と記載しても，それは"illo et illo"（直訳すれば「某と某に」）と記載したことと同じ扱いを受けると述べられている．なお，住居の遺贈においてではないが，同様の判断を後にPomponiusもMarcianusも行っている[4]．

2.　遺贈の効果

1.　Rutilius

  D. 7, 8, 10, 3 Ulp. 17 ad Sab.: Utrum autem unius anni sit habitatio an usque ad vitam, apud veteres quaesitum est: et Rutilius donec vivat habitationem competere ait, quam sententiam et Celsus probat libro octavo decimo digestorum.

---

 4) D. 30, 36, 2 Pomp. 6 ad Sab.; D. 30, 112, 2 Marcian. 6 inst.

住居は，1年の間存在するのか，それとも生涯にわたって存在するのかについて古法学者の下で問題となった．そして，Rutilius は，（受遺者が）生きている限り住居は（受遺者に）帰属すると述べている．この見解に Celsus もまたその『法学大全』18 巻で賛同している．

　Ulpianus がここで伝えるところによると，共和政期の法学者の間で，住居 (habitatio) の遺贈がなされた場合，受遺者がこれをいつまで享受できるかについて争いがあった．この問題に，Rutilius Rufus は[5]，「（受遺者が）生きている限り住居は（受遺者に）帰属する」と述べた．これと対立した別見解について知るすべはないが，Rutilius の見解よりも受遺者に不利なものであることは間違いないであろう．

2.　Ulpianus

『サビヌス注解』17 巻は，建物の使用権の遺贈を論じる中で，それと住居の遺贈との異同について以下のように述べている．

> D. 7, 8, 10 pr Ulp. 17 ad Sab.: Si habitatio legetur, an perinde sit atque si usus, quaeritur. et effectu quidem idem paene esse legatum usus et habitationis et Papinianus consensit libro octavo decimo quaestionum. denique donare non poterit, sed eas personas recipiet, quas et usuarius: ad heredem tamen nec ipsa transit nec non utendo amittitur nec capitis deminutione.

　もし住居が遺贈されるならば，使用権が遺贈された場合と同様の扱いをうけるのかどうかが問題となる．確かに，使用権の遺贈と住居の遺贈とでは，その効果がほぼ同一であることは，Papinianus もその『質疑録』の中で同意しているところであ

---

[5]　法学者の Rutilius には，Rutilius Rufus と Rutilius Maximus がいる．前者は前 105 年の執政官である．彼については Pomponius が伝えている（D. 1, 2, 2, 40）．Digesta には，彼の著作からの直接の引用はない．後者は後 3 世紀の法学者である．Digesta には，1 箇所（D. 30, 125），彼の lex Falcidia についての著作からの引用がある（Berger, Rutilius Rufus と Rutilius Maximus の項．また，Schulz (1961), 55, 231; Kunkel (1967), 261-262 をみよ）．

る．それゆえ，住居の遺贈を受けた者は，これを贈与することはできないが，使用権者が一緒に住むことができる人と同じ人をこの住居に受け入れることができる．また，この住居は相続人にも移転しない．しかし，（使用権とは異なり）不使用によって消滅したり，頭格減少によって消滅することはない．

この法文については，本章の第 7 節で取り上げる．

3. 遺贈に基づく権利の取得時期

1. Iulianus

D. 33, 2, 11 Iul. 1 ex Minic.: Habitationis legatum in singulos annos ab initio anni deberi constat.
住居の遺贈は，毎年，その年のはじめからという形でその義務が負われることは全く異論のない所である．

この法文は短くまとめられているため，2 つの解釈が可能である．第 1 に，毎年，住居を提供するということが義務づけられているという解釈である．この解釈によれば，訳文は「毎年という形で住居が遺贈された場合には，その年のはじめからその債務が負われることについて異論は全くないところである」というものになる．第 2 に，上の訳文の通り，住居の遺贈がなされた場合には，毎年，住居提供の義務が発生するというものである．

前節でみた限りでは，住居の遺贈が 1 年毎という形でなされたケースはない．ほとんどの場合，特に被解放自由人を受遺者とし，この者が生きている限りという形で与えられている．したがって，第 2 のように解し訳出した．

「1 年毎に」何かを給付するという形で遺贈は，単なる時間だけの問題にとどまるものではない．これについて以下の Ulpianus 文が比較的まとまった形で論じている．

D. 36, 2, 10-12 Ulp. 23 ad Sab.: Cum in annos singulos legatur, non unum legatum esse, sed plura constat.

（D. 36, 2, 11 Iul. 37 dig.: nec refert, singuli aurei in annos singulos legentur an in annum primum mille aurei, in secundum homo, in tertium frumentum）

D. 36, 2, 12 pr Ulp. 23 ad Sab.: nec semel diem eius cedere, sed per singulos annos. (1) Sed utrum initio cuiusque anni an vero finito anno cedat, quaestionis fuit. et Labeo Sabinus et Celsus et Cassius et Iulianus in omnibus, quae in annos singulos relinquuntur, hoc probaverunt, ut initio cuiusque anni huius legati dies cederet. (2) Inde Iulianus ait, hoc legatum si servo relinquatur, deinde post primum vel alterum annum sit liber, sibi eum adquirere. (3) Item Celsus scribit, quod et Iulianus probat, huius legati diem ex die mortis cedere, non ex quo adita est hereditas, et si forte post multos annos adeatur hereditas, omnium annorum legatario deberi.

「毎年」という形で遺贈された場合，1つの物が遺贈されたのではなく，複数の物が遺贈されたとみることで異論の全くないところである．

（例えば，「毎年，金貨一枚を遺贈する」とあろうが，「1年目は金貨1000枚，2年目は奴隷，3年目は穀物」とあろうが違いはない．）

（pr）権利発生は一度に生じるのではなく，1年毎に生じる．(1) しかし，各年の当初からなのか終りからなのか質問がなされた．Labeo と Sabinus と Celsus と Cassius と Iulianus は，「毎年」という形で遺贈されたあらゆる物に関して，各年の当初にこの遺贈の権利が発生することに賛同している．(2) さらに Iulianus は述べている．こうした遺贈が奴隷に対してなされ，1年後または数年後にこの奴隷が自由人になるならば，この者は自分のために遺贈を取得する．(3) 同じく Celsus が書き，Iulianus が賛同しているところによると，この種の遺贈は死亡のときに権利発生するのであって，相続承認のときからではない．もし複数年後に相続承認がなされるとしても，全ての年について受遺者に給付されねばならない．

毎年何かを給付するという形の遺贈がなされた場合，Ulpianus がいうには，権利発生日は，1度だけ到来するのではなく，1年毎に毎年到来する[6]　そして，Labeo，Sabinus，Celsus，Cassius，Iulianus が賛同している見解によると，そ

---

6) D. 36, 2, 12 pr Ulp. 23 ad Sab. 毎年何かを給付するという形の遺贈の際の権利発生に関しては，D. 33, 1, 4 Paul. 62 ad ed.; D. 33, 1, 8 Gai. 5 ad leg. Iul. et Pap. もみよ．この場合，Paulus は，1年目は無条件で，2年目以降は，受遺者が生存していることを条件に遺贈がなされたとみなされるとする．

の期日は，各年の始めである．そのため，受遺者が死亡した場合，遺贈は終了し，受遺者の相続人は，その次の年からの遺贈を受けることはできないことになる．

Gaius は，受遺者の相続人は，その年の残りの期間は，遺贈による利益を享受し続けることができるという．また Gaius は，この形態の遺贈の場合，受遺者の頭格減少によって遺贈が終了することはないという．こうした法学者の学説から，1 年毎に給付を義務づけられる遺贈は，alimenta の遺贈と類似の性質を有するものとして位置づけられていることがわかる．

冒頭の Iulianus 文に戻ろう．Iulianus は，住居の遺贈にあっては，毎年何かを給付するという形の遺贈がなされた場合と同様の扱いがなされるとした上で，その場合には，法学者の間で異論のない見解によれば，受遺者が権利を取得できるのは，各年の始めにおいてであると述べていると理解できよう．ここから，彼が，住居の遺贈を alimenta の遺贈と同様の性質をもつものとして捉えられていたとみることができる．

2. Ulpianus

D. 36, 2, 2 Ulp. 15 ad Sab.: Si pure sit usus fructus legatus vel usus vel habitatio, neque eorum dies ante aditam hereditatem cedit neque petitio ad heredem transit. idem et si ex die sit usus fructus relictus:

もし用益権，使用権または住居が無条件で遺贈されるならば，相続財産取得の前には，権利発生日は到来しないし，（受遺者の）相続人に対して請求権が移転することもない．始期が設定された上で用益権が遺贈された場合も同様である．

D. 36, 2, 9 Ulp. 21 ad Sab.: Si habitatio filio familias vel servo legata sit, puto non adquiri domino vel patri legatum, si ante aditam hereditatem filius vel servus decesserit: nam cum personae cohaereat, recte dicitur ante aditam hereditatem diem non cedere.

住居が家子または奴隷に遺贈された場合において，もし相続の承認以前に息子または奴隷が死亡するならば，私が思うに，この遺贈の対象は，所有者または家長によって取得されない．なぜなら，これは一身に専属するものであり，相続の承認以

前に権利発生日は到来しないのであるから.

Ulpianusは,住居が遺贈された場合には,権利発生日は,相続の承認より以前に到来することはないという.Ulpianusは,用益権に関しても同趣旨のことを述べている[7].

4. 担保問答契約の締結

D. 7, 9, 5, 3 Ulp. 79 ad ed.: Et si habitatio vel operae hominis vel cuius alterius animalis relictae fuerint, stipulatio locum habebit, licet per omnia haec usum fructum non imitantur.
住居か,奴隷の労務か,あるいはその他何らかの動物の労務が遺贈された場合であっても——こうしたものは用益権と全く完全に等しいわけではないにしても——この問答契約がなされねばならない.

ある物の用益権が遺贈された場合,その物の用益権者となった者は,その物の所有者と担保問答契約を締結し,善良なる人の判断に即して利用をするこ

---

[7] D. 7, 3, 1, 2-3 Ulp. 17 ad Sab.: Dies autem usus fructus, item usus non prius cedet quam hereditas adeatur: tunc enim constituitur usus fructus, cum quis iam frui potest. hac ratione et si servo hereditario usus fructus legetur, Iulianus scribit, quamvis cetera legata hereditati adquirantur, in usu fructu tamen personam domini exspectari, qui uti et frui possit. (3) Item si ex die usus fructus legetur, dies eius nondum cedet, nisi cum dies venit: posse enim usum fructum ex die legari et in diem constat.「用益権の権利発生日の到来は,相続の承認より前ではない.これがなされた時,既に果実の収取が可能であれば,用益権が設定される.この理由に基づき,相続財産中の奴隷に用益権が遺贈された場合には,Iulianusが書いているところによると,(この奴隷に)これ以外の物が遺贈されるならば,その物は相続財産中へと取得されるものの,用益権に関しては,使用・収益できる所有者という人格が待たれるのである.同様に,もし用益権がその開始の期日が設定された上で遺贈された場合,この期日が到来しない限り,権利発生日は到来しない.すなわち,用益権は,開始の期日を決めた上で,また終了の期日を決めた上で遺贈することが可能なのである.」

と，および用益権が消滅した後に，その時点でなお存在している物を返還することを約さねばならない (D. 7, 9, 1 pr)[8]．D. 7, 9, 5, 3 では，こうした担保問答契約は，住居（habitatio）や奴隷の労務が遺贈された場合にも締結されねばならない
と述べられている．

5. 権利の消滅

1. Modestinus

前述のように[9]，Rutilius 以来，住居の遺贈の際に受遺者が生きている限り，住居の使用が認められていた．逆にいうと，原則としてこの権利は，受遺者死亡により消滅し，受遺者の相続人には受けつがれないことになる．この点は次の Modestinus 文にも明確に示されている．

> D. 4, 5, 10 Mod. 8 diff.: Legatum in annos singulos vel menses singulos relictum, vel si habitatio legetur, morte quidem legatarii legatum intercidit, capitis deminutione tamen interveniente perseverat: videlicet quia tale legatum in facto potius quam in iure consistit.
> 毎年または毎月という形で遺贈がなされた場合，または住居が遺贈された場合，受遺者の死亡により権利は消滅する．しかし，頭格減少が生じたとしても，権利は存続する．なぜなら，この種の遺贈は，権利というよりも事実の中に存するのだから．

---

8) D. 7, 9, 1 pr Ulp. 79 ad ed.: Si cuius rei usus fructus legatus sit, aequissimum praetori visum est de utroque legatarium cavere: et usurum se boni viri arbitratu et, cum usus fructus ad eum pertinere desinet, restituturum quod inde exstabit. 「ある人の物の用益権が遺贈された場合，法務官は，次の両方のことについて担保問答契約を締結することが極めて公平であると考えた．すなわち，善良なる人の判断に即して利用をすること，そして用益権がその人に帰属しなくなったならば，その時点でなお存在している物を返還することについて．」

9) 本章第 2 節 1 参照．

2. Papinianus

上記のように受遺者の死亡時まで権利が存続することが原則であるにしても，遺贈に際し期間が設定されていればそれに従う．この点は次の法文より明らかになる．

> D. 33, 1, 10 pr Pap. 8 resp.: "Seio amico fidelissimo, si voluerit, sicut meis negotiis interveniebat, eodem modo filiorum meorum intervenire, annos senos aureos et habitationem qua utitur praestari volo." non ideo minus annua Seio pro parte hereditaria viventis filiae deberi placuit, quod ex tribus filiis Titiae duo aliis heredibus institutis vita decesserunt, cum tam labor quam pecunia divisionem reciperent.
>
> わが親愛なる友 Seius が，私の仕事に助力してくれたのと同様に，私の息子・娘たちの仕事に助力することを望むならば，私は，彼に6年間にわたり金および，彼が利用している住居が給付されることを望む．」Titia の3人の子供の内の2人が他の2人を相続人に指定した上で死亡したのであり，労務も金銭も割引が行われるのであるとして，生き残っている娘の相続分に応じて，期間が減縮した形で Seius に義務を負えばよいというわけではないことに既に異論はない．

D. 33, 1, 10 pr Pap. 8 resp. によると，遺言者 Titia は，相続人に対し Seius に次のものを給付するよう指示した．第1に，6年間にわたって金員を給付する．第2に，Seius が遺言者の死亡の時点で利用していた住居を給付する．ただし，これには条件がつけられていた．それは，Seius が遺言者の仕事を助力していたのと同じように，遺言者の3人の息子・娘の仕事を助力するというものであった．

さて，遺言者 Titia には3人の子供がいた．この内の2人が死亡し，1人の娘のみが残った．死亡した2人は，それぞれ兄弟2人を相続人に指定していた．これにより，生き残った1人の娘が兄弟2人の相続人となった．この場合において，Titia の相続人は，Seius に対して次のような要求を行った．すなわち，Seius は，遺言によれば，3人に対して6年間にわたり労務を提供しなけ

ればならなかったが，その内の 1 人が死亡したことにより，彼が提供しなければならない労務の総量は減少する．したがって，それに応じて彼が受ける利益も減少するものとし，金と住居の給付を受ける期間は短縮されるべきであると．これに対して，Papinianus は，こうした主張が認められないことは，既に法学者の間で異論のないことであると述べている．

6. Marcus 帝の宣示

　遺贈がなされた場合において，遺贈に基づき何らの給付を義務づけられた者と受遺者の間で紛争が生じ，受遺者との間で和解がなされることがある．こうした和解は，通例は，有効なものとして扱われる．しかし次の法文に伝わる Marcus 帝の宣示は，こうした和解に制限を加えている．

　　D. 2, 15, 8 pr Ulp. 5 de omn. trib.: Cum hi, quibus alimenta relicta erant, facile transigerent contenti modico praesenti: divus Marcus oratione in senatu recitata effecit, ne aliter alimentorum transactio rata esset, quam si auctore praetore facta. solet igitur praetor intervenire et inter consentientes arbitrari, an transactio vel quae admitti debeat.
　　alimenta が遺贈された場合において，指定されたものよりも少ない額が即時に支払われることでもって満足し，和解が行われるということが安易に行われていた．そこで，神なる皇帝 Marcus は，元老院で行った宣示において，こうした和解は，法務官を通した上でしか行ってはならないと定めた．

　　D. 12, 6, 23, 2 Ulp. 43 ad Sab.: Item si ob transactionem alimentorum testamento relictorum datum sit, apparet posse repeti quod datum est, quia transactio senatus consulto infirmatur.
　　同様に，alimenta が遺言によって遺され，それについて和解がなされ，それゆえに物が与えられた場合，与えられた物を取り戻すことができるのは明白である．なぜなら，このような和解は元老院議決により無効とされるからである．

Marcus 帝は[10]，alimenta（生きていく上で必要不可欠な物）が遺贈された場合には，「指定されたものよりも少ない額が即時に支払われることでもって満足し，和解が行われるということが安易に行われており」，それを防止するため「こうした和解は，法務官を通した上でしか行ってはならないと定めた」．alimenta が遺贈された場合，受遺者は，長期にわたり一定の物を相続人から受け取る権利をもつことになる．しかし，それを相続人が煩わしく思った場合，貧困な受遺者に対して即時にいくばくかの給付をなし，それと引き換えに受遺者がこの権利を放棄するよう求めるということがありうる．これは，貧困な受遺者にとってみれば即座にまとまった額の収入を得られるがゆえに魅力的であり，それゆえに相続人は受遺者が本来取得できるはずの額よりも少ない額の給付で債務を免れ，不当な利得を得ることができることになる．そこで，こうした形での和解がなされることを防ぐため，上記の宣示が出されることになった．次にみるように，この宣示が住居の遺贈の際にも適用される[11]．

D. 2, 15, 8, 1 Ulp. 5 de omn. trib.: Eiusdem praetoris notio ob transactionem erit, sive habitatio sive vestiarium sive de praediis alimentum legabitur.

住居が遺贈されたのであれ，衣服が遺贈されたのであれ，あるいは土地から産する食物が遺贈されたのであれ，和解に関して法務官によるこれと同じ審理がなされねばならない．

ここでは，上述の Marcus 帝の宣示（oratio）について述べた部分に続く段落である．Ulpianus は，住居が遺贈された場合にも，この勅法の適用があるとはっきり述べている．

---

10) divi fratres あるいは Marcus et Commodus ではなく，単に divus Marcus とあることから，この元老院議決は，Marcus 帝の単独での皇帝時代（169-176）のものと考えられる（Haenel (1857), 127）．

11) habitatio の遺贈が alimenta の遺贈にあたることについては，Savigny (1840), 110-113（サヴィニー（小橋一郎訳），101-104）および H. Dernburg, Pandekten, erster band, 5. verbesserte Aufl., Berlin 1986, 615 を参照．

7. 用益権・使用権の遺贈との相違

1. Ulpianus

　上述の D. 7, 8, 10 pr によると Ulpianus は，建物の使用権の遺贈を論じる中で，それと住居の遺贈との異同について述べている[12]．

　彼によると，住居が遺贈された場合と使用権が遺贈された場合とでは，その効果は「ほぼ同一」であるという．そして，住居が遺贈された場合の効果として，(1)受遺者はこれを贈与できないこと，(2)受遺者は，使用権者が一緒に住むことのできるような人と共に居住することができること，(3)相続人に移転しないこと，(4)頭格減少によって消滅しないこと，(5)不使用によって消滅しないことがあげられている．

　従来より，(3)にでてくる相続人とは受遺者の相続人のことを意味すると理解されている．そうすると，使用権は一身専属的な権利であるし，habitatio が遺贈された場合，受遺者は，自分が生きている限りこれを利用することができることからすると，この点に関し，使用権の遺贈の場合と habitatio の遺贈との場合で何らの相違もないことになってしまう．そこで，(1)(2)(3)は，この2つの遺贈の共通点であり，(4)と(5)は相違点であると理解されることになる[13]．

---

12) 前述 432f.

13) しかし，このような理解には難点がある．(1)と(2)が述べられた後，"tamen" という逆説の接続詞で(3)がつながれているのである．したがって，この接続詞に忠実に理解するならば，使用権の遺贈と habitatio の遺贈との共通点は(1)と(2)であり，(3)(4)(5)は相違点とならざるを得ない．そこで，"tamen" がここにあるのは，筆記人の誤記によるものであるとし，"tamen" は，元来は，(3)と(4)との間に存在したと考えられることになる．

　　B. 16, 8, 10; Noodt, Probabilium juris civilis, lib III cap. VII (opera omnia 1735); Grosso (1958), 501 n.1; 千賀(1923), 292-294. Mommsen もまた，"tamen" の位置に疑問を呈している．

住居の遺贈の際には頭格減少により遺贈が無効とならないことについては，Ulpianus が住居の遺贈を alimenta の遺贈の一形態と捉えていたと理解することにより説明が可能となる．おそらくは Hadrianus 帝によって導入されたと思われるが[14]，鉱山送りの刑の受刑者は奴隷身分におちるものとされていた．通例，奴隷身分となった場合はあらゆる権利を喪失し，その者を受遺者とする遺贈がなされていた場合には，この遺贈は無効となる．ところが，Pius 帝は

  D. 7, 8, 10 pr の "paene" は真正なものではないという見解がある．Bund (1956), 166 n. 53 は，これは Iustinianus 以前の法学者によって挿入されたものであると考える．また，Grosso (1958), 496ff. は，Iustinianus によって挿入されたと考える．両者とも，法文を修正した上で，Ulpianus は，habitatio が遺贈された場合には使用権が設定されたものになると考えていたと理解する．そして，このような Ulpianus 文を Iustinianus またはそれ以前の法学者が改竄したと考える．すなわち，habitatio の遺贈により独自の権利が設定されたという見解をとる古典期後の何者かにとっては，この場合に使用権の遺贈の際と「同一の効果」が発生すると述べる Ulpianus 文は都合が悪いため，"paene" という単語を挿入して内容を修正し，「ほぼ同一の効果」が発生すると内容を修正したというわけである．

  しかし，このような修正はその前提が成り立たない．habitatio の遺贈は，使用権や用益権の遺贈とは異なる独自の遺贈形態として（alimenta の遺贈の一形態として）把握されており，前 2 者とは区別されたものである．したがって，Ulpianus は，けっして habitatio が遺贈された場合には使用権が設定されたものになるとは考えていない．しかし，Ulpianus は，この両者の類似性を認めつつも，この両者が明確に異なる性格をもつことを指摘しているのである．そうであれば，"paene" の真正さについて，何らの疑いも差し挟むことはできないといえよう．

14) D. 47, 14, 1, 3 によると，Hadrianus が鉱山送りの刑を規定したとある．しかし，それ以前にも，この刑は存在する．Traianus 帝時代に鉱山送りの刑（damnatio in metallum）自体は存在した（Plinius, Ep., 10, 58, 3）．ここでは騎士階級の者がこの刑罰をうけており，この者たちの身分が奴隷となったとは読めない．Aristo（Traianus 帝時代）も鉱山送りの刑に言及しているが（D. 40, 4, 46），受刑者はもともと奴隷であったものである．

  Pius 帝の時代になると，受刑者の奴隷化は明らかに存在していることが D. 29, 2, 25, 3 よりわかる．また，Pius 帝時代に書かれたとされる Gaius『属州長官告示』の中にも，受刑者の奴隷化の話題が出てくる（D. 28, 1, 8, 4）．

  船田 (1968), 341 は，受刑者の奴隷化は Hadrianus 以後とある．その典拠は明らかではないが，上に述べたことから，その可能性は十分にあるといえよう．

alimentaの遺贈についてはこの原則をあてはめず，仮に受刑者が赦されて元の身分に戻った場合には，受刑者を名宛人とするalimentaの遺贈はなお有効であるとの指令を出した[15]．前述のように住居の遺贈がalimentaの遺贈である以上，当然，この指令もまた適用されることになるといえよう．

不使用により権利が消滅しないことも，この指令の適用により説明可能である．奴隷として鉱山労働に従事している間は，当然，alimentaを受給したり，habitatioを使用することはできない．したがって，不使用による消滅を認めると，Pius帝の指令が空文化してしまう．

2. Modestinus

D. 4, 5, 10 Mod. 8 diff. によると[16]Modestinusは，habitatioの遺贈の場合と，毎年または毎月一定の物を給付することが遺贈により義務づけられた場合とを別種の遺贈と比較した上で，その特殊性として，「権利というよりも事実の中に存する」と指摘している．

まずは，ここで対比されている遺贈が何であるかを考える．ここで住居の遺贈と対比されている遺贈とは，この法文の記述内容から，(1)受遺者の死亡により終了するものであり，(2)受遺者の頭格減少により消滅するものであり，(3)権利（ius）が遺贈されるものである．用益権や使用権の遺贈は，まさしくこうした特徴を備えている．既に述べたように，用益権や使用権が遺贈された場合，受遺者の死亡や頭格減少によりこれらの権利は消滅する[17]．また，この

---

15) D. 34, 8, 3 pr; D. 34, 1, 11.
16) 前述437頁．
17) Kaser (1971), 452.
   Paul. Sent. 3, 6, 29: Capitis minutione amittitur, si in insulam frucuarius deportetur, vel si ex causa metalli servus poenae efficiatur, et si statum ex adrogatione vel adoptione mutaverit.「（用益権は）頭格減少によって消滅する．それは，島流の刑，鉱山送りの刑に処せられた場合，あるいは自権者養子縁組や他権者養子縁組によって身分を変えた場合である．」この点は，D. 33, 1, 8 Gai. 5 ad leg. Iul. et Pap.; D. 7, 4, 1 Ulp. 17 ad Sab. からも明らかである．

遺贈が権利を遺贈するものであることは疑いを容れない．したがって，用益権や使用権の遺贈はこうした3つの性質を備えており，以上からModestinusがこの権利の遺贈を比較対象にしていると結論づけることができる[18]．

Modestinusは，毎年または毎月一定の物を給付することが遺贈により義務づけられた場合，遺贈義務者は，受遺者の死亡により，その給付する義務を免れることになるが，受遺者の頭格減少によっては，この義務は消滅しないという[19]．また，Modestinusは住居の遺贈の場合も同様であるとしているが，これは彼がこの遺贈を他の法学者同様alimentaの遺贈として捉えているということから説明することができる[20]．

この事実を踏まえると，Modestinusのいう「権利というよりも事実の中に存する」という文言の意味が明らかとなる．すなわち，用益権や使用権の遺贈においては，受遺者に権利（ius）が与えられる．これに対して，住居の遺贈，あるいは毎年または毎月一定の物を給付することが遺贈により義務づけられた場合のような，生活に必要不可欠な物の遺贈がなされた場合には，受遺者に権利（ius）は与えられない．自権者が頭格減少を受けた場合，その者は，以後，権利の主体となることはできない．したがって，権利が遺贈されていた場合，

---

[18] ところで，この法文と同じような対比をGaius（D. 33, 1, 8）も行っている．この法文では，毎年または毎月一定の物を給付することが遺贈により義務づけられた場合と，用益権の遺贈がなされた場合との対比がなされ，この両者は，受遺者の死亡により無効となるという点では類似するが，後者は頭格減少によって無効とならないのに対し，前者は無効となると述べられている．

[19] この原則それ自体は，Modestinusの独自の見解というわけではなく，Gaiusも同様の見解を紹介している（D. 33, 1, 8）．なお，こうした形での遺贈については，D. 33, 1, 4 Paul. 62 ad ed.; D. 45, 1, 16, 1 Pomp. 6 ad Sab. にも出てくる．

[20] なお，D. 19, 1, 21, 6 では，建物を売った売主は，habitatioか，年間10金かのいずれかを自分に給付すべきことを買主との間で合意している．ここからも，この両者が同様の性質をもつものであることを推察することができよう．D. 2, 15, 8, 3 には「毎月，毎日，または毎年給付されるようにという形で遺贈がなされた場合でも，この宣示は適用される．」とある．なお，Savigny (1840), 108-109 は，毎年または毎月一定の物を給付することが遺贈により義務づけられた場合は，alimentaの遺贈にはあたらないという．

頭格減少により，以後その権利をもつことはできず，遺贈された権利を享受することはできない．これに対して，生活に必要不可欠な物が遺贈された場合，受遺者は権利を取得しているのではなく，遺贈義務者がこうした物を受遺者に給付することが義務づけられているだけである．したがって，受遺者の身分の変更によって，遺贈の効果が左右されることはない．

　以上の Modestinus の議論において，彼は，住居（habitatio）の遺贈によって受遺者に権利が設定されたわけではないと明確に考えている．彼は，これにより habitatio という独自の権利が設定されたとも，使用権が設定されたことになるとも考えてはいない[21]．

21）　住居の遺贈に関する Modestinus の学説については，次の2法文もみよ．
　　D. 33, 2, 18 Mod. 9 resp.: Qui plures habebat libertos, testamento suo dixit se habitationem relinquere iis quos codicillis designasset: cum nullos postea designaverit, quaero, an omnes admitti debeant. respondit, si patronus, qui se designaturum personas libertorum pollicitus est, nullum postea designavit, legatum habitationis perfectu esse non videtur, non existente cui datum intellegi possit.「何人かの被解放自由人を有する者が，自らの遺言の中で，自分は，後で小書付にて指定した者に habitatio を遺贈すると述べていた．しかし，誰も指定されてはいなかった．さて，問題となる．この被解放自由人たちはすべて habitatio が遺贈されたものと許容されるのか．彼は答えた．被解放自由人を指定することを約束した保護者が，その後誰も指定しなかったのであれば，habitatio を与えられたと認識され得る者が存在しないのであるから，habitatio の遺贈が完成したとみなすことはできない．」
　　D. 33, 10, 13 Mod. 9 resp.: Respondit: numquam ex eo, quod supellectilem legavit maritus testamento, habitationem, in qua supellex fuit, legasse videtur. quare contra defuncti voluntatem habitationem sibi mulierem vindicare procul dubio est.「彼は解答した．夫が誰かに家具調度品を遺贈したという事実に基づき，この家具調度品を所蔵する habitatio もが遺贈されたとみることはけっしてできないと．なぜなら，故人の意思に反して，妻が habitatio の返還請求をできることは疑いないからである．」

第25章
住居の無償提供

住居（habitatio）が遺贈された場合に引き続き，本章では，遺贈という形式をとることなく，生きている者どうしの間（inter vivos）で住居の無償提供がなされた場合をみていくことにする．こうした形態の住居提供は，既存の法概念のいずれにも当然に包摂されるというものではないため，法学者の議論は，専らこの行為の性質決定をめぐって展開されている[1]．

1. 性質決定をめぐる議論(1)――使用貸借

1. Vivianus

D. 13, 6, 1, 1 Ulp. 28 ad ed.: Huius edicti interpretatio non est difficilis. unum solummodo notandum, quod qui edictum concepit commodati fecit mentionem, cum Paconius utendi fecit mentionem. inter commodatum autem et utendum datum Labeo quidem ait tantum interesse, quantum inter genus et speciem: commodari enim rem mobilem, non etiam soli, utendam dari etiam soli. sed ut apparet, proprie commodata res dicitur et quae soli est, idque et Cassius existimat. Vivianus amplius etiam habitationem commodari posse ait.

この告示の解釈は難しくはない．1点だけ注記しておけばよい．この告示の起草者は，使用貸（commodare）という用語を用いているが，この一方でPaconiusは，使用（uti）という用語を用いていた．使用貸という用語と使用のための供与という用語との間の相違は，Labeoによれば，類と種との間にある相違である．すなわち，彼によれば，使用貸の対象となるのは動産であって，土地までもがこの対象とはな

---

[1] 住居の無償提供の性質決定について包括的に分析する文献として岡本(1989), 228ff. がある．

るわけではないのに対して，使用のための供与の対象には土地も入る．しかし，明らかなことであるが，土地についても，これを使用貸するということは適切であり，Cassius もまたこのように判断している．Vivianus は，さらに広く，habitatio もまた使用貸の対象となりうると述べている．

D. 19, 5, 17 pr Ulp. 28 ad ed.: Si gratuitam tibi habitationem dedero, an commodati agere possim? et Vivianus ait posse: sed est tutius praescriptis verbis agere.
もし私が無償の habitatio を君に与えるならば，私は使用貸借訴訟でもって訴えることができるのであろうか．Vivianus は，これができると述べた．しかし，前書による訴訟でもって訴える方がより安全である．

D. 13, 6, 1, 1 によると，Ulpianus は，使用貸借の対象は動産のみならず土地もここに入ることがあると述べた上で，「Vivianus は，さらに広く，住居もまた使用貸の対象となりうると述べている」とする．また，D. 19, 5, 17 pr においても，Ulpianus は，無償住居提供がなされた場合に使用貸訴権（actio commdati）で訴えることができるとする Vivianus の見解を伝えている．

2. Ulpianus

上記の D. 13, 6, 1, 1 および D. 19, 5, 17 pr によると，Vivianus は，住居の無償提供が使用貸借にあたると判断した．この見解を紹介する Ulpianus は，明示的には，Vivianus の判断に対する賛否を述べてはいない．D. 13, 6, 1, 1 では，Ulpianus は，単に Vivianus の判断を引用するのみである[2]．他方，D. 19, 5, 17 pr では，Ulpianus は，Vivianus の見解を引用した後，「しかし，前書でもって訴える方がより安全である．」と述べている．「より安全」という表現から，住居の無償提供が使用貸借にあたることを完全に否定しているわけではないものの，それに躊躇も感じているということを読み取ることができる．

Ulpianus は，住居の無償提供がなされた場合，「前書でもって訴える agere

---

[2] Slapnicar (1981), 58-69 は，ここで Ulpianus は，Vivianus を支持する意図であったと推測している．しかし，必ずしもそのように理解することはできないであろう．

praescriptis verbis」（以下，「前書訴権」）ことができるという．この前書訴権は，法務官の職権に基づいて付与されるものである[3]．この訴訟が付与される場合，売買，賃約，使用貸借といったいわゆる「誠意契約」に基づく訴訟の際に用いられる定型的な方式書の請求原因表示の部分が，当該事案の具体的事情を記した前書（praescriptio）に書き換えられた方式書が作成される．この訴権が付与されるべきと法学者が判断しているのは，次の4つの場合である[4]．第1に，告示上の契約（すなわち，売買，賃約，組合，委任，消費貸借，使用貸借，質，消費貸借）に基づく訴権の内，複数のものの付与が可能である場合である．第2に，告示上の契約に基づく訴訟を付与して事案を解決することが妥当だと判断しつつも，その契約への組入れに疑義が残る場合である．第3に，当事者の行為が告示上の契約のいずれでもないが，これを独自の契約類型として承認する場合である．第4に，当事者の行為が告示上の契約のいずれにもあたらないが，相互に対価関係に立つ給付をなすことが合意されている場合である．

　D. 19, 5, 17 pr では，住居を提供した者が受領者に対して訴えを起こす場合の訴権が何であるかについて考察されている．Slapnicar は，ここでは，住居の返還をいかなる訴訟手段を用いて実現するかについて問題となっていると考えている[5]．しかし，このような解釈は D. 19, 5, 17 全体のコンテクストを考慮に入れると成り立たない．D. 19, 5, 17 pr に続く段落（§§ 1-4）では，使用貸借にも賃約にもあたらない形で物の貸し借りがなされた場合において，その物の受領者が物を滅失させたり，この物に損害を与えた場合に，物の提供者にいかなる救済が与えられるかについて論じられている．また，住居の返還のためには，自力行使が可能であるし，それが躊躇されるのであれば uti possidetis 特示命令を申請することができる以上[6]，わざわざ職権に基づく前書訴権をもち出す必要はない．したがって，ここで住居の返還が問題になっていると考える

---

　3)　クリンゲンベルク(2001), 272-281 Kaser/Knütel (2014), 278.
　4)　拙稿(2003b), 186-202.
　5)　Slapnicar (1981), 58-69.
　6)　D. 43, 17, 3, 3 Ulp. 69 ad ed.

ことはできない．むしろ居住者が住居を毀損した場合における損害賠償が問題になっていると考えるべきであろう．

それでは，Ulpianus は，こうした訴えを認めるため，なぜ前書訴権を選択したのであろうか．Ulpianus は，ここで使用貸借の成立を否定していない．他方，新たな契約類型と認識した痕跡はないし，この行為が双務有償の行為ではないことは明らかである．以上から，上の第2の場合，すなわち，告示上の契約に基づく訴訟を付与して事案を解決することが妥当だと判断しつつも，その契約への組入れに疑義が残る場合にあたると考えることができる．このことは，D. 19, 5, 17 pr の「より安全である tutius」という表現からも裏づけることができる．D. 19, 5, 19 pr においても，Ulpianus は，こうした表現の下，前書訴権を付与すべきと判断している[7]．また，D. 19, 5, 18[8] と D. 19, 5, 19, 1[9] においては，前書訴権の方が「より良い melius」と述べている．こうした法文の事案において Ulpianus は，既存の告示上の契約に基づく訴権の付与の可能性を視野に入れ，それを否定しないものの，結論としては前書訴権の方を選択している．以上から，Ulpianus は，使用貸借の成立もまた十分に視野に入れていたことは否定できないといえよう．しかし，Ulpianus がこれを肯定していたとか，あるいは使用貸借において妥当する原則がすべて無償の住居提供においても妥当するとまで考えていたとはいえないであろう．

2. 性質決定をめぐる議論(2)—— 贈与

1. Pomponius

D. 39, 5, 9 pr Pomp. 33 ad Sab.: In aedibus alienis habitare gratis donatio videtur: id enim ipsum capere videtur qui habitat, quod mercedem pro habitatione non solvit. potest enim et citra corporis donationem valere donatio, veluti donationis causa cum

---

7) 拙稿(2003a), 65-74.
8) 拙稿(2003b), 155-156.
9) 拙稿(2003a), 74-76.

debitore meo paciscar, ne ante certum tempus ab eo petam.
　他人の建物に無償で居住することは，贈与であるとみられる．なぜなら，居住者は，居住の対価を支払わないことそれ自体を取得しているとみなされるからである．事実，有体物の贈与以外であっても，贈与が有効であるということはありうる．例えば，贈与を理由として，私が私の債務者との間で，私が特定の期日までは彼に請求しないことを合意した場合がこれにあたる．

　D. 24, 1, 18 Pomp. 4 ex var. lectionib.: Si vir uxoris aut uxor viri servis aut vestimentis usus vel usa fuerit vel in aedibus eius gratis habitaverit, valet donatio.
　夫または妻が，妻または夫の奴隷または衣服を利用するならば，あるいは妻または夫の建物に無償で居住するならば，この贈与は有効である．

　D. 39, 5, 9 pr と D. 24, 1, 18 の 2 法文によると，Pomponius は，住居の無償提供を贈与（donatio）にあたると理解している．贈与（donatio）は，Iustinianus 帝法では独自の債権発生原因として位置づけられている[10]．しかし，古典法では，これは独自の債権発生原因ではない．すなわち，無償で物を譲渡する，あるいはその他何らかの利益を無償で供与するという合意は，債権関係を発生させるものではない．したがって，この合意の当事者は，その履行を求めることはできない．そして，古典法においては，贈与という概念は，必ずしも無償での物の譲渡を意味するものではない[11]．こうした意味の他，制限物権の設定あるいは放棄，問答契約による債務の締結，債権の譲渡，他人の債務の引受，債務の免除，その他単なる事実上の行為もまた贈与と呼ばれる[12]．古典法におけるこうした贈与の意味を前提にすれば，無償で住居を提供するという行為を，Pomponius が贈与にあたると述べることそれ自体は，何ら不可思議なことではない．
　古典期法においてある行為が贈与（donatio）にあたることの法的な意味

---

10) Inst. Iust. 2, 7, 2.
11) ユスティニアヌスの法学提要（Inst. Iust. 2, 7 pr）においては，贈与は，現代における贈与と同様，無償での物の譲渡を意味するものとして用いられている．
12) Kaser/Knütel (2014), 282; クリンゲンベルク(2001), 292.

は[13]．まず第1には，取得が正当化される点にある．すなわち，法的な原因のない権利関係の変動は不当利得として返還請求の対象になるが，この請求を排除するという点にある行為が贈与であることの意味がある．また，一定額以上の贈与を禁止する Cincius 法，夫婦間贈与の禁止の原則が存在し，ある行為が贈与であるということは，こうした規制に該当しうることを意味する．

さて，上記の2つの Pomponius 文に戻ろう．この両者において Pomponius は前述のように，無償の住居提供が贈与にあたるとした上で，いずれにおいてもそれが「有効である valet」と述べている．この「有効である」の意味を考えたい．

donatio valet という表現は，しばしば，夫婦間の贈与禁止の原則が適用されないことを示す表現として用いられている．すなわち，この原則が適用されないがために，贈与が当事者の意図した通りの形で有効であるとされるということである[14]．また Cincius 法の適用がされないため贈与が有効であるということを示すためにこの表現が用いられたと思われる例もある[15]．以上の用例を踏まえると，上記2法文における donatio valet の意味も，こうした贈与禁止の原則があたらないことを意味していると考えたくなるところである．

まずは，D. 39, 5, 9 pr においてこれが何を意味するかを検討する．Pomponius は，無償での住居提供は贈与とみなされると述べた上で，こうした贈与は，有体物の贈与ではないが，有効なものであるという．そして，Pomponius は，贈与として支払猶予の合意なされた場合においても，それは有体物の贈与ではないが，その贈与は有効であるという．このように，支払猶予の合意がなされた場合と，無償で住居が提供された場合とがパラレルなものとして論じられている．

多くの先行研究では，主としてこの法文では，Cincius 法の適用が問題になっているとして解釈が試みられている[16]．その論拠をまとめると次の3点とな

---

13) 吉村 (1994), 85ff.
14) 例えば D. 24, 1, 1 Ulp. 32 ad Sab. をみよ．
15) fr. Vat. 269.

ろう．第1に，この法文には"ipsum capere videtur…"とあるが，この capere という単語は Cincius 法でも用いられている文言である[17]．第2に，この法文につづく段落（D. 39, 5, 9, 1）では，贈与の対象になった物から発生した果実は，「贈与の算定額に組み入れない in rationem donationis non computatur」とあるが，これは明らかに Cincius 法を意識したものであり，この法文もまた同じ文脈の中にあると考えられる[18]．第3に，この他 D. 39, 5, 27 でも住居の無償提供が問題になっており，ここでも Cincius 法の適用の可否が問題になっている[19]．

しかし，こうした論拠は，この法文の解釈にあたり，ここで Cincius 法の適用が問題になっていることを即座に納得させるものではない．まず第1の点についていうと，capere という単語が Cincius 法の中で用いられているとしても，この単語自体は一般的によく用いられる単語であり，この単語があるからといって Cincius 法が問題になっていると必然的に結びつくわけではない．第2の点については，確かに次の段落で Cincius 法の適用が問題になっているにしても，その次の段落（D. 39, 5, 9, 1）になると，別の話題に移っており，D. 39, 5, 9 全体が Cincius 法を問題にしているわけではない．そうであるとすると，D. 39, 5, 9 pr でも Cincius 法が問題になっていると考えねばならないわけではない．特に，この段落（D. 39, 5, 9 pr）において Cincius 法が問題になっているとすると，この段落後半にでてくる請求の猶予の合意の例を Cincius 法といかに関連づけて説明するかに難しい問題が生じることになる．すなわち，猶予の合意を贈与と理解した場合，猶予の金銭価値を見積もることは不可能であり，Cincius の適用を問題にする余地はない．第3の点については，D. 39, 5, 27 は，確かに Lenel の Palingenesia によると，Cincius 法の解説に由来するとされて

---

16) Slapnicar (1981), 82ff.; 吉村 (1994), 101ff.; Stock (1932), 41f.
17) Slapnicar (1981), 86ff. は，fr. Vat. 298 の "eis omnibus inter se donare capere liceto" を論拠としてあげる．
18) Stock (1932), 41f.; Slapnicar (1981), 84ff.
19) 特に Stock (1932), 43.

いるが，仮にそうであるとしても D. 39, 5, 27 の事例において Cincius 法の適用が肯定されていると必ずみなければならない理由はない．以上のようにみてくると，先行研究がとっている理解は再検討の余地は十分にあるといえよう．

　ところで，前章および本章でみてきたように，元主人が自らの被解放自由人のために無償で住居を提供し，さらに死亡した後に備え，今住んでいる住居に住み続けさせる義務を相続人に課す目的で債権遺贈を行っている．こうした形でなされる行為が住居の無償提供の典型事例である．もちろんこういう典型例がすべてではないにせよ，典型的行為がこういうものである以上，住居の無償提供に，奢侈禁止を内容とする Cincius 法が適用されたという見方をすることには違和感を感じざるを得ない．また，期間の定めを付さず，ある種の恩恵的行為としてなされる住居無償提供をいかにして金銭に見積もることができるかについても疑問が残る．この Pomponius 文にあるように，支払うべき賃料が免除されているという見方をとるならば，1 年や 2 年といったように期間の定めがあれば明確に金銭評価はできるものの，いつまで続くかわからない形で住居が提供された場合に，今後いつまで続くかわからない免除額を算定することは不可能である．もちろん過去にさかのぼる形で免除された賃料額を算定することはできるが（Pomponius の意図はむしろここにあるとみるべきであろう），Cincius 法がいわゆる不完全法であり，既に履行された分の贈与までも無効にするものでない以上，この分の算定が可能であることは Cincius 法の適用にとっては何の意味ももち得ない．以上のように考えると，Cincius 法が無償住居提供一般に適用されたとみることは困難であろう．また上記のような典型的な場合にあたらない場合にあって Cincius 法の適用がありうることを完全に排除できないとしても，少なくとも D. 39, 5, 9 pr において Cincius 法の適用が問題になっているとみることはできない．そうである以上，この法文における「贈与は有効である valere donatio」という表現の意味は，別の角度からの説明が試みられる必要がある．

　有体物の贈与は，単に贈与するという約束が無方式の合意という形で締結された段階では，この約束は法的拘束力をもち得ない．すなわち，受贈者は，贈

与者に贈与の約束の実行を求めることはできない．しかし，一度，贈与者が有体物を引渡すならば，贈与についての合意は，受贈者が引渡された物の所有権を取得するための正当な原因となる．そして，それゆえに，贈与者は，受贈者に対して，物の返還を求めることも，不当利得の請求をすることもできない．贈与が有効であるということの意味は，有体物に関しては，このようなものであると考えることができる．Pomponius は，こうした有体物の贈与以外でも，「贈与が有効である」場合があるという．そして，その例として，債権者と債務者との間で，特定の期日までは請求しないという合意がなされた場合をあげるのである．A が B に何らかの債務を有していたとする．そして，この両者の間で，特定の期日までは，B が A にこの債務を弁済するよう要求しないことが合意された．すなわち，B は A の債務の支払を猶予するという合意が締結された．このような合意は，これは問答契約という形をとっていない無方式なものであるものの，法的に相手方にその遵守を要求できる．すなわち，約定の期日到来の前に，債権者が訴訟により履行を請求してきた場合，債務者は抗弁でもって対抗できる[20]．このように，A と B との間でなされた支払猶予の合意は，法的に拘束力あるものとなっている．そして，ここでは，支払猶予の合意が贈与であり，それが有効であるとは，受贈者が合意の遵守を相手方に求めることができること，あるいは逆に，債権者は債務者に約定の期日が到来するまで履行を請求できないことを意味している．

　Pomponius は，無償での住居提供という行為は，提供者が受領者に対し賃料を請求しないという合意の上で，提供者が住居を提供するという行為であると理解する．そして，賃料を請求しないという合意をここで「贈与」と呼び，こうした贈与が有効であるとする．支払猶予の合意がなされた例と，無償での住居提供とをパラレルなものとして位置づけていることから，ここでいう「有効」の意味は，支払猶予の事例における「有効」の意味と同じものであると考えることができる．そうであれば，ここの「有効」の意味は，合意が法的拘束

---

[20] Gai. inst. 4, 122.

力をもつこと，すなわち受贈者の立場にたつ住居の受領者は，贈与者の立場にたつ住居の提供者に賃料相当額の免除を主張できること，あるいは逆に，提供者は，受領者に賃料相当額の支払を求めることはできないということを意味していると考えられよう[21]．住居の提供者が無償で住居を提供するという合意を反古にし，賃料相当額の支払を求めるということは，十分にありうることであろう．この場合，提供者は，非債弁済を理由として，賃料相当額の支払を求めることになろう（D. 12, 6, 65, 7 Paul. 17 ad Plaut.）．これに対して，受領者としては，無償で提供するという合意の存在を主張することになる．Pomponius は，こうした合意が法的に拘束力をもつこと，すなわち提供者の請求は退けられるべきであることを，この法文で述べているものと考えることができる[22]．

続いて D. 24, 1, 18 における「贈与が有効である」の意味をみていこう．無償の住居提供が贈与であるということであれば，夫婦間の贈与禁止の原則が適用されるかについても問題となる．夫婦間でなされる贈与は無効である．Cincius 法の場合とは異なり，仮に既に履行されていたとしても無効となり，返還を要求できる．

Slapnicar は[23]，住居の無償提供が贈与である以上，当然に，この原則の適用があり，それゆえ夫婦間でこの行為がなされた場合はこの「贈与」は無効であったはずであり，ここで贈与が有効であるなどというはずがないという．その上で「贈与は有効である valet donatio」とあるところを，Slapnicar は「贈与である est donatio」と読み替えている．

Stock もまた[24]，ここでこの原則の適用があると考える．Stock は，住居を提

---

21) Slapnicar (1981), 99ff. は，これとは全く逆に，Pomponius が既に居住した分について賃料相当額の返還を認めるべきと考えていたとする．
22) ただし donatio valet という表現がこうした意味で用いられている例を法史料中に指摘できるわけではない．この点に本文中に示した解釈の難点がある．さしあたり，古典期後期の手による要約がここでなされており，その際，古典期の用語法から逸脱する形での改変がなされたと推測しておくことにしたい．
23) Slapnicar (1981), 103ff.
24) Stock (1932), 44ff.

供したり，衣服を利用させたりする行為は使用貸借にあたると考える．そして，こうした行為が夫婦間でなされた場合には，夫婦間贈与の禁止の原則が類推適用されて無効となると考える．しかし，こうした理解は，D. 24, 1, 18 を修正した上で導かれたものであり，史料に立脚しているとはいえない．

　住居の無償提供が贈与にあたることは確かであるにしても，ここで当然に夫婦間贈与の禁止の原則が妥当するとは限らない．D. 24, 1, 18 を素直に読むならば，住居の無償提供は贈与にあたるものの，これが夫婦でなされたとしても，夫婦間贈与の禁止の原則は適用されず，この贈与は有効であると述べているものと理解でき，これを無理に読み替える必要はない[25]．

2. Scaevola

　　D. 39, 5, 32 Scaev. 5 resp.: Lucius Titius epistulam talem misit: "ille illi salutem. hospitio illo quamdiu volueris utaris superioribus diaetis omnibus gratuito, idque te ex voluntate mea facere hac epistula notum tibi facio": quaero an heredes eius habitatione eum prohibere possunt. respondit secundum ea quae proponerentur, heredes eius posse mutare voluntatem.

　　Lucius Titius は，次の手紙を書いた．「某から某へ．君は，君が望む限り，この家の上にあるすべての部屋を無償で利用して結構です．君がこうしたことを私の意思に基づいてできるということを，私はこの手紙で君にお知らせいたします．」私は次のことを問題にする．Lucius Titius の相続人は，彼がこの住居を使用することを禁ずることができるのだろうか．法学者は答えた．ここまで述べられた限りからすると Lucius Titius の相続人は，意思を変えることができる．

　Lucius Titius（以下L）は，手紙の名宛人（以下X）に家（hospitium）の上にある部屋（diaeta）を利用してよいと伝えた．そして，Lの相続人が，Lの意思を変更し，Xを追い出すことができるのかについて問題となっている．この法文に引用されている法学者の見解は，これは可能であるというものであった．

　この法文において，Lの相続人がXを追い出すことができるとの結論が導か

---

25) Zimmermann (1990), 488 n. 69.

れたのは，LとXとの行為が懇願的貸借（precarium）にあたると判断されたためであるという見解がある[26]．しかし，ここで，法学者が懇願的貸借の成立を考えていたことを積極的に示す証拠はない．また，この法文中のどこにも，この行為が懇願的貸借にあたるとは示されていない．また，Lの相続人がXを追い出すことができるという結論は，法学者がLとXとの行為を懇願的貸借に組み入れたがゆえに導かれたものとは限らない．建物の占有者は，その建物内に居住する者がいた場合，uti possidetis 特示命令を利用することにより[27]，あるいは自力でこうした居住者を追い出すことができる．これに対して，居住者は，占有をめぐる争いではなく，本権をめぐる争いにおいて，自己の居住する権利があると主張することができるならば，最終的に勝訴し，以後も居住を継続することができる．しかし，LとXとの間で問答契約は締結されていないし，この行為は賃貸借にあたらない．また，この両者の行為が使用貸借にあたるともされていない．この他，Lが用益権（usus fructus），使用権（usus）といったいわゆる人役権の設定を受けているとみることもできない．以上のように，Xには，居住を根拠づける法的原因がない．それゆえに，Scaevola が引用する法学者は，Lの相続人がXを追い出すことができるとの結論を出したものと考えられる．

3. Papinianus

D. 39, 5, 27 Pap. 29 quaest.: Aquilius Regulus iuvenis ad Nicostratum rhetorem ita scripsit: "quoniam et cum patre meo semper fuisti et me eloquentia et diligentia tua meliorem reddidisti, dono et permitto tibi habitare in illo cenaculo eoque uti". defuncto Regulo controversiam habitationis patiebatur Nicostratus et cum de ea re

---

26) 岡本(1989), 211 は，役権としての habitatio が precarium として提供されていると考えている．こうした理解は，註釈の中にもあらわれているし（Glossa ad Lucius (D. 39, 5, 32)）その後の法源解釈の歴史の中でも，こうした理解は繰り返されている．田中(2006), 170ff. によると，デ＝カストロが，こうした理解をとっている．

27) D. 43, 17, 3, 7 Ulp. 69 ad ed.

mecum contulisset, dixi posse defendi non meram donationem esse, verum officium magistri quadam mercede remuneratum Regulum ideoque non videri donationem sequentis temporis irritam esse. quod si expulsus Nicostratus veniat ad iudicem, ad exemplum interdicti, quod fructuario proponitur, defendendus erit quasi loco possessoris constitutus, qui usum cenaculi accepit.

　Aquilius Regulus が若かりし頃に，弁論家 Nicostratus に次のような手紙を書いた．「あなたは，私の父とも一緒にいてくれたし，あなたの雄弁さと勤勉さとにより，私に利益を与えてくれたので，私はあなたに贈りものをすることにし，あなたがこのケーナークルムの中に住み，それを使用することを許します．」Regulus が死亡した後，Nicostratus は，住居（habitatio）をめぐる諍いに巻き込まれた．そして，彼は，この件に関して私に相談した．私は，「彼は自らを守ることができる．ここには単なる贈与があるのではない．むしろ，Regulus が，教師の仕事にある種の対価でもって返礼を与えたのであり，それゆえに，これから後の贈与が無効であるとは思われない」と述べた．もし Nicostratus が追い出されて法廷へとやってくるならば，用益権者のために下される特示命令を模範として，彼は防御されねばならない．それは，あたかもケーナークルムの使用権を受領し，占有者のごとき地位を与えられた者のように．

　D. 39, 5, 27 では，次の事案が問題となっている[28]．Aquilius Regulus は，手紙により，無償で Nicostratus に住居を提供した．その手紙は，「あなたは，私の父とも一緒にいてくれたし，あなたの雄弁さと勤勉さとにより，私に利益を与えてくれたので，私はあなたに贈りものをすることにし，あなたがこのケーナークルムの中に住み，それを使用することを許します．」というものであった．そして，Regulus が死亡した後，Regulus の相続人と Nicostratus との間で紛争が生じた．それは，Regulus の相続人が Nicostratus に退去を求め，これを Nicostratus が拒否するというものであった．ここでの争点は，Nicostratus がこれ以後も住み続けることができるか否かという点にある．

　この事案の解決にあたり，Papinianus は，「教師の仕事にある種の対価でも

---

28) 吉野（1965），66ff.; 岡本（1989），228ff.; 吉村（1994），94ff.; 吉村（1997），159ff. また拙稿（2007），129ff. 注釈学派以降のこの法文の解釈の歴史については，田中（2007），159ff. が詳細な分析を加えている．

って返礼を与えたのであり，それゆえに，これから後の贈与が無効であるとは思われない」と述べている．Papinianus もまた，ここで，無償で住居を提供するという合意を「贈与」と呼んでいる．既に履行が終わった分に関して「贈与」が有効であることは，すなわち紛争が生じる時点までに関しては，無償で住居を提供するという贈与が有効であり，賃料相当額の請求ができないことについては，法学者の間で何ら異論のないことであろう．ところが，ここでPapinianus は，さらに進めて，未だ履行が終わっていない分，すなわち紛争が生じた以降についても，返礼であるがゆえにこの「贈与」は有効であり，それゆえに，居住者である Nicostratus は，以後も居住し続けることができるとする．

返礼として贈与の約束がなされた場合，その贈与の約束が法的拘束力をもつという原則が当時確立していたわけではない[29]．しかし，Papinianus は，まさしく返礼として与えられた贈与であることを理由として，贈与の約束に法的拘束力を与えている．これは，結局のところ Papinianus の創造にかかるものといえよう．すなわち，Papinianus は，本来，贈与の約束は法的な拘束力をもち得ないものであるが，返礼として贈与の約束がなされた場合には，これをもつべきであると考え，新たな原則を打ち立てた上で，本事案においてNicostratus を勝訴させるべきであると考えたとみるべきであろう[30]．

---

29) 吉野(1965), 78-80; 吉村(1997), 154.

30) 吉野(1965), 67; 吉村(1994), 96f.; 吉村(1997), 160 も, remuneratio という論拠は，Cincius 法の適用を排除するためのものと捉えている．しかし，前述のように住居の無償提供に Cincius 法が適用されたか否かは極めて疑問である．また仮にCincius 法の適用があったとしても，紛争時点以降の住居提供がいかにして法的に請求可能なものとなるかの説明を要する．すなわち古典法において贈与は債権発生原因としては位置づけられていないため，単なる合意のみではその実行を求める債権の発生は肯定されないし，問答契約や握取行為（や引渡）における控除といった行為がなされているわけでもない．D. 39, 5, 27 の事例にあって使用権の設定があるという見方をすれば，Nicostratus が生きている限り住む権限があるとして，紛争時点以降の住居提供を Regulus の相続人に義務づけることができるかもしれない．しかしこの法文の末尾を除き，Papinianus が使用権の設定について言及している痕

なお，こうした見解は，古典期の法学者の中において，完全に彼独自のものであるというわけではない．古典期において委任は無償での労務提供と理解されていた．しかし，謝礼として金銭が支払われる慣行があり，古典期においては，特別審理手続においてこうした謝礼の支払をもとめることができた．Ulpianusは，委任において謝礼（honor）を支払うことを「返礼をする」（remunerare）という単語を用いて表現している（D. 17, 1, 6 pr Ulp. 31 ad ed.）．上述のように，古典期ローマ法における贈与（donatio）という概念には，一定の作為を無償で行うことも含まれる．このような作為からなる贈与と委任とは，実態として非常に類似した行為ということになる．そのため，委任において謝礼の請求を認めることは，返礼としての贈与の約束の履行を要求することと近似することになる．D. 39, 5, 27に示されているPapinianusの見解は，こうした委任における謝礼の請求と同じ地平にあるものと考えることができると思われる[31]．

　最後に，Papinianusは，「もしNicostratusが（部屋から）追い出されて法廷へとやってくるならば，用益権者のために下される特示命令を模範として，部屋の使用権を受領し，占有者のごとき地位を与えられた者のように，彼は防御されねばならない．」と述べている．この部分については，本章第4節2で考えることにする．

　跡はない．またケーナークルムという建物の一部を対象とする使用権の発生が認められたとも思えない．

31）　D. 50, 13, 1 pr Ulp. 8 de omn. trib.: Praeses provinciae de mercedibus ius dicere solet, sed praeceptoribus tantum studiorum liberalium. liberalia autem studia accipimus, quae Graeci $\varepsilon\lambda\varepsilon\upsilon\theta\acute{\varepsilon}\rho\iota\alpha$ appellant: rhetores continebuntur, grammatici, geometrae.「属州総督は，報酬に関して裁判をなすことを常とするけれども，自由人にふさわしい学業の教師のそれについてだけである．自由人にふさわしい学業とは，ギリシア人がエレウテリアと呼んでいるものと理解される．修辞家，文法家，測量師はこれに包含されるものとする．」（訳文は林（2007），104による）．
　この法文については林（1994），35f.；吉村（1997），162f.；林（2007），109f.をみよ．

3. 性質決定をめぐる議論(3)——懇願的貸借

D. 43, 26, 15, 1 Pomp. 29 ad Sab.: Hospites et qui gratuitam habitationem accipiunt non intelleguntur precario habitare.
　客人や無償の住居（habitatio）を受領する者は，懇願的貸借によってそこに居住するとはみなされない．

　懇願的貸借（precarium）とは，「懇願によって請求してくる者に，提供者が許容する限りという形でもって，使用を目的として（何らかの物を）渡すこと」である[32]．ここでは，物の受領者はその物の所有権を取得するわけではなく，それを一時的に使用するために，提供者から受領者に渡されるにすぎない．この懇願的貸借は，元来は，占有法上の概念であり，債務関係を発生させる契約とは考えられていなかった．したがって，これについての合意は，訴求可能なものではなかった．また，提供者が物を受領者に渡したとしても，提供者は，これを貸しておくという債務は負わなかったし，受領者としてもこれを返す債務は負わなかった．しかし，古典期には，こうした懇願的貸借は，「固有の緩やかな無償の貸し借り関係」として理解され[33]，Ulpianus は，この行為と使用貸借とが類似していると述べている[34]．このように懇願的貸借が使用貸借に類

---

[32] D. 43, 26, 1 pr Ulp. 1 inst.: Precarium est, quod precibus petenti utendum conceditur tamdiu, quamdiu is qui concessit patitur.「懇願的貸借とは，懇願により使用を求める者に対し，貸与者が許容する限りということでこれを許す行為である．」
[33] Kaser (2003), 125-126.
[34] D. 43, 26, 1, 3 Ulp. 1 inst. なお，Ulpianus 自身，この両者が類似していることは指摘しているが，その相違については述べていない．この両者の相違をまとめると次のようになる．第1に，使用貸借においては，貸主は，期限の終了または目的の達成まで返還を要求できないが，precarium においては，貸主は，任意の時に返還を要求できる．第2に，使用貸借においては，借主は，占有者としての保護を受けないが，precarium においては，占有者としての保護を受ける．第3に，使用貸借においては，貸主は，借主に対して actio commodati によって返還を要求するのに

似する「緩やかな貸し借り関係」と捉えられたことであれば，無償の住居提供がこれにあたるのではという疑問が生ずるのも当然といえよう．

しかし，Pomponius は，無償で住居の提供を受けた者は，懇願的貸借によって居住しているわけではないという．また，Scaevola (D. 39, 5, 32) も Papinianus (D. 39, 5, 27) も，事案解決にあたり懇願的貸借について全く言及していない．

4. 性質決定をめぐる議論(4)── 使用権

1. Pomponius

> D. 7, 1, 32 Pomp. 33 ad Sab.: Si quis unas aedes, quas solas habet, vel fundum tradit, excipere potest id, quod personae, non praedii est, veluti usum et usum fructum. sed et si excipiat, ut pascere sibi vel inhabitare liceat, valet exceptio, cum ex multis saltibus pastione fructus perciperetur. et habitationis exceptione, sive temporali sive usque ad mortem eius qui excepit, usus videtur exceptus.
>
> ある人がただ1つしか所有しない建物または土地を引渡す場合，土地ではなく人に属するものを留保することができる．それは，例えば使用権であり用益権である．しかし，自分のために放牧することや，そこに居住する権限が留保された場合であっても，多くの牧場地や牧養地から果実を収取することが許されるのであるから，この除外は有効である．また，住む権限（habitatio）が留保された場合，それが一時的なものであれ，留保者が死ぬまでということであれ，使用権が留保されたものとみなされる．

対し，precarium においては，interdcitum de precario によってこれを要求する．第4に，使用貸借においては，借主は custodia 責任を負うのに対し，precarium においては故意責任を負う．この他，使用貸借は専ら動産を対象とするものであり，precarium は不動産を対象とするものであるとか，使用貸借は期限付きでなされるものであり，precarium は無期限でなされるといった点に相違があるとの指摘がなされることもある．しかし，使用貸借は不動産についても行うことができる（D. 13, 6, 1, 1 Ulp. 28 ad ed.）．また，precarium が期限付きでなされることもある（D. 43 26, 4, 4 Ulp. 28 ad ed.）．以上の点については，クリンゲンベルク(2001), 181; Zimmermann (1990), 190 をみよ．

この法文によると，Pomponius は，建物を引渡す際に，譲渡者が引き続きそこに住むことを譲受人に認めさせる合意がなされた場合には，譲渡者に建物の使用権が設定されたことになるという．

　使用権は遺贈により設定されるのが通例であるが，ここでは引渡（traditio）の際に居住することを許容させるとの合意がなされたという事例がとりあげられている．仮にこれが握取行為（mancipatio）による譲渡であれば，その際になされた合意には法的な拘束力が発生する[35]．無論，握取行為を廃止した Iustinianus がこの法文に改竄を加え，もともとは「握取行為により譲渡した mancipio dat」とあったところを「引き渡した tradit」と書き換えた可能性は否定できない[36]．他面，用益権の控除と同様，単なる引渡の際の合意によって，少くとも法務官法上，こうした権利の設定が認められるということもあり得よう．

　ここで注目したいのは，habitatio が留保された場合，Pomponius は，使用権が留保されたものとすると述べている点である．まずここでいう habitatio の意味であるが，これは，すぐ上に出てくる "inhabitare liceat" の言い換えであると読むのが素直な解釈といえよう．そうであれば，単純に「住むこと」ないしは，上記訳文に示した通り「住む権限」といった意味と解してよいと思われる．

　前述第 24 章第 7 節でみたように，Ulpianus と Modestinus は，住居の遺贈と建物の使用権の遺贈との間の類似性を認めつつも，この両者の相違を指摘していた．それにもかかわらず，なぜ Pomponius は，上記の法文において「住む権限」が遺贈された場合に，使用権の設定を認めているのであろうか．この点については，この他の多くの habitatio の遺贈や無償提供の場合と異なり，この法文では，ある建物全体を対象とする居住が問題になっているという観点からの説明が可能であるように思われる．すなわち，多くの場合 habitatio の遺贈や無償提供は，部屋（diaeta）やケーナークルム（cenaculum）といった，建

---

35) Kaser/Knütel (2014), 53.
36) Lenel, Pal, Sp. 143 (Pomponius 775).

物の中の居住用のスペースの使用が問題になっているのに対し，ここではそのような限定は問題になっていないことから，ここでは建物全体を譲渡するものの，引き続き元の所有者がこれを使用し続けるという事案が取り上げられているとみることができるであろう．そうであれば，使用権の設定を認めるという Pomponius の結論も納得のできるものとなる．

2. Papinianus

D. 39, 5, 27 の末尾で，Papinianus は，「もし Nicostratus が追い出されて法廷へとやってくるならば，用益権者のために下される特示命令を模範として，彼は防御されねばならない．それは，あたかもケーナークルムの使用権を受領し，占有者のごとき地位を与えられた者のように」と述べている（前述 458 頁以下参照）．前述第 17 章第 4 節で述べたように，法務官告示の中には，用益権者のための，unde vi 特示命令と同様の機能を有する準 unde vi 特示命令が規定されていた．Ulpianus によるとこの特示命令は使用権者もまた申請することができた[37]．Papinianus がここでいう特示命令はこの特示命令のことを指していると考えることができる．

しかしなぜ Papinianus は Nicostratus にこの準 unde vi 特示命令の申請を認めているのであろうか．その 1 つの答えは，Nicostratus が使用権者であるというものであろう．法文末尾の"qui usum cenaculi accepit"は，Nicostratus がケーナークルムの使用権を取得しているという Papinianus の理解を示すものと読めなくもない．しかし，管見ながらケーナークルムやタベルナといった物件を建物から独立した 1 つの権利対象としている例をあげることができないし，こうした建物の一部が用益権や使用権の対象となっている例もみあたらない．確かに古典期後期になると，無方式の設定行為による用益権の設定が認められており（第 12 章第 2 節 3 参照），これと同様の現象が使用権においてもおきているとするならば，D. 39, 5, 27 の事例にあって単なる手紙によって住居提供

---

[37] D. 43, 16, 3, 16 Ulp. 69 ad ed.

の約束がなされたとしても，使用権の設定を肯定するということもあり得ない話ではない．しかし，この法文の"quod si expulsus"より前の部分にあって，Nicostratusが使用権を取得していることを示す記述は存在しない．仮にPapinianusがこの事案にあってNicostratusの使用権取得を肯定しているならば，返礼（remuneratio）という理屈を持ち出すことなく，紛争が生じた時点以降についてもNicostratusの居住する権限を肯定することができるはずである[38]．

このように考えるならば，Papinianusがこの事例にあって使用権の発生を肯定しているとはいえない．Papinianus自身，"quasi"という用語を用いていることから，Nicostratusが使用権者そのものであるとまでは考えていないとみてよいであろう．しかしそれと同様の保護をここでは受けるべきとの判断の下，準unde vi特示命令の申請を例外的に認めたものと解すべきであろう．

5. Marcus帝の宣示

第24章第5節で述べたように，Marcus Aurelius Antoninus帝の宣示（oratio）は，alimenta（生きていく上で必要不可欠な物．ここには衣服，食料，住居が含まれる）が遺贈された場合，受遺者と相続人との間で安易な和解がなされることがないよう，こうした事項についての和解は法務官の下でなされることを要求した．以下の史料の中でUlpianusは，alimentaの給付が遺贈等の死因処分によらず生きている者どうしの間で約された場合，この宣示の適用があるかについて論じている．

D. 2, 15, 8, 2 Ulp. 5 de omn. trib.: Haec oratio pertinet ad alimenta, quae testamento

---

[38] 使用権の設定は肯定されるものの，Cincius法の適用を主張することで，未履行分についてはRegulusの相続人は住居提供を拒絶しうるが，返礼としての贈与であるのでCincius法の適用はないという理解も可能かもしれない．しかし前述のように（本章第2節1），住居の無償提供にCincius法の適用があったとは思えない．

vel codicillis fuerint relicta sive ad testamentum factis sive ab intestato. idem erit dicendum et si mortis causa donata fuerint relicta vel ab eo, cui mortis causa donata sunt, relicta. sed et si condicionis implendae gratia relicta sunt, adhuc idem dicemus. plane de alimentis, quae non mortis causa donata sunt, licebit et sine praetore auctore transigi.

　この宣示は，遺言であれ，小書付であれ，あるいは遺言によるものであれ無遺言によるものであれ，遺されたあらゆる alimenta に関係する．また，alimenta が死因贈与された場合，死因贈与を受けた者に alimenta 給付が義務づけられた場合も同様である．また，条件が付されている場合も同様である．もちろん，死因によらずして贈与された alimenta については，法務官抜きで和解ができる．

　この法文の末尾で Ulpianus は，「もちろん，死因によらずして贈与された alimenta については，法務官抜きで和解ができる．」と述べている．alimenta の遺贈の際には住居の提供も義務づけられることからすると[39]，死因によらずに alimenta が贈与された場合に住居の提供もここに含まれると解することができる．そして，Ulpianus は，この場合には Marcus 帝の宣示の適用はないとする．

6. 引越の特示命令

　引越の特示命令（interdictum de migrando）は，元来，建物の賃借人の保護のための特示命令である．しかし無償の居住者の保護のためにもこれが用いられたことが以下の史料より明らかになる．

　　D. 43, 32, 1, 3 Ulp. 73 ad ed.: Si tamen gratuitam quis habitationem habeat, hoc interdictum utile ei competet.
　　しかし，無償の住居を有する者にも，この特示命令の準特示命令が与えられる．

---

39)　D. 34, 1, 6 Iav. 2 ex Cass.

この史料によると，Ulpianus は，引越の特示命令の申請を無償居住者にも認めている．この特示命令は，元来は住居の賃貸借の場合に適用されるものである（D. 43, 32, 1, 1）．しかし，Ulpianus は，住居が無償で提供された場合にも，この特示命令が類推されて準特示命令が出されると述べているのである．すなわち，彼は，無償で住居が提供された場合において，居住者が持ち込んだ物を持ち出すことを提供者等が禁ずるならば，居住者は，法務官に訴え出て，この準特示命令によって，提供者の実力行使を禁止してもらうことができると考える．

　無論，無償の居住者は，提供者に対して賃料支払の債務を負ってはいない．しかし，無償の居住者が住居を毀損した場合，提供者が損害賠償の賠償を求めるということはありうる．そして，居住者がこの損害を賠償しない場合，提供者は，賃貸借の場合と同様，居住者が持ち込んだ物を差し押さえたものと考えられる．このような差押えが正当な根拠に基づくものではない場合，無償の居住者は提供者に対して，物の返還を求めるため準特示命令を利用できたものと思われる．

　あるいは別のケースも考えられる．D. 20, 2, 5 pr Marcian. l. s. ad form. hypoth.[40]では，インスラの所有者Aから住居を賃借しているBが，この住居の一部をCに無償で提供している場合にあって，Cが持ち込んだ物をAが差し押さえたとする．このとき Pomponius は，Cの物はAのBに対する賃料債権を担保する質物とはならないとする．そうであれば，CはAに自らの物をAから取り返すため引越の特示命令を用いることができたと想像される．

---

40) D. 20, 2, 5 pr Marcian. l. s. ad form. hypoth.: Pomponius libro tertio decimo variarum lectionum scribit, si gratuitam habitationem conductor mihi praestiterit, invecta a me domino insulae pignori non esse.「Pomponius が『諸講義集』13巻で書いているところによると，賃借人が無償で住居を私に提供している場合において，私が持ち込んだ物はインスラの所有者のための質物とはならない．」

第 26 章
居住権の「物権」化

　本章では，無償居住者の地位の物権化についてみることにする．しかしこの点についての古典期の学説を伝える史料はわずかしかなく，占有関係と不法行為関係のみをあげることができるにとどまる．

　habitatio は，Iustinianus 帝法では独自の物権的権利として位置づけられるに至っており，この点についても本章であわせてみておくことにしたい．

1. 占 有 関 係

1. Gaius

　Gai. inst. 4, 153 の中に，占有関係における無償居住者の地位について言及がなされている．

> Gai. inst. 4, 153: Possidere autem videmur non solum, si ipsi possideamus, sed etiam si nostro nomine aliquis in possessione sit, licet is nostro iuri subiectus non sit, qualis est colonus et inquilinus. per eos quoque, apud quos deposuerimus aut quibus commodaverimus aut quibus gratuitam habitationem praestiterimus, ipsi possidere videmur.
>
> 我々自身が占有している場合のみならず，我々の名義でもって別の者の占有下にある場合にも，我々が占有しているとみられることがある．この別の者が，例えば colonus や賃借居住人といった我々の権利に服属していない場合であっても，また我々が寄託した者，使用貸借として貸した者，無償で住居を提供した者を通しても，我々が占有しているとみられる．

　ここに明確に書かれているように，無償居住者は占有者ではない．賃借居住

人と同様，占有関係においては所有者の有する占有を補助する地位におかれている．

2. Papiniaus

上述の D. 39, 5, 27 によると[1]，Papiniaus は，無償居住者に対し，準 unde vi 特示命令を付与すべきとする．この結論は，無償居住者を使用権者に類するものとして捉えることによって導かれている．

2. 不法行為関係

不法侵害に関する Cornelius 法の文脈の中で，Ulpianus は無償居住者についても言及している（D. 47, 10, 5, 2 Ulp. 56 ad ed.）[2]．それによると，無償居住者の住む住居に侵入した者は，不法侵害により責を負うとされている．

3. Iustinianus 法における habitatio

次の史料から habitatio の遺贈について Iustinianus 帝が大きな関心を有していることがわかる．

> Inst. Iust. 2, 5, 5: Sed si cui habitatio legata sive aliquo modo constituta sit, neque usus videtur neque usus fructus, sed quasi proprium aliquod ius. quam habitationem habentibus propter rerum utilitatem secundum Marcelli sententiam nostra decisione promulgata permisimus non solum in ea degere, sed etiam aliis locare.
>
> しかし，habitatio が遺贈その他の方法により設定されるならば，この habitatio は，使用権でも用益権でもなく，それとは異なる権利の如きものであると考えられる．この habitatio を有する者には，事物の便益のために，Marcellus の見解に従って，私の決定が公布されたことにより，そこに居住することのみならず，それを他

---

1) 前述第 25 章第 4 節 2 参照．
2) 前述第 22 章第 7 節参照．

人へと賃貸することも私は許可した．

　これによると，habitatioが遺贈その他の方法で設定された場合，受遺者は，用益権や使用権とならんで人役権の1つに位置づけられ[3]，かつこれらとは区別されるhabitatioという権利（ius）を取得する．そして，Iustinianusは，Marcellusの見解を採用し，habitatioという権利をもつ者はこれを賃貸する権限もまたもつと宣言している．なおこのMarcellusの見解に相応する学説をDigesta中に見出すことはできない．

　これと，同趣旨のことは，Iustinianusによる次の勅法でも述べられている．

　　C 3, 33, 13 pr (Iust. 530年): Cum antiquitas dubitabat usu fructu habitationis legato, et primo quidem cui similis est, utrumne usui vel usui fructui an neutri eorum, sed ius proprium et specialem naturam sortita est habitatio, postea autem si possit is cui habitatio legata est eandem locare vel dominium sibi vindicare, auctorum iurgium decidentes compendioso responso omnem hiusmodi dubitationem resecamus.
　かつてはhabitatioの用益権が遺贈された場合において，まず第一に，これが何に類似しているのかについて論争があった．すなわち，使用権に類似しているのか，それとも用益権に類似しているのか，はたまたこのいずれにも類似しておらず，habitatioは独自の権利（ius）であり，特別の性質を取得しているのかについて論争があった．それに続けて，このhabitatioを遺贈された者が，このhabitatioを賃貸したり，あるいは所有権を自分に取り戻すことができるのかについても論争となった．そこで，私は，法学者たちの間の見解の相違を有益な解答によって決着をつけ，この種の論争をすべて除去した．

　この勅法によると，habitatioが独自の権利であるかをめぐってかつて論争があり，Iustinianusは，それに決着をつけるために，この勅法を出したとのことである．

　以上のように，Iustinianus法において，habitatioという単語は，用益権や使

---

3) Inst. Iust. 2, 5, 6. また，Inst. Iust. 2巻5章，Digesta 7巻8章のタイトルは「使用権とhabitatioについて De usu et habitatione」となっている．

用権と同様の物権的な権利であり，かつこれらとは区別される独自の性格を有するものとして捉えられており，habitatio の遺贈とは，こうした権利，すなわち居住権の設定という効果をもたらすことになる．Iustinianus によると，こうした物権的な居住権は彼自身が創設したものではない．すなわち，彼は，かつて habitatio を用益権や使用権とは区別される独自の権利として認めるかをめぐり議論が存在し，その議論に終止符を打ったのだと述べている．したがって，彼の言葉を信用するならば，Iustinianus 同様，habitatio を独自の権利であると考えた者が彼以前に存在していたことになる．そして，このように考えた者が古典期の法学者であるならば，古典期に habitatio は物権的な居住権という意味でも用いられており，さらに habitatio の遺贈によりこうした権利が設定されたものとして扱うという学説が存在したことになる[4]．しかし，現存する史料から判断する限り，古典期にこうした見解の対立が存在した痕跡はない[5]．

---

[4] 船田（1969），581 は，こうした議論が古典期に存在したことに疑問を呈してはいない．

[5] この問題について考察している文献として，Glück (1808), 455; Bund (1956), 166; Grosso (1958), 496-499 がある．Glück は，D. 7, 8, 10, 2 に依拠して Priscus Javolenus と Neratius Priscus とは，habitatio を独自の権利であると考えていたと述べている．これに対し，Grosso や Bund は，D. 7, 8, 10 pr に itp. があるという前提の下，古典期の法学者は，habitatio が遺贈された場合に独自の権利が設定されるのではなく，使用権が設定されたことになると判断したと考える．こうした場合に独自の権利が設定されるという見解は，Grosso によると Iustinianus によって，Bund によると Iustinianus 以前のある法学者によって導入されたものである．Schindler (1966), 290-292 は，C. 3, 33, 13 の解釈にあたり，Bund に従っている．また，Schulz (1951), 391，Kaser (1971), 454 n. 78; Kaser (1975), 306 n. 37 も，古典期に独自の権利としての habitatio が存在したことに否定的である．

第 27 章
第Ⅳ部小括

1. habitatio の遺贈

1. 遺言の方法・効果

habitatio の遺贈についての学説は，最も古いものは，共和政期の Rutilius までさかのぼる．その後，古典期を通じ，盛んに議論がなされ，その末期までに理論的整理もなされている．

habitatio の遺贈は，遺言書の中に habitatio を与える旨の記述を入れることによって行われる．許容遺贈や信託遺贈という方法でこれをすることも可能である[1]．受遺者の名前は，1人1人遺言書中に列挙することもできるし[2]，また遺言書には「後で小書付にて指定する」と書いておいて，小書付の中に受遺者の名前を記載することもできる[3]．さらに，名前を特定することなく「被解放自由人たちに」という形で一般的に指定することも可能である[4]．

habitatio を遺贈するという文言が遺言書中になければ，原則として habitatio の遺贈が有効に成立することはない[5]．しかし，「alimenta を遺贈する」という

---

1) D. 33, 2, 34 pr Scaev. 18 dig.; D 34, 3, 18 Paul. 9 ad Plaut.
2) D. 8, 2, 41 pr Scaev. 1 resp.; D. 33, 2, 34 pr Scaev. 18 dig.; D. 34, 1, 16, 2 Scaev. 18 dig.; D. 33, 2, 33 pr Scaev. 17 dig.; D. 33, 1, 10 pr/3 Pap. 8 resp.
3) D. 33, 2, 18 Mod. 9 resp.
4) D. 33, 2, 34 pr Scaev. 18 dig.; D. 33, 2, 33, 1 Scaev. 17 dig.
5) D. 33, 2, 38 Scaev. 3 resp.; D 34, 1, 16, 2 Scaev. 18 dig.

形で遺贈がなされた場合や[6]、「生前に給付していたものを給付する」という形で遺贈がなされた場合において、生前に habitatio が給付されていたのであれば、habitatio が遺贈されたことになる[7]。その他、養育する義務が遺贈によって負わされた人も、受遺者に habitatio を給付するよう義務づけられる[8]。

habitatio が遺贈された場合、受遺者は、遺贈義務者（相続人または別の受遺者）に対し habitatio を提供するよう要求し[9]、受遺者自身がこの habitatio の中に居住することができる。受遺者は、habitatio を他人に贈与することはできない[10]。しかし、建物の使用権者が自らと共に居住することができるような人、例えば配偶者、奴隷、家族、被解放自由人、賃借人、客人などと共に[11]、ここに居住することができる。Iustinianus 法では、habitatio の遺贈を受けた者は、自らがそこに居住することなく、これを他人に賃貸することができる[12]。そして、このような見解は、Iustinianus によれば、古典期の法学者 Marcellus に由来するものである。しかし、Marcellus がこのような見解をもっていたことを示す根拠を Digesta の中に見出すことはできない。Marcellus が habitatio について言及しているのは、D. 19, 2, 9, 1 の中においてのみであるが、ここでは、habitatio の遺贈を受けた者がこの habitatio を誰かに賃貸するという事実関係が問題になっているわけではない。また、habitatio の賃貸借が取り上げられているその他の法文においても[13]、habitatio の遺贈を受けた者がこれを賃貸しているという事案が問題になっているものはない。

遺言書中に、受遺者が habitatio をもつことのできる期間が明示された場合

---

6) D. 34, 1, 6 Iav. 2 ex Cass.
7) D. 33, 1, 10, 3 Pap. 8 resp.; D. 33, 2, 33 pr-1 Scaev. 17 dig.
8) D. 34, 1, 23 Paul. 4 ad Ner.
9) この点は D. 34, 3, 18 では明確に表現されている。
10) D. 7, 8, 10 pr Ulp. 17 ad Sab.
11) D. 7, 8, 4, 1-D. 7, 8, 7.
12) Inst. Iust. 2, 5, 5; C. 3, 33, 13, 1.
13) D. 2, 14, 4 pr Paul. 3 ad ed.; D. 19, 2, 5 Ulp. 28 ad ed.; D. 19, 2, 19, 6 Ulp. 32 ad ed.; D. 19, 2, 25, 1 Gai. 10 ad ed. provinc.; D. 20, 2, 2 Marcian. l. s. ad form. hypoth.

は，当然，受遺者は，この期間のみ habitatio の提供を受けることができる[14]．また，「受遺者が生きている限り」という形でなされることもある[15]．こうした期間について遺言書中に記載がない場合にも，受遺者が生きている限り，受遺者は habitatio をもつことができると，法学者たちは判断している[16]．

habitatio の遺贈の際，期間の定めがある場合，期間の満了により受遺者の権利は消滅する．また，遺贈中において「受遺者が生きている限り」という形で habitatio の遺贈がなされた場合は，その遺言に基づき，受遺者の死亡により，受遺者の権利は消滅する．そして，遺言書中に期間の定めがない場合も，法学者たちは，受遺者が生きている限り受遺者は habitatio をもつことができると判断し，その当然の帰結として，受遺者が死亡すれば，その権利は消滅し，受遺者の相続人は habitatio を相続することはできない[17]．なお，habitatio が遺贈された場合，受遺者の権利は，用益権・使用権とは異なり，不使用や頭格減少によって消滅することはない[18]．

habitatio が遺贈され，受遺者と遺贈義務者との間で行われた和解により，受遺者の権利が消滅することもある．ただし，こうした和解は，Marcus 帝の宣示により，法務官の立ち会いの下でなされることが求められ，当事者のみでなされたものは無効とされる．

2. alimenta としての habitatio の遺贈

habitatio の遺贈は，alimenta の遺贈の一形態ないしはそれと同様のジャンルに属するものと法学者たちは理解している．Cassius（あるいは Iavolenus）は，

---

14) D. 33, 1, 10 pr Pap. 8 resp.
15) D. 8, 2, 41 pr Scaev. 1 resp.; D. 33, 2, 34 pr Scaev. 18 dig.
16) D. 7, 8, 10, 3 Ulp. 17 ad Sab.
17) D. 7, 8, 10 pr Ulp. 17 ad Sab. また，D. 36, 2, 9 Ulp. 21 ad Sab. も参照．権利発生日以前に受遺者が死亡した場合には，受遺者の相続人は habitatio を取得できない．これもまた，habitatio が受遺者自身に専属的なものであることの帰結である．
18) D. 7, 8, 10 pr Ulp. 17 ad Sab.; D. 4, 5, 10 Mod. 8 diff.

alimenta が遺贈された場合，habitatio を給付する義務が生ずるという[19]．また Iulianus は，habitatio の遺贈の受給権は毎年発生するとする[20]．

　Marcus 帝は，alimenta が遺贈された場合において，受遺者と遺贈義務者が和解をして，遺贈義務者が別の物の給付でもって alimenta の給付にかえようと思うならば，この和解は，法務官の立会の下でなされることを要し，これなしで行った和解は効力をもたないと定めた．Ulpianus は，habitatio の遺贈の際にもこの宣示の適用があると明言している[21]．ここからも habitatio の遺贈が，alimenta の遺贈の一形態ないしはそれに類するものと理解されていることがわかる．

　おそらくは Hadrianus 帝の時代からと思われるが，鉱山送りの刑の受刑者は身分を奴隷におとされるものとされていた．奴隷身分となることは私法上は，死亡と同じ効果をもち，これによりその者が有していた権利はすべて失われる．ところが Pius 帝は，alimenta の遺贈による受給権に関しては，その例外を定め，鉱山送りになっても受給権は失われず，受刑者が赦されて元の身分に戻った場合には，alimenta の給付を求めることができると定めた[22]．そして，Ulpianus や Modestinus は，この定めを habitatio の遺贈にも適用している[23]．Ulpianus は，不使用による受給権の不消滅についても言及しているが[24]，これもまたこの文脈の中にあるといえる．

　これに対し，用益権や使用権の遺贈は，通例は，こうした「生きていく上で必要不可欠な物 alimenta」の遺贈とは考えられていない．無論，こうした物の給付を目的として用益権が遺贈されることもあり，そうした場合には，例外的にのみこの勅法（Marcus 帝の宣示に基づく元老院議決）が適用されることになる[25]．遺贈により受遺者が用益権を取得した後，頭格減少を受けた場合も，受

---

19)　D. 34, 1, 6 Iav. 2 ex Cass.
20)　D. 33, 2, 11 Iul. 1 ex Minic.
21)　D. 2, 15, 8, 1 Ulp. 5 de omn. trib.
22)　D. 34, 8, 3 pr Marcian. 11 inst.; D. 34, 1, 11 Paul. 10 quaest.
23)　D. 7, 8, 10 pr Ulp. 17 ad Sab.; D. 4, 5, 10 Mod. 8 diff.
24)　D. 7, 8, 10 pr Ulp. 17 ad Sab.

遺者は用益権を喪失する[26]．用益権が遺贈された場合，受遺者が一定期間にわたってその権利を行使しない場合，用益権は消滅する[27]．また，使用権は，用益権と同じ方法により設定され，同じ方法により消滅する（D. 7, 1, 3, 3 Gai. 2 rer. cott.）．したがって，使用権に関しても同様である．事実，これが頭格減少や不使用により消滅することは，D. 7, 8, 10 pr Ulp. 17 ad Sab. に明瞭に述べられているところである．また，D. 7, 4, 22 Pomp. 6 ad Q. Muc. では，使用権が不使用により消滅することを前提に議論が展開されてる[28]．こうした点は，habitatio の遺贈と大きく異なる点であるといえる．

3. 用益権・使用権との異同

Ulpianus や Modestinus が habitatio の遺贈と用益権・使用権の遺贈とを区別していたことは D. 7, 8, 10 pr と D. 4, 5, 10 に明確に述べている通りである．また，habitatio の遺贈は alimenta の遺贈の一形態ないしはそれに類似するものと捉えられているのに対し，用益権・使用権はそうではない．こうした点から，法学者たちがこの両者を区別していたことは明らかであるといえるが，次の法史料中の用語の比較から，この区別が広く法学者一般に通じるものであったとみることができる．

ローマの遺贈には，物権遺贈，債権遺贈，許容遺贈，先取遺贈，信託遺贈がある．このいずれも，遺言書または小書付の中にその旨を記載することによってなされる．どの遺贈がなされているかは，遺言書記載の文言に従って判断さ

---

25) D. 2, 15, 8, 23 Ulp. 5 de omn. trib.
26) Paul. Sent. 3, 6, 29; D. 33, 1, 8 Gai. 5 ad leg. Iul. et Pap.; D. 7, 4, 1 Ulp. 17 ad Sab.
27) Kaser (1971), 453.
　　Paul. Sent. 3, 6, 30: Non utendo amittitur ususfructus, si possessione fundi biennio fructuarius non utatur, vel rei mobilis anno.「土地の保持を 2 年間行使しない場合，あるいは動産の保持を 1 年間行使しない場合には，用益権は不使用により消滅する．」
　　この点は，D. 7, 1, 5 Pap. 7 quaest.; D. 7, 1, 12, 4 Ulp. 17 ad Sab.; D. 7, 4, 20 Paul. 15 ad Plaut.; D. 7, 4, 25 Pomp. 11 ex var. lectionib. からも明らかである．
28) D. 7, 4, 22 Pomp. 6 ad Q. Muc.

れた．遺言書中に「私は……を与え遺贈する do lego」「私は……を与える do」「私は……を遺贈する lego」とある場合，ここでの遺贈は物権遺贈ということになる[29]．他方，「私の相続人は，私の……を与える債務を負いなさい」あるいは「私の相続人は，……を与えなさい」とあれば，債権遺贈がなされていると判断されることになる[30]．

ところで，人役権という物権的な権利が遺贈により設定されるためには，物権遺贈によって遺贈を行うのが最も効率的である．この方法によるならば，相続人の特段の行為を要することなく，遺言が発効した時点で受遺者は用益権や使用権といった人役権を取得することができる．事実，Digesta 中において，用益権の遺贈の文言を探してみると[31]，「私は用益権を与え遺贈する usum fructum do lego」[32]，「私は用益権を与える usum fructum do」[33]，「私は用益権を遺贈する」[34]といった文言が用いられており，多くの場合，物権遺贈という形で用益権の遺贈がなされていることがわかる[35]．

古典期において habitatio が独自の人役権として存在していたのであれば，これを遺贈するにあたり，物権遺贈という方法が用いられたであろうと予想されるところである．しかし，Digesta 中に伝わる遺言書では，一例を除くと[36]，「某に habitatio が給付されることを望む（aliqui habitationem praestari volo）」[37]，「某に habitatio が帰属することを望む aliqui habitationem pertinere volo」[38]といった，物権遺贈という効果を発生させるものではない文言が用い

---

29) Gai. inst. 2, 193.
30) Gai. inst. 2, 201.
31) 使用権の遺贈の文言は，管見ながら見つからなかった．
32) D. 7, 1, 19 pr Pomp. 5 ad Sab.; D. 7, 1, 20 Ulp. 18 ad Sab.; D. 33, 2, 41 Iav. 2 ex post. Labeonis.
33) D. 7, 1, 34 pr Iul. 35 dig.
34) D. 7, 4, 3 pr Ulp. 17 ad Sab.; D. 33, 2, 37 Scaev. 33 dig.
35) なお，債権遺贈という方法により用益権が遺贈されることもあった．D. 33, 2, 19 Mod. l. s. de heuremat.
36) D. 33, 2, 40 Alf. 8 dig. a Paulo epit.
37) D. 33, 1, 10 pr Pap. 8 resp.

られている．

　また，用益権や使用権の遺贈においては，どういったタイプの遺贈をするのであれ，「用益権」や「使用権」といった用語を入れた上で，これを遺贈する旨の記載をしておくことが必要であったと思われる[39]．ところが，habitatio の遺贈の場合は，habitatio という文言が明らかに記載されておらず，例えば「生きていく上で必要不可欠な物 alimenta」[40]，「生前に給付していた物」[41]が遺贈された場合にも，habitatio が遺贈されたものとして扱われている．さらに，「家具調度品を遺贈する」[42]「日々の食い扶持または食料を遺贈する」[43]といった記載がなされている場合にも，結果的に否定されているとはいえ，法学者たちは，habitatio の遺贈が有効になされているか考察している．

　用益権は，「他人の物を，その実質（substantia）を変えることなく，利用したり，そこから収益をあげたりする権利（ius）である．」[44]と定義されるように，これは権利（ius）であると明確に理解されている[45]．しかし，habitatio が権利（ius）であるとする記述はない．ただし，D. 7, 8, 12, 1 には，別荘の使用権が与えられた場合，使用権者は，habitatio の他に，散歩したり，騎乗する権利（ius）をもつとある．散歩したり騎乗したりする権利とならんで habitatio がでてくることから，この habitatio は，権利という意味をもっていると考えることができる．しかし，ここでは，別荘の使用権が与えられた場合，使用権者にはいかなる権利があるかについて論じられているのであって，独自の人役

---

38) D. 33, 2, 34 pr Scaev. 18 dig.
39) D. 7, 8, 10, 1/2 の事案はこの例外をなす．ここでは，χρῆσις が遺贈された場合，「彼にこの邸宅の用益権を居住のために」という文言でもって遺贈がなされた場合に，使用権が遺贈されたことになると判断されている．
40) D. 34, 1, 6 Iav. 2 ex Cass.
41) D. 33, 1, 10, 3 Pap. 8 resp.; D. 33, 2, 33 pr-1 Scaev. 17 dig.
42) D. 33, 10, 13 Mod. 9 resp.
43) D. 34, 1, 21 Ulp. 2 fideicomm.
44) D. 7, 1, 1 Paul. 3 ad Vitell.
45) D. 7, 1, 2 Cels. 18 dig. も参照．

権として捉えられているとまではいえない[46]．

用益権や使用権に関しては，この権利を設定することを表現するため，constituere という動詞が用いられている[47]．また，古典期の法学者たちは，一旦，この権利を取得した後，この権利が消滅することを finire という動詞を用いて表現している[48]．しかし，こういった単語が habitatio に関して用いられた例はない．

さらに，使用権が遺贈される場合には，例えば「邸宅の使用権（domus usus）を遺贈する」「建物の使用権（aedium usus）を遺贈する」「別荘の使用権（villae usus）を遺贈する」という形で遺贈がなされる[49]．そして，これにより，邸宅の所有権を相続人が取得し，その邸宅上に設定された使用権を受遺者が取得することになる．これに対して，habitatio が遺贈される場合には，単に「habitatio を遺贈する」という形で遺贈がなされ，「建物の habitatio を遺贈する」，「集合住宅の habitatio を遺贈する」という記述は，唯一の例を除き[50]，見出すことはできない．insulae habitatio という表現は，D. 19, 1, 53, 2 Lab. 1 pith にでてくる．しかし，ここでは遺贈について問題となっているわけではない．また，ここの habitatio は，「住むこと」を意味していると考えられる．

4. habitatio の意義

以上でみてきたように，古典期の法学者たちは，habitatio が遺贈された場合

---

46) D. 7, 8, 12, 1 Ulp. 17 ad Sab.
47) 用益権については，D. 7, 1, 3 pr Gai. 2 rer. cott.; D. 7, 1, 36, 1 Afr. 5 quaest.; D. 7, 1, 61 Ner. 2 resp.; D. 7, 1, 17, 2 Ulp. 18 ad Sab.; D. 7, 1, 5 Pap. 7 quaest.; D. 7, 8, 16, 1 Pomp. 5 ad Sab. に，使用権については，D. 7, 8, 1, 1 Gai. 7 ad ed. provinc.; D. 7, 8, 14, 1/3 Ulp. 17 ad Sab.; D. 7, 8, 16, 1 Pomp. 5 ad Sab. にでてくる．
48) 用益権については，D. 7, 1, 3, 3 Gai. 2 rer. cott.; D. 7, 1, 7, 1 Ulp. 17 ad Sab.; D. 7, 1, 62, 1 Tryph. 7 disp. などを，使用権については，D. 7, 1, 3, 3 Gai. 2 rer. cott. を参照．
49) domus usus: D. 7, 8, 2, 1 Ulp. 17 ad Sab.; D. 7, 8, 4 pr Ulp. 17 ad Sab.; D. 7, 8, 18 Paul. 9 ad Plaut.; D. 7, 8, 22, 1 Pomp. 5 ad Q. Muc. aediusm usus: D. 7, 8, 17 Afr. 5 quaest. villae usus: D. 7, 8, 12 pr Ulp. 17 ad Sab.
50) D. 8, 2, 41 pr Scaev. 1 resp.

に，用益権や使用権と区別される独自の物的な権利が設定されたことになるとは全く考えていない．また，この場合に使用権が設定されるとも考えていない．彼らは，この場合，単に habitatio という住居が遺贈されたのであり，これにより遺言者の相続人は受遺者に対して habitatio というものを給付する義務を負うことになると考えていたにすぎない．

　それでは，habitatio という単語が指し示す住居とは，どのようなものであったのであろうか．この点について，以下，Digesta の記述を手掛りにして考えてみることにする．

　D. 19, 1, 53, 2 Lab. 1 pith. では，集合住宅（insula）の売買にあたり，インスラの中の habitatio が複数の居住者のために控除されている．この控除により，買主は居住者に habitatio を給付する義務を負う．D. 19, 2, 19, 6 Ulp. 32 ad ed. では，集合住宅が倒壊または焼失したことにより，habitatio の賃貸借が終了したものとして扱われている．D. 20, 2, 5 pr Marcian. l. s. ad form. hypoth. では，集合住宅の賃借人が誰かに habitatio を無償で提供した場合，この提供を受けた者がこの habitatio の中に持ち込んだ物は，賃借人が集合住宅の所有者である賃貸人に対して負っている債務の担保とはならないと述べられている．以上の史料においては，habitatio はインスラの中にあること，これはそして多数の区画に分割されている集合住宅の中の一区画のことを意味していることが理解される．Vitruvius 2, 8, 17 にでてくる habitatio もまた，このようなものを意味している[51]．

　D. 21, 1, 17, 15 Ulp. 1 ad ed. aedil. curul. の事案では，被解放自由人は，保護者の建物（aedes）の中にある habitatio に居住している．ここでは，建物（aedes）という単語が用いられているが，この建物とは邸宅（domus）であると理解してよいと思われる．被解放自由人の住む habitatio は，施錠可能な部屋である．そして，被解放自由人のもつ奴隷がこの habitatio から逃亡したが，保護者の家の内部にとどまっていた場合に，この奴隷が逃亡奴隷として扱われるか否か

---

51)　森田(1969), 105, 583.

について問題となっている[52]．そして，Caelius は，この場合，この奴隷は逃亡奴隷となると判断している．他方，Caelius は，被解放自由人の住む部屋が，他の部屋と廊下を共通にしているような部屋であり，そこから奴隷が逃亡したのであれば，結論は逆になると述べている．以上のような論述の中で，habitatio が保護者のもつ邸宅の中にある一定の独立性をもった部屋のことを意味していることは明らかである．

D. 33, 2, 33 pr Scaev. 17 dig. では，遺言者の生前，被解放自由人が遺言者のドムス（domus）に居住しており，遺言者が，この被解放自由人に，自分が生前に給付していた物を遺贈したという事案が取り上げられている．この場合，Scaevola は，この邸宅を相続した者は，この被解放自由人に habitatio を給付しなければならないという．おそらく，遺言者は，自らの邸宅の一部に被解放自由人を住まわせていたものと推測される．そして，Scaevola によると，相続人は，引き続きそこに被解放自由人を住まわせる義務を負う．このように理解するならば，habitatio は邸宅の中にある一区画のことであると理解することができよう．これと同じことが D. 33, 2, 33, 1 Scaev. 17 dig. でもいえる．

D. 33, 2, 34 pr Scaev. 18 dig. では，domus の中の habitatio が複数の被解放自由人に遺贈されている．遺言者は，被解放自由人たち（遺言によって解放される者も含む）に，(1) 遺言者が埋葬されることになる土地，(2) 邸宅（domus）の中の habitatio を信託遺贈という形でもって与えた．そして，土地は，被解放自由人たちの一身上の権利とし，彼らの中のある者が死亡した場合，その者の持分は彼らの相続人には移転せず，信託遺贈を受けた他の被解放自由人に譲渡されるものとした．これは，最後の１人が死亡するまで続けられ，最後の１人が死亡したならば，土地と家とは，アレラス市（Arelas）の公共の物となるものとされた．また，同様に，邸宅（domus）の中の habitatio についても，被解放自由人たちの死亡の後には，アレラス市（Arelas）の公共の物となるものとされた．ここでもまた，habitatio は，邸宅の中の一部分のことを意味している．

---

52) D. 21, 1, 17, 1 Ulp. 1 ad ed. aedil. curul. に，Caelius による逃亡奴隷の定義が紹介されている．

以上から，habitatio という単語は，第一義的には集合住宅（insula）または邸宅（domus）の中の，独立性の比較的低い，間貸しされる一区画のことも意味しているといってよいであろう[53]．

2. 死因によらない住居の無償提供

1. 住居の無償提供の実態

実際には様々な形で住居の無償提供は行われていたことが想像されるが，ここで問題にしたいのは法学者が取り上げている無償提供がどういう形でなされるものであったのかという点である．法学上の議論である以上，奴隷や家子といった権利能力を有しない者が居住者となる場合はここからはずれる．

まず法文中から提供者と居住者との関係が明確に読み取れるものをみていこう．D. 21, 1, 17, 15 Ulp. 1 ad ed. aedil. curul. の事案では，被解放自由人に元主人が住居を提供している．D. 33, 1, 10, 3 Pap. 8 resp. や D. 33, 2, 33, 1 Scaev. 17 dig. では，被解放自由人に無償で住居を提供していた元主人によって「私が生前に給付していた物を被解放自由人に与える」という遺言がなされている．無償住居提供は原則としてはいつでも撤回可能であるため，いま住んでいる被解放自由人たちを相続人が追い出してしまうということが危惧される．そこで元主人は住居を遺贈するという遺言書を書いたと考えられる．この他，D. 39, 5, 27 Pap. 29 quaest. では，かつての弁論術教師に対して住居が無償で提供されている．D. 33, 1, 10 pr Pap. 8 resp. では，「親愛なる友」なる Seius に，6 年間，Seius がいま使っている住居を提供するよう遺贈で相続人に義務づけており，

---

[53] もちろん法史料中のあらゆる habitatio がこの意味であるわけではない．すなわち，D. 19, 1, 53, 2 Lab. 1 pith.; D. 7, 8, 10, 2 Ulp. 17 ad Sab. Ulp. 17 ad Sab.; D. 7, 8, 12, 1 Ulp. 17 ad Sab.; D. 7, 1, 32 Pomp. 33 ad Sab.; D. 8, 2, 41 pr Scaev. 1 resp. における habitatio という単語は上記の意味をもつものとして読むことはできない．しかし，これらは，動作名詞として「住むこと」あるいはそこから意味が派生する形で債権的意味での「住む権限」のことを意味するものとして用いられていると読むことが可能である．

Seius に遺言書作成時点で無償で住居が提供されていたことがわかる．Seius と遺言者との関係はわからないが，遺贈の条件として遺言者に対して行っていた助力を遺言者の娘たちに行うことがあげられているところからすると，被解放自由人かそれに類似するような従属関係がここにあると推測することも可能であろう．この他，D. 24, 1, 18 Pomp. 4 ex var. lectionib. では夫婦間で住居の無償提供が行われている．

　無償居住の形態に関する法学者の認識枠組みは，「排水または投棄に関する告示」[54]をめぐる議論から読み取ることができる．ある建物の窓から液体や固形物が道に投棄され，これにより通行人が被害を受けた場合，通行人は，この告示に基づき損害の2倍額を請求する訴権を有する[55]．この訴権の被告は，投棄がなされた建物の窓の部分に居住している者である[56]．ここでいう居住について Ulpianus は，「自分の建物に住んでいるのであれ，賃借して住んでいるのであれ，無償であれ居住という．もちろん客人は責を負わない．なぜならそこに居住してはおらず，一時的に滞在しているにすぎないのだから．」[57]とする．ここから無償居住者もこの訴権の被告になることとあわせ，客として住んでいる者が居住者ではないと捉えられていることがわかる．この少し後で Ulpianus は，無償居住者について「ある者が無償で自分または妻の被解放自由人または庇護民に住居を提供した場合，こうした者の行為について提供者自身が責を負うと Trebatius は述べている．これは正当である．同じことがささやかなる客間を自分の友人に提供した場合にも言われるべきである」[58]と述べ，被解放自由人や庇護民に無償で提供された場合にあって，こうした者の投棄により訴えが起こされる場合には，被解放自由人や庇護民自身ではなく提供者が被告となるとする．Ulpianus は，このように同じく無償居住者であっても，この訴権

---

54) D. 9, 3, 1 pr Ulp. 23 ad ed. Lenel, EP, 173f.
55) この告示については，Zimmermann (1992), 301ff. が詳しい．
56) D. 9, 3, 1, 4 Ulp. 23 ad ed.
57) D. 9, 3, 1, 9 Ulp. 23 ad ed.
58) D. 9, 3, 5, 1 Ulp. 23 ad ed.

による責任を負う者と，被解放自由人や庇護民のようにこれを負わない者があるとする．

住居の無償提供の形態を考える上でもう1つ参考になるのは，D. 19, 2, 5 Ulp. 28 ad ed. である．ここで Ulpianus は，住居が賃貸され，その後賃料が免除されたとしても，locatio conductio に基づく訴えが可能であるとする．すなわち，この場合には，対価を支払うことなく居住してはいるものの，通例の無償の住居提供とは異なり，locatio conductio への包摂が肯定されている．

ローマの法学者たちのいう無償の住居提供とは，確かに，対価なしでなされる住居の貸借を意味している．しかし，こうした無償の住居提供は，特定の法的効果と結びついた1つの一体的な行為としては捉えられていない．無償性というメルクマールは，あくまでも消極的に住居の無償提供という行為を特徴づけるものであるにすぎない．そして，このように特徴づけられた住居の無償提供という行為の中には，様々な行為がいわば雑多な形で存在している．その中で最も頻出し，おそらくは最も典型的なものとして理解されているのが，元主人から被解放自由人への住居提供である．この他，夫婦間でなされる住居提供，賃料免除故に結果的に無償となった住居提供というものも出てくる[59]．そしておそらくは用益権や使用権に基づいて居住している者もまた，無償の居住者として捉えられていたと想像される．この中の後三者では，居住者は，提供者との関係において法的に独立した対等な主体たる地位が与えられているものの，元主人と被解放自由人との間の無償提供においては，確かに法的には被解放自由人に権利主体性は肯定されるものの，社会的実態としてはここに一定の従属関係が存在しているのは確かである．このことが，排水・投棄に関する告示の適用の際の相違の原因となったとみることができよう．

2. 法的性質決定をめぐる議論

生きている者どうしでなされる住居の無償提供は，古典期ローマ法の法制度

---

[59] D. 19, 2, 24, 5 Paul. 34 ad ed. もみよ．

のいずれにも該当しない．この点に関する法学者の認識を整理しておきたい．

1) 住居の遺贈

生きている者どうしでの住居の提供は，当たり前ではあるが，遺贈という形式を踏むものではないので，遺贈に関する原則は適用されない．Marcus帝は，alimenta（生きていく上で必要不可欠な物）の遺贈の際，一時金の受け取りと引き換えに相続人の給付義務を消滅させることを内容とする合意は，法務官の下でなされるものでなければ無効であると宣示（oratio）により定めたが，この宣示の適用は無償居住者にはない[60]．

2) 使用貸借

住居の無償提供は，一見したところ使用貸借契約にあたるように思える．確かにVivianusという法学者はこれを肯定しているが[61]，この見解が古典期の法学の中で貫徹されたわけではない．Ulpianusは事案解決にあたり確かにVivianusの見解を否定こそしてはいないものの，結論として使用貸借訴権の提起よりも前書訴権の方がより良いとしている[62]．またScaevola, Pomponius, Papinianusは，無償居住についての事案解決にあたり使用貸借契約のことは全く話題にしてはいない．

なぜ無償居住の使用貸借契約への組み入れに，このように躊躇いが示されたのであろうか．この点は使用貸借契約の要件からすると，決定的な理由を示すことはできない．おそらくは，上記のように住居の無償提供の中には，ある種の従属関係を前提とするものも含まれているという点がその原因ではないかと推測される[63]．

---

60) D. 2, 15, 8, 2 Ulp. 5 de omn. trib.
61) D. 13, 6, 1, 1 Ulp. 28 ad ed.; D. 19, 5, 17 pr Ulp. 28 ad ed.
62) D. 19, 5, 17 pr Ulp. 28 ad ed.
63) ただし，貸し借りの対象が何かはわからないが，被解放自由人と元主人との間で使用貸借契約が成立することを認めている例もある（D. 13, 6, 13, 2 Pomp. 11 ad Sab.）．

3) 懇願的貸借

住居の無償提供がある種の従属関係を前提とするものであるならば，懇願的貸借（precarium）にあたると考えたくなるところである．しかしこれもまた否定されている[64]．

ある行為が懇願的貸借にあたることの意味は，第 1 に提供者がその物を取り返すため特別の特示命令（interdictum de precario）を用いることができるという点にある．第 2 に，自主占有者ではないものの占有者として扱われ，uti possidetis 特示命令の申請が認められる点にある．

住居の提供者が提供した住居を取り返すためであれば，賃貸借の場合と同様，自力行使が容認されていたとみるべきであり，そうであればこの特示命令を用いる必要はない．また建物賃借人にも認められていない占有者たる地位を無償居住者に与えることは，ローマの居住関係の中ではおよそ考えられないことであろう．このように法手段とのかかわりからみてみると，住居の無償提供が懇願的貸借関係にあたらないとされたことは結論としては納得できるものである．

4) 贈　　与

住居の無償提供は，しばしば「贈与 donatio」にあたるとされる．ただし注意を要するのは，古典期法においては，贈与それ自体は債権発生原因としては捉えられていないという点である．そのため，住居の無償提供が贈与にあたるとしても，その贈与の実行を求める債権が発生しているということにはならない．

ある行為が贈与であるということの意味は，まず第 1 には，その行為に基づく出捐を受贈者が取得することが正当化される点にある．例えば，贈与として物が引渡された場合，この引渡を受けた者がこの物の所有権を取得することが正当化される．同じことは贈与として地役権や用益権が設定された場合にもい

---

64) D. 43, 26, 15, 1 Pomp. 29 ad Sab.

える．住居の無償提供が贈与であることも，同じ効果を発生させる[65]．すなわち，提供者は，贈与の約束を撤回し，既に居住した分について賃料相当額を請求することはできない．しかし，単なる贈与の約束には法的拘束力がないため，今現在以降について提供する義務はない．したがって，贈与の約束を撤回し，無償居住者を追い出したとしても法的な責任を負うことはない[66]．

　ある行為が贈与にあたることの第2の意味は，贈与に関して適用される各種の制限が適用されることにある．すなわち古典期法にあっては一定額以上の贈与はCincius法により禁止されていたし，また夫婦間贈与もまた禁止されていた．Pomponiusは後者の制限については住居の無償提供にはあてはまらないとする[67]．Cincius法による制限については，これが住居の無償提供に適用されたことを確証させる史料はなく，またこの行為の性質上，筆者としては適用はなかったものと考えたい．

5）使　用　権

　用益権については，古典期末までに，市民法上の方式が踏まれていない場合であっても，その発生を認めるとする学説が発達していた．すなわち，例えば贈与や売買といった原因に基づき用益権の設定について当事者の間で合意され，おそらく用益権の「引渡」ないしは「認容」（いずれも具体的には用益権者による使用・収益が開始され，所有者がこれに異を唱えないこと）がなされるならば，用益権の発生が法務官法上認められた[68]．

　これと同じ発展が使用権にも存在したとするならば，遺贈等の死因によらない形でもって建物の使用が合意され，「引渡」ないし「認容」がなされるならば，使用権が発生するという法的構成をとることも十分に可能であったと考えることができる．実際，D. 7, 1, 32 Pomp. 33 ad Sab. がこれにあたる可能性が

---

[65] D. 39, 5, 9 pr Pomp. 33 ad Sab.
[66] D. 39, 5, 32 Scaev. 5 resp.; D. 39, 5, 27 Pap. 29 quaest.
[67] D. 24, 1, 18 Pomp. 4 ex var. lectionib.
[68] 前述第12章第2節3参照．

ある.

しかし，使用権と住居の無償提供との決定的相違は，前者は建物全体に対して設定されることを要するのに対し，後者ではこの制約はなく，多くの場合には建物の一部，すなわちケーナークルムや部屋（diaeta）が居住の対象となる．したがって，ケーナークルムや部屋が無償で提供された場合には，使用権の発生を肯定することはできない．

6) 居 住 権

Iustinianus 帝法には，使用権とは異なる独自の物権的権利としての居住権（habitatio）が存在する．しかしこうした権利は古典法には存在しない[69]．

3. 無償居住者の居住の保護

住居の無償提供は，その提供を義務づけたり，第三者への主張を可能とする諸制度のいずれにもあたらない．すなわちこれは，無償であるが故に locatio conductio にもあたらないし，使用貸借契約でもない．また用益権・使用権制度の外に位置し，懇願的貸借（precarium）としても扱われない．確かに住居の無償提供は贈与（donatio）という概念に包摂されるにしても，そもそも古典期法における贈与は Iustinianus 帝法とは異なり独自の債権発生原因としては捉えられていない．

古典法における無償提供は，このように，法制度の外に留め置かれているものの，事案解決にあたっては，それに類似する諸制度上の原則が部分的に類推適用されることはある[70]．無償居住者が住居に損害を与えるならば，提供者は

---

69) なお Rüfner (2015), 329 は，こうした権利が古典期に存在していないとする通説的見解に対し，少なくともその萌芽が古典期には存在したのではないかと指摘している．
70) 筆者のこうした捉え方は，岡本 (1989), 228ff. のそれと対照をなす．岡本は，事実的居住利用としての無償居住，使用貸借としてのそれ，懇願的貸借（precarium）としてのそれ，物権的住居権としてのそれが古典期にあったとする．しかしこうしたいくつもの無償居住の形態があったのではなく，無償居住が問題となった事案に

使用貸借訴権に類似する前書訴権でもって損害賠償の請求をすることができる．無償居住者の退去にあたり，提供者ないしはその他の建物所有者が無償居住者の物を留置し，持ち出しを禁止するならば，無償居住者は引越の特示命令（interdictum de migrando）の申請ができる[71]．また，どこまで一般化が可能かはわからないが，Papinianus によると，住居から追い出された場合にあって，使用権者に申請が認められる準 unde vi 特示命令の申請が認められる．しかし，こうした処置は，あくまでも弥縫的段階にとどまっており，住居の無償提供を法的に1つの独立した行為類型として捉えようという姿勢が存在したとはいえない．

最後に，諸種の訴権や特示命令との関連で浮き上がってくる，無償居住者の法的関係を整理しておくことにしたい．

住居の無償提供者は，既に居住した分についても，また将来の分についても，賃料の請求をすることはできない．

提供者は，任意のときに住居の返還を求めることができる．そのための自力行使は禁止されていない．なお史料中にはでてこないが，居住者があくまでも退去を拒む場合には，提供者は占有者としての地位に基づき uti possidetis 特示命令により居住者を排除できたものと考えられる．居住者には，基本的には——すなわち提供を義務づける法的原因（例えば問答契約の締結や，所有権移転における留保）が特に存在しない限り——こうした退去の要求に抵抗する法的手段はない[72]．

提供者は，無償居住者が住居を滅失・毀損する場合には，使用貸借訴権類似の前書訴権を用いて損害賠償の請求をすることができる．史料上の根拠はないが，提供者が所有者であれば，Aquilius 法上の訴権を用いて損害賠償の請求を

あって，適宜，既存の諸制度上認められる原則が類推適用されたものとみるべきであろう．

71) D. 43, 32, 1, 3.
72) D. 39, 5, 27 Pap. 29 quaest. はこの例外をなすが，Papinianus は，弁論術教師に対する報酬請求にひっかける形で返礼としての住居提供約束の拘束力を認めたとみるべきであろう．

することも可能であったと思われる．

　無償居住者は，住居の返還を求められた場合には退去しなければならないが，住居内に持ち込んだ物を持ち出すことを提供者が禁止する場合には，引越の特示命令（interdictum de migrando）により自らの物を取り返すことはできる．

　第三者に対して，無償居住者は居住に関して何か要求できる立場にはない．相隣関係法上の法手段の行使は認められていない．また無償居住者は占有者たる地位にはない．

第 28 章
結論——ローマの法学と居住の保護

　本書では，所有者，用益権者・使用権者，賃借居住人，無償居住者にわけた上で，居住をめぐって展開された法学者たちの学説をみてきた．最後にこれらの学説を整理し，ローマの法学の特質を考えることにしたい．

1. 居住者の法的地位

　まずは居住の保護にかかわる古典期末の時点での学説をみていこう．ここでは，(1) 各居住者が建物をどの範囲で利用することができたか，(2) 建物の維持管理の費用や，その滅失のリスクを誰が負担すべきとされたか，(3) 各居住者は誰にどのような請求をすることができたのかという観点から，各居住者の法的地位を整理することにする．

1. 建物利用の範囲・態様

1) 所　有　者

　建物所有者といえども，完全に自由に建物を利用することができるわけではない．特に建物の改築に関しては公法上も私法上も制限が存在した．
　地方都市の都市法（lex municipii Tarentini, lex Malacitana, Lex Irnitana）では，建物所有者は原則として建物を取り壊してはならないとされており，元通りに建て直す場合に限りこれが許された．しかし，その場合であっても都市の参事会等の事前の許可が必要とされた．したがって建物所有者は，基本的には旧来からある形状でのみ建物を利用できるにすぎず，これをつくりかえる自由はなか

った.

これらの都市法はローマの強い影響の下で制定されたものであるが，都市ローマに同じ規制があったわけではない．確かに都市ローマについても，建材や土地の転売目的でなされる取り壊しは禁止されていたが，再築目的の取り壊しが一般的に制限されているわけではない．したがって建物所有者は，比較的自由に建物を改変することが許されていたといえる．もちろんその場合であっても高さ制限が課せられていたし，都市内の土地を使わずに放置したり，建物を朽廃するに任せることは許されなかった．

私法上の利用制限もまた存在する．もちろん建物に用益権や地役権が設定されていれば，建物利用は制限される．また債務という形でもって利用が制限されることもある．この他，さらに所有権そのものの内在的制限もあった．

所有権の内在的制限については煙や湿気の排出に関して学説が展開されている（D. 8, 5, 8, 5-7 Ulp. 17 ad ed.）．日常的な利用により生じる煙や湿気は，隣人はこれを甘受しなければならないが，この段階を超える排出をしようとする場合には，排出者はそれを可能にする地役権を取得していることを要する．すなわちこうした排出は，単に建物に所有権があるというのみでは許容されていない．言い換えると，建物の所有者は，日常的なレベルを超える煙や湿気の排出をすることは許されていないことになる．こうした内在的制限が建物の改築に関しても存在した可能性がある．Neratius, Gaius, Paulus は，より高くすることを内容とする地役権に言及している．建物所有者が公法上の制限内であれば自由に建物をより高く改築できるのであれば，こうした地役権が存在する余地はない．そもそも建物所有者といえども一定の高さ制限に服しており，その高さ制限を相隣関係にあって撤廃するためにこの地役権が必要であったとみるべきであろう．この内在的制限を超えて利用するためには，近隣の土地所有者と交渉し地役権を取得することが求められた．具体的には，より高くする権利（servitus altius tollendi）や煙や湿気を排出することを内容とする権利を設定する必要があった．

ところが古典期末までには，これとは異なる見解も発展した．すなわち

Ulpianusは，地役権の負担を負っていない建物所有者は，建物をより高くして隣人の採光を妨害して構わないと述べ，所有者が自由に建物を高くすることができるとしている．この見解は，その後のDiocletianus帝の勅法でも確認されている[1]．しかし，高さに関し所有権の内在的制限を認めないこのような見解によったとしても，所有者が自由に建築できることを意味するわけではない．C. 3, 34, 1 によると，Caracalla帝は211年に出した勅法により，旧来からの建築形態に則した形での地役権の発生を認めている．したがって建物所有者は旧来からの建築形態を守る地役権関係上の義務を負っており，この地役権を消滅させない限り，建物の形態をかえることはできないことになる．

2) 用益権者・使用権者

用益権者や使用権者は，建物をいまあるままの状態で，本来の利用方法に則した形でのみ利用することができる．用益権者はその範囲で使用・収益を行わねばならない．使用権者についてはさらに制限が加えられ，権利者本人およびその家族等の居住という形での利用ができるにとどまった．

用益権者や使用権者も，建物の改変は，装飾を付加する程度しか許されず，原状のままで利用すべきとされた．

用益権者は使用のみならず，果実の収取もできるが，それに際しても上記の制限の範囲内でこれをすることが求められる．具体的にいうと，用益権が設定されている建物内に賃貸物件があるときにはこれを賃貸して賃料を得ることができるが，居住用物件はあくまでも居住用として，店舗用物件は店舗用として賃貸しなければならない．

3) 賃借居住人

賃借居住人もまた原状を変えない範囲でのみ利用ができるにとどまる．無論，その範囲であれば，賃借居住人は転貸して賃料収入を得ることもできる．

---

1) C. 3, 34, 8 (293).

4) 無償居住者

無償居住者は，居住者本人とその家族等が居住するという形でのみ建物を利用することができるにとどまる．

2. 建物維持の費用の負担

1) 所　有　者

用益権・使用権といった権利が設定されていない限り，建物の修理・補修の負担はすべて所有者が負う．これを怠る場合には，未発生損害担保問答契約制度により，隣人によって建物の占有を奪われ，最終的には所有権を喪失することとなる．

2) 用益権者・使用権者

用益権が設定されている場合，建物の sarta tecta の維持については用益権者の負担とされる．これはすなわち建物の維持に必要な日常的な費用は用益権者が負うことを意味する．これを超える分については所有者が負担する．

使用権が設定されている場合には，所有者の負担は増加し，sarta tecta についてもその一部を所有者は使用権者とともに負担する必要がある．

3) 賃借居住人

賃借居住人は，建物の維持管理に関する費用を支出する必要はない．

4) 無償居住者

無償居住者は，建物の維持管理に関する費用を支出する必要はない．

3. 居住に関する請求

ここでは居住者がその居住に関し誰に何を請求できるかをみていく．こうした請求には，居住そのものを実現させることを内容とする請求と居住環境の確保を内容とする請求とがある．

1) 所　有　者

　建物所有者が建物の占有を喪失しており，そこに居住することができない場合には，占有している者が誰であれ，所有物返還請求権（rei vindicatio）を提起し，建物を取り返した上で居住を可能にすることができる．

　建物所有者が建物を占有している場合にあって誰かが所有者の居住をやめさせようとして暴力を行使するならば，所有者は占有者としての地位に基づき，uti possidetis 特示命令によりこの暴力を排除することができる．仮にこの暴力により占有が侵奪された場合には unde vi 特示命令により占有を回復することができる．

　建物所有者の居住環境を悪化させるような行為を隣人が行う場合，この行為により所有者が侵害されるならば，否認訴権（actio negatoria）を通じて，この行為をやめさせることができる．例えば所有する土地上に隣人がバルコニーを張り出させたり，材木をつき入れたり，日常的なレベルを超えて煙や湿気等を侵入させる場合がこれにあたる．

　建物所有者は，自らの土地を要役地とし，近隣の土地を承役地とする形で地役権を設定することを通じ，自らの建物の利便性を増大させることができる．すなわちこれを通じて，例えば隣の土地にバルコニーを張り出させたり，あるいは隣の土地上の壁に木材を差し込み，その上に構造物をつくることが可能となる．また隣の土地の建物を高くたてることを制限し，自らの建物の採光を確保することができる．このような地役権が設定されているならば，承役地の所有者が地役権を侵害し，地役権の行使ができない状況が創出されるに至った場合には，地役権の返還請求訴権（vindicatio servitutis）を用いて地役権の権利行使を回復することができる．

　近隣の土地で建築工事が開始された場合，建物所有者は新工事禁止通告により一旦この工事を差し止めることができる．この差し止めにもかかわらずなされた工事は，仮に建築主に建築する権利があるとしても quod vi aut clam 特示命令により取り壊しを命じられる．また建築が暴力または隠秘によりなされたのであれば（具体的には象徴的な禁止行為である投石がなされたにもかかわらず工事

がなされた場合，または事前の通告なしに工事が開始された場合），既に建築された建築物の取り壊しを求めることができる．ここでも建築主に建築する権利があるか否かは問われない．こうした新工事禁止通告制度と quod vi aut clam 特示命令制度により，公的な紛争解決手続に服さない形での建築続行が禁止され，強引な建築に反対するための機会が確保されている．

　また，建物所有者は，隣人の建物に欠陥があり，将来倒壊するなどして自らの建物に被害がでる怖れがある場合には，この隣人を諾約者，自らを要約者とする形で担保問答契約の締結を求めることができる．これを隣人が拒絶する場合，隣人の建物の占有委付を求めることができ，それにもかかわらず隣人が担保問答契約を締結しないならば，この建物の占有を取得することが認められる．

　以上の他，建物所有者は建物に損害が加えられるならば，Aquilius 法上の訴権を提起し，その損害の賠償を請求することができる．

2) 用益権者・使用権者

　建物の用益権者が建物を使用・収益していない状態になっており（言い換えると準占有を喪失しており），そこに居住することができない場合には，占有している者が所有者である場合はもちろんのこと，それ以外の場合であっても，用益権の返還請求訴権（vindicatio ususfructus）を提起し，建物を取り返した上で居住を可能にすることができる．

　建物の用益権者が建物の使用・収益を実行している場合にあって誰かが用益権者の居住をやめさせようと暴力を行使するならば，用益権者は準占有者としての地位に基づき，uti possidetis 特示命令の準特示命令によりこの暴力を排除することができる．仮に暴力により占有を侵奪された場合には準 unde vi 特示命令により占有を回復することができる．

　建物の用益権者の居住環境を悪化させるような行為を隣人が行う場合，おそらくはこの隣人に対して用益権の返還請求訴権を提起すること通じて，この行為をやめさせることができたと思われる．

用益権者は，建物の利便性を向上させるためこの建物を要役地とする形で地役権を設定することはできない．建物所有者の協力を得ることでこの実現を図ることはできるが，建物所有者に協力を強制することはできない．もちろん地役権が既に設定されている場合には，用益権者もその恩恵に浴することはできる．また，承役地の所有者がこうした地役権を侵害し，地役権の行使ができなくなった場合には，用益権者は，用益権の返還請求訴権を用いて地役権の権利行使を回復することができる．

近隣の土地で建築工事が開始された場合，用益権者が新工事禁止通告により一旦この工事を差し止めることを Iulianus は認めたが，彼の見解が貫徹することはなく，用益権者は所有者の委託事務管理人としてのみ新工事禁止通告ができるにとどまった．また，建築工事の取り壊しを求める形で quod vi aut clam 特示命令の申請をすることもできなかったと思われる．

用益権者は，隣人の建物に欠陥があり，将来倒壊するなどして自らの建物に被害がでる怖れがある場合には，この隣人を諾約者，自らを要約者とする形で担保問答契約の締結を求めることができる．しかしこれは建物内に持ち込んだ用益権者の動産を保護するためであったとみてよいと思われる．

以上の他，建物の用益権者は建物に損害が加えられるならば，Aquilius 法上の訴権の準訴権を提起し，その損害の賠償を請求することができる．

なお使用権者は用益権者に準じる取り扱いがなされたとみてよいと思われる．

3）賃借居住人

賃借居住人が賃貸物件内に居住できていない場合，賃貸人に対して自分の居住を可能にするよう請求することはできる．しかしこれ以外の者にこの請求をすることはできない．

賃借居住人を賃貸人が追い出そうとしている場合，賃借居住人はこれに抵抗し，自らの居住を認容するよう求めることができる．しかしこれ以外の者が賃借居住人を追い出そうとしている場合，賃借居住人本人が法的な対抗措置をと

ることはできず，賃貸人に対し適切な措置を講じるよう求めることができるにとどまる．

　賃借居住人の居住環境を悪化させるような行為を隣人が行う場合，賃借居住人本人が隣人にこの行為をやめさせるよう請求することはできない．賃借居住人は賃貸人に対し，適切な法的措置をとるよう請求できるにとどまる．

　賃借居住人が居住環境を向上させるため隣人に対し地役権の設定を求めることはもちろんできない．また賃貸人が協力を拒絶する場合，これを強制することもできない．建物に地役権が設定されている場合，その便益を享受することはできるが，地役権行使の事実状態が侵害されたとしても，賃借居住人が直接承役地所有者に対し地役権を主張することはできない．

　近隣の土地で開始された工事に関し賃借居住人が新工事禁止通告をすることはできない．また完了した工事の取り壊しを quod vi aut clam 特示命令で求めることもできない．

　賃貸物件に損害が加えられた場合，賃借居住人は，その中に持ち込んでいる自分の動産の侵害を理由として Aquilius 法上の訴権を提起し損害賠償を求めることはできる．しかし賃貸物件そのもの，あるいは賃借権なる権利の侵害を理由とする損害賠償請求はできない．

4）　無償居住者

　遺贈により無償での住居提供が義務づけられた場合，受遺者たる無償居住者は，遺贈義務者（通例は遺言者の相続人）に対し，住居提供を請求することができる．居住にかかわるこの他の請求はできない．

　遺贈によらずして，生きている者どうしの間で住居の無償提供がなされた場合は，問答契約等，提供を義務づける法的原因が介在していない限り，無償居住者は居住させるよう提供者に請求することはできない．居住にかかわるこの他の請求もできない．

2. 古典期法学の貢献

　ここまでは古典期末の段階における各種居住者の法的地位についてみた．それではその中のどの範囲が古典期における法学の成果に属するのであろうか．この点について本節では考えることにしたい．

1. 所　有　者

　法務官告示は2世紀初頭に永久告示録としてまとめられるが，所有者の物利用に関する分野において，この時点での大きな変革の存在を指摘することはできないし，共和政末から古典期にかけても法務官告示の内容に大きな変化はないとみてよいだろう．しかしこうした法務官告示の諸規定やその前提となる諸概念の解釈・運用に関しては，いくつかの発展を指摘することができる．

　1) 所有権概念の変化
　まず所有権の対象となる建物の捉え方についての変化があげられる．ポンペイの建築状況が示しているところによると，都市内の私的な建物は概ね2階建てであり，各戸は必ずしも1つ1つ物理的に独立しておらず，しばしば隣と接合する形で建設されていた．我々に親しみのある表現を使えば，いわば長屋的な構造になっていたといえる．1階部分については共通の1枚の共有壁で仕切られているが，その上階になるとこの壁を越え隣の敷地へとはみだす形で構造物がつくられることもあった．このような建築状況下にあって，隣の建物との所有権の境界は，こうした構造物の利用の仕方に則した形で決められた．その結果，建物の所有権は，時に隣地との境界を越えることになる．すなわちAの建物の一部の構造物がBの敷地上にはみ出している場合，このはみ出している構造物はAの所有物として捉えられた．ところが古典期末になると，敷地の境界から垂直にのばした線でもって建物の所有権を画すべきとされるに至る．すなわち上記の例でいうと，Bの敷地上にはみ出している構造物はBの

所有物とする捉え方である．しかし，この変化は，法学上の何らかの要求に対応するものというよりは，建築状況の変化に対応したものとみてよいであろう．すなわち2世紀以降の建築状況を伝えるオスティア遺跡では，共有壁が用いられることは稀となり，建物の上階は敷地の境界線から垂直にのばした線に沿って建築されている．

　所有権の内容に関しては，元来は，一定の内在的制限が存在した．すなわち所有者といえども完全に自由に土地・建物を利用してよいのではなく，通常の利用の仕方を守ることが期待されていた．そのため一定程度以上の高さに建築することは所有者といえども当然には許されず，それをするためには「より高く建てることを内容とする地役権 servitus altius tollendi」を取得することが求められた．他面，日常的な利用の結果排出される煙や湿気，同様の形で侵入してくる雨滴は受忍すべきものとされた．このように所有権の内容は，都市内での共同生活の必要性上，制限が存在していた．しかし，建物建築との関連で変化が生じる．すなわち古典期末になると，地役権上の負担が設定されていない限り，土地・建物の所有者は自由に（公法上の制限内で）高く建築してよいとする見解が現れた．ここに我々に親しみの深い所有権概念の出現を見出すことができよう．しかしこの変化は直ちに所有権の強化を意味するものではない．この時代には同時に慣行に基づく地役権の発生を認める Caracalla 帝の勅法もまた出されている．そのためより高く建築することに関し所有権上は制限がなくとも，地役権による制限を容易に肯定する道が開かれているといえる．

2）都市地役権の発展

　地役権は元来は農地の利便性を増大させるための制度であった．ところが都市化の発展とともに，都市内の建物の利便性を増大させるための都市地役権（servitus praediorum urbanorum）が発達する．共和政期に既に，雨水を隣地に落とさせる権利（servitus stillicidii），材木を差し込ませる権利（servitus tigni immittendi）が存在したが，古典期になるとさらにその数は増大する．すなわちこの他に，高く建てさせない権利（servitus altius non tollendi），構造物を隣地

へと張り出させる権利（servitus proiciendi），景観を悪化させない権利（servitus ne prospectui officiatur），排水溝を利用する権利（servitus cloacae）が認められるに至る．こうした各種の地役権についてはその一部のみが法務官告示に取り入れられているにすぎず，その多くは学説により導入されたものである．こうした地役権の設定を通して，都市内の建物の所有者は，自らの建物の利便性を様々な形で増大させることが可能になった．

　農地地役権については，その権利の行使の事実を保護するための特示命令が存在する．例えば通行地役権が設定されている場合にあって，地役権者が過去一年以内にこの権利を行使した事実があれば，承役地所有者等による地役権行使の妨害を特別な特示命令（法務官告示§250）を通して排除することができる．そのため，この目的のために地役権の返還請求訴権（vindicatio servitutis）をわざわざ提起する必要はない．この場合にあって地役権の存否が争われるならば，承役地所有者の方からこの訴権を提起することになる．

　都市地役権については，こうした機能をもつ特示命令は排水溝利用に関する地役権についてのみ規定されているにすぎない．そのためこうした規定の不在は学説によって埋めることが期待された．具体的には，quod vi aut clam 特示命令が活用され，建築という形で地役権侵害が行われた場合の原状回復が図られた．また，地役権をめぐる権利関係が原状と一致していないと主張する当事者に原告の役割が割り当てられ，挙証責任が負わせられるべきものとされた．こうした学説の展開は，基本的には占有保護の発想を地役権保護にも及ぼすという方向性にあるとみてよいと思われる．

3) 建築紛争の解決手続

　既存の建物の欠陥に起因する建築紛争の際には未発生損害の担保問答契約制度，新たに開始される建築に関しては新工事禁止通告制度が存在した．後者に関しては，古典期の発展の中で，新工事禁止通告制度と並ぶ形で別の解決手続が発達する．

　新工事禁止通告制度では，通告により工事を一旦差し止めた上で法務官の下

に行き，差し止める権利（具体的には所有権・地役権）が通告者に帰属しているか否かの判断がなされる．権利関係に争いがないか，あるいは簡単にこの判定がつく場合には速やかな対応が可能である．しかし，所有権や地役権の存否が直ちに判明しないならば，建築を止めたまま権利関係を明らかにする手続を進めるべきなのか，あるいは建築をとりあえず続行させつつ権利関係を明らかにする手続を進めるべきかを選択しなければならない．もちろん通告者にとっては前者であれば都合がよく建築主にとっては後者がよい．

　この問題は，元来は新工事禁止通告制度の枠内で（より具体的には禁止解除を求める手続の中で）判断されていたと想像されるが，古典期の学説の中で上記の問題の解決が図られる．まず新工事禁止通告制度では，被通告者（すなわち建築主）を占有者として扱うものとされる．その上で将来，建築主に建築する権利がないことが明らかになった際には取り壊すことを内容とする担保問答契約が締結され，工事の続行が許可されるものとされた．

　これに対して，通告者が占有や準占有を主張する場合のために別の手続が用意された．すなわちこの場合，建築により権利が侵害されると主張する者は，象徴的な禁止行為である投石を行うべきとされた．この投石にもかかわらず建築主が工事を続行した場合には，この工事は暴力（vis）による工事とされ，権利関係の有無に関係なく取り壊しを命じられる．そのため建築主は一旦工事を中断し，法務官の下での uti possidetis 特示命令手続を用いて，投石を行った者との間で占有をめぐる争いを解決しなければならない（D. 43, 17, 3, 2 Ulp. 69 ad ed.; D. 39, 1, 5, 10 Ulp. 52 ad ed.）．ここで投石を行った者に占有があると判断されれば，建築主は自らに建築する権利があることの確認を求めて原告として対物訴権を提起しなければならない．逆に建築主に占有があるのであれば，建築の続行は認められ，投石を行った者が対物訴権を提起しなければならない．

　以上のような問題処理の枠組みは，quod vi aut clam 特示命令，uti possidetis 特示命令の解釈・運用の中で創出されたものである．この枠組みにより，建築主も，また建築により被害を受ける惧れがある者も，自らの権利を適切に主張できる環境が整えられるに至ったと評価することができよう．

2. 用益権者

1) 所有者と用益権者の関係調整

　所有者と用益権者との関係については，概ね従来からの議論を単に精緻化したにすぎないといえるが，次の点には古典期における進展の存在を指摘することができる．

　通例，建物の sarta tecta の維持は用益権者の負担とされ，建物の基本骨格など建物が倒壊せずに存立できるようにするための負担は所有者に負わされている．前者の負担を所有者が用益権者に求めることを可能とするため，用益権者は事前に担保問答契約を締結しなければならなかった．またこの負担を用益権者が実行しないときに所有者は用益権者による使用・収益を禁止することができた．この場合，ここから一定年数が経過することにより用益権は不使用により消滅する．このように所有者から用益権者に負担の実行を求めるための法制度は十全に整備されていたが，用益権者から所有者に，建物の存立の維持のための負担の実行を求める法手段は存在しない．

　この欠缺が古典期盛期から後期にかけ学説により埋められる．やや技巧的であるが，ここでは未発生損害担保問答契約制度が応用されている．すなわち用益権の設定されている建物に欠陥があり，相隣間で紛争が生じ，用益権者が本来所有者が行うべき補修を自ら行ったとする．このとき用益権者は，あたかも未発生損害担保問答契約制度における近隣の土地の所有者であるかのごとく，建物の占有委付を受けることができるとされた．さらに所有者が補修費用の支出を拒むならば，用益権者が建物を占有し，最終的には所有権をも取得するに至ることになる．このように未発生損害担保問答契約制度を応用することを通じ，用益権者の保護が図られている．

2) 「物権」化

　用益権については，その権利のいわゆる「物権」化という点に著しい発展を見出すことができる．

古典期前期にあっては，用益権者がその権利を所有者以外にも主張できるかについては疑問がもたれていた可能性があるが，Iulianus以降はこの点は明確に肯定されている．また用益権者には，占有関係法上の保護も与えられる．すなわち法務官告示により，unde vi 特示命令の準特示命令の申請が用益権者にも認められた．また uti possidetis 特示命令についても，おそらく法務官告示に基づき，この準特示命令の申請が用益権者に認められる．また Iulianus は用益権者もまた新工事禁止通告をしたり，地役権の主張を行うことができるとする．

　しかし，以上のような用益権の「物権」化の限界性もまた指摘しておかねばならない．農地の用益権者の果実の保護のためには，quod vi aut clam 特示命令の申請が認められたが，この特示命令を用益権が設定されている建物の保護のため用益権者が申請することが認められたことを示す証拠はない．また新工事禁止通告をや用益権者に認めるとする Iulianus の見解はその後弱められ，用益権者は所有者の委託事務管理人として新工事禁止通告をできるにとどまるとされた．また地役権の権利行使の回復のためには，地役権の返還請求訴権ではなく用益権の返還請求訴権を用いるべきとされた．用益権者は，農地の用益権における果実とは異なり，建物については部分的にのみ利害関係をもつにすぎない．この点の相違が「物権」化の議論に影響したと考えられる．

3. 賃借居住人

1) 契約関係

　建物賃貸借契約については，法務官告示の規定は簡素なものしかなく，その具体的内容は学説に委ねられていた．しかし，その学説は，共和政期から古典期初期までにその基本骨格は形成されており，その後，活発な議論がなされたとはいえない．

　賃借居住人にかかわる古典期盛期から後期にかけての学説の中で特筆すべき点として，まず第1に，賃借人による解約が容易になったという点をあげることができる．居住環境が悪化した場合，共和政期にあっては契約を存続させつ

つ，賃料の減額を認めるかについての議論がなされているが，古典期盛期以降にはこうした賃料減額は姿を消し，その一方で賃貸人の帰責性を問うことなく，賃借居住人は一方的に退去し，以後の賃料支払いを拒絶することがより広く認められるようになる．また，引越の特示命令の申請にあたっては，賃料を完済していることが求められるが，ここでいう賃料を Labeo は契約の全期間分の賃料と解するのに対し，Ulpianus は原則としては退去時までの賃料であると解する．ここにも解約を容易にしようとする態度をみることができる．

第2に，第三者により賃借居住人の居住が禁止された場合にあって，賃借居住人が賃貸人の故意・過失を問うことなく損害賠償の請求を認められるようになった点をあげることができる．すぐ下でみるように賃借居住人の地位の「物権」的保護は否定されており，その結果，いわゆる「売買は賃貸借を破る Kauf bricht Miete」の事例にあって，建物の所有権を取得した第三者に賃借人は自らの居住する権利を主張することはできない．この点に関する学説変化は，この状況下にあって賃借人の保護を少しでも図ろうという姿勢とみることも可能であろう．

以上のように，全般的に低調な議論状況の中にあっても，賃借居住人の保護を図ろうとする古典期の学説の存在を指摘することはできるものの，ここに，契約の存続を保障し，賃借人の居住そのものを守っていこうという姿勢を見出すことはできない．

2)「物権」化

農地の賃借人（colonus）については，占有関係法上の技巧的工夫により農地の使用・収益の継続を図る工夫が学説上なされている（D. 43, 16, 12 Marcell. 19 dig.; D. 43, 16, 18 pr Pap. 26 quaest.）．また果実の保護のために quod vi aut clam 特示命令の申請が認められる．こういった点に，わずかではあるが「物権」化の萌芽を見出すことはできるであろう．しかし，こうした動きは建物の賃借人については全く存在しない．

それではなぜ賃借居住人に対し「物権」的保護が与えられなかったのであろ

うか．賃貸借契約は契約関係であったからという説明が時になされることがあるが[2]，上記のように農地賃借人についてはごくわずかではあるもののこうした「物権」的保護の萌芽があること，また本来建物建設目的で土地を賃借した者にすぎない地上権者（superficiarius）[3]には様々な「物権」的保護が与えられている点からすると[4]，この説明には説得力はない．ローマの法学者にとって，契約当事者たる賃借居住人に「物権」的保護を与えることがそもそも全く不可能であったわけではないが，彼らはこうした保護を与えることを拒絶したとみてよい．なぜ彼らがこうした態度をとったかについては，その理由を彼らが自ら説明していない以上，この問題に答えを出すことは困難である．しかし，賃借居住人に「物権」的保護を与えることの障壁となるいくつかの要因の存在を指摘することはできる．

　まず第1に，賃借居住人は，物件内に持ち込んだ自らの所有物を除くと，有体物の滅失のリスクを負っていないという点が指摘できる．これに対し，用益権者は建物という有体物の滅失のリスクを負っており，これが倒壊した場合，用益権者は権利を喪失する．このとき不法行為が成立する場合を除けば，権利の喪失により失った利益を誰かに請求できるわけではない．また農地の賃借人（colonus）は，その農地で生産する果実についての潜在的リスクを負っている．確かに果実は収穫までは所有者の所有物となっているが，これが収穫できなくなった場合，その損失は農地賃借人が負担しなければならない．もちろん建物賃貸借においても建物が倒壊すれば契約関係は「終了」し，賃借人の有する債権は消滅する．しかし賃借人は同時に自らの賃料債務も免れる．したがって，賃借人に財産的損失はないといえなくはない．この点に農地賃借人や用益権者との相違がある．「物権」的保護をめぐる議論にあって，古典期の法学者たちは，権利を保護するというよりも，むしろリスクを負担している有体物それ自体をいかに守るかという視点で考察しているように思える．用益権者や農地賃

---

2) 星野（1972），312f.
3) D. 43, 18, 2 Gai. 25 ad ed. provinc.
4) Rainer (1989), 333ff.

借人と異なり，守るべき有体物を賃借居住人がもたないという点が賃借居住人に「物権」的保護をあたえることを躊躇させる原因になった可能性はあり得よう．

第2に，法学者たちが建物賃貸借にあって，契約関係の存続保障に消極的であった点があげられる．古典期の法学者たちは，賃借居住人の保護は，契約関係の解消を認め，賃料債務から解放すれば十分であると考える傾向があったように思える．

しかしなぜ存続保障にローマの法学者は消極的であったのだろうか．仮にローマ市内において慢性的に住居が不足し続けていたにもかかわらずこうした態度を法学者たちが取り続けたのであれば，社会的現実を直視していないとして彼らを批判することが可能であろう．しかし，1世紀から2世紀にかけローマ市内の人口が増大した時点で，一時的に住居不足が生じたのはかなりの確実性でもっていうことができるにしも，それが慢性的に継続したかどうかは判断のしようのないところである．オスティア遺跡をみてみるとTraianus帝からHadrianus帝の治世下にあっては確かに大規模な建築物が相次いで建てられ，新たな住居提供が大規模になされた事実を確認することができるものの，こうした建築ラッシュがその後も継続しているわけではない．ここからHadrianus帝以後，人口増大が頭打ちを迎え，むしろ住居の供給が過剰になっていた可能性すら否定できない．古典期におけるローマ市の人口の推移を明らかにする史料が残っていな現状を踏まえるならば，残念ながら，なぜローマの法学者が賃貸借契約の存続保障に消極的であったかについて答えを出すことはできない．

4. 無償居住者

住居の受遺者たる無償居住者の居住を保護するための学説の大きな発展を指摘することできない．Marcus Aurelius Antoninus帝の宣示により，受遺者の請求権を喪失させる和解が禁止されるが，これはあくまでも勅法に基づくものであり，またその解釈等により無償居住者を保護しようとする学説は見出せない．

遺贈等の死因処分ではなく生きている者どうしで住居の無償提供がなされた場合についても，学説による居住の保護を指摘することできない．こうした住居の無償提供に関わる事案にあって，法学者は，使用貸借や贈与や賃貸借において認められる原則を個別的に類推適用することがあるが，こうした類推適用は，居住の保護のためにはなされていない．確かに D. 39, 5, 27 Pap. 29 quaest. では，住居の無償提供の合意に法的拘束力を認めているが，これは弁論術教師への返礼という特殊な関係に基づくものであり，ここにおける Papinianus の判断を一般化することはできない．

3. 古典期法学の特質

本書の出発点は，古典期法学とは何であったのかという問いである．本書を閉じるにあたり，果敢にも，この問に立ち返ることにしよう．ただし，本書でのここまでの分析から古典期法学全体に何らかの評価を下すことは到底なし得るものではない．そこで，ここでは本書の分析を通じて得た印象を点描するにとどめることにしたい．

1. 共和政期法学との連続性

居住にかかわる古典期法学の議論が，元首政期の法学に立脚する形で展開していることに疑いの余地はない．関係する法務官告示の大部分は，共和政期までに発達したものであるし，その規定も元首政期にはわずかな修正や追加が確認できるにすぎない．また学説上の指導的原則（占有保護の基本発想，賃貸借の「終了」，用益権の性質など）や基礎概念が共和政期に生み出されたものであるのも確かである．

しかし，古典期の法学者たちが，共和政期にまでにおいて「大体において軌道にのせられて」いたローマ私法について，「必要な細目を一杯に埋めたり，社会的・経済的な変化にとって必要とされるような，さほど重要でない調整をするのが精々というところ」という Lawson の評価[5]には躊躇を感じざるを得

ない．かつてインテルポラティオ研究にあっては，Digesta中の矛盾対立を後世の改竄として古典期の外へと弾き出していたが，こうした数多くの記述を古典期の議論の中に再度組み入れてみるならば，古典期の法学者たちが実に堅実かつ継続的に法の精緻な発展に取り組んでいる姿が浮かび上がってくる．例えば，元来は農地の支配をめぐる紛争解決のために案出された占有制度は，古典期の議論の中で都市内の相隣関係における紛争解決に応用されている．また元来は所有者保護のための法手段が用益権者の権利の保護のためにも適宜活用されるに至っている．こうした営みは，けっして共和政期の法学の隙間を埋めたり，「さほど重要でない調整」というレベルにとどまるものではない．Lawsonによる上記の評価は，やはりインテルポラティオ研究の時代の産物であり，今日のローマ法研究の水準からするともはや維持し難いものといってよいだろう．

2. 皇帝権力との関係性

法学史の区分である古典期は，ローマ史の時代区分でいう元首政期にほぼ相当する．この時代に皇帝が出現し，司法の領域もまたその権力から自由でいられたわけではない[6]．例えば，Augustus帝はいわゆる勅許解答権制度を導入し，これはその後Hadrianus帝の下で整備される．これにより一般論としては法学者たちの議論に皇帝権力が影響を及ぼすことが可能になったといえる．しかし，居住に関する議論をみた限りであるが，勅許解答権制度がこの分野に与えた影響を見出すことはできない．

他面，古典期後期になると，居住分野に関しても重要な変革が勅法によって実現されていることに気づかされる．例えば，Pius帝はalimenta（生きていく上で必要な物）の遺贈の際には，受遺者が頭格減少したとしても受給権を失わないとした．Marcus Aurelius Antoninus帝は，住居の受遺者の受給権の放棄に関する和解に制限を加えた．Caracalla帝は，211年に出した勅法で，慣行に

---

5) ローソン(1971), 166.
6) 船田(1968), 306ff.; 真田(1975), 181ff.; 柴田(1976), 71.

基づく地役権の発生を認め，214年には賃貸人による解約に関する勅法を出している．こうした勅法の裏に法学者の存在があったと推測することは可能であるにしても，法学そのものの指導的力の減退といえなくもないであろう．

3. 建物の高層化への対応

1世紀から2世紀にかけては，建築ラッシュの時代であった．オスティア遺跡にはTraianus帝とHadrianus帝の時代に建てられた，高層の大規模集合住宅が多数残っている．こうした建築状況の変化に法学もまた対応している．

まず所有権のあり方に変化が生じたことを指摘することができる．すなわち従来はいわば長屋的な形に建物が建てられており，利用形態にあわせた形で隣の建物と境界が画されていたが，敷地の境界から垂直にのばした線でもって隣との境界を画するという捉え方が採用されるに至る．またこの境界で画された範囲内の空間を，土地所有者が自由に利用できるとする所有権概念が現れてくる．

次に，都市地役権の発展をあげることができる．高層化した建物の利便性を向上させるため，各種の都市地役権の類型が承認された．また都市地役権の存否をめぐる紛争を適切に解決するための枠組みも整備された．

建物の高層化が可能になったことに伴い，用益権者の建物利用の可能性も多様化する．これを受け，用益権者の建物利用を制限し，原状のまま利用すべきとする学説が展開される．これは用益権の本来的性質から導かれるものであり，建築環境の変化にもかかわらず，旧来の用益権のあり方を堅持し，所有者の利益を守っていこうとする姿勢と評価できよう．

建物の高層化・大規模化はまた建物の収益性の増大をも意味する．そのため，新たに取得した建物に居住者がいる場合にあって，こうした者を排除し別途賃貸に出したり，あるいは建物を建て替えて収益性をあげようとする所有者が増大したと推測できる．こうした動きを法学者たちは抑制しようとはしていない．なお，住居の受遺者の住居の受給権を放棄することを内容とする和解にMarcus帝が制限を加えたことは，こうした所有者の行動を抑制する目的であ

ったと考えられるが，これは皇帝のイニシアチブによるものであって法学の成果とはいえない．

4. 富裕層のための法学

居住をめぐる古典期の議論の中で発展の著しい分野は，所有者の居住環境の保護や用益権者の保護であるが，これらは主として富裕者の権利を増進させるもの，あるいは富裕者どうしの利害関係を調整するものである．

また賃貸借契約の存続中に賃貸人以外の者が建物の所有権や用益権を取得した場合，所有者や用益権者が賃借居住人を追い出すことができるという原則は一貫して維持されたが，その目的は，やはり所有者や用益権者による賃料の確保を確実にするためといってよい．

本書冒頭で取り上げたように，Schulz は「古典期の賃約法はその時代の社会経済的実態と調和していた．法学者は彼らの属する有産階級（beati possidentes）のために著述し，活動した」と述べているが[7]，こうしてみてくると，この Schulz の評価を否定することはできない．Frier は，賃貸借契約をめぐる議論にあっては，貧困層は訴訟を提起し得ないがゆえに法学者の視界に入り得なかったにすぎないとしている[8]．確かに賃貸借契約をめぐる議論においては Frier の指摘に即座に反論することは困難であるが，無償居住者に関する議論をみてみると，こうした貧困層といえども訴訟を提起している．したがって，法学者の視野に貧困層が入っていないという見方は成り立たないであろう．そうであるとすると，法学者たちは，貧困層の状況を認識しているにもかかわらず，富裕層の利益を図るべく学説形成をしていることになる．そうであれば，現実の社会の多様性を直視し，富裕者も貧困者も含めた衡平性の追求という姿勢が法学者たちに欠落していたといわざるを得ない．この点については今日の我々の感覚からすると若干のもの足りなさを禁じ得ないところであり，ここにローマの法学の限界性があるということはできよう．

---

7) Schulz (1951), 544-546. 訳は佐藤 (1981) による．
8) Frier (1981), 40ff., 52.

あ と が き

　本書の出発点は，D. 19, 5, 17 pr であった．この法文では無償居住が使用貸借にあたるか否かが問題にされており，2003 年に発表した「古典期ローマ法における非典型かつ無方式の合意の訴求可能性について」の中でこの法文についても取り組み，一応の説明を自分なりにしたものの，その説明にいまひとつ納得できないでいた．そこで，学説の背景にある当時の居住の実態を調べ始めたところ，ローマ近郊のオスティア遺跡と出会った．街全体が発掘され，比較的自由な見学を許すこの遺跡にあっては，様々なタイプの住居を直にみることができる．その中には，ポンペイにはない，高層集合住宅の団地ともいうべき一画がある．古代ローマの都市の住民としては，元老院議員といった富裕層と，パンとサーカスを享受する貧困な大衆という二つの社会層がすぐにイメージされるが，この団地は，そのいずれのためのものでもなく，いわば中間層のための住居のように思えた．また，オスティア遺跡は 2 世紀の建築ラッシュ後の様子を伝えており，それとポンペイとを比較することで，1 世紀から 2 世紀にかけての住宅事情の変遷を素人ながらにぼんやり感じ取ることができた．これを機に，住宅事情の変化にローマの法学者がいかに対応したのかについて関心を持ち始めた．

　当初は，無償居住という，ローマ法のテーマの中ではかなりマイナーな領域から研究を開始した．本書の第 IV 部がこれにあたる．当初は無償居住だけを取り上げる予定であったが，有償の居住，すなわち賃貸借関係についてもこれまでの研究を見直す必要があるように感じ，自分なりに分析を開始した．そうすると，今度は，賃借権の物権化という問題を避けて通ることができなくなり，用益権との比較や，所有者の保護のための諸制度を取り上げざるを得なくなった．このようにして，自らの非力を顧みることなく，戦線をどんどん拡大

するはめに陥ってしまった．本書では，関連する史料——特に Digesta の記述——を拾い集め，自分なりにこじつけてなんとか全体像を描いてはみたものの，各分野の数百年にわたる先行研究に十分に向き合い，それを批判しつつ吸収するには程遠い状況にある．この点の不完全性は自ら重々承知してはいるものの，非力とはいえ研究に職業的に従事する者としては，いかに不完全であろうとも，批判を甘受する覚悟のもと一応の研究成果を世に問う義務があると信じ，ここに本書をまとめ上梓することにした．

本書は，私が中央大学大学院に進学し，ローマ法研究を志して以来，初めて世に出す研究書である．ローマ法という分野にかかわることができた「幸運」は，何と言っても眞田芳憲先生と津野義堂先生のお導きによるところが大きい．眞田先生には，大学院生時代から今日にいたるまで，研究は無論のこと，大学教員・研究者としての心構えに始まり，公私にわたる様々なご助言・ご指導をいただき続けている．津野先生からご教示いただいた，オントロジーという視点から法制度の存立構造を捉えていくという見方は，本書の基本的な視点の核心を形成している．まだまだ両先生の学恩にこたえるにはほど遠く，不十分な段階で本書を世に出す我が身の未熟さに恇恑たる思いもあるが，これからなお一層の研鑽を誓うことでご宥恕を請うことにしたい．

2014 年 4 月から 2016 年 3 月まで，Thomas Finkenauer 先生のご厚意により，ドイツのテュービンゲン大学でローマ法研究に従事する機会を得た．同大学法学部図書館を利用しての研究専念や，Finkenauer 先生との研究上の対話なくしては，この研究をまとめることは到底できなかった．もちろんこの他にも数多くの先生方からご指導やご助言をいただいた．失礼ながら一人ひとりお名前をあげることはできないものの，そのすべての方々にここで感謝の意を表させていただくことにしたい．

この研究を開始したのは，ちょうど娘が生まれた頃であった．夜のミルクの合間に Digesta の章句を読んでいたことが懐かしく思い出される．それから 10 年の娘の成長に比べれば，何とも遅々とした歩みである．しかし，家族の

支援なくしては，このように一つのテーマを長く追い求めることは到底適わなかった．本書を上梓するにあたり，改めて家族にも感謝したい．

　最後になったが，本書の刊行にあたって，筆者の度重なる修正に辛抱強くお付き合いいただき，校正上の適切なご助言をくださった，中央大学出版部の中島葉子さんに心からお礼を申し上げたい．

参考文献リスト

1. 法 史 料

Arangio-Ruiz, Vincenzo: Fontes iuris romani anteiustiniani, Bd. 3, Florentiae 1968. 〔FIRA III〕

Behrends, Okko/Knütel, Rolf/Kupisch, Berthold/Seiler, Hans Hermann: Corpus Iuris Civilis, Text und Übersetzung, Band I: Institutionen, Heidelberg 1990; Band II: Digesten 1-10, Heidelberg 1995; Band III: Digesten 11-20, Heidelberg 1999; Band IV: Digesten 21-27, Heidelberg 2005; Band V: Digesten 28-34, Heidelberg 2012.（「独訳」とある場合にはこのシリーズの翻訳を指すものとする）

Fehi, Ioannis: Corpus ivris civilis Iustinianei, cum commentariis Accursii, scholiis Contii, et D. Gothofredi lucubrationibus ad Accursium..., Reimpressio phototypica editionis 1627, Osnabrück 1965.

Flach, Dieter/Flach, Andreas: Das Zwölftafelgesetz. leges XII tabularum, Darmstadt 2004.

Gothofredus, Dionysius: Corpus iuris civilis romani, Francofurti ad Moenum 1688.

Haloander, Gregor: Digestorum seu Pandectarum libri quinquaginta, Nürnberg 1529, Reprint. Frankfurt am Mein 2005.

Hänel, Gustav Friedrich: Lex Romana Visigothorum, Leipzig 1849.

Hardy, Ernest George: Roman laws and charters, Aalen 1977 (Reprint of the ed. Oxford 1911-1912).（本書はもともとは Six Roman Laws, 1911 と Three Spanish Charter, 1912 という別々の本を合冊してリプリントしたもの。引用に際してはそれぞれの出版年を用いる）

Johannes, Baviera (ed.): Fontes iuris romani anteiustiniani, Bd. 2, Florentiae 1968. 〔FIRA II〕

Manthe, Ulrich (Hrsg.): Gaius, Institutiones. Die Institutionen des Gaius, Darmstadt 2004.

Mommsen, Theodor: Digesta Iusiniani, vol. 1: Berlin 1880; vol. 2: Berlin 1880.

──: Die Stadtrechte der Latinischen Gemeinden Salpensa und Malaca in der Provinz Baetica, in: Abhandl. d. Sächs. Ges. d. Wissensch. III, 1855, 361-507 (Gesammelte Schriften von Theodor Mommsen, Bd. 1, Berlin/Dublin/Zürich 1965, 265-382).

── /Krüger, Paulus: Corpus Iuris Civilis, Volumen Primum, 8. Aufl., Berlin 1963.

Monro, Charles Henry: The Digest of Justinian, vol. 1: Digesta 1-6, Cambridge 1904; vol. 2, Digesta 7-15, Cambridge 1909.

Nelson, Hein L. W./Manthe, Ulrich: Gai Institutiones. III 88-181. Die Kontraktsobligationen. Text und Kommentar, Berlin 1999.

──, Gai Institutiones. III 182-225, Berlin 2007.

Otto, Carl Eduard/Schilling, Bruno/Sintenis, Carl Friedrich Ferdinand: Das Corpus Juris Civilis ins Deutsche übersetzt von einem Vereine Rechtsgelehrter, Bd I-VI, Leipzig 1830-1832.

Riccobono, Salvator (ed.): Fontes iuris romani anteiustiniani, Bd. 1, Florentiae 1968.〔FIRA I〕

Rosenbaum, Günther/Riedelberger, Peter: Amanuensis, V1. 3. 1, 2014 (http://www.riedlberger.de/amanuensis/answer.html).

Spitzl, Thomas: Lex municipii Malacitani, München 1984.

Tsuno, Guido: Clavis verborum totius omnium Digestorum seu Pandectarum domini nostri Iustiniani Augusti, 2004.

Watson, Alan (translation ed.): The Digest of Justinian, vol. 1-2, Philadelphia 1998.

Wolf, Joseph Georg: Die Lex Irnitana. Ein römisches Stadtrecht aus Spanien, Darmstadt 2011.

佐藤篤士（監訳），ガーイウス『法学提要』敬文堂 2002.

千賀鶴太郎訳並註解『ユスチーニアーヌス帝欽定羅馬法学説彙纂第 7 巻』有斐閣 1923.

津野義堂「学説彙纂 6 巻 2 章プーブリキアーナ対物訴訟について」『比較法雑誌』第 41 巻第 1 号（2007）．61ff.

原田慶吉『『法学提要希臘語義解』第 2 巻邦訳』(1)，『法学協会雑誌』第 51 巻第 8 号（1933）．72ff.

春木一郎『ユースティーニアーヌス帝学説彙纂ⅡΡΩΤΑ（プロータ）』有斐閣 1938.

船田享二（訳），ガイウス『法学提要』日本評論社 1943.

吉原達也「ユスティニアヌス帝学説彙纂第三九巻邦訳」(1)，『広島法学』第 8 巻第 2・3 合併号（1984）．121ff.；(2)，『広島法学』第 8 巻第 4 号（1985）．135ff.

――「ユスティニアヌス帝『学説彙纂』第二十巻邦訳」(1)，『広島法学』第 33 巻第 4 号（2010）．67ff.；(2)，『広島法学』第 34 巻第 1 号（2010）．163ff.

2. 非法史料

Heller, Erich: P. Cornelius Tacitus. Annalen, 4. Aufl, Düsseldorf/Zürich 2002.

Jackson, John: Tacitus. The Annals, Books XIII-XVI, Loeb Library, Cambridge/Massachusetts... 1937.

Kent, Roland Grubb: Marcus Terentius Varro, Books V-VII, England 1951 (reprinted 1999).

飯尾都人（訳），Strabon『ギリシア・ローマ世界地誌』Ⅰ，龍溪書舎 1994；Ⅱ，龍溪書舎 1994.

大西英文／兼利琢也（訳），Cicero『キケロー選集 16』岩波書店 2002.

大西英文，Gellius『アッティカの夜』京都大学学術出版会，2016.

国原吉之助（訳），Tacitus『年代記』（上），岩波書店 1981；（下），岩波書店 1981.
——, Suetonius『ローマ皇帝伝』（上），岩波書店 1986；（下），岩波書店 1985.
——, Petronius『サテュリコン』岩波書店 1991.
——, Tacitus『同時代史』筑摩書房 1996.
——, Plinius『プリニウス書簡集：ローマ帝国一貴紳の生活と信条』講談社 1999.
——, Persius/Iuvenalis『ローマ諷刺詩集』岩波書店 2012.
河野与一（訳），Plutarchus『プルターク英雄伝』（六），岩波書店 1954；（七），岩波書店 1955.
高橋英海・大芝芳弘（訳），Cicero『キケロー選集 14』岩波書店 2001.
南川高志（訳），Aelius Spartianus『ローマ皇帝群像 1』京都大学学術出版会 2004.
藤井昇（訳），Martialis『マールティアーリスのエピグランマタ』（上），慶應義塾大学言語文化研究所 1973；（下），慶應義塾大学言語文化研究所 1978.
——, Iuvenalis『サトゥラエ―諷刺詩』日中出版 1995.
森田慶一（訳・註），Vitruvius『ウィトルーウィウス建築書』東海大学出版会 1969.

3. 二 次 文 献

Amirante, Luigi: Locare usum fructum, in: Labeo 8 (1962), 206ff.
Bachofen, Johann Jakob: Ausgewählte Lehren des römischen Civilrechts, Bonn 1848.
Behrends, Okko: Selbsbehauptung und Vergeltung und das Gewaltverbot im geordneten bürgerlichen Zustand nach klassischem römischen Recht, in: SZ 119 (2002), 44ff.
Benke, Nicolaus/Meissel, Franz-Stefan: Übungsbuch zum römischen Schuldrecht, 4. Aufl., Wien 1998.
Berger, Adolf: operis novi nuntiatio, in: RE 18, 1 (1939), Sp. 558ff.
——: Interdictum, in: RE (1916), Sp. 1609ff.
——: Encyclopedic dictionary of Roman law, Philadelphia 1953.
Berndt, Barbara: Das commodatum, Frankfurt am Main 2005.
Beseler, Gerhard: Beiträge zur Kritik der römischen Rechtsquellen, drittes Heft, Tübingen 1913.
——: Miscellanea critica, in: SZ 43 (1922), 535ff.
——: Et ideo — Declarare — Hic, in: SZ 51 (1931), 54ff.
Biondi, Biondo: La categoria romana delle "servitutes", Milano 1938.
Bonfante, Pietro: Corso di diritto romano, 2. La proprietà, Roma 1926.
Bretone, Mario: La nozione romana di usufrutto, I. Dalle origini a Diocleziano, Napoli 1962.
——: La nozione romana di usufrutto, II. Da Diocleziano a Giustiniano, Napoli 1967.
Brockmeyer, Norbert: Der Kolonat bei römischen Juristen der republikanischen und augusteischen Zeit, in: Historia Bd. 20 Heft 5-6, 4. Quartal (1971), 732ff.

Bruna, F. J.: Lex rubria. Caesars Regelung für die richterlichen Kompetenzen der Munizipalmagistrate in Gallia Cisalpina. Text, Übersetzung und Kommentar mit Einleitungen, historischen Anhängen und Indizes, Leiden 1972.

Bund, Elmar: Begriff und Einteilung der Servituten im römischen Recht, SZ 73 (1956), 155.

Bürge, Alfons: Salarium und ähnliche Leistungsentgelte beim mandatum, in: Dieter Nörr/ Shigeo Nishimura (Hrsg.), Mandatum und Verwandetes, Berlin/Heidelberg 1993, 319ff.

Calonge, Alfredo/Wakce, Andereas: Die Kündigungsgründe für die Wohnungsmiete im europäischen Recht seit Caracallas Reskript vom Jahre 214 n. Chr., in: Zeitschrift für Europäisches Privatrecht, 5 (1997), 1010ff.

Champlin, Edward: Final Judgments. Duty and Emotion in Roman Wills. 200B.C.-A.D.250, 1991.

Corbino, Alessandro: Il damno qualificato e la lex Aquilia, 2 edizione, Padova 2008.

Crawford, Michael H./Cloud, J. D.: Roman statutes, I: London 1996, II: London 1996.

Delaine, Janet: The Insula of the Paintings at Ostia I. 4. 2-4, in: T. J. Cornell/Kathryn Lomas (ed.), Urban Society in Roman Italy (1995), 83ff.

―: The Insula of the Paintings. A model for the economics of contruction in Hadrianic Ostia, in 'Roman Ostia' revisited, 1996.

―: Building activity in Ostia in the second century AD, in: Ostia e Portus nelle loro relazioni con Roma, 2002, 41ff.

―: Designing for a market: medianum Apartments at Ostia, in: Journal of Roman Archaeology 17, 2004, 146ff.

Elvers, Rudolf: Die römische Servitutenlehre, Marburg 1856.

Finkenauer, Thomas: Vererblichkeit und Drittwirkungen der Stipulation im klassischen römischen Recht, Tübingen 2010.

―: „Diversi sint fructus" – ein vererblicher Nießbrauch in der römischen Spätklassik, in: Inter cives necnon peregrinos. Essays in honour of Boudewijn Sirks, Göttingen 2014, 241ff.

Franciosi, Gennaro: Studi sulle servitù prediali, Napoli 1967.

Frankrin, James L. Jr.: Cn. Alleius Nigidius Maius and the Amphitheatre, in: Historia, 46 (1997), 434ff.

Frier, Bruce W: The Rental Market in Early Imperial Rome, in: The Journal of Roman Studies, vol. 67 (1977), 27-37

―: Cicero's Management of His Urban Properties, in: the classical Journal, 74 (1978), 1ff.

―: Landlords and Tenants in Imperial Rome, Princeton 1980.

Garnsey, Peter: Urban Property Investment, in: M. Finley (ed.), Studies in Roman Property, Cambridge 1976, 123ff.

Glück, Christian Friedrich von: Ausführliche Erläuterung der Pandekten, 9-1, Erlangen 1808.

Grosso, Giuseppe: usufrutto e figure affini nel diritto romano, Torino 1958.

Haenel, D. Gustavus: corpus legum. ab imperatoribus Romanis ante Iusitianum latarum, quae extra constitutionum Codices supersunt, Neudruck der Ausgabe Leipzig 1857, Aalen 1965.

Hagemann, Matthias: Iniuria. Von den XII-Tafeln bis zur Justinianischen Kodifikation, Köln 1998.

Hähnchen, Susnanne: Die causa condictionis, Berlin 2003.

Hänel, Gustav Friedrich: Corpus legum ab imperatoribus romanis ante Iustinianum latarum, quae extra constitutionum codices supersunt: accedunt res ab imperatoribus gestae, quibus romani iuris historia et imperii status illustratur, Leipzig: Hinrichs 1857.

Hattenhauer, Hans: Bricht Miete Kauf?, in: Gedächtnisschrift für Jürgen Sonnenschein, Berlin 2003, 153ff.

Haymann, Franz: Textkritische Studien zum römischen Obligationrenrecht, in: SZ 40 (1919), 167ff.

Hermansenn, Gustav: Ostia. Aspects of Roman City Life, Admonton/Alberta 1982.

Hesse, Christian August: Das Einspruchsrecht gegen Bauunternehmen und andere Veränderungen an Grundstücken oder das Interdictum Quod vi aut clam und die Operis novi nuntiatio, Leipzig 1866.

Heumann, Hermann Gottlieb/Seckel, Emil: Handlexikon zu den Quellen des römischen Rechts, 11. Aufl., unveränd. Abdr. d. Ausg. 1907, Graz 1971.

Höft, Erich: Öffentlichrechtliche Eigentumsbeschränkungen im römischen Bauwesen. Ein Beitrag zum Problem der sozialen Gebundenheit des römischen Eigentums, Tübingen, Univ., Diss., 1952.

Honsel, Heinrich: Quod interest im bonae-fidei-judicium, München 1969.

—— /Mayer-Mary, Theo/Selb, Walter: Römisches Recht, 4. Aufl., Berlin/Heiderberg 1987.

Jhonson, Allan Chester/Coleman-Norton, Paul Robinson/Bourne, Frank Card: Ancient Roman Statutes. A Translation with Introduction, Commentary, Glossary, and Index, Austin 1961.

Jörs, Paul/Kunkel, Wolfgang/Wenger, Leopold: Römisches Privatrecht, 3. Aufl., Berlin/Heidelberg 1949.

Kaser, Max: Periculum locatoris, in: SZ 74 (1957), 155ff.

──: Das Römische Privatrecht. Erster Abschnitt, 2. Aufl., München 1971.
──: Das Römische Privatrecht. Zweiter Abschnitt, 2. Aufl., München 1975.
──: Die natürlichen Eigentumserwerbsarten im altrömischen Recht, in: SZ 65 (1947), 219ff.
──: ‚Ius honorarium' und ‚ius civile', in: SZ 101 (1984), 1ff.
── /Hackl, Karl: Das Römische Zivilprozessrecht, München 1996.
── /Knütel, Rolf: Römisches Privatrecht, 20. Aufl., München 2014.
Knütel, Rolf: Haftung für Hilfspersonen, in: SZ 100 (1983), 340ff.
──: Aus den Anfängen des Vermieterpfandrechts, in: Festschrift für Walter Gerhardt, 2004, 457ff.
Kunkel, Wolfgang: Die Römische Juristen. Herkunft und soziale Stellung, Unveränderter Nachdruck der 2. Aufl. von 1967, Köln/Weimar/Wien 2001.
── /Honsell, Heinrich/Mayer-Mary, Theo/Selb, Walter: Römisches Recht, 4. Aufl., Berlin/Heidelberg 1987.
Lenel, Otto: Palingenesia iuris civilis, I: Leipzig 1889; II: Leipzig 1889.
──: Das edictum perpetuum, 2. Aufl, Leipzig 1907.
──: Das edictum perpetuum, 3. Aufl, Leipzig 1927.
Levy, Ernst: West Roman vulgar law, the law of property, Philadelphia 1951.
Löffelmann, Arnd: Pfandrecht und Sicherungsübereignung an künftigen Sachen: Rechtsvergleich zwischen deutschem und römischem Recht, Köln 1996.
Losanky, Gernot: Die Obergeschossareale der Stadthäuser in Herculaneum, Wiesbaden 2015.
MacCormack, Geoffrey: Celsus quaerit: D 9, 2, 27, 14, in: RIDA 20 (1973), 341ff.
──: Juristic Interpretation of the lex Aquilia, in: Studi in onore di Cesare Sanfilippo, Milano 1982, 254ff.
Maiggs, Russell: Roman Ostia, 2nd ed., Oxford 1973.
Masi, Antonio: Inutilità ed inesistenza degli atti giuridici nelle intituzioni Gaiane, in: Il modello di Gaio nella formazione del Giurista. Atti del convegno torinese 4-5 Maggio 1978 in onore del Prof. Silvio Romano, Milano 1981.
Mattern, Torsten: Wohnverhältnisse, in: Der Neue Pauly. Enzyklopädie der Antike, Bd. 12/2, Stuttgart/Weimar 2002, Sp. 563ff.
Mayer-Maly, Theo: locatio conductio, Wien 1956.
──: vis, in: RE (1961), 311ff.
Medicus, Dieter: id quod interest, Köln/Graz 1962.
Meinche, Jens Peter: Superficies solo cedit, in: SZ 88 (1971), 136ff.
Miquel, Juan: Mechanische Fehler in der überlieferung der Digesten, in: SZ 80 (1963),

233ff.

Möller, Cosima: Die Servituten, Göttingen 2010.

Molnár, Imre: Verantwortung und Gefahrtragung bei der locatio conductio zur Zeit des Prinzipats, in: ANRW II/14 (1982), 583ff.

Mommsen, Theodor: Römisches Strafrecht, Leipzig 1899.

Müller, Carsten Hanns: Gafahrtragung bei der locatio conductio, Zürich 2002.

Nörr, Dieter: Spruchregel und Generalisierung, in: SZ 89 (1972), 18ff.

Packer, James E.: The Insulae of Imperial Ostia, Rome 1971.

Pflüger, Heinrich H.: Zur Lehre von der Haftung des Schuldners nach römischem Recht, in: SZ 65 (1947), 121ff.

Phillips, E. J.: The Roman Law on the Demoliton of Buildings, in: Latomus, 32 (1973), 86ff.

Pika, Wolfram: Ex causa furtiva condicere im klassischen römischen Recht, Mainz 1988.

Pirson, Felix: Mietwohnungen in Pompeji und Herkulaneum, München 1999.

du Plessis, Paul J.: A history of remissio mercedis and related legal insitutions, Rotterdam 2003.

――: Subletting and the Roman law of letting and hiring Interpreting C. 4. 65. 6, in: RIDA 52 (2005), 133ff.

――: A new Argument for deductio ex mercede, in: ex iusta causa traditum: essays in honour of Eric H. Pool (fundamina editio specialis 2005), 69ff.

――: Janus in the Roman law of urban lease, Historia, Bd 55/1 (2006), 48ff.

――: The Roman Concept of Lex Contractus, in: Roman Legal Tradition 3 (2006), 79ff.

――: The Interdictum de Migrando revisited, in: RIDA 54 (2007), 219ff.

――: The Hereditability of Locatio Conductio, in: Beyond Dogmatics. Law and Society in the Roman World, Edinburgh 2007, 139ff.

――: Letting and Hiring in Roman Legal Thought: 27BCE-284CE, Boston 2012.

Pólay, Elemér: iniuria Types in Roman Law, Budapest 1986.

Priester, Sascha: Ad summas tegulas: Untersuchungen zu vielgeschossigen Gebäudeblöcken mit Wohneinheiten und Insulae im kaiserzeitlichen Rom, Roma 2002.

Rabel, Ernst: Die eigene Handlung des Schuldners und des Verkäufers, in: Rheinische Zeitschrift für Zivil- und Prozessrecht, 1 (1909), 187ff.

Raber, Fritz: Grundlagen klassischer Iniurienansprüche, Wien/Köln/Graz 1969.

Rainer, Johannes Michael: Bau- und nachbarrechtliche Bestimmungen im klassischen römischen Recht, Graz 1987.（第10章でのみ〔1987a〕と表記する）

――: Zum senatusconsultum Hosidianum, in: TR 55 (1987), 31ff.〔1987b〕

――: Der Paries communis im klassischen römischen Recht, in: SZ 106 (1988), 488ff.

――: Superficies und Stockwerkeigentum im klassischen römischen Recht, in: SZ 106

(1989), 327ff.

―: Zu den Abbruchbestimmungen in den Stadtrechten, in: SZ 108 (1991), 325ff.

―: Die Immissionen: Zur Entsehungsgeschichte des § 906 BGB, in: Georg Klingenberg (hrsg.), Vestigia iuris romani. Festschrift für Gunter Wesener zum 60. Geburtstag am 3. Juni 1992, Graz 1992, 351ff.

―: Zum Typenzwang der Servituten: vom römischen Recht zum BGB, in: Collatio ivris romani, Bd.2, 1995, 415ff.

―: Das interdictum quod vi aut clam im römischen Baurecht, in: Iuris vincula. Studi in onore di Mario Talamanca VII, Napoli 2001, 1ff.

Rechard, Ingo: Stipulation und Custodiahaftung, in: SZ 107 (1990), 46ff.

Robinson, Olivia F.: Ancient Rome. City Planning and Administration, 1994.

―: The criminal law of ancient Rome, Baltimore 1996.

Rodger, Alan: Owners and Neigbours in Roman Law, Oxford 1972.

Röhle, Robert: Neue Lesearten zum Text des Codex Florentinus, in: SZ 122 (2005), 62ff.

Rosa, Renato La: Usus fructus: modelli di riferimento e sollecitazioni concrete nella costruzione giuridica, Napoli 2008.

Roth, Hans-Jörg: Alfeni Digesta. Eine spätrepublikanische Juristenschrift, Berlin 1999.

Rüfner, Thomas: Wohnrecht für Paccia Trophime. Juristisches und Philologisches zu D. 33, 2, 34 pr., in: Karlheinz Muscheler/Reinhard Zimmermann (Hg.), Zivilrecht und Steuerrecht, Erwerb von Todes wegen und Schenkung. Festschrift für Jens Peter Meincke zum 80. Geburtstag, München 2015, 321ff.

Ruiz, Schahin Seyed-Mahdavi: Die rechtlichen Regelungen der Immissionen im römischen Recht und in ausgewählten europäischen Rechtsordnungen, Göttingen 2000.

Salmen-Everinghof, Christoph: Zur cautio damni infecti: Die Rückkehr eines römischrechtlichen Recthsinstituts in das moderne Zivilrecht, Frankfurt am Mein 2009.

Savigny, Friedrich Carl von: Sysetem des heutigen römischen Rechts, Bd. 2, Berlin 1840.

Schindler, Karl-Heinz: Justinians Haltung zur Klassik, Köln/Graz 1966.

Schulz, Fritz: Die Aktivlegitimation zur actio furti im klassischen römischen Recht, in: SZ 32 (1911), 23ff.

―: Prinzipien des römischen Rechts, München 1934.（邦語訳がシュルツ(2003)である．）

―: Classical Roman Law, Oxford 1951 (Reprint of the edition Oxford 1951, enlarged by a preface to reprint 1992, and a source index, by Wolfgang Ernst, Aalen 1992).

―: Römische Rechtswissenschaft, Weimar 1961.

Simshäuser, Wilhelm: Sozialbindungen des spätrepulikanisch-klassischen römischen Privateigentum, in: Norbert Horn (Hrsg.), Europäisches Rechtsdenken in Geschichte und Gegenwart: Festschrift für Helmut Coing zum 70. Geburtstag, München 1982,

329ff.

Slapnicar, Klaus: Gratis habitare. Unentgeltliche Wohnen nach römischem und geltendem Recht, Berlin 1981.

Solazzi, Siro: Stipulationi di servitù prediali, in: Jura 5 (1954), 126ff.

———: D. 7, 1, 52, e i carichi di godimento nell'usufrutto, in: SDHI 23 (1957), 306ff.

Stock, Joachim: Zum Begriff der donatio, insbesondere im Verhältnis zum commodatum, 1932.

Stölzel, Adolf: Die Lehre von der operis novi nunciatio und dem interdictum quod vi aut clam: eine civilistische Abhandlung, Cassel 1865.

Suerbaum, Werner (Hrg.): Die archaische Literatur: von den Anfängen bis Sullas Tod; die vorliterarische Periode und die Zeit von 240 bis 78 v. Chr., München 2002.

Tellegen-Couperus, O.E.: The Tenant, the Borrower and the Lex Aquilia, in: RIDA 42 (1995), 415ff.

Thomas, J. A. C.: The sitting tenant, in: TR 41 (1973), 35ff.

Ussani, Vincenzo Scarano: Valori e storia nella cultura giuridica fra Nerva e Adriano: studi su Nerazio e Celso, Napoli 1979.

———: Le forme del privilegio. beneficia e privilegia tra Cesare e gli Antonini, Napoli 1992.

Van den Bergh, Govaer: Cheese or Lavender? Elegantae circa D. 8, 5, 8, 5, in: Essays in honour of Ben Beinart, Vol. III, 1979, 185ff.

Van den Bergh, Rena: The plight of the poor urban tenant, in: RIDA (2003), 443ff.

Vogt, Heinrich: Das Erbbaurecht des klassischen römischen Rechts, Marburg 1950.

Voigt, Moritz: Die römische Baugesetze, Abdruck aus den Berichten der philologisch-historischen Klasse der Königl. Sächs. Gesellschaft der Wissenschaften zu Leipzig, 1903.

Wacke, Andreas: Dig. 19, 2, 33: Africans Verhältnis zu Julian und die Haftung für höhere Gewalt, in: Aufstieg und Niedergang der römischen Welt, II, Berlin/New York 1976, 455ff.

———: Prozessformel und Beweislast im Pfandrechtsprätendentenstreit, in: TR 37 (1969), 369ff.

Watson, Alan: The Law of Obligations in the Later Roman Republic, Oxford 1965.

———: The law of persons in the later Roman republic, Oxford 1967.

———: The law of property in the later Roman republic, Oxford 1968.

Wesener, Gunter: Offensive Selbsthilfe im klassischen römischen Recht, in: Festschrift Artur Steinwenter, Graz/Köln 1958, 100ff.

———: usus fructus, in: RE (1961), Sp. 1137ff.

———: Iulians Lehre von ususfructus, in: SZ 81 (1964), 83ff. [1964a]

———: Custodia-Haftung des Ususfructuars, in: Synteleia Vincenzo Arangio-Ruiz, Napoli

1964.〔1964b〕
――: Zur Frage der Ersitzbarkeit des ususfructus, in: Studi in onore di Giuseppe Grosso, Vol. 1, Torino 1968, 202ff.
――: Zur Dogmengeschichte des Rechtsbesitzes, in: Festschrift Walter Wilburg zum 70. Geburtstag. Graz 1975, 453ff.
Wieling, Hans: Die Verdinglichung der Miete vom römischen Recht bis zu den modernen Kodifikationen, in: Nozione formazione et interpretazione del diritto. ricerche dedicate al professor Filippo Gallo III, Jovene 1997, 667ff.
Wittmann, Roland: Die Entwicklungslinien der klassischen Injurienklage, SZ 91 (1974), 285ff.
Zimmermann, Reinhard: The Law of Obligations, South Africa 1990/1996.
――: Effusum vel deiectum, in: Festschrift für Herrmann Lange zum 70. Geburtstag am 24. Januar 1992, Stuttgart/Berlin/Köln 1992, 301ff.
秋山靖浩『不動産法入門』日本評論社 2011.
足立清人「ローマの境界画定訴訟（actio finium regundorum）について・序説．Focke Heinrichs と Rolf Knütel の論争の紹介を中心に」『明治学院大学法学研究』第 98 巻（2015), 285ff.
岩田新「賃借権の性質についての歴史的考察」(1),『法学志林』第 32 巻 1 号（1930), 38ff.; (2), 同第 32 巻 2 号（1930), 66ff.; (3), 同 32 巻 3 号（1930), 43ff.; (4), 同 32 巻 4 号（1930), 32ff.; (5), 同 32 巻 5 号（1930), 58ff.; (6), 同 32 巻 7 号（1930), 53ff.; (7・完), 同 32 巻 8 号（1930), 31ff.
大窪誠「賃貸不動産の譲渡と賃貸借の帰趨」『総合政策』第 5 巻第 2 号（2004), 155ff.
岡本詔治『無償利用契約の研究』法律文化社 1989.
――『不動産無償利用権の理論と裁判』信山社 2001.
奥田昌道『請求権概念の生成と展開』創文社 1979.
カーザー，マックス（柴田光蔵訳）『ローマ私法概説』創文社 1979.
久志本秀夫「オスティア・アンティーカ―古代ローマの外港」『相愛女子大学・相愛女子短期大学研究論集音楽学部篇』第 25 号（1978), 65ff.
クニューテル，ロルフ（森光訳）「時代の変遷のなかの法学レキシコン―過去と現在の宝庫―」『比較法雑誌』第 45 巻第 3 号（2011), 187ff.
クリンゲンベルク，ゲオルク（瀧澤栄治訳）『ローマ債権法講義』大学教育出版 2001.
――『ローマ物権法講義』大学教育出版 2007.
グリマル，ピエール（北野徹訳）『古代ローマの日常生活』白水社（文庫クセジュ）2005.
小菅芳太郎「Uti Possidetis 特示命令に関するガイウス文（Gai. 4, 148）におけるインテルポラーティオ可能性について」(1),『国家学会雑誌』72 巻 3 号（1958), 1ff.; (2), 同

72巻4号(1958) 35ff.;(3),同72巻6号(1958) 33ff.;(4),同72巻10号(1958) 1ff.
──「廣中俊雄「契約とその法的保護─その一 歴史的発展─第三章古代ローマにおける発展(法学協会雑誌七一巻二,三,五号,七二巻一号)」」『法制史研究』8号(1958), 315ff.
後藤久『都市型住宅の文化史』NHKブックス 1986.
──『西洋住居史』彰国社 2005.
坂口明「Frier B. W.: Landlords and Tenants in Imperial Rome. Pp. xxxiii + 251, Princeton University Press, Princeton 1980」『西洋古典学研究』XXXI (1983), 126ff.
佐々木健「L・ラブルーナの暴力vis論」(1),『法学論叢』第155巻第1号(2004), 130ff.; (2),同第155巻2号(2004), 100ff.
──「『学説彙纂』における河川利用の保護」『法史学研究会会報』第12号 (2007), 29ff.
──「特示命令と神法物」『法学論叢』第158巻第4号(2006), 82ff.
佐藤篤士『Lex XII Tabularum ─ 12表法原文・邦訳および解説─』早稲田大学比較法研究所叢書 1969.
眞田芳憲「ローマ法の《古典性》について」『中央大学九十周年記念論文集』1975, 149ff.
サヴィニー(小橋一郎訳)『現代ローマ法体系』第2巻,成文堂 2001.
柴田光蔵「ローマ法学」碧海純一/伊藤正己/村上淳一編『法学史』東京大学出版会 1976, 23ff.
──『ローマ裁判制度研究』世界思想社 1968.
──「(書評)眞田芳憲著「ローマ法の《古典性》について」(『中央大学九十周年記念論文集』法学部編所収,中央大学)」『法制史研究』27号 (1977), 321ff.
シュルツ,フリッツ(塙浩訳)『古典期ローマ私法要説』信山社 1992.
シュルツ,フリッツ(佐藤篤士監訳)「古典期ローマ私法」(V),『早稲田法学』第57巻第1号(1981), 1ff.
シュルツ,フリッツ(眞田芳憲・森光訳)『ローマ法の原理』中央大学出版部 2003.(原著は Schulz (1934) である)
芹澤悟「用益権に関するユリアヌスの法的判断について」『亜細亜法学』41巻2号 (2007), 29ff.
高橋寿一「『建築自由・不自由原則』と都市法制─わが国の都市計画法制の一特質─」原田純孝編『日本の都市法Ⅱ』2001, 37ff.
田中実「無償居住譲与をめぐる普通法学の解釈覚書─D 39, 5, 27をめぐって」『広中俊雄先生傘寿記念論文集』創文社 2007, 159ff.
田中実・伊藤司・平林美紀「ヨーロッパ私法概念の検討 ハンス・ハッテンハウアー『民法の基本概念─歴史的・法解釈学的入門─』を読む」(2),『南山大学ヨーロッパ研究センター報』16号(2015), 61ff.

谷口貴都「永久告示録」『西洋法制史料選Ⅰ古代』創文社 1981, 155ff.
――「ローマ法における土地所有権に対する制限―社会の個人主義化と所有権の変化―」内田勝一他編『現代の都市と土地私法』有斐閣 2001, 2ff.
津野義堂『法知の科学』津野文庫 2010.
西村隆誉志「ローマ損害賠償法理論史」愛媛大学法学研究叢書 1999.
長谷川岳男・樋脇博敏『古代ローマを知る事典』東京堂 2004.
原田慶吉『ローマ法』改訂版, 有斐閣 1955.
――『日本民法典の史的素描』創文社 1954.
原田純孝「都市の発展と法の発展」『都市と法』岩波書店 1997, 3ff.
林智良『共和政末期ローマの法学者と社会』奈良産業大学法学会研究叢書 1997.
林信夫「ローマ法大全」久保正幡先生還暦記念出版準備会編『西洋法制史料選Ⅰ古代』創文社 1981, 253ff.
――「ローマ委任法における無償性原理と『謝礼 honorarium』の存在（一）」『専修法学』第 62 号（1994）, 27ff.
――「『学説彙纂』第 50 巻第 13 章第 1 節について―ローマ委任法における無償性原理との関連で―」『広中俊雄先生傘寿記念論文集』創文社 2007, 101ff.
――「広中俊雄のローマ法研究―歴史の中の社会・国家と法」『法律時報』1089 号（2015）, 49ff.
林屋礼二「民事保全の史的考察」中野・原井・鈴木編『民事保全講座 1　基本理論と法比較』法律文化社 1996, 1ff.
平野義太郎『民法におけるローマ思想とゲルマン思想』増補新版, 有斐閣 1970.
樋脇博敏『古代ローマ生活誌』NHK 出版 2005.
広中俊雄『契約とその法的保護』増補版, 創文社 1987.（初出は(1),『法学協会雑誌』第 70 巻第 3 号（1952）, 175ff.;(2),『法学協会雑誌』第 70 巻第 4 号（1952）, 347ff.;(3),『法学協会雑誌』第 71 巻第 2 号（1952）, 159ff.;(4),『法学協会雑誌』第 71 巻第 3 号（1953）, 279ff.;(5),『法学協会雑誌』第 71 巻第 5 号（1953）, 443ff.;(6),『法学協会雑誌』第 72 巻第 1 号（1954）, 38ff. 本論文はまた『広中俊雄著作集 1』創文社 1992 に収録されている）．
――「契約および契約法の基礎理論」『契約法の研究』第 3 版, 有斐閣 1964.（本論文は『広中俊雄著作集 2』創文社 1992 に収録されている）．
船田享二『ローマ法入門』改訂版, 有斐閣 1960.
――『ローマ法』改版第 1 巻, 岩波書店 1968.
――『ローマ法』改版第 2 巻, 岩波書店 1969.
――『ローマ法』改版第 3 巻, 岩波書店 1970.
星野英一「不動産賃貸借の歴史と理論―大陸法系の考察」『法学協会雑誌』73 巻 4 号（1956）, 387ff.（本論文は, 星野英一「不動産賃貸借法の淵源」と改題の上, 星野英一

『民法論集』第3巻,有斐閣1972, 277ff. に収録されている.)
堀賀貴「古代ギリシャ・ローマ都市住宅における上部空間に関する研究」『日本建築学会計画系論文集』第456号(1994), 247ff.
―――「ポンペイにおける集合住宅について. インスラ型住宅に関する考察」『日本建築学会計画系論文集』第469号(1995), 193ff.〔堀(1995a)〕
―――「ポンペイ住宅の平面形式に関する研究. 古代ローマにおける社会構成と住宅平面」『日本建築学会計画系論文集』第470号(1995), 243ff.〔堀(1995b)〕
―――「学界展望古代ローマ建築史」『建築史学』36巻(2001), 54ff.
―――「ポンペイにおける道路排水計画に関する考察(1)」『日本建築学会計画系論文集』74巻642号(2009), 1895ff.
―――「ポンペイにおける道路排水計画に関する考察(2) ポンペイ・都市機能研究Ⅱ」『日本建築学会計画系論文集』77巻671号(2012), 165ff.
松本尚子「近代公法学の誕生」勝田有恒他編『概説西洋法制史』ミネルヴァ書房2004, 295ff.
森光「古典期ローマ法における非典型かつ無方式の合意の訴求可能性について(一)」『法学新報』第110巻第5・6号(2003), 39ff.〔2003a〕
―――「古典期ローマ法における非典型かつ無方式の合意の訴求可能性について(二・完)」『法学新報』第110巻第7・8号(2003), 151ff.〔2003b〕
―――「古典期ローマ法における無償住居提供の法的性質決定」『法学新報』第113巻第11・12号(2007), 619ff.〔2007a〕
―――「無償住居提供のコンセンサスの法的拘束力」津野義堂編『コンセンサスの法理』国際書院2007, 129ff.〔2007b〕
―――「古代ローマ法における建物賃借人の法的地位」『地域文化研究』第10号(2007), 285ff.
―――「都市不動産への投資家の保護―古代ローマにおける法学説の展開―」『地域文化研究』第11号(2008), 115ff.
―――「古典期ローマ法における建物の賃貸借をめぐる学説の展開」『Future of Comparative Study in Law: The 60th anniversary of The Institute of Comparative Law in Japan』日本比較法研究所2011, 835ff.
―――「古典期ローマ法における「賃借権」の「物権」化」『比較法雑誌』第45巻第3号(2011), 71ff.
森田慶一『西洋建築入門』東海大学出版会1971.
吉野悟『ローマ法とその社会』近藤出版社1976.
―――「学説集第43巻(特示命令)における社会的不法の類型について」『日本法学』第44巻第2号(1978), 1ff.〔吉野(1978a)〕
―――「ローマ法におけるシステムとしての不法行為」『法学紀要』第19巻(1978), 7ff.

〔吉野（1978b）〕
―――「ローマ法における『贈与原因』としての贈与」(2),『大阪市立大学法学雑誌』第 12 巻第 2 号(1965), 60ff.

吉原達也「D. 39, 2. における未発生損害（damnum infectum）について」『廣島法学』第 8 巻第 2・3 号(1984), 23ff.

―――「芹澤悟「Alf. D. 19, 2, 31 における『所有権移転』と事例提示について」(『亜細亜法学』第 40 巻 1 号, 2005 年）同「用益権に関するユリアヌスの法的判断」(同第 41 巻 2 号, 2007 年)」『法制史研究』57 号(2007), 396ff.

吉原達也（訳）,オットー・レーネル編「永久告示記録」(上),『法学紀要』(日本大学法学部法学研究所)第 56 号(2014), 274ff.

吉村朋代「古典期ローマ法における贈与について―D. 39, 5 の分析を中心に」『廣島法学』第 18 巻第 2 号(1994), 85ff.

―――「『remuneratio』について」『廣島法学』第 21 巻第 2 号(1997), 153ff.

リング,R.（堀賀貴訳）『ポンペイの歴史と社会』同成社 2007.

ローソン,F. H.「ローマ法」ボールスドン編（長谷川博隆訳）『ローマ人』岩波書店 1971, 159ff.

533

史 料 索 引

1. 法 史 料

C.

3, 32, 2	*182, 183*
3, 32, 2 pr	*66*
3, 33, 7	*251*
3, 33, 13	*472*
3, 33, 13 pr	*471*
3, 33, 13, 1	*474*
3, 34, 1	*102, 106, 167, 264, 495*
3, 34, 8	*495*
3, 34, 12	*209*
4, 5, 1	*182*
4, 65, 3	*368, 371, 411, 413*
4, 65, 9	*325*
5, 23, 1	*182*
7, 32, 12 pr	*391*
7, 53, 3	*87*
8, 10, 1	*165*
8, 10, 2	*180, 184*
8, 10, 3	*184, 192*
8, 10, 4	*189*
8, 10, 5	*187*

Coll.

1, 3, 2	*159*
12, 4	*160*
12, 5	*160*
12, 5, 2	*160*
12, 6	*160*
12, 6, 1	*160*
12, 7, 1	*147*
12, 7, 2	*148, 150*
12, 7, 3	*148, 151, 407, 419*
12, 7, 4	*148, 151*
12, 7, 5	*148, 151*
12, 7, 6	*148*
12, 7, 7	*149, 150*
12, 7, 8	*149*
12, 7, 9	*150, 345*
13, 3, 2	*46*

Const.

Deo Auctore 7	*15*
Tanta 10	*15*

D.

1, 2, 2, 40	*432*
1, 8, 1 pr	*36, 37*
1, 8, 2 pr	*37*
1, 8, 2, 1	*37*
1, 8, 6, 2	*36*
1, 8, 6, 3	*36*
1, 8, 6, 4	*37*
1, 8, 8	*37*
1, 8, 9 pr	*36*
1, 15, 3 pr	*46*
1, 15, 3, 1	*47, 161*
1, 15, 3, 2	*47, 161, 376*
1, 15, 3, 4	*26*
1, 18, 7	*190*
2, 14, 4 pr	*474*
2, 14, 38	*45*
2, 14, 58	*409*
2, 15, 8 pr	*439*

2, 15, 8, 1	440, 476	7, 1, 7, 3	234, 235, 236, 244, 251
2, 15, 8, 2	466, 486	7, 1, 7, 4	251
2, 15, 8, 3	444	7, 1, 9 pr	245
2, 15, 8, 23	477	7, 1, 12, 1	202
3, 3, 45, 2	130	7, 1, 12, 2	209, 217, 219, 225
4, 2, 1 pr	157	7, 1, 12, 4	477
4, 2, 2	78	7, 1, 13 pr	214
4, 2, 3 pr	157	7, 1, 13, 2	214, 299, 303
4, 2, 3, 1	78	7, 1, 13, 4	236, 237
4, 2, 9 pr	156	7, 1, 13, 5	237
4, 2, 9, 2	157	7, 1, 13, 6	237
4, 3, 7, 3	157	7, 1, 13, 7	231, 232, 234, 237, 238, 259
4, 3, 7, 4	304, 305	7, 1, 13, 8	29, 218, 234, 237, 238
4, 3, 18, 2	304	7, 1, 15 pr	274
4, 5, 10	437, 443, 475, 476, 477	7, 1, 15, 1	237, 339
4, 6, 23, 2	292	7, 1, 15, 2	237
5, 3, 29	217, 246	7, 1, 15, 3	237
6, 1, 1, 1	62	7, 1, 15, 4	202, 218
6, 1, 9	67, 285, 328, 417	7, 1, 15, 5	202, 218, 237
6, 1, 15, 1	62	7, 1, 15, 6	371
6, 1, 23, 6	66	7, 1, 15, 7	260, 265
6, 1, 24	85	7, 1, 17, 2	480
6, 1, 62 pr	217, 246	7, 1, 17, 3	304
6, 2, 11, 1	102, 207, 211	7, 1, 18	245
6, 2, 12, 2	207	7, 1, 19 pr	233, 478
6, 2, 16	119	7, 1, 20	478
7, 1, 1	201, 479	7, 1, 25, 7	206
7, 1, 2	242, 479	7, 1, 26	268
7, 1, 3 pr	205, 480	7, 1, 27, 1	217
7, 1, 3, 1	202	7, 1, 27, 3	245, 247
7, 1, 3, 3	480	7, 1, 30	106, 107, 262
7, 1, 5	477, 480	7, 1, 32	206, 270, 463, 483, 489
7, 1, 6 pr	203	7, 1, 34 pr	478
7, 1, 7 pr	217, 246	7, 1, 34, 2	241
7, 1, 7, 1	217, 246, 259, 302, 480	7, 1, 36 pr	241
7, 1, 7, 2	243, 244, 245	7, 1, 36, 1	480

7, 1, 38	209, 218, 225, 226
7, 1, 39	209, 226
7, 1, 40	209, 226
7, 1, 44	234, 235
7, 1, 48 pr	249
7, 1, 48 1	249
7, 1, 52	244
7, 1, 53	241
7, 1, 54	206
7, 1, 56	209
7, 1, 58 pr	266, 330
7, 1, 59, 1	269, 284
7, 1, 60, 1	286
7, 1, 61	234, 235, 236, 480
7, 1, 62, 1	480
7, 1, 64	251
7, 1, 65 pr	248
7, 1, 65, 1	248
7, 1, 67	218, 219
7, 2, 3, 1	206
7, 2, 10	286
7, 3, 1, 2	436
7, 3, 1, 3	436
7, 4, 1	443, 477
7, 4, 3 pr	478
7, 4, 5, 2	242
7, 4, 5, 3	299
7, 4, 6	299
7, 4, 10, 1	210
7, 4, 10, 7	202
7, 4, 12 pr	242
7, 4, 15	208
7, 4, 20	477
7, 4, 22	275, 277, 477
7, 4, 25	477
7, 4, 27	210
7, 4, 29	209
7, 4, 29, 1	218, 221, 224
7, 5, 1	202
7, 6, 1 pr	286, 287, 293
7, 6, 1, 4	265
7, 6, 3	292
7, 6, 5 pr	68, 86
7, 6, 5, 1	285, 287, 288, 296, 297
7, 6, 5, 4a	286
7, 6, 5, 5	286
7, 6, 6	286
7, 8, 1, 1	215, 480
7, 8, 2 pr	214
7, 8, 2, 1	31, 276, 278, 283, 480
7, 8, 2, 1ff.	214
7, 8, 4 pr	276, 278, 283, 480
7, 8, 4, 1	275, 277, 278, 474
7, 8, 5	277, 474
7, 8, 6	276, 279, 474
7, 8, 7	277, 474
7, 8, 8 pr	279, 282
7, 8, 8, 1	277, 279
7, 8, 10 pr	432, 441, 442, 472, 474, 475, 476, 477
7, 8, 10, 1	479
7, 8, 10, 2	472, 479, 483
7, 8, 10, 3	431, 475
7, 8, 11	282
7, 8, 12 pr	480
7, 8, 12, 1	281, 282, 479, 480, 483
7, 8, 12, 2ff.	214
7, 8, 12, 6	282
7, 8, 14, 1	480
7, 8, 14, 3	480
7, 8, 16, 1	29, 260, 480
7, 8, 17	277, 480

7, 8, 18	217, 246, 283, 480	8, 2, 35	262
7, 8, 22, 1	480	8, 2, 36	262
7, 9, 1 pr	213, 236, 437	8, 2, 40	169
7, 9, 1, 2	208	8, 2, 41 pr	473, 475, 480, 483
7, 9, 2	214, 243	8, 2, 41, 1	109
7, 9, 5, 3	436, 437	8, 3, 1, 2	102
8, 1, 14 pr	102	8, 3, 2 pr	104, 106, 107, 109, 264
8, 1, 20	74, 102	8, 4, 6, 2	262
8, 1, 52	175	8, 4, 6, 3a	74, 102
8, 2, 1 pr	107, 109, 264	8, 4, 7 pr	262
8, 2, 1, 1	109, 250, 260	8, 4, 7, 1	107, 264
8, 2, 2	104, 105, 106, 107, 109, 264	8, 4, 13, 1	153
8, 2, 3	108	8, 4, 16	106
8, 2, 4	106	8, 4, 17	102
8, 2, 6	102, 103, 232	8, 5, 2, 3	287, 294, 296
8, 2, 7	102	8, 5, 6 pr	106, 232
8, 2, 8	98, 169	8, 5, 6, 1	73, 116, 117, 287
8, 2, 9	107, 166, 264	8, 5, 6, 2	109, 250, 260, 288
8, 2, 10	262	8, 5, 6, 3	109
8, 2, 11 pr	166, 167	8, 5, 6, 4	109
8, 2, 11, 1	166	8, 5, 6, 5	109
8, 2, 13 pr	169	8, 5, 6, 6	109
8, 2, 13, 1	169	8, 5, 6, 7	109
8, 2, 14	169, 170	8, 5, 8, 3	74, 287
8, 2, 15	108, 116	8, 5, 8, 5	58, 70, 71, 86, 98, 99, 109, 110, 155, 494
8, 2, 16	108	8, 5, 8, 6	58, 105, 153, 494
8, 2, 19, 1	169	8, 5, 8, 7	58, 105, 153, 494
8, 2, 19, 2	169	8, 5, 9 pr	105
8, 2, 20, 2	242	8, 5, 14, 1	169
8, 2, 20, 3	105	8, 5, 15	106
8, 2, 24	109	8, 5, 16	74, 102
8, 2, 25 pr	65	8, 5, 17 pr	262
8, 2, 25, 1	169	8, 5, 17, 2	72, 110, 153
8, 2, 32 pr	102	9, 2, 11, 10	303, 304
8, 2, 32, 1	102, 103	9, 2, 12	304
8, 2, 33	109		

史料索引　537

9, 2, 27, 5	145	13, 6, 1, 1	87, 88, 447, 448, 463, 486
9, 2, 27, 7	146, 150	13, 6, 5, 2	328
9, 2, 27, 8	146, 148, 151, 407, 419	13, 6, 13, 2	487
9, 2, 27, 9	146, 347	13, 7, 11, 5	26, 29, 384ff., 387
9, 2, 27, 10	147, 169	14, 2, 2	317
9, 2, 27, 11	147, 150, 319, 346	14, 3, 5, 1	29
9, 2, 27, 14	116, 406, 419	17, 1, 6 pr	461
9, 2, 27, 31	152	17, 2, 47, 1	152
9, 2, 29, 1	63, 109	17, 2, 52, 10	188
9, 2, 29, 8	146	17, 2, 52, 16	152
9, 2, 45, 5	152	18, 1, 36	222
9, 2, 49, 1	152	18, 1, 52	177, 178
9, 3, 1 pr	484	18, 1, 68 pr	326
9, 3, 1, 4	484	18, 1, 68	270
9, 3, 1, 7	26	18, 1, 80, 1	74, 102
9, 3, 1, 9	7, 349, 484	18, 6, 8 pr	404
9, 3, 5, 1	26, 31, 349, 387, 484	18, 6, 8, 2	208, 218, 223, 229
9, 3, 5, 2	26	18, 6, 19 pr	31
10, 1, 4, 9	288	19, 1, 13, 11	326
10, 1, 4, 10	55, 169	19, 1, 13, 30	270, 325
10, 3, 6, 10	205	19, 1, 21, 6	270, 444
10, 3, 6, 12	129	19, 1, 25	153
10, 3, 7, 7	288	19, 1, 53 pr	326
10, 3, 10, 1	282	19, 1, 53, 2	325, 413, 480, 481, 483
10, 3, 12	56, 86, 89, 97, 169	19, 2, 1	317
10, 3, 19, 1	262	19, 2, 5	410, 474, 485
10, 3, 22	169	19, 2, 7	267, 317, 331, 333, 334, 335, 413
10, 3, 28	98	19, 2, 8	334, 413
11, 6, 6	109	19, 2, 9 pr	29, 317, 319, 324, 327, 328, 334, 341, 412, 413
11, 7, 14, 1	389		
11, 8, 1 pr	38	19, 2, 9, 1	217, 268, 317, 328, 332, 334, 335, 340, 412, 474
11, 8, 1, 5	38		
11, 8, 3 pr	43	19, 2, 9, 2	317, 335, 341, 404
12, 1, 25	188	19, 2, 9, 3	317, 341
12, 6, 23, 2	439	19, 2, 9, 4	318, 340, 342
12, 6, 65, 7	269, 273, 456	19, 2, 9, 5	318, 342

19, 2, 9, 6	29, 267, 317, 318, 331, 341, 414	19, 2, 20, 2	317
19, 2, 11 pr	342, 352, 411	19, 2, 22 pr	317
19, 2, 11, 1	340	19, 2, 22, 1	317
19, 2, 11, 2	317, 318, 347, 411	19, 2, 22, 2	317
19, 2, 11, 3	318, 348	19, 2, 22, 3	317
19, 2, 11, 4	318, 344, 348, 349	19, 2, 24 pr	317
19, 2, 13 pr	318, 348	19, 2, 24, 1	317, 386
19, 2, 13, 1	318, 348	19, 2, 24, 2	29, 227, 261, 317, 362, 363, 364
19, 2, 13, 2	318, 348	19, 2, 24, 3	317
19, 2, 13, 3	318, 348	19, 2, 24, 4	317
19, 2, 13, 4	318, 348	19, 2, 24, 5	317, 485
19, 2, 13, 5	318, 348	19, 2, 25 pr	316
19, 2, 13, 6	318, 348	19, 2, 25, 1	316, 319, 324, 410, 413, 474
19, 2, 13, 7	318, 348, 349, 413	19, 2, 25, 2	26, 316, 324, 356, 357, 362, 366, 367, 370, 400, 410, 413, 414
19, 2, 13, 8	318, 348	19, 2, 25, 3	316
19, 2, 13, 9	318, 348	19, 2, 25, 4	316, 344
19, 2, 13, 10	318	19, 2, 25, 5	316, 344
19, 2, 13, 11	318, 319, 337, 352ff., 366, 383, 414	19, 2, 25, 6	316
19, 2, 14	337, 354	19, 2, 25, 7	316
19, 2, 15 pr-9	318	19, 2, 25, 8	316
19, 2, 17	318	19, 2, 27 pr	355, 411
19, 2, 19 pr	318	19, 2, 27, 1	359, 366, 367, 413, 414
19, 2, 19, 1	318	19, 2, 28 pr	356, 370
19, 2, 19, 2	318	19, 2, 28, 1	29, 356, 370
19, 2, 19, 3	318	19, 2, 28, 2	29, 321, 409, 410
19, 2, 19, 4	318, 371, 372, 411	19, 2, 30 pr	26, 336, 410, 412, 413
19, 2, 19, 5	318, 371, 372, 411	19, 2, 30, 1	339, 340
19, 2, 19, 6	318, 339, 364, 474, 481	19, 2, 32	270
19, 2, 19, 7	318	19, 2, 33	328, 412
19, 2, 19, 8	318	19, 2, 35 pr	338, 410, 412
19, 2, 19, 9	318	19, 2, 45 pr	29, 407
19, 2, 19, 10	318	19, 2, 46	221
19, 2, 20 pr	317	19, 2, 54, 1	369, 411
19, 2, 20, 1	317	19, 2, 55, 2	363, 364, 367, 413

史料索引 *539*

19, 2, 56	*370, 376, 411, 415*
19, 2, 57	*152, 342, 344*
19, 2, 58 pr	*270, 326*
19, 2, 60 pr	*29, 322, 360, 364, 367, 409, 410, 414*
19, 5, 17 pr	*448, 449, 450, 486*
19, 5, 18	*450*
19, 5, 19 pr	*450*
19, 5, 19, 1	*450*
20, 1, 9, 1	*231*
20, 1, 11, 2	*230*
20, 1, 15 pr	*228*
20, 1, 20 pr	*386*
20, 2, 1	*188*
20, 2, 2	*383, 415, 474*
20, 2, 3	*379, 380, 409*
20, 2, 4 pr	*379, 380*
20, 2, 5 pr	*375, 384, 409, 468, 481*
20, 2, 6	*380, 415*
20, 2, 9	*380, 381, 415*
20, 4, 11, 3	*229*
20, 4, 13 pr	*388*
20, 6, 8 pr	*231*
21, 1, 17, 1	*482*
21, 1, 17, 15	*31, 481, 483*
21, 1, 18 pr	*228*
21, 1, 32	*228*
21, 2, 10	*74, 102*
22, 1, 36	*217, 246*
23, 3, 66	*218, 220, 225*
24, 1, 1	*452*
24, 1, 18	*451, 456, 484, 488*
24, 3, 57	*210, 218, 222*
28, 1, 8, 4	*442*
29, 2, 25, 3	*442*
30, 36, 2	*431*
30, 41 pr	*181*
30, 41, 1	*180*
30, 41, 2	*181*
30, 41, 3	*181, 183, 262*
30, 112, 2	*431*
30, 125	*432*
32, 31	*65, 262*
32, 41, 1	*423*
33, 1, 4	*434, 444*
33, 1, 8	*434, 443, 444, 477*
33, 1, 10 pr	*30, 438, 473, 475, 478, 484*
33, 1, 10, 3	*31, 429, 473, 474, 479, 483*
33, 1, 20, 1	*26*
33, 2, 8	*209*
33, 2, 11	*433, 476*
33, 2, 18	*445, 473*
33, 2, 19	*478*
33, 2, 28	*247*
33, 2, 30	*208*
33, 2, 33 pr	*428, 473, 474, 479, 482*
33, 2, 33, 1	*31, 428, 473, 474, 479, 482, 483*
33, 2, 34 pr	*424, 473, 475, 479, 482*
33, 2, 37	*478*
33, 2, 38	*473*
33, 2, 40	*431, 478*
33, 2, 41	*478*
33, 3, 1	*101, 109*
33, 3, 4	*98, 169*
33, 4, 1, 15	*370*
33, 7, 13, 1	*339*
33, 10, 13	*445, 479*
34, 1, 6	*426, 467, 474, 476, 479*
34, 1, 11	*443, 476*
34, 1, 16, 2	*426, 427, 473*
34, 1, 21	*428, 479*

34, 1, 23	*428, 474*
34, 3, 16	*430*
34, 3, 18	*430, 473, 474*
34, 8, 3 pr	*443, 476*
36, 2, 2	*435*
36, 2, 9	*435, 475*
36, 2, 10	*433*
36, 2, 11	*433, 434*
36, 2, 12 pr	*434*
36, 2, 12, 1	*434*
36, 2, 12, 2	*434*
36, 2, 12, 3	*434*
39, 1, 1, 1	*122, 125*
39, 1, 1, 2	*126*
39, 1, 1, 3	*129*
39, 1, 1, 4	*128*
39, 1, 1, 6	*135*
39, 1, 1, 7	*132*
39, 1, 1, 9	*132*
39, 1, 1, 10	*134*
39, 1, 1, 11	*124*
39, 1, 1, 12	*124*
39, 1, 1, 13	*124*
39, 1, 1, 14	*125*
39, 1, 1, 16	*42, 122*
39, 1, 1, 17	*42, 43, 140*
39, 1, 1, 19	*297*
39, 1, 1, 20	*129, 296, 297*
39, 1, 2	*129, 295, 297*
39, 1, 3 pr	*126*
39, 1, 3, 1	*89, 98, 129*
39, 1, 3, 2	*89, 98*
39, 1, 3, 3	*129, 400*
39, 1, 3, 4	*43*
39, 1, 5 pr	*129*
39, 1, 5, 1	*129, 131*
39, 1, 5, 2	*127, 130*
39, 1, 5, 3	*130, 131*
39, 1, 5, 4	*127*
39, 1, 5, 10	*56, 86, 89, 93, 94, 117, 135*
39, 1, 5, 12	*126*
39, 1, 5, 14	*128*
39, 1, 5, 15	*127*
39, 1, 5, 18	*130, 298*
39, 1, 5, 19	*130, 298*
39, 1, 5, 20	*130, 298*
39, 1, 8 pr	*129*
39, 1, 8, 1	*128*
39, 1, 9	*129*
39, 1, 13 pr	*130, 298*
39, 1, 13, 1	*298*
39, 1, 13, 2	*298*
39, 1, 15	*111, 129*
39, 1, 16	*127*
39, 1, 17	*298*
39, 1, 19	*127*
39, 1, 20	*131*
39, 1, 20, 1	*133*
39, 1, 20, 3	*131*
39, 1, 20, 4	*131*
39, 1, 20, 5	*133*
39, 1, 20, 9	*133*
39, 1, 20, 13	*133*
39, 1, 21 pr	*129, 132*
39, 1, 21, 1	*132, 133*
39, 1, 21, 3	*125*
39, 2, 5, 2	*139, 301*
39, 2, 7 pr	*137, 254, 257*
39, 2, 7, 1	*152*
39, 2, 9, 5	*245, 248, 254, 255, 301*
39, 2, 10	*253, 255, 301*
39, 2, 11	*139*

39, 2, 13, 1	10	39, 5, 27	30, 292, 453, 454, 458ff., 463,
39, 2, 13, 3	141		465, 470, 483, 488, 490, 510
39, 2, 13, 4	141	39, 5, 32	457, 458, 463, 488
39, 2, 13, 5	139, 141, 401, 405, 420	40, 4, 46	442
39, 2, 13, 6	139, 141, 357, 361, 401, 405	40, 12, 23 pr	218
39, 2, 13, 7	141	41, 1, 28	65
39, 2, 13, 8	139, 141, 302	41, 2, 1, 4	395
39, 2, 13, 9	141	41, 2, 3	287
39, 2, 13, 10	141	41, 2, 3, 2	88
39, 2, 15, 11	142	41, 2, 3, 8	391
39, 2, 15, 11ff.	142	41, 2, 10, 2	221
39, 2, 15, 16	142	41, 2, 25, 1	391
39, 2, 18 pr	139, 404	41, 2, 26	88
39, 2, 18, 2	253	41, 2, 37	391
39, 2, 18, 3	402	41, 2, 52, 1	93
39, 2, 20	253, 258, 301	41, 3, 4, 27	79, 394
39, 2, 21	403, 420	41, 3, 4, 28	102
39, 2, 22 pr	256, 301	41, 3, 23, 2	87
39, 2, 24, 2	140	41, 3, 31, 3	391
39, 2, 24, 2ff.	140	42, 3, 1	188
39, 2, 24, 3	141	42, 5, 24, 1	187, 188
39, 2, 28	169, 361, 364, 367, 413, 414	43, 3, 1	188
39, 2, 33	357, 405, 413, 414	43, 3, 1, 8	292
39, 2, 35	169	43, 6, 1 pr	37
39, 2, 36	169	43, 8, 2 pr	39
39, 2, 37	365	43, 8, 2, 3	37
39, 2, 39 pr	169	43, 8, 2, 9	37, 154
39, 2, 40, 1	169	43, 8, 2, 10	39
39, 2, 43, 1	26, 169, 360	43, 8, 2, 11	39
39, 2, 45	111, 112	43, 8, 2, 12	39
39, 2, 46, 1	190	43, 8, 2, 13	39
39, 2, 47	64, 65, 109, 182, 262	43, 8, 2, 14	39
39, 3, 21	116	43, 8, 2, 15	39
39, 4, 10, 1	370	43, 8, 2, 17	39, 247
39, 5, 9 pr	450ff., 488	43, 8, 2, 20	39
39, 5, 9, 1	453	43, 8, 2, 35	39

43, 8, 2, 45	40
43, 9, 1 pr	42
43, 9, 1, 1	42
43, 11, 1 pr	40
43, 12, 1 pr	40
43, 12, 1, 19	40
43, 13, 1 pr	40
43, 13, 1, 11	41
43, 14, 1 pr	41
43, 15, 1 pr	41, 89
43, 15, 1, 5	152
43, 16, 1 pr	80, 81
43, 16, 1, 3	78
43, 16, 1, 4	78
43, 16, 1, 6	78
43, 16, 1, 7	78
43, 16, 1, 8	78
43, 16, 1, 9	79
43, 16, 1, 10	394
43, 16, 1, 11	81
43, 16, 1, 14	81
43, 16, 1, 15	81
43, 16, 1, 22	79, 80, 395
43, 16, 1, 23	79
43, 16, 1, 26	80
43, 16, 1, 27	80
43, 16, 1, 28	78, 80
43, 16, 1, 29	79, 80
43, 16, 1, 30	80, 81
43, 16, 1, 31	81
43, 16, 1, 32	81, 87
43, 16, 1, 33	82
43, 16, 1, 34	82
43, 16, 1, 35	82
43, 16, 1, 39	81
43, 16, 1, 40	82
43, 16, 1, 41	82
43, 16, 1, 44	80
43, 16, 1, 48	81, 82
43, 16, 3, 1	82
43, 16, 3, 2	83
43, 16, 3, 3	83
43, 16, 3, 4	83
43, 16, 3, 5	83
43, 16, 3, 12	82
43, 16, 3, 13	291
43, 16, 3, 14	292
43, 16, 3, 15	291
43, 16, 3, 16	291, 465
43, 16, 3, 17	292
43, 16, 5	79
43, 16, 12	79, 97, 391, 413, 416, 417, 507
43, 16, 18 pr	78, 97, 392, 413, 416, 417, 507
43, 16, 20	80, 97, 391, 394, 416
43, 17, 1 pr	84, 87, 90
43, 17, 1, 1	85
43, 17, 1, 5	89
43, 17, 1, 6	87
43, 17, 1, 7	88, 89
43, 17, 1, 8	87
43, 17, 1, 9	90
43, 17, 3, 1	86
43, 17, 3, 2ff.	396
43, 17, 3, 2	86, 92, 98, 155, 419
43, 17, 3, 3	86, 96, 155, 371, 395, 397, 413, 416, 417, 419, 449
43, 17, 3, 4	86, 95, 98, 155, 419
43, 17, 3, 5	88
43, 17, 3, 6	65, 88
43, 17, 3, 7	63, 86, 88, 397, 458
43, 17, 3, 9	86

43, 17, 4	69, 289, 290	43, 24, 11, 8ff.	116
43, 18, 1 pr	88, 400	43, 24, 11, 14	116, 397
43, 18, 1, 1	62	43, 24, 12	298, 398, 420
43, 18, 1, 9	400	43, 24, 13 pr	116, 220, 300, 304
43, 18, 2	508	43, 24, 13, 3	98, 116
43, 19, 1 pr	295	43, 24, 13, 4	116, 398
43, 20, 7	111	43, 24, 13, 6	417
43, 23, 1 pr	113	43, 24, 14	121
43, 23, 1, 2	113	43, 24, 15, 4	117
43, 23, 1, 5	113	43, 24, 16 pr	398
43, 23, 1, 7	114	43, 24, 16, 1	300
43, 23, 1, 13	126	43, 24, 17	116, 399
43, 23, 1, 15	112	43, 24, 19	116, 398
43, 24, 1 pr	115	43, 24, 20, 1	93, 117
43, 24, 1, 2	118, 119, 121	43, 24, 20, 5	44
43, 24, 1, 3	119	43, 24, 22 pr	95
43, 24, 1, 4	116	43, 24, 22, 2	120
43, 24, 1, 5	117	43, 25, 1, 3	129, 135
43, 24, 1, 6	94, 117, 118	43, 25, 1, 4	129, 287, 294, 297
43, 24, 1, 7	78	43, 26, 1 pr	91, 462
43, 24, 3, 2	121	43, 26, 1, 3	462
43, 24, 3, 3	121	43, 26, 2, 2	91
43, 24, 3, 4	44	43, 26, 2, 3	10, 91
43, 24, 3, 7	118	43, 26, 3	91
43, 24, 3, 8	118	43, 26, 4, 1	91
43, 24, 5, 1	118	43, 26, 4, 4	463
43, 24, 5, 2	118	43, 26, 6, 2	391
43, 24, 5, 4	44	43, 26, 8, 5	91
43, 24, 5, 8ff.	116	43, 26, 15, 1	462, 487
43, 24, 7, 3	119	43, 26, 15, 2	91, 109
43, 24, 7, 4	121	43, 26, 17	92
43, 24, 7, 5	398	43, 26, 19, 2	91
43, 24, 7, 5ff.	116	43, 27, 1 pr	57
43, 24, 7, 8	44	43, 27, 1, 4	58
43, 24, 11, 1	44	43, 27, 1, 7	57
43, 24, 11, 4	121	43, 27, 1, 8	57

43, 32, 1 pr	315, 374, 415	50, 16, 166 pr	29
43, 32, 1, 1	315, 468	50, 16, 203	29
43, 32, 1, 2	376	50, 16, 242, 1	109
43, 32, 1, 3	375, 383, 409, 467, 490	50, 17, 45, 1	45
43, 32, 1, 4	29, 364, 377, 378, 415		
43, 32, 2	375, 384, 415	Epit. Gai.	
44, 2, 7, 2	63	2, 1, 3	104, 107
44, 7, 5, 5	26	2, 1, 4	63
45, 1, 16, 1	444		
47, 2, 21, 7	156	Epit. Ulp. 24, 26	202
47, 3, 1 pr	66		
47, 7, 6, 2	66, 109	fr. Vat.	
47, 7, 7, 7	58	41	217
47, 9, 3, 7	152	47	101, 204
47, 9, 9	159	47a	205, 206
47, 10, 5 pr	160	48	208
47, 10, 5, 2	7, 8, 160, 408, 470	52	208
47, 10, 5, 4	161	90	289
47, 10, 13, 7	37, 42, 154, 155	91	290
47, 10, 14	155	269	452
47, 10, 23	156		
47, 10, 24	154	Gai. inst.	
47, 10, 44	109, 152	1, 37	381
47, 11, 7 pr	26	1, 194	228
47, 14, 1, 3	442	2, 1	36
47, 18, 2	161	2, 2	37
47, 21	46	2, 2ff.	36
48, 6, 3, 6	161	2, 3	36
48, 6, 5, 1	162	2, 4	36, 37
48, 7, 1 pr	162	2, 5	36
48, 7, 3, 3	162	2, 6	37
48, 7, 3, 5	162	2, 7	247
48, 8, 1 pr	159	2, 8	36, 37
48, 8, 10	159	2, 10	37
50, 13, 1 pr	461	2, 11	37
50, 16, 139, 1	235	2, 12	10

史料索引　545

2, 13	10	2, 7, 2	451
2, 14	10, 104, 106, 107, 264	4, 15, 5	391
2, 21	247	4, 15, 6	84
2, 29	101		
2, 30	201, 203, 221	Paul. Sent.	
2, 31	102, 106, 107, 205	1, 11, 2	213
2, 32	204	3, 6, 27b	270
2, 33	204	3, 6, 29	443, 477
2, 54	87	3, 6, 30	209, 292, 477
2, 59	87	3, 6, 31	210, 242
2, 73	63	3, 6, 32	210
2, 193	478	3, 6, 33	208
2, 194f.	332	5, 6, 1	87
2, 201	478	5, 6, 8	111
4, 3	108	5, 20, 1	160
4, 36	52	5, 20, 2	160
4, 122	455	5, 20, 3	160
4, 139	69, 292	5, 20, 5	160
4, 143	54	5, 22, 2	46
4, 148	54, 85, 86	5, 26, 3	161
4, 149	54		
4, 150	54, 90	2.　非法史料（文献）	
4, 151	54	Aur. Vict. ep. 13, 13	165
4, 152	54		
4, 153	54, 391, 469	Cicero, Att., 16, 1, 5	28
4, 154f.	55	Cicero, de orat., 1, 38, 173	104
4, 155	84	Cicero, ad familiares, 13, 2	30
4, 160	86		
		Cicero, ad Atticum	
Inst. Iust.		12, 32, 2	23
1, 2, 4	201	15, 17, 1	23, 29
2, 2	10	15, 20, 4	23, 29
2, 4, 3	208, 209, 221	16, 1, 5	28
2, 5, 5	474	Cicero, de fini. 2, 83	23
2, 5, 6	471	Cicero, de officiis, 3, 66	23
2, 7 pr	451	Cicero, pro Caelio, 7, 17	23

Cicero, Q. fr., 7, 7 (2, 3, 7)	29	Plinius, ep.	
Cicero, Top. 5, 27	10	2, 17	8
		10, 58, 3	442
Dio Cassius			
55, 26, 4	46	Plut., Sulla, 1	29
55, 26, 5	46		
		Seneca, ep., 6, 6 (58), 11	10
Festus (Linds.)			
ambitus (5. 15)	167f.	Strabon, 5, 3, 7	163
insula (93f.)	23		
sarte (429)	246	Suetonius, Aug.	
		45	27
Gellius, Att.		72	349
15, 1, 2	28	78	26
15, 1, 3	28	89, 2	164
		Suetonius, Caes., 38	28
Historia Augusta, Had., 18, 2	181	Suetonius, Nero, 16, 1	20
		Suetonius, Vesp., 8, 5	185
Iuvenalis, Sat., 3, 190ff.	23	Suetonius, Vit., 7	26
Livius, 39, 14, 2	26	Tacitus, Ann.	
		5, 8	106
Martialis		5, 17	106
1, 10	26	5, 18	106
1, 86	29	15, 41	20
1, 108	29	15, 43	164, 168
1, 117	29		
5, 22	29	Varro, de lingua latina	
8, 14	29	5, 22	167
9, 18, 2	26	5, 27	104
		5, 162	26
Petronius, Sat.			
38	29	Vitruvius	
38, 10	323	2, 8, 1ff.	19
		2, 8, 17	20, 481
		2, 8, 19	20

2, 8, 20	*19*	Herculaneum		
6, 3, 3ff.	*20*	III, 4–12	*21*	
6, 5, 1	*21*	V, 6	*27*	
8, 6, 1	*235*	V, 13–18	*21, 22*	
		VI, 11–13	*21*	

3. 考古史料

CIL

4, 138	*23, 24, 25, 26, 28, 323*	Pompei	
4, 807	*349*	I, 10, 4	*21*
4, 1136	*28*	VI, 6	*21, 22, 24, 25, 283*
4, 3779	*349*	VI, 6, 1	*21*
6, 1136	*26*	VI, 7	*25*
6, 1585	*247*	VI, 9	*25*
6, 1585b	*9*	VI, 10	*25*
10, 1401	*175*	VI, 12, 2	*21*
10, 1783	*247*		

事項索引

actio ad exhibendum（提示訴権）　49, 111
actio arborum furtim caesarum
　（樹木切断についての訴権）　58
actio commodati（使用貸借訴権）
　　　　　　　　　　　　　　448, 486
actio communi dividundo
　（共有物分割訴権）　98, 204, 288
actio confessoria（認諾訴権）　73f., 110
actio de dolo（悪意訴権）　60, 157
actio ex conducto（賃借人訴権）
　　　217, 266ff., 313ff., 321ff., 409ff., 471
actio ex locato（賃貸人訴権）
　　　217, 266ff., 313ff., 321ff., 409ff., 471
actio ex testamento（遺言訴訟）　430
actio familiae erciscundae
　（家産分割訴権）　204
actio finium regundorum
　（境界画定訴権）　49
actio in factum（事実訴権）　82, 151, 449
actio iniuriarum（不法侵害訴権）
　　　　　　　　　37, 60, 152ff., 160,
actio legis Aquiliae
　（Aquilius 法上の訴権）
　　　　　48, 59, 64, 145ff., 159, 214, 299f.,
　　　　　303ff., 343ff., 406ff., 419, 490, 498ff.
actio negatoria（否認訴権）
　　　　　　　51f., 68f., 69ff., 110, 230, 497
actio pigneraticia（質訴権）　385
actio praescriptis verbis（前書訴権）
　　　　　　　　　　　　　　449, 486
actio Publiciana（Publicius 訴権）
　　　　　　　　48, 52f., 207, 211ff., 308

actio quod metus causa（強迫訴権）
　　　　　　　　　　　　　　60, 156f.
cautio damni infecti（未発生損害の担保
　問答契約）　11, 67, 136ff., 253, 257f.,
　　　　301ff., 357, 401ff., 420, 503, 505
cautio usufructuaria
　（用益権に関する担保問答契約）
　　　　　　　　　　213f., 245, 255, 436f.
condictio（不当利得返還請求訴権）
　　　　　　　　　　269, 273, 331, 340, 456
edictum de his qui deiecerint vel effuderint
　（窓からの投棄に関する告示）
　　　　　　　　　　　　　　7, 48, 484
interdictum de cloaciis
　（排水溝に関する特示命令）
　　　　　　　　　　50, 53, 106, 112ff.
interdictum de itinere actuque
　（私道の通行に関する特示命令）
　　　　　　　　　　　　　　49, 295
interdictum de precario
　（懇願的借用に関する特示命令）
　　　　　　　　　　50, 92, 462, 487
interdictum quem fundum
　（quem fundum 特示命令）
　　　　　　　　　　11, 49, 51, 194, 212
interdictum quem usum fructum
　（quem usum fructum 特示命令）
　　　　　　　　　　　　　　212f.
interdictum Salvianum
　（Salvianus 特示命令）　320
interdictum unde vi（unde vi 特示命令）
　　　　49, 55, 77ff., 83f., 196, 290ff., 309, 391ff.,

事項索引　549

interdictum unde vi armata
　（unde vi armata 特示命令）
　　　　　　　　55, 77, 79, 82, 196
interdictum uti possidetis
　（uti possidetis 特示命令）
　　　　　　　　42, 49, 51, 54, 56, 67, 68ff., 84ff.,
　　　　　　　　113, 135, 135, 155, 193, 196, 289,
　　　　　　　　309, 371, 395ff., 413, 417, 419,
　　　　　　　　449, 458, 487, 490, 497ff., 504, 506
interdictum utrubi（utrubi 特示命令）
　　　　　　　　55, 67, 85, 87
interdicutm quod vi aut clam
　（quod vi aut clam 特示命令）
　　　　　　　　42ff., 44, 56, 59f., 73ff., 94ff.,
　　　　　　　　103, 115, 118ff., 135, 157, 194ff.,
　　　　　　　　298ff, 358, 397ff., 406, 420, 497ff.
interdictum de migrando
　（引越の特示命令）
　　　　　　　　320, 373ff., 467f., 490f.
lex Aquilia（Aquilius 法）
　　　　　　　　48, 59, 64, 145ff., 159, 214, 299f.,
　　　　　　　　303ff., 343ff., 406ff., 419, 490, 498ff.
lex Cincia（Cincius 法）
　　　　　　　　452ff., 460, 466, 488
lex Cornelia de iniuriis
　（不法侵害に関する Cornelius 法）
　　　　　　　　7, 156, 160f., 373, 408, 470
lex Cornelia de sicariis et veneficis
　（刺殺者および毒殺者に関する
　　Cornelius 法）　　　　　159f.

413, 417, 465f., 470, 490, 497f., 506
lex duodecim tabularum（12 表法）　57f.
lex Iulia de vi privata
　（私的暴力に関する Iulius 法）
　　　　　　　　84, 159ff., 373
lex Iulia de vi publica
　（公的暴力に関する Iulius 法）　84
lex Scribonia（Scribonius 法）　102
operis novi nuntiatio（新工事禁止通告）
　　　　　　　　11, 42ff., 50, 56, 103, 122ff.,
　　　　　　　　197, 295, 297ff., 310, 400, 498ff.
oratio Marci（Marcus 帝の宣示）
　　　　　　　　439f., 466f., 475f.
rei vindicatio（所有物返還請求訴訟）
　　　　　　　　48, 50f., 56, 61ff., 85f.,
　　　　　　　　193, 211, 274, 285, 497
remissio（禁止解除）　123, 131, 135f.
senatus constultum Acillianum
　（Acillianum 元老院議決）　180f.
senatus consultum Hosidianum
　（Hosidianum 元老院議決）
　　　　　　　　174ff., 184, 190ff.
senatus consultum Volusianum
　（Volusianum 元老院議決）
　　　　　　　　174ff., 190ff.
vindicatio servitutis
　（地役権の返還請求訴訟）
　　　　　　　　48, 53, 110, 194, 287, 292ff., 497, 503
vindicatio usus fructus
　（用益権の返還請求訴訟）
　　　　　　　　48, 211, 285ff., 294, 308, 498f., 506

森　光（もり　ひかる）

1975 年	熊本県に生まれる
1994 年	熊本県立熊本高等学校卒業
1998 年	中央大学法学部卒業
2002 年	中央大学大学院法学研究科退学
2002 年	中央大学法学部助手
2004 年	中央大学法学部助教授
現在	中央大学法学部准教授

専攻　ローマ法

ローマの法学と居住の保護

日本比較法研究所研究叢書（110）

2017 年 2 月 10 日　初版第 1 刷発行

著者　森　　光
発行者　神﨑　茂治
発行所　中央大学出版部
〒 192-0393
東京都八王子市東中野 742 番地 1
電話 042-674-2351・FAX 042-674-2354
http://www2.chuo-u.ac.jp/up/

© 2017　森　光　　ISBN978-4-8057-0810-1　　㈱千秋社

本書の無断複写は、著作権法上での例外を除き、禁じられています。
複写される場合は、その都度、発当行所の許諾を得てください。

日本比較法研究所研究叢書

#	著者	タイトル	判型・価格
1	小島武司 著	法律扶助・弁護士保険の比較法的研究	Ａ５判 2800円
2	藤本哲也 著	CRIME AND DELINQUENCY AMONG THE JAPANESE-AMERICANS	菊判 1600円
3	塚本重頼 著	アメリカ刑事法研究	Ａ５判 2800円
4	小島武司・外間寛 編	オムブズマン制度の比較研究	Ａ５判 3500円
5	田村五郎 著	非嫡出子に対する親権の研究	Ａ５判 3200円
6	小島武司 編	各国法律扶助制度の比較研究	Ａ５判 4500円
7	小島武司 著	仲裁・苦情処理の比較法的研究	Ａ５判 3800円
8	塚本重頼 著	英米民事法の研究	Ａ５判 4800円
9	桑田三郎 著	国際私法の諸相	Ａ５判 5400円
10	山内惟介 編	Beiträge zum japanischen und ausländischen Bank- und Finanzrecht	菊判 3600円
11	木内宜彦・M・ルッター 編著	日独会社法の展開	Ａ５判 (品切)
12	山内惟介 著	海事国際私法の研究	Ａ５判 2800円
13	渥美東洋 編	米国刑事判例の動向Ⅰ	Ａ５判 (品切)
14	小島武司 編著	調停と法	Ａ５判 (品切)
15	塚本重頼 著	裁判制度の国際比較	Ａ５判 (品切)
16	渥美東洋 編	米国刑事判例の動向Ⅱ	Ａ５判 4800円
17	日本比較法研究所 編	比較法の方法と今日的課題	Ａ５判 3000円
18	小島武司 編	Perspectives on Civil Justice and ADR : Japan and the U. S. A.	菊判 5000円
19	小島・渥美・清水・外間 編	フランスの裁判法制	Ａ５判 (品切)
20	小杉末吉 著	ロシア革命と良心の自由	Ａ５判 4900円
21	小島・渥美・清水・外間 編	アメリカの大司法システム(上)	Ａ５判 2900円
22	小島・渥美・清水・外間 編	Système juridique français	菊判 4000円

日本比較法研究所研究叢書

23	小島・渥美 清水・外間 編	アメリカの大司法システム(下)	A 5 判	1800円
24	小島武司・韓相範編	韓 国 法 の 現 在 (上)	A 5 判	4400円
25	小島・渥美・川添 清水・外間 編	ヨーロッパ裁判制度の源流	A 5 判	2600円
26	塚 本 重 頼 著	労使関係法制の比較法的研究	A 5 判	2200円
27	小島武司・韓相範編	韓 国 法 の 現 在 (下)	A 5 判	5000円
28	渥 美 東 洋 編	米国刑事判例の動向 Ⅲ	A 5 判	(品切)
29	藤 本 哲 也 著	Crime Problems in Japan	菊 判	(品切)
30	小島・渥美 清水・外間 編	The Grand Design of America's Justice System	菊 判	4500円
31	川 村 泰 啓 著	個人史としての民法学	A 5 判	4800円
32	白 羽 祐 三 著	民法起草者 穂 積 陳 重 論	A 5 判	3300円
33	日本比較法研究所編	国際社会における法の普遍性と固有性	A 5 判	3200円
34	丸 山 秀 平 編著	ドイツ企業法判例の展開	A 5 判	2800円
35	白 羽 祐 三 著	プロパティと現代的契約自由	A 5 判	13000円
36	藤 本 哲 也 著	諸 外 国 の 刑 事 政 策	A 5 判	4000円
37	小 島 武 司 他 編	Europe's Judicial Systems	菊 判	(品切)
38	伊 従　　 寛 著	独占禁止政策と独占禁止法	A 5 判	9000円
39	白 羽 祐 三 著	「日本法理研究会」の分析	A 5 判	5700円
40	伊従・山内・ヘイリー編	競争法の国際的調整と貿易問題	A 5 判	2800円
41	渥 美 ・ 小 島 編	日韓における立法の新展開	A 5 判	4300円
42	渥 美 東 洋 編	組織・企業犯罪を考える	A 5 判	3800円
43	丸 山 秀 平 編著	続ドイツ企業法判例の展開	A 5 判	2300円
44	住 吉　　 博 著	学生はいかにして法律家となるか	A 5 判	4200円

日本比較法研究所研究叢書

45	藤本哲也 著	刑事政策の諸問題	A5判 4400円
46	小島武司 編著	訴訟法における法族の再検討	A5判 7100円
47	桑田三郎 著	工業所有権法における国際的消耗論	A5判 5700円
48	多喜 寛 著	国際私法の基本的課題	A5判 5200円
49	多喜 寛 著	国際仲裁と国際取引法	A5判 6400円
50	眞田・松村 編著	イスラーム身分関係法	A5判 7500円
51	川添・小島 編	ドイツ法・ヨーロッパ法の展開と判例	A5判 1900円
52	西海・山野目 編	今日の家族をめぐる日仏の法的諸問題	A5判 2200円
53	加美和照 著	会社取締役法制度研究	A5判 7000円
54	植野妙実子 編著	21世紀の女性政策	A5判 (品切)
55	山内惟介 著	国際公序法の研究	A5判 4100円
56	山内惟介 著	国際私法・国際経済法論集	A5判 5400円
57	大内・西海 編	国連の紛争予防・解決機能	A5判 7000円
58	白羽祐三 著	日清・日露戦争と法律学	A5判 4000円
59	伊従・山内・ヘイリー・ネルソン 編	APEC諸国における競争政策と経済発展	A5判 4000円
60	工藤達朗 編	ドイツの憲法裁判	A5判 (品切)
61	白羽祐三 著	刑法学者牧野英一の民法論	A5判 2100円
62	小島武司 編	ＡＤＲの実際と理論 I	A5判 (品切)
63	大内・西海 編	United Nation's Contributions to the Prevention and Settlement of Conflicts	菊判 4500円
64	山内惟介 著	国際会社法研究 第一巻	A5判 4800円
65	小島武司 著	CIVIL PROCEDURE and ADR in JAPAN	菊判 (品切)
66	小堀憲助 著	「知的(発達)障害者」福祉思想とその潮流	A5判 2900円

日本比較法研究所研究叢書

67	藤本哲也 編著	諸外国の修復的司法	A5判 6000円
68	小島武司 編	ＡＤＲの実際と理論Ⅱ	A5判 5200円
69	吉田豊 著	手付の研究	A5判 7500円
70	渥美東洋 編著	日韓比較刑事法シンポジウム	A5判 3600円
71	藤本哲也 著	犯罪学研究	A5判 4200円
72	多喜寛 著	国家契約の法理論	A5判 3400円
73	石川・エーラース グロスフェルト・山内 編著	共演　ドイツ法と日本法	A5判 6500円
74	小島武司 編著	日本法制の改革：立法と実務の最前線	A5判 10000円
75	藤本哲也 著	性犯罪研究	A5判 3500円
76	奥田安弘 著	国際私法と隣接法分野の研究	A5判 7600円
77	只木誠 著	刑事法学における現代的課題	A5判 2700円
78	藤本哲也 著	刑事政策研究	A5判 4400円
79	山内惟介 著	比較法研究　第一巻	A5判 4000円
80	多喜寛 編著	国際私法・国際取引法の諸問題	A5判 2200円
81	日本比較法研究所 編	Future of Comparative Study in Law	菊判 11200円
82	植野妙実子 編著	フランス憲法と統治構造	A5判 4000円
83	山内惟介 著	Japanisches Recht im Vergleich	菊判 6700円
84	渥美東洋 編	米国刑事判例の動向Ⅳ	A5判 9000円
85	多喜寛 著	慣習法と法的確信	A5判 2800円
86	長尾一紘 著	基本権解釈と利益衡量の法理	A5判 2500円
87	植野妙実子 編著	法・制度・権利の今日的変容	A5判 5900円
88	畑尻剛 工藤達朗 編	ドイツの憲法裁判　第二版	A5判 8000円

日本比較法研究所研究叢書

89	大村雅彦 著	比較民事司法研究	A5判 3800円
90	中野目善則 編	国際刑事法	A5判 6700円
91	藤本哲也 著	犯罪学・刑事政策の新しい動向	A5判 4600円
92	山内惟介・ヴェルナー・F・エプケ 編著	国際関係私法の挑戦	A5判 5500円
93	森 勇・米津孝司 編	ドイツ弁護士法と労働法の現在	A5判 3300円
94	多喜 寛 著	国家（政府）承認と国際法	A5判 3300円
95	長尾一紘 著	外国人の選挙権　ドイツの経験・日本の課題	A5判 2300円
96	只木 誠・ハラルド・バウム 編	債権法改正に関する比較法的検討	A5判 5500円
97	鈴木博人 著	親子福祉法の比較法的研究Ⅰ	A5判 4500円
98	橋本基弘 著	表現の自由　理論と解釈	A5判 4300円
99	植野妙実子 著	フランスにおける憲法裁判	A5判 4500円
100	椎橋隆幸 編著	日韓の刑事司法上の重要課題	A5判 3200円
101	中野目善則 著	二重危険の法理	A5判 4200円
102	森 勇 編著	リーガルマーケットの展開と弁護士の職業像	A5判 6700円
103	丸山秀平 著	ドイツ有限責任事業会社（UG）	A5判 2500円
104	椎橋隆幸 編	米国刑事判例の動向Ⅴ	A5判 6900円
105	山内惟介 著	比較法研究 第二巻	A5判 8000円
106	多喜 寛 著	STATE RECOGNITION AND *OPINIO JURIS* IN CUSTOMARY INTERNATIONAL LAW	菊判 2700円
107	西海真樹 著	現代国際法論集	A5判 6800円
108	椎橋隆幸 編著	裁判員裁判に関する日独比較法の検討	A5判 2900円
109	牛嶋 仁 編著	日米欧金融規制監督の発展と調和	A5判 4700円

＊価格は本体価格です。別途消費税が必要です。